KB203222

가장 오래된, 그러나 전혀 새로운 불교로 이끄는 「되돌림 불서(佛書) Ⅱ - ①」

나는 불교를 믿는다

- 불(佛)-법(法)-승(僧) 바로 알기 -

[바른 신행(信行) - 근본경전 니까야]

해피 스님 지음

한국붇다와다불교 해피법당 근본경전연구회
nikaya.kr & sutta.kr

세상에서 얻기 어려운 다섯 가지 보배
(AN 5.143-사란다다 경)

pañcannaṃ, licchavī, ratanānaṃ pātubhāvo dullabho lokasmiṃ. katamesaṃ pañcannaṃ? tathāgatassa arahato sammāsambuddhassa pātubhāvo dullabho lokasmiṃ, tathāgatappaveditassa dhammavinayassa desetā puggalo dullabho lokasmiṃ, tathāgatappaveditassa dhammavinayassa desitassa viññātā puggalo dullabho lokasmiṃ, tathāgatappaveditassa dhammavinayassa desitassa viññātā dhamm -ānudhammappaṭipanno puggalo dullabho lokasmiṃ, kataññū katavedī puggalo dullabho lokasmiṃ. imesaṃ kho, licchavī, pañcannaṃ ratanānaṃ pātubhāvo dullabho lokasmin"ti.

릿차위들이여, 세상에서 다섯 가지 보배의 출현은 얻기 어렵다. 어떤 다섯 가지인가? 세상에서 ①여래(如來)-아라한(阿羅漢)-정등각(正等覺)의 출현은 얻기 어렵다. 세상에서 ②여래가 선언한 법(法)과 율(律)을 가르치는 사람은 얻기 어렵다. 세상에서 ③여래가 선언한 법과 율을 배워 아는 사람은 얻기 어렵다. 세상에서 ④여래가 선언한 법과 율을 배워 알고 가르침에 일치하는 법을 실천하는 사람은 얻기 어렵다. 세상에서 ⑤만들어진 것[무상(無常)-무아(無我)-연기(緣起)]을 알고, 만들어진 것[무상-무아-연기]을 경험하는 사람은 얻기 어렵다. 릿차위들이여, 세상에서 이런 다섯 가지 보배는 얻기 어렵다.

sukhī hohi 그대가 행복하기를!

인도 붓다가야 마하보디사원 대탑(大塔) 탑실(塔室)의 부처님

sukhino hotha 그대들이 행복하기를!

【 buddhavandana(붇다완다나) 부처님께 인사 】

namakāra(나마까-라)

namo tassa bhagavato arahato sammāsambuddhassa
namo tassa bhagavato arahato sammāsambuddhassa
namo tassa bhagavato arahato sammāsambuddhassa

나모- 땃사 바가와또- 아라하또- 삼마-삼붇닷사

그분 세존(世尊)-아라한(阿羅漢)-정등각(正等覺)께 절합니다.

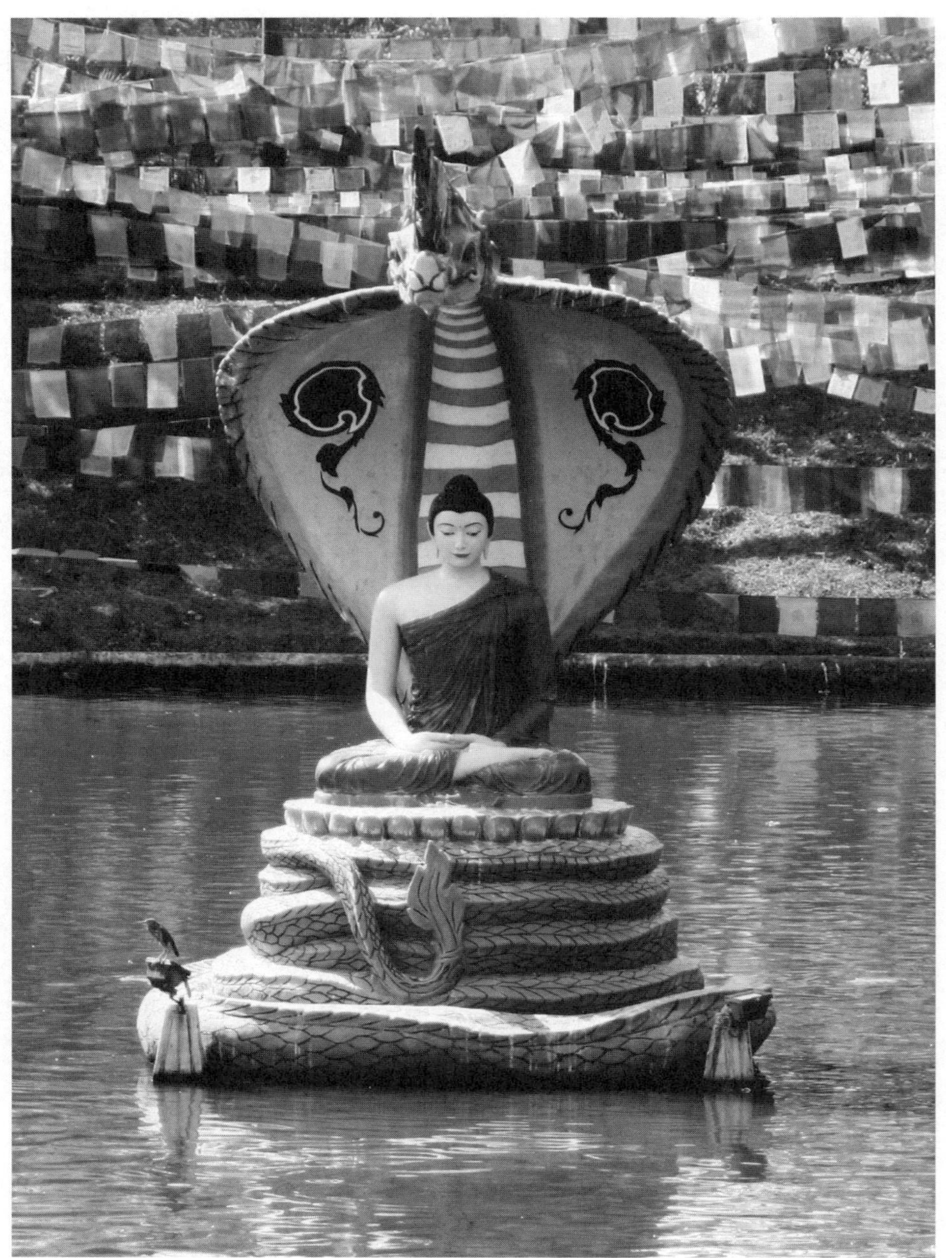

용왕 무칠린다의 일화를 형상화한
인도 붓다가야 마하보디 사원의 부처님

【 삼귀의(三歸依) 】 (KN 1.1-소송경, 세 번의 귀의)

buddhaṃ saraṇaṃ gacchāmi. dhammaṃ saraṇaṃ gacchāmi. saṅghaṃ saraṇaṃ gacchāmi.

붇당 사라낭 갗차-미, 담망 사라낭 갗차-미, 상강 사라낭 갗차-미

의지처인 부처님에게로 나는 갑니다. 의지처인 가르침에게로 나는 갑니다. 의지처인 성자들에게로 나는 갑니다.

dutiyampi buddhaṃ saraṇaṃ gacchāmi. dutiyampi dhammaṃ saraṇaṃ gacchāmi. dutiyampi saṅghaṃ saraṇaṃ gacchāmi.

두띠얌삐 붇당 사라낭 갗차-미, 두띠얌삐 담망 사라낭 갗차-미, 두띠얌삐 상강 사라낭 갗차-미

두 번째도 의지처인 부처님에게로 나는 갑니다. 두 번째도 의지처인 가르침에게로 나는 갑니다. 두 번째도 의지처인 성자들에게로 나는 갑니다.

tatiyampi buddhaṃ saraṇaṃ gacchāmi. tatiyampi dhammaṃ saraṇaṃ gacchāmi. tatiyampi saṅghaṃ saraṇaṃ gacchāmi.

따띠얌삐 붇당 사라낭 갗차-미, 따띠얌삐 담망 사라낭 갗차-미, 따띠얌삐 상강 사라낭 갗차-미

세 번째도 의지처인 부처님에게로 나는 갑니다. 세 번째도 의지처인 가르침에게로 나는 갑니다. 세 번째도 의지처인 성자들에게로 나는 갑니다.

「saṅghaṃ saraṇaṃ gacchāmi (상강 사라낭 갓차-미) 의지처인 성자들에게로 나는 갑니다.」에서 'saṅgha(상가)'는 사람이 아닌 공동체이므로 '성자들'이라는 번역은 옳지 않다는 지적이 있습니다. 하지만, 여래의 제자들의 상가는 세상의 위없는 복전(福田)인 사쌍팔배(四雙八輩)의 성자들을 정체성으로 한다는 관점에서 이렇게 번역하고 있습니다. 성자들이 중심에 서지 않는 상가가 세상의 위없는 복전(福田)이어서 의지처로의 역할을 감당할 수 있느냐는 문제 제기의 측면입니다.

물론, 성자들이 함께하지 않는다고 해도 으뜸의 스승과 으뜸의 법 아래 있기 때문에 세상의 다양한 상가 가운데 불교를 구성하는 상가가 으뜸인 것은 당연하다고 해야 할 것입니다. 하지만 불(佛)과 법(法)에 대한 온전함을 놓친 현재의 불교가 제자들 가운데 성자를 배출하지 못하는 현실을 간과해서는 안 됩니다. 불(佛)과 법(法)에 대한 온전함으로 돌아가 성자들을 배출하기 전에는 현재의 상가로서 의지처가 되기는 힘들다는 인식을 가져야 할 것입니다.

그래서 상가의 정체성에 중심을 두고 '의지처인 성자들에게로 나는 갑니다.'라고 번역하는 것인데, 불교가 가르침의 진정에 확고하여 성자들을 배출하는 시기가 빨라지기를 바라는 마음이라고 하겠습니다.

buddhānussati(붇다-눗사띠) — 불수념(佛隨念)

[부처님을 계속해서 기억하기 : 여래구덕(如來九德)]

itipi so bhagavā arahaṁ 이띠삐 소- 바가와- 아라항

세상에서 존귀한 분! 번뇌 다하고, 탐(貪)-진(嗔)-치(癡)를 완전히 부순 아라한(阿羅漢)이기에 '아라항' 입니다.

sammāsambuddho 삼마-삼붇도-

스스로 완전한 깨달음을 성취한 정등각(正等覺)이기에 '삼마-삼붇도-' 입니다.

vijjācaraṇasampanno 윚자-짜라나삼빤노-

바른 삼매의 실천으로 무명(無明)이 부서지고 명(明)이 생겨난, 어둠이 부서지고 빛이 생긴 명행족(明行足)이기에 '윚자-짜라나삼빤노-' 입니다.

sugato 수가또-

열반으로 잘 가고, 뒤따르는 진리의 길 보여주는 선서(善逝)이기에 '수가또-' 입니다.

lokavidū 로-까위두-

세상의 근본을 알아서 세상살이를 안내하는 '세간해(世間解)' 이기에 '로-까위두-' 입니다

anuttaro purisadammasārathi 아눗따로- 뿌리사담마사-라티

길들어야 하는 사람을 이끄는데 으뜸인 무상조어장부 (無上調御丈夫)이기에 '아눗따로-뿌리사담마사-라티' 입니다.

satthā devamanussānaṁ 삿타- 데-와마눗사-낭

신(神)과 인간(人間)의 스승인 천인사(天人師)이기에 '삿타- 데-와마눗사-낭'입니다.

buddho 붇도-

알고, 닦고, 버림으로써 깨닫고, 그 법을 사람들에게 가르쳐준 불(佛)이기에 '붇도-'입니다.

bhagavā 바가와-

공덕을 원만히 갖추어 세상에 이익을 주고 세상에서 존중받는, 세상에서 존귀한 세존(世尊)이기에 '바가와-'입니다.

dhammānussati(담마-눗사띠) — 법수념(法隨念)

[가르침을 계속해서 기억하기]

svākkhāto bhagavatā dhammo 스왁-카-또- 바가와따- 담모-

처음도 중간도 끝도 좋고 의미와 표현을 갖춘, 세존에 의해 잘 설해진 법(法)이기에 '스왁-카-또- 바가와따- 담모-'입니다.

sandiṭṭhiko 산딧티꼬-

자기를 감추지 않아서, 눈을 가진 사람에게 스스로 보이는 법이기에 '산딧티꼬-'입니다.

akāliko 아깔-리꼬-

시간의 개념을 넘어선 법이기에 '아깔-리꼬-'입니다.

ehipassiko 에-히빳시꼬-

보기 위해 오는 사람이 볼 수 있는 법이기에 '에-히빳시꼬-'입니다.

opanayiko 오-빠나이꼬-

삶을 향상으로 이끄는 법이기에 '오-빠나이꼬-'입니다.

paccattaṁ veditabbo viññūhi 빳짯땅 웨-디땁보- 윈뉴-히

개별적으로 지혜의 성취만큼 알 수 있는 법이기에 '빳짯땅 웨-디땁보- 윈뉴-히'입니다.

saṅghānussati(상가-늣사띠) — 승수념(僧隨念)
[성자들을 계속해서 기억하기]

suppaṭipanno bhagavato sāvakasaṅgho 숩빠띠빤노- 바가와또- 사-와까상고-

세존(世尊)의 제자들의 상가는 잘 수행하기에 '숩빠띠빤노- 바가와또- 사-와까상고-'입니다.

ujuppaṭipanno bhagavato sāvakasaṅgho 우줍빠띠빤노- 바가와또- 사-와까상고-

세존의 제자들의 상가는 올곧게 수행하기에 '우줍빠띠빤노- 바가와또- 사-와까상고-'입니다.

ñāyappaṭipanno bhagavato sāvakasaṅgho 냐-얍빠띠빤노- 바가와또- 사-와까상고-

세존의 제자들의 상가는 방법에 맞게 수행하기에 '냐-얍빠띠빤노- 바가와또- 사-와까상고-'입니다.

sāmīcippaṭipanno bhagavato sāvakasaṅgho 사-미-찝빠띠빤노- 바가와또- 사-와까상고-

세존의 제자들의 상가는 가르침에 일치하게 수행하기에 '사-미-찝빠띠빤노- 바가와또- 사-와까상고-'입니다.

yadidaṃ cattāri purisayugāni aṭṭha purisapuggalā 야디당 짯따-리 뿌리사유가-니 앗타 뿌리사뿍갈라-

네 쌍의 대장부요, 여덟 무리의 성자들이기에 '야디당 짯따-리 뿌리사유가-니 앗타 뿌리사뿍갈라-'입니다.

esa bhagavato sāvakasaṅgho 에-사 바가와또- 사-와까상고-

이분들이 세존의 제자들의 상가이기에 '에-사 바가와또- 사-와까상고-'입니다.

āhuneyyo pāhuneyyo dakkhiṇeyyo añjalikaraṇīyo 아-후네이요- 빠-후네이요- 닥키네이요- 안잘리까라니-요-

공양받을만한 분들, 환영받을만한 분들, 보시받을만한 분들, 합장 받을만한 분들이기에 '아-후네이요- 빠-후네이요- 닥키네이요- 안잘리까라니-요-'입니다.

anuttaraṃ puññakkhettaṃ lokassā 아눗따랑 뿐냑켓땅 로깟사-

이 세상의 위없는 복전(福田)이기에 '아눗따랑 뿐냑켓땅 로깟사-'입니다.

불교를 믿는다는 것!

(SN 48.9-분석 경1)은 이렇게 믿음을 정의합니다.

「katamañca, bhikkhave, saddhindriyaṃ? idha, bhikkhave, ariyasāvako saddho hoti, saddahati tathāgatassa bodhiṃ — 'itipi so bhagavā arahaṃ sammāsambuddho vijjācaraṇasampanno sugato lokavidū anuttaro purisadammasārathi satthā devamanus -sānaṃ buddho bhagavā'ti — idaṃ vuccati, bhikkhave, saddh -indriyaṃ.

비구들이여, 무엇이 믿음의 기능인가? 여기, 비구들이여, 성스러운 제자는 믿음을 가졌다. '이렇게 그분 세존(世尊)께서는 모든 번뇌 떠나신 분, 스스로 완전한 깨달음을 이루신 분, 밝음과 실천을 갖추신 분, 진리의 길 보이신 분, 세상일을 모두 훤히 아시는 분, 어리석은 이도 잘 이끄시는 위없는 분, 천상과 인간의 스승, 깨달으신 분, 존귀하신 분이시다.'라고 여래(如來)의 깨달음을 믿는다. — 이것이, 비구들이여, 믿음의 기능이라고 불린다.」

여래(如來) 즉 부처님은 깨달음을 설명하는 이런 아홉 가지 덕성을 갖춘 분이라고 믿는 것, 불교 신자에게는 이것이 믿음입니다.

이런 믿음 위에서라야 경(經)을 통해 만나는 부처님의 가르침을 사실이라고 공감할 수 있고, 그때 비로소 배워 알고 실천할 수 있습니다. 그때 가르침에 의지한 삶의 향상이 나에게서 실현됩니다.

이것이 믿음입니다. 나는 이런 믿음을 가진 불교 신자입니다. 그래서 「나는 불교(佛敎)를 믿습니다!」

【 책을 쓰면서 】

1. 불교 신자로 살아온 세월이 50년이 넘었습니다. 어려서 절에 다니기 시작하고, 출가를 전후해 오랜 세월 불교 신자라는 정체성을 잃지 않고 살아왔습니다. 그렇습니다. 50년 넘는 세월 동안 나는 불교를 믿고 있습니다.

그런데 지금 나는 「나는 불교(佛教)를 믿는다」라는 책을 쓰고 있습니다. 어떤 고백이 필요해서 나는 지금 이 책을 쓰고 있을까요?

불교 신자로서 살아온 시간 동안 나는 정말 불교 신자였을까? 나는 정말 불교의 교주이고 스승이신 부처님의 가르침을 배워 알고 실천하며 향상하는 삶을 살아온 걸까?

참 다행입니다. 늦게나마 부처님 살아서 직접 설한 가르침을 공부하는 기회를 만났습니다. 이제 비로소 나의 교주이고 나의 스승인 부처님의 가르침을 배워 알고 실천하는 삶에 들어서게 되었습니다. 이제 정말 나는 불교 신자가 되었습니다. 이제야 비로소 「나는 불교를 믿습니다!」라고 자신 있게 말할 수 있습니다.

2. 지피지기(知彼知己)

어려서부터 들어온 말이 있습니다. 불교 신자 열 명이 모여 있을 때 다른 종교 신자 한 사람이 나타나면 꿀 먹은 벙어리가 열 명 생겨난다는 말입니다. 그러면 열 사람이 모여 한 사람도 당해내지 못하는 이런 현상은 누구의 책임입니까? 부처님의 책임입니까? 교주이자 스승인 그의 문제로 이런 현상이 발생하는 것입니까?

아닙니다. 부처님은 정등각(正等覺-완전한 깨달음을 성취한 자)이고, 정등각에 의해 설해진 가르침은 완전한 가르침이어서 배워 알고 실천하기만 하면 이 세상 누구의 가르침과도 견줄 수 없는 으뜸 된 가르침입니다.

그러면 누구의 책임입니까? 2600년의 세월 동안 정등각의 가르침에 가르침 아닌 것을 덧씌워 전승한 선배 스님들의 책임도 있을 것이고, 불교 신자라고 말은 하지만 가르침에 접근하지 않는 지금 우리의 책임도 있을 것입니다.

이때, 근본경전연구회(sutta research society) 해피법당이 덧씌워진 것들을 벗겨내고 오직 니까야로 니까야를 풀어 가르침의 진정에 접근하는 공부에 나선 이유 그리고 불교를 부처님에게로 되돌리는 불사(佛事)를 진행하는 이유가 세월이 쌓은 문제를 해소하기 위한 것이라면, 불교 신자를 바르게 가르침에 접근케 하려는 시도가 이 책의 목적이라고 하겠습니다.

이 책은 최소한의 공부를 담고 있습니다. 한국인들의 교육 수준을 고려하여 난이도에 매이지 않고, 필요한 최소한의 공부를 담았습니다.

지기(知己)!

지피(知彼)까지도 필요치 않을 것입니다. 정등각에 의해 설해진 완전한 가르침은 세상 어떤 가르침과 마주해도 두려울 것이 없습니다. 다른 종교 신자 열 명이 모여 있을 때 불교 신자 한 사람이 나타나면 꿀 먹은 벙어리 열 명을 생겨나게 하는 것이 이 가르침의 위력입니다. 한 사람이 능히 열 사람도 당해내는 이런 현상은 누구의 덕분입니까? 부처님 덕분입니까? 교주이자 스승인 그의 위력으로 이런 현상이 발생하는 것입니까?

그렇습니다. 부처님은 정등각이고, 정등각에 의해 설해진 가르침은 완전한 가르침이어서 배워 알고 실천하기만 하면 이 세상 누구의 가르침과도 견줄 수 없는 으뜸된 가르침이기 때문입니다. 이런 행운을 만난 사람들이 바로 불교 신자입니다.

오직 배움이 필요할 뿐입니다. 배워 알고 실천하기만 하면 가르침이 가지는 위력이 부처님께서 이끄시는 그런 삶을 나에게 실현해 줍니다. 그러니 지피(知彼)까지도 필요 없습니다. 지기(知己)! 우리가 우리를 알기만 하면 모든 문제는 해결됩니다.

이 책은 바로 그 일을 위해서 만들어졌습니다.

2021년 10월 1일 (출가 15년 차를 시작하는 날에)

한국붇다와다불교 해피법당 근본경전연구회 비구 뿐냐디빠(puññadīpa) 해피 합장

【 안내 말씀 – 책의 구성과 추가적인 공부 안내 】

불교신행(佛教信行) 즉 불교 신자의 신앙생활을, 근본 경전 니까야에 의한, 불(佛)-법(法)-승(僧) 삼보(三寶)에 대한 바른 앎으로부터 시작해야 한다는 목적의식을 가지고 이 책은 제작되었습니다.

1. 책의 구성

불교 신자의 지기(知己)를 위한 최소한의 공부라는 관점에서 불교의 교주이고 스승이신 부처님의 가르침을 경(經)에 의해, 설해진 그대로 전달하고자 하는 목적에 충실하였습니다. 그래서 경에 담겨 있는 불(佛)-법(法)-승(僧)에 대한 설명을 경을 소개하고 약간의 설명을 덧붙이는 방식으로 주제를 전개하여 「제1부 불(佛)-법(法)-승(僧)」을 편집하였는데, 책의 의도 상, 승(僧)에서는 출가 제자와 재가 제자를 포괄하였습니다.

이어서 경에 근거하여 어떤 주제를 서술한 저의 글 다섯 편을 소개하였습니다. 먼저 쓴 글은 지기(知己)의 공부로써 외도의 시도를 극복한 실제 경우인데, '하늘과 땅과 그 중간의 것들은 누가 만들었을까?'라며 다가온 어떤 분과의 대화입니다. 나만 공부되어 있으면 어떤 도전에도 굴할 일이 없다는 것을 확인한 사례라고 하겠습니다. 이외에 잡지에 투고한 글 한 편과 불교방송 논강 녹취 글 한 편 그리고 포럼 강연 원고 한 편을 모았는데, 불교 특히 초기-근본불교의 요점을 잘 정리하였습니다.

끝으로 이 책의 독자를 위해 새로 쓴 글 업장소멸(業障消滅)까지 다섯 편의 글을 모아 「제2부 하늘과 땅과 그 중간의 것들은 누가 만들었을까?」로 편집하였습니다.

- 근본 경전으로 해석하는 가르침의 대의(大義) - 격월간 「공동선」 투고
- 무엇이 불교인가? - 불교방송 라디오 「무명을 밝히고 - 금요 논강」 녹취
- 행복, 그 이면의 이야기! - 행복문화포럼 강연
- 하늘과 땅과 그 중간의 것들은 누가 만들었을까? - 외도와의 대화
- 업장소멸(業障消滅) - 새로 쓴 글

이렇게 이 책은 「제1부 불(佛)-법(法)-승(僧)」과 「제2부 하늘과 땅과 그 중간의 것들은 누가 만들었을까?」로 구성되는데, 읽고 밑줄 쳐가며 공부하는 불교 신자들을 위해 좋은 교과서가 될 것입니다.

2. 추가적인 공부 안내

이 책의 중심은 경(經)입니다. 불교 신자에게 필요한 최소한의 공부를 주제의 전개에 맞춰 경을 소개하는 방법으로 구성하였습니다(소개된 경의 수 - 274개). 경을 통해 부처님을 직접 만나는 것은 무엇보다도 큰 권위를 가지는 공부의 기준이기 때문입니다. 이 취지를 강조하기 위해 로마자로 표기된 빠알리 원전을 저의 번역 위에 함께 제시하였는데, 사람에 따라서는 공부에 보탬이 될 것입니다. 그리고 주제에 대한 이해를 돕기 위해 약간의 해석을 주제의 앞부분에 서술하였습니다.

또한, 인터넷 시대에 부응하여 주제와 관련한 추가적인 공부를 안내하였는데, 근본경전연구회 해피법당의 홈페이지 두 개입니다.

- nikaya.kr — 동영상 등 설명 위주의 불교 공부 터
- sutta.kr — 니까야 번역 불사 터

근본경전연구회(sutta research society) 해피법당은 초기불교 또는 근본 경전 공부의 영역에서 많은 동영상을 보유하고 있는데, 양과 질의 양면에서 아마도 이 세상에서 가장 많은 공부를 담고 있다고 말할 수 있습니다. 십 년 넘는 동안의 공부 과정이 고스란히 동영상과 수업보고 그리고 경전 번역을 통해 쌓여 있기 때문입니다.

그래서 이 책의 주제를 전개하면서 좀 더 상세한 공부를 필요로 하는 사람을 위해 주제별로 홈페이지의 관련 동영상 등을 안내하였는데, 공부를 찾는 방법은 이렇습니다.

— 모든 동영상은 제작 일자가 적혀있습니다. 그래서 각각의 홈페이지에서 제작 일자를 검색하면 찾을 수 있습니다. 때로 제작 일자가 같은 동영상이 복수로 검색되기도 하지만 많지 않아서 바로 확인할 수 있습니다.

[예1] 「☞ nikaya.kr : 대답 - 해피스님(210304) 아프니? 아프지 마!」 ⇒ 'nikaya.kr'에서 '210304'로 검색

[예2] 「☞ sutta.kr : 맛지마니까야 관통법회 - 15. 미루어 생각함 경[부처님과 제자들의 역할 분담 - 선서의 율 경](근본경전연구회 해피스님 210217)」 ⇒ 'sutta.kr'에서 '210217'로 검색

한편, 대부분 경(經)의 해당 부분을 직접 소개하였지만, 형편에 따라서는 경의 이름만 안내하기도 하였습니다. 그때는 sutta.kr에서 경 번호로 검색하면 경을 볼 수 있습니다.

[예] 6. 깨달음을 선언하는 경우들 — ⑥신(神)들에 대한 지견(知見)의 청정 • (AN 8.64-가야시사 경) ⇒ sutta.kr에서 'AN 8.64-가야시사 경'으로 검색

이 책의 주제는 상당 부분 앞선 책 「불교입문(佛教入門)(Ⅰ) 소유하고자 하는 자를 위한 가르침」과 뒤이어 출판될 「불교입문(Ⅱ) 사실」과 중복됩니다. 그래서 「불교입문(佛教入門)(Ⅰ) 소유 - 읽고 보충하기」 수업과 「불교입문(Ⅱ) 사실 - 미리 보기」 수업의 관련 수업을 안내하여 공부의 확장에 도움을 드리고자 하였습니다.

또한, 현재 진행 중인 「맛지마 니까야 관통 법회」와 「앙굿따라 니까야 관통 법회」 의 공부도 주제에 맞춰 가능한 만큼 안내하고 있습니다. 이외에 이전에 공부한 동영상들도 안내하고 있는데, 같은 주제에 대해서는 가능한 한 더 가까운 시점의 공부를 소개하고자 하였습니다.

다만, 완성된 공부라기보다는 아직 진행형인 공부여서 동영상 간에 설명의 차이가 있을 수 있는데, 이런 경우에는 나중 동영상의 설명을 기준 해주시기 바랍니다. 공부가 조금씩 더 가르침의 진정을 향해 나아가는 과정이기 때문입니다.

【 차례 】

【 그림 목차 】

인도 붓다가야 마하보디 사원 전경(부처님 깨달음의 자리)

제1부

 불(佛)-법(法)-승(僧) 

제1장

들어가는 글

신행(信行)의 중심을 바르게 함

[무아(無我)-윤회(輪廻)-나는 누구인가?]

세상에 잘 알려진 대로, 불교는 무아(無我)의 가르침입니다. 존재하는 것은 모두 상(常)-락(樂)-아(我)의 특성을 가지지 않고, 무상(無常)-고(苦)-무아(無我)의 특성을 가진다는 부처님 깨달음의 중심입니다. 그런데 오랜 세월의 과정에서 불교는 참된 것 즉 아(我)의 관점에 물들었습니다. 그래서 불교신행의 중심을 아(我)의 구명(究明) 즉 나는 누구인지 찾는 일에 두고 있습니다. 불교 신자의 신행이 교주이신 부처님의 깨달음에서 벗어나 먼 주변을 헤매고 있는 것입니다.

그래서 이 책은 신행(信行)의 중심을 깨달음의 중심으로 이끄는 글로부터 시작합니다. 불교의 최상위 개념이 나 즉 존재의 구명이 아니라 존재하고 있는 나의 행복의 실현[고(苦) → 고멸(苦滅)]이라는 점을 먼저 밝힌 것인데, 불교신행에서 놓쳐서는 안 되는 기준입니다.

그러나 불교가 나의 구명을 배제하지는 않습니다. 괴로움이든 행복이든 그 당사자는 나이기 때문입니다. 다만, 그 구명을 우리에게 맡기지는 않습니다. 부처님은 깨달음을 통해서 나를 구명하고, 가르침을 통해 우리에게 알려주는데, '나는 누구인가?'는 웬만해선 구명되지 않는 어려운 주제이기 때문입니다.

부처님은 연기(緣起) 곧 십이연기(十二緣起)에서 나 즉 존재[유(有)-bhava]를 설명합니다. 어떤 조건의 과정 때문에 불완전하게 생겨나서 그 불완전에 수반되는 괴로움을 겪고 있는지에 대한 설명입니다. 이렇게 고(苦)와 락(樂)의 당사자인 나에 대한 이해 위에서 행복의 실현을 위한 가르침이 설해지는 것입니다. 이런 맥락에서 책은 최상위 개념에 이어 나는 누구인지를 경에 의해 설명합니다.

그런데 불교는 나 한 사람만의 행복을 지향하지는 않습니다. 세상의 많은 존재의 행복을 이끄는 가르침이고, 종교입니다. 그런데 이 가르침이 지금, 또는 오래 유지되어 후대의 사람들에게도 행복의 실현을 이끌기 위해서는 함께 담당해야 하는 역할이 있습니다. 교주이자 스승인 부처님에게도 자임하신 역할이 있고, 교도이자 제자인 우리에게도 부여된 역할이 있는 것입니다. 그 역할에 충실할 때 우리는 함께 많은 존재의 행복을 이끌 수 있습니다. 그래서 이 책은 부처님과 제자들의 역할 분담을 서술하며 본 내용으로 들어갑니다.

Ⅰ. 최상위 개념 — 괴로울 것인가, 행복할 것인가?

☞ nikaya.kr : 대답 - 해피스님(210304) 아프니? 아프지마!

부처님은 「pubbe cāhaṃ bhikkhave, etarahi ca dukkhañceva paññāpemi, dukkhassa ca nirodhaṃ 비구들이여, 예전에도 지금도 나는 오직 고(苦)와 고멸(苦滅)을 꿰뚫어 알게 한다.」라고 말합니다(MN 22-뱀의 비유 경)/(SN SN 22.86/SN 44.2-아누라다 경).

중생으로의 삶이 ①고(苦-dukkha-괴로움)의 영역에 있다는 것을 온전히 보아서 그 ③고(苦)의 멸(滅) 즉 락(樂-sukha-행복-즐거움)을 실현하게 하는 것이 오직 부처님의 관심입니다. 불교는 여기서 시작합니다. 이 관심이 ②왜 괴로운지, ④어떻게 괴롭지 않을 수 있는지로 확장되면, ②괴로움의 원인인 애(愛-갈애) 또는 괴로움이 생겨나고 자라나는 과정으로의 연기(緣起) 곧 십이연기(十二緣起)와 ④원인을 해소하고 과정을 끊어 고멸(苦滅)을 실현하는 길과 실천으로의 팔정도(八正道)가 제시됩니다.

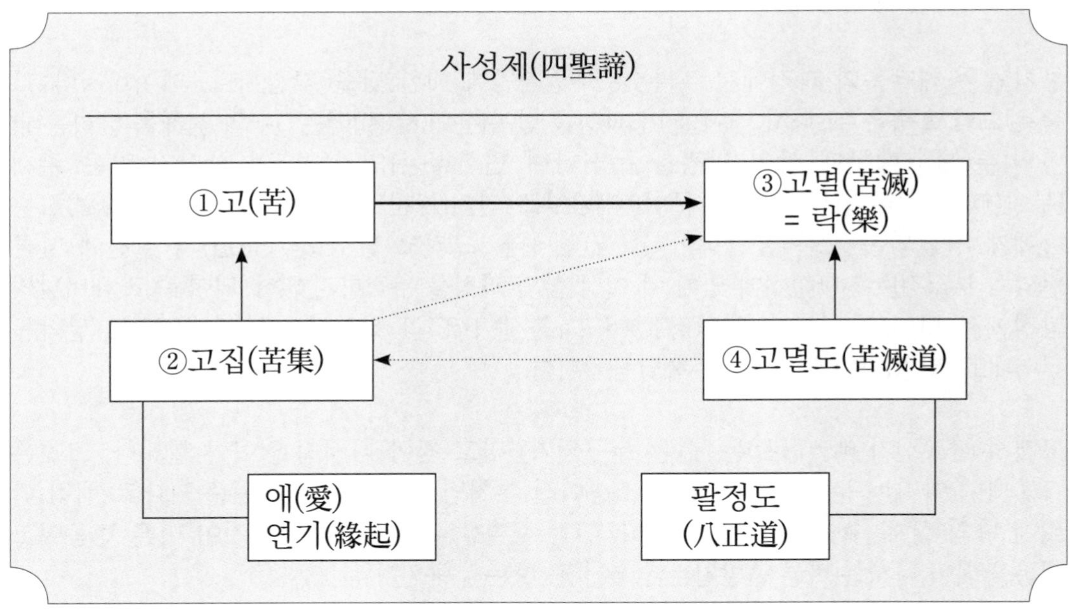

이렇게 고(苦)와 고멸(苦滅)의 불교(佛敎)는 고(苦)-고집(苦集)-고멸(苦滅)-고멸도 (苦滅道)로 확장되어 사성제(四聖諦)의 진리(眞理)를 선언합니다. 그래서 부처님은 다시 말합니다. — 「abhiññeyyaṃ abhiññātaṃ, bhāvetabbañca bhāvitaṃ. pahātabbaṃ pahīnaṃ me, tasmā buddhosmi brāhmaṇa. 나는 실답게 알아야 하는 것을 실답게 알았고, 닦아야 하는 것을 닦았고,

버려야 하는 것을 버렸습니다. 그래서 바라문이여, 나는 불(佛-buddha-부처)입니다.(MN 91-브라흐마유 경)/(MN 92/KN 5.33-셀라 경)」

실답게 알아야 하는 것[고(苦)]을 실답게 알고, 닦아야 하는 것[고멸도(苦滅道)-팔정도(八正道)]을 닦아서, 버려야 하는 것[고집(苦集)-애(愛)]을 버림으로써 고멸(苦滅)을 실현하였기 때문에 부처[buddha-불(佛)]라고 불린다는 것인데, 깨달은 자 즉 불(佛-buddha-부처)의 정의입니다.

이때, 실답게 알아야 하는 것은 오취온(五取蘊)이라고 설명되는데(AN 4.254-실다운 지혜 경), 연기(緣起)를 구성하는 열 번째 지분인 유(有-bhava-존재)입니다. 그렇다면 닦고 버리는 과정을 통해서 실현되는 고멸(苦滅)은 존재의 소멸입니다. 나란 존재에 대해 바르게 알아서 중생으로의 그 존재를 소멸하는 것 즉 해탈(解脫)이 바로 깨달음인 것입니다. 그래서 존재의 구명(究明) 즉 '나는 누구인가?'는 불교의 명제(命題)가 아닙니다. 고멸(苦滅)의 실현을 위해 고(苦)의 당사자에 대해 알아야 하는 필요성 때문에 연기(緣起) 즉 괴로움이 생겨나고 자라나는 과정의 설명에서 구명되는 중간의 개념일 뿐입니다.

부처님은 깨달음의 과정에서 '나는 누구인가?'에 대한 답을 찾습니다. 태어나서 늙고 죽는 그리고 죽은 뒤 다시 태어나 이 과정을 반복[윤회(輪廻)]하는 '나'의 정체를 밝히는데, 번뇌[루(漏)] 때문에 삶의 과정을 누적하며 변화하는[연기(緣起)] 참되지 않은 존재[무아(無我)]입니다(*). 이렇게 무아(無我)이고 연기(緣起)하는 존재로서 윤회(輪廻)하는 나에게 경험되는 모든 불만족이 고(苦)입니다. 그리고 팔정도(八正道)의 실천에 따른 번뇌의 부서짐[누진(漏盡)]에 의해 더 이상 삶의 과정을 누적하지 않게 되어 죽고 태어남의 과정에서 벗어나는 것이 해탈(解脫)이고, 불사(不死)의 실현이며, 윤회(輪廻)의 장막을 걷어내고 열반(涅槃)을 실현하는 깨달음입니다.

그래서 불교신자(佛教信者)는 '나는 누구인가?'라고 찾아 나서지 않아야 합니다. 그것은 그렇게 찾아지는 문제가 아닙니다. 스승이신 부처님이 찾아서 가르쳐준 그대로 배워 안 뒤에 나의 삶에 수반되는 문제 즉 고(苦)의 소멸을 위해 나설 때 그것이 바른 믿음이고 행복을 찾아 나서는 바른 출발입니다. ⇒「Ⅱ. 나는 누구인가?」

그렇습니다!「그대, 괴로울 것인가, 행복할 것인가?」의 문제는 이렇게 불교(佛教)의 최상위 개념입니다. 이 개념 위에서 부처님은 말합니다. ―「괴롭니? 행복하자!, 아프니? 아프지 마!」

당신의 제자들에 대한 스승의 사랑 그리고 모든 생명에 대한 부처님의 보편적 사랑은 바로 이런 불교의 최상위 개념에서 선언되는 것입니다. — 「pubbe cāhaṃ bhikkhave, etarahi ca dukkhañceva paññāpemi, dukkhassa ca nirodhaṃ 비구들이여, 예전에도 지금도 나는 오직 고(苦)와 고멸(苦滅)을 꿰뚫어 알게 한다(MN 22-뱀의 비유 경)/(SN SN 22.86/SN 44.2-아누라다 경)」

◇◇

(*1) 윤회(輪廻)에 대한 불교(佛教)의 해석
—「연기(緣起)된 식(識)[paṭiccasamuppannaṃ viññāṇaṃ]의 윤회(輪廻)」

무명(無明)에 덮이고 애(愛)에 묶인 중생 즉 불완전한 조건 관계로 생겨난 불완전한 존재에게 삶의 과정을 누적하며 변화하는 식(識)[연기(緣起)된 식(識)]이 몸과의 생존 기간의 불균형 때문에 죽고 태어남을 반복하는 현상 → 번뇌의 부서짐[누진(漏盡)]에 의해 무명(無明)을 벗겨내고 애(愛)에서 풀려나 해탈(解脫)할 때까지 지속됨.

이렇게 불완전한 존재 상태를 중심에 두고, 생겨나는 조건 관계와 뒤따라 수반되는 불만족한 삶을 설명하는 것이 연기(緣起) 즉 십이연기입니다. 근본경전연구회는 「존재[유(有)]를 중심에 둔 십이연기(十二緣起)」와 「삶의 메커니즘 - 십이연기 (十二緣起) 」의 그림으로 나타내었는데, '제3장 제2절 [1] 2. 1) 연기(緣起)의 정의 — (SN 12.1-연기 경)'에 소개하였습니다. → (181~182쪽)

☞ sutta.kr : 맛지마 니까야 관통 법회 - 38. 갈애 부서짐의 큰 경[식에 대한 두 가지 관점 & 연기된 식의 윤회](근본경전연구회 해피스님 211006)

마음이 몸과 함께한 상태로서의 삶을 보는 시각은 세 가지가 있는데, ①몸이 무너져 죽으면 마음도 소멸하고 만다는 단견(斷見)-단멸론(斷滅論)-유물론(唯物論)과 ②상(常)한 성질을 가지는 아(我)인 마음이 몸을 바꿔가며 윤회한다는 상견(常見)-상주론(常住論) 그리고 ③부처님에 의해 설명되는 연기(緣起)된 식(識)의 윤회입니다. 이때, 연기(緣起)된 식(識)의 윤회는 삶의 과정을 누적하며 변화하는 마음의 윤회여서 변화 즉 무아(無我)라는 근본과 중생들의 삶의 현상인 윤회(輪廻)를 같은 맥락에서 잘 설명해줍니다.

mahātaṇhāsaṅkhayasuttaṃ (MN 38-애(愛)의 부서짐의 큰 경)은 사띠 비구의 악하고 치우친 견해를 지적하고 부처님께서 설하신 삶에 대한 바른 견해를 드러내는 경입니다. 사띠 비구는 '그것, 오직 이 식(tadevidaṃ viññāṇaṃ)'이 옮겨가고 윤회한다고 주장하는데, 아

(我)의 윤회입니다. 부처님은 두 단계의 문답을 통해 옮겨가고 윤회하는 그것이 '연기된 식(paṭiccasamuppannaṃ viññāṇaṃ)'이라고 말하며, 아(我)의 윤회를 주장하는 사띠 비구를 꾸짖습니다. 이렇게 이 경은 윤회의 당사자가 연기(緣起)된 식(識)이라는 점을 분명히 해 줍니다. 연기(緣起) 즉 삶의 과정을 누적하며 변화하는 식(識)이라는 설명을 통해 무아(無我)라는 근본 위에서 진행되는 중생의 삶의 과정으로의 윤회(輪廻)를 꿰뚫어 선언하는 것입니다.

세상에는 무아(無我)와 윤회(輪廻)가 상반되는 개념이어서 불교 안에 윤회가 설 자리가 없다는 주장을 하는 사람도 있습니다. 그러나 이렇게 연기된 식의 윤회라는 부처님 가르침은 근본으로의 무아(無我)와 현상으로의 윤회(輪廻)를 같은 맥락에서 잘 설명하고 있다는 점은 주목해야 합니다. ―「무아(無我)와 윤회(輪廻)는 서로 어긋나는 교리가 아님」

또한, 세상에서는 바로 이 경을 근거로 부처님은 식(識)이 윤회하지 않는다고 말했다고 주장하는데, 경에 대한 잘못된 해석입니다. 경은 분명히 윤회하는 식이 아(我)가 아니라 연기(緣起)된 것이라는 점을 말하고 있기 때문입니다. 이 경에 대한 바른 이해는 중요합니다. 자칫, 불교가 단견(斷見)과 상견(常見)을 모두 극복하였지만, 윤회의 당사자를 직접 설명하지는 않는다고 오해할 수 있기 때문입니다. 실제로 많은 불교 학자가 윤회의 당사자를 설명하지 못하거나, 경에 근거하지 않은 제각각의 주장을 펼치는 것을 볼 수 있는데, 바로 이 경에 대한 잘못된 해석 때문입니다. 그러나 경은 분명히 단견(斷見)도 상견(常見)도 아닌 연기(緣起)된 식(識)의 윤회를 설명하고 있습니다. 그렇다면 부처님의 답은 배제하고서 답을 찾으려 하는 엉뚱함 때문에 이런 현상이 생긴다고 말해야 할 것인데, 공부의 중심을 경에 두지 않는 풍조 때문이라고 하겠습니다.

분명히 알아야 합니다. 연기(緣起)된 식(識)의 윤회, 이것이 윤회에 대한 불교의 확정적인 입장입니다!

(*2) 불교 윤회 사상의 기원 ― '네이버 지식iN'에서 불교 윤회 사상의 기원을 묻는 질문에 답한 글(2020.06.27)

☞ nikaya.kr : [질문] 불교 윤회사상 기원이 어떻게 되나요??

배워 알고 실천하는 불교 신자!

Ⅱ. 나는 누구인가?

☞ nikaya.kr : 해피스님의 십이연기 특강6 - 과정정리 & 나는 누구인가1) (근본경전연구회 181003)

☞ nikaya.kr : 해피스님의 십이연기 특강7 - 나는 누구인가2)(근본경전연구회 181010)

나는 누구인가? 스승이신 부처님이 찾아서 가르쳐준 대답은 무엇입니까?

부처님은 실체[아(我)-attan/atman]라는 시각의 밖에서 실존하는 나를 설명합니다. 무아(無我)이지만 구체적으로 세상을 만나며 살아가고 있는 나의 존재성에 대한 설명입니다. 마음이 몸과 함께 세상을 만나는 이야기의 주인공인 '나'인데, 첫째, 몸이 있는 상태를 말하는 유신(有身-sakkāya)이고, 둘째, 마음[식(識)]이 몸[색(色)]과 함께한 삶의 과정에서 생겨나고 누적되어 나를 구성하는 것들인 수(受)-상(想)-행(行)이 더해진 오온(五蘊)[색(色)-수(受)-상(想)-행(行)-식(識)]에 대한 집착 상태 즉 오취온(五取蘊)이고, 셋째, 지난 삶의 과정이 누적된 것인 오취온(五取蘊)이 작의(作意)와 촉(觸)으로 활성화되어 지금 세상을 만나는 상태를 나타내는 '서로 조건 되는 식(識)과 명색(名色)'입니다.

• 나 : 「유신(有身) → [삶의 과정] 오취온(五取蘊) → [활성화] 식(識)-명색(名色)」

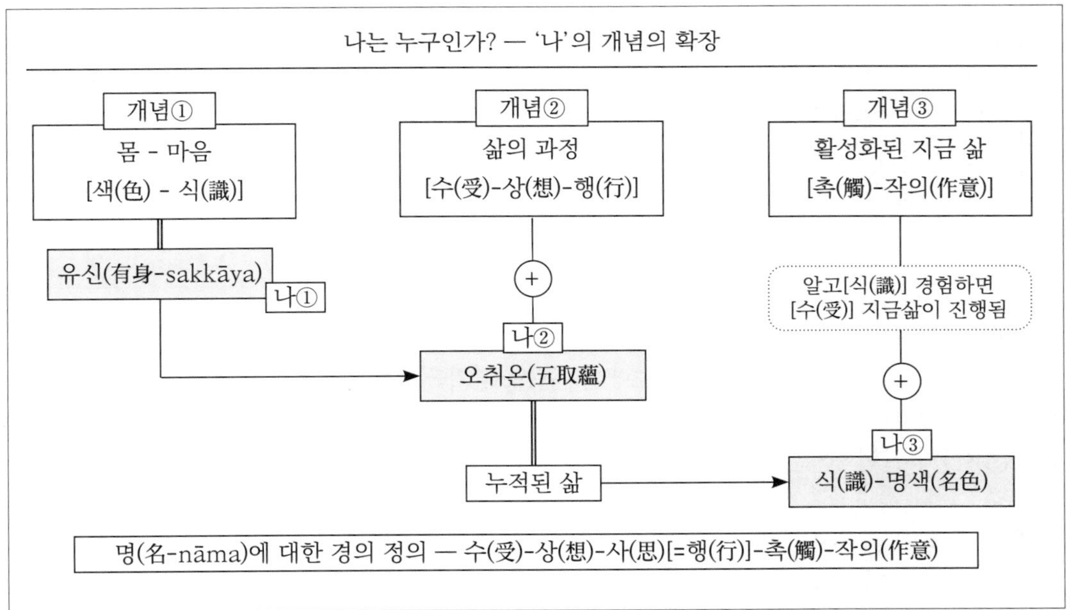

이때, 몸은 주목해야 합니다. 몸과 함께하는 상태가 중생인 나를 정의하는 근본입니다. 이 몸[색(色)]은 마음[식(識)]과의 생존 기간의 불균형 때문에 때때로 '몸이 무너지는 현상'을 초래하는데, 죽음입니다. 그래서 깨달음을 성취한 아라한조차도 몸이 무너지는 현상을 피할 수 없어서 죽어야 합니다.

그런데 (SN 12.19-우현(愚賢) 경)은 특별한 답을 줍니다. 무명(無明)에 덮이고 애(愛)에 묶여서 몸이 일어나는데, 삶의 과정에서 무명이 버려지지 않고 애가 부서지지 않으면 몸이 무너진 뒤 몸으로 가고, 무명이 버려지고 애가 부서지면 몸이 무너진 뒤 몸으로 가지 않는다는 설명입니다.

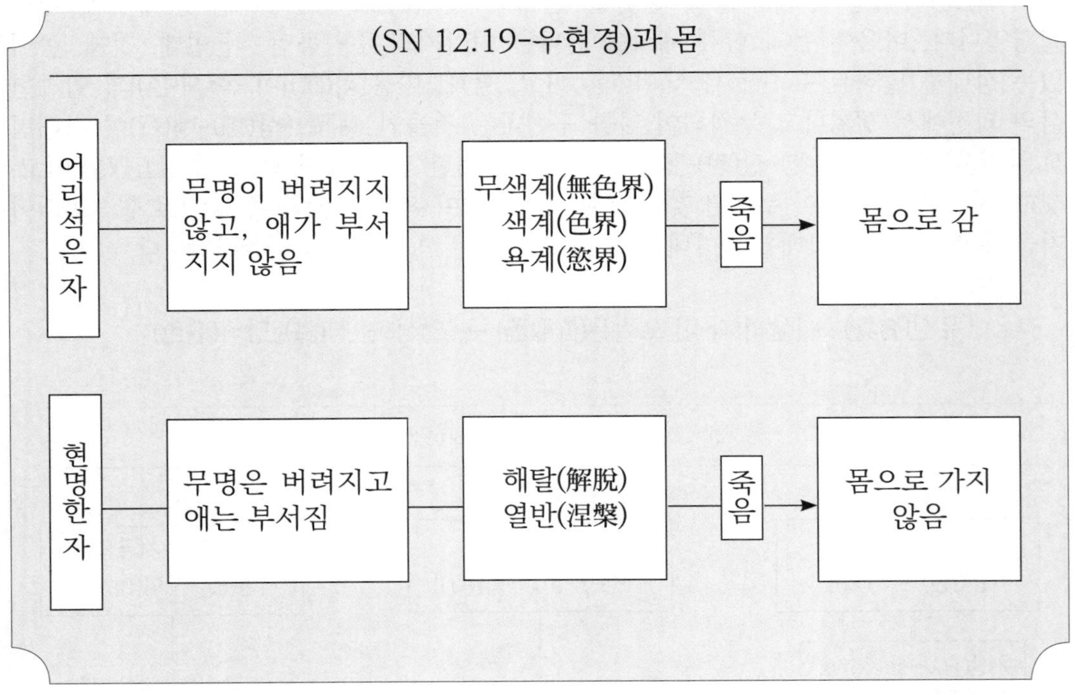

그렇다면 몸이 무너진 뒤 몸으로 가는 상태가 '무명에 덮이고 애에 묶여서 옮겨가고 윤회하는 중생이고(SN 15.1-풀과 나무토막 경), 몸으로 가지 않는 상태가 번뇌들로부터 심(心)이 해탈하여 깨달은 아라한이어서 더 이상 몸으로 가지 않기 때문에 태어나지 않음을 통한 불사(不死)의 실현 즉 윤회에서 벗어나게 된 것을 의미합니다.

이렇게 중생의 삶은 몸으로 가는 현상의 반복을 통해 윤회라는 이름으로 지속됩니다. 나는 바로 이런 존재입니다.

● 몸으로 가는 자와 몸으로 가지 않는 자 — (SN 12.19-우현(愚賢) 경) ●

sāvatthiyaṃ viharati … pe … "avijjānīvaraṇassa, bhikkhave, bālassa taṇhāya sampayuttassa evamayaṃ kāyo samudāgato. iti ayañceva kāyo bahiddhā ca nāmarūpaṃ, itthetaṃ dvayaṃ, dvayaṃ paṭicca phasso saḷevāyatanāni, yehi phuṭṭho bālo sukhadukkhaṃ paṭisaṃvedayati etesaṃ vā aññatarena".

사왓티에 머물다. … "비구들이여, 무명(無明)에 덮이고 애(愛)에 묶여서 어리석은 자에게 이렇게 이 몸이 일어난다. 이렇게 이 몸과 밖의 명색(名色)이 있다. 여기에 이 쌍(雙)이 있고, 쌍을 연(緣)하여 육촉처(六觸處)가 있다. 이들 가운데 어떤 것에 의해 닿아진 어리석은 자는 즐거움과 괴로움을 경험한다.

"avijjānīvaraṇassa, bhikkhave, paṇḍitassa taṇhāya sampayuttassa evamayaṃ kāyo samudāgato. iti ayañceva kāyo bahiddhā ca nāmarūpaṃ, itthetaṃ dvayaṃ, dvayaṃ paṭicca phasso saḷevāyatanāni, yehi phuṭṭho paṇḍito sukhadukkhaṃ paṭisaṃvedayati etesaṃ vā aññatarena".

비구들이여, 무명에 덮이고 애에 묶여서 현명한 자에게 이렇게 이 몸이 일어난다. 이렇게 이 몸과 밖의 명색(名色)이 있다. 여기에 이 쌍(雙)이 있고, 쌍을 연(緣)하여 육촉처(六觸處)가 있다. 이들 가운데 어떤 것에 의해 닿아진 현명한 자는 즐거움과 괴로움을 경험한다.

"tatra, bhikkhave, ko viseso ko adhippayāso kiṃ nānākaraṇaṃ paṇḍitassa bālenā"ti? "bhagavaṃmūlakā no, bhante, dhammā, bhagavaṃnettikā, bhagavaṃpaṭisaraṇā. sādhu vata, bhante, bhagavantaṃyeva paṭibhātu etassa bhāsitassa attho. bhagavato sutvā bhikkhū dhāressantī"ti.

비구들이여, 어리석은 자에 비해 현명한 자에게 어떤 차이, 어떤 특별함, 어떤 다름이 있는가?" "대덕이시여, 참으로 법들은 세존을 뿌리로 하고, 세존을 도관(導管)으로 하고, 세존을 의지합니다. 대덕이시여, 이 말씀의 의미를 세존께서 분명히 해주시면 참으로 감사하겠습니다. 비구들은 세존에게서 듣고서 명심할 것입니다."

"tena hi, bhikkhave, suṇātha, sādhukaṃ manasi karotha, bhāsissāmī"ti. "evaṃ, bhante"ti kho te bhikkhū bhagavato paccassosuṃ. bhagavā etadavoca —

"그렇다면, 비구들이여, 듣고 잘 사고(思考)하라. 나는 말할 것이다." "그러겠습니다, 대덕이시여."라고 비구들은 세존에게 대답했다. 세존은 이렇게 말했다. —

"yāya ca, bhikkhave, avijjāya nivutassa bālassa yāya ca taṇhāya sampayuttassa ayaṃ kāyo samudāgato, sā ceva avijjā bālassa appahīnā sā ca taṇhā aparikkhīṇā. taṃ kissa hetu? na, bhikkhave, bālo acari brahmacariyaṃ sammā dukkhakkhayāya. tasmā bālo kāyassa bhedā kāyūpago hoti, so kāyūpago samāno na parimuccati jātiyā jarāmaraṇena sokehi paridevehi dukkhehi domanassehi upāyāsehi. na parimuccati dukkhasmāti vadāmi.

"비구들이여, 무명에 덮이고 애에 묶인 어리석은 자에게 이 몸이 일어난다. 그 어리석은 자에게 무명은 버려지지 않고 애는 부서지지 않는다. 그 원인은 무엇인가? 비구들이여, 어리석은 자는 괴로움의 부서짐을 위해 바르게 범행을 닦지 않는다. 그래서 어리석은 자는 몸이 무너진 뒤 몸으로 간다. 몸으로 간 그는 태어남과 늙음-죽음과 슬픔-비탄-고통-고뇌-절망에서 벗어나지 못하고, 괴로움에서 벗어나지 못한다고 나는 말한다.

"yāya ca, bhikkhave, avijjāya nivutassa paṇḍitassa yāya ca taṇhāya sampayuttassa ayaṃ kāyo samudāgato, sā ceva avijjā paṇḍitassa pahīnā, sā ca taṇhā parikkhīṇā. taṃ kissa hetu? acari, bhikkhave, paṇḍito brahmacariyaṃ sammā dukkhakkhayāya. tasmā paṇḍito kāyassa bhedā na kāyūpago hoti. so akāyūpago samāno parimuccati jātiyā jarāmaraṇena sokehi paridevehi dukkhehi domanassehi upāyāsehi. parimuccati dukkhasmāti vadāmi. ayaṃ kho, bhikkhave, viseso, ayaṃ adhippayāso, idaṃ nānākaraṇaṃ paṇḍitassa bālena yadidaṃ brahmacariyavāso"ti.

비구들이여, 무명에 덮이고 애에 묶인 현명한 자에게 이 몸이 일어난다. 그 현명한 자에게 무명은 버려지고 애는 부서진다. 그 원인은 무엇인가? 비구들이여, 현명한 자는 괴로움의 부서짐을 위해 바르게 범행을 닦는다. 그래서 현명한 자는 몸이 무너진 뒤 몸으로 가지 않는다. 몸으로 가지 않은 그는 태어남과 늙음-죽음과 슬픔-비탄-고통-고뇌-절망에서 벗어나고, 괴로움에서 벗어난다고 나는 말한다. 비구들이여, 범행의 실천, 어리석은 자에 비해 현명한 자에게 이것이 차이이고, 이것이 특별함이고, 이것이 다름이다."

배워 알고 실천하는 불교 신자!

▣ 유신(有身-sakkāya)의 보충 설명

「"anamataggoyaṃ bhikkhave, saṃsāro. pubbā koṭi na paññāyati avijjānīvaraṇānaṃ sattānaṃ taṇhāsaṃyojanānaṃ sandhāvataṃ saṃsarataṃ. 비구들이여, 윤회는 시작이 알려지지 않는 것이다. 무명(無明)에 덮이고 애(愛)에 묶여서 옮겨가고 윤회하는 중생들에게 처음 시작점은 알려지지 않는다.」 (SN 15-시작이 알려지지 않음 상윳따)의 경들 등.

무명과 애가 해소되지 않은 존재들은 몸으로 가는 현상에 의해 윤회하는데, 언제부터 몸으로 가는 현상이 발생하였는지 즉 윤회의 시작점은 무명과 애가 해소되지 않는 한 알려지지 않는다는 말씀입니다.

그런데 몸으로 가지 않은 마음[심(心)-의(意)-식(識)(SN 12.61-배우지 못한 자 경)] 즉 무명과 애에 구속되지 않는 마음은 어떤 것입니까? (DN 11-께왓따 경)과 (MN 49-범천의 초대 경)은 「viññāṇaṃ anidassanaṃ anantaṃ sabbato pabhaṃ 식(識)은 속성이 없고, 한계가 없고, 모든 관점에서 빛난다.」고 하는데, 무명과 애의 구속 이전의 식(識)의 상태를 알려줍니다. 하지만, 무명에 덮이고 애에 묶이는 때로부터 식(識)은 욕계(慾界)-색계(色界)-무색계(無色界)의 중생 세상에 머물러서 한계가 생기고(AN 3.77-존재 경1), 의도와 기대라는 속성이 생기면서(AN 3.78-존재 경2), 빛을 잃고 몸으로 가는 현상이 발생합니다.

> 「"pabhassaramidaṃ, bhikkhave, cittaṃ. tañca kho āgantukehi upakkilesehi upakkiliṭṭhan"ti. 비구들이여, 이 심(心)은 빛난다. 그러나 그것은 손님인 오염원에 의해 오염되었다.
>
> "pabhassaramidaṃ, bhikkhave, cittaṃ. tañca kho āgantukehi upakkilesehi vippamuttan"ti. 비구들이여, 이 심(心)은 빛난다. 그리고 그것은 손님인 오염원으로부터 벗어났다.」 (AN 1.41-50-잘못된 지향 품)

그래서 몸은 중생의 모든 문제의 근원입니다. 몸 때문에 죽고 태어나 윤회하고, 몸 때문에 늙고 병드는 등 모든 괴로움을 겪습니다. — 「sārīrikānaṃ kho etaṃ, bhikkhave, dukkhānaṃ vedanānaṃ adhivacanaṃ yadidaṃ 'pātālo'ti. assutavā, bhikkhave, puthujjano sārīrikāya dukkhāya vedanāya phuṭṭho samāno socati kilamati paridevati urattāḷiṃ kandati sammohaṃ āpajjati. 비구들이여, '깊은 구렁'이라는 것은 몸에 속한 그 괴로운 느낌들을 지시하는 것이다. 비구들이여, 몸에 속한 그 괴로운 느낌에 닿아 있는 배우지 못한 범부는 슬퍼하고 힘들어하고 비탄에 빠지고 가슴을 치며 울부짖고 당황한다.」 (SN 36.4-깊은 구렁 경)

이렇게 마음에게 몸이 있는 상태 또는 몸과 함께한 존재 상태를 지시하는 용어가 유신(有身

-sakkāya)입니다. 그래서 유신(有身)은 나를 지칭하는 말이고, 삶의 과정을 누적하여 오취온(五取蘊)이 되고, 그 활성화된 삶을 식(識)과 명색(名色)이라고 설명합니다. 또한, 식(識)과 명색(名色)의 서로 조건 됨과 생존 기간의 불균형 때문에 윤회합니다(DN 15.1-대인연경, 연기). 이것이 무명과 애의 구속 때문에 몸에 제약된 존재의 삶입니다.

그런데 수명이 긴 신(神)들은 이런 몸의 제약을 인식하지 못하기도 합니다. 그러나 부처님이 출현하여 무명과 애의 해소를 위한 법을 설하면, 그 법을 듣고서 존재의 무상(無常)을 알게 되고 스스로 유신(有身)에 속해있음을 이해하게 됩니다(SN 22.78-사자 경). 몸은 중생인 한 예외가 없는 존재의 구성 요소이기 때문입니다.

그러면 무명과 애를 해소하여 더 이상 몸으로 가지 않는 마음은 어떻게 됩니까? 깨달아 윤회에서 벗어나 몸의 제약에서 벗어난 때의 마음은 어떤 존재 상태를 가집니까?

이 질문의 답은 무기(無記)입니다. 무명에 덮이고 애에 묶인 중생들의 사유가 미치지 못하는 영역은 오직 무명과 애의 해소를 통해서만 직접 확인될 수 있기 때문입니다. 그래서 몸으로 가지 않게 된 때의 존재 상태는 이런 네 가지 무기(無記)로 설명됩니다. —「여래는 죽은 뒤에 '①존재한다. ②존재하지 않는다. ③존재하기도 하고 존재하지 않기도 한다. ④존재하는 것도 아니고 존재하지 않는 것도 아니다.'의 어떤 경우에도 그렇다고 설명하지 않음」(SN 44.1-케마 경) 등.

이런 무기의 영역에 있는 즉 몸으로 가지 않은 마음[심(心)-의(意)-식(識)]은 신과 사람들에게 보이지 않습니다. 마라 또한 그 마음을 찾을 수 없습니다.

- 「evameva kho, bhikkhave, ucchinnabhavanettiko tathāgatassa kāyo tiṭṭhati, yāvassa kāyo ṭhassati, tāva naṃ dakkhanti devamanussā, kāyassa bhedā uddhaṃ jīvitapariyādānā na naṃ dakkhanti devamanussā"ti. 이처럼, 비구들이여, 여래는 존재로 이끄는 도관(導管)이 끊어진 몸으로 남아 있다. 이 몸이 남아 있을 때까지 신과 사람들은 그를 본다. 몸이 무너져 생명이 다하면 신과 사람들은 그를 보지 못한다.」(DN 1-범망경)

- 「"eso kho, bhikkhave, māro pāpimā godhikassa kulaputtassa viññāṇaṃ samanvesati — 'kattha godhikassa kulaputtassa viññāṇaṃ patiṭṭhitan'ti? appatiṭṭhitena ca, bhikkhave, viññāṇena godhiko kulaputto parinibbuto"ti. 비구들이여, 이 마라 빠삐만뜨가 좋은 가문의 아들 고디까의 식(識)을 찾고 있다. — '좋은 가문의 아들 고디까의 식(識)은 어디에 머물렀을까?' 라고. 그러나 비구들이여, 좋은 가문의 아들 고디까는 식(識)이 머물지 않음에 의해 완전히 열반했다.」(SN 4.23-고디까 경)/(SN 22.87-왁깔리 경)

한편, 이렇게 '유신(有身)은 마음에게 몸이 있는 상태'라는 해석에 타당성을 부여해주는 교리가 있는데, 지(地)-수(水)-화(火)-풍(風)-공(空)-식(識)의 육계(六界-여섯 가지 요소)입니다.

유신(有身)은 나 즉 사람에 대한 이해입니다. 그런데 부처님과 육사외도(六師外道)에 포함되는 아지따 께사깜발리는 사람을 다르게 정의합니다.

• 아지따 께사깜발리 — 「cātumahābhūtiko ayaṃ puriso, - 사람은 사대(四大)로 되어있다.」(DN 2-사문과경)

• 부처님 — 「chadhāturo ayaṃ, bhikkhu, puriso'ti - 비구여, 사람은 육계(六界)로 되어있다.」(MN 140-요소의 분석 경)

지(地)-수(水)-화(火)-풍(風) 사대(四大) 즉 색(色-물질)이 사람을 구성하는 일차적 요소라는 아지따 께사깜발리의 주장은 유물론(唯物論)-단멸론(斷滅論)-단견(斷見)입니다. 식(識-마음)은 색(色)으로 구성되는 사람의 삶의 과정에서 생겨나는 이차적 요소라는 해석입니다. 하지만, 부처님의 관점은 다릅니다. 부처님은 식(識)이 색(色)과 대등하게 삶을 구성하는 일차적 요소라는 점을 말해주는데, 지(地)-수(水)-화(火)-풍(風)-공(空)-식(識)의 육계(六界)로 구성된 사람의 선언입니다. 이때, 공(空-ākāsa-공간)은 사대(四大)의 결합인 사대조색(四大造色)을 구성하는 요소이므로 물질에 속합니다. 그래서 육계(六界)는 색(色)과 식(識)의 조성입니다. 부처님은 이렇게 사람이 색(色)과 식(識)으로 구성되어 있다는 선언을 통해 식(識-마음)이 색(色-몸)과 함께하는 상태가 사람 즉 나라고 알려주는 것입니다. 바로 유신(有身)입니다.

그리고 색(色-몸)과 식(識-마음)이 함께하는 삶의 과정에서 생겨나는 수(受-경험)-상(想-경향)-행(行-형성작용)이 함께 누적된 오온(五蘊)-오취온(五取蘊)으로 나의 존재는 다시 확장되는데, 유신(有身)이 곧 오취온 (五取蘊)이라는 설명입니다. — 「katamo ca, bhikkhave, sakkāyo? pañcupādānakkhandhātissa vacanīyaṃ. katame pañca? seyyathidaṃ — rūpupādānakkhandho, vedanupādānakkhandho, saññupādānakkhandho, saṅkhārupādānakkhandho, viññāṇupādānakkhandho. ayaṃ vuccati, bhikkhave, sakkāyo. sakkāyasuttaṃ 비구들이여, 무엇이 유신(有身)인가? 오취온(五取蘊)이라고 말해야 한다. 무엇이 다섯인가? 말하자면, 색취온(色取蘊), 수취온(受取蘊), 상취온(想取蘊), 행취온(行取蘊), 식취온(識取蘊)이다. 비구들이여, 이것이 유신(有身)이라고 불린다.」(SN 22.105-유신(有身) 경)

일반적으로 사람들은 이런 사실을 알지 못하고, 확인하지 못합니다. 그러나 정정(正定-바른 삼매)을 닦는 과정의 제사선(第四禪) 위에서 지(知)와 견(見)으로 심(心)을 향하게 하고 기울게 하면 분명히 알게 됩니다. — 「'ayaṃ kho me kāyo rūpī cātumahābhūtiko mātāpettikasambhavo odanakummāsūpacayo aniccucchādana-parimaddana-bhedana-viddhaṃsana-dhammo; idañca pana me viññāṇaṃ ettha sitaṃ ettha paṭibaddhan'ti 나의 이 몸은 물질이어서 사대(四大)로 구성된 것이고, 부모에 속한 것에서 생겨난 것이고, 밥과 응유가 집적된 것이고, 무상하고 쇠퇴하고 부서지고 해체되고 흩어지는 것이다. 그런데 나의 이 식(識)은 여기에 의지하고 여기에 묶여있다.'라고.(DN 2-사문과경)」

이렇게 식(識-마음)은 무명(無明)에 덮이고 애(愛)에 묶인 사람들에게는 잘 확인되지 않지만 바른 공부를 통한 삶의 향상과정에서 색(色-몸)에 의지하고 묶인 형편을 알게 되고, 더 나아가 의지하고 묶이기 이전의 그 존재성이 확인됩니다. 그때 무명과 애(愛)의 구속을 해소하는 깨달음에 의해 몸의 제약에서 벗어나 해탈하여 윤회에서 벗어나게 되는 것입니다. 물론, 이렇게 확인되는 식(識)은 삶의 과정을 누적하며 변화하는 연기(緣起)된 식(識)이어서, 참된 것 즉 아(我-attan/atman)라고 주장하는 상견(常見)과도 차별됩니다.

● 유신견(有身見-sakkāyadiṭṭhi) — 유신(有身)에 대한 (왜곡된) 견해

상(常)-락(樂)-아(我)의 무명(無明)의 번뇌[무명루(無明漏)] 때문에 유신(有身)에 대해 바르게 보지 못하고 참된 존재[아(我)]라고 보는 견해 즉 색(色)-수(受)-상(想)-행(行)-식(識) 오온(五蘊)을 아(我)로부터 관찰할 때 생기는 왜곡된 견해 ⇒ (MN 44-교리문답의 작은 경) 참조

※ 경에서 diṭṭhi는 대부분 무명(無明)과 애(愛)에 의한 중생의 견해를 지시함

Ⅲ. 역할 분담

(AN 4.160-선서의 율 경)은 아홉 가지 덕성을 갖춘 여래가 바로 선서(善逝) 즉 진리의 길 보이신 분이라고 하면서 선서의 두 가지 역할 즉 법을 설하고 범행을 드러내는 것을 말합니다. 이어서 정법(正法)을 혼란하게 하고 사라지게 하는 네 가지와 흔들리지 않게 하고 혼란하지 않게 하고 사라지지 않게 하는 네 가지를 제시하는데, 제자들의 역할입니다.

- 부처님의 역할 — ①처음도 좋고 중간에도 좋고 끝도 좋은, 의미를 갖추고 표현을 갖춘 법을 설하고, ②온전하게 완전하고 청정한 범행(梵行)을 드러냄.

- 제자들의 역할 — ①음절과 단어가 잘 배열되어 잘 구성된 경들을 철저히 배우고, ②유연하고 원만하게 하는 법들을 갖추고 인내하고 이어지는 가르침을 바르게 붙잡고, ③진지하게 경을 남에게 가르치고, ④풍족하게 살지 않고 해이하지 않고 들어갈 때는 짐을 내려놓고 여읨에서는 앞서가고 얻지 못한 것을 얻기 위해 성취하지 못한 것을 성취하기 위해 실현하지 못한 것을 실현하기 위해 열심히 노력함.

이때, 제자들의 역할은 되짚어 보아야 합니다.

첫째, 부처님이 설하신 '처음도 좋고 중간에도 좋고 끝도 좋은, 의미를 갖추고 표현을 갖춘 법'을 설하신 그대로 '음절과 단어가 잘 배열되어 잘 구성된 경들'을 철저히 배워야 합니다. 배움의 대상이 되는 경들이 설하신 그대로를 벗어나면 부처님의 역할로써 설해진 가르침이 왜곡되기 때문입니다.

둘째, 유연하고 원만하게 하는 법들을 갖추고 인내하고 이어지는 가르침을 바르게 붙잡아야 하는데, 특히, (MN 15-미루어 생각함 경)은 원만하게 하는 법(↔모나게 하는 법)에 초점을 두고 이 역할을 설명합니다. 설하신 그대로 바르게 배운 제자들의 삶은 이러해야 한다는 의미입니다.

☞ sutta.kr : 맛지마니까야 관통법회 - 15. 미루어 생각함 경[부처님과 제자들의 역할 분담 - 선서의 율 경](근본경전연구회 해피스님 210217)

셋째, 배우고 계승한 그대로 진지하게 경을 남에게 가르쳐야 합니다. 그래야 그들이 죽은 뒤에도 경들은 뿌리가 잘리지 않아 의지처가 될 수 있습니다.

넷째, 선배들부터 모범적인 삶을 살아야 합니다. 풍족하게 살지 않고, 해이하지 않으며, 들어갈 때는 짐을 내려놓고, 여읨에서는 앞서가야 합니다. 그렇게 얻지 못한 것을 얻기 위해, 성취하지 못한 것을 성취하기 위해, 실현하지 못한 것을 실현하기 위해 열심히 노력해야 합니다. 그래야 후배들도 선배를 본받아 모범적인 삶을 살 수 있게 됩니다. 이때, '풍족하게 살지 않고, 해이하지 않고, 들어갈 때는 짐을 내려놓고, 여읨에서는 앞서가는 것'은, (MN 3-법(法)의 후계자 경)이 말하는, 스승이 홀로 머무실 때 제자들이 떨침을 이어서 공부하는 것의 일환이어서 이런 제자는 칭찬받습니다.

☞ sutta.kr : 맛지마니까야 관통법회 - 3.법의 후계자 경[스승이 버려야 한다고 말한 법들](근본경전연구회 해피스님 201028)

이렇게 제자들의 역할은 네 가지로 제시되는데, 제자들이 역할에 충실하면 정법(正法)은 흔들리지 않고, 혼란하지 않고, 사라지지 않습니다. 그리고 (AN 4.160-선서의 율 경)이 제시하는 제자의 역할은 (AN 5.156-정법을 혼란스럽게 함 경3)에서는 ⑤상가의 화합을 포함한 다섯 가지로 제시됩니다.

☞ nikaya.kr : 주제의 확장 — (19)「부처님과 제자들의 역할 분담」

● 부처님과 제자들의 역할 분담 — (AN 4.160-선서의 율 경) ●

"sugato vā, bhikkhave, loke tiṭṭhamāno sugatavinayo vā tadassa bahujanahitāya bahujanasukhāya lokānukampāya atthāya hitāya sukhāya devamanussānaṃ.

비구들이여, 선서(善逝)와 선서(善逝)의 율(律)은 많은 사람의 이익과 많은 사람의 행복을 위하여, 세상을 연민하기 위하여, 신과 인간의 번영과 이익과 행복을 위하여 세상에 존재한다.

"katamo ca, bhikkhave, sugato? idha, bhikkhave, tathāgato loke uppajjati arahaṃ sammāsambuddho vijjācaraṇasampanno sugato lokavidū anuttaro purisadammasārathi satthā devamanussānaṃ buddho bhagavā. ayaṃ, bhikkhave, sugato.

그러면 비구들이여, 무엇이 선서인가? 여기, 비구들이여, 아라한(阿羅漢)-정등각 (正等覺)-명행족(明行足)-선서(善逝)-세간해(世間解)-무상조어장부(無上調御丈夫)-천인사(天人師)-불(佛)-세존(世尊)인 여래가 세상에 출현한다. 이것이, 비구들이여, 선서(善逝)이다.

“katamo ca, bhikkhave, sugatavinayo? so dhammaṃ deseti ādikalyāṇaṃ majjhekalyāṇaṃ pariyosānakalyāṇaṃ sātthaṃ sabyañjanaṃ, kevalaparipuṇṇaṃ parisuddhaṃ brahmacariyaṃ pakāseti. ayaṃ, bhikkhave, sugatavinayo. evaṃ sugato vā, bhikkhave, loke tiṭṭhamāno sugatavinayo vā tadassa bahujanahitāya bahujanasukhāya lokānukampāya atthāya hitāya sukhāya devamanussānanti.

그러면 비구들이여, 무엇이 선서(善逝)의 율(律)인가? 그는 처음도 좋고 중간에도 좋고 끝도 좋은, 의미를 갖추고 표현을 갖춘 법을 설하고, 온전하게 완전하고 청정한 범행(梵行)을 드러낸다. 이것이, 비구들이여, 선서(善逝)의 율(律)이다. 이렇게, 비구들이여, 선서(善逝)와 선서(善逝)의 율(律)은 많은 사람의 이익과 많은 사람의 행복을 위하여, 세상을 연민하기 위하여, 신과 인간의 번영과 이익과 행복을 위하여 세상에 존재한다.

“cattārome, bhikkhave, dhammā saddhammassa sammosāya antaradhānāya saṃvattanti. katame cattāro? idha, bhikkhave, bhikkhū duggahitaṃ suttantaṃ pariyāpuṇanti dunnikkhittehi padabyañjanehi. dunnikkhittassa, bhikkhave, padabyañjanassa atthopi dunnayo hoti. ayaṃ, bhikkhave, paṭhamo dhammo saddhammassa sammosāya antaradhānāya saṃvattati.

비구들이여, 이런 네 가지 법은 정법(正法)을 혼란하게 하고 사라지게 한다. 어떤 네 가지인가? 여기, 비구들이여, 비구들은 음절과 단어가 잘못 배열되어 잘못 구성된 경들을 철저히 배운다. 음절과 단어가 잘못 배열되면 의미도 이해하기 어렵다. 이것이, 비구들이여, 정법(正法)을 혼란하게 하고 사라지게 하는 첫 번째 법이다.

“puna caparaṃ, bhikkhave, bhikkhū dubbacā honti dovacassakaraṇehi dhammehi samannāgatā akkhamā appadakkhiṇaggāhino anusāsaniṃ. ayaṃ, bhikkhave, dutiyo dhammo saddhammassa sammosāya antaradhānāya saṃvattati.

다시, 비구들이여, 비구들이 완고하고, 모나게 하는 법들을 갖추고, 인내하지 않고, 이어지는 가르침을 바르게 붙잡지 않는다. 이것이, 비구들이여, 정법(正法)을 혼란하게 하고 사라지게 하는 두 번째 법이다.

“puna caparaṃ, bhikkhave, ye te bhikkhū bahussutā āgatāgamā dhammadharā vinayadharā mātikādharā, te na sakkaccaṃ suttantaṃ paraṃ vācenti. tesaṃ accayena chinnamūlako suttanto hoti appaṭisaraṇo. ayaṃ, bhikkhave, tatiyo dhammo saddhammassa sammosāya antaradhānāya saṃvattati.

다시, 비구들이여, 많이 배웠고, 가르침을 계승하고, 법(法)을 명심하고, 율(律)을 명심하고, 논모(論母)를 명심하는 그 비구들은 진지하게 경을 남에게 가르치지 않는다. 그들이 죽은 뒤에 경들은 뿌리가 잘리어 의지처가 되지 못한다. 이것이, 비구들이여, 정법(正法)을 혼란하게 하고 사라지게 하는 세 번째 법이다.

"puna caparaṃ, bhikkhave, therā bhikkhū bāhulikā honti sāthalikā, okkamane pubbaṅgamā, paviveke nikkhittadhurā, na vīriyaṃ ārabhanti appattassa pattiyā anadhigatassa adhigamāya asacchikatassa sacchikiriyāya. tesaṃ pacchimā janatā diṭṭhānugatiṃ āpajjati. sāpi hoti bāhulikā sāthalikā, okkamane pubbaṅgamā, paviveke nikkhittadhurā, na vīriyaṃ ārabhati appattassa pattiyā anadhigatassa adhigamāya asacchikatassa sacchikiriyāya. ayaṃ, bhikkhave, catuttho dhammo saddhammassa sammosāya antaradhānāya saṃvattati. ime kho, bhikkhave, cattāro dhammā saddhammassa sammosāya antaradhānāya saṃvattantī"ti.

다시, 비구들이여, 장로 비구들은 풍족하게 살고, 해이하다. 들어갈 때는 앞서고, 여읨에서는 짐을 내려놓는다. 얻지 못한 것을 얻기 위해, 성취하지 못한 것을 성취하기 위해, 실현하지 못한 것을 실현하기 위해 열심히 노력하지 않는다. 그들의 뒷사람들도 견해를 뒤따른다. 그들도 풍족하게 살고, 해이하다. 들어갈 때는 앞서고, 여읨에서는 짐을 내려놓는다. 얻지 못한 것을 얻기 위해, 성취하지 못한 것을 성취하기 위해, 실현하지 못한 것을 실현하기 위해 열심히 노력하지 않는다. 이것이, 비구들이여, 정법(正法)을 혼란하게 하고 사라지게 하는 네 번째 법이다. 이것이, 비구들이여, 정법(正法)을 혼란하게 하고 사라지게 하는 네 가지 법이다.

"cattārome, bhikkhave, dhammā saddhammassa ṭhitiyā asammosāya anantaradhānāya saṃvattanti. katame cattāro? idha, bhikkhave, bhikkhū suggahitaṃ suttantaṃ pariyāpuṇanti sunikkhittehi padabyañjanehi. sunikkhittassa, bhikkhave, padabyañjanassa atthopi sunayo hoti. ayaṃ, bhikkhave, paṭhamo dhammo saddhammassa ṭhitiyā asammosāya anantaradhānāya saṃvattati.

비구들이여, 이런 네 가지 법은 정법(正法)을 흔들리지 않게 하고 혼란하지 않게 하고 사라지지 않게 한다. 어떤 네 가지인가? 여기, 비구들이여, 비구들은 음절과 단어가 잘 배열되어 잘 구성된 경들을 철저히 배운다. 음절과 단어가 바르게 배열되면 의미도 이해하기 쉽다. 이것이, 비구들이여, 정법(正法)을 흔들리지 않게 하고 혼란하지 않게 하고 사라지지 않게 하는 첫 번째 법이다.

"puna caparaṃ, bhikkhave, bhikkhū suvacā honti sovacassakaraṇehi dhammehi samannāgatā khamā padakkhiṇaggāhino anusāsaniṃ. ayaṃ, bhikkhave, dutiyo dhammo saddhammassa ṭhitiyā asammosāya anantaradhānāya saṃvattati.

다시, 비구들이여, 비구들이 유연하고, 원만하게 하는 법들을 갖추고, 인내하고, 이어지는 가르침을 바르게 붙잡는다. 이것이, 비구들이여, 정법(正法)을 흔들리지 않게 하고 혼란하지 않게 하고 사라지지 않게 하는 두 번째 법이다.

"puna caparaṃ, bhikkhave, ye te bhikkhū bahussutā āgatāgamā dhammadharā vinayadharā mātikādharā, te sakkaccaṃ suttantaṃ paraṃ vācenti. tesaṃ accayena nacchinnamūlako suttanto hoti sappaṭisaraṇo. ayaṃ, bhikkhave, tatiyo dhammo saddhammassa ṭhitiyā asammosāya anantaradhānāya saṃvattati.

다시, 비구들이여, 많이 배웠고, 가르침을 계승하고, 법(法)을 명심하고, 율(律)을 명심하고, 논모(論母)를 명심하는 그 비구들은 진지하게 경을 남에게 가르친다. 그들이 죽은 뒤에도 경들은 뿌리가 잘리지 않아 의지처가 된다. 이것이, 비구들이여, 정법(正法)을 흔들리지 않게 하고 혼란하지 않게 하고 사라지지 않게 하는 세 번째 법이다.

"puna caparaṃ, bhikkhave, therā bhikkhū na bāhulikā honti na sāthalikā, okkamane nikkhittadhurā, paviveke pubbaṅgamā, vīriyaṃ ārabhanti appattassa pattiyā anadhigatassa adhigamāya asacchikatassa sacchikiriyāya. tesaṃ pacchimā janatā diṭṭhānugatiṃ āpajjati. sāpi hoti na bāhulikā na sāthalikā, okkamane nikkhittadhurā, paviveke pubbaṅgamā, vīriyaṃ ārabhati appattassa pattiyā anadhigatassa adhigamāya asacchikatassa sacchikiriyāya. ayaṃ, bhikkhave, catuttho dhammo saddhammassa ṭhitiyā asammosāya anantaradhānāya saṃvattati. ime kho, bhikkhave, cattāro dhammā saddhammassa ṭhitiyā asammosāya anantaradhānāya saṃvattantī"ti. .

다시, 비구들이여, 장로 비구들은 풍족하게 살지 않고, 해이하지 않다. 들어갈 때는 짐을 내려놓고, 여읨에서는 앞서간다. 얻지 못한 것을 얻기 위해, 성취하지 못한 것을 성취하기 위해, 실현하지 못한 것을 실현하기 위해 열심히 노력한다. 그들의 뒷사람들도 견해를 뒤따른다. 그들도 풍족하게 살지 않고, 해이하지 않다. 들어갈 때는 짐을 내려놓고, 여읨에서는 앞서간다. 얻지 못한 것을 얻기 위해, 성취하지 못한 것을 성취하기 위해, 실현하지 못한 것을 실현하기 위해 열심히 노력한다. 이것이, 비구들이여, 정법(正法)을 흔들리지 않게 하고 혼란하지 않게 하고 사라지지 않게 하는 네 번째 법이다. 이것이, 비구들이여, 정법(正法)을 흔들리지 않게 하고 혼란하지 않게 하고 사라지지 않게 하는 네 가지 법이다.

배워 알고 실천하는 불교 신자!

제2장

부처님-불(佛)-buddha

왜 여래(如來)이고, 왜 부처인지로 시작하였습니다. 그리고 부처님의 삶에 대해 탄생으로부터 돌아가시는 전체 과정을 먼저 ①탄생 → ②출가 → ③깨달음 → ④깨달음 이후의 삶의 과정으로 구분하였습니다. 그리고 깨달음 이후의 과정을 다시 ①세상에 존재를 드러냄 → ②깨달음의 재현-제자들의 깨달음 → ③전도선언-중생구제 → ④교단의 확장 → ⑤부처로서의 45년 → ⑥마지막 직계제자 → ⑦최고의 예배 → ⑧열반의 순서로 전개하여 모두 11단계의 주제를 이어가며 서술하였습니다.

【여래의 출현 이유 — 세 가지 법】 (AN 10.76-세 가지 법 경)

☞ nikaya.kr : 기본기 & 세 가지 법 경(기본기 서울 160311)

불교는 형이상학이 아닙니다. 불교는 사는 이야기입니다. 마음이 몸과 함께 세상을 만나는 이야기의 어디 어디에 어떤 어떤 문제가 있어서 괴로움이 생겨나는지, 어떻게 어떻게 대응하면 문제가 해소되고 괴로움이 소멸하는지에 대한 대답입니다.

존재 위에 덧씌워진 소유의 문제는 보통의 스승들도 대답을 줍니다. 그리고 존재의 문제를 줄여나가 좀 더 높은 존재로 살아가는 방법도 웬만한 스승들이 대답을 줄 수 있습니다. 그러나 존재가 가진 근본의 문제를 해소하고 존재로부터 벗어나는 방법은 세상에 오직 한 분, 아라한이고 정등각이신 부처님 외에는 대답을 주지 못합니다.

그러면 존재가 가진 근본의 문제는 무엇입니까? 태어나야 하고, 늙어야 하고, 죽어야 하는 것 즉 윤회(輪廻)입니다. 삶의 가장 깊은 곳에서 작용하는 탐(貪)-진(嗔)-치(癡)가 남아 있는 한 벗어날 수 없는 문제입니다. 그래서 삶의 심오함의 끝에 닿아 거기의 문제를 해소하신 분으로의 아라한-정등각이신 부처님 말고는 누구도 대답을 주고 그 건넘을 이끌 수 없습니다.

"tayome, bhikkhave, dhammā loke na saṃvijjeyyuṃ, na tathāgato loke uppajjeyya arahaṃ sammāsambuddho, na tathāgatappavedito dhammavinayo loke dibbeyya. katame tayo? jāti ca, jarā ca, maraṇañca — ime kho, bhikkhave, tayo dhammā loke na saṃvijjeyyuṃ, na tathāgato loke uppajjeyya arahaṃ sammāsambuddho, na tathāgatappavedito dhammavinayo loke dibbeyya. yasmā ca kho, bhikkhave, ime tayo dhammā loke saṃvijjanti tasmā tathāgato loke uppajjati arahaṃ sammāsambuddho, tasmā tathāgatappavedito dhammavinayo loke dibbati.

비구들이여, 이런 세 가지 법들이 없었다면 여래(如來)-아라한(阿羅漢)-정등각 (正等覺)은 세상에 출현하지 않았을 것이고, 여래에 의해 선언된 법(法)과 율(律)도 세상에 유통되지 않았을 것이다. 어떤 셋인가? 생(生)과 노(老)와 사(死) — 비구들이여, 이런 세 가지 법들이 없었다면 여래-아라한-정등각은 세상에 출현하지 않았을 것이고, 여래에 의해 선언된 법과 율도 세상에 유통되지 않았을 것이다. 비구들이여, 이런 세 가지 법들이 세상에 있기 때문에 여래-아라한-정등각이 세상에 출현하고, 여래에 의해 선언된 법과 율이 세상에서 유통된다.

"tayome, bhikkhave, dhamme appahāya abhabbo jātiṃ pahātuṃ jaraṃ pahātuṃ maraṇaṃ pahātuṃ. katame tayo? rāgaṃ appahāya, dosaṃ appahāya, mohaṃ appahāya — ime kho, bhikkhave, tayo dhamme appahāya abhabbo jātiṃ pahātuṃ jaraṃ pahātuṃ maraṇaṃ pahātuṃ.

비구들이여, 이런 세 가지 법들을 버리지 못하면 생(生)을 버리는 것, 노(老)를 버리는 것, 사(死)를 버리는 것이 불가능하다. 어떤 셋인가? 탐(貪)을 버리지 못하고, 진(嗔)을 버리지 못하고, 치(癡)를 버리지 못하면 — 비구들이여, 이런 세 가지 법들을 버리지 못하면 생을 버리는 것, 노를 버리는 것, 사를 버리는 것이 불가능하다.

← 유신견(有身見), 의심, 계금취(戒禁取) ← 비여리작의(非如理作意), 잘못된 길의 실천, 심(心)의 태만 ← 사띠를 잊음, 옳고 그름을 판단하지 못함, 심(心)의 산만 ← 성자들을 만나기를 바라지 않음, 성스러운 법을 듣기를 바라지 않음, 비난하는 심(心)을 가짐 ← 들뜸, 단속하지 않음, 계(戒)를 경시함 ← 불신, 관대하지 않음, 게으름 ← 존경하지 않음, 모난 성품, 악한 친구 ← 자책(自責)의 두려움 없음, 타책(他責)의 두려움 없음, 방일(放逸)

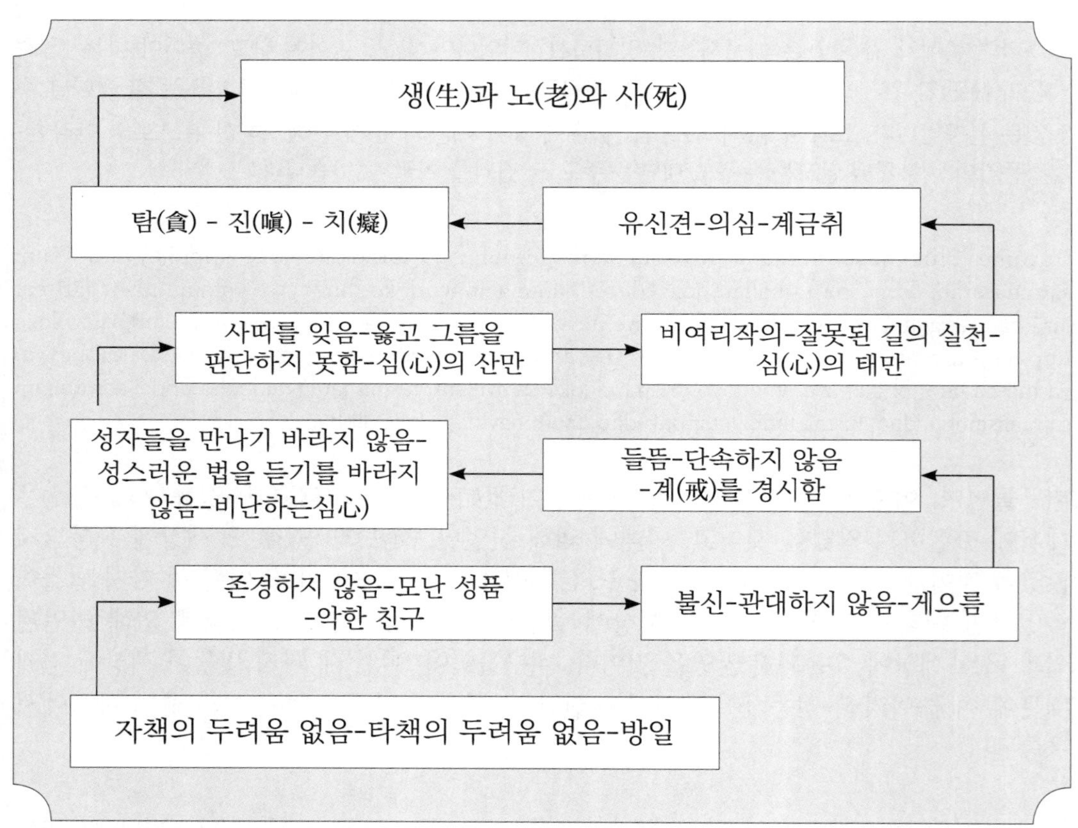

【부처님의 좋은 명성】 (율장(律藏), 비구 위방가 웨란자깐다)

①여래구덕(如來九德)을 갖춤/②세상과 존재를 스스로 실답게 안 뒤에 실현하고 선언함 /③법을 설함/④범행을 드러냄

taṃ kho pana bhavantaṃ gotamaṃ evaṃ kalyāṇo kittisaddo abbhuggato — 'itipi so bhagavā arahaṃ sammāsambuddho vijjācaraṇasampanno sugato lokavidū anuttaro purisadammasārathi satthā devamanussānaṃ buddho bhagavā'ti. so imaṃ lokaṃ sadevakaṃ samārakaṃ sabrahmakaṃ sassamaṇabrāhmaṇiṃ pajaṃ sadevamanussaṃ sayaṃ abhiññā sacchikatvā pavedeti. so dhammaṃ deseti ādikalyāṇaṃ majjhekalyāṇaṃ pariyosānakalyāṇaṃ sātthaṃ sabyañjanaṃ, kevalaparipuṇṇaṃ parisuddhaṃ brahmacariyaṃ pakāseti. sādhu kho pana tathārūpānaṃ arahataṃ dassanaṃ hotī"ti.

"그런데 참으로 그분 고따마 존자에게는 이런 좋은 명성이 퍼져있습니다. — '이렇게 그분 세존께서는 모든 번뇌 떠나신 분, 스스로 완전한 깨달음을 이루신 분, 밝음과 실천을 갖추신 분, 진리의 길 보이신 분, 세상일을 모두 훤히 아시는 분, 어리석은 이도 잘 이끄시는 위없는 분, 천상과 인간의 스승, 깨달으신 분, 존귀하신 분이시다.'라고. 그는 신과 함께하고 마라와 함께하고 범천과 함께하는 이 세상과 사문-바라문과 함께하고 신과 사람과 함께하는 존재를 스스로 실답게 안 뒤에 실현하고 선언합니다. 그는 처음도 좋고 중간에도 좋고 끝도 좋은, 의미를 갖추고 표현을 갖춘 법을 설하고, 온전하게 완전하고 청정한 범행(梵行)을 드러냅니다. 참으로 그런 아라한을 뵙는 것은 좋은 일입니다."라고.

● 범행(梵行-brahmacariyā-브라흐마짜리야)

사전은 '맑고 깨끗한 행실 또는 불도의 수행〈표준국어대사전〉'이라고 정의하는데, 빠알리 원어인 brahmacariyā는 religious life; complete chastity여서 종교적인 삶 또는 완전히 순결한 삶을 의미합니다. 불교에만 국한된 용어는 아니고, 어떤 종교이든 그 가르침이 지시하는 목적의 성취를 위해 노력하는 삶 즉 삶의 향상을 위한 실천 정도를 의미한다고 하겠습니다. parisuddhaṃ brahmacariyaṃ(청정한 범행)은 청정범행(淸淨梵行)이라고 번역되는데, 바르게 깨달음으로 이끄는 범행을 지시한다고 하겠습니다. 불교는 제자들을 구분할 때, 출가 제자는 비구-비구니로, 재가 제자는 남신자-여신자로 구분하는데, 경에 따라서는 재가 제자를 범행을 실천하는 남신자-여신자와 소유하고자 하는 남신자-여신자로 세분하기도 합니다(MN 73-왓차 긴 경)/(DN 29-정신 경). 그래서 재가자로서 범행을 실천하는 사람도 불교의 구성원의 하나인 것을 알 수 있습니다.

【한 사람】 (AN 1.170-187-한 사람 품)

☞ nikaya.kr : 앙굿따라 니까야 관통 법회 - [하나](130-187) 정법의 사라짐과 지속 & 한 사람(여래-아라한-정등각)(근본경전연구회 해피스님 210708)

1) 많은 사람의 이익과 많은 사람의 행복과 세상의 연민을 위하여, 신과 인간의 번영과 이익과 행복을 위하여 태어남
2) 출현은 희귀한 것, 3) 놀라운 인간으로 태어남, 4) 죽으면 많은 사람이 괴로워함
5) 동반자가 없고, 자신을 의지하고, 비교할 자 없고, 대등한 자 없고, 상대가 없고, 경쟁자가 없고, 같은 자가 없고, 비길 자 없고, 두 발 가진 자 가운데 으뜸으로 태어남
6) 큰 눈의 출현이고, 큰 광명의 출현이고, 큰 빛의 출현이고, 여섯 가지 위없음의 출현이고, 네 가지 무애해(無礙解)의 실현이고, 다양한 요소의 꿰뚫음이고, 다른 요소의 꿰뚫음이고, 명(明)과 해탈(解脫)의 과(果)의 실현이고, 예류과(豫流果)의 실현이고, 일래과(一來果)의 실현이고, 불환과(不還果)의 실현이고, 아라한과(阿羅漢果)의 실현임

"ekapuggalo, bhikkhave, loke uppajjamāno uppajjati bahujanahitāya bahujanasukhāya lokānukampāya atthāya hitāya sukhāya devamanussānaṃ. katamo ekapuggalo? tathāgato arahaṃ sammāsambuddho. ayaṃ kho, bhikkhave, ekapuggalo loke uppajjamāno uppajjati bahujanahitāya bahujanasukhāya lokānukampāya atthāya hitāya sukhāya devamanussānan"ti.

비구들이여, 한 사람이 세상에 태어날 때, 그는 많은 사람의 이익과 많은 사람의 행복과 세상의 연민을 위하여, 신과 인간의 번영과 이익과 행복을 위하여 태어난다. 어떤 한 사람인가? 여래(如來)-아라한(阿羅漢)-정등각(正等覺)이다. 이 한 사람이 세상에 태어날 때, 비구들이여, 그는 많은 사람의 이익과 많은 사람의 행복과 세상의 연민을 위하여, 신과 인간의 번영과 이익과 행복을 위하여 태어난다.

"ekapuggalassa, bhikkhave, pātubhāvo dullabho lokasmiṃ. katamassa ekapuggalassa? tathāgatassa arahato sammāsambuddhassa. imassa kho, bhikkhave, ekapuggalassa pātubhāvo dullabho lokasmin"ti.

비구들이여, 세상에서 한 사람의 출현은 희귀한 것이다. 어떤 한 사람의 출현인가? 여래-아라한-정등각의 출현이다. 세상에서, 비구들이여, 이 한 사람의 출현은 희귀한 것이다.

"ekapuggalo, bhikkhave, loke uppajjamāno uppajjati acchariyamanusso. katamo ekapuggalo? tathāgato arahaṃ sammāsambuddho. ayaṃ kho, bhikkhave, ekapuggalo loke uppajjamāno uppajjati acchariyamanusso"ti.

비구들이여, 한 사람이 세상에 태어날 때, 그는 놀라운 인간으로 태어난다. 어떤 한 사람인가? 여래-아라한-정등각이다. 이 한 사람이 세상에 태어날 때, 비구들이여, 그는 놀라운 인간으로 태어난다.

"ekapuggalassa, bhikkhave, kālakiriyā bahuno janassa anutappā hoti. katamassa ekapuggalassa? tathāgatassa arahato sammāsambuddhassa. imassa kho, bhikkhave, ekapuggalassa kālakiriyā bahuno janassa anutappā hotī"ti.

비구들이여, 한 사람의 죽음에서 많은 사람이 괴로워한다. 어떤 한 사람의 죽음인가? 여래-아라한-정등각의 죽음이다. 이 한 사람의 죽음에서, 비구들이여, 많은 사람이 괴로워한다.

"ekapuggalo, bhikkhave, loke uppajjamāno uppajjati adutiyo asahāyo appaṭimo appaṭisamo appaṭibhāgo appaṭipuggalo asamo asamasamo dvipadānaṃ aggo. katamo ekapuggalo? tathāgato arahaṃ sammāsambuddho. ayaṃ kho, bhikkhave, ekapuggalo loke uppajjamāno uppajjati adutiyo asahāyo appaṭimo appaṭisamo appaṭibhāgo appaṭipuggalo asamo asamasamo dvipadānaṃ aggo"ti.

비구들이여, 한 사람이 세상에 태어날 때, 그는 동반자가 없고, 자신을 의지하고, 비교할 자 없고, 대등한 자 없고, 상대가 없고, 경쟁자가 없고, 같은 자가 없고, 비길 자 없고, 두 발 가진 자 가운데 으뜸으로 태어난다. 어떤 한 사람인가? 여래-아라한-정등각이다. 이 한 사람이 세상에 태어날 때, 비구들이여, 그는 동반자가 없고, 자신을 의지하고, 비교할 자 없고, 대등한 자 없고, 상대가 없고, 경쟁자가 없고, 같은 자가 없고, 비길 자 없고, 두 발 가진 자 가운데 으뜸으로 태어난다.

"ekapuggalassa, bhikkhave, pātubhāvā mahato cakkhussa pātubhāvo hoti, mahato ālokassa pātubhāvo hoti, mahato obhāsassa pātubhāvo hoti, channaṃ anuttariyānaṃ pātubhāvo hoti, catunnaṃ paṭisambhidānaṃ sacchikiriyā hoti, anekadhātupaṭivedho hoti, nānādhātupaṭivedho hoti, vijjāvimuttiphalasacchikiriyā hoti, sotāpattiphalasacchikiriyā hoti, sakadāgāmiphalasacchikiriyā hoti, anāgāmiphalasacchikiriyā hoti, arahattaphalasacchikiriyā hoti. katamassa ekapuggalassa? tathāgatassa arahato sammāsambuddhassa. imassa kho, bhikkhave, ekapuggalassa pātubhāvā mahato cakkhussa pātubhāvo hoti, mahato ālokassa pātubhāvo hoti, mahato obhāsassa pātubhāvo hoti, channaṃ anuttariyānaṃ pātubhāvo hoti, catunnaṃ paṭisambhidānaṃ sacchikiriyā hoti, anekadhātupaṭivedho hoti, nānādhātupaṭivedho hoti, vijjāvimuttiphalasacchikiriyā hoti, sotāpattiphalasacchikiriyā hoti, sakadāgāmiphalasacchikiriyā hoti, anāgāmiphalasacchikiriyā hoti, arahattaphalasacchikiriyā hotī"ti.

비구들이여, 한 사람의 출현은 큰 눈의 출현이고, 큰 광명의 출현이고, 큰 빛의 출현이고, 여섯 가지 위없음의 출현이고, 네 가지 무애해(無礙解)의 실현이고, 다양한 요소의 꿰뚫음이고, 다른 요소의 꿰뚫음이고, 명(明)과 해탈(解脫)의 과(果)의 실현이고, 예류과(豫流果)의 실현이고, 일래과(一來果)의 실현이고, 불환과(不還果)의 실현이고, 아라한과(阿羅漢果)의 실현이다. 어떤 한 사람의 출현인가? 여래-아라한-정등각의 출현이다. 이 한 사람의 출현은, 비구들이여, 큰 눈의 출현이고, 큰 광명의 출현이고, 큰 빛의 출현이고, 여섯 가지 위없음의 출현이고, 네 가지 무애해의 실현이고, 다양한 요소의 꿰뚫음이고, 다른 요소의 꿰뚫음이고, 명과 해탈의 과의 실현이고, 예류과의 실현이고, 일래과의 실현이고, 불환과의 실현이고, 아라한과의 실현이다.

“nāhaṃ bhikkhave, aññaṃ ekapuggalampi samanupassāmi yo evaṃ tathāgatena anuttaraṃ dhammacakkaṃ pavattitaṃ sammadeva anuppavatteti yathayidaṃ, bhikkhave, sāriputto. sāriputto, bhikkhave, tathāgatena anuttaraṃ dhammacakkaṃ pavattitaṃ sammadeva anuppavattetī”ti.

비구들이여, 사리뿟따처럼 여래가 굴린 위없는 법륜(法輪)을 이렇게 완전하게 이어서 굴리는 다른 어떤 사람도, 비구들이여, 나는 보지 못한다. 사리뿟따는, 비구들이여, 여래가 굴린 위없는 법륜을 완전하게 이어서 굴린다.

그렇다고 사리뿟따 존자가 부처님의 후계자가 되어야 한다는 말씀은 아닙니다. 다만, 부처님의 깨달음에 가장 정확히 접근하고, 그 가르침을 가장 정확히 재현할 수 있는 제자라는 의미입니다. 사리뿟따 존자는 부처님보다 먼저 죽는데, (SN 47.14-욱까쩰라 경)은 사리뿟따의 죽음에 대한 부처님의 감흥을 나타내고 있습니다.

이 경에서도 부처님은 자주(自洲)-법주(法洲)(⇒ 241쪽)를 설하는데, 법은 어떤 개인으로의 후계자에 의해 이어지지 않는다는 것을 알 수 있습니다. 오직 경(經)과 율(律)에 의해 후대의 사람들에게 법으로써 전승될 뿐이고, 그 전승을 잇는 것이 제자들 모두에게 주어지는 역할입니다.

【분별설자(分別說者)】 (AN 10.94-왓지야마히따 경)

☞ nikaya.kr : 불교입문(1-소유 210330) — 부처님에 의해 선언된 것 - 분별설자
(근본경전연구회 해피스님)

업(業)에는 과(果)와 보(報)가 따른다는 관점에서 부처님은 고(苦)의 과(果)-보(報)를 가져오는 업(業)과 락(樂)의 과(果)-보(報)를 가져오는 업(業)의 법칙성을 제시하는데, 유익(有益)/선(善)과 무익(無益)/불선(不善)-악(惡)을 초래하는 업(業)들의 구분입니다.

특히, (AN 10-94-왓지야마히따 경)은 부처님에 대해 분별해서 말하는 분[분별설자 (分別說者)-vibhajjavāda]이어서 획일적으로 말하지 않는다고 소개하면서, '선언된 가르침이 있는 분, 유익(有益)과 무익(無益)을 선언하는 분'이라고 말합니다.

무엇이 유익(有益)/선(善)이고, 무엇이 무익(無益)/불선(不善)-악(惡)인지 선언하고, 선언된 기준 위에서 상황에 맞게 잘 분별하여 설한다는 의미인데, 병에 따라 적절한 약을 주는 의사라는 의미입니다[응병여약(應病與藥)]. 특히, 정등각(正等覺)인 부처님에 의해 선언된 이 기준은 완전하고 부작용이 없는 기준이어서 고(苦)-락(樂)의 과(果)-보(報)를 가져오는 행위의 기준이 되고, 그 법칙성에 따라 어떤 경우에도 최선의 방법이 됩니다.

부처님에 대한 이런 관점은 (DN 19-마하고윈다 경)에서도 확인되는데, 부처님에 대한 있는 그대로의 칭찬 여덟 가지 중 세 번째 항목으로 나타나는 유익(有益)한 것-무익(無益)한 것/결점이 있는 것-결점이 없는 것/실천해야 하는 것-실천하지 않아야 하는 것/저열한 것-뛰어난 것/검은 것-흰 것의 선언입니다[옳고 그름의 판단 기준의 제시].

한편, 분별설자(分別說者-vibhajjavāda)라는 말은 (MN 99-수바 경)에도 나오는데, 재가자는 성취가 있지만 출가자는 성취가 없다는 바라문들의 주장에 대한 이야기입니다. 이 주제에 대해서도 부처님은 성취의 유무(有無)는 재가자와 출가자의 구분에 의해 획일적으로 결정되지 않고 각각의 특성에 따르는 바른 실천의 여부로 결정된다고 잘 분별하여 설명합니다. 이때, 바르게 실천하는 출가자(사문)에게 어떤 결실, 어떤 성취가 있는지는 (DN 2-사문과경(沙門果經))이 설명해 줍니다.

atha kho vajjiyamāhito gahapati yena te aññatitthiyā paribbājakā tenupasaṅkami; upasaṅkamitvā tehi aññatitthiyehi paribbājakehi saddhiṃ sammodi. sammodanīyaṃ kathaṃ sāraṇīyaṃ vītisāretvā ekamantaṃ nisīdi. ekamantaṃ nisinnaṃ kho vajjiyamāhitaṃ gahapatiṃ te aññatitthiyā paribbājakā etadavocuṃ — "saccaṃ kira, gahapati, samaṇo gotamo sabbaṃ tapaṃ garahati, sabbaṃ tapassiṃ lūkhājīviṃ ekaṃsena upakkosati upavadatī"ti? "na kho, bhante, bhagavā sabbaṃ tapaṃ garahati napi sabbaṃ tapassiṃ lūkhājīviṃ ekaṃsena upakkosati upavadati. gārayhaṃ kho, bhante, bhagavā garahati, pasaṃsitabbaṃ pasaṃsati. gārayhaṃ kho pana, bhante, bhagavā garahanto pasaṃsitabbaṃ pasaṃsanto vibhajjavādo bhagavā. na so bhagavā ettha ekaṃsavādo"ti.

그때 왓지야마히따 장자는 그 외도 유행승들에게 갔다. 가서는 그 외도 유행승들과 함께 인사를 나누었다. 유쾌하고 기억할만한 이야기를 주고받은 뒤 한 곁에 앉았다. 한 곁에 앉은 왓지야마히따 장자에게 그 외도 유행승들은 이렇게 말했다. — "참으로, 장자여, '사문 고따마는 모든 고행을 비난한다. 모든 고행자의 힘든 삶을 오로지 책망하고 힐난한다.'라는 것이 사실입니까?" "대덕이시여, 세존께서는 모든 고행을 비난하지 않고, 모든 고행자의 힘든 삶을 오로지 책망하고 힐난하지도 않습니다. 대덕이시여, 세존께서는 비난해야 할 것은 비난하고, 칭찬해야 할 것은 칭찬합니다. 참으로, 대덕이시여, 세존은 비난해야 할 것은 비난하는 분이고, 칭찬해야 할 것은 칭찬하는 분입니다. 세존은 분별해서 말하는 분[분별설자(分別說者)]입니다. 그분 세존께서는 여기에서 획일적으로 말하는 분이 아닙니다."

evaṃ vutte aññataro paribbājako vajjiyamāhitaṃ gahapatiṃ etadavoca — "āgamehi tvaṃ, gahapati, yassa tvaṃ samaṇassa gotamassa vaṇṇaṃ bhāsati, samaṇo gotamo venayiko appaññattiko"ti? "etthapāhaṃ, bhante, āyasmante vakkhāmi sahadhammena — 'idaṃ kusalan'ti, bhante, bhagavatā paññattaṃ; 'idaṃ akusalan'ti, bhante, bhagavatā paññattaṃ. iti kusalākusalaṃ bhagavā paññāpayamāno sapaññattiko bhagavā; na so bhagavā venayiko appaññattiko"ti.

이렇게 말했을 때, 어떤 유행승이 왓지야마히따 장자에게 이렇게 말했다. — "오십시오, 장자여, 그대가 칭찬하여 말하는 사문 고따마는 허무주의자, 선언된 가르침이 없는 자입니까?" "여기서, 대덕이시여, 나는 존자들에게 법을 갖추어 말할 것입니다. — 대덕이시여, '이것은 유익한 것이다.'라고 세존에 의해서 선언되었고, '이것은 무익한 것이다.'라고 세존에 의해서 선언되었습니다. 이렇게 세존은 유익(有益)과 무익(無益)을 선언하는 분입니다. 세존은 선언된 가르침이 있는 분입니다. 그분 세존께서는 허무주의자, 선언된 가르침이 없는 자가 아닙니다."

분별하지 말라는 말씀을 듣게 됩니다. 그러나 부처님은 분별하는 행위 자체를 하지 말라고 말하지 않습니다. 오직, 번뇌의 영향에서 벗어나[무위(無爲)] 잘 분별할 것을 지시합니다. 행위하지 않는 삶이 아니라 행위의 질을 높인 삶을 이끄는 것입니다.

[1] 여래(如來) 그리고 불(佛)인 이유

부처님은 여래(如來)이고, 아홉 가지 덕성[여래구덕(如來九德)]으로 대표되는 깨달은 자[불(佛)]입니다. 그러면 왜 여래(如來)이고, 어떤 깨달음에 의해 깨달은 자입니까? 경은 이렇게 알려줍니다.

1. 「tasmā 'tathāgato'ti vuccati. 그래서 여래(如來)라고 불린다」

- 부처님의 주제 — 삶 → 삶에 대한 제한 없는 지(知)와 견(見)의 선언
- 외도 유행승들은 삶과 다른 곳에서 답을 찾고자 함

- 여래(如來)라고 불리는 이유

①적절한 때에 사실-이익-법(法)-율(律)을 말한다.
②세상에서 존재들이 보고, 듣고, 닿아 알고, 인식하고, 얻고, 조사하고, 의(意)로 접근한 모든 것을 깨달았다.
③여래가 말하고 대화하고 가르친 모든 것은 참이지 거짓이 아니다.
④말하는 대로 행하고, 행하는 대로 말한다.
⑤세상에서 존재들 가운데 정복자이고 정복되지 않은 자이고 다른 것이 있음을 보는 자이고 지배자이다.

1) (DN 29-정신(淨信) 경)

"ṭhānaṃ kho panetaṃ, cunda, vijjati, yaṃ aññatitthiyā paribbājakā evaṃ vadeyyuṃ — 'atītaṃ kho addhānaṃ ārabbha samaṇo gotamo atīrakaṃ ñāṇadassanaṃ paññapeti, no ca kho anāgataṃ addhānaṃ ārabbha atīrakaṃ ñāṇadassanaṃ paññapeti, tayidaṃ kiṃsu tayidaṃ kathaṃsū'ti? te ca aññatitthiyā paribbājakā aññavihitakena ñāṇadassanena aññavihitakaṃ ñāṇadassanaṃ paññapetabbaṃ maññanti yathariva bālā abyattā. atītaṃ kho, cunda, addhānaṃ ārabbha tathāgatassa satānusāri ñāṇaṃ hoti; so yāvatakaṃ ākaṅkhati tāvatakaṃ anussarati. anāgatañca kho addhānaṃ ārabbha tathāgatassa bodhijaṃ ñāṇaṃ uppajjati — 'ayamantimā jāti, natthidāni punabbhavo'ti. 'atītaṃ cepi, cunda, hoti abhūtaṃ ataccham anatthasaṃhitaṃ, na taṃ tathāgato byākaroti. atītaṃ cepi, cunda, hoti bhūtaṃ tacchaṃ anatthasaṃhitaṃ, tampi tathāgato na byākaroti. atītaṃ cepi cunda, hoti bhūtaṃ tacchaṃ atthasaṃhitaṃ, tatra kālaññū tathāgato hoti tassa pañhassa veyyākaraṇāya. anāgataṃ cepi, cunda, hoti abhūtaṃ atacchaṃ anatthasaṃhitaṃ, na taṃ tathāgato byākaroti ... pe ... tassa pañhassa veyyākaraṇāya. paccuppannaṃ cepi, cunda, hoti abhūtaṃ atacchaṃ anatthasaṃhitaṃ, na taṃ tathāgato byākaroti. paccuppannaṃ cepi, cunda, hoti bhūtaṃ tacchaṃ anatthasaṃhitaṃ, tampi tathāgato na byākaroti. paccuppannaṃ cepi, cunda, hoti bhūtaṃ tacchaṃ atthasaṃhitaṃ, tatra kālaññū tathāgato hoti tassa pañhassa veyyākaraṇāya.

쭌다여, 외도 유행승들이 이렇게 말할 것이라는 경우는 있다. — '사문 고따마는 과거에 대하여 제한 없는 지(知)와 견(見)을 선언한다. 그러나 미래에 대해서는 제한 없는 지(知)와 견(見)을 선언하지 않는다. 무엇에 대해 그러하고 어떻게 그러한가?'라고. 그러나 그 외도 유행승들은, 배우지 못한 어리석은 자처럼, 다른 것과 관련된 지(知)와 견(見)에 의해 다른 것과 관련된 지(知)와 견(見)이 선언되어야 한다고 생각한다. 쭌다여, 참으로 과거에 대하여 여래에게는 사띠를 가진 자를 따르는 앎이 있다. 그는 원하는 만큼을 기억한다. 미래에 대하여 여래에게는 깨달음에서 생긴 앎이 일어난다. — '이것이 마지막 태어남이다. 이제 다시 태어남은 없다.'라고. 쭌다여, 만약 과거가 사실이 아니고 정당하지 않고 이익으로 이끌지 않으면 여래는 그것을 설명하지 않는다. 쭌다여, 만약 과거가 사실이고 정당하고 이익으로 이끌면, 거기서 여래는 그 질문의 설명을 위해 적당한 시간을 안다. 쭌다여, 만약 미래가 사실이 아니고 정당하지 않고 이익으로 이끌지 않으면 여래는 그것을 설명하지 않는다. 쭌다여, 만약 미래가 사실이고 정당하고 이익으로 이끌면, 거기서 여래는 그 질문의 설명을 위해 적당한 시간을 안다. 쭌다여, 만약 현재가 사실이 아니고 정당하지 않고 이익으로 이끌지 않으면 여래는 그것을 설명하지 않는다. 쭌다여, 만약 현재가 사실이고 정당하고 이익으로 이끌면, 거기서 여래는 그 질문의 설명을 위해 적당한 시간을 안다.

"iti kho, cunda, atītānāgatapaccuppannesu dhammesu tathāgato kālavādī bhūtavādī atthavādī dhammavādī vinayavādī, tasmā 'tathāgato'ti vuccati. yañca kho, cunda, sadevakassa lokassa samārakassa sabrahmakassa sassamaṇabrāhmaṇiyā pajāya sadevamanussāya diṭṭhaṃ sutaṃ mutaṃ viññātaṃ pattaṃ pariyesitaṃ anuvicaritaṃ manasā, sabbaṃ tathāgatena abhisambuddhaṃ, tasmā 'tathāgato'ti vuccati. yañca, cunda, rattiṃ tathāgato anuttaraṃ sammāsambodhiṃ abhisambujjhati, yañca rattiṃ anupādisesāya nibbānadhātuyā parinibbāyati, yaṃ etasmiṃ antare bhāsati lapati niddisati. sabbaṃ taṃ tatheva hoti no aññathā, tasmā 'tathāgato'ti vuccati. yathāvādī, cunda, tathāgato tathākārī, yathākārī tathāvādī. iti yathāvādī tathākārī, yathākārī tathāvādī, tasmā 'tathāgato'ti vuccati. sadevake loke, cunda, samārake sabrahmake sassamaṇabrāhmaṇiyā pajāya sadevamanussāya tathāgato abhibhū anabhibhūto aññadatthudaso vasavattī, tasmā 'tathāgato'ti vuccati.

쭌다여, 이렇게 과거-미래-현재의 법들에 대해 여래는 적절한 때에 말하고, 사실을 말하고, 이익을 말하고, 법(法)을 말하고, 율(律)을 말한다. 그래서 여래(如來)라고 불린다. 그리고 쭌다여, 신과 마라와 범천과 함께하는 세상과 사문-바라문과 신과 사람과 함께하는 존재들이 보고, 듣고, 닿아 알고, 인식하고, 얻고, 조사하고, 의(意)로 접근한 모든 것을 깨달았다. 그래서 여래라고 불린다. 쭌다여, 여래가 위없는 바른 깨달음을 깨달은 밤과 집착이 남아 있지 않은 열반의 요소로 완전히 열반한 밤의 사이에 말하고 대화하고 가르친 모든 것은 참이지 거짓이 아니다. 그래서 여래라고 불린다. 쭌다여, 여래는 말하는 대로 행하고, 행하는 대로 말한다. 이렇게 말하는 대로 행하고, 행하는 대로 말한다고 해서 여래라고 불린다. 쭌다여, 신과 마라와 범천과 함께하는 세상에서 사문-바라문과 신과 사람과 함께하는 존재들 가운데 여래는 정복자이고 정복되지 않은 자이고 다른 것이 있음을 보는 자이고 지배자이다. 그래서 여래라고 불린다.

2) (AN 4.23-세상 경)

"loko, bhikkhave, tathāgatena abhisambuddho. lokasmā tathāgato visaṃyutto. lokasamudayo, bhikkhave, tathāgatena abhisambuddho. lokasamudayo tathāgatassa pahīno. lokanirodho, bhikkhave, tathāgatena abhisambuddho. lokanirodho tathāgatassa sacchikato. lokanirodhagāminī paṭipadā, bhikkhave, tathāgatena abhisambuddhā. lokanirodhagāminī paṭipadā tathāgatassa bhāvitā.

비구들이여, 여래는 세상을 깨달았다. 여래는 세상에서 벗어났다. 비구들이여, 여래는 세상의 자라남을 깨달았다. 여래는 세상의 자라남을 버렸다. 비구들이여, 여래는 세상의 소멸을 깨달았다. 여래는 세상의 소멸을 실현하였다. 비구들이여, 여래는 세상의 소멸로 이끄는 실천을 깨달았다. 여래는 세상의 소멸로 이끄는 실천을 닦았다.

"yaṃ, bhikkhave, sadevakassa lokassa samārakassa sabrahmakassa sassamaṇabrāhmaṇiyā pajāya sadevamanussāya diṭṭhaṃ sutaṃ mutaṃ viññātaṃ pattaṃ pariyesitaṃ anuvicaritaṃ manasā, sabbaṃ taṃ tathāgatena abhisambuddhaṃ. tasmā 'tathāgato'ti vuccati.

비구들이여, 여래는 신과 마라와 범천과 함께하는 세상과 사문-바라문과 신과 사람과 함께하는 존재들이 보고, 듣고, 닿아 알고, 인식하고, 얻고, 조사하고, 의(意)로 접근한 모든 것을 깨달았다. 그래서 여래(如來)라고 불린다.

"yañca, bhikkhave, rattiṃ tathāgato anuttaraṃ sammāsambodhiṃ abhisambujjhati yañca rattiṃ anupādisesāya nibbānadhātuyā parinibbāyati, yaṃ etasmiṃ antare bhāsati lapati niddisati sabbaṃ taṃ tatheva hoti, no aññathā. tasmā 'tathāgato'ti vuccati.

비구들이여, 여래가 위없는 바른 깨달음을 깨달은 밤과 집착이 남아 있지 않은 열반의 요소로 완전히 열반한 밤의 사이에 말하고 대화하고 가르친 모든 것은 참이지 거짓이 아니다. 그래서 여래라고 불린다.

"yathāvādī, bhikkhave, tathāgato tathākārī, yathākārī tathāvādī. iti yathāvādī tathākārī, yathākārī tathāvādī. tasmā 'tathāgato'ti vuccati.

비구들이여, 여래는 말하는 대로 행하고, 행하는 대로 말한다. 이렇게 말하는 대로 행하고, 행하는 대로 말한다고 해서 여래라고 불린다.

“sadevake, bhikkhave, loke samārake sabrahmake sassamaṇabrāhmaṇiyā pajāya sadevamanussāya tathāgato abhibhū anabhibhūto aññadatthu daso vasavattī. tasmā ‘tathāgato’ti vuccati”.

비구들이여, 신과 마라와 범천과 함께하는 세상에서 사문-바라문과 신과 사람과 함께하는 존재들 가운데 여래는 정복자이고 정복되지 않은 자이고 다른 것이 있음을 보는 자이고 지배자이다. 그래서 여래라고 불린다.

2. 「tasmā buddhosmi 그래서 나는 불(佛-buddha-부처)입니다.」

알고 닦아서 버림으로써 불(佛)이 됨
번뇌들이 다하고, 부서지고, 작용하지 못하게 되어 세상에 의해 더럽혀지지 않음

1) (MN 91-브라흐마유 경)/(MN 92/KN 5.33-셀라 경)

「abhiññeyyaṃ abhiññātaṃ, bhāvetabbañca bhāvitaṃ. pahātabbaṃ pahīnaṃ me, tasmā buddhosmi brāhmaṇa.

나는 실답게 알아야 하는 것을 실답게 알았고, 닦아야 하는 것을 닦았고, 버려야 하는 것을 버렸습니다. 그래서 바라문이여, 나는 불(佛-buddha-부처)입니다.」

- 실답게 알아야 하는 것 — 오취온(五取蘊) → 고(苦)
- 닦아야 하는 것 — 팔정도(八正道) → 고멸도(苦滅道)
- 버려야 하는 것 — 애(愛) → 고집(苦集)
- 불(佛-buddha-부처) — 열반(涅槃)의 실현 → 고멸(苦滅)

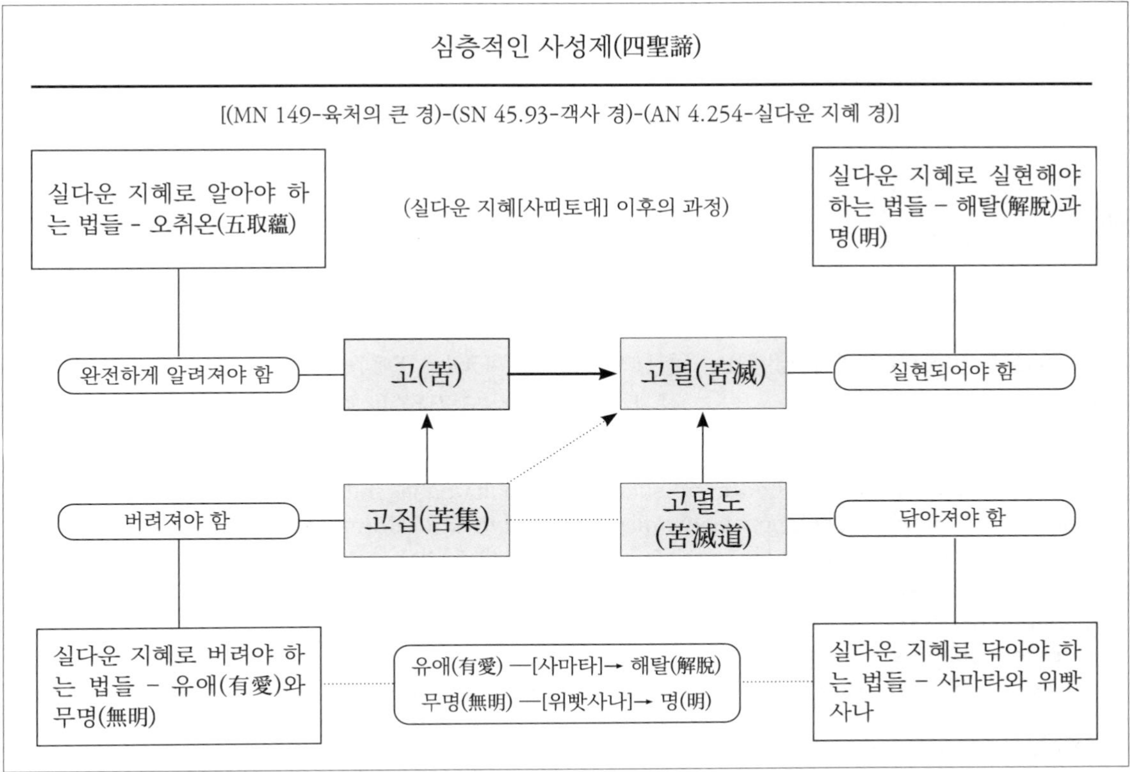

2) (AN 4.36-도나 경)

「yena devūpapatyassa, gandhabbo vā vihaṅgamo. yakkhattaṃ yena gaccheyyaṃ, manus -sattañca abbaje. te mayhaṃ, āsavā khīṇā, viddhastā vinaḷīkatā.

신으로 태어나게 하거나, 하늘을 나는 간답바가 되게 하거나, 약카가 되게 하거나, 인간이 되게 하는 그런 번뇌들은 나에게서 다하고, 부서지고, 작용하지 못하는 상태가 되었습니다.

"puṇḍarīkaṃ yathā vaggu, toyena nupalippati. nupalippāmi lokena, tasmā buddhosmi brāhmaṇā"ti.

아름다운 백련이 물에 의해 더럽혀지지 않는 것처럼 나는 세상에 의해 더럽혀지지 않습니다. 그러므로 바라문이여, 나는 부처입니다.」

[2] 탄생(誕生) — (MN 123-놀랍고 신기한 것 경)

☞ nikaya.kr : (전생) (MN 123-놀랍고 신기한 것 경) 탄생 & 법의 위빳사나 (해피스님의 경전해설 190522)

「나는 세상에서 최상이고, 첫째이고, 으뜸인 자이다. 이것이 마지막 태어남이고, 이제 다시 존재가 되지 않는다.」

[비교] 한역(漢譯) 탄생게(誕生偈) — 「천상천하유아독존(天上天下唯我獨尊)
삼계개고아당안지(三界皆苦我當安之)」

sammukhā metaṃ, bhante, bhagavato sutaṃ, sammukhā paṭiggahitaṃ — 'sampatijāto, ānanda, bodhisatto samehi pādehi pathaviyaṃ patiṭṭhahitvā uttarābhimukho sattapadavītihārena gacchati, setamhi chatte anudhāriyamāne, sabbā ca disā viloketi, āsabhiñca vācaṃ bhāsati — aggohamasmi lokassa, jeṭṭhohamasmi lokassa, seṭṭhohamasmi lokassa. ayamantimā jāti, natthi dāni punabbhavo'ti. yampi, bhante sampatijāto bodhisatto samehi pādehi pathaviyaṃ patiṭṭhahitvā uttarābhimukho sattapadavītihārena gacchati, setamhi chatte anudhāriyamāne, sabbā ca disā viloketi, āsabhiñca vācaṃ bhāsati — aggohamasmi lokassa, jeṭṭhohamasmi lokassa, seṭṭhohamasmi lokassa. ayamantimā jāti, natthi dāni punabbhavo'ti idampāhaṃ, bhante, bhagavato acchariyaṃ abbhutadhammaṃ dhāremi.

대덕이시여, 저는 이것을 세존의 곁에서 듣고, 세존의 곁에서 받았습니다. — '아난다여, 태어나자마자 보살은 편평한 두 발로 땅 위에 굳게 선 뒤에 북쪽으로 일곱 발자국을 걷는다. 그리고 하얀 일산이 펼쳐질 때, 모든 방향을 바라보며 '나는 세상에서 최상이고, 첫째이고, 으뜸인 자이다. 이것이 마지막 태어남이고, 이제 다시 존재가 되지 않는다.'라고 황소의 소리로 말한다.'라고. 대덕이시여, 태어나자마자 보살은 편평한 두 발로 땅 위에 굳게 선 뒤에 북쪽으로 일곱 발자국을 걷는다. 그리고 하얀 일산이 펼쳐질 때, 모든 방향을 바라보며 '나는 세상에서 최상이고, 첫째이고, 으뜸인 자이다. 이것이 마지막 태어남이고, 이제 다시 존재가 되지 않는다.'라고 황소의 소리로 말한다는 것도 세존의 참으로 놀랍고 참으로 신기한 법이라고 저는 명심하고 있습니다.

최상-첫째-으뜸 ↔ 유아독존(唯我獨尊), 다시 존재가 되지 않음 ↔ 아당안지(我當安之)

[3] 출가(出家) — 「불교의 정체성을 드러내는 4개의 경」 → ([6] 깨달음의 재현까지)

☞ sutta.kr : 「맛지마니까야 관통 법회 - 85. 보디 왕자 경4)[불교의 정체성을 드러내는 4개의 경](근본경전연구회 해피스님 210613)」와 앞의 동영상들

부처님의 출가는 태어남-늙음-병-죽음-슬픔-오염이 없는 위없는 유가안온(瑜伽安穩)인 열반(涅槃)을 구한 첫걸음입니다(MN 26-덫 경). 즐거운 느낌이 생겨나든 괴로운 느낌이 생겨나든 심(心)을 소진하여 머무는 중생의 구속된 삶을 떨치는 과정이며(MN 36-삿짜까 큰 경), 괴로움에 의한 행복의 추구라는 선입관을 해소하고 행복 가운데 더 큰 행복을 실현하는 불교의 깨달음이 창안되는 특별한 시작입니다(MN 85-보디 왕자 경). 이런 깨달음을 위한 부처님의 출가는 세상에 알려져 있는 방법과는 다른 길입니다. 이전에 들어보지 못한 법들의 영역에서 성취하는 독창적 과정의 출발입니다(MN 100-상가라와 경).

경은 이렇게 다양한 출가의 이유 또는 목적을 한마디로 정의해 주는데, 「kiṃkusalagavesī 무엇이 유익(有益)인지 구함」입니다.

1. 출가의 이유-목적 — 「kiṃkusalagavesī 무엇이 유익(有益)인지 구함」

4개의 경은 「so evaṃ pabbajito samāno kiṃkusalagavesī anuttaraṃ santivarapadaṃ pariyesamāno ~ 이렇게 무엇이 유익(有益)/선(善)인지를 구하여 출가한 나는 위없이 평화롭고 고귀한 경지를 찾아 ~」라고 출가의 이유 또는 목적을 설명합니다. 각각의 경들이 소개하는 출가의 동기가 결국은 유익(有益)을 구하기 위한 하나의 목적이라는 것을 알 수 있습니다.

(AN 10-94-왓지야마히따 경)은 부처님을 유익(有益)과 무익(無益)의 선언 위에서 분별설자(分別說者-vibhajjavāda)라고 소개하는데, 부처님의 출가와 깨달음에 의해 찾아진 것이 바로 유익(有益)입니다. 그래서 유익(有益)과 무익(無益)은 이렇게 대비되는 개념인 것을 알 수 있습니다.

	번역	과(果)-보(報)	비고
kusala	유익(有益)-선(善)	락(樂)	이익-행복
akusala	무익(無益)-불선(不善)-악(惡)	고(苦)	손해-괴로움

한편, 유사한 용례도 발견되는데, (DN 16.35-대반열반경, 수밧다 유행승 이야기) 입니다.
—「pabbajiṃ kiṃkusalānuesī 무엇이 유익(有益)/선(善)인지를 구하여 출가했다」

2. 위없는 유가안온(瑜伽安穩)인 열반 — (MN 26-덫 경)

"ahampi sudaṃ, bhikkhave, pubbeva sambodhā anabhisambuddho bodhisattova samāno attanā jātidhammo samāno jātidhammaṃyeva pariyesāmi, attanā jarādhammo samāno jarādhammaṃyeva pariyesāmi, attanā byādhidhammo samāno byādhidhammaṃyeva pariyesāmi, attanā maraṇadhammo samāno maraṇadhammaṃyeva pariyesāmi, attanā sokadhammo samāno sokadhammaṃyeva pariyesāmi, attanā saṃkilesadhammo samāno saṃkilesadhammaṃyeva pariyesāmi. tassa mayhaṃ, bhikkhave, etadahosi — 'kiṃ nu kho ahaṃ attanā jātidhammo samāno jātidhammaṃyeva pariyesāmi, attanā jarādhammo samāno ... pe ... byādhidhammo samāno... maraṇadhammo samāno... sokadhammo samāno... attanā saṃkilesadhammo samāno saṃkilesadhammaṃyeva pariyesāmi?

'나도, 비구들이여, 깨달음 이전, 깨닫지 못한 보살이었을 때, 자신이 태어나는 존재이면서 오직 태어나는 것을 구하고, 자신이 늙는 존재이면서 오직 늙는 것을 구하고, 자신이 병드는 존재이면서 오직 병드는 것을 구하고, 자신이 죽는 존재이면서 오직 죽는 것을 구하고, 자신이 슬픈 존재이면서 오직 슬픈 것을 구하고, 자신이 오염되는 존재이면서 오직 오염되는 것을 구했다. 그런 나에게, 비구들이여, 이런 생각이 떠올랐다. — '왜 나는 자신이 태어나는 존재이면서 오직 태어나는 것을 구하고, 자신이 늙는 존재이면서 … 자신이 병드는 존재이면서 … 자신이 죽는 존재이면서 … 자신이 슬픈 존재이면서 … 자신이 오염되는 존재이면서 오직 오염되는 것을 구하는가?

yaṃnūnāhaṃ attanā jātidhammo samāno jātidhamme ādīnavaṃ viditvā ajātaṃ anuttaraṃ yogakkhemaṃ nibbānaṃ pariyeseyyaṃ, attanā jarādhammo samāno jarādhamme ādīnavaṃ viditvā ajaraṃ anuttaraṃ yogakkhemaṃ nibbānaṃ pariyeseyyaṃ, attanā byādhidhammo samāno byādhidhamme ādīnavaṃ viditvā abyādhiṃ anuttaraṃ yogakkhemaṃ nibbānaṃ pariyeseyyaṃ, attanā maraṇadhammo samāno maraṇadhamme ādīnavaṃ viditvā amataṃ anuttaraṃ yogakkhemaṃ nibbānaṃ pariyeseyyaṃ, attanā sokadhammo samāno sokadhamme ādīnavaṃ viditvā asokaṃ anuttaraṃ yogakkhemaṃ nibbānaṃ pariyeseyyaṃ, attanā saṃkilesadhammo samāno saṃkilesadhamme ādīnavaṃ viditvā asaṃkiliṭṭhaṃ anuttaraṃ yogakkhemaṃ nibbānaṃ pariyeseyyan'ti.

나는 자신이 태어나는 존재이면서 태어나는 것에서 위험을 보아서 태어남이 없는 위없는 유가안온(瑜伽安穩)인 열반을 구하고, 자신이 늙는 존재이면서 늙는 것에서 위험을 보아서 늙음이 없는 위없는 유가안온인 열반을 구하고, 자신이 병드는 존재이면서 병드는 것에서 위험을 보아서 병이 없는 위없는 유가안온인 열반을 구하고, 자신이 죽는 존재이면서 죽는 것에서 위험을 보아서 죽음이 없는 위없는 유가안온인 열반을 구하고, 자신이 슬픈 존재이면서 슬픈 것에서 위험을 보아서 슬픔이 없는 위없는 유가안온인 열반을 구하고, 자신이 오염되는 존재이면서 오염되는 것에서 위험을 보아서 오염이 없는 위없는 유가안온인 열반을 구해야겠다.'라고.

"so kho ahaṃ, bhikkhave, aparena samayena daharova samāno susukāḷakeso, bhadrena yobbanena samannāgato paṭhamena vayasā akāmakānaṃ mātāpitūnaṃ assumukhānaṃ rudantānaṃ kesamassuṃ ohāretvā kāsāyāni vatthāni acchādetvā agārasmā anagāriyaṃ pabbajiṃ.

비구들이여, 그런 나는 나중에 원치 않아 얼굴이 눈물에 젖은 어머니와 아버지가 슬피 울고 있는데도 불구하고, 검은 머리의 소년이고 상서로운 젊음을 갖춘 초년기의 젊은 나이에 머리와 수염을 깎고, 노란 옷을 입고, 집에서 집 없는 곳으로 출가했다.

3. 느낌에 의한 심(心)의 소진의 극복 — (MN 36-삿짜까 큰 경)

yato kho ahaṃ, aggivessana, kesamassuṃ ohāretvā kāsāyāni vatthāni acchādetvā agārasmā anagāriyaṃ pabbajito, taṃ vata me uppannā vā sukhā vedanā cittaṃ pariyādāya ṭhassati, uppannā vā dukkhā vedanā cittaṃ pariyādāya ṭhassatīti netaṃ ṭhānaṃ vijjatī"ti.

악기웻사나여, 내가 머리와 수염을 깎고 노란 옷을 입고서 집에서 집 없는 곳으로 출가한 때로부터 생겨난 즐거운 느낌이 심(心)을 소진하여 머물거나, 생겨난 괴로운 느낌이 심(心)을 소진하여 머무는 그런 경우는 나에게 없었습니다."

"na hi nūna bhoto gotamassa uppajjati tathārūpā sukhā vedanā yathārūpā uppannā sukhā vedanā cittaṃ pariyādāya tiṭṭheyya; na hi nūna bhoto gotamassa uppajjati tathārūpā dukkhā vedanā yathārūpā uppannā dukkhā vedanā cittaṃ pariyādāya tiṭṭheyyā"ti.

"참으로 고따마 존자께는 생겨나면 심(心)을 소진하여 머무는 즐거운 느낌이 생기지 않고, 참으로 생겨나면 심(心)을 소진하여 머무는 괴로운 느낌이 생기지 않았습니까?"

"kiñhi no siyā, aggivessana? idha me, aggivessana, pubbeva sambodhā anabhisambuddhassa bodhisattasseva sato etadahosi — 'sambādho gharāvāso rajāpatho, abbhokāso pabbajjā. nayidaṃ sukaraṃ agāraṃ ajjhāvasatā ekantaparipuṇṇaṃ ekantaparisuddhaṃ saṅkhalikhitaṃ brahmacariyaṃ carituṃ. yaṃnūnāhaṃ kesamassuṃ ohāretvā kāsāyāni vatthāni acchādetvā agārasmā anagāriyaṃ pabbajeyyan'ti.

"악기웻사나여, 어떻게 없었겠습니까? 악기웻사나여, 여기 깨달음 이전, 깨닫지 못한 보살이었을 때 나에게도 이런 생각이 떠올랐습니다. — '재가의 삶이란 압박이고 오염이 많지만, 출가는 열린 허공과 같다. 재가에 살면서 온전히 충만하고 온전히 청정하고 소라고둥처럼 빛나는 범행을 실천하기는 쉽지 않다. 그러니 나는 머리와 수염을 깎고, 노란 옷을 입고, 집에서 집 없는 곳으로 출가하리라.'라고."

so kho ahaṃ, aggivessana, aparena samayena daharova samāno, susukāḷakeso bhadrena yobbanena samannāgato paṭhamena vayasā, akāmakānaṃ mātāpitūnaṃ assumukhānaṃ rudantānaṃ, kesamassuṃ ohāretvā kāsāyāni vatthāni acchādetvā agārasmā anagāriyaṃ pabbajiṃ.

악기웻사나여, 그런 나는 나중에 원치 않아 얼굴이 눈물에 젖은 어머니와 아버지가 슬피 울고 있는데도 불구하고, 검은 머리의 소년이고 상서로운 젊음을 갖춘 초년기의 젊은 나이에 머리와 수염을 깎고, 노란 옷을 입고, 집에서 집 없는 곳으로 출가했습니다.

4. 행복에 의한 행복의 실현 — (MN 85-보디 왕자 경)

ekamantaṃ nisinno kho bodhi rājakumāro bhagavantaṃ etadavoca — "mayhaṃ kho, bhante, evaṃ hoti — 'na kho sukhena sukhaṃ adhigantabbaṃ, dukkhena kho sukhaṃ adhigantabban'"ti.

한 곁에 앉은 보디 왕자는 세존에게 이렇게 말했다. — "대덕이시여, 저에게는 이런 생각이 듭니다. — '참으로 행복에 의해 행복은 얻어지지 않는다. 참으로 괴로움에 의해 행복은 얻어진다.'라고."

"mayhampi kho, rājakumāra, pubbeva sambodhā anabhisambuddhassa bodhisattasseva sato etadahosi — 'na kho sukhena sukhaṃ adhigantabbaṃ, dukkhena kho sukhaṃ adhigantabban'ti. so kho ahaṃ, rājakumāra, aparena samayena daharova samāno susukāḷakeso bhadrena yobbanena samannāgato paṭhamena vayasā akāmakānaṃ mātāpitūnaṃ assumukhānaṃ rudantānaṃ kesamassuṃ ohāretvā kāsāyāni vatthāni acchādetvā agārasmā anagāriyaṃ pabbajiṃ.

"왕자여, 깨달음 이전, 깨닫지 못한 보살이었을 때 나에게도 이런 생각이 떠올랐다. — '참으로 행복에 의해 행복은 얻어지지 않는다. 참으로 괴로움에 의해 행복은 얻어진다.' 라고. 왕자여, 그런 나는 나중에 원치 않아 얼굴이 눈물에 젖은 어머니와 아버지가 슬피 울고 있는데도 불구하고, 검은 머리의 소년이고 상서로운 젊음을 갖춘 초년기의 젊은 나이에 머리와 수염을 깎고, 노란 옷을 입고, 집에서 집 없는 곳으로 출가했다.

5. 이전에 들어보지 못한 법들의 영역 — (MN 100-상가라와 경)

"diṭṭhadhammābhiññāvosānapāramippattānaṃ, ādibrahmacariyaṃ paṭijānantānampi kho ahaṃ, bhāradvāja, vemattaṃ vadāmi. santi, bhāradvāja, eke samaṇabrāhmaṇā anussavikā. te anussavena diṭṭhadhammābhiññāvosānapāramippattā, ādibrahmacariyaṃ paṭijānanti; seyyathāpi brāhmaṇā tevijjā. santi pana, bhāradvāja, eke samaṇabrāhmaṇā kevalaṃ saddhāmattakena diṭṭhadhammābhiññāvosānapāramippattā, ādibrahmacariyaṃ paṭijānanti; seyyathāpi takkī vīmaṃsī. santi, bhāradvāja, eke samaṇabrāhmaṇā pubbe ananussutesu dhammesu sāmaṃyeva dhammaṃ abhiññāya diṭṭhadhammābhiññāvosānapāramippattā, ādibrahmacariyaṃ paṭijānanti. tatra, bhāradvāja, ye te samaṇabrāhmaṇā pubbe ananussutesu dhammesu sāmaṃyeva dhammaṃ abhiññāya diṭṭhadhammābhiññāvosānapāramippattā, ādibrahmacariyaṃ paṭijānanti, tesāhamasmi. tadamināpetaṃ, bhāradvāja, pariyāyena veditabbaṃ, yathā ye te samaṇabrāhmaṇā pubbe ananussutesu dhammesu sāmaṃyeva dhammaṃ abhiññāya diṭṭhadhammābhiññāvosānapāramippattā, ādibrahmacariyaṃ paṭijānanti, tesāhamasmi.

"바라드와자여, 지금여기에서 실다운 지혜로 완전한 궁극의 경지를 성취해서 범행의 근본을 공언하는 어떤 사문-바라문들에게도 차이가 있다고 나는 말한다. 삼명 바라문처럼, 바라드와자여, 전승에 의해 지금여기에서 실다운 지혜로 완전한 궁극을 성취해서 범행의 근본을 공언한다는, 전승을 중심에 둔 어떤 사문-바라문들이 있다. 딱끼-위망시처럼, 바라드와자여, 온전하게 오직 믿음에 의해 지금여기에서 실다운 지혜로 완전한 궁극의 경지를 성취해서 범행의 근본을 공언한다는 어떤 사문-바라문들이 있다. 바라드와자여, 이전에 들어보지 못한 법들에 대해 스스로 법을 실답게 안 뒤에, 지금여기에서 실다운 지혜로 완전한 궁극의 경지를 성취해서 범행의 근본을 공언한다는 어떤 사문-바라문들이 있다. 거기서, 바라드와자여, 이전에 들어보지 못한 법들에 대해 스스로 법을 실답게 안 뒤에, 지금여기에서 실다운 지혜로 완전한 궁극의 경지를 성취해서 범행의 근본을 공언한다는 어떤 사문-바라문들 가운데 나는 속한다. 그때, 바라드와자여, 이전에 들어보지 못한 법들에 대해 스스로 법을 실답게 안 뒤에, 지금여기에서 실다운 지혜로 완전한 궁극의 경지를 성취해서 범행의 근본을 공언한다는 어떤 사문-바라문들 가운데 내가 속한다는 것은 이런 방법으로 알아야 한다.

"idha me, bhāradvāja, pubbeva sambodhā anabhisambuddhassa bodhi -sattasseva sato etadahosi — 'sambādho gharāvāso rajāpatho, abbhokāso pabbajjā. nayidaṃ sukaraṃ agāraṃ ajjhāvasatā ekantaparipuṇṇaṃ ekanta -parisuddhaṃ saṅkhalikhitaṃ brahmacariyaṃ carituṃ. yaṃnūnāhaṃ kesamassuṃ ohāretvā kāsāyāni vatthāni acchādetvā agārasmā anagāriyaṃ pabbajeyyan'ti.

바라드와자여, 깨달음 이전, 깨닫지 못한 보살이었을 때 나에게도 이런 생각이 떠올랐다. — '재가의 삶이란 압박이고 오염이 많지만 출가는 열린 허공과 같다. 재가에 살면서 온전히 충만하고 온전히 청정하고 소라고둥처럼 빛나는 범행을 실천하는 것은 쉽지 않다. 그러니 나는 머리와 수염을 깎고, 노란 옷을 입고, 집에서 집 없는 곳으로 출가해야겠다.'라고.

so kho ahaṃ, bhāradvāja, aparena samayena daharova samāno susukāḷa -keso bhadrena yobbanena samannāgato paṭhamena vayasā akāmakānaṃ mātāpitūnaṃ assumukhānaṃ rudantānaṃ kesamassuṃ ohāretvā kāsāyāni vatthāni acchādetvā agārasmā anagāriyaṃ pabbajiṃ.

바라드와자여, 그런 나는 나중에 원치 않아 얼굴이 눈물에 젖은 어머니와 아버지가 슬피 울고 있는데도 불구하고, 검은 머리의 소년이고 상서로운 젊음을 갖춘 초년기의 젊은 나이에 머리와 수염을 깎고, 노란 옷을 입고, 집에서 집 없는 곳으로 출가했다.

● 출가(出家) — 「kiṃkusalagavesī 무엇이 유익(有益)인지 구함」

출가를 묻는 사람들이 있습니다. 저는 돌아오지 않을 자신이 있을 때 출가하라고 말합니다. 그 길이 정녕 유익(有益)이라는 확신과 온갖 장애를 극복하고 돌아오지 않을 준비를 갖추었는지 돌아보아야 합니다. 대개의 경우, 돌아간 삶은 많은 것을 잃고 거기서도 새로 시작해야 하기 때문입니다.

[4] 깨달음

1. 불교의 탄생과 교단 확장의 무대 — 우루웰라의 세나니 마을(장군촌)

출가한 뒤, 알라라 깔라마와 웃따까 라마뿟따의 두 분 스승에게서 무소유처(無所有處)와 비상비비상처(非想非非想處)를 익히지만, 그곳에 다시 태어남으로 이끌 뿐이라는 자각 가운데 떠나서 우루웰라의 세나니 마을(장군촌)에 도착합니다.

우루웰라의 세나니 마을/네란자라 강변은 불교의 탄생과 교단 확장의 무대가 됩니다. 우루웰라의 세나니 마을에 도착한 수행자 고따마는 여기에서 깨달음을 성취하고, 깨달음을 얻은 뒤에 법을 설하기로 결정하는 자리도 여깁니다. 또한, 최초의 설법을 위해 바라나시에 있는 이시빠따나의 사슴 공원을 방문하여 함께하는 다섯 비구의 깨달음을 이끈 뒤 전도선언을 통해 다시 이곳으로 돌아옴을 알립니다. 다시 이곳으로 돌아온 부처님은, 율장(律藏) 대품(大品)(마하왁가)의 uruvelapāṭihāriyakathā(우루웰라의 비범 이야기)에 의하면, 깟사빠 삼 형제를 따르는 천 명의 수행자를 전도하여 천 명의 비구로 구성된 교단을 확보합니다.

"so kho ahaṃ, rājakumāra, kiṃkusalagavesī anuttaraṃ santivarapadaṃ pariyesamāno, magadhesu anupubbena cārikaṃ caramāno, yena uruvelā senānigamo tadavasariṃ. tatthaddasaṃ ramaṇīyaṃ bhūmibhāgaṃ, pāsādikañca vanasaṇḍaṃ, nadīñca sandantiṃ setakaṃ supatitthaṃ, ramaṇīyaṃ samantā ca gocaragāmaṃ. tassa mayhaṃ, rājakumāra, etadahosi — 'ramaṇīyo vata, bho, bhūmibhāgo, pāsādiko ca vanasaṇḍo, nadiñca sandantiṃ setakā supatitthā, ramaṇīyā samantā ca gocaragāmo. alaṃ vatidaṃ kulaputtassa padhānatthikassa padhānāyā'ti. so kho ahaṃ, rājakumāra, tattheva nisīdiṃ — 'alamidaṃ padhānāyā'ti.』

왕자여, 그렇게 무엇이 유익(有益)인지를 구하는 나는 위없이 평화롭고 고귀한 경지를 찾아 마가다에서 차례로 유행하면서 우루웰라의 세나니 마을에 이르렀다. 그곳에서 마음에 드는 땅과 만족스런 숲과 투명하게 흐르는 강과 튼튼한 강둑과 주변 일대의 마음에 드는 탁발할 수 있는 마을을 보았다. 왕자여, 그런 내게 이런 생각이 들었다. — '오! 마음에 드는 땅과 만족스런 숲과 투명하게 흐르는 강과 튼튼한 강둑과 주변 일대의 마음에 드는 탁발할 수 있는 마을이 있다. 참으로 이곳은 정진을 원하는 좋은 가문의 아들들이 정진하기에 충분하다.'라고. 그런 나는, 왕자여, '이곳은 정진하기에 충분하다.'라고 하면서 거기에 앉았다.

2. 사선(四禪)-삼명(三明)의 깨달음 — (MN 85-보디 왕자 경)

이곳에서의 과정은 비교적 상세하게 설명됩니다. 먼저, 소유의 삶에 대한 세 가지 비유를 통해 소유의 삶을 완전히 떠나 존재의 삶에 오른 뒤에 존재의 문제를 해소해야 한다는 방향을 잡은 뒤에 고행(苦行)을 하고, 고행의 끝에서 고행이 깨달음으로 이끄는 길이 아니라는 자각을 통해 다시 떠난 뒤에, 깨달음을 위한 길인 사선(四禪)-삼명(三明)의 과정을 찾아 번뇌를 부수고 깨달음을 성취합니다[누진(漏盡)]. ⇒ 「그림 - (MN 85-보디 왕자의 경)과 (SN 56.11-전법륜경)으로 이해하는 중도(中道)」 (198쪽)

이때, 삼명(三明)은 숙주명(宿住明)-천안명(天眼明)-누진명(漏盡明)인데, 숙주명과 천안명은 깨달음을 위한 필요충분조건이 아니고, 누진명만이 필요충분조건입니다. 그래서 깨달음은 사선(四禪)에 이어 번뇌를 부수는 누진명(漏盡明)의 과정이고, 구차제주(九次第住)-구차제멸(九次第滅)의 단계 지어진 과정에 의해 번뇌로부터 심(心)이 해탈(解脫)하는 것입니다.

불교 수행의 특징 — 행복으로 더 큰 행복을 일구는 깨달음 — 「나는 소유의 삶과 다른 곳, 불선법(不善法)들과 다른 곳에 있는 행복을 두려워하지 않는다.」

"tassa mayhaṃ, rājakumāra, etadahosi — 'ye kho keci atītamaddhānaṃ samaṇā vā brāhmaṇā vā opakkamikā dukkhā tibbā kharā kaṭukā vedanā vedayiṃsu, etāvaparamaṃ nayito bhiyyo. yepi hi keci anāgatamaddhānaṃ samaṇā vā brāhmaṇā vā opakkamikā dukkhā tibbā kharā kaṭukā vedanā vedayissanti, etāvaparamaṃ nayito bhiyyo. yepi hi keci etarahi samaṇā vā brāhmaṇā vā opakkamikā dukkhā tibbā kharā kaṭukā vedanā vedayanti, etāvaparamaṃ nayito bhiyyo. na kho panāhaṃ imāya kaṭukāya dukkarakārikāya adhigacchāmi uttarimanussadhammā alamariyañāṇadassanavisesaṃ; siyā nu kho añño maggo bodhāyā'ti. tassa mayhaṃ, rājakumāra, etadahosi — 'abhijānāmi kho panāhaṃ pitu sakkassa kammante sītāya jambucchāyāya nisinno vivicceva kāmehi vivicca akusalehi dhammehi savitakkaṃ savicāraṃ vivekajaṃ pītisukhaṃ paṭhamaṃ jhānaṃ upasampajja viharitā; siyā nu kho eso maggo bodhāyā'ti. tassa mayhaṃ, rājakumāra, satānusāri viññāṇaṃ ahosi — 'eseva maggo bodhāyā'ti. tassa mayhaṃ, rājakumāra, etadahosi — 'kiṃ nu kho ahaṃ tassa sukhassa bhāyāmi yaṃ taṃ sukhaṃ aññatreva kāmehi aññatra akusalehi dhammehī'ti? tassa mayhaṃ, rājakumāra, etadahosi — 'na kho ahaṃ tassa sukhassa bhāyāmi yaṃ taṃ sukhaṃ aññatreva kāmehi aññatra akusalehi dhammehī'ti.

그런 나에게, 왕자여, 이런 생각이 떠올랐다. — '과거의 어떤 사문들이나 바라문들이 경험했던 고행에 의해 야기되는 괴롭고 예리하고 거칠고 심한 느낌 중에서 이것이 가장 혹독한 것이어서 이것을 넘어서는 것은 이제 없다. 미래의 어떤 사문들이나 바라문들이 경험할 고행에 의해 야기되는 괴롭고 예리하고 거칠고 심한 느낌 중에서 이것이 가장 혹독한 것이어서 이것을 넘어서는 것은 이제 없다. 현재의 어떤 사문들이나 바라문들이 경험하는 고행에 의해 야기되는 괴롭고 예리하고 거칠고 심한 느낌 중에서 이것이 가장 혹독한 것이어서 이것을 넘어서는 것은 이제 없다. 그러나 나는 이 심한, 행하기 어려운 것을 행하면서도 인간을 넘어선 법인 성자들에게 적합한 차별적 지(知)와 견(見)을 얻지 못했다. 참으로 깨달음을 위한 다른 길이 있을까?'라고. 그런 나에게, 왕자여, 이런 생각이 떠올랐다. — '그런데 나는 아버지의 삭까 족의 행사에서 시원한 잠부 나무 그늘에 앉아있을 때 소유의 삶에서 벗어나고, 불선법(不善法)들에서 벗어나서, 위딱까가 있고 위짜라가 있고 떨침에서 생긴 기쁨과 즐거움의 초선(初禪)을 성취하여 머물렀던 것을 기억한다. 참으로 이것이 깨달음을 위한 길일까?'라고. 그런 나에게. 왕자여, 기억을 따르는 식(識)이 있었다. — '오직 이것이 깨달음을 위한 길이다.'라고. 그런 나에게, 왕자여, 이런 생각이 떠올랐다. — '그런데 나는 왜 소유의 삶과 다른 곳, 불선법(不善法)들과 다른 곳에 있는 행복을 두려워하는가?'라고. 그런 나에게, 왕자여, 이런 생각이 떠올랐다. — '나는 소유의 삶과 다른 곳, 불선법(不善法)들과 다른 곳에 있는 행복을 두려워하지 않는다.'라고."

"tassa mayhaṃ, rājakumāra, etadahosi — 'na kho taṃ sukaraṃ sukhaṃ adhigantuṃ evaṃ adhimattakasimānaṃ pattakāyena. yaṃnūnāhaṃ oḷārikaṃ āhāraṃ āhāreyyaṃ odanakummāsan'ti. so kho ahaṃ, rājakumāra, oḷārikaṃ āhāraṃ āhāresiṃ odanakummāsaṃ. tena kho pana maṃ, rājakumāra, samayena pañcavaggiyā bhikkhū paccupaṭṭhitā honti — 'yaṃ kho samaṇo gotamo dhammaṃ adhigamissati taṃ no ārocessatī'ti. yato kho ahaṃ, rājakumāra, oḷārikaṃ āhāraṃ āhāresiṃ odanakummāsaṃ, atha me te pañcavaggiyā bhikkhū nibbijja pakkamiṃsu — 'bāhulliko samaṇo gotamo padhānavibbhanto, āvatto bāhullāyā'ti.

그런 나에게, 왕자여, 이런 생각이 떠올랐다. — '이렇게 극도로 여윈 몸을 가지고 그런 행복을 얻기는 쉽지 않다. 나는 덩어리진 음식, 쌀밥과 응유를 먹어야겠다.'라고. 그런 나는, 왕자여, 덩어리진 음식, 쌀밥과 응유를 먹었다. 그때, 왕자여, 나에게 '사문 고따마는 법을 증득할 것이다. 그 법을 우리에게 말해줄 것이다.'라면서 함께하는 다섯 비구가 있었다. 왕자여, 내가 덩어리진 음식, 쌀밥과 응유를 먹었을 때, 그 함께하는 다섯 비구는 나에게 '사문 고따마는 풍족하게 사는 자이다. 노력을 포기하고, 풍족한 삶으로 되돌아갔다.'라고 염오하고 떠나갔다.

"so kho ahaṃ, rājakumāra, oḷārikaṃ āhāraṃ āhāretvā balaṃ gahetvā vivicceva kāmehi ... pe ... paṭhamaṃ jhānaṃ upasampajja vihāsiṃ. vitakkavicārānaṃ vūpasamā... dutiyaṃ jhānaṃ... tatiyaṃ jhānaṃ... catutthaṃ jhānaṃ upasampajja vihāsiṃ. so evaṃ samāhite citte parisuddhe pariyodāte anaṅgaṇe vigatūpakkilese mudubhūte kammaniye ṭhite āneñjappatte pubbenivāsānussatiñāṇāya cittaṃ abhininnāmesiṃ. so anekavihitaṃ pubbenivāsaṃ anussarāmi, seyyathidaṃ — ekampi jātiṃ dvepi jātiyo ... pe ... iti sākāraṃ sauddesaṃ anekavihitaṃ pubbenivāsaṃ anussarāmi. ayaṃ kho me, rājakumāra, rattiyā paṭhame yāme paṭhamā vijjā adhigatā, avijjā vihatā, vijjā uppannā; tamo vihato, āloko uppanno — yathā taṃ appamattassa ātāpino pahitattassa viharato.

그런 나는, 왕자여, 덩어리진 음식을 먹고서 힘을 얻은 뒤에 소유의 삶에서 벗어나고,

불선법(不善法)들에서 벗어나서, 위딱까가 있고 위짜라가 있고 떨침에서 생긴 기쁨과 즐거움의 초선(初禪)을 성취하여 머물렀다. 위딱까와 위짜라의 가라앉음으로 인해, 안으로 평온함과 마음의 집중된 상태가 되어, 위딱까도 없고 위짜라도 없이, 삼매에서 생긴 기쁨과 즐거움의 제이선(第二禪)을 성취하여 머물렀다. 기쁨의 바램으로부터 평정하게 머물고, 사띠-삼빠자나 하면서 머물고, 몸으로 즐거움을 경험한다. 성인들이 '평정을 가진 자, 사띠를 가진 자, 즐거움에 머무는 자[사념락주(捨念樂住)].'라고 말하는 제삼선(第三禪)을 성취하여 머물렀다. 즐거움의 버림과 괴로움의 버림으로부터, 이미 만족과 불만들의 줄어듦으로부터, 괴로움도 즐거움도 없고 평정과 청정한 사띠[사념청정(捨念淸淨)]의 제사선(第四禪)을 성취하여 머물렀다. 나는 이렇게 심(心)이 삼매를 닦고, 청정하고 아주 깨끗하고 침착하고 오염원이 없고 유연하고 준비되고 안정되고 흔들림 없음에 도달했을 때, 이전의 존재 상태에 대한 기억의 앎으로 심(心)을 향하게 하고 기울게 했다. 나는 여러 이전의 존재 상태[전생]를 기억했다. 즉 — 한 번의 생, 두 번의 생, 세 번의 생, 네 번의 생, 다섯 번의 생, 열 번의 생, 스무 번의 생, 서른 번의 생, 마흔 번의 생, 쉰 번의 생, 백 번의 생, 천 번의 생, 십만 번의 생, 세계가 진화하는[줄어드는] 여러 겁, 세계가 퇴보하는[자라나는] 여러 겁, 세계가 진화하고 퇴보하는 여러 겁을 기억했다. — '이러이러한 곳에서 나는 이런 이름이었고, 이런 종족이었고, 이런 용모였고, 이런 음식을 먹었고, 행복과 괴로움을 이렇게 경험했고, 수명의 한계는 이러했다. 나는 거기에서 죽어 이러이러한 곳에 태어났다. 그곳에서 나는 이런 이름이었고, 이런 종족이었고, 이런 용모였고, 이런 음식을 먹었고, 행복과 괴로움을 이렇게 경험했고, 수명의 한계는 이러했다. 나는 거기에서 죽어 여기에 태어났다.'라고. 이처럼 상태와 함께, 상세한 설명과 함께 여러 이전의 존재 상태[전생]를 기억했다. 왕자여, 이것이 밤의 초삼분(初三分)에 나에게 얻어진 첫 번째 명(明)이다. 방일하지 않고 노력하고 확고한 의지를 가지고 머무는 자에게 무명(無明)이 부서지고 명(明)이 생긴 것이다. 어둠이 부서지고 빛이 생긴 것이다.

"so evaṃ samāhite citte parisuddhe pariyodāte anaṅgaṇe vigatūpakkilese mudubhūte kammaniye ṭhite āneñjappatte sattānaṃ cutūpapātañāṇāya cittaṃ abhininnāmesiṃ. so dibbena cakkhunā visuddhena atikkantamānusakena satte passāmi cavamāne upapajjamāne hīne paṇīte suvaṇṇe dubbaṇṇe sugate duggate yathākammūpage satte pajānāmi ... pe ... ayaṃ kho me, rājakumāra, rattiyā majjhime yāme dutiyā vijjā adhigatā, avijjā vihatā, vijjā uppannā; tamo vihato, āloko uppanno — yathā taṃ appamattassa ātāpino pahitattassa viharato.

나는 이렇게 심(心)이 삼매를 닦고, 청정하고 아주 깨끗하고 침착하고 오염원이 없고 유연하고 준비되고 안정되고 흔들림 없음에 도달했을 때, 죽고 다시 태어남의 앎으로 심(心)을 향하게 하고 기울게 했다. 나는 청정하고 인간을 넘어선 신성한 눈[천안(天眼)]으로 중생들이 죽고 태어나고, 저열하고 뛰어나고, 잘생기고 못생기고, 좋은 곳[선처(善處)]에 가고 나쁜 곳[악처(惡處)]에 가는 것을 보았다. 업에 따라서 가는 중생들을 분명히 알았다. — '이들은 신(身)으로 나쁜 삶을 살고 구(口)로 나쁜 삶을 살고 의(意)로 나쁜 삶을 살고, 성자들을 비방하고, 삿된 견해를 가졌고, 사견업(邪見業)을 지었다. 이들은 몸이 무너져 죽은 뒤에 상실과 비탄의 상태, 비참한 존재, 벌 받는 상태, 지옥에 태어났다. 그러나 이들은 신(身)으로 좋은 삶을 살고 구(口)로 좋은 삶을 살고 의(意)로 좋은 삶을 살고, 성자들을 비방하지 않고, 바른 견해를 지니고, 정견업(正見業)을 지었다. 이들은 몸이 무너져 죽은 뒤에 좋은 곳, 하늘 세상에 태어났다.'라고. 이처럼 나는 청정하고 인간을 넘어선 신성한 눈으로 중생들이 죽고 태어나고, 저열하고 뛰어나고, 잘생기고 못생기고, 좋은 곳에 가고 나쁜 곳에 가는 것을 보았다. 업에 따라서 가는 중생들을 분명히 알았다. 왕자여, 이것이 밤의 중삼분(中三分)에 나에게 얻어진 두 번째 명(明)이다. 방일하지 않고 노력하고 확고한 의지를 가지고 머무는 자에게 무명(無明)이 부서지고 명(明)이 생긴 것이다. 어둠이 부서지고 빛이 생긴 것이다.

"so evaṃ samāhite citte parisuddhe pariyodāte anaṅgaṇe vigatūpakkilese mudubhūte kammaniye ṭhite āneñjappatte āsavānaṃ khayañāṇāya cittaṃ abhininnāmesiṃ. so 'idaṃ dukkhan'ti yathābhūtaṃ abbhaññāsiṃ … pe … 'ayaṃ dukkhanirodhagāminī paṭipadā'ti yathābhūtaṃ abbhaññāsiṃ; 'ime āsavā'ti yathābhūtaṃ abbhaññāsiṃ … pe … 'ayaṃ āsavanirodhagāminī paṭipadā'ti yathābhūtaṃ abbhaññāsiṃ. tassa me evaṃ jānato evaṃ passato kāmāsavāpi cittaṃ vimuccittha, bhavāsavāpi cittaṃ vimuccittha, avijjāsavāpi cittaṃ vimuccittha. vimuttasmiṃ vimuttamiti ñāṇaṃ ahosi. 'khīṇā jāti, vusitaṃ brahmacariyaṃ, kataṃ karaṇīyaṃ, nāparaṃ itthattāyā'ti abbhaññāsiṃ. ayaṃ kho me, rājakumāra, rattiyā pacchime yāme tatiyā vijjā adhigatā, avijjā vihatā, vijjā uppannā; tamo vihato, āloko uppanno — yathā taṃ appamattassa ātāpino pahitattassa viharato.

나는 이렇게 심(心)이 삼매를 닦고, 청정하고 아주 깨끗하고 침착하고 오염원이 없고 유연하고 준비되고 안정되고 흔들림 없음에 도달했을 때, 번뇌들의 부서짐의 앎으로 심(心)을 향하게 하고 기울게 했다. 나는 '이것이 고(苦)다.'라고 있는 그대로 꿰뚫어 알았고, '이것이 고집(苦集)이다.'라고 있는 그대로 꿰뚫어 알았고, '이것이 고멸(苦滅)이다.'라고 있는 그대로 꿰뚫어 알았고, '이것이 고멸(苦滅)로 이끄는 실천이다.'라고 있는 그대로 꿰뚫어 알았다. '이것이 번뇌[루(漏)]다.'라고 있는 그대로 꿰뚫어 알았고, '이것이 번뇌의 집(集)이다.'라고 있는 그대로 꿰뚫어 알았고, '이것이 번뇌의 멸(滅)이다.'라고 있는 그대로 꿰뚫어 알았고, '이것이 번뇌의 멸(滅)로 이끄는 실천이다.'라고 있는 그대로 꿰뚫어 알았다. 내가 이렇게 알고 이렇게 볼 때 소유의 번뇌[욕루(慾漏)]들로부터도 심(心)이 해탈했고, 존재의 번뇌[유루(有漏)]들로부터도 심(心)이 해탈했고, 무명(無明)의 번뇌[무명루(無明漏)]들로부터도 심(心)이 해탈했다. 해탈했을 때 '나는 해탈했다'라는 앎이 있었다. '태어남은 다했다. 범행은 완성되었다. 해야 할 일을 했다. 다음에는 현재 상태[유(有)]가 되지 않는다.'라고 분명히 알았다. 왕자여, 이것이 밤의 후삼분(後三分)에 나에게 얻어진 세 번째 명(明)이다. 방일하지 않고 노력하고 확고한 의지를 가지고 머무는 자에게 무명(無明)이 부서지고 명(明)이 생긴 것이다. 어둠이 부서지고 빛이 생긴 것이다.

3. 위없는 유가안온인 열반의 성취 ― (MN 26-덫 경)

태어남-늙음-병-죽음-슬픔-오염이 없는 위없는 유가안온인 열반

"so kho ahaṃ, bhikkhave, attanā jātidhammo samāno jātidhamme ādīnavaṃ viditvā ajātaṃ anuttaraṃ yogakkhemaṃ nibbānaṃ pariyesamāno ajātaṃ anuttaraṃ yogakkhemaṃ nibbānaṃ ajjhagamaṃ, attanā jarādhammo samāno jarādhamme ādīnavaṃ viditvā ajaraṃ anuttaraṃ yogakkhemaṃ nibbānaṃ pariyesamāno ajaraṃ anuttaraṃ yogakkhemaṃ nibbānaṃ ajjhagamaṃ, attanā byādhidhammo samāno byādhidhamme ādīnavaṃ viditvā abyādhiṃ anuttaraṃ yogakkhemaṃ nibbānaṃ pariyesamāno abyādhiṃ anuttaraṃ yogakkhemaṃ nibbānaṃ ajjhagamaṃ, attanā maraṇadhammo samāno maraṇadhamme ādīnavaṃ viditvā amataṃ anuttaraṃ yogakkhemaṃ nibbānaṃ ajjhagamaṃ, attanā sokadhammo samāno sokadhamme ādīnavaṃ viditvā asokaṃ anuttaraṃ yogakkhemaṃ nibbānaṃ ajjhagamaṃ, attanā saṃkilesadhammo samāno saṃkilesadhamme ādīnavaṃ viditvā asaṃkiliṭṭhaṃ anuttaraṃ yogakkhemaṃ nibbānaṃ pariyesamāno asaṃkiliṭṭhaṃ anuttaraṃ yogakkhemaṃ nibbānaṃ ajjhagamaṃ. ñāṇañca pana me dassanaṃ udapādi ― 'akuppā me vimutti, ayamantimā jāti, natthi dāni punabbhavo'ti.

그런 나는, 비구들이여, 자신이 태어나는 존재이지만 태어나는 것에서 위험을 본 뒤에 태어남이 없는 위없는 유가안온인 열반을 구하여 태어남이 없는 위없는 유가안온인 열반을 성취했다. 자신이 늙는 존재이지만 늙는 것에서 위험을 본 뒤에 늙음이 없는 위없는 유가안온인 열반을 구하여 늙음이 없는 위없는 유가안온인 열반을 성취했다. 자신이 병드는 존재이지만 병드는 것에서 위험을 본 뒤에 병이 없는 위없는 유가안온인 열반을 구하여 병이 없는 위없는 유가안온인 열반을 성취했다. 자신이 죽는 존재이지만 죽는 것에서 위험을 본 뒤에 죽음이 없는 위없는 유가안온인 열반을 구하여 죽음이 없는 위없는 유가안온인 열반을 성취했다. 자신이 슬픈 존재이지만 슬픈 것에서 위험을 본 뒤에 슬픔이 없는 위없는 유가안온인 열반을 구하여 슬픔이 없는 위없는 유가안온인 열반을 성취했다. 자신이 오염되는 존재이지만 오염되는 것에서 위험을 본 뒤에 오염이 없는 위없는 유가안온인 열반을 구하여 오염이 없는 위없는 유가안온인 열반을 성취했다. 나에게 '나의 해탈은 흔들리지 않는다. 이것이 태어남의 끝이다. 이제 다시 존재로 이끌리지 않는다.'라는 앎과 봄이 생겼다.

4. 오도송(悟道頌) ― (KN 2.11-법구경(法句經), 늙음 품)

행(行)에서 벗어나고 애(愛)가 부서진 심(心) → 윤회(輪廻)에서 벗어남

※ 무명(無明)을 조건으로 행(行)이 있다. → 세 가지 행(行) : 신행(身行)[들숨-날숨]-구행(口行)[위딱까-위짜라]-심행(心行)[상(想)-수(受)] → 번뇌의 영향을 받는 심행(心行)에서 벗어남 = 해탈(解脫)된 심(心)이 생겨남 → 애멸(愛滅)

anekajātisaṃsāraṃ, sandhāvissaṃ anibbisaṃ.
gahakāraṃ gavesanto, dukkhā jāti punappunaṃ.

옮겨가고 윤회하는 다양한 태어남의 과정에서 찾지 못한
집을 짓는 자를 찾는 자가 있다. 거듭되는 태어남은 괴로움이다.

gahakāraka diṭṭhosi, puna gehaṃ na kāhasi.
sabbā te phāsukā bhaggā, gahakūṭaṃ visaṅkhataṃ.
visaṅkhāragataṃ cittaṃ, taṇhānaṃ khayamajjhagā.

집을 짓는 자여, 그대는 발견되었다. 그대는 다시는 집을 짓지 못한다.
그대에게 서까래는 모두 부서졌고 대들보는 유위(有爲)에서 벗어났다.
심(心)은 행(行-형성작용)에서 벗어났고, 애(愛)의 부서짐을 얻었다.

5. 세상에서 윤회의 장막을 벗긴 아라한-정등각이 됨. 부처가 되면 무엇을 얻는가? — (DN 30-삼십이상경)

loke vivaṭṭacchado 세상에서 윤회의 장막을 벗긴 자 = 아라한(阿羅漢)-정등각(正等覺)
깨달음 = 윤회에서 벗어남

이 경은 '이런 업(業)을 원인으로 이런 상(相)을 얻는다.'라고 말하는데, 부처님이 전생에 어떤 업을 지어서 32상(相)을 지니고 태어났는지의 설명입니다. 그래서 32상(相)은 부처님의 전생 이야기에 대한 포괄적인 소개라고 알아야 합니다.

sace kho pana agārasmā anagāriyaṃ pabbajati, arahaṃ hoti sammāsambuddho loke vivaṭṭacchado. buddho samāno kiṃ labhati?

만약 집에서 집 없는 곳으로 출가하면 세상에서 윤회의 장막을 벗긴 아라한-정등각이 된다.

부처[불(佛)]가 되면 무엇을 얻는가?

1) akkhambhiyo hoti abbhantarehi vā bāhirehi vā paccatthikehi paccāmittehi rāgena vā dosena vā mohena vā samaṇena vā brāhmaṇena vā devena vā mārena vā brahmunā vā kenaci vā lokasmiṃ. buddho samāno idaṃ labhati

탐(貪)-진(嗔)-치(癡)거나 사문-바라문-신-마라-범천 또는 세상의 누구거나, 안이나 밖의 대립하는 적들에 의한 장애가 없다. 부처가 되면 이것을 얻는다.

2) mahāparivāro hoti; mahāssa honti parivārā bhikkhū bhikkhuniyo upāsakā upāsikāyo devā manussā asurā nāgā gandhabbā. buddho samāno idaṃ labhati

함께하는 자가 많다. 비구-비구니-남신자-여신자-신-인간-아수라-용-간답바들이 많이 함께한다. 부처가 되면 이것을 얻는다.

3-5) dīghāyuko hoti ciraṭṭhitiko, dīghamāyuṃ pāleti, na sakkā hoti antarā jīvitā voropetuṃ paccatthikehi paccāmittehi samaṇena vā brāhmaṇena vā devena vā mārena vā brahmunā vā kenaci vā lokasmiṃ. buddho samāno idaṃ labhati

수명이 길고 오래 산다. 긴 수명을 보존한다. 사문-바라문-신-마라-범천 또는 세상의 누구에 의해서도 생애의 중간에 죽임당하지 않는다. 부처가 되면 이것을 얻는다.

6) lābhī hoti paṇītānaṃ rasitānaṃ khādanīyānaṃ bhojanīyānaṃ sāyanīyānaṃ lehanīyānaṃ pānānaṃ. buddho samāno idaṃ labhati

뛰어나고 맛있는 것, 딱딱하고 부드러운 먹기 좋은 음식, 핥아 먹는 것, 마실 것들을 많이 얻는다. 부처가 되면 이것을 얻는다.

7-8) susaṅgahitaparijano hoti, susaṅgahitāssa honti bhikkhū bhikkhuniyo upāsakā upāsikāyo devā manussā asurā nāgā gandhabbā. buddho samāno idaṃ labhati

주변 사람들이 잘 따른다. 비구-비구니-남신자-여신자-신-인간-아수라-용-간답바들이 잘 따른다. 부처가 되면 이것을 얻는다.

9-10) aggo ca hoti seṭṭho ca pāmokkho ca uttamo ca pavaro ca sabbasattānaṃ. buddho samāno idaṃ labhati

모든 중생 가운데 최상이고 으뜸이고 우두머리고 가장 높고 뛰어나다. 부처가 되면 이것을 얻는다.

11) yāni tāni samaṇārahāni samaṇaṅgāni samaṇūpabhogāni samaṇānucchavikāni, tāni khippaṃ paṭilabhati. buddho samāno idaṃ labhati

사문에게 어울리고, 사문을 구성하고, 사문을 즐겁게 하고, 사문에게 적당한 것들을 빠르게 얻는다. 부처가 되면 이것을 얻는다.

12) mahāpañño hoti puthupañño hāsapañño javanapañño tikkhapañño nibbedhikapañño, nāssa hoti koci paññāya sadiso vā seṭṭho vā sabbasattānaṃ. buddho samāno idaṃ labhati

큰 지혜, 분석적인 지혜, 환희하는 지혜, 민활한 지혜, 예리한 지혜, 꿰뚫는 지혜를 가진다. 모든 중생 가운데 지혜에 관해 동등하거나 으뜸인 자는 아무도 없다. 부처가 되면 이것을 얻는다.

13) lābhī hoti sukhumānaṃ mudukānaṃ attharaṇānaṃ pāvuraṇānaṃ khomasukhumānaṃ kappāsikasukhumānaṃ koseyyasukhumānaṃ kambalasukhumānaṃ. buddho samāno idaṃ labhati

섬세하고 부드러운 덮을 것들, 외투, 섬세한 아마, 섬세한 무명, 섬세한 비단, 섬세한 모직 등을 많이 얻는다. 부처가 되면 이것을 얻는다.

14) pahūtaputto hoti, anekasahassaṃ kho panassa puttā bhavanti sūrā vīraṅgarūpā parasenappamaddanā. buddho samāno idaṃ labhati

많은 아들이 있다. 수천의 그의 아들들은 용감하고 씩씩하며 다른 군대를 이긴다. 부처가 되면 이것을 얻는다.

15-16) aḍḍho hoti mahaddhano mahābhogo. tassimāni dhanāni honti, seyyathidaṃ, saddhādhanaṃ sīladhanaṃ hiridhanaṃ ottappadhanaṃ sutadhanaṃ cāgadhanaṃ paññādhanaṃ. buddho samāno idaṃ labhati

부유하고, 큰 부를 가졌고, 소유한 것이 많다. 그에게 이런 부가 있다. 예를 들면, 믿음의 재산, 계(戒)의 재산, 히리의 재산, 옷땁빠의 재산, 배움의 재산, 보시의 재산, 지혜의 재산이다. 부처가 되면 이것을 얻는다.

17-19) aparihānadhammo hoti, na parihāyati saddhāya sīlena sutena cāgena paññāya, na parihāyati sabbasampattiyā. buddho samāno idaṃ labhati

퇴보하지 않는 존재다. 믿음-계-배움-보시-지혜가 퇴보하지 않고, 성취한 모든 것이 퇴보하지 않는다. 부처가 되면 이것을 얻는다.

20) appābādho hoti appātaṅko samavepākiniyā gahaṇiyā samannāgato nātisītāya nāccuṇhāya majjhimāya padhānakkhamāya. buddho samāno idaṃ labhati

결점이 없고, 병이 없다. 정진을 감당할 수 있도록 너무 차지도 않고 너무 뜨겁지도 않은 중간의 좋은 소화력과 흡수력을 갖췄다. 부처가 되면 이것을 얻는다.

21-22) piyadassano hoti bahuno janassa, piyo hoti manāpo bhikkhūnaṃ bhikkhunīnaṃ upāsakānaṃ upāsikānaṃ devānaṃ manussānaṃ asurānaṃ nāgānaṃ gandhabbānaṃ. buddho samāno idaṃ labhati

많은 사람이 사랑스럽게 본다. 비구-비구니-남신자-여신자-신-인간-아수라-용-간답바들이 사랑하고 마음에 들어한다. 부처가 되면 이것을 얻는다.

23) mahāssa jano anvāyiko hoti, bhikkhū bhikkhuniyo upāsakā upāsikāyo devā manussā asurā nāgā gandhabbā. buddho samāno idaṃ labhati

비구-비구니-남신자-여신자-신-인간-아수라-용-간답바들 등 동행하는 사람이 많다. 부처가 되면 이것을 얻는다.

24-25) mahāssa jano upavattati, bhikkhū bhikkhuniyo upāsakā upāsikāyo devā manussā asurā nāgā gandhabbā. buddho samāno idaṃ labhati

비구-비구니-남신자-여신자-신-인간-아수라-용-간답바들 등 가까이 있는 사람이 많다. 부처가 되면 이것을 얻는다.

26-27) abhejjapariso hoti, abhejjāssa honti parisā, bhikkhū bhikkhuniyo upāsakā upāsikāyo devā manussā asurā nāgā gandhabbā. buddho samāno idaṃ labhati

무리가 분열하지 않는다. 비구-비구니-남신자-여신자-신-인간-아수라-용-간답바들 등 무리가 분열하지 않는다. 부처가 되면 이것을 얻는다.

28-29) ādeyyavāco hoti, ādiyantissa vacanaṃ bhikkhū bhikkhuniyo upāsakā upāsikāyo devā manussā asurā nāgā gandhabbā. buddho samāno idaṃ labhati

경청하는 말을 하는 자다. 비구-비구니-남신자-여신자-신-인간-아수라-용-간답바들 등이 말을 경청한다. 부처가 되면 이것을 얻는다.

30) appadhaṃsiyo hoti abbhantarehi vā bāhirehi vā paccatthikehi paccāmittehi, rāgena vā dosena vā mohena vā samaṇena vā brāhmaṇena vā devena vā mārena vā brahmunā vā kenaci vā lokasmiṃ. buddho samāno idaṃ labhati

탐(貪)-진(嗔)-치(癡)거나 사문-바라문-신-마라-범천 또는 세상의 누구거나, 안이나 밖의 대립하는 적들에 의해 해침 당하지 않는다. 부처가 되면 이것을 얻는다.

31-32) sucirparivāro hoti, sucissa honti parivārā, bhikkhū bhikkhuniyo upāsakā upāsikāyo devā manussā asurā nāgā gandhabbā. buddho samāno idaṃ labhati

함께하는 자들이 청렴하다. 비구-비구니-남신자-여신자-신-인간-아수라-용-간답바들 등 함께하는 자들이 청렴하다. 부처가 되면 이것을 얻는다.

6. 생명의 조건 때문에 이 몸을 조건으로 하는 불안은 있음 — (MN 121-공(空)의 작은 경)

깨달음은 심(心)이 집착에서 벗어나 번뇌들로부터 해탈하는 것이어서 몸을 기준으로 의미를 가지지는 않습니다. 그래서 번뇌를 부수고 깨달은 자에게도 몸으로의 삶이 유지되는 동안에는 몸 때문에 생겨나는 문제는 남아 있습니다. 그래서 깨달음을 통한 완전한 고멸(苦滅) 또는 불사(不死)의 실현은 이 몸이 무너진 뒤에 다시 몸으로 가지 않음 즉 태어나지 않는 것을 통해 완성됩니다. 윤회(輪廻)에서 벗어남이고 열반(涅槃)의 실현입니다. 부처님의 삶 가운데 돌아가심에 대해 가장 큰 의미를 부여하는 이유입니다.

"puna caparaṃ, ānanda, bhikkhu amanasikaritvā ākiñcaññāyatanasaññaṃ, amanasikaritvā nevasaññānāsaññāyatanasaññaṃ, animittaṃ cetosamādhiṃ paṭicca manasi karoti ekattaṃ. tassa animitte cetosamādhimhi cittaṃ pakkhandati pasīdati santiṭṭhati adhimuccati. so evaṃ pajānāti — 'ayampi kho animitto cetosamādhi abhisaṅkhato abhisañcetayito'. 'yaṃ kho pana kiñci abhisaṅkhataṃ abhisañcetayitaṃ tadaniccaṃ nirodhadhamman'ti pajānāti. tassa evaṃ jānato evaṃ passato kāmāsavāpi cittaṃ vimuccati, bhavāsavāpi cittaṃ vimuccati, avijjāsavāpi cittaṃ vimuccati. vimuttasmiṃ vimuttamiti ñāṇaṃ hoti. 'khīṇā jāti, vusitaṃ brahmacariyaṃ, kataṃ karaṇīyaṃ, nāparaṃ itthattāyā'ti pajānāti. so evaṃ pajānāti — 'ye assu darathā kāmāsavaṃ paṭicca tedha na santi, ye assu darathā bhavāsavaṃ paṭicca tedha na santi, ye assu darathā avijjāsavaṃ paṭicca tedha na santi, atthi cevāyaṃ darathamattā yadidaṃ — imameva kāyaṃ paṭicca saḷāyatanikaṃ jīvitapaccayā'ti. so 'suññamidaṃ saññāgataṃ kāmāsavenā'ti pajānāti, 'suññamidaṃ saññāgataṃ bhavāsavenā'ti pajānāti, 'suññamidaṃ saññāgataṃ avijjāsavenā'ti pajānāti, 'atthi cevidaṃ asuññataṃ yadidaṃ — imameva kāyaṃ paṭicca saḷāyatanikaṃ jīvitapaccayā'ti. iti yañhi kho tattha na hoti tena taṃ suññaṃ samanupassati, yaṃ pana tattha avasiṭṭhaṃ hoti taṃ 'santamidaṃ atthī'ti pajānāti. evampissa esā, ānanda, yathābhuccā avipallatthā parisuddhā paramānuttarā suññatāvakkanti bhavati.

다시, 아난다여, 비구는 무소유처의 상(想)을 작의(作意)하지 않고서, 비상비비상처의 상(想)을 작의하지 않고서 무상심삼매(無相心三昧)를 연(緣)한 한 가지를 사고(思考)한다. 그의 마음은 무상심삼매로 깊이 들어가고 순일해지고 확립하고 확신을 가진다. 그는 이렇게 분명히 안다. — '이 무상심삼매도 형성된 것이고 의도된 것이다.'라고. '어떤 것이든 형성된 것이고 의도된 것은 무상(無常)하고 소멸(消滅)의 법(法)이다.'라고 분명히 안다. 이렇게 알고 이렇게 보는 그에게 욕루(慾漏)로부터도 심(心)이 해탈하고, 유루(有漏)로부터도 심(心)이 해탈하고, 무명루(無明漏)로부터도 심(心)이 해탈한다. 해탈했을 때 '나는 해탈했다.'라는 앎이 있다. '태어남은 다했다. 범행은 완성되었다. 해야 할 일을 했다. 다음에는 현재 상태[유(有)]가 되지 않는다.'라고 분명히 안다. 그는 이렇게 분명히 안다. — '욕루(慾漏)를 연(緣)한 불안들은 여기에 없다. 유루(有漏)를 연(緣)한 불안들은 여기에 없다. 무명루(無明漏)를 연(緣)한 불안들은 여기에 없다. 그러나 생명의 조건 때문에 단지 이 몸을 조건으로 하는 육처(六處)에 속하는 것만큼의 불안은 있다.'라고. 그는 '욕루(慾漏) 상태의 상(想)에 속한 것은 공(空)하다.'라고 분명히 알고, '유루(有漏) 상태의 상(想)에 속한 것은 공(空)하다.'라고 분명히 알고, '무명루(無明漏) 상태의 상(想)에 속한 것은 공(空)하다.'라고 분명히 알고, '생명의 조건 때문에 단지 이 몸을 연(緣)한 육처(六處)에 속하는 것의 공(空)하지 않음은 있다.'라고 분명히 안다. 이렇게 그는 거기에 없는 것에 의해 그것의 공(空)을 관찰하고, 거기에 남아 있는 것을 '존재하는 이것은 있다.'라고 분명히 안다. 아난다여, 이렇게도 사실에 따르고, 전도되지 않았고 청정한 공(空)에 들어감이 있다.

7. 부처님이 성취한 법 — (SN 6.1-범천의 요청 경)

☞ nikaya.kr : 불교입문(2-사실) 미리보기(210506) - 특강[딱까-알라야-자기화]
(근본경전연구회 해피스님)

• 깨달음의 대표 개념 — atakkāvacara = takka[애(愛)의 형성 과정]의 영역을 넘어섬

• 중생의 대표 개념 — ālaya[잡기-잡음]

• 두 가지 토대 — ①여기에서의 조건성인 연기(緣起)와 ②열반(涅槃)

경은 부처님이 성취한 법을 심오 내지 현자에게만 경험될 수 있는 법이라고 말합니다. 그런데 심오 등의 서술은 'takka의 영역을 넘어선 것'이라는 하나의 설명을 제외하면 모두 수식어입니다. 그래서 부처님이 성취한 법은 'takka의 영역을 넘어선 것(atakkāvacara)' 인데, 이것은 심오하고 보기 어렵고 깨닫기 어렵고 평화롭고 숭고하고 독창적이고 현자에게만 경험될 수 있는 것이라는 설명입니다.

그러면 takka는 무엇입니까? vitakka(위딱까-떠오른 생각)은 vi-takka여서 takka로부터의 떠남이라는 조어적 구성 위에서 생각의 출발자리를 지시합니다. 그래서 생각 이전에 자리하는 것이 takka라는 것을 알 수 있는데, 인식을 가공하여 행위에 전달하는 내적인 영역입니다(162쪽 그림 참조). 이 자리에서 상(想) 즉 번뇌가 작용하여 유위(有爲) 즉 중생의 삶을 이끌기 때문에 takka는 '애(愛)의 형성 과정'입니다. 그러나 번뇌의 부서짐[누진(漏盡)]에 의해서 무위(無爲) 즉 해탈된 삶을 실현하면 번뇌의 영향력을 극복하여 takka를 넘어선 상태가 되는데, atakka입니다. 이때, takka가 삶의 과정의 한 점이 아니라 영역을 가진다는 점에서 takkāvacara(takka의 영역)[애(愛)가 형성되는 영역]이란 개념이 나타나고, 부처님의 깨달음은 바로 이 영역을 넘어섬 즉 애(愛)의 형성 과정의 해소[애멸(愛滅)]라는 정의입니다. 번뇌의 부서짐[누진(漏盡)]에 의해 무명(無明)에 덮이고 애(愛)에 묶인 중생의 삶에서 벗어나 해탈(解脫)하였다는 의미입니다(182쪽 그림 참조).

☞ sutta.kr : 맛지마 니까야 관통 법회 - 37. 갈애 부서짐의 작은 경[갈애의 의미와 부처님의 깨달음](근본경전연구회 해피스님 210929)

이런 점에서 takka는 불교 교리의 중심입니다. 사마타-위빳사나로 번뇌를 부수고 심(心)이 번뇌로부터 해탈하는 자리가 바로 여기인데[심해탈(心解脫)-혜해탈(慧解脫) → 부동(不動)의 심해탈(心解脫)], 특징적으로는, 마음은 살아있는 한 몸을 떠날 수 없지만, 작용의 측면에서 몸의 참여 없이 마음 혼자 인식하고 행위 하는 영역이라는 점입니다. — 「삶의 심오함의 끝에 닿은 깨달음」

현재의 불교계에는 takka의 개념이 해석되어 있지 않은 것 같습니다. 경(經)을 경으로 해석하지 않는 오랜 전통의 문제일 것입니다. 근본경전연구회 해피법당은 경으로 경을 푸는 공부[nikāya by nikāya]의 과정에서 takka의 개념을 발견함으로써 삶을 도식화하였는데, 「삶의 메커니즘」입니다.

그리고 삶의 메커니즘에 번호를 매겨주면 십이연기(十二緣起)가 되는데, 삶의 이야기 위에서 부처님 가르침에 접근하는 최선의 방법입니다. 그리고 이것이 바로 부처님 가르침의 진정(眞正)입니다.

삶의 메커니즘의 구명은 그대로 십이연기(十二緣起)의 해석입니다. 조만간 별도의 책으로 출판할 계획입니다. 그때까지는 nikaya.kr을 참고하시기 바랍니다.

ekaṃ samayaṃ bhagavā uruvelāyaṃ viharati najjā nerañjarāya tīre ajapālanigrodhamūle paṭhamābhisambuddho. atha kho bhagavato rahogatassa paṭisallīnassa evaṃ cetaso parivitakko udapādi — "adhigato kho myāyaṃ dhammo gambhīro duddaso duranubodho santo paṇīto atakkāvacaro nipuṇo paṇḍitavedanīyo. ālayarāmā kho panāyaṃ pajā ālayaratā ālayasammuditā. ālayarāmāya kho pana pajāya ālayaratāya ālayasammuditāya duddasaṃ idaṃ ṭhānaṃ yadidaṃ idappaccayatāpaṭiccasamuppādo. idampi kho ṭhānaṃ duddasaṃ yadidaṃ sabbasaṅkhārasamatho sabbūpadhipaṭinissaggo taṇhākkhayo virāgo nirodho nibbānaṃ. ahañceva kho pana dhammaṃ deseyyaṃ; pare ca me na ājāneyyuṃ; so mamassa kilamatho, sā mamassa vihesā"ti. apissu bhagavantaṃ imā anacchariyā gāthāyo paṭibhaṃsu pubbe assutapubbā —

한때, 바야흐로 깨달음을 성취한 세존은 우루웰라에서 네란자라 강변 아자빨라 니그로다 나무 밑에 머물렀다. 그때 외딴곳에 홀로 머무는 세존에게 이런 심(心)의 온전한 생각이 떠올랐다. — '내가 성취한 이 법은 심오하고, 보기 어렵고, 깨닫기 어렵고, 평화롭고, 숭고하고, takka[애(愛)의 형성 과정]의 영역을 넘어섰고, 독창적이고, 현자에게만 경험될 수 있다. 그러나 사람들은 잡기를 즐기고 잡기를 좋아하고 잡기를 기뻐한다. 잡기를 즐기고 잡기를 좋아하고 잡기를 기뻐하는 사람들은 이런 토대 즉 여기에서의 조건성인 연기(緣起)를 보기 어렵다. 또한, 이런 토대 즉 모든 행(行)을 그침이고, 모든 재생의 조건을 놓음이고, 애(愛)의 부서짐이고, 이탐(離貪)이고, 소멸(消滅)인 열반(涅槃)을 보기 어렵다. 그러니 내가 이 법을 설한다 해도 저들이 알지 못한다면 그것은 나만 피로하고 나만 불편해질 것이다.'라고. 그때 세존에게 이전에 들어보지 못한 게송이 자연스럽게 떠올랐다. —

"kicchena me adhigataṃ, halaṃ dāni pakāsituṃ.
rāgadosaparetehi, nāyaṃ dhammo susambudho.
"paṭisotagāmiṃ nipuṇaṃ, gambhīraṃ duddasaṃ aṇuṃ.
rāgarattā na dakkhanti, tamokhandhena āvuṭā"ti.

"나에게 어렵게 얻어진 법을 설하는 것이 이제 필요할까?
탐(貪)과 진(嗔)에 시달리는 자들에게 이 법은 잘 깨달아지지 않는다.
흐름을 거스르고, 독창적이고, 심오하고, 보기 어렵고, 미세한 법을 어둠의 무더기에 덮이고 탐(貪)에 물든 자들은 보지 못한다."라고.

itiha bhagavato paṭisañcikkhato appossukkatāya cittaṃ namati, no dhammadesanāya.

이렇게 숙고하는 세존의 심(心)은 법을 설함이 아니라 주저함으로 기울었다.

8. 중생 곁으로 : 여래와 벽지불의 갈림길 — (SN 6.1-범천의 요청 경)

아(我-attan/atman)에 대한 믿음을 버리고 무아(無我-anattan/anatman)의 진리를 만날 때 불사(不死)의 문으로 들어갈 수 있음 — 「불사(不死)의 문은 열렸다. 귀를 가진 자들은 믿음을 버려라.」

두 가지 부처[buddha-불(佛)]가 있는데 여래(如來)-아라한(阿羅漢)-정등각(正等覺)과 벽지불입니다(AN 2.53-64-사람 품). 빠알리어로는 paccekabuddha(빳쩨까붇다) 또는 paccekasam-buddha(빳쩨까삼붇다)이고, 벽지불(辟支佛) 또는 연각(緣覺)으로 한역(漢譯) 되었습니다. 아라한과 여래-아라한-정등각의 중간의 지위를 가지고 몇몇 경들에 나타나는데, (MN 116-이시길리 경)에는 500명의 벽지불이 소개되기도 합니다.

• pacceka: separate; each; various; single

'별개의/독립된 깨달음'이 무엇을 말하는지는 이해하기 어려운데, 위빳시 부처님으로부터 석가모니 부처님에 이르는 동일한 깨달음에 의해 형성된 계보에 속하지 않는다는 의미 정도로 이해할 수 있을 것입니다. 이 계보에 속하는 일곱 부처님은 여래구덕(如來九德)을 갖추었는데, 특히, 선서(善逝)거나 무상조어장부(無上調御丈夫) 또는 천인사(天人師) 등 세상 존재들을 이끄는 스승의 역할을 마다하지 않은 점도 주목해야 합니다.

만약 세존의 심(心)이 법을 설함이 아니라 주저함으로 기울어 끝내 법을 설하지 않았다면 스승으로의 역할을 갖추지 못해 여래구덕을 갖춘 온전한 여래-아라한-정등각이 되지 못했을 것입니다. 이런 점에서 사함빠띠 범천의 요청을 받아들여 법을 설함으로써 여래-아라한-정등각이 되었고, 반대의 경우라면 이 계보를 잇지 못하는 깨달은 자여서 벽지불이 되었을 것이라고 설명해 보았습니다. 그러나 계보를 잇지 못한 깨달은 자라는 의미를 벽지불로 나타낼 수 있는지에 대해서는 더 검토가 필요합니다.

atha kho brahmuno sahampatissa bhagavato cetasā cetoparivitakkamaññāya etadahosi — "nassati vata bho loko, vinassati vata bho loko, yatra hi nāma tathāgatassa arahato sammāsambuddhassa appossukkatāya cittaṃ namati, no dhammadesanāyā"ti. atha kho brahmā sahampati — seyyathāpi nāma balavā puriso samiñjitaṃ vā bāhaṃ pasāreyya, pasāritaṃ vā bāhaṃ samiñjeyya evameva — brahmaloke antarahito bhagavato purato pāturahosi. atha kho brahmā sahampati ekaṃsaṃ uttarāsaṅgaṃ karitvā dakkhiṇajāṇumaṇḍalaṃ pathaviyaṃ nihantvā yena bhagavā tenañjaliṃ paṇāmetvā bhagavantaṃ etadavoca — "desetu, bhante, bhagavā dhammaṃ, desetu sugato dhammaṃ. santi sattā apparajakkhajātikā, assavanatā dhammassa parihāyanti. bhavissanti dhammassa aññātāro"ti. idamavoca brahmā sahampati, idaṃ vatvā athāparaṃ etadavoca —

그때 세존의 심(心)으로부터 심(心)의 온전한 생각을 안 뒤에 사함빠띠 범천에게 이런 생각이 떠올랐다. — '어떤 경우에도 여래 · 아라한 · 정등각의 심(心)이 법을 설함이 아니라 주저함으로 기운다면 세상은 참으로 타락할 것이고, 세상은 참으로 파괴될 것이다.'라고. 그러자 사함빠띠 범천은 — 예를 들면 힘센 사람이 접은 팔을 펴거나 편 팔을 접을 것이다. 이렇게 — 범천의 세상에서 사라져 세존의 앞에 나타났다. 그때 사함빠띠 범천은 한쪽 어깨가 드러나게 윗 가사를 입고, 오른쪽 무릎을 땅에 대고, 합장하여 세존에게 인사한 뒤에 세존에게 이렇게 말했다. — "대덕이시여, 세존께서는 법을 설하십시오. 선서께서는 법을 설하십시오. 태어날 때부터 더러움이 적은 중생들이 있습니다. 그들은 법을 듣지 않으면 쇠퇴할 것입니다. 법을 이해하는 자들이 있을 것입니다."라고. 사함빠띠 범천은 이렇게 말했다. 이렇게 말하고 다시 다음과 같이 말했다. —

"pāturahosi magadhesu pubbe, dhammo asuddho samalehi cintito.
apāpuretaṃ amatassa dvāraṃ, suṇantu dhammaṃ vimalenānubuddhaṃ.

"sele yathā pabbatamuddhaniṭṭhito, yathāpi passe janataṃ samantato.
tathūpamaṃ dhammamayaṃ sumedha, pāsādamāruyha samantacakkhu.
sokāvatiṇṇaṃ janatamapetasoko, avekkhassu jātijarābhibhūtaṃ.

"uṭṭhehi vīra vijitasaṅgāma, satthavāha anaṇa vicara loke.
desassu bhagavā dhammaṃ, aññātāro bhavissantī"ti.

"예전에 마가다에 오염된 생각 때문에 청정하지 못한 법이 나타났지만,
그대들은 이제 때 없는 분이 깨달은 불사의 문을 여는 법을 들으십시오!

산봉우리에 준비된 바위 위에서 사방의 사람들을 보는 것처럼,
현자시여, 모든 것을 보는 분이시여, 그와 같이 법으로 만든 궁전에 올라
슬픔을 떠난 분께서는 슬픔에 빠져있고 태어남과 늙음에 압도된 저들을 살피십시오.

일어서십시오. 영웅이여, 승리자여, 대상(隊商)을 이끄는 분이여, 빚 없는 분이여,

세상으로 나아가십시오. 세존께서는 법을 설하십시오. 아는 사람들이 있을 것입니다."

atha kho bhagavā brahmuno ca ajjhesanaṃ viditvā sattesu ca kāruññataṃ paṭicca buddhacakkhunā lokaṃ volokesi. addasā kho bhagavā buddhacakkhunā lokaṃ volokento satte apparajakkhe mahārajakkhe tikkhindriye mudindriye svākāre dvākāre suviññāpaye duviññāpaye, appekacce paralokavajjabhayadassāvine viharante, appekacce na paralokavajjabhayadassāvine viharante. seyyathāpi nāma uppaliniyaṃ vā paduminiyaṃ vā puṇḍarīkiniyaṃ vā appekaccāni uppalāni vā padumāni vā puṇḍarīkāni vā udake jātāni udake saṃvaḍḍhāni udakānuggatāni anto nimuggaposīni, appekaccāni uppalāni vā padumāni vā puṇḍarīkāni vā udake jātāni udake saṃvaḍḍhāni samodakaṃ ṭhitāni, appekaccāni uppalāni vā padumāni vā puṇḍarīkāni vā udake jātāni udake saṃvaḍḍhāni udakā accuggamma ṭhitāni anupalittāni udakena; evameva bhagavā buddhacakkhunā lokaṃ volokento addasa satte apparajakkhe mahārajakkhe tikkhindriye mudindriye svākāre dvākāre suviññāpaye duviññāpaye, appekacce paralokavajjabhayadassāvine viharante, appekacce na paralokavajjabhayadassāvine viharante. disvāna brahmānaṃ sahampatiṃ gāthāya paccabhāsi —

그러자 세존은 범천의 요청을 알고서 중생에 대한 연민으로 부처의 눈[불안(佛眼)]으로 세상을 살펴보았다. 부처의 눈으로 세상을 살펴보던 세존은 더러움이 적은 자들, 더러움이 많은 자들, 기능이 예리한 자들, 기능이 둔한 자들, 기질이 좋은 자들, 기질이 나쁜 자들, 가르치기 쉬운 자들, 가르치기 어려운 자들, 저세상의 결함에 대해 두려움을 보며 지내는 어떤 자들, 저세상의 결함에 대해 두려움을 보지 않고 지내는 어떤 자들 등 중생들을 보았다. 예를 들면, 청련이나 홍련이나 백련이 있다. 어떤 청련이나 홍련이나 백련은 물속에서 생겨나 물속에서 성장하고 물에 잠겨 그 속에서만 자란다. 어떤 청련이나 홍련이나 백련은 물속에서 생겨나 물속에서 성장하고 물에 잠겨 물의 바깥 면에 선다. 어떤 청련이나 홍련이나 백련은 물속에서 생겨나 물속에서 성장하여 물 위로 올라와 서서 물에 의해 얼룩지지 않는다. 부처의 눈으로 세상을 살펴보던 세존은 더러움이 적은 자들, 더러움이 많은 자들, 기능이 예리한 자들, 기능이 둔한 자들, 기질이 좋은 자들, 기질이 나쁜 자들, 가르치기 쉬운 자들, 가르치기 어려운 자들, 저세상의 결함에 대해 두려움을 보며 지내는 어떤 자들, 저세상의 결함에 대해 두려움을 보지 않고 지내는 어떤 자들 등 중생들을 보았다. 보고서 세존은 사함빠띠 범천에게 게송으로 대답했다. —

"apārutā tesaṃ amatassa dvārā, ye sotavanto pamuñcantu saddhaṃ.
vihiṃsasaññī paguṇaṃ na bhāsiṃ, dhammaṃ paṇītaṃ manujesu brahme"ti.

그들에게 불사(不死)의 문은 열렸다. 귀를 가진 자들은 믿음을 버려라. 범천이여,
연민하지 않는 상(想)을 가졌던 나는 사람들에게 잘 실천되고 뛰어난 법을 말하지 않았다.

atha kho brahmā sahampati "katāvakāso khomhi bhagavatā dhammadesanāyā"ti bhagavantaṃ abhivādetvā padakkhiṇaṃ katvā tatthevantaradhāyīti.

그러자 사함빠띠 범천은 '나는 세존에 의해 법이 설해지도록 기회를 만들었다.'라며 세존에게 절하고 오른쪽으로 돈 뒤 그곳에서 사라졌다.

깨달음을 경시하는 풍조가 불교 안에도 있는 것 같습니다. 너무 쉽게 깨달음을 말하고, 또한, 깨달음 이후를 말합니다. 물론, 초등학생도 깨닫습니다. 생각하고 궁리하다 알게 되는 것이 깨달음이기 때문입니다〈표준국어대사전〉.

하지만 부처님의 깨달음은 쉽지 않습니다. 삶의 심오함의 끝에서 작용하는 문제 때문에 태어나고 늙고 죽어야 하는 중생의 삶에서 삶의 심오함의 끝에서 작용하는 문제를 해결하고 중생의 삶에서 벗어나는 깨달음이기 때문입니다.

그래서 누가 깨달음을 말하고 물으면, 어떤 깨달음인지 묻고 답해야 합니다. 삶의 표면에서 작용하는 문제의 일시적 해소로써 깨달음을 말하면, 그것은 불교가 아닙니다. 부처님으로부터 천 길 멀리 있다고 알아야 합니다.

※ 「여래는 제물(祭物) 케익을 받을 만하다.」라고 말하면서 여래는 이런 사람이라고 묘사하는 (KN 5.30-순다리까바라드와자 경)을 이 순서에서 소개해야 하는데, 형편상 377쪽에 소개하였습니다. 공덕을 바라는 사람이 제사(오랫동안의 이익과 행복을 위한 행위)를 지내려 한다면 결점이 없는 사람들에 대해 제물을 주어야 하는데, 제물 케익을 받을 만한 사람으로의 여래(如來)에 대한 부처님 자신의 묘사입니다.

■ 「bhagavā paṭhamābhisambuddho 바야흐로 깨달음을 성취한 세존」의 용례

• (SN 4.1-고행(苦行) 경)은 고행(苦行)을 벗어난 것 그리고 깨달음을 얻은 것은 잘한 일이라고 회상하고,

• (SN 4.2-코끼리 왕의 모습 경)과 (SN 4.3-아름다움 경)은 오랜 윤회의 과정 동안 방해한 마라 빠삐만뜨를 극복한 상황을 소개합니다.

• (SN 6.1-범천의 요청 경)은 여기에 소개된 대로 부처님이 성취한 법을 특정하고 중생 곁으로 나아가는 과정을 소개하고,

• (SN 6.2-존중 경)과 (AN 4.21-우루웰라 경1)은 계(戒)-정(定)-혜(慧)-해탈(解脫)-해탈지견(解脫知見)의 오법온(五法蘊)을 완성하여 견줄 자 없으니 자신이 깨달은 법(法)을 존경하고 존중하고 의지하여 머물기로 결정한 것을 알려줍니다.

• (SN 47.18-범천 경)과 (SN 47.43-도(道) 경)은 사념처(四念處)가 중생들의 청정을 위한, 슬픔과 비탄을 건너기 위한, 고통과 고뇌의 줄어듦을 위한, 방법을 얻기 위한, 열반을 실현하기 위한 유일한 경로라고 소개하고,

• (SN 48.57-사함빠띠 범천 경)은 믿음-정진-사띠-삼매-지혜[신(信)-정진(精進)-염(念)-정(定)-혜(慧)]에 대해 닦고 많이 행한 다섯 가지 기능[오근(五根)]은 불사(不死)로 들어가고, 불사(不死)를 지지하고, 불사(不死)를 완성한다고 하여 삶의 향상과 깨달음을 위한 도구라는 점을 설명합니다.

• (AN 4.22-우루웰라 경2)는 나이로 어른을 결정하는 사회의 기준을 타파하고 장로(thera)를 만드는 법을 설명합니다. 그런데 이 용례의 경들은 대부분 마라거나 사함빠띠 범천과의 일화인데 비해 이 경은 깨달음을 성취한 부처님이 세상 사람들을 만나 대화한 최초의 기록이라는 점은 주목해야 합니다.

• (DN 16-대반열반경)은 깨달음을 성취한 부처님이 열반에 들기 이전에 해야 할 일을 설명합니다. 깨달음 이후 부처로 살아가신 45년간의 삶을 압축하여 말해준다고 하겠는데, 「[9] 부처로서 살아가신 45년 — (DN 16-대반열반경)(117쪽)」에서 소개하였습니다.

[5] 세상에 존재를 드러냄 — 부처님이 정의하는 부처님, 그러나 부처님을 외면한 우빠까

함께하는 다섯 비구에게 가장 먼저 법을 설해야겠다고 결정한 부처님이 바라나시의 이시빠따나에 있는 사슴 공원으로 그들을 만나러 가는 과정에 아지와까[ājīvaka-사명외도(邪命外道)]인 우빠까를 만난 일화는 주목해야 합니다. 깨달음의 자리 우루웰라를 떠나 처음 세상에 부처의 존재를 드러낸 일화인데, 업(業-kamma)과 결실 있음(kiriya)을 부정하는 그는 부처님을 만나고도 알아보지 못한 채 외면하고 떠나갑니다.

주목해야 합니다! 부처님이 자신을 정의하는 모습이 바로 이런 모습이고, 중생 곁으로 나아가는 이유도 이렇게 분명합니다. — 「나는 법륜(法輪)을 굴리기 위해 까시로 갑니다. 나는 눈먼 자들의 세상에서 불사(不死)의 북을 울릴 것입니다.」

불사(不死) 즉 윤회(輪廻)에서의 벗어남, 이것이야말로 불교가 지향하는 그 마지막 자리입니다.

"addasā kho maṃ, bhikkhave, upako ājīvako antarā var ca gayaṃ antarā ca bodhiṃ addhānamaggappaṭipannaṃ. disvāna maṃ etadavoca — 'vippasannāni kho te, āvuso, indriyāni, parisuddho chavivaṇṇo pariyodāto! kaṃsi tvaṃ, āvuso, uddissa pabbajito, ko vā te satthā, kassa vā tvaṃ dhammaṃ rocesī'ti? evaṃ vutte, ahaṃ, bhikkhave, upakaṃ ājīvakaṃ gāthāhi ajjhabhāsiṃ —

비구들이여, 아지와까인 우빠까가 가야와 보리수(菩提樹)의 사이에 큰길을 가고 있는 나를 보았다. 보고서 나에게 '도반이여, 그대의 기능은 아주 맑습니다. 피부색은 청정하고 순결합니다. 도반이여, 그대는 누구에 의지해 출가했습니까? 그대의 스승은 누구입니까? 그대는 누구의 법을 따릅니까?' 라고 말했다. 이렇게 말했을 때, 비구들이여, 나는 아지와까인 우빠까에게 게송으로 말했다. —

'sabbābhibhū sabbavidūhamasmi, sabbesu dhammesu anūpalitto.
sabbañjaho taṇhākkhaye vimutto, sayaṃ abhiññāya kamuddiseyyaṃ.
'na me ācariyo atthi, sadiso me na vijjati. sadevakasmiṃ lokasmiṃ, natthi me paṭipuggalo.
'ahañhi arahā loke, ahaṃ satthā anuttaro. ekomhi sammāsambuddho, sītibhūtosmi nibbuto.
'dhammacakkaṃ pavattetuṃ, gacchāmi kāsinaṃ puraṃ. andhībhūtasmiṃ lokasmiṃ, āhañchaṃ amatadundubhin'ti.

나는 모든 것을 정복했고, 모든 것을 아는 사람입니다. 모든 것에서 흠이 없으며, 모든 것에서 떠났고, 애(愛)의 부서짐에 의해 해탈했습니다. 스스로 실답게 알았는데 누구를 스승이라고 말할 수 있겠습니까?

나에게는 스승도 없고 나와 같은 이도 없으며, 신(神)을 포함하는 세상에 나에게 비할 사람이 없습니다. 참으로 나는 세상에 있는 아라한이고, 나는 위없는 스승이며, 나는 유일한 정등각(正等覺)이고, 고요한 자이고, 꺼진 자입니다.

나는 법륜(法輪)을 굴리기 위해 까시로 갑니다. 나는 눈먼 자들의 세상에서 불사(不死)의 북을 울릴 것입니다."

'yathā kho tvaṃ, āvuso, paṭijānāsi arahasi anantajino'ti.

"도반이여, 그처럼 그대는 무한한 승리자라고 동의하고 인정합니다."

'mādisā ve jinā honti, ye pattā āsavakkhayaṃ. jitā me pāpakā dhammā, tasmāhamupaka jino'ti.

"번뇌의 부서짐이 성취된 나 같은 사람들이 진정한 승리자입니다. 악한 법들은 나에게 정복되었습니다. 그래서 우빠까여, 나는 승리자입니다."

"evaṃ vutte, bhikkhave, upako ājīvako 'hupeyyapāvuso'ti vatvā sīsaṃ okampetvā ummaggaṃ gahetvā pakkāmi.

이렇게 말했을 때, 비구들이여, 아지와까인 우빠까는 "그럴 것입니다, 도반이여."라고 말한 뒤에 머리를 흔들면서 다른 길로 떠났다.

보셨어요? 못 보셨나요?

부처님 살아서 직접 설한, 불사(不死)의 북을 울리는 가르침이 있습니다. 그대 눈에는 보이나요? 혹시 눈 없는, 불쌍한 우빠까처럼 그대도 보지 못하는 것은 아니신가요?

[6] 깨달음의 재현 = 제자들의 깨달음 — 법륜(法輪)을 굴림

고행(苦行)을 중단했을 때 수행자 고따마는 풍족한 삶으로 되돌아갔다고 염오하여 떠난 함께하는 다섯 비구는 부처님의 방문에서도 스승으로 받아들이지 않으려 하지만 부처님은 풍족한 삶으로 되돌아가지 않았으며 불사(不死)가 성취되었음을 알리고 그들을 설득합니다.

부처님이 최초로 법을 설한 것을 전법륜(轉法輪)[법륜을 굴림]이라고 하는데, 함께하는 다섯 비구에게 법안(法眼)을 열어준 (SN 56.11-전법륜경)입니다. 이어서 (SN 22.59-무아상경)을 설하였을 때, 이들은 심(心)이 집착에서 벗어나 번뇌들로부터 해탈하는데, 깨달음을 성취하여 아라한이 된 것입니다.

그런데 이 두 개의 경이 단지 설해진 것만으로 깨달음을 성취했다고 보지는 않아야 합니다. 경이 설해지고 깨달음을 얻을 때까지 얼마의 시간이 걸렸는지는 특정되지 않지만(MN 85-보디 왕자 경)/(MN 26-덫 경), 두 개의 경이 제시하는 이치 위에서 번뇌를 부수는 구체적 수행 과정을 말해야 하는데, 특히, (MN 26-덫 경)은 구차제주(九次第住)에 의해 단계적으로 번뇌를 부수는 과정을 소개합니다.

이렇게 해서 함께하는 다섯 비구는 아라한이 되는데, 스승 없이 깨달은 부처님을 스승으로 하여 깨달은 제자들의 탄생입니다. 부처님의 깨달음이 제자들에게 재현된 것인데, 깨달음을 위한 이 길이 누구에게나 적용될 수 있는 보편적 길이라는 사실의 확인입니다.

"asakkhiṃ kho ahaṃ, rājakumāra, pañcavaggiye bhikkhū saññāpetuṃ. dvepi sudaṃ, rājakumāra, bhikkhū ovadāmi. tayo bhikkhū piṇḍāya caranti. yaṃ tayo bhikkhū piṇḍāya caritvā āharanti, tena chabbaggiyā yāpema. tayopi sudaṃ, rājakumāra, bhikkhū ovadāmi, dve bhikkhū piṇḍāya caranti. yaṃ dve bhikkhū piṇḍāya caritvā āharanti tena chabbaggiyā yāpema.

왕자여(비구들이여), 나는 함께하는 다섯 비구를 설득할 수 있었다. 왕자여(비구들 이여), 나는 두 명의 비구를 가르치고, 세 명의 비구는 탁발했다. 세 명의 비구가 탁발하여 가져온 것으로 여섯 명이 먹었다. 나는 세 명의 비구를 가르치고, 두 명의 비구는 탁발했다. 두 명의 비구가 탁발하여 가져온 것으로 여섯 명이 먹었다.

1. (MN 85-보디 왕자 경)

"atha kho, rājakumāra, pañcavaggiyā bhikkhū mayā evaṃ ovadiyamānā evaṃ anusāsiyamānā nacirasseva — yassatthāya kulaputtā sammadeva agārasmā anagāriyaṃ pabbajanti tadanuttaraṃ — brahmacariyapariyosānaṃ diṭṭheva dhamme sayaṃ abhiññā sacchikatvā upasampajja vihariṃsū"ti.

그러자 왕자여, 나에게 이렇게 가르침을 받고 이렇게 도움을 받은 함께하는 다섯 비구는 오래지 않아 좋은 가문의 아들들이 바르게 집에서 집 없는 곳으로 출가하는 목적인 위없는 범행(梵行)의 완성을 지금여기에서 스스로 실답게 안 뒤에 실현하고 성취하여 머물렀다.

2. (MN 26-뒷 경) — 번뇌를 부수는 구체적 수행 과정 : 구차제주(九次第住)

☞ 「수행지도(修行地圖) — 단계적 치유」(253쪽) 참조

atha kho, bhikkhave, pañcavaggiyā bhikkhū mayā evaṃ ovadiyamānā evaṃ anusāsiyamānā attanā jātidhammā samānā jātidhamme ādīnavaṃ viditvā ajātaṃ anuttaraṃ yogakkhemaṃ nibbānaṃ pariyesamānā ajātaṃ anuttaraṃ yogakkhemaṃ nibbānaṃ ajjhagamaṃsu, attanā jarādhammā samānā jarādhamme ādīnavaṃ viditvā ajaraṃ anuttaraṃ yogakkhemaṃ nibbānaṃ pariyesamānā ajaraṃ anuttaraṃ yogakkhemaṃ nibbānaṃ ajjhagamaṃsu, attanā byādhidhammā samānā ... pe ... attanā maraṇadhammā samānā... attanā sokadhammā samānā... attanā saṃkilesadhammā samānā saṃkilesadhamme ādīnavaṃ viditvā asaṃkiliṭṭhaṃ anuttaraṃ yogakkhemaṃ nibbānaṃ pariyesamānā asaṃkiliṭṭhaṃ anuttaraṃ yogakkhemaṃ nibbānaṃ ajjhagamaṃsu. ñāṇañca pana nesaṃ dassanaṃ udapādi — 'akuppā no vimutti, ayamantimā jāti, natthi dāni punabbhavo'ti.

비구들이여, 나에게 이렇게 가르침을 받고 이렇게 도움을 받은 함께하는 다섯 비구는, 자신들이 태어나는 존재이지만 태어나는 것에서 위험을 본 뒤에 태어남이 없는 위없는 유가안온(瑜伽安穩)인 열반을 구하여 태어남이 없는 위없는 유가안온인 열반을 성취했다. 자신들이 늙는 존재이지만 늙는 것에서 위험을 본 뒤에 늙음이 없는 위없는 유가안온인 열반을 구하여 늙음이 없는 위없는 유가안온인 열반을 성취했다. 자신들이 병드는 존재이지만 병드는 것에서 위험을 본 뒤에 병이 없는 위없는 유가안온인 열반을 구하여 병이 없는 위없는 유가안온인 열반을 성취했다. 자신들이 죽는 존재이지만 죽는 것에서 위험을 본 뒤에 죽음이 없는 위없는 유가안온인 열반을 구하여 죽음이 없는 위없는 유가안온인 열반을 성취했다. 자신들이 슬픈 존재이지만 슬픈 것에서 위험을 본 뒤에 슬픔이 없는 위없는 유가안온인 열반을 구하여 슬픔이 없는 위없는 유가안온인 열반을 성취했다. 자신들이 오염되는 존재이지만 오염되는 것에서 위험을 본 뒤에 오염이 없는 위없는 유가안온인 열반을 구하여 오염이 없는 위없는 유가안온인 열반을 성취했다. 그들에게 '나의 해탈은 흔들리지 않는다. 이것이 태어남의 끝이다. 이제 다시 존재로 이끌리지 않는다.'라는 앎과 봄이 생겼다.

"pañcime, bhikkhave, kāmaguṇā. katame pañca? cakkhuviññeyyā rūpā iṭṭhā kantā manāpā piyarūpā kāmūpasaṃhitā rajanīyā, sotaviññeyyā saddā ... pe ... ghānaviññeyyā gandhā...

jivhāviññeyyā rasā... kāyaviññeyyā phoṭṭhabbā iṭṭhā kantā manāpā piyarūpā kāmūpasaṃhitā rajanīyā. ime kho, bhikkhave, pañca kāmaguṇā. ye hi keci, bhikkhave, samaṇā vā brāhmaṇā vā ime pañca kāmaguṇe gathitā mucchitā ajjhopannā anādīnavadassāvino anissaraṇapaññā paribhuñjanti, te evamassu veditabbā — 'anayamāpannā byasanamāpannā yathākāmakaraṇīyā pāpimato'. 'seyyathāpi, bhikkhave, āraññako mago baddho pāsarāsiṃ adhisayeyya. so evamassa veditabbo — anayamāpanno byasanamāpanno yathākāmakaraṇīyo luddassa. āgacchante ca pana ludde yena kāmaṃ na pakkamissatī'ti. evameva kho, bhikkhave, ye hi keci samaṇā vā brāhmaṇā vā ime pañca kāmaguṇe gathitā mucchitā ajjhopannā anādīnavadassāvino anissaraṇapaññā paribhuñjanti, te evamassu veditabbā — 'anayamāpannā byasanamāpannā yathākāmakaraṇīyā pāpimato'. ye ca kho keci, bhikkhave, samaṇā vā brāhmaṇā vā ime pañca kāmaguṇe agathitā amucchitā anajjhopannā ādīnavadassāvino nissaraṇapaññā paribhuñjanti, te evamassu veditabbā — 'na anayamāpannā na byasanamāpannā na yathākāmakaraṇīyā pāpimato'.

비구들이여, 이런 다섯 가지 소유의 사유에 묶인 것이 있다. 무엇이 다섯인가? 원하고 좋아하고 마음에 들고 사랑스럽고 소유의 사유를 수반하며 좋아하기 마련인 안(眼)으로 인식되는 색(色)들 … 이(耳)로 인식되는 성(聲)들 … 비(鼻)로 인식되는 향(香)들 … 설(舌)로 인식되는 미(味)들 … 원하고 좋아하고 마음에 들고 사랑스럽고 소유의 사유를 수반하며 좋아하기 마련인 신(身)으로 인식되는 촉(觸)들이다. 비구들이여, 이것이 다섯 가지 소유의 사유에 묶인 것이다. 비구들이여, 이런 다섯 가지 소유의 사유에 묶인 것을 욕심내고, 푹 빠지고, 묶여있기 때문에 즐기는, 위험을 보지 못하고 벗어남의 지혜가 없는 어떤 사문들이나 바라문들은 누구든지 '불행에 처했고, 고통에 처했고, 빠삐만뜨는 원하는 대로 할 수 있다.'라고 알아야 한다. 예를 들면, 비구들이여, 숲에 사는 사슴이 덫에 걸려서 누워있을 것이다. 그는 '불행에 처했고, 고통에 처했고, 사냥꾼은 원하는 대로 할 수 있다.'라고 알아야 한다. 그리고 그는 사냥꾼이 올 때 원하는 대로 가지 못한다. 이처럼, 비구들이여, 이 다섯 가지 소유의 사유에 묶인 것을 욕심내고, 푹 빠지고, 묶여있기 때문에 위험을 보지 못하고 벗어남의 지혜가 없이 즐기는 어떤 사문들이나 바라문들은 누구든지 '불행에 처했고, 고통에 처했고, 빠삐만뜨는 원하는 대로 할 수 있다.'라고 알아야 한다. 비구들이여, 이 다섯 가지 소유의 사유에 묶인 것을 욕심내지 않고, 푹 빠지지 않고, 묶여있지 않기 때문에 위험을 보고 벗어남의 지혜를 가지고 즐기는 어떤 사문들이나 바라문들은 누구든지 '불행에 처하지 않았고, 고통에 처하지 않았고, 빠삐만뜨는 원하는 대로 할 수 없다.'라고 알아야 한다.

"seyyathāpi, bhikkhave, āraññako mago abaddho pāsarāsiṃ adhisayeyya. so evamassa veditabbo — 'na anayamāpanno na byasanamāpanno na yathākāmakaraṇīyo luddassa. āgacchante ca pana ludde yena kāmaṃ pakkamissatī'ti. evameva kho, bhikkhave, ye hi keci samaṇā vā brāhmaṇā vā ime pañca kāmaguṇe agathitā amucchitā anajjhopannā ādīnavadassāvino nissaraṇapaññā paribhuñjanti, te evamassu veditabbā — 'na anayamāpannā na byasanamāpannā na yathākāmakaraṇīyā pāpimato'.

예를 들면, 비구들이여, 숲에 사는 사슴이 덫에 걸리지 않고 누워있을 것이다. 그는 '불행에 처하지 않았고, 고통에 처하지 않았고, 사냥꾼은 원하는 대로 할 수 없다.'라고 알아야 한다. 그리고 그는 사냥꾼이 올 때 원하는 대로 간다. 이처럼, 비구들이여, 이 다섯 가지 소유의 사유에 묶인 것을 욕심내지 않고, 푹 빠지지 않고, 묶여있지 않기 때문에 위험을 보고 벗어남의 지혜를 가지고 즐기는 어떤 사문들이나 바라문들은 누구든지 '불행에 처하지 않았고, 고통에 처하지 않았고, 빠삐만뜨는 원하는 대로 할 수 없다.'라고 알아야 한다.

"seyyathāpi, bhikkhave, āraññako mago araññe pavane caramāno vissattho gacchati, vissattho tiṭṭhati, vissattho nisīdati, vissattho seyyaṃ kappeti. taṃ kissa hetu? anāpāthagato, bhikkhave, luddassa. evameva kho, bhikkhave, bhikkhu vivicceva kāmehi vivicca akusalehi dhammehi savitakkaṃ savicāraṃ vivekajaṃ pītisukhaṃ paṭhamaṃ jhānaṃ upasampajja viharati. ayaṃ vuccati, bhikkhave, bhikkhu andhamakāsi māraṃ apadaṃ, vadhitvā māracakkhuṃ adassanaṃ gato pāpimato.

예를 들면, 비구들이여, 큰 숲에서 돌아다니는 사슴은 걸림 없이 가고 걸림 없이 서고 걸림 없이 앉고 걸림 없이 눕는다. 그것의 원인은 무엇인가? 사냥꾼을 피했다. 이처럼, 비구들이여, 비구는 소유의 삶에서 벗어나고, 불선법(不善法)들에서 벗어나서, 위딱까가 있고 위짜라가 있고 떨침에서 생긴 기쁨과 즐거움의 초선(初禪)을 성취하여 머문다. 이것이, 비구들이여, '비구는 마라를 눈이 멀고, 발이 없게 만들었다. 마라의 눈을 파괴한 뒤에 빠삐만뜨가 없는 곳으로 갔다.'라고 불린다.

"puna caparaṃ, bhikkhave, bhikkhu vitakkavicārānaṃ vūpasamā ajjhattaṃ sampasādanaṃ cetaso ekodibhāvaṃ avitakkaṃ avicāraṃ samādhijaṃ pītisukhaṃ dutiyaṃ jhānaṃ upasampajja viharati. ayaṃ vuccati, bhikkhave ... pe ... pāpimato.

다시 비구들이여, 비구는 위딱까와 위짜라의 가라앉음으로 인해, 안으로 평온함과 마음의 집중된 상태가 되어, 위딱까도 없고 위짜라도 없이, 삼매에서 생긴 기쁨과 즐거움의 제이선(第二禪)을 성취하여 머문다. 이것이, 비구들이여, '비구는 마라를 눈이 멀고, 발이 없게 만들었다. 마라의 눈을 파괴한 뒤에 빠삐만뜨가 없는 곳으로 갔다.'라고 불린다.

"puna caparaṃ, bhikkhave, bhikkhu pītiyā ca virāgā upekkhako ca viharati, sato ca sampajāno, sukhañca kāyena paṭisaṃvedeti yaṃ taṃ ariyā ācikkhanti 'upekkhako satimā sukhavihārī'ti tatiyaṃ jhānaṃ upasampajja viharati. ayaṃ vuccati, bhikkhave ... pe ... pāpimato.

다시, 비구들이여, 비구는 기쁨의 바램으로부터 평정하게 머물고, 사띠-삼빠자나 하면서 머물고, 몸으로 즐거움을 경험한다. 성인들이 '평정을 가진 자, 사띠를 가진 자, 즐거움에 머무는 자[사념락주(捨念樂住)].'라고 말하는 제삼선(第三禪)을 성취하여 머문다. 이것이, 비구들이여, '비구는 마라를 눈이 멀고, 발이 없게 만들었다. 마라의 눈을 파괴한 뒤에 빠삐만뜨가 없는 곳으로 갔다.'라고 불린다.

"puna caparaṃ, bhikkhave, bhikkhu sukhassa ca pahānā dukkhassa ca pahānā pubbeva somanassadomanassānaṃ atthaṅgamā adukkhamasukhaṃ upekkhāsatipārisuddhiṃ catutthaṃ jhānaṃ upasampajja viharati. ayaṃ vuccati, bhikkhave ... pe ... pāpimato.

다시, 비구들이여, 비구는 즐거움의 버림과 괴로움의 버림으로부터, 이미 만족과 불만들의 줄어듦으로부터, 괴로움도 즐거움도 없고 평정과 청정한 사띠[사념청정 (捨念淸淨)]의 제사선(第四禪)을 성취하여 머문다. 이것이, 비구들이여, '비구는 마라를 눈이 멀고, 발이 없게 만들었다. 마라의 눈을 파괴한 뒤에 빠삐만뜨가 없는 곳으로 갔다.'라고 불린다.

"puna caparaṃ, bhikkhave, bhikkhu sabbaso rūpasaññānaṃ samatikkamā paṭighasaññānaṃ atthaṅgamā nānattasaññānaṃ amanasikārā 'ananto ākāso'ti ākāsānañcāyatanaṃ upasampajja viharati. ayaṃ vuccati, bhikkhave ... pe ... pāpimato.

다시, 비구들이여, 비구는 완전하게 색상(色想)을 넘어서고, 저항의 상(想)이 줄어들고, 다양한 상(想)을 작의(作意)하지 않음으로부터 '무한한 공간'이라는 공무변처(空無邊處)를 성취하여 머문다. 이것이, 비구들이여, '비구는 마라를 눈이 멀고, 발이 없게 만들었다. 마라의 눈을 파괴한 뒤에 빠삐만뜨가 없는 곳으로 갔다.'라고 불린다.

"puna caparaṃ, bhikkhave, bhikkhu sabbaso ākāsānañcāyatanaṃ samatikkamma 'anantaṃ viññāṇan'ti viññāṇañcāyatanaṃ upasampajja viharati. ayaṃ vuccati, bhikkhave ... pe ... pāpimato.

다시, 비구들이여, 비구는 공무변처를 완전히 넘어서서 '무한한 식(識)'이라는 식무변처(識無邊處)를 성취하여 머문다. 이것이, 비구들이여, '비구는 마라를 눈이 멀고, 발이 없게 만들었다. 마라의 눈을 파괴한 뒤에 빠삐만뜨가 없는 곳으로 갔다.'라고 불린다.

"puna caparaṃ, bhikkhave, bhikkhu sabbaso viññāṇañcāyatanaṃ samatikkamma 'natthi kiñcī'ti ākiñcaññāyatanaṃ upasampajja viharati. ayaṃ vuccati, bhikkhave ... pe ... pāpimato.

다시, 비구들이여, 비구는 식무변처를 완전히 넘어서서 '아무것도 없다.'라는 무소유처(無所有處)를 성취하여 머문다. 이것이, 비구들이여, '비구는 마라를 눈이 멀고, 발이 없게 만들었다. 마라의 눈을 파괴한 뒤에 빠삐만뜨가 없는 곳으로 갔다.'라고 불린다.

"puna caparaṃ, bhikkhave, bhikkhu sabbaso ākiñcaññāyatanaṃ samatikkamma nevasaññān-āsaññāyatanaṃ upasampajja viharati. ayaṃ vuccati, bhikkhave ... pe ... pāpimato.

다시, 비구들이여, 비구는 무소유처를 완전히 넘어서서 비상비비상처(非想非非想處)를 성취하여 머문다. 이것이, 비구들이여, '비구는 마라를 눈이 멀고, 발이 없게 만들었다. 마라의 눈을 파괴한 뒤에 빠삐만뜨가 없는 곳으로 갔다.'라고 불린다.

"puna caparaṃ, bhikkhave, bhikkhu sabbaso nevasaññānāsaññāyatanaṃ samatikkamma saññāvedayitanirodhaṃ upasampajja viharati, paññāya cassa disvā āsavā parikkhīṇā honti. ayaṃ vuccati, bhikkhave, bhikkhu andhamakāsi māraṃ apadaṃ, vadhitvā māracakkhuṃ adassanaṃ gato pāpimato. tiṇṇo loke visattikaṃ vissattho gacchati, vissattho tiṭṭhati, vissattho nisīdati, vissattho seyyaṃ kappeti. taṃ kissa hetu? anāpāthagato, bhikkhave, pāpimato"ti.

다시, 비구들이여, 비구는 비상비비상처를 완전히 넘어서서 상수멸(想受滅)을 성취하여 머문다. 그리고 지혜로써 보아 번뇌들이 다한다. 이것이, 비구들이여, '비구는 마라를 눈이 멀고, 발이 없게 만들었다. 마라의 눈을 파괴한 뒤에 빠삐만뜨가 없는 곳으로 갔다. 세상에 대한 강한 붙잡음을 건넜다. 그는 걸림 없이 가고 걸림 없이 서고 걸림 없이 앉고 걸림 없이 눕는다.'라고 불린다. 그 원인은 무엇인가? 빠삐만뜨를 피했다.

배워 알고 실천하는 불교 신자!

[7] 중생구제(衆生救濟) — 전도선언(傳道宣言)

중생구제는 모든 종교가 표방하는 존재 이유일 것입니다. 그래서 불교도 역시 중생구제를 위한 메시지를 제시해야 하는데, ①길을 가리키는 자인 스승(MN 107-가나까목갈라나 경)은 ②예외가 없는 법의 과정을 설하고(AN 10.95-웃띠야 경), ③다른 사람들은 진실을 얻기 위해 그 길을 실천하는 방법으로 자신의 삶을 구제하는 방법의 확산입니다(AN 3.61-상가라와 경). — 「이렇게 이 스승은 법을 설하고 다른 사람들은 진실을 얻기 위해 실천합니다. 그리고 그들은 수백, 수천, 수십만 명입니다.」 ☞ 자주(自洲)-법주(法洲)(241쪽)

여리작의(如理作意-욕탐이 제어된 인식)와 여리(如理-탐진치가 제어된)한 바른 노력으로 위없는 해탈을 성취하고 실현하여 신과 인간의 모든 덫에서 벗어난 스승과 제자는 이제 중생구제의 여정에 오르는데, 전도선언(傳道宣言)입니다.

1. 그대들도 해탈을 실현하라. — (SN 4.4-마라의 덫 경1)

앞선 (MN 26-덫 경)에 의하면, 번뇌를 부수는 구체적 수행 과정은 구차제주(九次第住)입니다. 그렇다면 위없는 해탈을 성취하고 실현하게 하는 여리작의(如理作意-욕탐(欲貪)이 제어된 인식)와 여리한(如理-탐진치가 제어된) 바른 노력의 과정은 바로 구차제주(九次第住)인 것을 알 수 있습니다.

evaṃ me sutaṃ — ekaṃ samayaṃ bhagavā bārāṇasiyaṃ viharati isipatane migadāye. tatra kho bhagavā bhikkhū āmantesi — "bhikkhavo"ti. "bhadante"ti te bhikkhū bhagavato paccassosuṃ. bhagavā etadavoca —

한때 세존은 바라나시에서 이시빠따나의 사슴 공원에 머물렀다. 그때 세존은 "비구들이여."라고 비구들을 불렀다. "대덕이시여."라고 그 비구들은 세존에게 대답했다. 세존은 이렇게 말했다. —

"mayhaṃ kho, bhikkhave, yoniso manasikārā yoniso sammappadhānā anuttarā vimutti anuppattā, anuttarā vimutti sacchikatā. tumhepi, bhikkhave, yoniso manasikārā yoniso sammappadhānā anuttaraṃ vimuttiṃ anupāpuṇātha, anuttaraṃ vimuttiṃ sacchikarothā"ti. atha kho māro pāpimā yena bhagavā tenupasaṅkami; upasaṅkamitvā bhagavantaṃ gāthāya ajjhabhāsi —

"비구들이여, 나는 여리작의(如理作意)와 여리(如理)한 바른 노력으로 위없는 해탈을 성취하고, 위없는 해탈을 실현했다. 비구들이여, 그대들도 여리작의(如理作意)와 여리(如理)한 바른 노력으로 위없는 해탈을 성취하고, 위없는 해탈을 실현하라."라고. 그러자 마라 빠삐만뜨가 세존에게 왔다. 와서는 세존에게 게송을 읊었다. —

"baddhosi mārapāsena, ye dibbā ye ca mānusā.
mārabandhanabaddhosi, na me samaṇa mokkhasī"ti.

그대는 천상과 인간이라는 마라의 덫에 묶였다.
그대는 마라의 덫에 묶여서, 사문이여, 그대는 나에게서 벗어나지 못한다.

"muttāhaṃ mārapāsena, ye dibbā ye ca mānusā.
mārabandhanamuttomhi, nihato tvamasi antakā"ti.

나는 천상과 인간이라는 마라의 덫에서 벗어났다.
나는 큰 덫에서 풀려났다. 죽음의 신이여, 그대는 파괴되었다.

atha kho māro pāpimā "jānāti maṃ bhagavā, jānāti maṃ sugato"ti, dukkhī dummano tatthevantaradhāyīti.

그러자 괴로워하고 실망한 마라 빠삐만뜨는 '세존(世尊)께서는 나를 알았다. 선서(善逝)께서는 나를 알았다.'라며 거기서 사라졌다.

2. 전도선언 — (SN 4.5-마라의 덫 경2)

- 목적 — 많은 사람의 이익과 행복, 세상의 연민, 신과 인간의 번영과 이익과 행복
- 방법 — 하나의 길을 둘이서 가지 말 것
- 할 일 — 법을 설하고 범행을 드러낼 것
- 성과 — 오염이 적게 태어난 사람이 퇴보하지 않고 법을 알게 될 것

ekaṃ samayaṃ bhagavā bārāṇasiyaṃ viharati isipatane migadāye. tatra kho bhagavā bhikkhū āmantesi — "bhikkhavo"ti. "bhadante"ti te bhikkhū bhagavato paccassosuṃ. bhagavā etadavoca —

한때 세존은 바라나시에서 이시빠따나의 사슴 공원에 머물렀다. 그때 세존은 "비구들이여."라고 비구들을 불렀다. "대덕이시여."라고 그 비구들은 세존에게 대답했다. 세존은 이렇게 말했다. —

"muttāhaṃ, bhikkhave, sabbapāsehi ye dibbā ye ca mānusā. tumhepi, bhikkhave, muttā sabbapāsehi ye dibbā ye ca mānusā. caratha, bhikkhave, cārikaṃ bahujanahitāya bahujanasukhāya lokānukampāya atthāya hitāya sukhāya devamanussānaṃ. mā ekena dve agamittha. desetha, bhikkhave, dhammaṃ ādikalyāṇaṃ majjhekalyāṇaṃ pariyosānakalyāṇaṃ sātthaṃ sabyañjanaṃ kevalaparipuṇṇaṃ parisuddhaṃ brahmacariyaṃ pakāsetha. santi sattā apparajakkhajātikā, assavanatā dhammassa parihāyanti. bhavissanti dhammassa aññātāro. ahampi, bhikkhave, yena uruvelā senānigamo tenupasaṅkamissāmi dhammadesanāyā"ti. atha kho māro pāpimā yena bhagavā tenupasaṅkami; upasaṅkamitvā bhagavantaṃ gāthāya ajjhabhāsi —

"비구들이여, 나는 신과 인간의 모든 덫에서 벗어났다. 비구들이여, 그대들도 신과 인간의 모든 덫에서 벗어났다. 많은 사람의 이익과 많은 사람의 행복과 세상의 연민을 위하여, 신과 인간의 번영과 이익과 행복을 위하여 유행(遊行)하라. 하나의 길을 둘이서 가지 마라. 처음도 좋고 중간에도 좋고 끝도 좋은, 의미를 갖추고 표현을 갖춘 법을 설하고, 온전하게 완전하고 청정한 범행(梵行)을 드러내라. 오염이 적게 태어난 사람들이 있다. 그들은 법을 듣지 못하면 퇴보할 것이다. 그들은 법을 알게 될 것이다. 비구들이여, 나도 법을 설하기 위해서 우루웰라의 세나니 마을로 갈 것이다."라고. 그러자 마라 빠삐만뜨가 세존에게 왔다. 와서는 세존에게 게송을 읊었다. —

"baddhosi sabbapāsehi, ye dibbā ye ca mānusā.
mahābandhanabaddhosi, na me samaṇa mokkhasī"ti.

"그대는 천상과 인간이라는 모든 덫에 걸렸다.
그대는 큰 덫에 걸려서, 사문이여, 그대는 나에게서 벗어나지 못한다.

"muttāhaṃ sabbapāsehi, ye dibbā ye ca mānusā.
mahābandhanamuttomhi, nihato tvamasi antakā"ti.

나는 천상과 인간이라는 모든 덫에서 벗어났다.
나는 큰 덫에서 풀려났다. 죽음의 신이여, 그대는 파괴되었다."

atha kho māro pāpimā "jānāti maṃ bhagavā, jānāti maṃ sugato"ti, dukkhī dummano tatthevantaradhāyīti.

그러자 괴로워하고 실망한 마라 빠삐만뜨는 '세존께서는 나를 알았다. 선서께서는 나를 알았다.'라며 거기서 사라졌다.

● 길을 가리키는 자 — (MN 107-가나까목갈라나 경)

부처님은 데려다주는 사람이 아닙니다. 가리키는 대로[법주(法洲)] 자기가 가야 합니다[자주(自洲)].

evaṃ vutte, gaṇakamoggallāno brāhmaṇo bhagavantaṃ etadavoca — "kiṃ nu kho bhoto gotamassa sāvakā bhotā gotamena evaṃ ovadīyamānā evaṃ anusāsīyamānā sabbe accantaṃ niṭṭhaṃ nibbānaṃ ārādhenti udāhu ekacce nārādhentī"ti? "appekacce kho, brāhmaṇa, mama sāvakā mayā evaṃ ovadīyamānā evaṃ anusāsīyamānā accantaṃ niṭṭhaṃ nibbānaṃ ārādhenti, ekacce nārādhentī"ti.

이렇게 말했을 때, 가나까목갈라나 바라문은 세존에게 이렇게 말했다. — "고따마 존자의 제자들은 고따마 존자께서 이렇게 지도하고 이렇게 가르치면 그들 모두 궁극의 완성인 열반을 얻습니까, 아니면 어떤 자들은 얻지 못합니까?" "바라문이여, 이렇게 지도받고 이렇게 가르침을 받은 나의 제자들은 어떤 자들은 궁극의 완성인 열반을 얻고 어떤 자들은 얻지 못합니다."

"ko nu kho, bho gotama, hetu ko paccayo yaṃ tiṭṭhateva nibbānaṃ, tiṭṭhati nibbānagāmī maggo, tiṭṭhati bhavaṃ gotamo samādapetā; atha ca pana bhoto gotamassa sāvakā bhotā gotamena evaṃ ovadīyamānā evaṃ anusāsīyamānā appekacce accantaṃ niṭṭhaṃ nibbānaṃ ārādhenti, ekacce nārādhentī"ti?

"고따마 존자시여, 열반이 있고 열반으로 이끄는 길도 있고 이끄는 자인 고따마 존자도 있는데 무슨 원인, 무슨 조건 때문에 고따마 존자에 의해 이렇게 지도받고 이렇게 가르침을 받은 고따마 존자의 제자들 가운데 어떤 자들은 궁극의 완성인 열반을 얻고 어떤 자들은 얻지 못합니까?"

…

ko nu kho, brāhmaṇa, hetu ko paccayo yaṃ tiṭṭhateva rājagahaṃ, tiṭṭhati rājagahagāmī maggo, tiṭṭhasi tvaṃ samādapetā; atha ca pana tayā evaṃ ovadīyamāno evaṃ anusāsīyamāno eko puriso ummaggaṃ gahetvā pacchāmukho gaccheyya, eko sotthinā rājagahaṃ gaccheyyā"ti? "ettha kyāhaṃ, bho gotama, karomi? maggakkhāyīhaṃ, bho gotamā"ti.

바라문이여, 라자가하가 있고 라자가하로 가는 길도 있고 이끄는 자인 그대도 있습니다. 그런데 무슨 원인, 무슨 조건 때문에 그대에게 이렇게 지도받고 이렇게 가르침을 받은 자 가운데 한 사람은 잘못된 길로 들어서서 서쪽을 향해 가고, 한 사람은 안전하게 라자가하에 가게 됩니까?" "고따마 존자여, 여기서 제가 무엇을 합니까? 고따마 존자여, 저는 길을 가리키는 자입니다."

"evameva kho, brāhmaṇa, tiṭṭhateva nibbānaṃ, tiṭṭhati nibbānagāmī maggo, tiṭṭhāmahaṃ samādapetā; atha ca pana mama sāvakā mayā evaṃ ovadīyamānā evaṃ anusāsīyamānā appekacce accantaṃ niṭṭhaṃ nibbānaṃ ārādhenti, ekacce nārādhenti. ettha kyāhaṃ, brāhmaṇa, karomi? maggakkhāyīhaṃ, brāhmaṇa, tathāgato"ti.

"이처럼, 바라문이여, 열반이 있고, 열반으로 이끄는 길도 있고, 이끄는 자인 나도 있습니다. 그러나 나에 의해 이렇게 지도받고 이렇게 가르침을 받은 나의 제자들 가운데 어떤 자들은 궁극의 완성인 열반을 얻고 어떤 자들은 얻지 못합니다. 바라문이여, 여기서 내가 무엇을 합니까? 바라문이여, 여래(如來)인 나는 길을 가리키는 자입니다."

● 구원의 방법 = 「예외가 없는 법의 과정」 — (AN 10.95-웃띠야 경)

예외가 없는 법의 과정 = 수행(修行)의 중심 개념 — 「지혜를 무력하게 만드는 심(心)의 오염원인 다섯 가지 장애를 버리고서 사념처(四念處)에 잘 확립된 심(心)을 가진 자로서 칠각지(七覺支)를 있는 그대로 닦은 뒤에 이렇게 이 세상으로부터 구원되었고 구원되고 구원될 것이다.」 ⇒ 다음 장 그림 참조

"abhiññāya kho ahaṃ, uttiya, sāvakānaṃ dhammaṃ desemi sattānaṃ visuddhiyā sokaparidevānaṃ samatikkamāya dukkhadomanassānaṃ atthaṅgamāya ñāyassa adhigamāya nibbānassa sacchikiriyāyā"ti.

"웃띠야여, 나는 중생들의 청정을 위한, 슬픔[수(愁)]과 비탄[비(悲)]을 건너기 위한, 고통[고(苦)]과 고뇌[우(憂)]를 줄어들게 하기 위한, 방법을 얻기 위한, 열반을 실현하기 위한 법을 제자들에게 실다운 지혜로써 설합니다."

"yaṃ panetaṃ bhavaṃ gotamo abhiññāya sāvakānaṃ dhammaṃ desesi sattānaṃ visuddhiyā sokaparidevānaṃ samatikkamāya dukkhadomanassānaṃ atthaṅgamāya ñāyassa adhigamāya nibbānassa sacchikiriyāya, sabbo vā tena loko nīyati upaḍḍho vā tibhāgo vā"ti? evaṃ vutte bhagavā tuṇhī ahosi.

"고따마 존자께서 제자들에게 실다운 지혜로써 설한 중생들의 청정을 위한, 슬픔과 비탄을 건너기 위한, 고통과 고뇌를 줄어들게 하기 위한, 방법을 얻기 위한, 열반을 실현하기 위한 그 법에 의해 세상의 모든 사람이 구원됩니까, 아니면 절반입니까, 아니면 삼 분의

일입니까?" 이렇게 말하자 세존께서는 침묵하셨다.

atha kho āyasmato ānandassa etadahosi — "mā hevaṃ kho uttiyo paribbājako pāpakaṃ diṭṭhigataṃ paṭilabhi — 'sabbasāmukkaṃsikaṃ vata me samaṇo gotamo pañhaṃ puṭṭho saṃsādeti, no vissajjeti, na nūna visahatī'ti. tadassa uttiyassa paribbājakassa dīgharattaṃ ahitāya dukkhāyā"ti.

그때 아난다 존자에게 이런 생각이 들었다. — '웃띠야 유행승에게 이런 악한 견해가 생기게 하지 말아야겠다. — '참으로 완전하고 최상인 나의 질문을 받은 사문 고따마는 비켜서고, 대답하지 못하고, 감당하지 못하는구나.'라고. 이것은 웃띠야 유행승에게 오랜 세월 손해가 되고 괴로움이 될 것이다.'

atha kho āyasmā ānando uttiyaṃ paribbājakaṃ etadavoca — "tenahāvuso uttiya, upamaṃ te karissāmi. upamāya midhekacce viññū purisā bhāsitassa atthaṃ ājānanti. seyyathāpi, āvuso uttiya, rañño paccantimaṃ nagaraṃ daḷhuddhāpaṃ daḷhapākāratoraṇaṃ ekadvāraṃ. tatrassa dovāriko paṇḍito byatto medhāvī aññātānaṃ nivāretā ñātānaṃ pavesetā. so tassa nagarassa samantā anupariyāyapathaṃ anukkamati. anupariyāyapathaṃ anukkamamāno na passeyya pākārasandhiṃ vā pākāravivaraṃ vā, antamaso biḷāranikkhamanamattampi. no ca khvassa evaṃ ñāṇaṃ hoti — 'ettakā pāṇā imaṃ nagaraṃ pavisanti vā nikkhamanti vā'ti. atha khvassa evamettha hoti — 'ye kho keci oḷārikā pāṇā imaṃ nagaraṃ pavisanti vā nikkhamanti vā, sabbe te iminā dvārena pavisanti vā nikkhamanti vā'ti.

그러자 아난다 존자는 웃띠야 유행승에게 이렇게 말했다. — "도반 웃띠야여, 그렇다면 그대에게 비유를 말하겠습니다. 비유에 의해 여기 어떤 현명한 사람들은 말의 의미를 압니다. 도반 웃띠야여, 예를 들면 왕의 국경에 있는 도시는 깊은 해자(垓子)와 튼튼한 성벽과 교문(橋門)을 가지고 있고 하나의 대문을 가지고 있습니다. 거기에 현명하고 훈련된 지혜로운 문지기가 있어, 알려지지 않은 자들은 제지하고 알려진 자들만 들어가게 합니다. 그는 그 도시의 다니는 길을 차례대로 순찰하면서 성벽의 이음새나 혹은 고양이가 나갈 수 있는 작은 틈새를 보지 못할 것입니다. 또한, 이렇게 알지도 못합니다. — '이만큼의 생명이 이 도시에 들어오거나 나간다.'라고. 그러나 그에게 '누구든지 이 도시를 들어 오거나 나가는 거친 존재들은 모두 이 대문으로 들어오거나 나간다.'라는 생각이 들 것입니다.

"evamevaṃ kho, āvuso uttiya, na tathāgatassa evaṃ ussukkaṃ hoti — 'sabbo vā tena loko nīyati, upaḍḍho vā, tibhāgo vā'ti. atha kho evamettha tathāgatassa hoti — 'ye kho keci lokamhā nīyiṃsu vā nīyanti vā nīyissanti vā, sabbe te pañca nīvaraṇe pahāya cetaso upakkilese paññāya dubbalīkaraṇe, catūsu satipaṭṭhānesu suppatiṭṭhitacittā, satta bojjhaṅge yathābhūtaṃ bhāvetvā. evamete lokamhā nīyiṃsu vā nīyanti vā nīyissanti vā'ti. yadeva kho tvaṃ, āvuso uttiya, bhagavantaṃ pañhaṃ apucchi tadevetaṃ pañhaṃ bhagavantaṃ aññena pariyāyena apucchi. tasmā te taṃ bhagavā na byākāsī"ti.

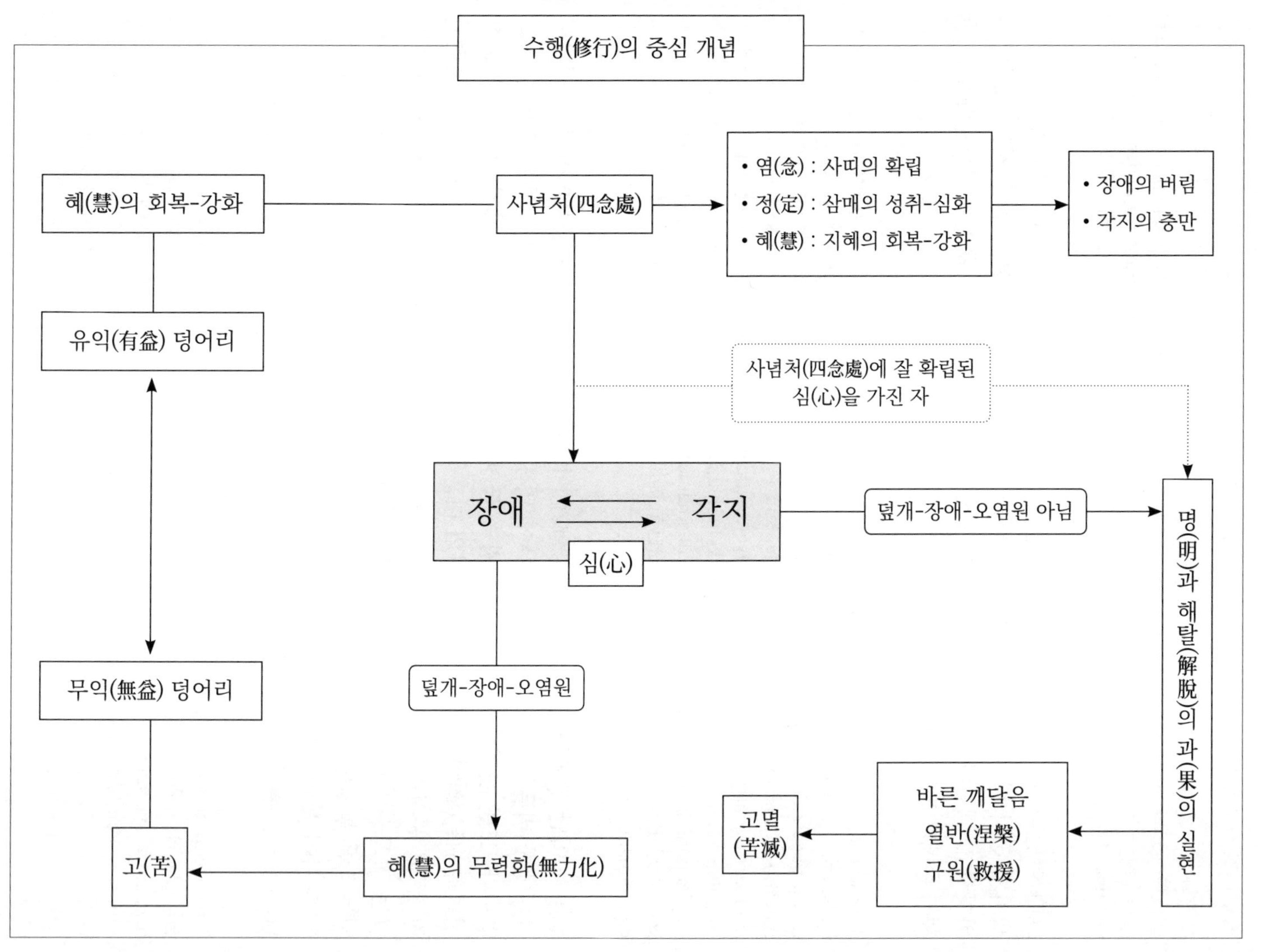

수행(修行)의 중심 개념
혜(慧)의 회복-강화
사념처(四念處)
• 염(念) : 사띠의 확립
• 정(定) : 삼매의 성취-심화
• 혜(慧) : 지혜의 회복-강화
• 장애의 버림
• 각지의 충만
유익(有益) 덩어리
사념처(四念處)에 잘 확립된
심(心)을 가진 자
장애
각지
심(心)
덮개-장애-오염원 아님
명(明)과 해탈(解脫)의 과(果)의 실현
무익(無益) 덩어리
덮개-장애-오염원
바른 깨달음
열반(涅槃)
구원(救援)
고멸
(苦滅)
고(苦)
혜(慧)의 무력화(無力化)

이처럼, 도반 웃띠야여, 여래에게 이런 열망은 없습니다. — '이 법에 의해 세상의 모든 사람이 구원되는가, 아니면 절반인가, 아니면 삼 분의 일인가?'라고. 그러나 여기서 여래에게 이런 것은 있습니다. — '누구든지 세상으로부터 구원되었고 구원되고 구원될 자들은 모두 지혜를 무력하게 만드는 심(心)의 오염원인 다섯 가지 장애를 버리고서 사념처(四念處)에 잘 확립된 심(心)을 가진 자로서 칠각지(七覺支)를 있는 그대로 닦은 뒤에 이렇게 이 세상으로부터 구원되었고 구원되고 구원될 것이다.'라고. 그러므로 도반 웃띠야여, 그대가 세존께 한 이 질문은 다른 방향으로 질문한 것입니다. 그래서 세존께서는 그대의 질문에 대해 설명하지 않은 것입니다."

● 불교적인 중생구제 방법 : 「스승은 법을 설하고 다른 사람들은 진실을 얻기 위해 실천함」 — (AN 3.61-상가라와 경)

☞ nikaya.kr : 불교적인 중생구제 방법(AN 3.61-상가라와 경)
(해피스님의 경전해설 191107)

(AN 10.95-웃띠야 경)은 「예외가 없는 법의 과정」으로 구원의 길은 오직 이것뿐이고, 그 숫자가 얼마이든 오직 길을 걷는 자[실천하는 자]가 구원된다고 말합니다. 부처님의 역할은 구원을 위한 길을 가리키는 것이고, 구원은 오직 길을 걷는 자[실천하는 자]에 의해 자기에게 실현된다는 의미입니다.

그런데 이런 설명은 자칫 길만 있을 뿐 걷는 사람이 없다면 무용(無用)할 수 있다는 우려를 자아낼 수 있습니다. 이런 우려에 답하듯, (AN 3.61-상가라와 경)은 많은 사람을 위한 공덕의 행위라고 주장하는 브라만교의 제사보다 부처님의 가르침이 「위없는 범행(梵行)에 속한 것을 스스로 실다운 지혜로 알고, 실현하고, 성취하여 머물게 하는 길과 실천이어서 '필요로 하는 것도 더 적고, 하는 일도 더 적지만 더 많은 결실과 더 많은 이익이 있는 공덕의 행위'이다.」라고 하면서 「출가로 인한 이것은 많은 사람을 위한 공덕의 실천」이라고 설명합니다.

특히, 「이렇게 이 스승은 법을 설하고 다른 사람들은 진실을 얻기 위해 실천한다. 그리고 그들은 수백, 수천, 수십만 명이다.」라고 하여 한 사람의 바른 스승에 의해 제시되는 길을 뒤따르는 많은 사람이 실제적인 구원에 이른다고 알려주는데, 이것이 바로 「불교적인 중생구제의 방법」입니다.

그러니 불교신자(佛教信者)라면, 뒤따라야 합니다!

atha kho saṅgāravo brāhmaṇo yena bhagavā tenupasaṅkami; upasaṅ -kamitvā bhagavatā saddhiṃ sammodi. sammodanīyaṃ kathaṃ sāraṇīyaṃ vītisāretvā ekamantaṃ nisīdi. ekamantaṃ nisinno kho saṅgāravo brāhmaṇo bhagavantaṃ etadavoca — "mayamassu, bho gotama, brāhmaṇā nāma. yaññaṃ yajāmapi yajāpemapi. tatra, bho gotama, yo ceva yajati yo ca yajāpeti sabbe te anekasārīrikaṃ puññappaṭipadaṃ paṭipannā honti, yadidaṃ yaññādhikaraṇaṃ. yo panāyaṃ, bho gotama, yassa vā tassa vā kulā agārasmā anagāriyaṃ pabbajito ekamattānaṃ dameti, ekamattānaṃ sameti, ekamattānaṃ parinibbāpeti, evamassāyaṃ ekasārīrikaṃ puññappaṭipadaṃ paṭipanno hoti, yadidaṃ pabbajjādhikaraṇan"ti.

그때 상가라와 바라문이 세존에게 왔다. 와서는 세존과 함께 인사를 나누었다. 유쾌하고 기억할만한 이야기를 주고받은 뒤 한 곁에 앉았다. 한 곁에 앉은 상가라와 바라문은 세존에게 이렇게 말했다. — "고따마 존자여, 우리 바라문들은 제사를 지내기도 하고 지내게 하기도 합니다. 고따마 존자여, 거기서 지내는 것과 지내게 하는 것은 모두 많은 사람에 대한 공덕의 실천을 실천하는 것이니 곧 제사(祭祀)로 인한 것입니다. 고따마 존자여, 그러나 어떤 또는 그 가문의 집으로부터 집 없는 곳으로 출가한 자는 자기 하나만을 길들이고, 자기 하나만을 가라앉히고, 자기 하나만을 완전히 꺼지게 합니다. 이렇게 이것은 한 사람에 대한 공덕의 실천을 실천하는 것이니 곧 출가로 인한 것입니다."라고.

"tena hi, brāhmaṇa, taññevettha paṭipucchissāmi. yathā te khameyya tathā naṃ byākareyyāsi. taṃ kiṃ maññasi, brāhmaṇa, idha tathāgato loke uppajjati arahaṃ sammāsambuddho vijjācaraṇasampanno sugato lokavidū anuttaro purisadammasārathi satthā devamanussānaṃ buddho bhagavā. so evamāha — 'ethāyaṃ maggo ayaṃ paṭipadā yathāpaṭipanno ahaṃ anuttaraṃ brahmacariyogadhaṃ sayaṃ abhiññā sacchikatvā pavedemi; etha, tumhepi tathā paṭipajjatha, yathāpaṭipannā tumhepi anuttaraṃ brahmacariyogadhaṃ sayaṃ abhiññā sacchikatvā upasampajja viharissathā'ti. iti ayañceva satthā dhammaṃ deseti, pare ca tathatthāya paṭipajjanti, tāni kho pana honti anekānipi satāni anekānipi sahassāni anekānipi satasahassāni.

"바라문이여, 그것 때문에 여기서 나는 그것을 되물을 것입니다. 그대에게 좋아 보이는 대로 그것을 설명하십시오. 바라문이여, 이것을 어떻게 생각합니까? 여기 아라한(阿羅漢)-정등각(正等覺)-명행족(明行足)-선서(善逝)-세간해(世間解)-무상조어장부(無上調御丈夫)-천인사(天人師)-불(佛)-세존(世尊)인 여래(如來)가 세상에 출현합니다. 그는 이렇게 말합니다. — '그대들은 오라! 이런 길이 있고 이런 실천이 있다. 이런 방법으로 실천한 나는 위없는 범행(梵行)에 속한 것을 스스로 실다운 지혜로 알고, 실현하여 선언한다. 오라! 그대들도 그와 같이 실천하라. 그와 같은 방법으로 실천한 그대들도 위없는 범행(梵行)에 속한 것을 스스로 실다운 지혜로 알고, 실현하고, 성취하여 머물 것이다.'라고. 이렇게 이 스승은 법을 설하고 다른 사람들은 진실을 얻기 위해 실천합니다. 그리고 그들은 수백,

수천, 수십만 명입니다.

"taṃ kiṃ maññasi, brāhmaṇa, iccāyaṃ evaṃ sante ekasārīrikā vā puññappaṭipadā hoti anekasārīrikā vā, yadidaṃ pabbajjādhikaraṇan"ti? "iccāyampi, bho gotama, evaṃ sante anekasārīrikā puññappaṭipadā hoti, yadidaṃ pabbajjādhikaraṇan"ti.

바라문이여, 이것을 어떻게 생각합니까? 이렇게 이것이 이렇게 있을 때, 출가로 인한 이것은 한 사람을 위한 공덕의 실천입니까. 또는 많은 사람을 위한 공덕의 실천입니까?" "고따마 존자여, 이렇게 이것이 이렇게 있을 때, 출가로 인한 이것은 많은 사람을 위한 공덕의 실천입니다."

불교가 우리 사회에 좀 더 확산하기 위해서 쉽고 재미있게 운영되는 다른 종교를 벤치마킹 해야 한다는 의견이 있습니다. 물론, 타당합니다. 무상(無常)의 이치에 따라 사회의 변화에 따르는 조건의 변화에 부합 할 수 있도록 다양한 기법이 포교-전도를 위해 개발되어야 할 것입니다.

그러나 기본도 놓치지 않아야 합니다. 포교-전도의 기본은 바로 이런 기법입니다. - '먼저 배운 자가 앞서고, 많은 사람이 뒤따를 수 있도록 배운 대로 실천하며 가르치는 것!'

이 기법을 놓치고는 아무리 벤치마킹을 잘해도 불교가 우리 사회에서 더 확산하지 못합니다. 먼저 배운 자, 특히, 출가자가 앞서서 많은 사람이 뒤따를 수 있도록 배운 대로 실천하며 가르쳐야 합니다.

[8] 교단의 확장 — (SN 35.28-불탐 경)

부처님은 바라나시에 있는 이시빠따나의 사슴 공원을 방문하여 함께하는 다섯 비구의 깨달음을 이끈 뒤 전도선언을 통해 다시 우루웰라의 세나니 마을로 돌아옵니다. 율장(律藏) 대품(大品)(마하왁가)의 uruvelapāṭihāriyakathā(우루웰라의 비범 이야기)에 의하면, 다시 이곳으로 돌아온 부처님은 깟사빠 삼 형제를 따르는 천 명의 수행자를 전도하여 천 명의 비구로 구성된 교단을 확보합니다. 그리고 (SN 35.28-불탐 경)은 가야의 가야시사에서 일체(一切)의 불탐의 주제를 설하여 천 명의 비구에게 깨달음을 성취케 하는데, uruvelapāṭihāriyakathā(우루웰라의 비범 이야기)에 의하면, 여기의 천 명의 비구가 바로 이 비구들입니다.

깨달음의 재현의 주인공인 함께하는 다섯 비구는 하나의 길을 둘이서 가지 않는 전도의 과정을 통해 흩어지고, 역시 혼자서 깨달음의 자리로 돌아온 부처님은 이렇게 천 명의 비구를 다시 깨달음으로 이끌어 거대 교단을 형성하게 되었음을 알 수 있습니다. 그리고 부처님은 이후 45년간 부처로서의 삶을 통해 많은 사람에게 고멸(苦滅)의 길을 이끕니다.

(SN 35.28-불탐 경)은 주제의 전개상 「제2장 제2절 [2] 함께하는 다섯 비구에게 설해진 경」에서 (SN 56.11-전법륜경)과 (SN 22.59-무아상경)의 다음에 소개하였습니다. → (207쪽)

여래(如來) 그리고 불(佛)인 이유를 찾아본 뒤, 탄생과 출가로부터 깨달아 부처가 되는 과정 그리고 중생 곁으로 나아가기 위해 존재를 드러내고, 법륜을 굴려 제자들을 깨달음으로 이끄는 과정을 살펴보았습니다.

이렇게 당신의 깨달음이 우리에게 재현되는 가능성을 확인한 부처님은 본격적으로 중생구제를 위한 전도선언을 합니다. 한 명이라도 더 많은 사람에게 법을 전하기 위해 하나의 길을 둘이서 가지 않는 방법으로 전도의 길을 걷기 시작하고, 다른 제자들과 마찬가지로 혼자의 길을 걸은 부처님은 우루웰라에서 천 명의 비구를 교화하여 교단을 형성합니다.

이렇게 인류 역사에 초유한, 진리를 드러내는 대서사시 같은 일련의 과정을 서술하였습니다. 이제 부처님은 45년간 깨달은 자 즉 부처로서 중생을 위한 삶을 살다가 몸과 함께한 삶을 마감하고 몸의 제약에서 벗어나 완전히 열반하게 됩니다.

[9] 부처로서 살아가신 45년 — (DN 16-대반열반경)

(DN 16-대반열반경)은 바야흐로 깨달음을 성취한 부처님이 우루웰라에서 네란자라 강변 아자빨라니그로다 나무 밑에 머물렀을 때 마라 빠삐만뜨와 나눈 대화를 소개합니다. — 「비구-비구니-남신자-여신자 제자들이 ①성취하고, 훈련되고, 자신감을 가지고, 많이 배우고, 법을 명심하고, 가르침에 일치하는 법을 실천하고, 여법하게 실천하고, 법에 따라 행하게 될 때까지, ②자기 스승에게서 온 것을 배운 뒤에 말하고 전도하고 알게 하고 확립하고 분석하고 분류하고 분명히 하게 될 때까지, ③생겨난 외도의 가르침을 법으로 잘 비판하고 비판한 뒤에 비범함[해탈된 삶으로 이끎]이 함께한 법을 설명하게 될 때까지 그리고 ④이 범행이 번성하고, 풍부하고, 널리 퍼지고, 많은 사람에게 널리 미치고, 신과 인간들에게 잘 알려질 때까지 완전한 열반에 들지 않을 것이다.」

이제 마라 빠삐만뜨는 부처님에게 와서 의도하신 바가 다 이루어졌으니 완전한 열반에 드실 때라고 말하고, 부처님은 수명의 형성작용을 놓고 3개월 이내에 완전한 열반에 들 것을 선언합니다.

그렇다면 깨달음의 시간으로부터 몸을 내려놓고 완전한 열반에 들 때까지 45년 동안 부처님이 하신 일은 분명합니다. 제자들이 법을 바르게 배우고 잘 보호하고 전승하여 오랫동안 세상 사람들을 위해 당신의 가르침이 역할 할 수 있도록 훈련하는 일입니다.

"ekamidāhaṃ, ānanda, samayaṃ uruvelāyaṃ viharāmi najjā nerañjarāya tīre ajapālanigrodhe paṭhamābhisambuddho. atha kho, ānanda, māro pāpimā yenāhaṃ tenupasaṅkami; upasaṅkamitvā ekamantaṃ aṭṭhāsi. ekamantaṃ ṭhito kho, ānanda, māro pāpimā maṃ etadavoca — 'parinibbātudāni, bhante, bhagavā; parinibbātu sugato, parinibbānakālodāni, bhante, bhagavato'ti. evaṃ vutte ahaṃ, ānanda, māraṃ pāpimantaṃ etadavocaṃ —

한때, 아난다여, 바야흐로 깨달음을 성취한 나는 우루웰라에서 네란자라 강변 아자빨라니그로다 나무 밑에 머물렀다. 그때, 아난다여, 마라 빠삐만뜨가 나에게 왔다. 와서는 한 곁에 섰다. 한 곁에 선 마라 빠삐만뜨는, 아난다여, 나에게 이렇게 말했다. — '대덕이시여, 이제 세존께서는 완전한 열반에 드십시오. 선서께서는 완전한 열반에 드십시오. 대덕이시여, 이제 세존께서 완전한 열반에 드실 때입니다.'라고. 이렇게 말했을 때, 아난다여, 나는 마라 빠삐만뜨에게 이렇게 말했다. —

"'na tāvāhaṃ, pāpima, parinibbāyissāmi, yāva me bhikkhū na sāvakā bhavissanti viyattā vinītā visāradā bahussutā dhammadharā dhammānudhammappaṭipannā sāmīcippaṭipannā anudhammacārino, sakaṃ ācariyakaṃ uggahetvā ācikkhissanti desessanti paññapessanti paṭṭhapessanti vivarissanti vibhajissanti uttānīkarissanti, uppannaṃ parappavādaṃ sahadhammena suniggahitaṃ niggahetvā sappāṭihāriyaṃ dhammaṃ desessanti.

"'빠삐만뜨여, 나는 나의 비구 제자들이 ①성취하고, 훈련되고, 자신감을 가지고, 많이 배우고, 법을 명심하고, 가르침에 일치하는 법을 실천하고, 여법하게 실천하고, 법에 따라 행하게 될 때까지, ②자기 스승에게서 온 것을 배운 뒤에 말하고 전도하고 알게 하고 확립하고 분석하고 분류하고 분명히 하게 될 때까지, ③생겨난 외도의 가르침을 법으로 잘 비판하고 비판한 뒤에 비범함[해탈된 삶으로 이끎]이 함께한 법을 설명하게 될 때까지 완전한 열반에 들지 않을 것이다.'라고.

"'na tāvāhaṃ, pāpima, parinibbāyissāmi, yāva me bhikkhuniyo na sāvikā bhavissanti viyattā vinītā visāradā bahussutā dhammadharā dhammānudhammappaṭipannā sāmīcippaṭipannā anudhammacāriniyo, sakaṃ ācariyakaṃ uggahetvā ācikkhissanti desessanti paññapessanti paṭṭhapessanti vivarissanti vibhajissanti uttānīkarissanti, uppannaṃ parappavādaṃ sahadhammena suniggahitaṃ niggahetvā sappāṭihāriyaṃ dhammaṃ desessanti.

'빠삐만뜨여, 나는 나의 비구니 제자들이 ①성취하고, 훈련되고, 자신감을 가지고, 많이 배우고, 법을 명심하고, 가르침에 일치하는 법을 실천하고, 여법하게 실천하고, 법에 따라 행하게 될 때까지, ②자기 스승에게서 온 것을 배운 뒤에 말하고 전도하고 알게 하고 확립하고 분석하고 분류하고 분명히 하게 될 때까지, ③생겨난 외도의 가르침을 법으로 잘 비판하고 비판한 뒤에 비범함[해탈된 삶으로 이끎]이 함께한 법을 설명하게 될 때까지 완전한 열반에 들지 않을 것이다.'라고.

"'na tāvāhaṃ, pāpima, parinibbāyissāṃi, yāva me upāsakā na sāvakā bhavissanti viyattā vinītā visāradā bahussutā dhammadharā dhammānudhammappaṭipannā sāmīcippaṭipannā anudhammacārino, sakaṃ ācariyakaṃ uggahetvā ācikkhissanti desessanti paññapessanti paṭṭhapessanti vivarissanti vibhajissanti uttānīkarissanti, uppannaṃ parappavādaṃ sahadhammena suniggahitaṃ niggahetvā sappāṭihāriyaṃ dhammaṃ desessanti.

'빠삐만뜨여, 나는 나의 남신자 제자들이 ①성취하고, 훈련되고, 자신감을 가지고, 많이 배우고, 법을 명심하고, 가르침에 일치하는 법을 실천하고, 여법하게 실천하고, 법에 따라 행하게 될 때까지, ②자기 스승에게서 온 것을 배운 뒤에 말하고 전도하고 알게 하고 확립하고 분석하고 분류하고 분명히 하게 될 때까지, ③생겨난 외도의 가르침을 법으로 잘 비판하고 비판한 뒤에 비범함[해탈된 삶으로 이끎]이 함께한 법을 설명하게 될 때까지 완전한 열반에 들지 않을 것이다.'라고.

"'na tāvāhaṃ, pāpima, parinibbāyissāmi, yāva me upāsikā na sāvikā bhavissanti viyattā vinītā visāradā bahussutā dhammadharā dhammānudhammappaṭipannā sāmīcippaṭipannā anudhammacāriniyo, sakaṃ ācariyakaṃ uggahetvā ācikkhissanti desessanti paññapessanti paṭṭhapessanti vivarissanti vibhajissanti uttānīkarissanti, uppannaṃ parappavādaṃ sahadhammena suniggahitaṃ niggahetvā sappāṭihāriyaṃ dhammaṃ desessanti.

'빠삐만뜨여, 나는 나의 여신자 제자들이 ①성취하고, 훈련되고, 자신감을 가지고, 많이 배우고, 법을 명심하고, 가르침에 일치하는 법을 실천하고, 여법하게 실천하고, 법에 따라 행하게 될 때까지, ②자기 스승에게서 온 것을 배운 뒤에 말하고 전도하고 알게 하고 확립하고 분석하고 분류하고 분명히 하게 될 때까지, ③생겨난 외도의 가르침을 법으로 잘 비판하고 비판한 뒤에 비범함[해탈된 삶으로 이끎]이 함께한 법을 설명하게 될 때까지 완전한 열반에 들지 않을 것이다.'라고.

"'na tāvāhaṃ, pāpima, parinibbāyissāmi, yāva me idaṃ brahmacariyaṃ na iddhañceva bhavissati phītañca vitthārikaṃ bāhujaññaṃ puthubhūtaṃ yāva devamanussehi suppakāsitan'ti.

'빠삐만뜨여, 나는 나의 이 범행이 번성하고, 풍부하고, 널리 퍼지고, 많은 사람에게 널리 미치고, 신과 인간들에게 잘 알려질 때까지 완전한 열반에 들지 않을 것이다.' 라고.

"idāneva kho, ānanda, ajja cāpāle cetiye māro pāpimā yenāhaṃ tenupasaṅkami; upasaṅkamitvā ekamantaṃ aṭṭhāsi. ekamantaṃ ṭhito kho, ānanda, māro pāpimā maṃ etadavoca — 'parinibbātudāni, bhante, bhagavā, parinibbātu sugato, parinibbānakālodāni, bhante, bhagavato. bhāsitā kho panesā, bhante, bhagavatā vācā — "na tāvāhaṃ, pāpima, parinibbāyissāmi, yāva me bhikkhū na sāvakā bhavissanti ... pe ... yāva me bhikkhuniyo na sāvikā bhavissanti ... pe ... yāva me upāsakā na sāvakā bhavissanti ... pe ... yāva me upāsikā na sāvikā bhavissanti ... pe ... yāva me idaṃ brahmacariyaṃ na iddhañceva bhavissati phītañca vitthārikaṃ bāhujaññaṃ puthubhūtaṃ, yāva devamanussehi suppakāsitan"ti. etarahi kho pana, bhante, bhagavato brahmacariyaṃ iddhañceva phītañca vitthārikaṃ bāhujaññaṃ puthubhūtaṃ, yāva devamanussehi suppakāsitaṃ. parinibbātudāni, bhante, bhagavā, parinibbātu sugato, parinibbānakālodāni, bhante, bhagavato'ti.

이제, 아난다여, 오늘 짜빨라 탑에서 마라 빠삐만뜨가 나에게 왔다. 와서는 한 곁에 섰다. 한 곁에 선 마라 빠삐만뜨는 나에게 이렇게 말했다. — '대덕이시여, 이제 세존께서는 완전한 열반에 드십시오. 선서께서는 완전한 열반에 드십시오. 대덕이시여, 이제 세존께서 완전한 열반에 드실 때입니다. 대덕이시여, 세존께서는 전에 이렇게 말씀하셨습니다. — '빠삐만뜨여, 나는 나의 비구 제자들이 … 될 때까지 완전한 열반에 들지 않을 것이다.'라고 … 나의 비구 제자들이 … 될 때까지 … 나의 남신자 제자들이 … 될 때까지 … 나의 여신자 제자들이 … 될 때까지 … 나의 이 범행이 번성하고, 풍부하고, 널리 퍼지고, 많은 사람에게 널리 미치고, 신과 인간들에게 잘 알려질 때까지 완전한 열반에 들지 않을 것이다.'라고.

대덕이시여, 그런데 지금 세존의 이러한 범행은 번성하고, 풍부하고, 널리 퍼지고, 많은 사람에게 널리 미치고, 신과 인간들에게 잘 알려졌습니다. 그러니 대덕이시여, 이제 세존께서는 완전한 열반에 드십시오. 선서께서는 완전한 열반에 드십시오. 대덕이시여, 이제 세존께서 완전한 열반에 드실 때입니다.'라고.

"evaṃ vutte, ahaṃ, ānanda, māraṃ pāpimantaṃ etadavocaṃ — 'appossukko tvaṃ, pāpima, hohi, naciraṃ tathāgatassa parinibbānaṃ bhavissati. ito tiṇṇaṃ māsānaṃ accayena tathāgato parinibbāyissatī'ti. idāneva kho, ānanda, ajja cāpāle cetiye tathāgatena satena sampajānena āyusaṅkhāro ossaṭṭho"ti.

이렇게 말했을 때, 나는 마라 빠삐만끄에게 이렇게 말했다. — '빠삐만뜨여, 그대는 가만히 있어라. 오래지 않아 여래의 완전한 열반이 있을 것이다. 지금부터 3개월 이내에 여래는 완전한 열반에 들 것이다.'라고. 이제, 아난다여, 오늘 짜빨라 탑에서 여래는 사띠-삼빠자나[염(念)-정지(正知)] 하면서 수명의 형성작용을 놓았다."라고.

● 부처님이 기대하는 제자상(弟子像)

①성취하고, 훈련되고, 자신감을 가지고, 많이 배우고, 법을 명심하고, 가르침에 일치하는 법을 실천하고, 여법하게 실천하고, 법에 따라 행할 것,

②자기 스승에게서 온 것을 배운 뒤에 말하고 전도하고 알게 하고 확립하고 분석하고 분류하고 분명히 할 것,

③생겨난 외도의 가르침을 법으로 잘 비판하고, 비판한 뒤에 비범함[해탈된 삶으로 이끎]이 함께한 법을 설명할 것

⇒ 이 범행이 번성하고, 풍부하고, 널리 퍼지고, 많은 사람에게 널리 미치고, 신과 인간들에게 잘 알려지게 될 것

[10] 마지막 직계제자 — 수밧다 존자 — (DN 16-대반열반경)

이렇게 함께하는 다섯 비구에서 시작하고 깟사빠 삼 형제의 천 명의 비구들로 확장되어 본격화된 고멸(苦滅) 즉 중생구제의 길은 45년 동안 지속됩니다. 이제 부처님의 나이 80에 이르러 몸의 무너짐에 이르렀을 때, 마지막 직계제자인 수밧다 존자를 만납니다.

부처님 돌아가시는 그 밤을 앞두고 찾아온 수밧다 존자는 육사외도(六師外道)에 대해 모두 자신들이 드러내듯이 실다운 지혜를 가졌는지 아니면 모두 실다운 지혜를 가지지 못했는지 아니면 어떤 자들은 실다운 지혜를 가졌고 어떤 자들은 실다운 지혜를 가지지 못했는지 질문하지만, 부처님은 그 질문을 멈추게 하고 법을 설합니다. 팔정도(八正道)가 있는 여기에만 성자들이 있다고 말하는데, 오직 팔정도만이 실다운 지혜를 얻는 방법이고, 소유의 삶과 존재의 삶을 넘어 해탈된 삶으로 나아가는 길이라는 선언입니다.

"yasmiṃ kho, subhadda, dhammavinaye ariyo aṭṭhaṅgiko maggo na upalabbhati, samaṇopi tattha na upalabbhati. dutiyopi tattha samaṇo na upalabbhati. tatiyopi tattha samaṇo na upalabbhati. catutthopi tattha samaṇo na upalabbhati. yasmiñca kho, subhadda, dhammavinaye ariyo aṭṭhaṅgiko maggo upalabbhati, samaṇopi tattha upalabbhati, dutiyopi tattha samaṇo upalabbhati, tatiyopi tattha samaṇo upalabbhati, catutthopi tattha samaṇo upalabbhati. imasmiṃ kho, subhadda, dhammavinaye ariyo aṭṭhaṅgiko maggo upalabbhati, idheva, subhadda, samaṇo, idha dutiyo samaṇo, idha tatiyo samaṇo, idha catuttho samaṇo, suññā parappavādā samaṇebhi aññehi. ime ca, subhadda, bhikkhū sammā vihareyyuṃ, asuñño loko arahantehi assāti.

"수밧다여, 어떤 법과 율에 여덟 요소로 구성된 성스러운 길[팔지성도(八支聖道)=팔정도(八正道)]이 없으면 거기에는 사문도 없다. 거기에는 두 번째 사문도 없다. 거기에는 세 번째 사문도 없다. 거기에는 네 번째 사문도 없다. 그러나 수밧다여, 어떤 법과 율에 팔정도(八正道)가 있으면 거기에는 사문도 있다. 거기에는 두 번째 사문도 있다. 거기에는 세 번째 사문도 있다. 거기에는 네 번째 사문도 있다. 수밧다여, 참으로 이 법과 율에는 팔정도(八正道)가 있다. 수밧다여, 오직 여기에 사문이 있다. 여기에 두 번째 사문이 있다. 여기에 세 번째 사문이 있다. 여기에 네 번째 사문이 있다. 다른 교설에는 무위(無爲)의 앎을 가진 사문들이 공(空)하다. 수밧다여, 이 비구들이 바르게 머문다면 세상에는 아라한들이 공(空)하지 않을 것이다.

"ekūnatiṃso vayasā subhadda, yaṃ pabbajiṃ kiṃkusalānuesī.
vassāni paññāsa samādhikāni, yato ahaṃ pabbajito subhadda.
ñāyassa dhammassa padesavattī, ito bahiddhā samaṇopi natthi.

수밧다여, 29세에 나는 무엇이 유익함인지를 구하여 출가하였다.
수밧다여, 내가 출가자가 된 이래 오십 년이 넘는 세월 동안.
방법과 법의 영역을 실천했나니 이밖에는 사문도 없다.

"dutiyopi samaṇo natthi. tatiyopi samaṇo natthi. catutthopi samaṇo natthi. suññā parappavādā samaṇebhi aññehi. ime ca, subhadda, bhikkhū sammā vihareyyuṃ, asuñño loko arahantehi assā"ti.

두 번째 사문도 없다. 세 번째 사문도 없다. 네 번째 사문도 없다. 다른 교설에는 무위(無爲)의 앎을 가진 사문들이 공(空)하다. 수밧다여, 이 비구들이 바르게 머문다면 세상에는 아라한들이 공(空)하지 않을 것이다."

※ (첫 번째) 사문, 두 번째 사문, 세 번째 사문, 네 번째 사문에 대해서는 「제4장 제1절 Ⅰ. 사쌍(四雙)의 성자(聖者) ― (AN 4.241-사문 경)(231쪽)에서 설명됩니다.

행운(luck)! --- 팔정도(八正道)가 있는 여기에 오다. 으뜸가는 보(報)의 곁으로 오다.

"yāvatā, bhikkhave, dhammā saṅkhatā, ariyo aṭṭhaṅgiko maggo tesaṃ aggamakkhāyati. ye, bhikkhave, ariye aṭṭhaṅgike magge pasannā, agge te pasannā. agge kho pana pasannānaṃ aggo vipāko hoti.

비구들이여, 유위법(有爲法)들과 비교할 때 여덟 요소로 구성된 성스러운 길[팔정도(八正道)]이 그들 가운데 으뜸이라고 불린다. 비구들이여, 여덟 요소로 구성된 성스러운 길에 대한 분명함이 있는 그들에게 으뜸에 대한 분명함이 있다. 또한, 으뜸에 대한 분명함이 있는 자들에게 으뜸가는 보(報)가 있다. (AN 4.34-으뜸의 믿음 경)

[11] 부처님에 대한 최고의 예배 — (DN 16-대반열반경(大般涅槃經))

부처님을 예배하는 최고의 방법은 가르침에 일치하는 법을 실천하고, 여법하게 실천하고, 법을 따라 행하며 머무는 것입니다. 부처님 살아서 직접 설한 가르침에 일치하는 법을 배워 알고 실천하는 일에 게으름이 없으면 그것이 바로 부처님에 대한 최고의 예배이고, 그때 가르침의 위력이 부처님께서 이끄시는 그런 삶을 나에게 실현시켜 줍니다.

이렇게 불교는 의식(儀式)이 아니라 삶입니다. 복잡하고 화려한 의식이 아니라 가르침에 일치하는 일상의 삶이 부처님에 대한 최고의 예배입니다.

atha kho bhagavā āyasmantaṃ ānandaṃ āmantesi — "āyāmānanda, yena hiraññavatiyā nadiyā pārimaṃ tīraṃ, yena kusinārā upavattanaṃ mallānaṃ sālavanaṃ tenupasaṅkamissāmā"ti. "evaṃ, bhante"ti kho āyasmā ānando bhagavato paccassosi. atha kho bhagavā mahatā bhikkhusaṅghena saddhiṃ yena hiraññavatiyā nadiyā pārimaṃ tīraṃ, yena kusinārā upavattanaṃ mallānaṃ sālavanaṃ tenupasaṅkami. upasaṅkamitvā āyasmantaṃ ānandaṃ āmantesi — "iṅgha me tvaṃ, ānanda, antarena yamakasālānaṃ uttarasīsakaṃ mañcakaṃ paññapehi, kilantosmi, ānanda, nipajjissāmī"ti. "evaṃ, bhante"ti kho āyasmā ānando bhagavato paṭissutvā antarena yamakasālānaṃ uttarasīsakaṃ mañcakaṃ paññapesi. atha kho bhagavā dakkhiṇena passena sīhaseyyaṃ kappesi pāde pādaṃ accādhāya sato sampajāno.

그러자 세존은 아난다 존자에게 말했다. — "오라, 아난다여. 우리는 히란냐와띠 강의 건너편, 꾸시나라 근처에 있는 말라들의 살라 숲으로 갈 것이다." "알겠습니다, 대덕이시여."라고 아난다 존자는 세존에게 대답했다. 그러자 세존은 많은 비구 상가와 함께 히란냐와띠 강의 건너편, 꾸시나라 근처에 있는 말라들의 살라 숲으로 갔다. 가서는 아난다 존자에게 말했다. — "내게로 오라, 아난다여, 그대는 두 그루의 살라 나무 사이에 북쪽으로 머리를 향하게 하여 침상을 준비하라. 피곤하다, 아난다여, 나는 누워야겠다." "알겠습니다, 대덕이시여."라고 아난다 존자는 세존께 대답한 뒤 두 그루의 살라 나무 사이에 북쪽으로 머리를 향하게 하여 침상을 준비했다. 그러자 세존께서는 발과 발을 포개고 사띠-삼빠자나[염(念)-정지(正知)] 하면서 오른쪽 옆구리로 사자처럼 누우셨다.

tena kho pana samayena yamakasālā sabbaphāliphullā honti akālapupphehi. te tathāgatassa sarīraṃ okiranti ajjhokiranti abhippakiranti tathāgatassa pūjāya. dibbānipi mandāravapupphāni antalikkhā papatanti, tāni tathāgatassa sarīraṃ okiranti ajjhokiranti abhippakiranti tathāgatassa pūjāya. dibbānipi candanacuṇṇāni antalikkhā papatanti, tāni tathāgatassa sarīraṃ okiranti ajjhokiranti abhippakiranti tathāgatassa pūjāya. dibbānipi tūriyāni antalikkhe vajjanti tathāgatassa pūjāya. dibbānipi saṅgītāni antalikkhe vattanti tathāgatassa pūjāya.

그러자 두 그루의 살라 나무는 꽃을 피울 때가 아닌데도 활짝 피어났고, 여래의 예배를 위해 여래의 몸 위로 뿌려지고 흩날리고 덮었다. 천상의 만다라와 꽃들도 허공에서 떨어져서 여래의 예배를 위해 여래의 몸 위로 뿌려지고 흩날리고 덮었다. 천상의 전단향 가루도 허공에서 떨어져서 여래의 예배를 위해 여래의 몸 위로 뿌려지고 흩날리고 덮었다. 천상의 악기가 여래의 예배를 위해 허공에서 연주되고, 천상의 노래가 여래의 예배를 위해 허공에 울려 퍼졌다.

atha kho bhagavā āyasmantaṃ ānandaṃ āmantesi — "sabbaphāliphullā kho, ānanda, yamakasālā akālapupphehi. te tathāgatassa sarīraṃ okiranti ajjhokiranti abhippakiranti tathāgatassa pūjāya. dibbānipi mandāravapupphāni antalikkhā papatanti, tāni tathāgatassa sarīraṃ okiranti ajjhokiranti abhippakiranti tathāgatassa pūjāya. dibbānipi candanacuṇṇāni antalikkhā papatanti, tāni tathāgatassa sarīraṃ okiranti ajjhokiranti abhippakiranti tathāgatassa pūjāya. dibbānipi tūriyāni antalikkhe vajjanti tathāgatassa pūjāya. dibbānipi saṅgītāni antalikkhe vattanti tathāgatassa pūjāya. na kho, ānanda, ettāvatā tathāgato sakkato vā hoti garukato vā mānito vā pūjito vā apacito vā. yo kho, ānanda, bhikkhu vā bhikkhunī vā upāsako vā upāsikā vā dhammānudhammappaṭipanno viharati sāmīcippaṭipanno anudhammacārī, so tathāgataṃ sakkaroti garuṃ karoti māneti pūjeti apaciyati, paramāya pūjāya. tasmātihānanda, dhammānudhammappaṭipannā viharissāma sāmīcippaṭipannā anudhammacārinoti. evañhi vo, ānanda, sikkhitabban"ti.

그러자 세존께서는 아난다 존자에게 말했다. — "아난다여, 두 그루의 살라 나무는 꽃을 피울 때가 아닌데도 활짝 피어났고, 여래의 예배를 위해 여래의 몸 위로 뿌려지고 흩날리고 덮었다. 천상의 만다라와 꽃들도 허공에서 떨어져서 여래의 예배를 위해 여래의 몸 위로 뿌려지고 흩날리고 덮었다. 천상의 전단향 가루도 허공에서 떨어져서 여래의 예배를 위해 여래의 몸 위로 뿌려지고 흩날리고 덮었다. 천상의 악기가 여래의 예배를 위해 허공에서 연주되고, 천상의 노래가 여래의 예배를 위해 허공에 울려 퍼졌다. 아난다여, 그러나 그만큼으로는 여래를 존경하고 중히 여기고 우러르고 예배하고 흠모하는 것이 아니다. 아난다여, 가르침에 일치하는 법을 실천하고, 여법하게 실천하고, 법을 따라 행하며 머무는 비구나 비구니나 남신자나 여신자가 여래를 최고의 예배로 존경하고 중히 여기고 우러르고 예배하고 흠모하는 것이다. 그러므로 아난다여, '우리는 가르침에 일치하는 법을 실천하고, 여법하게 실천하고, 법을 따라 행하며 머물 것이다.'라고, 아난다여, 그대들은 이렇게 공부해야 한다."

배워 알고 실천하는 불교 신자!

[12] 열반(涅槃) - 부처님의 유언(遺言) — (DN 16-대반열반경(大般涅槃經)) → 아라한의 후신(後身)은 있을 수 없음

(SN 12.19-우현경)은 '무명(無明)이 버려지지 않고 애(愛)가 부서지지 않은 채 몸이 무너지면 몸으로 가고, 무명(無明)이 버려지고 애(愛)가 부서진 뒤에 몸이 무너지면 몸으로 가지 않는다.'라고 알려줍니다. 그래서 아라한인 부처님은 몸이 무너진 뒤에 몸으로 가지 않습니다. 몸과 함께하는 삶[유신(有身)-sakkāya]으로 다시 태어나지 않게 된 것입니다. 그러면 몸으로 가지 않은 상태는 어떤 상태입니까? 무명(無明)과 애(愛)가 해소된 상태는 무명(無明)과 애(愛)의 방해 위에서는 설명되지 않습니다. 오직 무명(無明)과 애(愛)의 해소를 통해 스스로 경험될 뿐입니다. 그래서 여래(如來)의 사후(死後)는 십사무기(十事無記)에 속하는 네 가지 경우의 부정으로 설명됩니다. — '①존재한다. ②존재하지 않는다. ③존재하기도 하고 존재하지 않기도 한다. ④존재하는 것도 아니고 존재하지 않는 것도 아니다.' → 「제1부 제1장 Ⅱ. 나는 누구인가?」(43쪽) 참조

이런 이유로 아라한은 몸과 함께하는 삶[유신(有身)-sakkāya]으로 돌아오지 않습니다. 윤회(輪廻)에서 벗어난 것입니다. 그래서 아라한의 후신(後身)은 있을 수 없습니다. 그러니 속지 않아야 합니다.

이제, 부처님은 당신이 몸으로 함께할 수 없는 시절의 제자들을 위해 유언을 남깁니다.

유언① — 가르치고 선언한 법(法)과 율(律)이 스승이 될 것
유언② — 선후배 간의 호칭
유언③ — 소소한 학습계율의 폐지 허락
유언④ — 찬나 비구에게 범천의 징계를 줄 것
유언⑤ — 불(佛)-법(法)-승(僧) 그리고 길과 실천에 대한 의심이나 혼란이 있으면 물을 것
유언⑥ — 「조건적인 것들은 무너지는 것이다. 불방일(不放逸)로써 성취하라.」

atha kho bhagavā āyasmantaṃ ānandaṃ āmantesi — "siyā kho panānanda, tumhākaṃ evamassa — 'atītasatthukaṃ pāvacanaṃ, natthi no satthā'ti. na kho panetaṃ, ānanda, evaṃ daṭṭhabbaṃ. yo vo, ānanda, mayā dhammo ca vinayo ca desito paññatto, so vo mamaccayena satthā. yathā kho panānanda, etarahi bhikkhū aññamaññaṃ āvusovādena samudācaranti, na kho mamaccayena evaṃ samudācaritabbaṃ. theratarena, ānanda, bhikkhunā navakataro bhikkhu nāmena vā gottena vā āvusovādena vā samudācaritabbo. navakatarena bhikkhunā therataro bhikkhu 'bhante'ti vā 'āyasmā'ti vā samudācaritabbo. ākaṅkhamāno, ānanda, saṅgho mamaccayena khuddānukhuddakāni sikkhāpadāni samūhanatu. channassa, ānanda, bhikkhuno mamaccayena brahmadaṇḍo dātabbo"ti. "katamo pana, bhante, brahmadaṇḍo"ti? "channo, ānanda, bhikkhu yaṃ iccheyya, taṃ vadeyya. so bhikkhūhi neva vattabbo, na ovaditabbo, na anusāsitabbo"ti.

그때 세존은 아난다 존자에게 말했다. — "아난다여, 그런데 그대들은 '이전에는 스승이 있었다. 이제는 스승이 없다.'라고 생각할 수도 있다. 아난다여. 그러나 이렇게 보아서는 안 된다. 아난다여, 「내가 그대들에게 가르치고 선언한 법과 율이 내가 가고난 후에는 그대들의 스승이 될 것」이다.

아난다여, 그리고 지금 비구들은 서로를 모두 도반이라는 말로 부르고 있다. 그러나 내가 가고 난 후에는 그대들은 이렇게 불러서는 안 된다. 아난다여, 건넌 장로는 신진 비구를 이름이나 성이나 도반이라는 말로 불러야 한다. 신진 비구는 건넌 장로를 '대덕'이라거나 '존자'라고 불러야 한다."

"아난다여, 상가가 원한다면 내가 가고 난 후에는 소소한 학습계율들은 폐지해도 좋다."

"아난다여, 내가 가고 난 후에 찬나 비구에게는 범천의 징계를 주어야 한다." "대덕이시여, 그러면 어떤 것이 범천의 징계입니까?" "아난다여, 찬나 비구가 자기가 하고 싶은 대로 말하더라도 비구들은 그에게 말을 하지도 말고, 훈계하지도 말고, 충고하지도 말아야 한다."

atha kho bhagavā bhikkhū āmantesi — "siyā kho pana, bhikkhave, ekabhikkhussāpi kaṅkhā vā vimati vā buddhe vā dhamme vā saṅghe vā magge vā paṭipadāya vā, pucchatha, bhikkhave, mā pacchā vippaṭisārino ahuvattha — 'sammukhībhūto no satthā ahosi, na mayaṃ sakkhimhā bhagavantaṃ sammukhā paṭipucchitu'" nti. evaṃ vutte te bhikkhū tuṇhī ahesuṃ. dutiyampi kho bhagavā ... pe ... tatiyampi kho bhagavā bhikkhū āmantesi — "siyā kho pana, bhikkhave, ekabhikkhussāpi kaṅkhā vā vimati vā buddhe vā dhamme vā saṅghe vā magge vā paṭipadāya vā, pucchatha, bhikkhave, mā pacchā vippaṭisārino ahuvattha — 'sammukhībhūto no satthā ahosi, na mayaṃ sakkhimhā bhagavantaṃ sammukhā paṭipucchitu'" nti. tatiyampi kho te bhikkhū tuṇhī ahesuṃ. atha kho bhagavā bhikkhū āmantesi — "siyā kho pana, bhikkhave, satthugāravenapi na puccheyyātha. sahāyakopi, bhikkhave, sahāyakassa ārocetū"ti. evaṃ vutte te bhikkhū tuṇhī ahesuṃ. atha kho āyasmā ānando bhagavantaṃ etadavoca — "acchariyaṃ, bhante, abbhutaṃ, bhante, evaṃ pasanno ahaṃ, bhante, imasmiṃ bhikkhusaṅghe, 'natthi ekabhikkhussāpi kaṅkhā vā vimati vā buddhe vā dhamme vā saṅghe vā magge vā paṭipadāya vā'"ti. "pasādā kho tvaṃ, ānanda, vadesi, ñāṇameva hettha, ānanda, tathāgatassa. natthi imasmiṃ bhikkhusaṅghe ekabhikkhussāpi kaṅkhā vā vimati vā buddhe vā dhamme vā saṅghe vā magge vā paṭipadāya vā. imesañhi, ānanda, pañcannaṃ bhikkhusatānaṃ yo pacchimako bhikkhu, so sotāpanno avinipātadhammo niyato sambodhiparāyaṇo"ti.

그리고 세존은 비구들에게 말했다. — "비구들이여, 어느 한 비구라도 부처나 법이나 상가나 길이나 실천에 대해서 확실하지 않거나 이해되지 않는 것이 있으면 지금 물어라. 비구들이여, 그대들은 '우리의 스승은 눈앞에 계셨다. 그러나 우리는 세존의 눈앞에서 여쭤볼 수 없었다.'라고 나중에 후회하지 말라." 이렇게 말했지만, 비구들은 침묵했다. 두 번째로 세존은 … 세 번째로 세존은 비구들에게 말했다. "비구들이여, 어느 한 비구라도 부처나 법이나 상가나 길이나 실천에 대해서 확실하지 않거나 이해되지 않는 것이 있으면 지금 물어라. 비구들이여, 그대들은 '우리의 스승은 눈앞에 계셨다. 그러나 우리는 세존의 눈앞에서 여쭤볼 수 없었다.'라고 나중에 후회하지 말라." 이렇게 말했지만, 비구들은 침묵했다. 그러자 세존은 비구들에게 말했다. "비구들이여, 만일 그대들이 스승에 대한 존경심 때문에 묻지 않는다면 도반이 도반에게 물어보도록 하라." 이렇게 말했지만, 비구들은 침묵했다. 그러자 아난다 존자가 세존에게 이렇게 말했다. "대덕이시여, 참으로 놀랍습니다. 대덕이시여, 참으로 신기합니다. 대덕이시여, 이 비구 상가에는 부처님이나 법이나 상가나 길이나 실천에 대해서 확실하지 않거나 이해되지 않는 것이 있는 비구는 한 명도 없다고 제게는 분명함이 있습니다." "아난다여, 그대는 믿음을 가지고 말을 하는구나. 아난다여, 참으로 여기에 대해서 여래에게는 '이 비구 상가에는 부처나 법이나 상가나 길이나 실천에 대해서 확실하지 않거나 이해되지 않는 것이 있는 비구는 한 명도 없다.'라는 앎이 있다. 아난다여, 이들 500명의 비구 가운데 최하인 비구가 예류자여서 그는 떨어지지 않는 자, 확실한 자, 깨달음을 겨냥한 자이다."

atha kho bhagavā bhikkhū āmantesi — "handa dāni, bhikkhave, āmantayāmi vo, vayadhammā saṅkhārā appamādena sampādethā"ti. ayaṃ tathāgatassa pacchimā vācā.

그러고 나서 세존은 비구들에게 "비구들이여, 참으로 이제 그대들에게 당부하나니 「조건적인 것들은 무너지는 것이다. 불방일(不放逸)로써 성취하라.」"라고 말했다. 이것이 여래의 마지막 말씀이다.

배워 알고 실천하는 불교 신자!

■ 부처님의 삶을 관통하는 사건들 — (DN 16-대반열반경(大般涅槃經))

☞ nikaya.kr : 부처님 - 삶의 의미[태어남-깨달음-돌아감](근본경전연구회 해피법당-선엽스님의 마음정원 190519)

☞ nikaya.kr : 해피스님이야기 - 법(法)의 등(燈)을 달자!(210517)

부처님의 삶을 관통하는 사건들은 ①태어남, ②깨달음, ③법륜(法輪)을 굴림, ④돌아가심으로 대표됩니다. 부처님은 믿음을 가진 좋은 가문의 아들이 보아야 하고 기억해야 하는 네 군데 장소로 이 네 곳을 지시합니다. 특히, '누구든지 분명한 심(心)을 가지고 탑을 순례하는 사람들도 죽을 것인데 그들은 모두 몸이 무너져 죽은 뒤 좋은 곳, 하늘 세상에 태어날 것이다.'라고 합니다. 단순한 성지순례가 아니라 부처님의 삶을 관통하는 사건 현장들에서 부처님에 대한 믿음을 확고히 하고 신행(信行)의 기준을 분명히 하는 사람들에 대한 말씀입니다.

테라와다 전통의 4대 명절과 불기(佛紀)

● 테라와다 전통의 4대 명절

① 부처님의 날[오신 날- 깨달으신 날-돌아가신 날] — 음력 4월 15일
② 가르침의 날[법륜을 굴린 날] — 음력 6월 15일
③ 제자들의 날 — 음력 1월 15일
④ 까티나 행사 — 안거(6/16~9/15) 이후 30일 이내의 하루

● 불기(佛紀) — 세계불교도우의회(WFB: World Fellowship of Buddhists)에서 1956년을 불멸(佛滅) 2500년으로 기준하였고, 국제적 기준으로 올해(2021)는 그 기준에 따라 불기(佛紀) 2565년입니다.

이 네 가지는 다시 두 가지로 압축할 수 있는데, 깨달음과 돌아가심입니다. 부처님은 '두 가지 경우에 여래의 몸은 아주 청정하고 피부색은 아주 깨끗하게 된다. 어떤 두 가지인가? 아난다여, 여래가 위없는 바른 깨달음을 깨달은 그 밤과 여래가 무여열반의 계(界)로 완전한 열반에 드는 밤이다.'라고 합니다. 삶의 두 중심을 깨달음의 날과 돌아가심의 날에 두는 것인데, ①부처 됨과 ②몸의 제약에서 벗어난 완전한 고멸(苦滅)의 실현입니다.

한편, (AN 4.127-여래의 놀라움 경)에서는 ①어머니의 태에 들어감, ②태에서 나옴, ③깨달음, ④법륜(法輪)을 굴림의 네 가지 다른 관점으로 나타나는 것도 볼 수 있습니다.

속지 않아야 합니다!

무명(無明)이 버려지고 애(愛)가 부서진 부처님은 몸으로 가는 삶의 영역으로 돌아오지 않습니다. 부처님의 깨달음을 재현한 아라한도 역시 몸으로 가는 삶의 영역으로 돌아오지 않습니다. 그래서 불교는 깨달으신 날만큼 돌아가신 날의 의미를 중히 여기는 것입니다. 오히려 남아 있는 몸의 제약에서마저도 벗어난 깨달음 즉 고멸(苦滅)의 완성이라는 점에서는 깨달음의 날보다도 더 불교를 대표하는 날이라고 말해야 합니다. 몸으로 가는 삶으로 돌아오지 않는 경지, 이것이 바로 불교가 지향하는 그 완성의 자리입니다.

하지만 세상에는 아라한의 후신(後身)을 자처하는 사람들이 있습니다. 이분 아라한의 후신이라거나 저분 아라한의 후신이라고 대중 앞에 자신을 소개하면서 자기를 뒤따를 것을 요구합니다. 심지어는 우리 부처님의 법(法)을 능가하는 새로운 법, 새로운 부처를 말하기도 합니다. 그러나 부처님의 법(法) 안에 아라한의 후신은 있을 수 없습니다. 정등각(正等覺)의 법을 능가하는 새로운 법, 새로운 부처도 있을 수 없습니다. 그것은 부처님의 깨달음을 폄훼하는 것이고, 부처님을 부정하는 외도(外道)에 다름 아닙니다. 그러니 속지 않아야 합니다!

중생구제를 위한 원(願)으로 돌아온다고요? 그것은 남겨주신 법(法)의 역할입니다. 몸으로 오지 않게 된 분들이 그것을 위해 다시 몸으로 돌아온다는 개념은 부처님에게는 없습니다. 바르게 알아서 속지 않아야 합니다!

미륵부처님의 출현도 사실이 아닙니다. 미륵부처님은 우리 부처님의 법(法)이 끊어져 세상에 더 이상 부처님의 법(法)이 존재하지 않을 때 스승 없이 자신의 힘으로 깨달을 미래 부처님입니다. 우리 부처님의 법(法)이 우리 곁에 현존하는 지금은 미륵부처님이 출현할 때가 아닙니다. 바르게 배우고, 바르게 알아서 속지 않아야 합니다!

제3장

 가르침-법(法)-dhamma 

법(法)에 대한 개념적인 접근을 먼저 한 뒤 몇 가지 핵심 경전을 소개하였습 니다.

개념적인 접근은 부처님이 깨달은 법에 대한 다양한 설명을 용례를 중심으로 정리하여 소개하고, 이어서 주목해야 하는 몇 가지 관점에서 법을 특징지어 설명하였습니다.

핵심 경전으로는 부처님이 보아낸 사실-진리-이치로서의 삼법인(三法印)-연기(緣起)-오온(五蘊)을 선언하는 3개의 경과 함께하는 다섯 비구에게 설하여 깨달음을 재현하는 2개의 경 그리고 교단의 확장을 이끄는 1개의 경이 중심입니다. 그리고 진리인 사성제(四聖諦)를 분석하는 1개의 경에 이어 교단의 분열을 시도한 데와닷다의 관점이 부처님과 어떻게 다른지를 설명하는 2개의 경도 함께 소개하였습니다.

제1절 개념

te suttantā tathāgatabhāsitā gambhīrā gambhīratthā lokuttarā suññatappaṭisaṃyuttā

여래에 의해 말해진, 심오하고, 심오한 의미를 가진, 세상을 넘어선, 공(空)에 연결된 가르침들(SN 55.53-담마딘나 경)

iti yañhi kho tattha na hoti tena taṃ suññaṃ samanupassati, yaṃ pana tattha avasiṭṭhaṃ hoti taṃ 'santamidaṃ atthī'ti pajānāti. evampissa esā, ānanda, yathābhuccā avipallatthā parisuddhā paramānuttarā suññatāvakkanti bhavati.

이렇게 그는 거기에 없는 것에 의해 그것의 공(空)을 관찰하고, 거기에 남아있는 것을 '존재하는 이것은 있다.'라고 분명히 안다. 아난다여, 이렇게도 사실에 따르고, 전도되지 않았고 청정한 공(空)에 들어감이 있다.(MN 121-공(空)에 대한 작은 경)

buddho so bhagavā bodhāya dhammaṃ deseti, danto so bhagavā damathāya dhammaṃ deseti, santo so bhagavā samathāya dhammaṃ deseti, tiṇṇo so bhagavā taraṇāya dhammaṃ deseti, parinibbuto so bhagavā parinibbānāya dhammaṃ desetī

부처님이신 그분 세존(世尊)은 깨달음을 위한 법을 설한다. 제어된 분인 그분 세존은 제어를 위한 법을 설한다. 평화로운 분인 그분 세존은 그침을 위한 법을 설한다. 건넌 분인 그분 세존은 건넘을 위한 법을 설한다. 완전히 꺼진 분인 그분 세존은 완전히 꺼짐을 위한 법을 설한다.(MN 35-삿짜까 작은 경)

Ⅰ. 부처님이 깨달은 법

[1] 부처님의 깨달음은 어떤 것일까? → 「제2장 [4] 7. 부처님이 성취한 법(90쪽)」과 연계

경은 다양한 방법으로 부처님의 깨달음을 서술합니다. 우선 「tasmā buddhosmi 그래서 나는 불(佛-buddha-깨달은 자)입니다.」의 용례 경들은 ①고(苦)를 실답게 알고 고멸도(苦滅道)를 닦아서 고집(苦集)을 버림으로써 불(佛)[깨달은 자]이 되면, ②번뇌가 다하고 부서지고 작용하지 못하게 되어 세상에 의해 더럽혀지지 않는다고 말합니다. 이때, 세상은 번뇌의 영향 위에서 탐(貪)-진(嗔)-치(癡)와 함께한 유위(有爲)적 삶의 영역을 의미합니다. 그래서 세상에 의해 더럽혀지지 않는 자리는 번뇌가 다한 즉 번뇌가 부서져 번뇌가 없는[누진(漏盡)], 무탐(無貪)-무진(無嗔)-무치(無癡)와 함께한 무위(無爲) 즉 열반(涅槃)입니다. 무명(無明)에 덮이고 애(愛)에 묶여 옮겨가고 윤회하는 중생이 무명과 애의 구속을 해소하고 몸의 제약에서 벗어나는 것, 즉 해탈(解脫)하여 윤회(輪廻)에서 벗어나 불사(不死)를 실현하는 것입니다. 한마디로 말하면, 고(苦)의 영역을 벗어나 고멸(苦滅) 즉 완전한 락(樂-행복)을 실현하는 것입니다. 그리고 그런 의미에서 열반(涅槃)은 락(樂)입니다.

이런 일반적 의미 위에서 깨달음은 다양한 관점에서 다양한 용례를 통해 설명됩니다.

1. 깨달음의 내용을 구체적으로 밝히는 용례 — 「taṃ tathāgato abhisambujjhati abhisameti 여래는 이것을 깨닫고 실현하였다」 ☞ 「제2절 핵심 경전 [1]」(175쪽)

두 개의 경은 흔들리지 않고, 법으로 확립되었고, 법으로 결정된 것이어서 여래(如來)의 출현과 무관하게 세상에 적용되는 사실에 대한 깨달음과 실현을 말하는데 삼법인(三法印)과 연기(緣起)이고, 한 개의 경은 세상을 구성하는 것인 오온(五蘊)의 특성을 말합니다.

2. (DN 1-범망경(梵網經))은 「ye tathāgato sayaṃ abhiññā sacchikatvā pavedeti 여래가 스스로 실답게 안 뒤에 실현하고 선언한 법들」을 설명하는데, 과거에 속한 18가지와 미래에 속한 44가지를 더한 62가지 삿된 견해[사견(邪見)]를 넘어선 바른 견해[정견(正見)]입니다.

이런 62견(見)은 ①애(愛) 때문에 경험된 것이고 동요이고 몸부림일 뿐, ②촉(觸)을 조건으로 하는 것, ③촉(觸)으로부터 다른 곳에서 경험될 것이라는 경우 없음, ④육촉처(六觸處)를 원인으로 경험되고, 괴로움을 생기게 함, ⑤그물이어서 오르는 자들은 여기서 매인 채 오르고, 완전히 갇힌 채 오르는 것입니다.

반면에 여래가 스스로 실답게 알았기 때문에 실현한 뒤 선언한 법은 그물에 걸리지 않는 삶이고, 존재로 이끄는 도관(導管)이 끊어진 몸입니다.

① 「육촉처(六觸處)의 자라남과 줄어듦과 매력(魅力)과 위험(危險)과 해방(解放)을 있는 그대로 꿰뚫어 알 때 이것이 이 모든 것들에 비해 더 높음을 꿰뚫어 안다.」

②「여래는 존재로 이끄는 도관(導管)이 끊어진 몸으로 남아 있다. 이 몸이 남아 있을 때까지 신과 사람들은 그를 본다. 몸이 무너져 생명이 다하면 신과 사람들은 그를 보지 못한다.」 — 몸으로 가지 않기 때문

3. 여래가 스스로 실답게 안 뒤에 실현하고 선언한 법들(mayā sayaṃ abhiññā sacchikatvā paveditāni)

1) (DN 11-께왓따 경) — 세 가지 비범(非凡) : 신통(神通)의 비범(iddhipāṭihāriya), 신탁(神託)의 비범(ādesanāpāṭihāriya), 이어지는 가르침의 비범(anusāsanīpāṭihāriya)

2) 네 가지 업(業) — ①괴로운 보(報)를 경험하게 하는 나쁜 업(業), ②즐거운 보(報)를 경험하게 하는 좋은 업(業), ③괴롭고 즐거운 보(報)를 경험하게 하는 나쁘고 좋은 업(業), ④괴롭지도 즐겁지도 않은 보(報)를 경험하게 하고, 업(業)의 부서짐으로 이끄는 나쁘지도 좋지도 않은 업(業) — (MN 57-개의 습성 경)/(AN 4.232-간략한 경)/(AN 4.233-상세한 경)/(AN 4.234-소나까야나 경)/(AN 4.235-학습계율 경1)/(AN 4.236-학습계율 경2)/(AN 4.237-성스러운 길 경)/(AN 4.238-각지 경)

3) 바라문(*)의 진실 네 가지 — (AN 4.185-바라문의 진실 경)

(*) 여기서 말하는 바라문은 힌두교의 사제가 아니라, 심해탈(心解脫)-혜해탈(慧解脫)로 완성된 아라한입니다(DN 8-사자후 큰 경).

• 모든 생명들은 해침 당하지 않아야 한다('sabbe pāṇā avajjhā'ti). → 생명들을 동정하고 연민하기 위해서 실천

• 모든 소유의 삶은 무상(無常)하고 고(苦)이고 변하는 것이다('sabbe kāmā aniccā dukkhā vipariṇāmadhammā'ti). → 소유의 삶의 염오(厭惡)-이탐(離貪)-소멸(消滅)을 위해 실천

• 모든 존재는 무상(無常)하고 고(苦)이고 변하는 것이다('sabbe bhavā aniccā dukkhā vipariṇāmadhammā'ti). → 존재의 염오(厭惡)-이탐(離貪)-소멸(消滅)을 위해 실천

• 어디에도 누구에게도 어떤 것에도 나는 없다. 어디에도 어떤 목적으로도 어떤 것으로도 나의 것은 없다('nāhaṃ kvacanikassaci kiñcanatasmiṃ na ca mama kvacani katthaci kiñcanatatthī'ti). → 무소유(無所有)의 실천

4) 일곱 가지 칭찬의 토대

• (AN 7.42-칭찬받을만한 토대 경1)

na kho, sāriputta, sakkā imasmiṃ dhammavinaye kevalaṃ vassagaṇanamattena niddaso bhikkhu paññāpetuṃ. satta kho imāni, sāriputta, niddasavatthūni mayā sayaṃ abhiññā sacchikatvā paveditāni.

"사리뿟따여, 이 법(法)과 율(律)에서는 오직 안거의 횟수만으로 칭찬받을 만한 비구라고 말할 수 없다. 사리뿟따여, 내가 스스로 실답게 안 뒤에 실현하고 선언한 이런 일곱 가지 칭찬의 토대가 있다.

"katamāni satta? idha, sāriputta, bhikkhu sikkhāsamādāne tibbacchando hoti āyatiñca sikkhāsamādāne avigatapemo, dhammanisantiyā tibbacchando hoti āyatiñca dhammanisantiyā avigatapemo, icchāvinaye tibbacchando hoti āyatiñca icchāvinaye avigatapemo, paṭisallāne tibbacchando hoti āyatiñca paṭisallāne avigatapemo, vīriyārambhe tibbacchando hoti āyatiñca vīriyārambhe avigatapemo, satinepakke tibbacchando hoti āyatiñca satinepakke avigatapemo, diṭṭhipaṭivedhe tibbacchando hoti āyatiñca diṭṭhipaṭivedhe avigatapemo.

어떤 일곱 가지인가? 여기, 사리뿟따여, 비구는 ①공부의 실천에 강한 관심이 있다. 미래에도 공부의 실천에 대한 애정이 떠나지 않는다. ②법의 관찰에 강한 관심이 있다. 미래에도 법의 관찰에 대한 애정이 떠나지 않는다. ③원함의 제어에 강한 관심이 있다. 미래에도 원함의 제어에 대한 애정이 떠나지 않는다. ④홀로 머묾에 강한 관심이 있다. 미래에도 홀로 머묾에 대한 애정이 떠나지 않는다. ⑤정진의 유지에 강한 관심이 있다. 미래에도 정진의 유지에 대한 애정이 떠나지 않는다. ⑥사띠와 신중함에 강한 관심이 있다.

미래에도 사띠와 신중함에 대한 애정이 떠나지 않는다. ⑦견해의 꿰뚫음에 강한 관심이 있다. 미래에도 견해의 꿰뚫음에 대한 애정이 떠나지 않는다."

• (AN 7.43-칭찬받을만한 토대 경2)

"katamāni satta? idhānanda, bhikkhu, saddho hoti, hirīmā hoti, ottappī hoti, bahussuto hoti, āraddhavīriyo hoti, satimā hoti, paññavā hoti. imāni kho, ānanda, satta niddasavatthūni mayā sayaṃ abhiññā sacchikatvā paveditāni.

어떤 일곱 가지인가? 아난다여, 여기 비구는 믿음이 있고, 자책(自責)의 두려움이 있고, 타책(他責)의 두려움이 있고, 많이 배우고, 열심히 노력하고, 사띠를 가졌고, 지혜를 가졌다. 아난다여, 내가 스스로 실답게 안 뒤에 실현하고 선언한 이런 일곱 가지 칭찬의 토대가 있다.

4. 여래(如來)가 실답게 안 뒤에 설한 법들(mayā dhammā abhiññā desitā)

— 일곱 가지 보리분법(菩提分法) : 사념처(四念處), 사정근(四正勤), 사여의족 (四如意足), 오근(五根), 오력(五力), 칠각지(七覺支), 팔정도(八正道) — (DN 16-대반 열반경)/(DN 29-정신경)/(MN 103-무엇이라고 경)/(MN 104-사마가마 경)

5. 여래(如來)에 의한 법(mayā dhammo)

1) 사권(師拳) 없음 — (DN 16-대반열반경)/(SN 47.9-병 경)

사권(師拳-special knowledge of a teacher) — 거느리고 지도하는 자로의 자격을 보호받기 위해 마지막까지 감추어두었다가 죽을 때 넘겨주는 비장(祕藏)의 가르침

사권 없음 — 제자들에 대한 어떤 권리를 주장하지 않아서 감추어두는 것 없이 모든 것을 제자들의 때에 맞춰 가르쳐줌

부처님이 큰 병을 앓다 회복하였을 때, 아난다 존자가 '세존께서 비구 상가에 대해 어떤 말씀도 없이 완전한 열반에 들지는 않으실 것이다.'라는 어떤 안심이 있었다고 말합니다. 그러자 부처님은 이렇게 사권(師拳) 없음에 이어 자주(自洲)-법주(法洲)의 법문을 설하는데, 죽는 순간을 위하여 남겨둔 비장의 가르침은 따로 없으니 그동안 설한 가르침에 의지해서 스스로 실천하면 된다는 답변입니다.

"kiṃ pana dāni, ānanda, bhikkhusaṅgho mayi paccāsīsati? desito, ānanda, mayā dhammo anantaraṃ abāhiraṃ karitvā. natthānanda, tathāgatassa dhammesu ācariyamuṭṭhi. yassa nūna, ānanda, evamassa — 'ahaṃ bhikkhusaṅghaṃ pariharissāmī'ti vā, 'mamuddesiko bhikkhusaṅgho'ti vā, so nūna, ānanda, bhikkhusaṅghaṃ ārabbha kiñcideva udāhareyya. tathāgatassa kho, ānanda, na evaṃ hoti — 'ahaṃ bhikkhusaṅghaṃ pariharissāmī'ti vā, 'mamuddesiko bhikkhusaṅgho'ti vā. sa kiṃ, ānanda, tathāgato bhikkhusaṅghaṃ ārabbha kiñcideva udāharissati!

"아난다여, 이제 비구 상가는 나에게서 무엇을 바라는가? 아난다여, 안과 밖이 없는 법을 나는 설하였다. 아난다여, 여래의 법들에는 스승의 주먹[사권(師拳)]이 없다. 아난다여, '나는 비구 상가를 거느린다.'거나 '비구 상가는 나의 지도를 받는다.'라고 생각하는 자는 비구 상가에 대해서 무엇인가를 말할 것이다. 그러나 아난다여, 여래에게는 '나는 비구 상가를 거느린다.'거나 '비구 상가는 나의 지도를 받는다.'라는 생각이 없다. 그러므로 여래가 비구 상가에 대해서 무엇을 말한단 말인가?

2) 부처님이 선언한 법(法)과 율(律)이 부처님 사후에 스승이 됨 — (DN 16-대반열반 경)

atha kho bhagavā āyasmantaṃ ānandaṃ āmantesi — "siyā kho panānanda, tumhākaṃ evamassa — 'atītasatthukaṃ pāvacanaṃ, natthi no satthā'ti. na kho panetaṃ, ānanda, evaṃ daṭṭhabbaṃ. yo vo, ānanda, mayā dhammo ca vinayo ca desito paññatto, so vo mamaccayena satthā.

그때 세존은 아난다 존자에게 말했다. — "아난다여, 그런데 그대들은 '이전에는 스승이 있었다. 이제는 스승이 없다.'라고 생각할 수도 있다. 아난다여. 그러나 이렇게 보아서는 안 된다. 아난다여, 「내가 그대들에게 가르치고 선언한 법과 율이 내가 가고난 후에는 그대들의 스승이 될 것」이다.

3) 그것을 실천하는 자를 바르게 괴로움의 부서짐으로 이끎 — (DN 24-빠티까 경)

'iti kira, sunakkhatta, kate vā uttarimanussadhammā iddhipāṭihāriye, akate vā uttarimanussadhammā iddhipāṭihāriye, yassatthāya mayā dhammo desito, so niyyāti takkarassa sammā dukkhakkhayāya.

수낙캇따여, 참으로 이렇게 인간을 넘어선 법인 신통(神通)의 비범(非凡)을 행함에 대한 것이든, 인간을 넘어선 법인 신통의 비범을 행하지 않음에 대한 것이든, 어떤 목적을 위해 내가 설한 법은 그것을 실천하는 자를 바르게 괴로움의 부서짐으로 이끈다.

[참고] 사무소외(四無所畏) — (AN 4.8-확신 경)

• 'sammāsambuddhassa te paṭijānato ime dhammā anabhisambuddhā'ti …

'그대는 정등각(正等覺)을 선언하지만, 이런 법들은 완전히 깨닫지 못했다.'라고 …

• 'khīṇāsavassa te paṭijānato ime āsavā aparikkhīṇā'ti …

'그대는 번뇌 다함을 선언하지만, 이런 번뇌들은 완전히 부수지 못했다.'라고 …

• 'ye kho pana te antarāyikā dhammā vuttā te paṭisevato nālaṃ antarāyāyā'ti …

'그대가 장애가 된다고 말한 그 법들은 수용하는 자에게 장애가 되지 않는다.'라고 …

• 'yassa kho pana te atthāya dhammo desito so na niyyāti takkarassa sammā dukkhak -khayāyā'ti tatra vata maṃ samaṇo vā brāhmaṇo vā devo vā māro vā brahmā vā koci vā lokasmiṃ sahadhammena paṭicodessatīti nimittametaṃ, bhikkhave, na samanupassāmi. etamahaṃ, bhikkhave, nimittaṃ asamanupassanto khemappatto abhayappatto vesāraj -jappatto viharāmi. imāni kho, bhikkhave, cattāri tathāgatassa vesārajjāni, yehi vesārajjehi samannāgato tathāgato āsabhaṃ ṭhānaṃ paṭijānāti, parisāsu sīhanādaṃ nadati, brahmacakkaṃ pavattetī"ti.

'어떤 목적을 위해 그대가 설한 법은 그것을 실천하는 자를 바르게 괴로움의 부서짐으로 이끌지 않는다.'라고, 세상에서 어떤 사문이든 바라문이든 신이든 마라든 범천이든 나를 법답게 비난할 것이라는 이런 징후를 나는 보지 못한다. 비구들이여, 이런 징후를 보지 못하는 나는 안온(安穩)을 얻고, 두렵지 않음을 얻고, 확신을 얻어 머문다. 비구들이여, 여래에게 이런 네 가지 확신이 있다. 이런 확신을 갖춘 여래는 대웅(大雄)의 경지를 선언하고, 사람들에게 사자후(獅子吼)를 토하고, 범륜(梵輪)을 굴린다.

4) 뗏목의 비유 & 분명하고 열려있고 설명되었고 구속을 자른 것 — (MN 22-뱀의 비유 경)

☞ sutta.kr : 맛지마니까야 관통법회 - 22.[특강] 뱀의 비유 경2)[뱀의 비유-뗏목의 비유 & 불교의 쓰임새(고-고멸)](근본경전연구회 해피스님 210418)

evameva kho, bhikkhave, kullūpamo mayā dhammo desito nittharaṇatthāya, no gahaṇatthāya. kullūpamaṃ vo, bhikkhave, dhammaṃ desitaṃ, ājānantehi dhammāpi vo pahātabbā pageva adhammā.

이처럼, 비구들이여, 나는 건넘을 위하여 뗏목에 비유한 법을 설했다. 붙잡음을 위해서가 아니다. 비구들이여, 그대들을 위해 뗏목에 비유한 법을 설했다. 아는 그대들은 법(法)도 버려야 하니, 하물며 비법(非法)이야 말할 것이 있겠는가!

"evaṃ svākkhāto, bhikkhave, mayā dhammo uttāno vivaṭo pakāsito chinnapilotiko. evaṃ svākkhāte, bhikkhave, mayā dhamme uttāne vivaṭe pakāsite chinnapilotike ye te bhikkhū arahanto khīṇāsavā vusitavanto katakaraṇīyā ohitabhārā anuppattasadatthā parikkhīṇabhavasaṃyojanā sammadaññā vimuttā, vaṭṭaṃ tesaṃ natthi paññāpanāya. evaṃ svākkhāto, bhikkhave, mayā dhammo uttāno vivaṭo pakāsito chinnapilotiko. evaṃ svākkhāte, bhikkhave, mayā dhamme uttāne vivaṭe pakāsite chinnapilotike yesaṃ bhikkhūnaṃ pañcorambhāgiyāni saṃyojanāni pahīnāni, sabbe te opapātikā, tattha parinibbāyino, anāvattidhammā tasmā lokā. evaṃ svākkhāto, bhikkhave, mayā dhammo uttāno vivaṭo pakāsito chinnapilotiko. evaṃ svākkhāte, bhikkhave, mayā dhamme uttāne vivaṭe pakāsite chinnapilotike yesaṃ bhikkhūnaṃ tīṇi saṃyojanāni pahīnāni, rāgadosamohā tanubhūtā, sabbe te sakadāgāmino, sakideva imaṃ lokaṃ āgantvā dukkhassantaṃ karissanti. evaṃ svākkhāto, bhikkhave, mayā dhammo uttāno vivaṭo pakāsito chinnapilotiko. evaṃ svākkhāte, bhikkhave, mayā dhamme uttāne vivaṭe pakāsite chinnapilotike yesaṃ bhikkhūnaṃ tīṇi saṃyojanāni pahīnāni, sabbe te sotāpannā, avinipātadhammā, niyatā sambodhiparāyanā. evaṃ svākkhāto, bhikkhave, mayā dhammo uttāno vivaṭo pakāsito chinnapilotiko. evaṃ svākkhāte, bhikkhave, mayā dhamme uttāne vivaṭe pakāsite chinnapilotike ye te bhikkhū dhammānusārino saddhānusārino sabbe te sambodhiparāyanā. evaṃ svākkhāto, bhikkhave, mayā dhammo uttāno vivaṭo pakāsito chinnapilotiko. evaṃ svākkhāte, bhikkhave, mayā dhamme uttāne vivaṭe pakāsite chinnapilotike yesaṃ mayi saddhāmattaṃ pemamattaṃ sabbe te saggaparāyanā"ti.

비구들이여, 이렇게 나에 의해 잘 설해진 법은 분명하고 열려있고 설명되었고 구속을 자른 것이다. 비구들이여, 이렇게 분명하고 열려있고 설명되었고 구속을 자른 나에 의해 잘 설해진 법에서 번뇌가 다했고 삶을 완성했으며 해야 할 바를 했고 짐을 내려놓았으며 최고의 선(善)을 성취했고 존재의 족쇄를 완전히 부수었으며 바른 무위의 앎으로 해탈한 아라한 비구들에게 윤회는 선언되지 않는다. 비구들이여, 이렇게 나에 의해 잘 설해진 법은 분명하고 열려있고 설명되었고 구속을 자른 것이다. 비구들이여, 이렇게 분명하고 열려있고 설명되었고 구속을 자른 나에 의해 잘 설해진 법에서 오하분결(五下分結)을 완전히 부순 비구들은 모두 화생하고 거기서 완전한 열반에 드는 자이니, 그 세상으로부터 돌아오지 않는 존재[불환자(不還者)]이다. 비구들이여, 이렇게 나에 의해 잘 설해진 법은 분명하고 열려있고 설명되었고 구속을 자른 것이다. 비구들이여, 이렇게 분명하고 열려있고 설명되었고 구속을 자른 나에 의해 잘 설해진 법에서 세 가지 족쇄가 버려지고 탐진치(貪瞋痴)가 엷어진 비구들은 모두 일래자(一來者)여서 한 번만 더 이 세상에 온 뒤에 괴로움을 끝낼 것이다. 비구들이여, 이렇게 나에 의해 잘 설해진 법은 분명하고 열려있고 설명되었고 구속을 자른 것이다. 비구들이여, 이렇게 분명하고 열려있고 설명되었고 구속을 자른 나에 의해 잘 설해진 법에서 세 가지 족쇄가 버려진 비구들은 모두 예류자(預流者)여서 떨어지지 않는 자, 확실한 자, 깨달음을 겨냥한 자다. 비구들이여, 이렇게 나에 의해 잘 설해진 법은 분명하고 열려있고 설명되었고 구속을 자른 것이다. 비구들이여, 이렇게 분명하고 열려있고 설명되었고 구속을 자른 것인 나에 의해 잘 설해진 법에서 법을 따르는 자와 믿음을 따르는 자인 그 비구들은 모두 깨달음을 겨냥한 자다. 비구들이여, 이렇게 나에 의해 잘 설해진 법은 분명하고 열려있고 설명되었고 구속을 자른 것이다. 비구들이여, 이렇게 분명하고 열려있고 설명되었고 구속을 자른 것인 나에 의해 잘 설해진 법에서 나를 믿고 나를 사랑하는 그들은 모두 하늘을 겨냥한 자다.

5) 단계적으로 설해진 법들 ― (MN 59-많은 경험 경)/(SN 36.19-빤짜깡가 경)/(SN 36.20-비구경)

dvepānanda, vedanā vuttā mayā pariyāyena, tissopi vedanā vuttā mayā pariyāyena, pañcapi vedanā vuttā mayā pariyāyena, chapi vedanā vuttā mayā pariyāyena, aṭṭhārasapi vedanā vuttā mayā pariyāyena, chattiṃsapi vedanā vuttā mayā pariyāyena, aṭṭhasatampi vedanā vuttā mayā pariyāyena. evaṃ pariyāyadesito kho, ānanda, mayā dhammo. evaṃ pariyāyadesite kho, ānanda, mayā dhamme ye aññamaññassa subhāsitaṃ sulapitaṃ na samanujānissanti na samanumaññissanti na samanumodissanti tesametaṃ pāṭikaṅkhaṃ ― bhaṇḍanajātā kalahajātā vivādāpannā aññamaññaṃ mukhasattīhi vitudantā viharissanti. evaṃ pariyāyadesito kho, ānanda, mayā dhammo. evaṃ pariyāyadesite kho, ānanda, mayā dhamme ye aññamaññassa subhāsitaṃ sulapitaṃ samanujānissanti samanumaññissanti samanumodissanti tesametaṃ pāṭikaṅkhaṃ ― samaggā sammodamānā avivadamānā khīrodakībhūtā aññamaññaṃ piyacakkhūhi sampassantā viharissanti".

나는 단계적으로 두 가지로도 경험을 설했고, 단계적으로 세 가지로도 경험을 설했고, 단계적으로 다섯 가지로도 경험을 설했고, 단계적으로 여섯 가지로도 경험을 설했고, 단계적으로 열여덟 가지로도 경험을 설했고, 단계적으로 서른여섯 가지로도 경험을 설했고, 단계적으로 백여덟 가지로도 경험을 설했다. 아난다여, 이렇게 나에 의해 단계적으로 설해진 법이 있다. 참으로 아난다여, 이렇게 나에 의해 단계적으로 설해진 법에 대해 서로 간에 잘 말했고 잘 설해졌음을 동의하지 않고 수긍하지 않고 인정하지 않는 사람들이 있다면, 그들에게는 논쟁이 생기고 말다툼이 생기고 분쟁이 생기며 혀를 무기 삼아 서로를 찌르면서 지낼 것이 예상된다. 아난다여, 이렇게 나에 의해 단계적으로 설해진 법에 대해 서로 간에 잘 말했고 잘 설해졌음을 동의하고 수긍하고 인정하는 사람들이 있다면, 그들은 사이좋게 화합하고 정중하고 다투지 않고 물과 우유가 잘 섞이듯이 서로를 우정 어린 눈으로 보면서 지낼 것이 예상된다."

6) 누구를 위한 법 ― (SN 3.18-선우(善友) 경)

"evametaṃ, mahārāja, evametaṃ, mahārāja! svākkhāto, mahārāja, mayā dhammo. so ca kho kalyāṇamittassa kalyāṇasahāyassa kalyāṇasampavaṅkassa, no pāpamittassa no pāpasahāyassa no pāpasampavaṅkassāti.

그렇습니다, 대왕이여. 그렇습니다, 대왕이여. 대왕이여, 나에 의해 잘 설해진 법은 좋은 친구, 좋은 동료, 좋은 벗과 함께하는 자를 위한 것이지 나쁜 친구, 나쁜 동료, 나쁜 벗과 함께하는 자를 위한 것이 아닙니다.

7) 분명하고 열려있고 설명되었고 새로운 것 — (SN 12.22-십력(十力) 경2)

"evaṃ svākkhāto, bhikkhave, mayā dhammo uttāno vivaṭo pakāsito chinnapilotiko. evaṃ svākkhāte kho, bhikkhave, mayā dhamme uttāne vivaṭe pakāsite chinnapilotike alameva saddhāpabbajitena kulaputtena vīriyaṃ ārabhituṃ — 'kāmaṃ taco ca nhāru ca aṭṭhi ca avasissatu, sarīre upasussatu maṃsalohitaṃ. yaṃ taṃ purisathāmena purisavīriyena purisaparakkamena pattabbaṃ, na taṃ apāpuṇitvā vīriyassa saṇṭhānaṃ bhavissatī'"ti.

비구들이여, 이렇게 나에 의해 잘 설해진 법은 분명하고 열려있고 설명되었고 새로운 것이다. 비구들이여, 이렇게 분명하고 열려있고 설명되었고 새로운 것인 나에 의해 잘 설해진 법에서 믿음으로 출가한 좋은 가문의 아들이 노력을 시작하는 것은 적절하다. — '참으로 피부와 힘줄과 뼈만 남고, 몸에서 살과 피가 말라버려라! 남자의 힘과 남자의 정진과 남자의 노력으로 얻어야 하는 것을 얻지 않는 한 정진을 멈추지 않을 것이다!'라고.

8) 검증된 뒤 설해진 법 — 일곱 가지 보리분법 — (SN 22.81-빨릴레이야 경)

tena kho pana samayena aññatarassa bhikkhuno evaṃ cetaso pari -vitakko udapādi — "kathaṃ nu kho jānato kathaṃ passato anantarā āsavānaṃ khayo hotī"ti? atha kho bhagavā tassa bhikkhuno cetasā cetoparivitakkamaññāya bhikkhū āmantesi — "vicayaso desito, bhikkhave, mayā dhammo; vicayaso desitā cattāro satipaṭṭhānā; vicayaso desitā cattāro sammappadhānā; vicayaso desitā cattāro iddhipādā; vicayaso desitāni pañcindriyāni; vicayaso desitāni pañca balāni; vicayaso desitā sattabojjhaṅgā; vicayaso desito ariyo aṭṭhaṅgiko maggo. evaṃ vicayaso desito, bhikkhave, mayā dhammo. evaṃ vicayaso desite kho, bhikkhave, mayā dhamme atha ca panidhekaccassa bhikkhuno evaṃ cetaso parivitakko udapādi — 'kathaṃ nu kho jānato kathaṃ passato anantarā āsavānaṃ khayo hotī'"ti?

그때 어떤 비구에게 이런 심(心)의 온전한 생각이 떠올랐다. — "어떻게 알고 어떻게 보는 자에게 뒤이어 번뇌들이 부서질까?"라고. 그때 세존은 심(心)으로 그 비구의 심(心)의 온전한 생각 떠오름을 안 뒤에 비구들에게 말했다. — "비구들이여, 나에 의해 검증된 뒤 설해진 법이 있다. 검증된 뒤 설해진 사념처(四念處), 검증된 뒤 설해진 사정근(四正勤), 검증된 뒤 설해진 사여의족(四如意足), 검증된 뒤 설해진 오근(五根), 검증된 뒤 설해진 오력(五力), 검증된 뒤 설해진 칠각지(七覺支), 검증된 뒤 설해진 팔정도(八正道)이다. 이렇게 나에 의해 검증된 뒤 설해진 법이 있다. 나에 의해 검증된 뒤 설해진 법이 있는데도 불구하고 여기 어떤 비구에게 이런 심(心)의 온전한 생각이 떠올랐다. — '어떻게 알고 어떻게 보는 자에게 뒤따라 번뇌들이 부서질까?'"라고.

9) 탐(貪)의 바램을 위한 법 — (SN 35.57-병 경1)

"sādhu sādhu, bhikkhu! sādhu kho tvaṃ, bhikkhu, rāgavirāgatthaṃ mayā dhammaṃ desitaṃ ājānāsi. rāgavirāgattho hi, bhikkhu, mayā dhammo desito. taṃ kiṃ maññasi bhikkhu, cakkhu niccaṃ vā aniccaṃ vā"ti?

훌륭하고 훌륭하다, 비구여. 비구여, 그대가 나에 의해 설해진 법을 탐(貪)의 바램을 위한 것이라고 알다니 훌륭하다. 비구여, 참으로 나에 의해 설해진 법은 탐(貪)의 바램을 위한 것이다. 비구여, 어떻게 생각하는가? 안(眼)은 상(常)한가, 무상(無常)한가?

10) 집착 없는 완전한 열반을 위한 법 — (SN 35.58-병 경2)

"sādhu sādhu, bhikkhu! sādhu kho tvaṃ, bhikkhu, anupādāpari -nibbānatthaṃ mayā dhammaṃ desitaṃ ājānāsi. anupādāparinibbānattho hi, bhikkhu, mayā dhammo desito. taṃ kiṃ maññasi, bhikkhu, cakkhu niccaṃ vā aniccaṃ vā"ti?

훌륭하고 훌륭하다, 비구여. 비구여, 그대가 나에 의해 설해진 법을 집착 없는 완전한 열반을 위한 것이라고 알다니 훌륭하다. 비구여, 참으로 나에 의해 설해진 법은 집착 없는 완전한 열반을 위한 것이다. 비구여, 어떻게 생각하는가? 안(眼)은 상(常)한가, 무상(無常)한가?

11) 질책받지 않고 더럽혀지지 않고 비난받지 않고 책망받지 않는 법 — (AN 3.62-근본 교리 등 경)

☞ nikaya.kr : 원주 새출발법회(교리)(10) — 삼종외도[업의 원인-조건](해피스님 200526)

"ayaṃ kho pana, bhikkhave, mayā dhammo desito aniggahito asaṃkiliṭṭho anupavajjo appaṭikuṭṭho samaṇehi brāhmaṇehi viññūhi. katamo ca, bhikkhave, mayā dhammo desito aniggahito asaṃkiliṭṭho anupavajjo appaṭikuṭṭho samaṇehi brāhmaṇehi viññūhi? imā cha dhātuyoti, bhikkhave, mayā dhammo desito aniggahito asaṃkiliṭṭho anupavajjo appaṭikuṭṭho samaṇehi brāhmaṇehi viññūhi. imāni cha phassāyatanānīti, bhikkhave, mayā dhammo desito aniggahito asaṃkiliṭṭho anupavajjo appaṭikuṭṭho samaṇehi brāhmaṇehi viññūhi. ime aṭṭhārasa manopavicārāti, bhikkhave, mayā dhammo desito aniggahito asaṃkiliṭṭho anupavajjo appaṭikuṭṭho samaṇehi brāhmaṇehi viññūhi. imāni cattāri ariyasaccānīti, bhikkhave, mayā dhammo desito aniggahito asaṃkiliṭṭho anupavajjo appaṭikuṭṭho samaṇehi brāhmaṇehi viññūhi.

그러나 비구들이여, 나에 의해 설해진 이 법은 현명한 사문-바라문들에 의해 질책받지 않고 더럽혀지지 않고 비난받지 않고 책망받지 않는다. 그러면, 비구들이여, 무엇이 현명한 사문-바라문들에 의해 질책받지 않고 더럽혀지지 않고 비난받지 않고 책망받지 않는 나에 의해 설해진 법인가? 비구들이여, '이런 육계(六界)가 있다.'라고 나에 의해 설해진 법은 현명한 사문-바라문들에 의해 질책받지 않고 더럽혀지지 않고 비난받지 않고 책망받지 않는다. 비구들이여, '이런 육촉처(六觸處)가 있다.'라고 나에 의해 설해진 법은 현명한 사문-바라문들에 의해 질책받지 않고 더럽혀지지 않고 비난받지 않고 책망받지 않는다. 비구들이여, '이런 열여덟 가지 의(意)의 행보(行步)가 있다.'라고 나에 의해 설해진 법은 현명한 사문-바라문들에 의해 질책받지 않고 더럽혀지지 않고 비난받지 않고 책망받지 않는다. 비구들이여, '이런 사성제(四聖諦)가 있다.'라고 나에 의해 설해진 법은 현명한 사문-바라문들에 의해 질책받지 않고 더럽혀지지 않고 비난받지 않고 책망받지 않는다."

배워 알고 실천하는 불교 신자!

[2] 「anuttaraṃ sammāsambodhiṃ abhisambuddho 위없는 바른 깨달음을 깨달았다.」의 용례

가. 깨달음의 선언 — 「‘anuttaraṃ sammāsambodhiṃ abhisambuddho’ti paccaññāsiṃ ‘위없는 바른 깨달음을 깨달았다.’라고 선언했다.」

어떤 경우에 부처님은 위없는 바른 깨달음을 선언하는데, 17개의 경에서 각각의 어떤 경우에 대해 정형된 형태로 나타납니다. 책 분량을 고려하여 여기서는 정형된 형태에 대입할 수 있도록 경들의 중심 주제만 소개하였습니다. 경 전문은 sutta.kr에서 경 번호로 검색하면 볼 수 있습니다.

「yāvakīvañca ~ na ~ neva tāvāhaṃ, bhikkhave, sadevake loke samārake sabrahmake sassamaṇabrāhmaṇiyā pajāya sadevamanussāya ‘anuttaraṃ sammāsambodhiṃ abhisambuddho’ti paccaññāsiṃ.

비구들이여, 나에게 ~ 없었던 때까지는, 비구들이여, 나는 신과 마라와 범천과 함께하는 세상에서, 사문-바라문과 신과 사람을 포함한 무리를 위해 ‘위없는 바른 깨달음을 깨달았다.’라고 선언하지 않았다.

yato ca khvāhaṃ ~ athāhaṃ, bhikkhave, sadevake loke samārake sabrahmake sassamaṇabrāhmaṇiyā pajāya sadevamanussāya ‘anuttaraṃ sammāsambodhiṃ abhisambuddho’’ti paccaññāsiṃ. ñāṇañca pana me dassanaṃ udapādi — ‘akuppā me vimutti, ayamantimā jāti, natthi dāni punabbhavo’”ti.

비구들이여, 나에게 ~ 있었기 때문에, 비구들이여, 나는 신과 마라와 범천과 함께하는 세상에서, 사문-바라문과 신과 사람을 포함한 무리를 위해 ‘위없는 바른 깨달음을 깨달았다.’라고 선언했다. 그리고 나에게 지(知)와 견(見)이 생겼다. — ‘나의 해탈은 흔들리지 않는다. 이것이 태어남의 끝이다. 이제 다시 존재로 이끌리지 않는다.’라고.」

1. 깨달음을 선언하는 경우들 — ①매력(魅力)-위험(危險)-해방(解放)

☞ 제2부 Ⅲ. 행복, 그 이면의 이야기 (397쪽)

깨달음을 선언하는 17개의 경 가운데 12개의 경이 이 형태로 나타납니다. 그래서 부처님 깨달음의 중심이 되는 주제라는 것을 알 수 있습니다. 근본경전연구회는 이 주제를 「행복, 그 이면의 이야기」로 서술하고 있는데, 제2부의 세 번째 글입니다.

1) assādañca assādato, ādīnavañca ādīnavato, nissaraṇañca nissaraṇato yathābhūtaṃ nābbhaññāsiṃ
매력으로부터부터 매력을, 위험으로부터 위험을, 해방으로부터 해방을 있는 그대로 실답게 알지 못했던 때까지는 ~

- (SN 14.31-깨달음 이전 경)/(SN 14.32-유행 경) — 지수화풍(地水火風) 사계(四界)
- (SN 22.26-매력 경)/(SN 22.27-매력 경2) — 오취온(五取蘊)
- (SN 35.13-깨달음 이전 경1)/(SN 35.15-매력의 추구 경1) — 육내입처(六內入處)
- (SN 35.14-깨달음 이전 경2)/(SN 35.16-매력의 추구 경2) — 육외입처(六外入處)]
- (AN 3.104-깨달음 이전 경)/(AN 3.105-매력 경1) — 세상

2) samudayañca atthaṅgamañca assādañca ādīnavañca nissaraṇañca yathābhūtaṃ nābbhaññāsiṃ
자라남과 줄어듦과 매력과 위험과 해방을 있는 그대로 실답게 알지 못했던 때까지는 ~

- (SN 48.21-다시 존재가 됨 경) — 믿음-정진-사띠-삼매-지혜의 다섯 가지 기능
- (SN 48.28-깨달음 경) — 안근(眼根)-이근(耳根)-비근(鼻根)-설근(舌根)-신근(身根)-의근(意根)의 여섯 가지 기능

2. 깨달음을 선언하는 경우들 — ②오취온(五取蘊)의 네 가지 양상[오온(五蘊)-자라남-소멸-소멸로 이끄는 길]

- (SN 22.56-집착의 양상 경) → ñāṇañca~ 이후 없음

3. 깨달음을 선언하는 경우들 — ③사성제(四聖諦)의 삼전십이행(三轉十二行)

- (SN 56.11-전법륜경(轉法輪經)) ⇒ (196쪽)

4. 깨달음을 선언하는 경우들 — ④구차제주(九次第住)의 증득(證得) → 누진(漏盡)

- (AN 9.41-따뿟사 경)

5. 깨달음을 선언하는 경우들 — ⑤음행(淫行)의 족쇄

- (AN 7.50-음행(淫行) 경)

6. 깨달음을 선언하는 경우들 — ⑥신(神)들에 대한 지견(知見)의 청정

• (AN 8.64-가야시사 경)

나. ‘anuttaraṃ sammāsambodhiṃ abhisambuddho’의 일반 용례

1. Vin 1, verañjakaṇḍaṃ(율장, 비구 위방가 웨란자깐다) = verañjasuttaṃ (AN 8.11-웨란자 경)

“seyyathāpi, brāhmaṇa, kukkuṭiyā aṇḍāni aṭṭha vā dasa vā dvādasa vā. tānassu kukkuṭiyā sammā adhisayitāni sammā pariseditāni sammā paribhāvitāni. yo nu kho tesaṃ kukkuṭacchā -pakānaṃ paṭhamataraṃ pādanakhasikhāya vā mukhatuṇḍakena vā aṇḍakosaṃ padāletvā sotthinā abhinibbhijjeyya, kinti svāssa vacanīyo — “jeṭṭho vā kaniṭṭho vā”ti? “jeṭṭhotissa, bho gotama, vacanīyo. so hi nesaṃ jeṭṭho hotī”ti. “evameva kho ahaṃ, brāhmaṇa, avijjāgatāya pajāya aṇḍabhūtāya pariyonaddhāya avijjaṇḍakosaṃ padāletvā ekova loke anuttaraṃ sammāsambodhiṃ abhisambuddho. svāhaṃ, brāhmaṇa, jeṭṭho seṭṭho lokassa”.

예를 들면, 바라문이여, 암탉에게 여덟 또는 열 또는 열두 개의 알이 있습니다. 그것들은 암탉에 의해 바르게 품어지고, 바르게 열을 받고, 바르게 다루어질 것입니다. 발톱 끝이나 부리로 달걀 껍질을 잘 부순 뒤 안전하게 뚫고 나올 그 병아리들 가운데 첫 번째는 어떻게 불려야 합니까? 맏이입니까, 막내입니까?” “고따마 존자시여, 맏이라고 불려야 합니다. 참으로 그는 그들 가운데 맏이입니다.” “이처럼, 바라문이여, 나는 덮여있는 알의 상태인 무명에 속한 존재들 가운데 무명의 껍질을 부수고 세상에서 혼자 위없는 바른 깨달음을 깨달았습니다[정등각(正等覺)]. 바라문이여, 나는 참으로 세상의 맏이이고 으뜸입니다.

2. (DN 16.5-대반열반경)/(DN 28-믿음을 고양함 경)/(SN 47.12-날란다 경) — 「모든 세존들께서는 혜(慧)를 무력하게 만드는 심(心)의 오염원인 다섯 가지 장애를 버리고서 사념처(四念處)에 잘 확립된 심(心)을 가진 자로서 칠각지(七覺支)를 있는 그대로 닦아서 위없는 바른 깨달음을 깨달음」 — 법의 과정 = 수행(修行)의 중심 개념 ⇒ (112쪽)

evameva kho me, bhante, dhammanvayo vidito — ‘ye te, bhante, ahesuṃ atītamaddhānaṃ arahanto sammāsambuddhā, sabbe te bhagavanto pañca nīvaraṇe pahāya cetaso upakkilese paññāya dubbalīkaraṇe catūsu satipaṭṭhānesu supatiṭṭhitacittā sattabojjhaṅge yathābhūtaṃ bhāvetvā anuttaraṃ sammāsambodhiṃ abhisambujjhiṃsu. yepi te, bhante, bhavissanti anāgatamaddhānaṃ arahanto sammāsambuddhā, sabbe te bhagavanto pañca nīvaraṇe pahāya cetaso upakkilese paññāya dubbalīkaraṇe catūsu satipaṭṭhānesu supatiṭṭhitacittā satta bojjhaṅge yathābhūtaṃ bhāvetvā anuttaraṃ sammāsambodhiṃ abhisambujjhissanti. bhagavāpi, bhante, etarahi arahaṃ sammāsambuddho pañca nīvaraṇe pahāya cetaso upakkilese paññāya dubbalīkaraṇe catūsu satipaṭṭhānesu supatiṭṭhitacitto satta bojjhaṅge yathābhūtaṃ bhāvetvā anuttaraṃ sammāsambodhiṃ abhisambuddho'"ti.

이처럼 대덕이시여, 저에게 알려진 법의 과정이 있습니다. 대덕이시여, 과거에 있었던 아라한-정등각인 모든 세존은 혜(慧)를 무력하게 만드는 심(心)의 오염원인 다섯 가지 장애를 버리고서 사념처(四念處)에 잘 확립된 심(心)을 가진 자로서 칠각지(七覺支)를 있는 그대로 닦아서 위없는 바른 깨달음을 깨달으셨습니다. 대덕이시여, 미래에 있을 아라한-정등각인 모든 세존도 혜를 무력하게 만드는 심의 오염원인 다섯 가지 장애를 버리고서 사념처에 잘 확립된 심을 가진 자로서 칠각지를 있는 그대로 닦아서 위없는 바른 깨달음을 깨달으실 것입니다. 대덕이시여, 지금의 아라한-정등각인 세존께서도 혜를 무력하게 만드는 심의 오염원인 다섯 가지 장애를 버리고서 사념처에 잘 확립된 심을 가진 자로서 칠각지를 있는 그대로 닦아서 위없는 바른 깨달음을 깨달으셨습니다.

3. (MN 1-근본법문의 경) — 애(愛)들의 부서짐, 이탐(離貪), 소멸(消滅), 포기, 놓음

☞ sutta.kr : 맛지마 니까야 관통법회 - 1. 근본 법문의 경(근본경전연구회 해피스님 201014)

"tathāgatopi, bhikkhave, arahaṃ sammāsambuddho pathaviṃ pathavito abhijānāti; pathaviṃ pathavito abhiññāya pathaviṃ na maññati, pathaviyā na maññati, pathavito na maññati, pathaviṃ meti na maññati, pathaviṃ nābhinandati. taṃ kissa hetu? 'nandī dukkhassa mūlan'ti — iti viditvā 'bhavā jāti bhūtassa jarāmaraṇan'ti. tasmātiha, bhikkhave, 'tathāgato sabbaso taṇhānaṃ khayā virāgā nirodhā cāgā paṭinissaggā anuttaraṃ sammāsambodhiṃ abhisambuddho'ti vadāmi.

비구들이여, 여래-아라한-정등각도 땅을 땅으로부터 실답게 안다. 땅을 땅으로부터 실답게 알면서 땅을 생각하지 않는다. 땅에서 생각하지 않고, 땅과 비교하여 생각하지 않고, 땅을 '나의 것'이라고 생각하지 않는다. 땅을 기뻐하지 않는다. 그것의 원인은 무엇인가? '소망은 괴로움의 뿌리다.'라고 안 뒤에 '유(有)로부터 생(生)이 있고, 누적된 것에게 노사(老死)가 있다.'라고 안다. 그러므로 비구들이여, '모든 점에서 여래는 애(愛)들의 부서짐, 이탐, 소멸, 포기, 놓음으로부터 위없는 바른 깨달음을 깨달았다.'라고 나는 말한다.

"āpaṃ ... pe ... tejaṃ... vāyaṃ... bhūte... deve... pajāpatiṃ... brahmaṃ... ābhassare... subhakiṇhe... vehapphale... abhibhuṃ... ākāsānañcāyatanaṃ... viññāṇañcāyatanaṃ... ākiñcaññāyatanaṃ... nevasaññānāsaññāyatanaṃ... diṭṭhaṃ... sutaṃ... mutaṃ... viññātaṃ... ekattaṃ... nānattaṃ...

sabbaṃ… nibbānaṃ nibbānato abhijānāti; nibbānaṃ nibbānato abhiññāya nibbānaṃ na maññati, nibbānasmiṃ na maññati, nibbānato na maññati, nibbānaṃ meti na maññati, nibbānaṃ nābhinandati. taṃ kissa hetu? 'nandī dukkhassa mūlan'ti — iti viditvā 'bhavā jāti bhūtassa jarāmaraṇan'ti. tasmātiha, bhikkhave, 'tathāgato sabbaso taṇhānaṃ khayā virāgā nirodhā cāgā paṭinissaggā anuttaraṃ sammāsambodhiṃ abhisambuddho'ti vadāmī"ti.

물을 … 불을 … 바람을 … 누적된 것들을 … 신들을 … 창조주를 … 범천(梵天)을 … 광음천(光音天)들을 … 변정천(遍淨天)들을 … 광과천(廣果天)들을 … 승자천(勝者天)을 … 공무변처(空無邊處)를 … 식무변처(識無邊處)를 … 무소유처(無所有處)를 … 비상비비상처(非想非非想處)를 … 본 것을 … 들은 것을 … 닿아 안 것을 … 인식한 것을 … 단일한 것을 … 다양한 것을 … 일체(一切)를 … 열반(涅槃)을 열반으로부터 실답게 안다. 열반을 열반으로부터 실답게 알면서 열반을 생각하지 않는다. 열반에서 생각하지 않고, 열반과 비교하여 생각하지 않고, 열반을 '나의 것'이라고 생각하지 않는다. 열반을 기뻐하지 않는다. 그것의 원인은 무엇인가? '소망은 괴로움의 뿌리다.'라고 안 뒤에 '유(有)로부터 생(生)이 있고, 누적된 것에게 노사(老死)가 있다.'라고 안다. 그러므로 비구들이여, '모든 점에서 여래는 애(愛)들의 부서짐, 이탐, 소멸, 포기, 놓음으로부터 위없는 바른 깨달음을 깨달았다.'라고 나는 말한다.

4. (SN 3.1-젊은이 경) — 어리다고 무시되지 않아야 하는 것

ekamantaṃ nisinno kho rājā pasenadi kosalo bhagavantaṃ etadavoca — "bhavampi no gotamo anuttaraṃ sammāsambodhiṃ abhisambuddhoti paṭijānātī"ti? "yañhi taṃ, mahārāja, sammā vadamāno vadeyya 'anuttaraṃ sammāsambodhiṃ abhisambuddho''ti, mameva taṃ sammā vadamāno vadeyya. ahañhi, mahārāja, anuttaraṃ sammāsambodhiṃ abhisambuddho""ti.

한 곁에 앉은 빠세나디 꼬살라 왕은 세존에게 이렇게 말했다 - "고따마 존자께서도 위없는 바른 깨달음을 스스로 완전히 깨달았다고 선언하십니까?" "대왕이여, 바르게 말하는 자가 '위없는 바른 깨달음을 깨달은 자'라고 말한다면, 바르게 말하는 자는 바로 나를 말해야 합니다. 대왕이여, 나는 위없는 바른 깨달음을 깨달은 자입니다."

"yepi te, bho gotama, samaṇabrāhmaṇā saṅghino gaṇino gaṇācariyā ñātā yasassino titthakarā sādhusammatā bahujanassa, seyyathidaṃ — pūraṇo kassapo, makkhali gosālo, nigaṇṭho nāṭaputto, sañcayo belaṭṭhaputto, pakudho kaccāyano, ajito kesakambalo; tepi mayā 'anuttaraṃ sammā -sambodhiṃ abhisambuddhoti paṭijānāthā'ti puṭṭhā samānā anuttaraṃ sammāsambodhiṃ abhisambuddhoti na paṭijānanti. kiṃ pana bhavaṃ gotamo daharo ceva jātiyā navo ca pabbajjāyā"ti?

“고따마 존자시여, 상가를 가졌고 무리를 가졌고 무리의 스승이며 지자요 명성을 가졌고 교단의 창시자요 많은 사람들에 의해 성자로 인정되는 사문-바라문들이 있으니, 뿌라나 깟사빠, 막칼리 고살라, 니간타 나따뿟따, 산짜야 벨랏타뿟따, 빠꾸다 깟짜야나, 아지따 께사깜발라입니다. 그런데 그들도 나에게서 ‘위없는 바른 깨달음을 깨달았다고 선언하십니까?’라는 질문을 받았을 때 위없는 바른 깨달음을 깨달았다고 선언하지 않습니다. 그런데 나이도 어리고 출가한 지도 얼마 안 된 고따마 존자께서 어떻게요?”

“cattāro kho me, mahārāja, daharāti na uññātabbā, daharāti na paribhotabbā. katame cattāro? khattiyo kho, mahārāja, daharoti na uññātabbo, daharoti na paribhotabbo. urago kho, mahārāja, daharoti na uññātabbo, daharoti na paribhotabbo. aggi kho, mahārāja, daharoti na uññātabbo, daharoti na paribhotabbo. bhikkhu, kho, mahārāja, daharoti na uññātabbo, daharoti na paribhotabbo. ime kho, mahārāja, cattāro daharāti na uññātabbā, daharāti na paribhotabbā”ti.

“대왕이여, 어리다고 무시하지 않아야 하고, 어리다고 얕보지 않아야 하는 이런 네 가지가 있습니다. 무엇이 넷입니까? 대왕이여, 끄샤뜨리야는 어리다고 무시하지 않아야 하고, 어리다고 얕보지 않아야 합니다. 대왕이여, 뱀은 어리다고 무시하지 않아야 하고, 어리다고 얕보지 않아야 합니다. 대왕이여, 불은 어리다고 무시하지 않아야 하고, 어리다고 얕보지 않아야 합니다. 대왕이여, 비구는 어리다고 무시하지 않아야 하고, 어리다고 얕보지 않아야 합니다. 대왕이여, 이런 네 가지는 어리다고 무시하지 않아야 하고, 어리다고 얕보지 않아야 합니다.

배워 알고 실천하는 불교 신자!

[3] 이전에 들어보지 못한 법들에 대한 안(眼)-지(知)-혜(慧)-명(明)-광(光)

(MN 100-상가라와 경)에서 부처님은 이전에 들어보지 못한 법들에 대해 스스로 법을 실답게 안 뒤에, 지금여기에서 실다운 지혜로 완전한 궁극의 경지를 성취해서 범행의 근본을 공언한다고 합니다. 또한, (AN 5.11-이전에 들어보지 못함 경)에서는 믿음-히리-옷땁빠-정진-지혜의 다섯 가지 여래의 힘을 갖추어 이전에 들어보지 못한 법들에 대해 실다운 지혜로 완전한 궁극의 경지를 성취함으로써 대웅(大雄)의 경지를 선언하고, 무리에서 사자후를 토하고, 범륜(梵輪)을 굴린다고 합니다.

이런 의미의 깨달음을 경들은 '이전에 들어보지 못한 법들에 대한 안(眼-눈)-지(知-앎)-혜(慧-지혜)-명(明-밝음)-광(光-빛)이 생겼다.'라는 말로 설명합니다. 그래서 이 경들이 말하는 '이전에 들어보지 못한 법'들은 깨달음에 대한 좀 더 구체적인 내용을 지시한다고 할 수 있습니다.

6개의 주제로 용례가 나타나는데, 연기(緣起)와 팔정도(八正道), 수(受), 사념처(四念處)-사여의족(四如意足)-사성제(四聖諦)의 삼전십이행(三轉十二行)에 대한 안(眼)-지(知)-혜(慧)-명(明)-광(光)이 생겼다고 반복됩니다.

최상위 개념인 고(苦)와 고멸(苦滅) 즉 수(受)에 대한 안(眼)-지(知)-혜(慧)-명(明)-광(光)이 고(苦)의 자라남과 소멸 그리고 소멸로 이끄는 길과 실천인 팔정도로 이어져 사성제를 구성합니다. 특히, 이런 사성제(四聖諦)로의 깨달음의 과정은 (SN 56.11-전법륜경)이 밝히는 삼전십이행(三轉十二行)으로 대표되는데, 삼전십이행 즉 세 번 굴린 열두 형태의 방법은 사념처와 사여의족에 대해서도 동일하게 적용됩니다. 팔정도 가운데 깨달음을 직접 이끄는 정념(正念)[사념처(四念處)]과 정정(正定)[사선(四禪) → 사여의족(四如意足)]을 구성하는 두 가지 보리분법(菩提分法)에 대한 특별함을 드러내 준다고 하겠습니다.

1. 자라남과 소멸① — (DN 14-대전기경), (SN 12.4-위빳시 경)-(SN 12.5-시키 경)-(SN 12.6-웻사부 경)-(SN 12.7-까꾸산다 경)-(SN 12.8-꼬나가마나 경)-(SN 12.9-깟사빠 경)-(SN 12.10-고따마 경)

고(苦)의 발생의 측면인 연기(緣起)와 소멸의 측면에 대한 일곱 부처님 공통의 깨달음을 설명하는 여덟 개의 경은 고(苦)와 고멸(苦滅)의 꿰뚫음에 의한 깨달음을 극명하게 알려줍니다.

☞「제2절 핵심 경전 [1] 2. 2) 자라남-소멸의 안(眼)-지(知)-혜(慧)-명(明)-광(光)이 생김 — (SN 12.10-고따마 경)」(184쪽) 참조

2. 자라남과 소멸② — (SN 12.65-도시 경)

특히, (SN 12.65-도시 경)은 식(識)과 명색(名色)의 서로 조건 됨으로부터 고(苦)의 발생을 설명합니다[십지연기(十支緣起)]. 또한, 깨달음을 얻기 위한 길을 얻었는데, 예전의 정등각들이 다니던 오래된 큰길로서의 팔정도(八正道)라고 말합니다. 그 길을 따라서 식(識)으로부터 출발하는 열 지분[십지연기]과 그 자라남과 소멸 그리고 소멸로 이끄는 실천을 실답게 알았다고 설명합니다.

3. 경험[수(受)-vedanā] — (SN 36.25-앎 경) — 수(受)-수(受)의 자라남-소멸-소멸로 이끄는 실천-매력-위험-해방

4. 사념처(四念處)의 삼전십이행(三轉十二行) — (SN 47.31-들어보지 못한 것 경)

- 이것이 신(身)-수(受)-심(心)-법(法)에서 신-수-심-법을 이어보는 것이다.
- 신-수-심-법에서 신-수-심-법을 이어보는 것은 닦아야 한다.
- 신-수-심-법에서 신-수-심-법을 이어보는 것을 닦았다.

5. 사여의족(四如意足)의 삼전십이행(三轉十二行) — (SN 51.9-앎 경)

- 이것이 관심-정진-심(心)-관찰의 삼매와 노력의 행(行)을 갖춘 여의족(如意足)이다.
- 관심-정진-심(心)-관찰의 삼매와 노력의 행(行)을 갖춘 여의족(如意足)은 닦아야 한다.
- 관심-정진-심(心)-관찰의 삼매와 노력의 행(行)을 갖춘 여의족(如意足)을 닦았다.

6. 사성제(四聖諦)의 삼전십이행(三轉十二行) — (SN 56.11-전법륜경)/(SN 56.12-여래 경)
☞「제2절 핵심 경전 [2] 함께하는 다섯 비구에게 설해진 경 1」(196쪽) 참조

- 이것이 고성제-고집성제-고멸성제-고멸도성제다.
- 고성제-고집성제-고멸성제-고멸도성제는 알아야-버려야-실현해야-닦아야 한다,
- 고성제-고집성제-고멸성제-고멸도성제를 알았다-버렸다-실현했다-닦았다.

II. 부처님이 설한 법 — 이익되고 열반으로 이끄는 법 — (SN 56.31-시사빠 숲 경)

☞ nikaya.kr : 해피스님이야기(210719) - [담마데이-법의 목적성] 부처님은 아무 말도 하지 않았을까?(근본경전연구회 해피법당)

'지금 같은 과학 시대에 불교가 무슨 쓸모가 있을까?' 또는 '부처님이 뇌에 대해 뇌과학처럼 알았을까?'라고 고민하지 마십시오. 부처님은 참 많은 것을 아는 분입니다. 그러나 다양한 주제들에 대한 앎은 각각의 전문가들에게 두고 부처님은 오직 고(苦)와 고멸(苦滅)의 주제를 설했습니다. 말하자면, 부처님은 행복 전문가입니다. 삶에는 어떤 원인에 의해 얼마만큼의 괴로움이 있는지, 어떤 방법으로 얼마만큼의 괴로움을 소멸시킬 때 비로소 완전한 행복이 실현되는지에 관한 한 부처님보다 더 전문가는 없습니다.

과학이 발전해도 그것 때문에 나는 괴롭기도 하고 행복하기도 합니다. 뇌과학이 아무리 발전해도 그 뇌와 함께하는 마음은 뇌에 의해 제어되지 않습니다. 과학의 발전을 행복으로 연결하는 방법이 불교입니다. 뇌와 함께하는 마음을 제어하여 뇌의 능력을 행복으로 발휘하게 하는 방법이 불교입니다.

그렇게 부처님은 행복 전문가입니다. 그래서 불교는 삶의 어떤 형편에서도 행복을 만드는 이익되는 가르침입니다.

ekaṃ samayaṃ bhagavā kosambiyaṃ viharati sīsapāvane. atha kho bhagavā parittāni sīsapāpaṇṇāni pāṇinā gahetvā bhikkhū āmantesi — "taṃ kiṃ maññatha, bhikkhave, katamaṃ nu kho bahutaraṃ — yāni vā mayā parittāni sīsapāpaṇṇāni pāṇinā gahitāni yadidaṃ upari sīsapāvane"ti? "appamattakāni, bhante, bhagavatā parittāni sīsapāpaṇṇāni pāṇinā gahitāni; atha kho etāneva bahutarāni yadidaṃ upari sīsapāvane"ti. "evameva kho, bhikkhave, etadeva bahutaraṃ yaṃ vo mayā abhiññāya anakkhātaṃ. kasmā cetaṃ, bhikkhave, mayā anakkhātaṃ? na hetaṃ, bhikkhave, atthasaṃhitaṃ nādibrahmacariyakaṃ na nibbidāya na virāgāya na nirodhāya na upasamāya na abhiññāya na sambodhāya na nibbānāya saṃvattati; tasmā taṃ mayā anakkhātaṃ".

한때 세존은 꼬삼비에서 시사빠 숲에 머물렀다. 그때 세존은 시사빠 잎들을 조금 손에 쥐고서 "이것을 어떻게 생각하는가, 비구들이여, 내 손에 쥔 조금의 시사빠 잎과 시사빠 숲에 있는 시사빠 잎 가운데 어떤 것이 더 많은가?"라고 비구들에게 말했다. "대덕이시여, 세존의 손에 쥐어진 조금의 시사빠 잎은 소량입니다. 그래서 시사빠 숲에 있는 시사빠 잎이 더 많습니다." "이처럼, 비구들이여, 내가 실답게 알면서 그대들에게 설명하지 않는 것이 더 많다. 그러면, 비구들이여, 무엇 때문에 나는 설명하지 않는가? 비구들이여, 그것은 이익으로 이끌지 않고, 범행(梵行)의 근본이 아니고, 염오(厭惡)로, 이탐(離貪)으로, 소멸로,

가라앉음으로, 실다운 지혜로, 깨달음으로, 열반으로 이끌지 않는다. 그래서 나는 그것을 설명하지 않는다.

“kiñca, bhikkhave, mayā akkhātaṃ? ‘idaṃ dukkhan’ti, bhikkhave, mayā akkhātaṃ, ‘ayaṃ dukkhasamudayo’ti mayā akkhātaṃ, ‘ayaṃ dukkhanirodho’ti mayā akkhātaṃ, ‘ayaṃ dukkhanirodhagāminī paṭipadā’ti mayā akkhātaṃ”.

그러면, 비구들이여, 나는 무엇을 설명하는가? 비구들이여, 나는 ‘이것이 고(苦)다.’라고 설명하고, 나는 ‘이것이 고집(苦集)이다.’라고 설명하고, 나는 ‘이것이 고멸(苦滅)이다.’라고 설명하고, 나는 ‘이것이 고멸(苦滅)로 이끄는 실천이다.’라고 설명한다.

“kasmā cetaṃ, bhikkhave, mayā akkhātaṃ? etañhi, bhikkhave, atthasaṃhitaṃ etaṃ ādibrahmacariyakaṃ etaṃ nibbidāya virāgāya nirodhāya upasamāya abhiññāya sambodhāya nibbānāya saṃvattati; tasmā taṃ mayā akkhātaṃ.

그러면 비구들이여, 나는 무엇 때문에 이것을 설명하는가? 비구들이여, 이것은 이익으로 이끌고, 이것은 범행의 근본이고, 이것은 염오(厭惡)로 이탐(離貪)으로 소멸(消滅)로 가라앉음으로 실다운 지혜로 깨달음으로 열반(涅槃)으로 이끈다. 그래서 나는 이것을 설명한다.

“tasmātiha, bhikkhave, ‘idaṃ dukkhan’ti yogo karaṇīyo, ‘ayaṃ dukkhasamudayo’ti yogo karaṇīyo, ‘ayaṃ dukkhanirodho’ti yogo karaṇīyo, ‘ayaṃ dukkhanirodhagāminī paṭipadā’ti yogo karaṇīyo”ti.

“비구들이여, 그러므로 ‘이것이 고(苦)다.’라고 수행해야 한다. ‘이것이 고집(苦集) 이다.’ 라고 수행해야 한다. ‘이것이 고멸(苦滅)이다.’라고 수행해야 한다. ‘이것이 고멸도(苦滅道) 다.’라고 수행해야 한다.”

배워 알고 실천하는 불교 신자!

Ⅲ. 「보면서 보지 못한다(‘passaṃ na passatī’ti)」 — (DN 29.7-정신(淨信) 경, 범행이 완성되지 않음 등의 이야기)

☞ nikaya.kr : 보면서 보지 못함 - 1)(개원법회-부산20-150602) ~

불(佛)의 지위 — 최상의 얻음과 최상의 명성을 성취한 스승
승(僧)의 지위 — 최상의 얻음과 최상의 명성을 성취한 상가

법(法)의 지위는 무엇입니까?

; 정등각(正等覺)에 의해 설해진 법(法)의 특징 — 가르침의 완전함은 볼 수 있습니다. 왜? 있기 때문입니다. 그러나 가르침 가운데 부족해서 보충해야 할 점이나 과해서 덜어내야 할 점을 찾으면 볼 수 없습니다. 왜? 없기 때문입니다.

정등각에 의해 설해진 법 즉 진리는 더 이상 발전하지 않습니다. 자체로 완전하기 때문입니다. 세상의 변화에 불교가 변화하여 맞추는 것이 아니라 세상의 변화를 불교로써 해석하고 불교로써 대응해야 합니다. 이것이 세상의 변화에 대응하는 최선의 방법입니다.

부처님 살아서 직접 설한 가르침 = 삶에 대한 바른 시각!

“yāvatā kho, cunda, etarahi satthāro loke uppannā, nāhaṃ, cunda, aññaṃ ekasatthārampi samanupassāmi evaṃlābhaggayasaggappattaṃ yatharivāhaṃ. yāvatā kho pana, cunda, etarahi saṅgho vā gaṇo vā loke uppanno; nāhaṃ, cunda, aññaṃ ekaṃ saṃghampi samanupassāmi evaṃlābhaggayasaggappattaṃ yatharivāyaṃ, cunda, bhikkhusaṅgho. yaṃ kho taṃ, cunda, sammā vadamāno vadeyya — ‘sabbākārasampannaṃ sabbākāraparipūraṃ anūnamanadhikaṃ svākkhātaṃ kevalaṃ paripūraṃ brahmacariyaṃ suppakāsitan’ti. idameva taṃ sammā vadamāno vadeyya — ‘sabbākārasampannaṃ ... pe ... suppakāsitan’ti.

쭌다여, 참으로 현재 세상에 나타난 스승들에 관한 한, 쭌다여, 나만큼 최상의 얻음과 최상의 명성을 성취한 다른 어떤 스승도 나는 보지 못한다. 또한, 쭌다여, 참으로 이 시대의 상가(僧伽)와 수도자 집단이 생겨있지만 이 비구 상가(僧伽)와 같이 최상의 얻음과 최상의 명성을 성취한 다른 어떤 상가와 수도자 집단을 나는 보지 못한다. 쭌다여, 참으로 바르게 말하는 자가 ‘모든 조건을 갖추고, 모든 조건을 완성하고, 모자라지도 않고 넘치지도 않고, 잘 설해지고, 오로지 완성된 범행(梵行)을 잘 드러내었다.’라고 말한다면, 바로 이것을 ‘모든 조건을 갖추고, 모든 조건을 완성하고, 모자라지도 않고 넘치지도 않고, 잘 설해지고,

오로지 완성된 범행(梵行)을 잘 드러내었다.'라고 말해야 한다.

"udako sudaṃ, cunda, rāmaputto evaṃ vācaṃ bhāsati — 'passaṃ na passatī'ti. kiñca passaṃ na passatīti? khurassa sādhunisitassa talamassa passati, dhārañca khvassa na passati. idaṃ vuccati — 'passaṃ na passatī'ti. yaṃ kho panetaṃ, cunda, udakena rāmaputtena bhāsitaṃ hīnaṃ gammaṃ pothujjanikaṃ anariyaṃ anatthasaṃhitaṃ khurameva sandhāya. yañca taṃ, cunda, sammā vadamāno vadeyya — 'passaṃ na passatī'ti, idameva taṃ sammā vadamāno vadeyya — 'passaṃ na passatī'ti. kiñca passaṃ na passatīti? evaṃ sabbākārasampannaṃ sabbākāraparipūraṃ anūnamanadhikaṃ svākkhātaṃ kevalaṃ paripūraṃ brahmacariyaṃ suppakāsitanti, iti hetaṃ passati. idamettha apakaḍḍheyya, evaṃ taṃ parisuddhataraṃ assāti, iti hetaṃ na passati. idamettha upakaḍḍheyya, evaṃ taṃ paripūraṃ assāti, iti hetaṃ na passati. idaṃ vuccati cunda — 'passaṃ na passatī'ti. yaṃ kho taṃ, cunda, sammā vadamāno vadeyya — 'sabbākārasampannaṃ ... pe ... brahmacariyaṃ suppakāsitan'ti. idameva taṃ sammā vadamāno vadeyya — 'sabbākārasampannaṃ sabbākāraparipūraṃ anūnamanadhikaṃ svākkhātaṃ kevalaṃ paripūraṃ brahmacariyaṃ suppakāsitan'ti.

쭌다여, 웃다까 라마뿟따는 '보면서 보지 못한다.'라고 지시(指示)적으로 말한다. '보면서 보지 못한다.'라는 것은 무엇인가? 잘 벼려진 날카로운 칼날을 보면서 그 경계를 보지 못한다. 이것이 '보면서 보지 못한다.'라고 불린다. 그러나 이것은 참으로 저열하고 세간적이고 범속하고 성스럽지 못하고 이익을 주지 못하는, 칼에 관한 말일 뿐이다.

쭌다여, '보면서 보지 못한다.'라고 바르게 말하는 자는 바로 이것을 '보면서 보지 못한다.'라고 말해야 한다. 그러면 '보면서 보지 못한다.'라는 것은 무엇인가? '이렇게 모든 조건을 갖추고, 모든 조건을 완성하고, 모자라지도 않고 넘치지도 않고, 잘 설해지고, 오로지 완성된 범행(梵行)을 잘 드러내었다.'라고 이렇게 이것을 본다. 여기, '이것을 제거해야 이렇게 그것이 더 청정해질 것이다.'라고 이렇게 이것을 보지 못한다. 여기, '이것을 더해야 그것이 완성될 것이다.'라고 이렇게 이것을 보지 못한다. 쭌다여, 이것이 '보면서 보지 못한다.'라고 불린다. 쭌다여, 참으로 바르게 말하는 자가 '모든 조건을 갖추고, 모든 조건을 완성하고, 모자라지도 않고 넘치지도 않고, 잘 설해지고, 오로지 완성된 범행(梵行)을 잘 드러내었다.'라고 말한다면, 바로 이것을 '모든 조건을 갖추고, 모든 조건을 완성하고, 모자라지도 않고 넘치지도 않고, 잘 설해지고, 오로지 완성된 범행(梵行)을 잘 드러내었다.'라고 말해야 한다.

배워 알고 실천하는 불교 신자!

Ⅳ. 하나의 무더기에 속한 가르침 — (AN 8.8-웃따라 실패 경)

신(神) 또는 제자들이 설한 경의 이해 — 잘 말해진 모든 것 즉 부처님이 설한 가르침을 옮겨 말하는 것은 신이나 제자들이 해야 하는 역할입니다. 다만, 잘 말해진 부처님 가르침의 무더기[무아(無我)] 안에서 거듭 옮겨 말해야 합니다. 자칫 다른 무더기[아(我)] 안에서 옮겨 말하면 그것은 바르게 말하는 것이 아니고 외도(外道)의 가르침을 전달하는 것이 됩니다.

사람들은 니까야 안에도 신이나 제자들이 설한 경들이 있기 때문에 니까야를 부처님이 직접 설한 가르침이라고 할 수 없다고 말하기도 합니다. 그러나 그렇지 않습니다. 니까야에 나오는 신이나 제자들이 설한 경들은 이렇게 하나의 무더기 안에서 가져온 가르침입니다. 그 가르침을 포함하는 에피소드 가운데 이 경들이 선택되어 전승된 것입니다. 그래서 공부 기준에 속하는 니까야(*)는, 옮겨 말한 것을 포함해서, 부처님이 직접 설한 가르침입니다.

(*) 율장 — 마하 위방가, 비구니 위방가
경장 — 디가 니까야, 맛지마 니까야, 상윳따 니까야, 앙굿따라 니까야, 법구경(KN 2),
숫따니빠따(KN 5) : KN = 쿳다까니까야

atha kho sakko devānamindo seyyathāpi nāma balavā puriso samiñjitaṃ vā bāhaṃ pasāreyya, pasāritaṃ vā bāhaṃ samiñjeyya, evamevaṃ devesu tāvatiṃsesu antarahito mahisavatthusmiṃ saṅkheyyake pabbate vaṭajālikāyaṃ āyasmato uttarassa sammukhe pāturahosi. atha kho sakko devānamindo yenāyasmā uttaro tenupasaṅkami; upasaṅkamitvā āyasmantaṃ uttaraṃ abhivādetvā ekamantaṃ aṭṭhāsi. ekamantaṃ ṭhito kho sakko devānamindo āyasmantaṃ uttaraṃ etadavoca —

그러자 신들의 왕 삭까는 — 예를 들면, 힘센 사람이 접은 팔을 펴거나 편 팔을 접을 것이다. — 이렇게 삼십삼천에서 사라져서 마히사왓투에 있는 상케이야까 산의 와따잘리까에 나타났다. 그리고 신들의 왕 삭까는 웃따라 존자에게 갔다. 가서는 웃따라 존자에게 절한 뒤 한 곁에 섰다. 한 곁에 선 신들의 왕 삭까는 웃따라 존자에게 이렇게 말했다. —

"saccaṃ kira, bhante, āyasmā uttaro bhikkhūnaṃ evaṃ dhammaṃ desesi — 'sādhāvuso, bhikkhu kālena kālaṃ attavipattiṃ paccavekkhitā hoti, sādhāvuso, bhikkhu kālena kālaṃ paravipattiṃ ... pe ... attasampattiṃ... parasampattiṃ paccavekkhitā hotī'" ti? "evaṃ, devānamindā"ti. "kiṃ panidaṃ, bhante, āyasmato uttarassa sakaṃ paṭibhānaṃ, udāhu tassa bhagavato vacanaṃ arahato sammāsambuddhassā"ti? "tena hi, devānaminda, upamaṃ te karissāmi. upamāya midhekacce viññū purisā bhāsitassa atthaṃ ājānan"ti.

"대덕이시여, 정말로 웃따라 존자께서 비구들에게 이렇게 법을 설했습니까? —

'도반들이여, 비구는 때때로 자신의 실패를 숙고하는 것이 옳습니다. 도반들이여, 비구는 때때로 남의 실패를 … 자신의 성공을 … 남의 성공을 숙고하는 것이 옳습니다.'라고." "그렇습니다, 신들의 왕이여." "대덕이시여, 이 말씀은 웃따라 존자 자신의 이해입니까, 아니면 그분 세존-아라한-정등각의 말씀입니까?" "그렇다면, 신들의 왕이여, 비유를 그대에게 말하겠습니다. 비유에 의해 여기 어떤 현명한 사람들은 말의 의미를 압니다.

"seyyathāpi, devānaminda, gāmassa vā nigamassa vā avidūre mahādhañña -rāsi. tato mahājanakāyo dhaññaṃ āhareyya — kājehipi piṭakehipi ucchaṅgehipi añjalīhipi. yo nu kho, devānaminda, taṃ mahājanakāyaṃ upasaṅkamitvā evaṃ puccheyya — 'kuto imaṃ dhaññaṃ āharathā'ti, kathaṃ byākaramāno nu kho, devānaminda, so mahājanakāyo sammā byākaramāno byākareyyā"ti? "'amumhā mahādhaññarāsimhā āharāmā'ti kho, bhante, so mahājanakāyo sammā byākaramāno byākareyyā"ti. "evamevaṃ kho, devānaminda, yaṃ kiñci subhāsitaṃ sabbaṃ taṃ tassa bhagavato vacanaṃ arahato sammāsambuddhassa. tato upādāyupādāya mayaṃ caññe ca bhaṇāmā"ti.

예를 들면, 신들의 왕이여, 마을이나 번화가의 멀지 않은 곳에 큰 곡물 무더기가 있습니다. 그것으로부터 많은 사람이 들통이거나 바구니거나 감는 천이거나 두 손을 모아서 곡물을 가져갈 것입니다. 신들의 왕이여, 어떤 사람이 그 많은 사람에게 가서 이렇게 물을 것입니다. — '그대들은 어디로부터 이 곡물을 가져갑니까?'라고. 신들의 왕이여, 어떻게 말하는 것이 그 많은 사람이 바르게 말하는 자로서 말하는 것입니까?" "대덕이시여, '우리는 이러저러한 곡물 무더기로부터 가져갑니다.'라는 것이 그 많은 사람이 바르게 말하는 자로서 말하는 것입니다." "이처럼, 신들의 왕이여, 잘 말해진 모든 것은 어떤 것이든지 그분 세존-아라한-정등각의 말씀입니다. 그것으로부터 거듭 취하여 우리도, 다른 사람들도 말합니다."

천연덕스럽습니다. 힌두적인 관점, 공자(孔子)나 노자(老子)적인 관점으로 불교를 말하면서 조금도 어색해하지 않습니다. 힌두화된 불교거나 격의불교(格義佛敎)라는 이름으로 우리 곁에서 전개되는 현상들입니다. 그러나 잘 판단해야 합니다. 이 천연덕스러움이 하나의 무더기에서 가져온 것인지 아니면 다른 무더기에서 가져온 것을 구별하지 못하는 것인지!

V. 마지막에 남는 가르침 — 이어지는 가르침의 비범(非凡)

불교 교리를 포괄하여 하나씩 걷어내면 마지막에 남는 가르침은 무엇입니까?

세 가지 비범(非凡)이란 교리가 있습니다. 신통(神通)의 비범(iddhipāṭihāriya)과 신탁(神託)의 비범(ādesanāpāṭihāriya)과 이어지는 가르침의 비범 (anusāsanīpāṭihāriya) 인데, (DN 11-께왓따 경)과 (AN 3.61-상가라와 경)을 중심으로 설명됩니다.

세 가지 비범 가운데 이어지는 가르침의 비범은 「'evaṃ vitakketha, mā evaṃ vitakkayittha; evaṃ manasi karotha, mā evaṃ manasākattha; idaṃ pajahatha, idaṃ upasampajja viharathā'ti 이렇게 생각을 떠오르게 하고, 이렇게 생각을 떠오르게 하지 말라. 이렇게 작의(作意)하고 이렇게 작의(作意)하지 말라. 이것은 버리고 이것은 성취하여 머물러라.」인데, 생각을 떠오르게 하는 것은 행위의 시작이고, 작의는 인식의 시작이며, 버리고 성취하는 것은 인식의 가공 과정이어서 잘 가공된 인식을 행위에 전달하는 것을 지시합니다. 그렇다면 이것이야말로 가르침의 정수여서 모든 가르침의 근본에 해당하고, 위에서부터 하나씩 걷어내면 마지막에 남는 가르침입니다. 연기(緣起)도 팔정도(八正道)도 결국은 행위와 인식 그리고 인식의 가공을 잘하기 위한 것으로 그 목적성을 가지기 때문입니다.

'웨란자 이야기(verañjakaṇḍaṃ)'는 율장 마하 위방가의 시작 자리에 위치하기 때문에 빠알리 문헌 가운데 가장 먼저 나타나는 가르침입니다.

깨달은 자인 여래에게 세간의 기준으로 노인에게 인사할 것을 요구하지 않아야 한다는 지적에서 시작하여 부처님은 '맛이 없는 자, 재물이 없는 자, 결실 없음을 말하는 자, 단멸(斷滅)을 말하는 자, 혐오하는 자, 허무주의자, 고행자, 더 이상 모태에 들지 않는 자'의 측면에서 웨란자 바라문과 대화합니다. 부처님은 사선(四禪)-삼명(三明)으로의 깨달음을 선언하고 웨란자 바라문은 귀의한 뒤 안거를 웨란자에서 지낼 것을 요청합니다.

웨란자에 기근이 들어 안거 동안의 어려움이 서술된 뒤에 사리뿟따 존자와 부처님의 문답이 이어지는데, 「어떤 불(佛)-세존(世尊)의 범행은 오래 지속되지 않았고, 어떤 불(佛)-세존(世尊)의 범행은 오래 지속되었습니까?」입니다.

부처님은 가르침을 ①상세히 설하지 않고 ②학습계율을 제정하지 않고 ③계목을 암송하지 않은 위빳시 세존과 시키 세존과 웻사부 세존의 범행은 꿰어지지 않아 오래 지속되지 않았고, ①가르침을 상세히 설하고 ②학습계율을 제정하고 ③계목을 암송한 까꾸산다 세존과 꼬나가마나 세존과 깟사빠 세존의 범행은 꿰어져 오래 지속되었다고 답합니다.

이런 가운데 웻사부 세존의 가르침이 설명되는데,

「bhūtapubbaṃ, sāriputta, vessabhū bhagavā arahaṃ sammāsambuddho aññatarasmiṃ bhiṃsanake vanasaṇḍe sahassaṃ bhikkhusaṅghaṃ cetasā ceto paricca ovadati anusāsati — 'evaṃ vitakketha, mā evaṃ vitakkayittha; evaṃ manasikarotha, mā evaṃ manasākattha; idaṃ pajahatha, idaṃ upasampajja viharathā'ti. atha kho, sāriputta, tassa bhikkhusahassassa vessabhunā bhagavatā arahatā sammāsambuddhena evaṃ ovadiyamānānaṃ evaṃ anusāsiyamānānaṃ anupādāya āsavehi cittāni vimucciṃsu.

사리뿟따여, 예전에 웻사부 세존-아라한-정등각은 두려움을 주는 숲에서 천 명의 비구 승단을 심(心)에 의한 심(心)의 분별을 통해 가르치고 교육하였다. — '이렇게 생각을 떠오르게 하고, 이렇게 생각을 떠오르게 하지 말라. 이렇게 작의(作意)하고 이렇게 작의(作意)하지 말라. 이것은 버리고 이것은 성취하여 머물러라.'라고. 사리뿟따여, 웻사부 세존-아라한-정등각에 의해 이렇게 가르침을 받고 교육받은 그 천 명의 비구들의 심(心)은 집착에서 벗어나 번뇌들로부터 해탈하였다.」

입니다. 즉 가르침이 상세히 설해지지 않은 가운데 이어지는 가르침의 비범만을 심(心)에 의한 심(心)의 분별을 통해 가르치고 교육하였고, 교육받은 비구들의 심(心)은 집착에서 벗어나 번뇌들로부터 해탈함 즉 깨달음을 성취했다는 것입니다.

그래서 이어지는 가르침의 비범이 모든 가르침의 정수이고 근본에 해당하는 가르침입니다. 그러나 우리 부처님은 정수이자 근본에 해당하는 가르침뿐만 아니라 ①상세하게 가르침을 설하고 ②학습계율을 제정하고 ③계목을 암송하는 방법으로 법을 전승하였는데, 범행이 꿰어져 오래 지속되기 위해 설해진 그 모든 가르침이 이어지는 가르침의 비범을 위한 목적을 가진다는 것을 분명히 알아야 하겠습니다.

[참고] 이어지는 가르침(anusāsanī)은 가르침의 근본[교본(教本)]이어서 불교 신자의 삶의 방식을 직접 지시하는 중요한 공부 주제입니다. 근본경전연구회는 nikaya.kr의 메뉴[교리공부 → 가르침의 근본]에서 강의하고 정리하였습니다. ☞ nikaya.kr : 가르침의 근본 1 - 우리의 이어지는 가르침[사띠-삼빠자나](해피스님 200108)부터

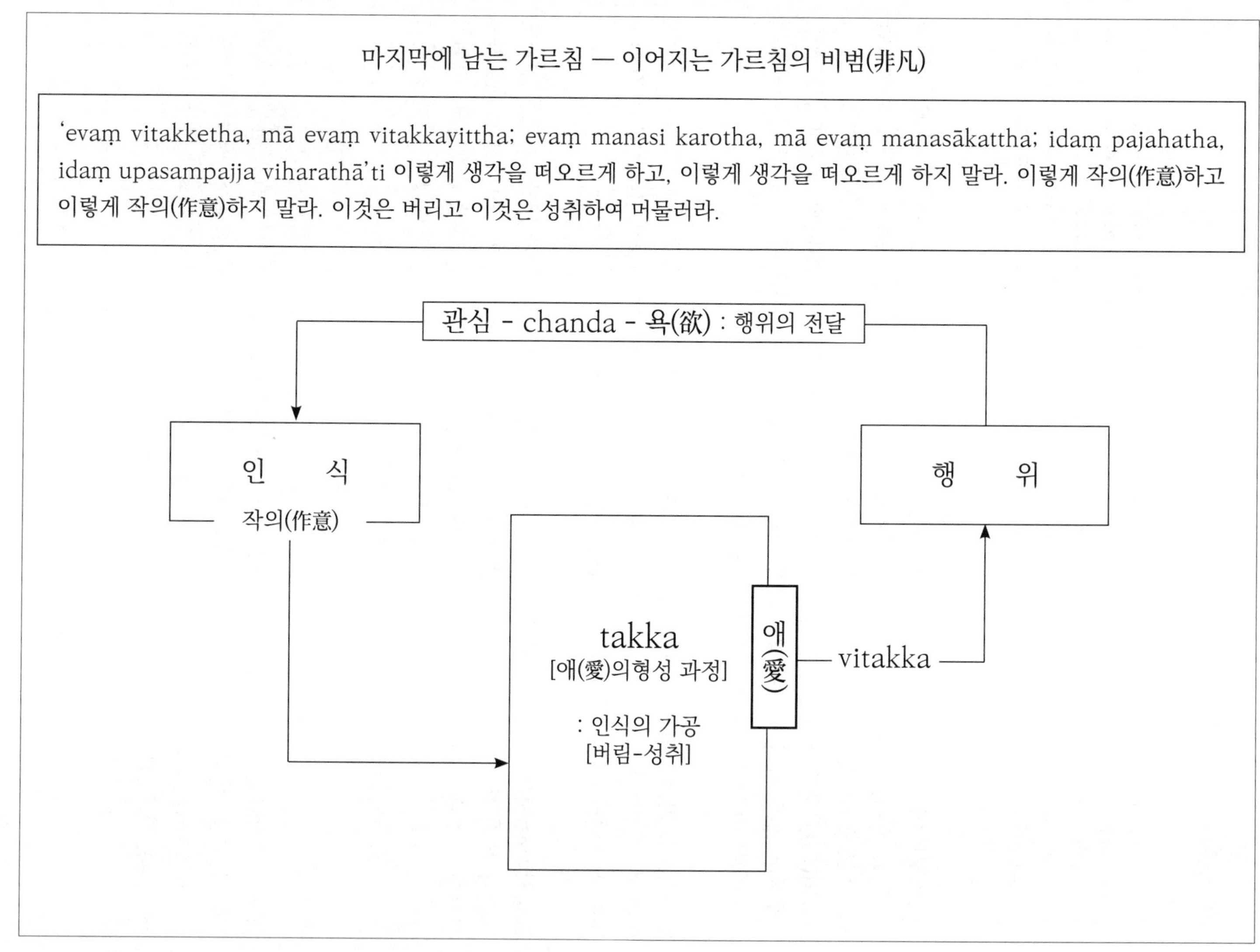
마지막에 남는 가르침 — 이어지는 가르침의 비범(非凡)
'evaṃ vitakketha, mā evaṃ vitakkayittha; evaṃ manasi karotha, mā evaṃ manasākattha; idaṃ pajahatha, idaṃ upasampajja viharathā'ti 이렇게 생각을 떠오르게 하고, 이렇게 생각을 떠오르게 하지 말라. 이렇게 작의(作意)하고 이렇게 작의(作意)하지 말라. 이것은 버리고 이것은 성취하여 머물러라.
관심 - chanda - 욕(欲) : 행위의 전달
인 식
작의(作意)
행 위
takka
[애(愛)의형성 과정]
: 인식의 가공
[버림-성취]
애(愛)
vitakka

VI. 과(果)도 보(報)도 고(苦)인 법(法)과 과(果)도 보(報)도 락(樂)인 법 — 십업(十業) : 십악업(十惡業)과 십선업(十善業) — (MN 41-살라의 주민들 경)

업인과보(業因果報) 또는 업인과보삼세윤회(業因果報三世輪廻)라고 말합니다. '업(業)을 원인으로 과(果)와 보(報)가 있다.' 또는 '업(業)과 보(報)의 인과(因果) 관계'이고, '업인과보(業因果報)의 법칙성에 따른 삼세윤회(三世輪廻)'입니다.

그런데 부처님은 업(業)과 과(果) 그리고 보(報)의 법칙성을 말합니다. 유익(有益)-선(善)과 무익(無益)-불선(不善)-악(惡)의 선언 위에서 행해지는 분별설(分別說)이고, 유익(有益)-선(善)을 구하여 출가한 바로 그것인데, 과(果)도 보(報)도 고(苦)인 법들과 과(果)도 보(報)도 락(樂)인 법들로 구체화 됩니다.

경은 이 법칙성의 기준을 세 가지 법으로 제시하는데, ①십사도(十邪道)-②십악업(十惡業)-③화(kodha) 등 불선(不善)의 열 가지는 과(果)도 보(報)도 고(苦)이고, ①십정도(十正道)-②십선업(十善業)-③화 없음(akodha) 등 선(善)의 열 가지는 과(果)도 보(報)도 락(樂)입니다. ⇒ 「제2부 V. 업장소멸(業障消滅)」(411쪽) 참조

십사도(十邪道)-십정도(十正道)와 화(kodha)-화 없음(akodha) 등 열 가지의 쌍은 다른 책에서 소개하기로 하고, 여기에서는 십업(十業) 즉 십악업(十惡業)과 십선업(十善業)의 쌍을 정의하는 대표적 경전인 (MN 41-살라의 주민들 경) 가운데 십업(十業)을 정의하는 부분만 소개하였습니다. 업(業)이 가지는 비중 안에서 구체적 행위의 기준으로 제시되는 십업(十業)은 불교 신자의 신행(信行)에서 중심의 자리를 차지합니다. 정확히 알아야 하는 주제입니다.

앞선 책 「불교입문(Ⅰ) 소유하고자 하는 자를 위한 가르침」은 십업의 위상-정의-용례-구조-개선 등 십업에 대한 상세한 공부를 담고 있습니다.

☞ nikaya.kr : 불교입문(1-소유 210406) — 십업(十業)의 위상 - 십악업 정의 (근본경전연구회 해피스님)부터

ekamantaṃ nisinnā kho sāleyyakā brāhmaṇagahapatikā bhagavantaṃ etadavocuṃ — "ko nu kho, bho gotama, hetu, ko paccayo, yena midhekacce sattā kāyassa bhedā paraṃ maraṇā apāyaṃ duggatiṃ vinipātaṃ nirayaṃ upapajjanti? ko pana, bho gotama, hetu, ko paccayo, yena midhekacce sattā kāyassa bhedā paraṃ maraṇā sugatiṃ saggaṃ lokaṃ upapajjantī"ti?

한 곁에 앉은 살라의 주민인 바라문 장자들은 세존에게 이렇게 말했다. — "고따마 존자여,

참으로 어떤 원인 어떤 조건 때문에 여기 어떤 중생들은 몸이 무너져 죽은 뒤에 상실과 비탄의 상태, 비참한 존재, 벌 받는 상태, 지옥에 태어납니까? 고따마 존자여, 참으로 어떤 원인 어떤 조건 때문에 여기 어떤 중생들은 몸이 무너져 죽은 뒤에 좋은 곳, 하늘 세상에 태어납니까?"

"adhammacariyāvisamacariyāhetu kho, gahapatayo, evamidhekacce sattā kāyassa bhedā paraṃ maraṇā apāyaṃ duggatiṃ vinipātaṃ nirayaṃ upapajjanti. dhammacariyāsamacariyāhetu kho, gahapatayo, evamidhekacce sattā kāyassa bhedā paraṃ maraṇā sugatiṃ saggaṃ lokaṃ upapajjantī"ti.

"장자들이여, 비법(非法)의 행위와 안정되지 못한 행위를 원인으로 이렇게 여기 어떤 중생들은 몸이 무너져 죽은 뒤에 상실과 비탄의 상태, 비참한 존재, 벌 받는 상태, 지옥에 태어납니다. 장자들이여, 법(法)의 행위와 안정된 행위를 원인으로 이렇게 여기 어떤 중생들은 몸이 무너져 죽은 뒤에 좋은 곳, 하늘 세상에 태어납니다."

"na kho mayaṃ imassa bhoto gotamassa saṃkhittena bhāsitassa, vitthārena atthaṃ avibhattassa, vitthārena atthaṃ ājānāma. sādhu no bhavaṃ gotamo tathā dhammaṃ desetu, yathā mayaṃ imassa bhoto gotamassa saṃkhittena bhāsitassa, vitthārena atthaṃ avibhattassa, vitthārena atthaṃ ājāneyyāmā"ti. "tena hi, gahapatayo, suṇātha, sādhukaṃ manasi karotha, bhāsissāmī"ti. "evaṃ, bho"ti kho sāleyyakā brāhmaṇagahapatikā bhagavato paccassosuṃ. bhagavā etadavoca —

"우리는 고따마 존자가 간략하게 설하고 상세하게 의미를 분석하지 않은 이 말씀의 상세한 의미를 알지 못합니다. 우리가 고따마 존자가 간략하게 설하고 상세하게 의미를 분석하지 않은 이 말씀의 상세한 의미를 알 수 있는 가르침을 고따마 존자께서 우리들에게 설해주시면 고맙겠습니다." "장자들이여, 그러면 듣고 잘 사고하십시오. 나는 말하겠습니다." "알겠습니다, 존자여."라고 살라의 주민인 바라문 장자들은 세존에게 대답했다. 세존은 이렇게 말했다. —

"tividhaṃ kho, gahapatayo, kāyena adhammacariyāvisamacariyā hoti, catubbidhaṃ vācāya adhammacariyāvisamacariyā hoti, tividhaṃ manasā adhammacariyāvisamacariyā hoti.

"장자들이여, 몸에 의한 세 가지 비법(非法)의 행위와 안정되지 못한 행위가 있습니다. 말에 의한 네 가지 비법(非法)의 행위와 안정되지 못한 행위가 있습니다. 의(意)에 의한 세 가지 비법(非法)의 행위와 안정되지 못한 행위가 있습니다.

"kathañca, gahapatayo, tividhaṃ kāyena adhammacariyāvisamacariyā hoti? idha, gahapatayo, ekacco pāṇātipātī hoti, luddo lohitapāṇi hatappahate niviṭṭho adayāpanno pāṇabhūtesu.

장자들이여, 어떻게 몸에 의한 세 가지 비법(非法)의 행위와 안정되지 못한 행위가 있습니까? 장자들이여, 여기 어떤 사람은 생명을 해치는 자입니다. 난폭하고, 손에 피를 묻히고, 해침과 죽임에 대해 열심이고, 생명에 대해 연민하지 않습니다.

"adinnādāyī kho pana hoti. yaṃ taṃ parassa paravittūpakaraṇaṃ, gāmagataṃ vā araññagataṃ vā, taṃ adinnaṃ theyyasaṅkhātaṃ ādātā hoti.

다시 그는 주지 않는 것을 가지는 자입니다. 마을에 있거나 숲에 있는 주어지지 않은 남의 재산과 살림을 도둑처럼 가집니다.

"kāmesumicchācārī kho pana hoti. yā tā māturakkhitā piturakkhitā mātāpiturakkhitā bhāturakkhitā bhaginirakkhitā ñātirakkhitā gottarakkhitā dhammarakkhitā sassāmikā saparidaṇḍā antamaso mālāguḷaparikkhittāpi, tathārūpāsu cārittaṃ āpajjitā hoti. evaṃ kho, gahapatayo, tividhaṃ kāyena adhammacariyāvisamacariyā hoti.

다시 그는 음행(淫行)에 대해 삿되게 행하는 자입니다. 어머니에 의해 보호되고, 아버지에 의해 보호되고, 부모에 의해 보호되고, 형제에 의해 보호되고, 자매에 의해 보호되고, 친척에 의해 보호되고, 가문에 의해 보호되고, 법에 의해 보호되고, 남편이 있고, 심지어 꽃다발을 두른 여인들에 대해 행위를 저지릅니다. 장자들이여, 이렇게 몸에 의한 세 가지 비법(非法)의 행위와 안정되지 못한 행위가 있습니다.

"kathañca, gahapatayo, catubbidhaṃ vācāya adhammacariyāvisamacariyā hoti? idha, gahapatayo, ekacco musāvādī hoti. sabhāgato vā parisāgato vā, ñātimajjhagato vā pūgamajjhagato vā rājakulamajjhagato vā, abhinīto sakkhipuṭṭho — 'ehambho purisa, yaṃ jānāsi taṃ vadehī'ti, so ajānaṃ vā āha — 'jānāmī'ti, jānaṃ vā āha — 'na jānāmī'ti, apassaṃ vā āha — 'passāmī'ti, passaṃ vā āha — 'na passāmī'ti. iti attahetu vā parahetu vā āmisakiñcikkhahetu vā sampajānamusā bhāsitā hoti.

장자들이여, 어떻게 말에 의한 네 가지 비법(非法)의 행위와 안정되지 못한 행위가 있습니까? 장자들이여, 여기 어떤 사람은 거짓을 말하는 자입니다. 의회나 모임이나 친척 가운데나 조합 가운데나 왕족 가운데 불려가 그 앞에서 '여보시오, 그대가 아는 것을 말하시오'라고 질문을 받습니다. 그는 알지 못하는 것에 대해 '나는 압니다.'라고 말하고, 아는 것에 대해 '나는 알지 못합니다.'라고 말합니다. 보지 못하는 것에 대해 '나는 봅니다.'라고 말하고, 보는 것에 대해 '나는 보지 못합니다.'라고 말합니다. 이렇게 자신을 원인으로 하거나 남을 원인으로 하여 무언가 작은 보상을 얻는 것을 원인으로 알면서 거짓을 말합니다.

“pisuṇavāco kho pana hoti. ito sutvā amutra akkhātā imesaṃ bhedāya, amutra vā sutvā imesaṃ akkhātā amūsaṃ bhedāya. iti samaggānaṃ vā bhettā, bhinnānaṃ vā anuppadātā, vaggārāmo vaggarato vagganandī vaggakaraṇiṃ vācaṃ bhāsitā hoti.

다시 그는 험담하는 자입니다. 여기서 들은 뒤 저기서 말하여 이것들의 해체를 이끌고, 저기서 들은 뒤 이들에게 말하여 이러한 해체로 이끕니다. 이렇게 화합을 깨거나 균열을 초래합니다. 분열을 좋아하고 분열을 꾀하고 분열을 즐기고 분열을 만드는 말을 합니다.

“pharusavāco kho pana hoti. yā sā vācā aṇḍakā kakkasā parakaṭukā parābhisajjanī kodhasāmantā asamādhisaṃvattanikā, tathārūpiṃ vācaṃ bhāsitā hoti.

다시 그는 거친 말을 하는 자입니다. 거칠고 난폭하고 남에게 가혹하고 남을 모욕하고 주변 사람들에 분노하고 삼매로 이끌지 않는 그런 말을 합니다.

“samphappalāpī kho pana hoti. akālavādī abhūtavādī anatthavādī adhammavādī avinayavādī. anidhānavatiṃ vācaṃ bhāsitā hoti akālena anapadesaṃ apariyantavatiṃ anatthasaṃhitaṃ. evaṃ kho, gahapatayo, catubbidhaṃ vācāya adhammacariyāvisamacariyā hoti.

다시 그는 쓸모없고 허튼 말을 하는 자입니다. 적절하지 않은 때에 말하고, 진실 되지 않게 말하고, 이익되지 않게 말하고, 법에 맞지 않게 말하고, 율에 맞지 않게 말합니다. 적절하지 않은 때에 근거 없고 무절제하고 이익되지 않는 말을 합니다. 장자들이여, 이렇게 말에 의한 네 가지 비법(非法)의 행위와 안정되지 못한 행위가 있습니다.

“kathañca, gahapatayo, tividhaṃ manasā adhammacariyāvisamacariyā hoti? idha, gahapatayo, ekacco abhijjhālu hoti, yaṃ taṃ parassa paravittūpakaraṇaṃ taṃ abhijjhātā hoti — ‘aho vata yaṃ parassa taṃ mamassā’”ti!

장자들이여, 어떻게 의(意)에 의한 세 가지 비법(非法)의 행위와 안정되지 못한 행위가 있습니까? 장자들이여, 여기 어떤 사람은 간탐 하는 자입니다. — ‘참으로 남의 것이 나의 것이 되기를!’이라고 남의 재산과 살림을 간탐 합니다.

“byāpannacitto kho pana hoti paduṭṭhamanasaṅkappo — ‘ime sattā haññantu vā vajjhantu vā ucchijjantu vā vinassantu vā mā vā ahesun’”ti.

다시 그는 거슬린 심(心)을 가진 자입니다. — ‘이 중생들이 죽임당하거나 살해되거나 전멸되거나 파괴되거나 존재하지 않게 되어라!' 라고 거친 의(意)의 사유를 합니다.

"micchādiṭṭhiko kho pana hoti viparītadassano — 'natthi dinnaṃ natthi yiṭṭhaṃ natthi hutaṃ, natthi sukatadukkaṭānaṃ kammānaṃ phalaṃ vipāko, natthi ayaṃ loko natthi paro loko, natthi mātā natthi pitā, natthi sattā opapātikā, natthi loke samaṇabrāhmaṇā sammaggatā sammāpaṭipannā ye imañca lokaṃ parañca lokaṃ sayaṃ abhiññā sacchikatvā pavedentī'ti. evaṃ kho, gahapatayo, tividhaṃ manasā adhammacariyāvisamacariyā hoti.

다시 그는 삿된 견해를 가진 자입니다. — '①보시(報施)도 없고 제사(祭祀)도 없고 봉헌(奉獻)도 없다. ②선행(善行)과 악행(惡行)의 업(業)들에게 과(果)도 없고 보(報)도 없다. ③이 세상도 없고 저세상도 없다. ④어머니도 없고 아버지도 없다. ⑤화생(化生)하는 중생은 없다. ⑥세상에는 이 세상과 저세상을 스스로 실답게 안 뒤에 실현하여 선언하는, 바른길에 들어서서 바르게 실천하는 사문-바라문들이 없다.' 라고 거꾸로 보는 자입니다. 장자들이여, 이렇게 의(意)에 의한 세 가지 비법(非法)의 행위와 안정되지 못한 행위가 있습니다.

"evaṃ adhammacariyāvisamacariyāhetu kho, gahapatayo, evamidhekacce sattā kāyassa bhedā paraṃ maraṇā apāyaṃ duggatiṃ vinipātaṃ nirayaṃ upapajjanti.

장자들이여, 이런 비법(非法)의 행위와 안정되지 못한 행위를 원인으로 이렇게 여기 어떤 중생들은 몸이 무너져 죽은 뒤에 상실과 비탄의 상태, 비참한 존재, 벌 받는 상태, 지옥에 태어납니다.

"tividhaṃ kho, gahapatayo, kāyena dhammacariyāsamacariyā hoti, catubbidhaṃ vācāya dhammacariyāsamacariyā hoti, tividhaṃ manasā dhammacariyāsamacariyā hoti.

"장자들이여, 몸에 의한 세 가지 법(法)의 행위와 안정된 행위가 있습니다. 말에 의한 네 가지 법(法)의 행위와 안정된 행위가 있습니다. 의(意)에 의한 세 가지 법(法)의 행위와 안정된 행위가 있습니다.

"kathañca, gahapatayo, tividhaṃ kāyena dhammacariyāsamacariyā hoti? idha, gahapatayo, ekacco pāṇātipātaṃ pahāya pāṇātipātā paṭivirato hoti, nihitadaṇḍo nihitasattho lajjī dayāpanno sabbapāṇabhūtahitānukampī viharati.

장자들이여, 어떻게 몸에 의한 세 가지 법(法)의 행위와 안정된 행위가 있습니까? 장자들이여, 여기 어떤 사람은 생명을 해치는 행위를 버렸기 때문에 생명을 해치는 행위로부터 피한 자입니다. 몽둥이를 내려놓았고, 칼을 내려놓았고, 겸손하고, 연민하고,

모든 생명에게 우정과 동정으로 머뭅니다.

"adinnādānaṃ pahāya adinnādānā paṭivirato hoti. yaṃ taṃ parassa paravittūpakaraṇaṃ, gāmagataṃ vā araññagataṃ vā, taṃ nādinnaṃ theyyasaṅkhātaṃ ādātā hoti.

그는 주지 않는 것을 가지는 행위를 버렸기 때문에 주지 않는 것을 가지는 행위로부터 피한 자입니다. 마을에 있거나 숲에 있는 주어지지 않은 남의 재산과 살림을 도둑처럼 가지지 않습니다.

"kāmesumicchācāraṃ pahāya kāmesumicchācārā paṭivirato hoti. yā tā māturakkhitā piturakkhitā mātāpiturakkhitā bhāturakkhitā bhaginirakkhitā ñātirakkhitā gottarakkhitā dhammarakkhitā sassāmikā saparidaṇḍā antamaso mālāguḷaparikkhittāpi, tathārūpāsu na cārittaṃ āpajjitā hoti. evaṃ kho, gahapatayo, tividhaṃ kāyena dhammacariyāsamacariyā hoti.

그는 음행(淫行)에 대한 삿된 행위를 버렸기 때문에 음행(淫行)에 대한 삿된 행위로부터 피한 자입니다. 어머니에 의해 보호되고, 아버지에 의해 보호되고, 부모에 의해 보호되고, 형제에 의해 보호되고, 자매에 의해 보호되고, 친척에 의해 보호되고, 가문에 의해 보호되고, 법에 의해 보호되고, 남편이 있고, 심지어 꽃다발을 두른 여인들에 대해 행위를 저지르지 않습니다. 장자들이여, 이렇게 몸에 의한 세 가지 법(法)의 행위와 안정된 행위가 있습니다.

"kathañca, gahapatayo, catubbidhaṃ vācāya dhammacariyāsamacariyā hoti? idha, gahapatayo, ekacco musāvādaṃ pahāya musāvādā paṭivirato hoti. sabhāgato vā parisāgato vā, ñātimajjhagato vā pūgamajjhagato vā rājakulamajjhagato vā, abhinīto sakkhipuṭṭho — 'ehambho purisa, yaṃ jānāsi taṃ vadehī'ti, so ajānaṃ vā āha — 'na jānāmī'ti, jānaṃ vā āha — 'jānāmī'ti, apassaṃ vā āha — 'na passāmī'ti, passaṃ vā āha — 'passāmī'ti. iti attahetu vā parahetu vā āmisakiñcikkhahetu vā na sampajānamusā bhāsitā hoti.

장자들이여, 어떻게 말에 의한 네 가지 법(法)의 행위와 안정된 행위가 있습니까? 장자들이여, 여기 어떤 사람은 거짓을 말하는 행위를 버렸기 때문에 거짓을 말하는 행위로부터 피한 자입니다. 의회나 모임이나 친척 가운데나 조합 가운데나 왕족 가운데 불려가 그 앞에서 '여보시오, 그대가 아는 것을 말 하시오'라고 질문을 받습니다. 그는 알지 못하는 것에 대해 '나는 알지 못합니다.'라고 말하고, 아는 것에 대해 '나는 압니다.'라고 말합니다. 보지 못하는 것에 대해 '나는 보지 못합니다.'라고 말하고, 보는 것에 대해 '나는 봅니다.'라고 말합니다. 이렇게 자신을 원인으로 하거나 남을 원인으로 하여 무언가 작은 보상을 얻는 것을 원인으로 알면서 거짓을 말하지 않습니다.

“pisuṇaṃ vācaṃ pahāya pisuṇāya vācāya paṭivirato hoti, ito sutvā na amutra akkhātā imesaṃ bhedāya, amutra vā sutvā na imesaṃ akkhātā amūsaṃ bhedāya. iti bhinnānaṃ vā sandhātā, sahitānaṃ vā anuppadātā, samaggārāmo samaggarato samagganandī samaggakaraṇiṃ vācaṃ bhāsitā hoti.

그는 험담하는 행위를 버렸기 때문에 험담하는 행위로부터 피한 자입니다. 여기서 들은 뒤 저기서 말하여 이들의 해체를 이끌지 않고, 저기서 들은 뒤 이들에게 말하여 이러한 해체를 이끌지 않습니다, 이렇게 깨어진 것을 회유하거나 단결을 가져옵니다. 화합을 좋아하고 화합을 꾀하고 화합을 즐기고 화합을 만드는 말을 합니다.

“pharusaṃ vācaṃ pahāya pharusāya vācāya paṭivirato hoti. yā sā vācā nelā kaṇṇasukhā pemanīyā hadayaṅgamā porī bahujanakantā bahujanamanāpā — tathārūpiṃ vācaṃ bhāsitā hoti.

그는 거칠게 말하는 행위를 버렸기 때문에 거칠게 말하는 행위로부터 피한 자입니다. 침이 튀지 않고, 귀에 즐겁고, 애정이 넘치고, 매력적이고, 예의 바르고, 대중들이 좋아하고, 대중들의 마음에 드는 말을 합니다.

“samphappalāpaṃ pahāya samphappalāpā paṭivirato hoti. kālavādī bhūtavādī atthavādī dhammavādī vinayavādī nidhānavatiṃ vācaṃ bhāsitā hoti kālena sāpadesaṃ pariyantavatiṃ atthasaṃhitaṃ. evaṃ kho, gahapatayo, catubbidhaṃ vācāya dhammacariyāsamacariyā hoti.

그는 쓸모없고 허튼 말하는 행위를 버렸기 때문에 쓸모없고 허튼 말하는 행위로부터 피한 자입니다. 적절한 때에 말하고, 진실 되게 말하고, 이익되게 말하고, 법에 맞게 말하고, 율에 맞게 말합니다. 적절한 때에, 근거를 갖춘, 절제된, 이익되는 말을 합니다. 장자들이여, 이렇게 말에 의한 네 가지 법(法)의 행위와 안정된 행위가 있습니다.

“kathañca, gahapatayo, tividhaṃ manasā dhammacariyāsamacariyā hoti? idha, gahapatayo, ekacco anabhijjhālu hoti, yaṃ taṃ parassa paravittūpakaraṇaṃ taṃ nābhijjhātā hoti — ‘aho vata yaṃ parassa taṃ mamassā’ti!

장자들이여, 어떻게 의(意)에 의한 세 가지 법(法)의 행위와 안정된 행위가 있습니까? 장자들이여, 여기 어떤 사람은 간탐 하지 않는 자입니다. — ‘참으로 남의 것이 나의 것이 되기를!’이라고 남의 재산과 살림을 간탐 하지 않습니다.

“abyāpannacitto kho pana hoti appaduṭṭhamanasaṅkappo — ‘ime sattā averā abyābajjhā anīghā sukhī attānaṃ pariharantū’ti.

다시 그는 거슬린 심(心)을 가진 자가 아닙니다. — '이 중생들이 원망 없고 거슬림 없고 고통 없고 행복하고 자신을 보호하여라!'라고 거칠지 않은 의(意)의 사유를 합니다.

"sammādiṭṭhiko kho pana hoti aviparītadassano — 'atthi dinnaṃ atthi yiṭṭhaṃ atthi hutaṃ, atthi sukatadukkaṭānaṃ kammānaṃ phalaṃ vipāko, atthi ayaṃ loko atthi paro loko, atthi mātā atthi pitā, atthi sattā opapātikā, atthi loke samaṇabrāhmaṇā sammaggatā sammāpaṭipannā ye imañca lokaṃ parañca lokaṃ sayaṃ abhiññā sacchikatvā pavedentī'ti. evaṃ kho, gahapatayo, tividhaṃ manasā dhammacariyāsamacariyā hoti.

다시 그는 바른 견해를 가진 자입니다. — '①보시(報施)도 있고 제사(祭祀)도 있고 봉헌(奉獻)도 있다. ②선행(善行)과 악행(惡行)의 업(業)들에게 과(果)도 있고 보(報)도 있다. ③이 세상도 있고 저세상도 있다. ④어머니도 있고 아버지도 있다. ⑤화생(化生) 하는 중생은 있다. ⑥세상에는 이 세상과 저세상을 스스로 실답게 안 뒤에 실현하여 선언하는, 바른길에 들어서서 바르게 실천하는 사문-바라문들이 있다.'라고 바르게 보는 자입니다. 장자들이여, 이렇게 의(意)에 의한 세 가지 법(法)의 행위와 안정된 행위가 있습니다.

"evaṃ dhammacariyāsamacariyāhetu kho, gahapatayo, evamidhekacce sattā kāyassa bhedā paraṃ maraṇā sugatiṃ saggaṃ lokaṃ upapajjanti.

장자들이여, 이런 법(法)의 행위와 안정된 행위를 원인으로 이렇게 여기 어떤 중생들은 몸이 무너져 죽은 뒤에 좋은 곳, 하늘 세상에 태어납니다.

배워 알고 실천하는 불교 신자!

실천적 불교의 중심 – 십선업(十善業)의 실천

십악업(十惡業)은 과(果)도 보(報)도 괴로움[고(苦)]이어서 지옥으로 이끄는 힘이 있고, 십선업(十善業)은 과(果)도 보(報)도 행복[락(樂)]이어서 하늘로 이끄는 힘이 있습니다. 그래서 행복을 원하는 사람은 십악업을 피하고 십선업을 적극 실천해야 합니다. 이것이 실천적 불교의 중심입니다.

(SN 42.6-아시반다까뿟따 경)에서 아시반다까뿟따 촌장은 죽어서 임종한 사람을 위로 인도하여 천상에 가게 한다는 어떤 바라문들의 이야기를 전달하면서, 부처님도 모든 사람 즉 악업(惡業)을 지은 사람까지도 몸이 무너져 죽은 뒤에 좋은 곳 천상 세계에 태어나게 할 수 있느냐고 묻습니다.

부처님은 깊은 물 속에 던져진 돌덩이에 대해 소원하고 기도해도 속절없이 가라 앉듯이 십악업을 짓는 사람은 몸이 무너져 죽은 뒤에 상실과 비탄의 상태, 비참한 존재, 벌 받는 상태, 지옥에 태어날 것이라고 말합니다. 또한, 버터 단지나 기름 단지를 깊은 물 속에 들어가서 깨면 파편이나 조각은 아래로 가라앉지만 소원하고 기도해도 버터나 기름은 떠오르듯이 십선업을 짓는 사람은 몸이 무너져 죽은 뒤에 좋은 곳 천상 세계에 태어난다고 말합니다.

살아서 지은 업(業)에 따라 몸이 무너져 죽은 뒤 태어남의 장소가 선택되는 것은 삶의 이치입니다. 누구도 업의 법칙을 거스르고 태어남의 자리를 결정해 주지 못합니다. 그런 권능을 가진 존재는 세상에 없습니다. 그래서 살아서도 행복하고 죽어서는 하늘에 태어나고 싶으면, 소원하고 기도하는 것으로 대응하지 않아야 합니다. 오직, 십악업을 피하고 십선업을 적극 실천하는 것! 이것이 나에게 적용되는 세상의 이치이고, 그래서 십선업의 실천은 실천적 불교의 중심입니다.

제2절 핵심 경전

어른을 모시고 법담을 나누었습니다. 어느 순간 어른께서는 “그래서 요의경(了義經)이 있는 것이야!”라고 말했습니다. 심(心)이 생겨나는 것[심행(心行)=상(想)-수(受)]이라는 저의 주장에 대해 심(心)이 참된 것이라고 주장하는 경(經)-론(論)의 입장을 소개하면서입니다.

- 요의경(了義經) (불교) 불법의 도리를 명백하고 완전하게 말한 경전.

〈표준국어대사전〉

저는 다시 말했습니다. “어떤 것이 요의경입니까? 부처님 가르침의 정수를 담고 있는 경입니까 아니면 부처님 가르침과 다른 주장을 담고 있는 경-론입니까?”

무엇을 요의(了義)로 삼느냐에 따라 공부[교학+수행]의 길이 정해집니다. 바르게 공부하는 불교 신자라면 정등각(正等覺)께서 설하신 「보면서 보지 못한다(‘passaṃ na passatī’ti)」의 가르침을 요의로 삼아야 합니다. 정등각이 설하지 않은 가르침에 부처님을 담아 요의경이라는 이름으로 공부의 길을 삼는 어리석음을 범하지 않아야 합니다.

제2장 제2절은 바로 요의를 담고 있는 핵심 경전들입니다.

[1] 「taṃ tathāgato abhisambujjhati abhisameti 여래는 이것을 깨닫고 실현하였다」

☞ nikaya.kr : 불교입문(2-사실) 미리보기(201210) - 여래는 이것을 깨닫고 실현하였다(근본경전연구회 해피스님)

☞ nikaya.kr : 불교입문(2-사실) 미리보기(210107) - 부처 이전의 것 (근본경전연구회 해피스님)

두 개의 경은 흔들리지 않고, 법으로 확립되었고, 법으로 결정된 것이어서 여래(如來)의 출현과 무관하게 세상에 적용되는 사실에 대한 깨달음과 실현을 말하는데, 사실로서 ①삼법인(三法印)을 설명하는 (AN 3.137-출현 경)과 ②연기(緣起)를 설명하는 (SN 12.20-조건 경)입니다. 이때, ②연기(緣起)는 여기에서의 조건성이라는 설명이 더해지는데, 삼법인이 존재하는 것들의 특성을 설명하는 법이라면, 연기는 이 세상을 살아가는 존재들의 삶에 대한 해석이라는 것을 알 수 있습니다.

한 개의 경은 오온(五蘊)의 특성을 말하는 (SN 22.94-꽃 경)인데, 세상의 법으로 색(色)-수(受)-상(想)-행(行)-식(識) 오온(五蘊)을 제시합니다. 세상은 번뇌의 영향 위에 있는 유위(有爲)인 중생의 삶의 영역을 말하는데, 이런 세상이 오온(五蘊)으로 구성되어 있다는 선언입니다. 특히, 경은 상(常)하고 안정되고 영원하고 변하지 않는 것인 오온(五蘊)은 세상에 없고, 무상(無常)하고 괴롭고 변하는 것인 오온은 세상에 있다고 설명합니다.

※ 「상(常) ↔ 무상(無常), 안정 ↔ 고(苦), 영원하고 변하지 않는 것 ↔ 변하는 것」의 대응에 의하면, 고(苦)는 안정되지 않음을 의미한다는 것을 알 수 있습니다.

이런 점에서 상락아정(常樂我淨)의 특성을 가지는 아(我-attan/atman)는 세상에 없고, 또한, 무상(無常)의 가라앉음을 통해 실현되는 락(樂)과 무아(無我)의 특성을 가지는 열반(涅槃)과도 다르기 때문에 존재하지 않는 설정이라는 것을 알 수 있습니다. 삼법인에서 법을 구성하는 행 아닌 것으로는 열반 하나만이 경들을 통해 제시되기 때문입니다[법(法) = 행(行)+열반(涅槃)].

1. 여래(如來)의 출현과 무관하게 세상에 적용되는 사실 ①삼법인(三法印) — (AN 3.137-출현 경)

"uppādā vā, bhikkhave, tathāgatānaṃ anuppādā vā tathāgatānaṃ, ṭhitāva sā dhātu dhammaṭṭhitatā dhammaniyāmatā. sabbe saṅkhārā aniccā. taṃ tathāgato abhisambujjhati abhisameti. abhisambujjhitvā abhisametvā ācikkhati deseti paññāpeti paṭṭhapeti vivarati vibhajati uttānīkaroti —

'sabbe saṅkhārā aniccā'ti.

"비구들이여, '모든 조건적인 것들은 무상(無常)하다[제행무상(諸行無常)].'라는 것은 여래들의 출현이나 출현하지 않음을 원인으로 움직이지 않는 원리이고, 법으로 확립된 사실이고, 법으로 제한된 것이다. 여래는 이것을 깨닫고 실현하였다. 깨닫고 실현한 뒤 '모든 조건적인 것들은 무상(無常)하다.'라고 공표하고, 전달하고, 선언하고, 시작하고, 드러내고, 분석하고, 해설한다.

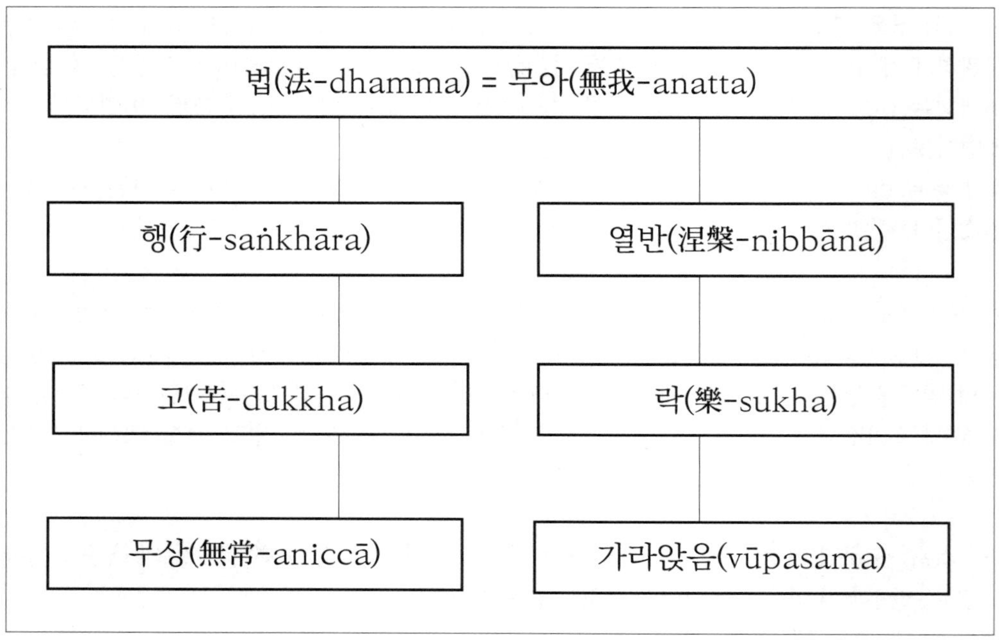

uppādā vā, bhikkhave, tathāgatānaṃ anuppādā vā tathāgatānaṃ ṭhitāva sā dhātu dhammaṭṭhitatā dhammaniyāmatā. sabbe saṅkhārā dukkhā. taṃ tathāgato abhisambujjhati abhisameti. abhisambujjhitvā abhisametvā ācikkhati deseti paññāpeti paṭṭhapeti vivarati vibhajati uttānīkaroti — 'sabbe saṅkhārā dukkhā'ti.

비구들이여, '모든 조건적인 것들은 고(苦)다[제행개고(諸行皆苦)].'라는 것은 여래들의 출현이나 출현하지 않음을 원인으로 움직이지 않는 원리이고, 법으로 확립된 사실이고, 법으로 제한된 것이다. 여래는 이것을 깨닫고 실현하였다. 깨닫고 실현한 뒤 '모든 조건적인 것들은 고(苦)다].'라고 공표하고, 전달하고, 선언하고, 시작하고, 드러내고, 분석하고, 해설한다.

uppādā vā, bhikkhave, tathāgatānaṃ anuppādā vā tathāgatānaṃ ṭhitāva sā dhātu dhammaṭṭhitatā dhammaniyāmatā. sabbe dhammā anattā. taṃ tathāgato abhisambujjhati abhisameti. abhisambujjhitvā abhisametvā ācikkhati deseti paññāpeti paṭṭhapeti vivarati vibhajati uttānīkaroti — 'sabbe dhammā anattā'"ti.

비구들이여, '모든 있는 것들은 무아(無我)다[제법무아(諸法無我)].'라는 것은 여래들의 출현이나 출현하지 않음을 원인으로 움직이지 않는 원리이고, 법으로 확립된 사실이고, 법으로 제한된 것이다. 여래는 이것을 깨닫고 실현하였다. 깨닫고 실현한 뒤 '모든 있는 것들은 무아(無我)다.'라고 공표하고, 전달하고, 선언하고, 시작하고, 드러내고, 분석하고, 해설한다."

배워 알고 실천하는 불교 신자!

2. 여래(如來)의 출현과 무관하게 세상에 적용되는 사실 ②연기(緣起) — (SN 12.20-조건경)

"paṭiccasamuppādañca vo, bhikkhave, desessāmi paṭiccasamuppanne ca dhamme. taṃ suṇātha, sādhukaṃ manasi karotha, bhāsissāmī"ti. "evaṃ, bhante"ti kho te bhikkhū bhagavato paccassosuṃ. bhagavā etadavoca —

"비구들이여, 그대들에게 연기(緣起)와 연기된 법(法)들에 대해 설하겠다. 그것을 듣고 잘 사고(思考)하라. 나는 설할 것이다." "알겠습니다, 대덕이시여."라고 그 비구들은 세존에게 대답했다. 세존은 이렇게 말했다. —

"katamo ca, bhikkhave, paṭiccasamuppādo? jātipaccayā, bhikkhave, jarāmaraṇaṃ. uppādā vā tathāgatānaṃ anuppādā vā tathāgatānaṃ, ṭhitāva sā dhātu dhammaṭṭhitatā dhammaniyāmatā idappaccayatā. taṃ tathāgato abhisambujjhati abhisameti. abhisambujjhitvā abhisametvā ācikkhati deseti paññāpeti paṭṭhapeti vivarati vibhajati uttānīkaroti. 'passathā'ti cāha — 'jātipaccayā, bhikkhave, jarāmaraṇaṃ'".

비구들이여, 그러면 무엇이 연기(緣起)인가? 비구들이여, '생(生)을 조건으로 노사(老死)가 있다.'라는 이 요소는 여래들의 출현이나 출현하지 않음을 원인으로 움직이지 않는 원리이고, 법으로 확립된 사실이고, 법으로 제한된 것이며, 여기에서의 조건성이다. 여래는 이것을 깨닫고 실현하였다. 깨닫고 실현한 뒤 '보라! 비구들이여, 생(生)을 조건으로 노사(老死)가 있다.'라고 공표하고, 전달하고, 선언하고, 시작하고, 드러내고, 분석하고, 해설한다.

"bhavapaccayā, bhikkhave, jāti ... pe ... upādānapaccayā, bhikkhave, bhavo ... taṇhāpaccayā, bhikkhave, upādānaṃ ... vedanāpaccayā, bhikkhave, taṇhā ... phassapaccayā, bhikkhave, vedanā ... saḷāyatanapaccayā, bhikkhave, phasso ... nāmarūpapaccayā, bhikkhave, saḷāyatanaṃ ... viññāṇapaccayā, bhikkhave, nāmarūpaṃ ... saṅkhārapaccayā, bhikkhave, viññāṇaṃ ... avijjāpaccayā, bhikkhave, saṅkhārā uppādā vā tathāgatānaṃ anuppādā vā tathāgatānaṃ, ṭhitāva sā dhātu dhammaṭṭhitatā dhammaniyāmatā idappaccayatā. taṃ tathāgato abhisambujjhati abhisameti. abhisambujjhitvā abhisametvā ācikkhati deseti paññāpeti paṭṭhapeti vivarati vibhajati uttānīkaroti. 'passathā'ti cāha 'avijjāpaccayā, bhikkhave, saṅkhārā'. iti kho, bhikkhave, yā tatra tathatā avitathatā anaññathatā idappaccayatā — ayaṃ vuccati, bhikkhave, paṭiccasamuppādo.

비구들이여, '유(有)를 조건으로 생(生)이 있다.'라는 … 비구들이여, '취(取)를 조건으로 유(有)가 있다.'라는 … 비구들이여, '애(愛)를 조건으로 취(取)가 있다.'라는 … 비구들이여, '수(受)를 조건으로 애(愛)가 있다.'라는 … 비구들이여, '촉(觸)을 조건으로 수(受)가 있다.'라는 … 비구들이여, '육입(六入)을 조건으로 촉(觸)이 있다.'라는 … 비구들이여, '명색(名色)을 조건으로 육입(六入)이 있다.'라는 … 비구들이여, '식(識)을 조건으로 명색(名色)이 있다.'라는 … 비구들이여, '행(行)을 조건으로 식(識)이 있다.'라는 … 비구들이여, '무명(無明)을 조건으로 행(行)이 있다.'라는 이 요소는 여래들의 출현이나 출현하지 않음을 원인으로 움직이지 않는 원리이고, 법으로 확립된 사실이고, 법으로 제한된 것이며, 여기에서의 조건성이다. 여래는 이것을 깨달았고 실현하였다. 깨닫고 실현한 뒤 '보라! 비구들이여, 무명(無明)을 조건으로 행(行)이 있다.'라고 공표하고, 전달하고, 선언하고, 시작하고, 드러내고, 분석하고, 해설한다. 비구들이여, 이렇게 거기서 사실임, 사실을 벗어나지 않음, 다른 방법으로 생겨나지 않음, 여기에서의 조건성 — 비구들이여, 이것이 연기(緣起)라고 불린다.

"katame ca, bhikkhave, paṭiccasamuppannā dhammā? jarāmaraṇaṃ, bhikkhave, aniccaṃ saṅkhataṃ paṭiccasamuppannaṃ khayadhammaṃ vayadhammaṃ virāgadhammaṃ nirodhadhammaṃ. jāti, bhikkhave, aniccā saṅkhatā paṭiccasamuppannā khayadhammā vayadhammā virāgadhammā nirodhadhammā. bhavo, bhikkhave, anicco saṅkhato paṭiccasamuppanno khayadhammo vayadhammo virāgadhammo nirodhadhammo. upādānaṃ bhikkhave ... pe ... taṇhā, bhikkhave... vedanā, bhikkhave... phasso, bhikkhave... saḷāyatanaṃ, bhikkhave... nāmarūpaṃ, bhikkhave... viññāṇaṃ, bhikkhave... saṅkhārā, bhikkhave... avijjā, bhikkhave, aniccā saṅkhatā paṭiccasamuppannā khayadhammā vayadhammā virāgadhammā nirodhadhammā. ime vuccanti, bhikkhave, paṭiccasamuppannā dhammā.

비구들이여, 그러면 무엇이 연기(緣起)된 법(法)인가? 비구들이여, 노사(老死)는 무상(無常)하고 유위(有爲)이고 연기(緣起)된 것이고 부서지는 법이고 무너지는 법이고 이탐(離貪)의 법이고 소멸(消滅)의 법이다. 비구들이여, 생(生)은 무상하고 유위이고 연기된 것이고 부서짐의 법이고 무너짐의 법이고 이탐의 법이고 소멸의 법이다. 비구들이여, 유(有)는 무상하고 유위이고 연기된 것이고 부서짐의 법이고 무너짐의 법이고 이탐의 법이고 소멸의 법이다. 비구들이여, 취(取)는 … 비구들이여, 애(愛)는 … 비구들이여, 수(受)는 … 비구들이여, 촉(觸)은 … 비구들이여, 육입(六入)은 … 비구들이여, 명색(名色)은 … 비구들이여, 식(識)은 … 비구들이여, 행(行)은 … 비구들이여, 무명(無明)은 무상하고 유위이고 연기된 것이고 부서짐의 법이고 무너짐의 법이고 이탐의 법이고 소멸의 법이다. 비구들이여, 이것이 연기된 법이라고 불린다.

"yato kho, bhikkhave, ariyasāvakassa 'ayañca paṭiccasamuppādo, ime ca paṭiccasamuppannā dhammā' yathābhūtaṃ sammappaññāya suditthā honti, so vata pubbantaṃ vā paṭidhāvissati — 'ahosiṃ nu kho ahaṃ atītamaddhānaṃ, nanu kho ahosiṃ atītamaddhānaṃ, kiṃ nu kho ahosiṃ atītamaddhānaṃ, kathaṃ nu kho ahosiṃ atītamaddhānaṃ, kiṃ hutvā kiṃ ahosiṃ nu kho ahaṃ atītamaddhānan'ti; aparantaṃ vā upadhāvissati — 'bhavissāmi nu kho ahaṃ anāgatamaddhānaṃ, nanu kho bhavissāmi anāgatamaddhānaṃ, kiṃ nu kho bhavissāmi anāgatamaddhānaṃ, kathaṃ nu kho bhavissāmi anāgatamaddhānaṃ, kiṃ hutvā kiṃ bhavissāmi nu kho ahaṃ anāgatamaddhānan'ti; etarahi vā paccuppannaṃ addhānaṃ ajjhattaṃ kathaṃkathī bhavissati — 'ahaṃ nu khosmi, no nu khosmi, kiṃ nu khosmi, kathaṃ nu khosmi, ayaṃ nu kho satto kuto āgato, so kuhiṃ gamissatī'ti — netaṃ ṭhānaṃ vijjati. taṃ kissa hetu? tathāhi, bhikkhave, ariyasāvakassa ayañca paṭiccasamuppādo ime ca paṭiccasamuppannā dhammā yathābhūtaṃ sammappaññāya sudiṭṭhā"ti.

비구들이여, 성스러운 제자가 '이것이 연기다, 이것들이 연기된 법들이다.'라고 있는 그대로 바른 지혜로써 잘 보았기 때문에 그가 ①'참으로 나는 과거에 존재했을까? 존재하지 않았을까? 무엇으로 존재했을까? 어떻게 존재했을까? 무엇으로 존재한 뒤에 무엇이 되었었을까?'라고 과거로 달려가거나, ②'참으로 나는 미래에 존재할까? 존재하지 않을까? 무엇으로 존재할까? 어떻게 존재할까? 무엇으로 존재한 뒤에 다시 무엇이 될까?'라고 미래로 달려가거나, ③'참으로 나는 존재하는가? 존재하지 않는가? 나는 무엇인가? 어떻게 존재하는가? 이 중생은 어디에서 온 것인가? 그는 어디로 갈 것인가?'라고 안으로 지금 현재를 의심하는 자가 될 것이라는 그런 경우는 없다. 그 원인은 무엇인가? 비구들이여, 이런 방법으로 성스러운 제자가 '이것이 연기다. 이것이 연기된 법들이다.'라고 있는 그대로 바른 지혜로써 잘 보았기 때문이다.

1) 연기(緣起)의 정의 — (SN 12.1-연기(緣起) 경)

☞ nikaya.kr : 마음특강(2020) 5. 존재를 중심에 둔 십이연기[씨앗-양분-밭]
(근본경전연구회 해피스님 200723)

☞ 그림 : 「존재[유(有)]를 중심에 둔 십이연기(十二緣起)」와 「삶의메커니즘 - 십이연기(十二緣起)」 → 다음 쪽

니까야의 많은 경들은 고집(苦集)으로의 연기(緣起)에 대한 다각적 설명과 고멸도(苦滅道)로의 중도(中道) 곧 팔정도(八正道)의 길과 실천에 대한 다각적 설명이라고 할 수 있습니다. 이 가운데 연기(緣起)는 십이연기(十二緣起)라고 정의되는데, 존재[유(有)]가 어떻게 불완전하게 생겨나서 어떤 괴로움을 겪게 되는지를 설명하는 교리입니다. 이런 관점에서 니까야의 많은 경들이 꿰어지면 삶을 표현하는 한 장의 그림으로 나타낼 수 있습니다. 이 그림을 「삶의 메커니즘」이라고 이름 붙였는데, 번호를 매기면 십이연기(十二緣起)가 됩니다.

evaṃ me sutaṃ — ekaṃ samayaṃ bhagavā sāvatthiyaṃ viharati jetavane anāthapiṇḍikassa ārāme. tatra kho bhagavā bhikkhū āmantesi — "bhikkhavo"ti. "bhadante"ti te bhikkhū bhagavato paccassosuṃ. bhagavā etadavoca — "paṭiccasamuppādaṃ vo, bhikkhave, desessāmi; taṃ suṇātha, sādhukaṃ manasi karotha; bhāsissāmī"ti. "evaṃ, bhante"ti kho te bhikkhū bhagavato paccassosuṃ. bhagavā etadavoca —

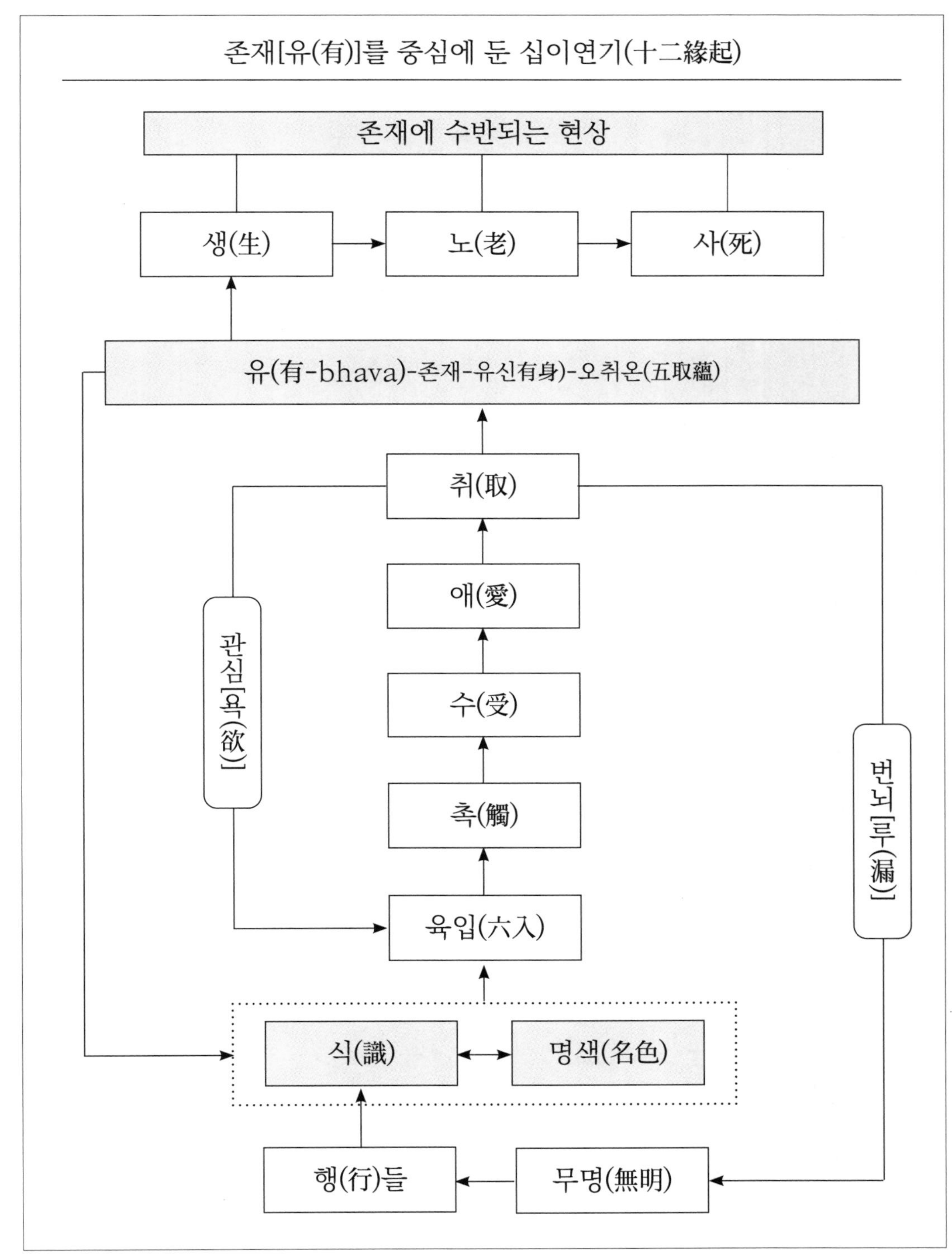
존재[유(有)]를 중심에 둔 십이연기(十二緣起)
존재에 수반되는 현상
생(生)
노(老)
사(死)
유(有-bhava)-존재-유신有身)-오취온(五取蘊)
취(取)
애(愛)
수(受)
촉(觸)
육입(六入)
관심[욕(欲)]
번뇌[루(漏)]
식(識)
명색(名色)
행(行)들
무명(無明)

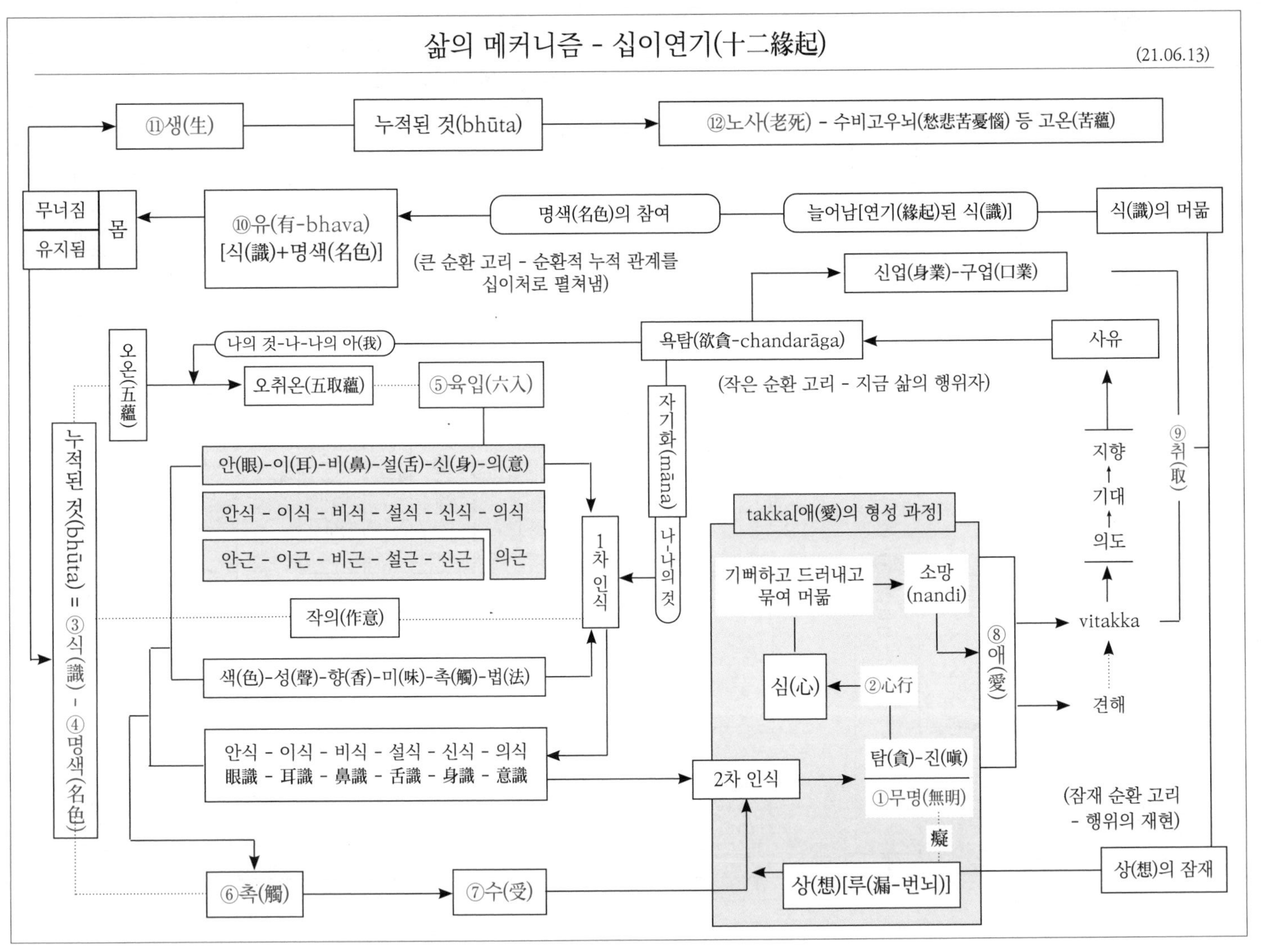

삶의 메커니즘 - 십이연기(十二緣起)
(21.06.13)
⑪생(生)
누적된 것(bhūta)
⑫노사(老死) - 수비고우뇌(愁悲苦憂惱) 등 고온(苦蘊)
무너짐
유지됨
몸
⑩유(有-bhava)
[식(識)+명색(名色)]
명색(名色)의 참여
늘어남[연기(緣起)된 식(識)]
식(識)의 머묾
(큰 순환 고리 - 순환적 누적 관계를
십이처로 펼쳐냄)
신업(身業)-구업(口業)
나의 것-나-나의 아(我)
욕탐(欲貪-chandarāga)
사유
(작은 순환 고리 - 지금 삶의 행위자)
오온(五蘊)
오취온(五取蘊)
⑤육입(六入)
자기화(māna)
나-나의 것
지향
기대
의도
⑨취(取)
안(眼)-이(耳)-비(鼻)-설(舌)-신(身)-의(意)
안식 - 이식 - 비식 - 설식 - 신식 - 의식
안근 - 이근 - 비근 - 설근 - 신근
의근
1차 인식
takka[애(愛)의 형성 과정]
기뻐하고 드러내고
묶여 머묾
소망
(nandi)
⑧애(愛)
vitakka
작의(作意)
색(色)-성(聲)-향(香)-미(味)-촉(觸)-법(法)
심(心)
②心行
견해
안식 - 이식 - 비식 - 설식 - 신식 - 의식
眼識 - 耳識 - 鼻識 - 舌識 - 身識 - 意識
2차 인식
탐(貪)-진(嗔)
①무명(無明)
癡
(잠재 순환 고리
- 행위의 재현)
누적된 것(bhūta) = ③식(識) - ④명색(名色)
⑥촉(觸)
⑦수(受)
상(想)[루(漏-번뇌)]
상(想)의 잠재

이렇게 나는 들었다. — 한때 세존은 사왓티에서 제따와나의 아나타삔디까 사원에 머물렀다. 거기서 세존은 "비구들이여."라고 비구들을 불렀다. "대덕이시여."라고 그 비구들은 세존에게 대답했다. 세존은 이렇게 말했다. — "비구들이여, 그대들에게 연기(緣起)를 설하겠다. 그것을 듣고 잘 사고하라. 나는 말할 것이다." "알겠습니다, 대덕이시여."라고 그 비구들은 세존에게 대답했다. 세존은 이렇게 말했다. —

"katamo ca, bhikkhave, paṭiccasamuppādo? avijjāpaccayā, bhikkhave, saṅkhārā; saṅkhārapaccayā viññāṇaṃ; viññāṇapaccayā nāmarūpaṃ; nāmarūpapaccayā saḷāyatanaṃ; saḷāyatanapaccayā phasso; phassapaccayā vedanā; vedanāpaccayā taṇhā; taṇhāpaccayā upādānaṃ; upādānapaccayā bhavo; bhavapaccayā jāti; jātipaccayā jarāmaraṇaṃ sokaparidevadukkhadomanassupāyāsā sambhavanti. evametassa kevalassa dukkhakkhandhassa samudayo hoti. ayaṃ vuccati, bhikkhave, paṭiccasamuppādo.

"비구들이여, 무엇이 연기(緣起)인가? 비구들이여, 무명(無明)을 조건으로 행(行)들이, 행(行)들을 조건으로 식(識)이, 식(識)을 조건으로 명색(名色)이, 명색(名色)을 조건으로 육입(六入)이, 육입(六入)을 조건으로 촉(觸)이, 촉(觸)을 조건으로 수(受)가, 수(受)를 조건으로 애(愛)가, 애(愛)를 조건으로 취(取)가, 취(取)를 조건으로 유(有)가, 유(有)를 조건으로 생(生)이, 생(生)을 조건으로 노사(老死)와 수비고우뇌(愁悲苦憂惱)가 생긴다. 이렇게 이 모든 괴로움 무더기가 자라난다[고집(苦集)]. 비구들이여, 이것이 연기(緣起)라고 불린다.

"avijjāya tveva asesavirāganirodhā saṅkhāranirodho; saṅkhāranirodhā viññāṇanirodho; viññāṇanirodhā nāmarūpanirodho; nāmarūpanirodhā saḷāyatananirodho; saḷāyatananirodhā phassanirodho; phassanirodhā vedanānirodho; vedanānirodhā taṇhānirodho; taṇhānirodhā upādānanirodho; upādānanirodhā bhavanirodho; bhavanirodhā jātinirodho; jātinirodhā jarāmaraṇaṃ sokaparidevadukkhadomanassupāyāsā nirujjhanti. evametassa kevalassa dukkhakkhandhassa nirodho hotī"ti. idamavoca bhagavā. attamanā te bhikkhū bhagavato bhāsitaṃ abhinandunti.

그러나 무명(無明)이 남김없이 바래어 소멸할 때 행(行)들이 소멸하고, 행(行)들이 소멸할 때 식(識)이 소멸하고, 식(識)이 소멸할 때 명색(名色)이 소멸하고, 명색(名色)이 소멸할 때 육입(六入)이 소멸하고, 육입(六入)이 소멸할 때 촉(觸)이 소멸하고, 촉(觸)이 소멸할 때 수(受)가 소멸하고, 수(受)가 소멸할 때 애(愛)가 소멸하고, 애(愛)가 소멸할 때 취(取)가 소멸하고, 취(取)가 소멸할 때 유(有)가 소멸하고, 유(有)가 소멸할 때 생(生)이 소멸하고, 생(生)이 소멸할 때 노사(老死)와 수비고우뇌(愁悲苦憂惱)가 소멸한다. 이렇게 이 모든 괴로움 무더기가 소멸한다[고멸(苦滅)]."라고. 세존은 이렇게 말했다. 그 비구들은 즐거워하면서 세존의 말씀을 기뻐했다.

2) 자라남-소멸의 안(眼)-지(知)-혜(慧)-명(明)-광(光)이 생김 — (SN 12.10-고따마 경)

늙고 죽고 옮겨가고 다시 태어나는 현상에 대한 문제의식 위에서 여리작의(如理作意)에 의한 지혜의 관통을 통해 그 조건 관계를 파헤쳐 무명(無明)에 닿고, 순서대로의 소멸로 무명의 소멸에 닿아 현상의 문제를 완전히 해소하는 것으로의 깨달음입니다.

(SN 12.4-위빳시 경)-(SN 12.5-시키 경)-(SN 12.6-웻사부 경)-(SN 12.7-까꾸산다 경)-(SN 12.8-꼬나가마나 경)-(SN 12.9-깟사빠 경)-(SN 12.10-고따마 경)으로 이어지는 일곱 개의 경은 위빳시 부처님으로부터 고따마 부처님까지의 일곱 부처님에게 동일한 내용으로 반복되는데, 동일한 깨달음에 의한 부처님들의 계보를 보여줍니다. 부처님들이 무엇을 깨달아 부처가 되었는지를 극명하게 보여주는 기준이라고 해야 하고, 이것이 불교의 정체성인 깨달음의 전형입니다.

"pubbeva me, bhikkhave, sambodhā anabhisambuddhassa bodhisattasseva sato etadahosi — 'kicchaṃ vatāyaṃ loko āpanno jāyati ca jīyati ca mīyati ca cavati ca upapajjati ca. atha ca panimassa dukkhassa nissaraṇaṃ nappajānāti jarāmaraṇassa. kudāssu nāma imassa dukkhassa nissaraṇaṃ paññāyissati jarāmaraṇassā'"ti?

"비구들이여, 나에게 깨달음 이전, 깨닫지 못한 보살이었을 때 이런 생각이 떠올랐다. — '참으로 세상에서 고통을 겪는 이 존재는 태어나고, 늙고, 죽고, 옮겨가고, 다시 태어난다. 그러나 늙고 죽는 이 괴로움의 해방(解放)을 꿰뚫어 알지 못한다. 언제나 늙고 죽는 이 괴로움의 해방이 꿰뚫어 알려질 것인가?'라고.

"tassa mayhaṃ, bhikkhave, etadahosi — 'kimhi nu kho sati jarāmaraṇaṃ hoti, kiṃpaccayā jarāmaraṇan'ti? tassa mayhaṃ, bhikkhave, yoniso manasikārā ahu paññāya abhisamayo — 'jātiyā kho sati jarāmaraṇaṃ hoti, jātipaccayā jarāmaraṇan'"ti.

비구들이여, 그런 나에게 이런 생각이 떠올랐다. — '무엇이 있을 때 노사(老死)가 있고, 무엇을 조건으로 노사(老死)가 생기는가?'라고. 비구들이여, 그런 나에게 '생(生)이 있을 때 노사(老死)가 있고, 생(生)을 조건으로 노사(老死)가 생긴다.'라는 지혜의 관통이 여리작의(如理作意)를 통해서 생겨났다.

"tassa mayhaṃ, bhikkhave, etadahosi — 'kimhi nu kho sati jāti hoti, kiṃpaccayā jātī'ti? tassa mayhaṃ, bhikkhave, yoniso manasikārā ahu paññāya abhisamayo — 'bhave kho sati jāti hoti, bhavapaccayā jātī'"ti.

비구들이여, 그런 나에게 이런 생각이 떠올랐다. — '무엇이 있을 때 생(生)이 있고, 무엇을 조건으로 생(生)이 생기는가?'라고. 비구들이여, 그런 나에게 '유(有)가 있을 때 생(生)이 있고, 유(有)를 조건으로 생(生)이 생긴다.'라는 지혜의 관통이 여리작의를 통해서 생겨났다.

"tassa mayhaṃ, bhikkhave, etadahosi — 'kimhi nu kho sati bhavo hoti, kiṃpaccayā bhavo'ti? tassa mayhaṃ, bhikkhave, yoniso manasikārā ahu paññāya abhisamayo — 'upādāne kho sati bhavo hoti, upādānapaccayā bhavo'"ti.

비구들이여, 그런 나에게 이런 생각이 떠올랐다. — '무엇이 있을 때 유(有)가 있고, 무엇을 조건으로 유(有)가 생기는가?'라고. 비구들이여, 그런 나에게 '취(取)가 있을 때 유(有)가 있고, 취(取)를 조건으로 유(有)가 생긴다.'라는 지혜의 관통이 여리작의를 통해서 생겨났다.

"tassa mayhaṃ, bhikkhave, etadahosi — 'kimhi nu kho sati upādānaṃ hoti, kiṃpaccayā upādānan'ti? tassa mayhaṃ, bhikkhave, yoniso manasikārā ahu paññāya abhisamayo — 'taṇhāya kho sati upādānaṃ hoti, taṇhāpaccayā upādānan'"ti.

비구들이여, 그런 나에게 이런 생각이 떠올랐다. — '무엇이 있을 때 취(取)가 있고, 무엇을 조건으로 취(取)가 생기는가?'라고. 비구들이여, 그런 나에게 '애(愛)가 있을 때 취(取)가 있고, 애(愛)를 조건으로 취(取)가 생긴다.'라는 지혜의 관통이 여리작의를 통해서 생겨났다.

"tassa mayhaṃ, bhikkhave, etadahosi — 'kimhi nu kho sati taṇhā hoti, kiṃpaccayā taṇhā'ti? tassa mayhaṃ, bhikkhave, yoniso manasikārā ahu paññāya abhisamayo — 'vedanāya kho sati taṇhā hoti, vedanāpaccayā taṇhā'"ti.

비구들이여, 그런 나에게 이런 생각이 떠올랐다. — '무엇이 있을 때 애(愛)가 있고, 무엇을 조건으로 애(愛)가 생기는가?'라고. 비구들이여, 그런 나에게 '수(受)가 있을 때 애(愛)가 있고, 수(受)를 조건으로 애(愛)가 생긴다.'라는 지혜의 관통이 여리작의를 통해서 생겨났다.

"tassa mayhaṃ, bhikkhave, etadahosi — 'kimhi nu kho sati vedanā hoti, kiṃpaccayā vedanā'ti? tassa mayhaṃ, bhikkhave, yoniso manasikārā ahu paññāya abhisamayo — 'phasse kho sati vedanā hoti, phassapaccayā vedanā'"ti.

비구들이여, 그런 나에게 이런 생각이 떠올랐다. — '무엇이 있을 때 수(受)가 있고, 무엇을 조건으로 수(受)가 생기는가?'라고. 비구들이여, 그런 나에게 '촉(觸)이 있을 때 수(受)가 있고, 촉(觸)을 조건으로 수(受)가 생긴다.'라는 지혜의 관통이 여리작의를 통해서 생겨났다.

“tassa mayhaṃ, bhikkhave, etadahosi — ‘kimhi nu kho sati phasso hoti, kiṃpaccayā phasso’ti? tassa mayhaṃ, bhikkhave, yoniso manasikārā ahu paññāya abhisamayo — ‘saḷāyatane kho sati phasso hoti, saḷāyatanapaccayā phasso’”ti.

비구들이여, 그런 나에게 이런 생각이 떠올랐다. — ‘무엇이 있을 때 촉(觸)이 있고, 무엇을 조건으로 촉(觸)이 생기는가?’라고. 비구들이여, 그런 나에게 ‘육입(六入)이 있을 때 촉(觸)이 있고, 육입(六入)을 조건으로 촉(觸)이 생긴다.’라는 지혜의 관통이 여리작의를 통해서 생겨났다.

“tassa mayhaṃ, bhikkhave, etadahosi — ‘kimhi nu kho sati saḷāyatanaṃ hoti, kiṃpaccayā saḷāyatanan’ti? tassa mayhaṃ, bhikkhave, yoniso manasikārā ahu paññāya abhisamayo — ‘nāmarūpe kho sati saḷāyatanaṃ hoti, nāmarūpapaccayā saḷāyatanan’”ti.

비구들이여, 그런 나에게 이런 생각이 떠올랐다. — ‘무엇이 있을 때 육입(六入)이 있고, 무엇을 조건으로 육입(六入)이 생기는가?’라고. 비구들이여, 그런 나에게 ‘명색(名色)이 있을 때 육입(六入)이 있고, 명색(名色)을 조건으로 육입(六入)이 생긴다.’라는 지혜의 관통이 여리작의를 통해서 생겨났다.

“tassa mayhaṃ, bhikkhave, etadahosi — ‘kimhi nu kho sati nāmarūpaṃ hoti, kiṃpaccayā nāmarūpan’ti? tassa mayhaṃ, bhikkhave, yoniso manasikārā ahu paññāya abhisamayo — ‘viññāṇe kho sati nāmarūpaṃ hoti, viññāṇapaccayā nāmarūpan’”ti.

비구들이여, 그런 나에게 이런 생각이 떠올랐다. — ‘무엇이 있을 때 명색(名色)이 있고, 무엇을 조건으로 명색(名色)이 생기는가?’라고. 비구들이여, 그런 나에게 ‘식(識)이 있을 때 명색(名色)이 있고, 식(識)을 조건으로 명색(名色)이 생긴다.’라는 지혜의 관통이 여리작의를 통해서 생겨났다.

“tassa mayhaṃ, bhikkhave, etadahosi — ‘kimhi nu kho sati viññāṇaṃ hoti, kiṃpaccayā viññāṇan’ti? tassa mayhaṃ, bhikkhave, yoniso manasikārā ahu paññāya abhisamayo — ‘saṅkhāresu kho sati viññāṇaṃ hoti, saṅkhārapaccayā viññāṇan’”ti.

비구들이여, 그런 나에게 이런 생각이 떠올랐다. — ‘무엇이 있을 때 식(識)이 있고, 무엇을 조건으로 식(識)이 생기는가?’라고. 비구들이여, 그런 나에게 ‘행(行)들이 있을 때 식(識)이 있고, 행(行)들을 조건으로 식(識)이 생긴다.’라는 지혜의 관통이 여리작의를 통해서 생겨났다.

"tassa mayhaṃ, bhikkhave, etadahosi — 'kimhi nu kho sati saṅkhārā honti, kiṃpaccayā saṅkhārā'ti? tassa mayhaṃ, bhikkhave, yoniso manasikārā ahu paññāya abhisamayo — 'avijjāya kho sati saṅkhārā honti, avijjāpaccayā saṅkhārā'"ti.

비구들이여, 그런 나에게 이런 생각이 떠올랐다. — '무엇이 있을 때 행(行)들이 있고, 무엇을 조건으로 행(行)들이 생기는가?'라고. 비구들이여, 그런 나에게 '무명(無明)이 있을 때 행(行)들이 있고, 무명(無明)을 조건으로 행(行)들이 생긴다.'라는 지혜의 관통이 여리작의를 통해서 생겨났다.

"iti hidaṃ avijjāpaccayā, bhikkhave, saṅkhārā; saṅkhārapaccayā viññāṇaṃ; viññāṇapaccayā nāmarūpaṃ; nāmarūpapaccayā saḷāyatanaṃ; saḷāyatanapaccayā phasso; phassapaccayā vedanā; vedanāpaccayā taṇhā; taṇhāpaccayā upādānaṃ; upādānapaccayā bhavo; bhavapaccayā jāti; jātipaccayā jarāmaraṇaṃ sokaparidevadukkhadomanassupāyāsā sambhavanti. evametassa kevalassa dukkhakkhandhassa samudayo hoti. 'samudayo, samudayo'ti kho me, bhikkhave, pubbe ananussutesu dhammesu cakkhuṃ udapādi, ñāṇaṃ udapādi, paññā udapādi, vijjā udapādi, āloko udapādi.

이렇게 이것이 있다. 무명(無明)을 조건으로 행(行)들이, 행(行)들을 조건으로 식(識)이, 식(識)을 조건으로 명색(名色)이, 명색(名色)을 조건으로 육입(六入)이, 육입(六入)을 조건으로 촉(觸)이, 촉(觸)을 조건으로 수(受)가, 수(受)를 조건으로 애(愛)가, 애(愛)를 조건으로 취(取)가, 취(取)를 조건으로 유(有)가, 유(有)를 조건으로 생(生)이, 생(生)을 조건으로 노사(老死)와 수비고우뇌(愁悲苦憂惱)가 생긴다. 이렇게 이 모든 괴로움 무더기가 자라난다[고집(苦集)]. 비구들이여, 그런 나에게 '자라남, 자라남'이라는 이전에 들어보지 못한 법들에 대한 안(眼-눈)이 생겼다. 지(知-앎)가 생겼다. 혜(慧-지혜)가 생겼다. 명(明-밝음)이 생겼다. 광(光-빛)이 생겼다.

"tassa mayhaṃ, bhikkhave, etadahosi — 'kimhi nu kho asati jarāmaraṇaṃ na hoti, kissa nirodhā jarāmaraṇanirodho'ti? tassa mayhaṃ, bhikkhave, yoniso manasikārā ahu paññāya abhisamayo — 'jātiyā kho asati jarāmaraṇaṃ na hoti, jātinirodhā jarāmaraṇanirodho'"ti.

비구들이여, 그런 나에게 이런 생각이 떠올랐다. — '무엇이 없을 때 노사(老死)가 없고, 무엇이 소멸할 때 노사(老死)가 소멸하는가?'라고. 비구들이여, 그런 나에게 '생(生)이 없을 때 노사(老死)가 없고, 생(生)이 소멸할 때 노사(老死)가 소멸한다.'라는 지혜의 관통이 여리작의(如理作意)를 통해서 생겨났다

"tassa mayhaṃ, bhikkhave, etadahosi — 'kimhi nu kho asati jāti na hoti, kissa nirodhā jātinirodho'ti?

tassa mayhaṃ, bhikkhave, yoniso manasikārā ahu paññāya abhisamayo — 'bhave kho asati jāti na hoti, bhavanirodhā jātinirodho'"ti.

비구들이여, 그런 나에게 이런 생각이 떠올랐다. — '무엇이 없을 때 생(生)이 없고, 무엇이 소멸할 때 생(生)이 소멸하는가?'라고. 비구들이여, 그런 나에게'유(有)가 없을 때 생(生)이 없고, 유(有)가 소멸할 때 생(生)이 소멸한다.'라는 지혜의 관통이 여리작의를 통해서 생겨났다.

"tassa mayhaṃ, bhikkhave, etadahosi — 'kimhi nu kho asati bhavo na hoti, kissa nirodhā bhavanirodho'ti? tassa mayhaṃ, bhikkhave, yoniso manasikārā ahu paññāya abhisamayo — 'upādāne kho asati bhavo na hoti, upādānanirodhā bhavanirodho'"ti.

비구들이여, 그런 나에게 이런 생각이 떠올랐다. — '무엇이 없을 때 유(有)가 없고, 무엇이 소멸할 때 유(有)가 소멸하는가?'라고. 비구들이여, 그런 나에게 '취(取)가 없을 때 유(有)가 없고, 취(取)가 소멸할 때 유(有)가 소멸한다.'라는 지혜의 관통이 여리작의를 통해서 생겨났다.

"tassa mayhaṃ, bhikkhave, etadahosi — 'kimhi nu kho asati upādānaṃ na hoti, kissa nirodhā upādānanirodho'ti? tassa mayhaṃ, bhikkhave, yoniso manasikārā ahu paññāya abhisamayo — 'taṇhāya kho asati upādānaṃ na hoti, taṇhānirodhā upādānanirodho'"ti.

비구들이여, 그런 나에게 이런 생각이 떠올랐다. — '무엇이 없을 때 취(取)가 없고, 무엇이 소멸할 때 취(取)가 소멸하는가?'라고. 비구들이여, 그런 나에게 '애(愛)가 없을 때 취(取)가 없고, 애(愛)가 소멸할 때 취(取)가 소멸한다.'라는 지혜의 관통이 여리작의를 통해서 생겨났다.

"tassa mayhaṃ, bhikkhave, etadahosi — 'kimhi nu kho asati taṇhā na hoti, kissa nirodhā taṇhānirodho'ti? tassa mayhaṃ, bhikkhave, yoniso manasikārā ahu paññāya abhisamayo — 'vedanāya kho asati taṇhā na hoti, vedanānirodhā taṇhānirodho'"ti.

비구들이여, 그런 나에게 이런 생각이 떠올랐다. — '무엇이 없을 때 애(愛)가 없고, 무엇이 소멸할 때 애(愛)가 소멸하는가?'라고. 비구들이여, 그런 나에게 '수(受)가 없을 때 애(愛)가 없고, 수(受)가 소멸할 때 애(愛)가 소멸한다.'라는 지혜의 관통이 여리작의를 통해서 생겨났다.

"tassa mayhaṃ, bhikkhave, etadahosi — 'kimhi nu kho asati vedanā na hoti, kissa nirodhā vedanānirodho'ti? tassa mayhaṃ, bhikkhave, yoniso manasikārā ahu paññāya abhisamayo — 'phasse kho asati vedanā na hoti, phassanirodhā vedanānirodho'"ti.

비구들이여, 그런 나에게 이런 생각이 떠올랐다. — '무엇이 없을 때 수(受)가 없고, 무엇이 소멸할 때 수(受)가 소멸하는가?'라고. 비구들이여, 그런 나에게 '촉(觸)이 없을 때 수(受)가 없고, 촉(觸)이 소멸할 때 수(受)가 소멸한다.'라는 지혜의 관통이 여리작의를 통해서 생겨났다.

"tassa mayhaṃ, bhikkhave, etadahosi — 'kimhi nu kho asati phasso na hoti, kissa nirodhā phassanirodho'ti? assa mayhaṃ, bhikkhave, yoniso manasikārā ahu paññāya abhisamayo — 'saḷāyatane kho asati phasso na hoti, saḷāyatananirodhā phassanirodho'"ti.

비구들이여, 그런 나에게 이런 생각이 떠올랐다. — '무엇이 없을 때 촉(觸)이 없고, 무엇이 소멸할 때 촉(觸)이 소멸하는가?'라고. 비구들이여, 그런 나에게 '육입(六入)이 없을 때 촉(觸)이 없고, 육입(六入)이 소멸할 때 촉(觸)이 소멸한다.'라는 지혜의 관통이 여리작의를 통해서 생겨났다.

"tassa mayhaṃ, bhikkhave, etadahosi — 'kimhi nu kho asati saḷāyatanaṃ na hoti, kissa nirodhā saḷāyatananirodho'ti? tassa mayhaṃ, bhikkhave, yoniso manasikārā ahu paññāya abhisamayo — 'nāmarūpe kho asati saḷāyatanaṃ na hoti, nāmarūpanirodhā saḷāyatananirodho'"ti.

비구들이여, 그런 나에게 이런 생각이 떠올랐다. — '무엇이 없을 때 육입(六入)이 없고, 무엇이 소멸할 때 육입(六入)이 소멸하는가?'라고. 비구들이여, 그런 나에게 '명색(名色)이 없을 때 육입(六入)이 없고, 명색(名色)이 소멸할 때 육입(六入)이 소멸한다.'라는 지혜의 관통이 여리작의를 통해서 생겨났다.

"tassa mayhaṃ, bhikkhave, etadahosi — 'kimhi nu kho asati nāmarūpaṃ na hoti, kissa nirodhā nāmarūpanirodho'ti? tassa mayhaṃ, bhikkhave, yoniso manasikārā ahu paññāya abhisamayo — 'viññāṇe kho asati nāmarūpaṃ na hoti, viññāṇanirodhā nāmarūpanirodho'"ti.

비구들이여, 그런 나에게 이런 생각이 떠올랐다. — '무엇이 없을 때 명색(名色)이 없고, 무엇이 소멸할 때 명색(名色)이 소멸하는가?'라고. 비구들이여, 그런 나에게 '식(識)이 없을 때 명색(名色)이 없고, 식(識)이 소멸할 때 명색(名色)이 소멸한다.'라는 지혜의 관통이 여리작의를 통해서 생겨났다.

"tassa mayhaṃ, bhikkhave, etadahosi — 'kimhi nu kho asati viññāṇaṃ na hoti, kissa nirodhā viññāṇanirodho'ti? tassa mayhaṃ, bhikkhave, yoniso manasikārā ahu paññāya abhisamayo — 'saṅkhāresu kho asati viññāṇaṃ na hoti, saṅkhāranirodhā viññāṇanirodho'"ti.

비구들이여, 그런 나에게 이런 생각이 떠올랐다. — '무엇이 없을 때 식(識)이 없고, 무엇이 소멸할 때 식(識)이 소멸하는가?'라고. 비구들이여, 그런 나에게 '행(行)들이 없을 때 식(識)이 없고, 행(行)들이 소멸할 때 식(識)이 소멸한다.'라는 지혜의 관통이 여리작의를 통해서 생겨났다.

"tassa mayhaṃ, bhikkhave, etadahosi — 'kimhi nu kho asati saṅkhārā na honti, kissa nirodhā saṅkhāranirodho'ti? tassa mayhaṃ, bhikkhave, yoniso manasikārā ahu paññāya abhisamayo — 'avijjāya kho asati saṅkhārā na honti, avijjānirodhā saṅkhāranirodho'"ti.

비구들이여, 그런 나에게 이런 생각이 떠올랐다. — '무엇이 없을 때 행(行)들이 없고, 무엇이 소멸할 때 행(行)들이 소멸하는가?'라고. 비구들이여, 그런 나에게 '무명(無明)이 없을 때 행(行)들이 없고, 무명(無明)이 소멸할 때 행(行)들이 소멸한다.'라는 지혜의 관통이 여리작의를 통해서 생겨났다.

"iti hidaṃ avijjāya tveva asesavirāganirodhā saṅkhāranirodho; saṅkhāranirodhā viññāṇanirodho; viññāṇanirodhā nāmarūpanirodho; nāmarūpanirodhā saḷāyatananirodho; saḷāyatananirodhā phassanirodho; phassanirodhā vedanānirodho; vedanānirodhā taṇhānirodho; taṇhānirodhā upādānanirodho; upādānanirodhā bhavanirodho; bhavanirodhā jātinirodho; jātinirodhā jarāmaraṇaṃ sokaparidevadukkhadomanassupāyāsā nirujjhanti. evametassa kevalassa dukkhakkhandhassa nirodho hoti. 'nirodho, nirodho'ti kho me, bhikkhave, pubbe ananussutesu dhammesu cakkhuṃ udapādi, ñāṇaṃ udapādi, paññā udapādi, vijjā udapādi, āloko udapādī"ti.

이렇게 이것이 있다. 무명(無明)이 남김없이 바래어 소멸할 때 행(行)들이 소멸하고, 행(行)들이 소멸할 때 식(識)이 소멸하고, 식(識)이 소멸할 때 명색(名色)이 소멸하고, 명색(名色)이 소멸할 때 육입(六入)이 소멸하고, 육입(六入)이 소멸할 때 촉(觸)이 소멸하고, 촉(觸)이 소멸할 때 수(受)가 소멸하고, 수(受)가 소멸할 때 애(愛)가 소멸하고, 애(愛)가 소멸할 때 취(取)가 소멸하고, 취(取)가 소멸할 때 유(有)가 소멸하고, 유(有)가 소멸할 때 생(生)이 소멸하고, 생(生)이 소멸할 때 노사(老死)와 수비고우뇌(愁悲苦憂惱)가 소멸한다. 이렇게 이 모든 괴로움 무더기가 소멸한다[고멸(苦滅)]. 비구들이여, 나에게 '소멸, 소멸'이라는 이전에 들어보지 못한 법들에 대한 안(眼-눈)이 생겼다. 지(知-앎)가 생겼다. 혜(慧-지혜)가 생겼다. 명(明-밝음)이 생겼다. 광(光-빛)이 생겼다."

배워 알고 실천하는 불교 신자!

3. 오온(五蘊)의 특성 — (SN 22.94-꽃 경)

☞ nikaya.kr : 불교입문(2-사실) 미리보기(201210) - 여래는 이것을 깨닫고 실현하였다 (근본경전연구회 해피스님)

경은 세상의 법으로 색(色)-수(受)-상(想)-행(行)-식(識) 오온(五蘊)을 제시합니다. 세상은 번뇌의 영향 위에 있는 유위(有爲)인 중생의 삶의 영역을 말하는데, 이런 세상이 오온(五蘊)으로 구성되어 있다는 선언입니다. 특히, 경은 상(常)하고 안정되고 영원하고 변하지 않는 것인 오온(五蘊)은 세상에 없고, 무상(無常)하고 괴롭고 변하는 것인 오온은 세상에 있다고 설명합니다.

※「상(常) ↔ 무상(無常), 안정 ↔ 고(苦), 영원하고 변하지 않는 것 ↔ 변하는 것」의 대응에 의하면, 고(苦)는 안정되지 않음을 의미한다는 것을 알 수 있습니다.

세상이 오온(五蘊)으로 구성되어 있다는 선언과 연결되어 오온(五蘊)의 의미를 분명히 해주는 교리는 일체(一切)입니다. 보통, 일체는 십이처(十二處)라고 알려져 있지만, 상윳따 니까야의 (SN 35-육처 상윳따)는 세 개의 품 29개의 경을 통해 일체를 설명하는데, 내입처-외입처의 쌍으로 일체를 말하는 (SN 35.23-일체 경) 외 28개 경은 내입처(內入處)-외입처(外入處)-식(識)-촉(觸)-수(受)의 확장된 영역을 일체라고 설명합니다. 이때, 확장된 영역의 일체는 쌍(雙)으로의 일체가 작의(作意)와 촉(觸)에 의해 활성화된 지금 삶을 설명하기 때문에 '활성화된 일체'라고 이름 붙였습니다. 마찬가지로 오온의 활성화도 설명되는데, (오온에 작의와 촉이 더해진) 서로 조건 되는 식(識)과 명색(名色)입니다. 세상을 구성하는 오온이 세상을 만나는 과정에서 일체로 펼쳐지고, 작의(作意)와 촉(觸)에 의해 활성화되어 지금 삶을 구성하고 살아간다는 시각은 삶을 이해하는 매우 중요한 관점인데, 삶의 메커니즘에서 인식의 영역을 구성하고 있습니다.

- 오온(五蘊) → 촉(觸)과 작의(作意)로 활성화 → 식(識)-명색(名色)
- 일체(一切) → 촉(觸)과 작의(作意)로 활성화 → 활성화된 일체

「삶의 메커니즘 - 십이연기(十二緣起)」는 오온(五蘊)과 식(識)-명색(名色) 그리고 일체와 활성화된 일체를 시각적으로 잘 표현하고 있습니다. → (182쪽)

한편, 이 주제는 이어지는 「3. 교단의 확장 —ādittasuttaṃ (SN 35.28-불탐 경)(207쪽)」에서 보충 설명됩니다.

"nāhaṃ, bhikkhave, lokena vivadāmi, lokova mayā vivadati. na, bhikkhave, dhammavādī kenaci lokasmiṃ vivadati. yaṃ, bhikkhave, natthisammataṃ loke paṇḍitānaṃ, ahampi taṃ 'natthī'ti vadāmi. yaṃ, bhikkhave, atthisammataṃ loke paṇḍitānaṃ, ahampi taṃ 'atthī'ti vadāmi".

"비구들이여, 나는 세상과 더불어 다투지 않는다. 단지 세상이 나를 상대로 다툴 뿐이다. 비구들이여, 법을 말하는 자는 세상에서 누구와도 더불어 다투지 않는다. 비구들이여, 세상에서 현자들에게 없다고 동의 된 것을 나도 역시 '없다'라고 말한다. 세상에서 현자들에게 있다고 동의 된 것을 나도 역시 '있다'라고 말한다.

"kiñca, bhikkhave, natthisammataṃ loke paṇḍitānaṃ, yamahaṃ 'natthī'ti vadāmi? rūpaṃ, bhikkhave, niccaṃ dhuvaṃ sassataṃ avipariṇāmadhammaṃ natthisammataṃ loke paṇḍitānaṃ; ahampi taṃ 'natthī'ti vadāmi. vedanā... saññā... saṅkhārā... viññāṇaṃ niccaṃ dhuvaṃ sassataṃ avipariṇāmadhammaṃ natthisammataṃ loke paṇḍitānaṃ; ahampi taṃ 'natthī'ti vadāmi. idaṃ kho, bhikkhave, natthisammataṃ loke paṇḍitānaṃ; ahampi taṃ 'natthī'ti vadāmi".

비구들이여, 그러면 세상에서 현자들에게 없다고 동의된 것이고, '없다'라고 내가 말하는 것은 무엇인가? 비구들이여, 상(常)하고 안정되고 영원하고 변하지 않는 것인 색(色)은 세상에서 현자들에게 없다고 동의 된 것이고, 나도 그것을 '없다'라고 말한다. 수(受) … 상(想) … 행(行)들 … 상(常)하고 안정되고 영원하고 변하지 않는 것인 식(識)은 세상에서 현자들에게 없다고 동의 된 것이고, 나도 그것을 '없다'라고 말한다. 비구들이여, 이것이 세상에서 현자들에게 없다고 동의 된 것이고, 나도 그것을 '없다'라고 말한다.

"kiñca, bhikkhave, atthisammataṃ loke paṇḍitānaṃ, yamahaṃ 'atthī'ti vadāmi? rūpaṃ, bhikkhave, aniccaṃ dukkhaṃ vipariṇāmadhammaṃ atthisammataṃ loke paṇḍitānaṃ; ahampi taṃ 'atthī'ti vadāmi. vedanā aniccā ... pe ... viññāṇaṃ aniccaṃ dukkhaṃ vipariṇāmadhammaṃ atthisammataṃ loke paṇḍitānaṃ; ahampi taṃ 'atthī'ti vadāmi. idaṃ kho, bhikkhave, atthisammataṃ loke paṇḍitānaṃ; ahampi taṃ 'atthī'ti vadāmi".

비구들이여, 그러면 세상에서 현자들에게 있다고 동의 된 것이고, '있다'라고 내가 말하는 것은 무엇인가? 비구들이여, 무상(無常)하고 괴롭고 변하는 것인 색(色)은 세상에서 현자들에게 있다고 동의 된 것이고, 나도 그것을 '있다'라고 말한다. 수(受) … 무상(無常)하고 괴롭고 변하는 것인 식(識)은 세상에서 현자들에게 있다고 동의 된 것이고, 나도 그것을 '있다'라고 말한다. 비구들이여, 이것이 세상에서 현자들에게 있다고 동의 된 것이고, 나도 그것을 '있다.'라고 말한다.

"atthi, bhikkhave, loke lokadhammo, taṃ tathāgato abhisambujjhati abhisameti; abhisambujjhitvā abhisametvā taṃ ācikkhati deseti paññapeti paṭṭhapeti vivarati vibhajati uttānīkaroti.

비구들이여, 세상에는 세상의 법이 있다. 여래(如來)는 그것을 깨닫고 실현하였다. 깨닫고 실현한 뒤에 그것을 공표하고, 전달하고, 선언하고, 시작하고, 드러내고, 분석하고, 해설한다.

"kiñca, bhikkhave, loke lokadhammo, taṃ tathāgato abhisambujjhati abhisameti, abhisambujjhitvā abhisametvā ācikkhati deseti paññapeti paṭṭhapeti vivarati vibhajati uttānīkaroti? rūpaṃ, bhikkhave, loke lokadhammo taṃ tathāgato abhisambujjhati abhisameti. abhisambujjhitvā abhisametvā ācikkhati deseti paññapeti paṭṭhapeti vivarati vibhajati uttānīkaroti.

비구들이여, 그러면 무엇이 세상에 있는 세상의 법이어서 여래(如來)는 그것을 깨닫고 실현하였고, 깨닫고 실현한 뒤에 그것을 공표하고, 전달하고, 선언하고, 시작하고, 드러내고, 분석하고, 해설하는가? 비구들이여, 색(色)은 세상에 있는 세상의 법이어서 여래(如來)는 그것을 깨닫고 실현하였고, 깨닫고 실현한 뒤에 그것을 공표하고, 전달하고, 선언하고, 시작하고, 드러내고, 분석하고, 해설한다.

"yo, bhikkhave, tathāgatena evaṃ ācikkhiyamāne desiyamāne paññapiya -māne paṭṭhapiyamāne vivariyamāne vibhajiyamāne uttānīkariyamāne na jānāti na passati tamahaṃ, bhikkhave, bālaṃ puthujjanaṃ andhaṃ acakkhukaṃ ajānantaṃ apassantaṃ kinti karomi! vedanā, bhikkhave, loke lokadhammo ... pe ... saññā, bhikkhave... saṅkhārā, bhikkhave... viññāṇaṃ, bhikkhave, loke lokadhammo taṃ tathāgato abhisambujjhati abhisameti. abhisambujjhitvā abhisametvā ācikkhati deseti paññapeti paṭṭhapeti vivarati vibhajati uttānīkaroti.

비구들이여, 여래에 의해 이렇게 공표되고, 전달되고, 선언되고, 시작되고, 드러나고, 분석되고, 해설되는 것을 알지 못하고 보지 못하는 어리석은 범부, 장님, 눈이 없는 자, 알지 못하고 보지 못하는 자에게, 비구들이여, 내가 무엇을 할 수 있겠는가? 비구들이여, 수(受)는 세상에 있는 세상의 법이어서 … 비구들이여, 상(想)은 … 비구들이여, 행(行)들은 … 비구들이여, 식(識)은 세상에 있는 세상의 법이어서 여래(如來)는 그것을 깨닫고 실현하였고, 깨닫고 실현한 뒤에 그것을 공표하고, 전달하고, 선언하고, 시작하고, 드러내고, 분석하고, 해설한다.

"yo, bhikkhave, tathāgatena evaṃ ācikkhiyamāne desiyamāne paññapiya -māne paṭṭhapiyamāne vivariyamāne vibhajiyamāne uttānīkariyamāne na jānāti na passati tamahaṃ, bhikkhave, bālaṃ puthujjanaṃ andhaṃ acakkhukaṃ ajānantaṃ apassantaṃ kinti karomi!

비구들이여, 여래에 의해 이렇게 공표되고, 전달되고, 선언되고, 시작되고, 드러나고, 분석되고, 해설되는 것을 알지 못하고 보지 못하는 어리석은 범부, 장님, 눈이 없는 자, 알지 못하고 보지 못하는 자에게, 비구들이여, 내가 무엇을 할 수 있겠는가?

"seyyathāpi, bhikkhave, uppalaṃ vā padumaṃ vā puṇḍarīkaṃ vā udake jātaṃ udake saṃvaḍḍhaṃ udakā accuggamma ṭhāti anupalittaṃ udakena; evameva kho, bhikkhave, tathāgato loke jāto loke saṃvaḍḍho lokaṃ abhibhuyya viharati anupalitto lokenā"ti.

비구들이여, 예를 들면 물에서 생겼고 물에서 자란 청련(靑蓮)이나 홍련(紅蓮)이나 백련(白蓮)이 물에서 벗어나서 물에 의해 더럽혀지지 않고 서 있다. 비구들이여, 그와 같이 세상에서 태어났고 세상에서 자란 여래는 세상을 이긴 뒤 세상에 의해 더럽혀지지 않고 머문다.

오온(五蘊)[색(色)-수(受)-상(想)-행(行)-식(識)] = 세상의 법(法) ⇒ 세상은 오온(五蘊)으로 구성되어 있음 ⇒ 세상에는 오온(五蘊) 밖에 없음 = 일체(一切)[육내입처(六內入處) - 육외입처(六外入處)] ⇒ 활성화된 일체[내입처(內入處)-외입처 (外入處)-식(識)-촉(觸)-수(受)] ⇔ 세상을 벗어난 것 = 열반(涅槃)

오온(五蘊) 또는 [식(識)과 명색(名色)]의 시각적 이해

니까야의 많은 경을 꿰면 「삶의 메커니즘」이란 한 장의 그림이 그려지는데, 번호를 매기면 연기(緣起) 곧 십이연기(十二緣起)가 된다는 것을 앞에서 살펴보았습니다. 그런데 특히, (SN 22-온(蘊) 상윳따)의 경들에 의하면, 색(色)-수(受)-상(想)-행(行)-식(識) 또한 삶의 과정을 지시합니다. 그래서 매 순간의 삶의 과정들이 누적[온(蘊)]된 것 즉 오온(五蘊)도 「삶의 메커니즘」의 틀 위에서 그림으로 그려지는데, 다음 쪽에 표시하였습니다.

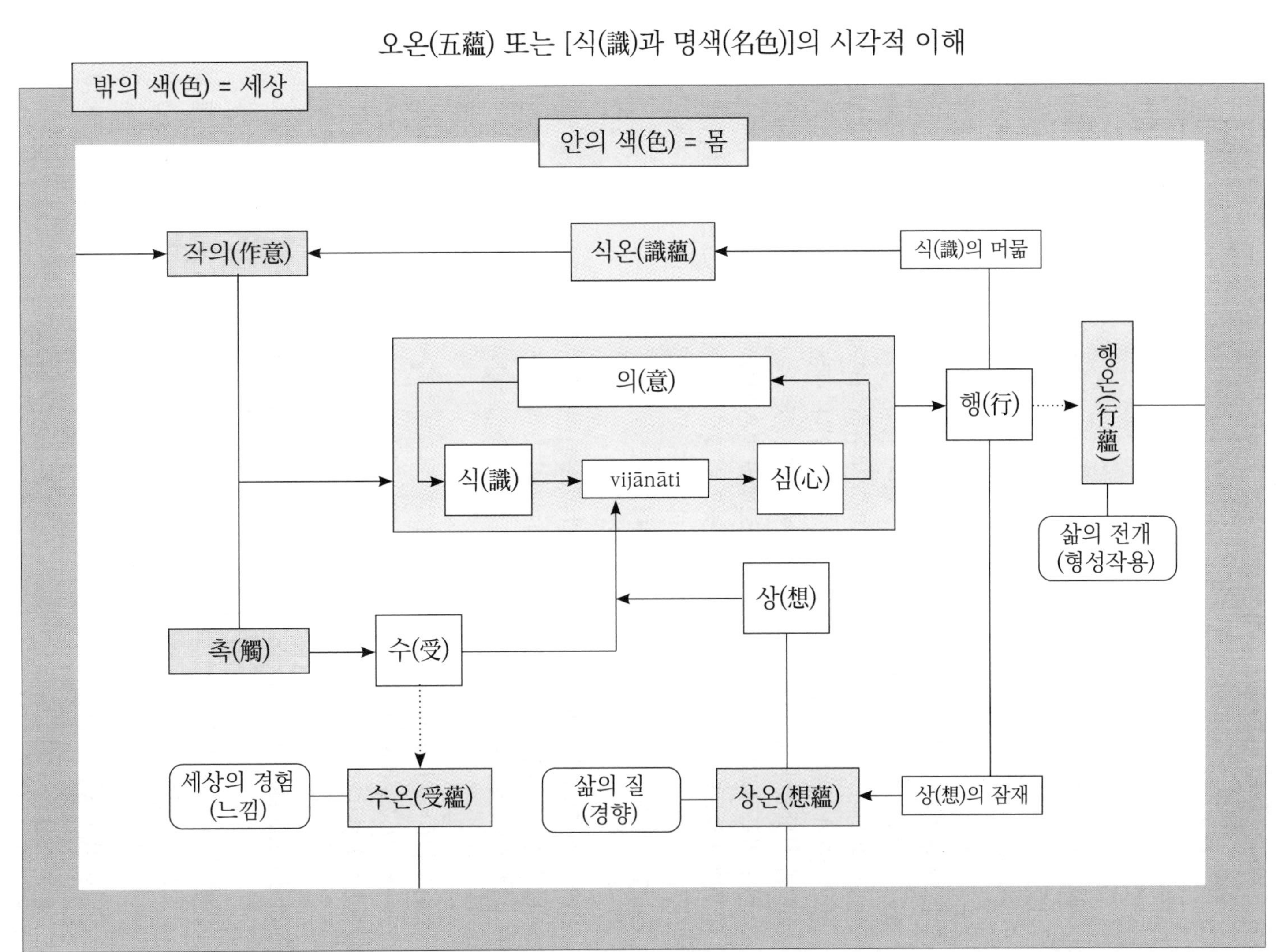
오온(五蘊) 또는 [식(識)과 명색(名色)]의 시각적 이해
밖의 색(色) = 세상
안의 색(色) = 몸
작의(作意)
식온(識蘊)
식(識)의 머묾
의(意)
식(識)
vijānāti
심(心)
행(行)
행온(行蘊)
삶의 전개
(형성작용)
상(想)
촉(觸)
수(受)
세상의 경험
(느낌)
수온(受蘊)
삶의 질
(경향)
상온(想蘊)
상(想)의 잠재

[2] 함께하는 다섯 비구에게 설해진 경

☞ nikaya.kr : 불교입문(2-사실) 미리보기(201217) - 함께하는 다섯 비구에게 설해진 경(근본경전연구회 해피스님)

「제1장 [6] 깨달음의 재현 = 제자들의 깨달음 — 법륜(法輪)을 굴림」에서 서술한 두 경입니다.

pañcavaggiyā bhikkhū(함께하는 다섯 비구)는 다섯 개의 경에 나타납니다. 깨달음 이후 이들에게 직접 설해진 두 개의 경[(SN 56.11-전법륜(轉法輪) 경)-(SN22.59-무아상경)]과 깨달음을 전후한 시점에 부처님과 이들 간의 일화를 설하는 세 개의 경[(MN 26-덫 경)-(MN 85-보디 왕자 경)-(MN 100-상가라와 경)]입니다. 특히, 일화 가운데는 부처님이 이들에게 법을 설하는 과정이 있는데, 「왕자여, 나는 두 명의 비구를 가르치고, 세 명의 비구가 탁발했다. 세 명의 비구가 탁발하여 가져온 것으로 여섯 명이 먹었다. 나는 세 명의 비구를 가르치고, 두 명의 비구가 탁발했다. 두 명의 비구가 탁발하여 가져온 것으로 여섯 명이 먹었다. 왕자여, 그러자 이렇게 가르치고 있는 나로부터 이렇게 가르침을 받은 함께하는 다섯 비구는 오래지 않아 좋은 가문의 아들들이 바르게 집에서 집 없는 곳으로 출가하는 목적인 위없는 범행(梵行)의 완성을 지금여기에서 스스로 실답게 안 뒤에 실현하고 성취하여 머물렀다.」라고 하여, 이들의 깨달음에 상당한 시간이 소요되었다는 것을 알려줍니다.

이때, (SN 56.11-전법륜(轉法輪) 경)은 법륜(法輪) 즉 부처님의 깨달음의 과정을 굴림으로써 꼰단냐 존자가 처음 법안(法眼)이 생기는 데까지이고, (SN22.59-무아상경)은 법안이 생긴 그들이 여실지견(如實知見)을 거쳐 아라한을 성취하는 과정을 설명합니다.

한편, 이 두 경이 제시하는 이치 위에서 번뇌를 부수는 구체적 수행 과정은 (MN 26-덫 경)에서 구차제주(九次第住)에 의해 단계적으로 번뇌를 부수는 과정으로 제시되는데, 앞의 자리에서 함께 소개하였습니다.

1. dhammacakkappavattanasuttaṃ (SN 56.11-전법륜(轉法輪) 경)

함께하는 다섯 비구를 대상으로 최초로 설해진 부처님의 설법입니다. 중도(中道) 곧 팔정도(八正道)의 실천, 사성제(四聖諦) 각각의 정의, 사성제의 삼전십이행(三轉十二行)에 의해 법안(法眼)이 생겨난 뒤 (SN 22.59-무아상경)으로 연결되어 깨달음을 재현하는 구조를 보여줍니다. 특히, 이 경은 법안(法眼)의 생김이란 사건의 비중을 제시하는데, 신들의 찬탄입니다.

그런데 경이 말하는 중도(中道)는 소유[욕(慾)]와 고행(苦行)의 중간길이 아닙니다. ①소유의 삶을 넘어섰기 때문에 소유를 가까이하지 않고, ②고행을 떠나 고(苦)의 경험을 배제하였기 때문에 고행을 가까이하지 않는 길입니다. 오직 이런 길만이 삶의 중심을 꿰뚫고, 깨달음에 직접 닿을 수 있는 길이어서 중도(中道)입니다. 다음 쪽에 그림으로 그렸습니다.

• 사성제(四聖諦)와 삼전십이행(三轉十二行)

- 고성제(苦聖諦) — 사고(四苦)-팔고(八苦) → 알려져야 함 → 알려짐
- 고집성제(苦集聖諦) — 애(愛) = 다시 존재로 이끌고 소망과 탐(貪)이 함께하며 여기저기서 즐기는 자(者) → 버려져야 함 → 버려짐
- 고멸성제(苦滅聖諦) — 애(愛)의 남김없이 바랜 소멸, 포기, 놓음, 풀림, 잡지 않음 → 실현되어야 함 → 실현됨
- 고멸도성제(苦滅道聖諦) — 팔정도(八正道) → 닦아져야 함 → 닦아짐

☞ sutta.kr : (SN56.11)전법륜경 – 중도(中道) & 사성제(四聖諦) 해설(180531)

ekaṃ samayaṃ bhagavā bārāṇasiyaṃ viharati isipatane migadāye. tatra kho bhagavā pañcavaggiye bhikkhū āmantesi — "dveme, bhikkhave, antā pabbajitena na sevitabbā. katame dve? yo cāyaṃ kāmesu kāmasukhallikānuyogo hīno gammo pothujjaniko anariyo anatthasaṃhito, yo cāyaṃ attakilamathānuyogo dukkho anariyo anatthasaṃhito. ete kho, bhikkhave, ubho ante anupagamma majjhimā paṭipadā tathāgatena abhisambuddhā cakkhukaraṇī ñāṇakaraṇī upasamāya abhiññāya sambodhāya nibbānāya saṃvattati".

한때 세존은 바라나시에서 이시빠따나의 사슴 공원에 머물렀다. 그때 세존은 함께하는 다섯 비구에게 말했다. — "비구들이여, 출가자가 실천하지 않아야 하는 이런 두 끝이 있다. 무엇이 둘인가? 소유의 삶에서 소유의 즐거움에 묶인 이런 실천은 저열하고 천박하고 범속하고 성스럽지 못하고 이익을 가져오지 않는다. 자신을 지치게 하는 이런 실천은 괴롭고 성스럽지 못하고 이익을 가져오지 않는다. 비구들이여, 이런 양 끝을 가까이하지 않고서 여래가 깨달은 중도(中道)는 눈을 만들고, 앎을 만들고, 가라앉음으로 실다운 지혜로 깨달음으로 열반으로 이끈다.

"katamā ca sā, bhikkhave, majjhimā paṭipadā tathāgatena abhisambuddhā cakkhukaraṇī ñāṇakaraṇī upasamāya abhiññāya sambodhāya nibbānāya saṃvattati? ayameva ariyo aṭṭhaṅgiko maggo, seyyathidaṃ — sammādiṭṭhi sammāsaṅkappo sammāvācā sammākammanto sammāājīvo sammāvāyāmo sammāsati sammāsamādhi. ayaṃ kho sā, bhikkhave, majjhimā paṭipadā tathāgatena abhisambuddhā cakkhukaraṇī ñāṇakaraṇī upasamāya abhiññāya sambodhāya nibbānāya

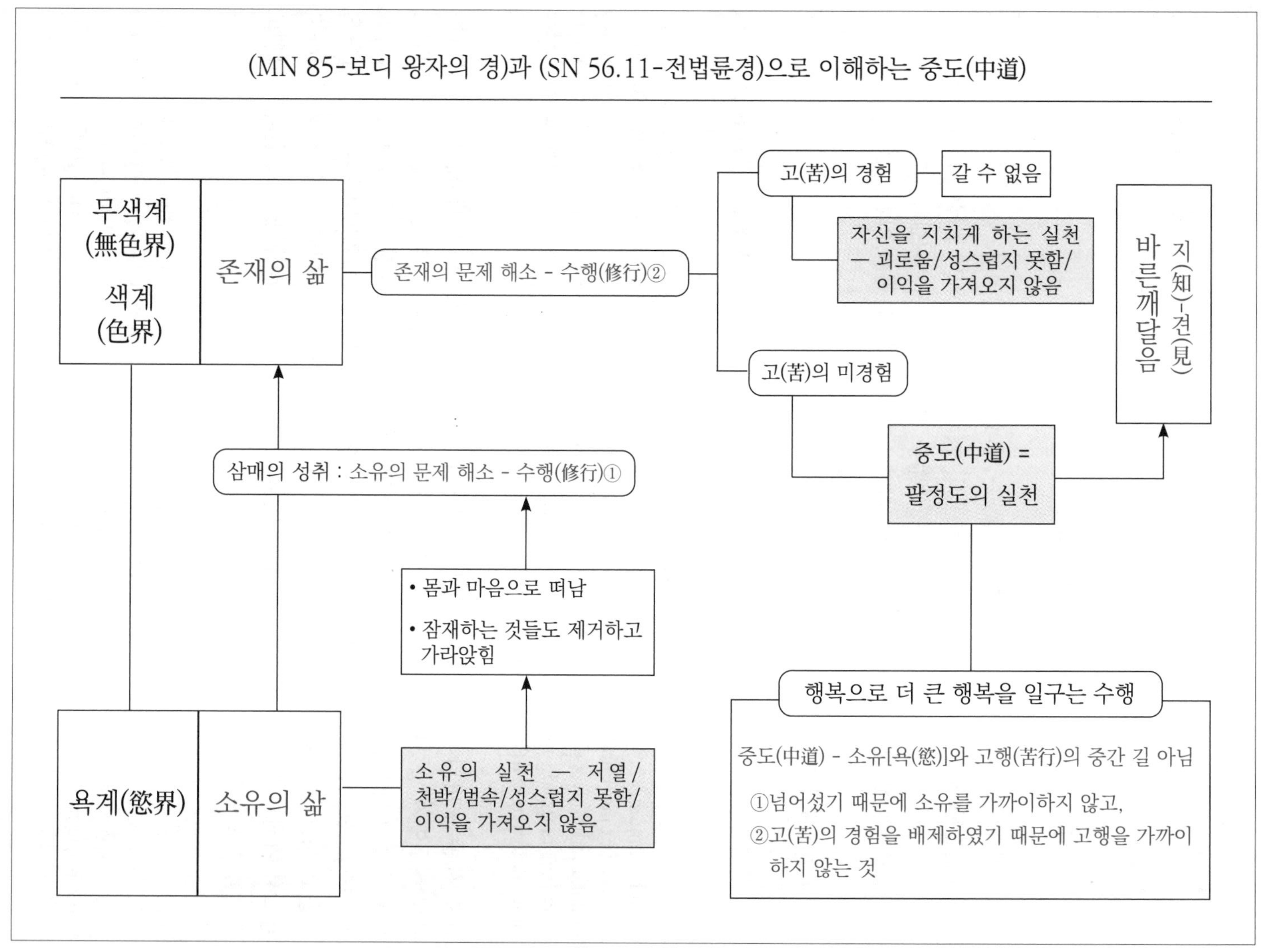
(MN 85-보디 왕자의 경)과 (SN 56.11-전법륜경)으로 이해하는 중도(中道)
무색계(無色界)
색계(色界)
존재의 삶
존재의 문제 해소 - 수행(修行)②
고(苦)의 경험
갈 수 없음
자신을 지치게 하는 실천 — 괴로움/성스럽지 못함/이익을 가져오지 않음
고(苦)의 미경험
중도(中道) = 팔정도의 실천
지(知)-견(見)
바른 깨달음
삼매의 성취 : 소유의 문제 해소 - 수행(修行)①
• 몸과 마음으로 떠남
• 잠재하는 것들도 제거하고 가라앉힘
욕계(慾界)
소유의 삶
소유의 실천 — 저열/천박/범속/성스럽지 못함/이익을 가져오지 않음
행복으로 더 큰 행복을 일구는 수행
중도(中道) - 소유[욕(慾)]와 고행(苦行)의 중간 길 아님
①넘어섰기 때문에 소유를 가까이하지 않고,
②고(苦)의 경험을 배제하였기 때문에 고행을 가까이 하지 않는 것

saṃvattati.

비구들이여, 그러면 무엇이 눈을 만들고 앎을 만들고, 가라앉음으로 실다운 지혜로 깨달음으로 열반으로 이끄는, 여래가 깨달은 중도(中道)인가? 오직 이것, 바른 견해-바른 사유-바른말-바른 행위-바른 생활-바른 노력-바른 사띠-바른 삼매의 여덟 요소로 구성된 성스러운 도(道)이다. 비구들이여, 이것이 눈을 만들고 앎을 만들고, 가라앉음으로 실다운 지혜로 깨달음으로 열반으로 이끄는, 여래가 깨달은 중도(中道)이다.

• 팔정도(八正道) — 정견(正見)-정사유(正思惟)-정어(正語)-정업(正業)-정명(正命)-정정진(正精進)-정념(正念)-정정(正定)

"idaṃ kho pana, bhikkhave, dukkhaṃ ariyasaccaṃ — jātipi dukkhā, jarāpi dukkhā, byādhipi dukkho, maraṇampi dukkhaṃ, appiyehi sampayogo dukkho, piyehi vippayogo dukkho, yampicchaṃ na labhati tampi dukkhaṃ — saṃkhittena pañcupādānakkhandhā dukkhā. idaṃ kho pana, bhikkhave, dukkhasamudayaṃ ariyasaccaṃ — yāyaṃ taṇhā ponobbhavikā nandirāgasahagatā tatratatrābhinandinī, seyyathidaṃ — kāmataṇhā, bhavataṇhā, vibhavataṇhā. idaṃ kho pana, bhikkhave, dukkhanirodhaṃ ariyasaccaṃ — yo tassāyeva taṇhāya asesavirāganirodho cāgo paṭinissaggo mutti anālayo. idaṃ kho pana, bhikkhave, dukkhanirodhagāminī paṭipadā ariyasaccaṃ — ayameva ariyo aṭṭhaṅgiko maggo, seyyathidaṃ — sammādiṭṭhi ... pe ... sammāsamādhi.

비구들이여, 이것이 괴로움의 성스러운 진리[고성제(苦聖諦)]이다. — 태어남(生)도 괴로움이고, 늙음(老)도 괴로움이고, 병(病)도 괴로움이고, 죽음(死)도 괴로움이다. 재미없는 것들과 함께 엮이는 것(怨憎會苦)도 괴로움이고, 즐거운 것들과 갈라지는 것(愛別離苦)도 괴로움이고, 구하는 것을 얻지 못하는 것(求不得苦)도 괴로움이다. 간략히 말하면, 오취온(五取蘊)이 괴로움이다(五取蘊苦).

비구들이여, 다시 존재로 이끌고 소망과 탐(貪)이 함께하며 여기저기서 즐기는 자(者)인 애(愛)가 괴로움의 자라남의 성스러운 진리[고집성제(苦集聖諦)]인데, 소유의 애(愛), 존재의 애(愛), 존재하지 않음의 애(愛)[욕애(慾愛)-유애(有愛)-무유애(無有愛)]가 있다.

비구들이여, 애(愛)의 남김없이 바랜 소멸, 포기, 놓음, 풀림, 잡지 않음이 괴로움의 소멸의 성스러운 진리[고멸성제(苦滅聖諦)]이다.

비구들이여, 이것이 괴로움의 소멸로 이끄는 실천의 성스러운 진리[고멸도성제(苦滅道聖諦)]이니, 오직 이것, 바른 견해-바른 사유-바른말-바른 행위-바른 생활-바른 노력-바른 사띠-바른 삼매의 여덟 요소로 구성된 성스러운 길[팔정도(八正道)]이다.

"'idaṃ dukkhaṃ ariyasaccan'ti me, bhikkhave, pubbe ananussutesu dhammesu cakkhuṃ udapādi, ñāṇaṃ udapādi, paññā udapādi, vijjā udapādi, āloko udapādi. 'taṃ kho panidaṃ dukkhaṃ ariyasaccaṃ pariññeyyan'ti me, bhikkhave, pubbe ... pe ... udapādi. 'taṃ kho panidaṃ dukkhaṃ ariyasaccaṃ pariññātan'ti me, bhikkhave, pubbe ananussutesu dhammesu cakkhuṃ udapādi, ñāṇaṃ udapādi, paññā udapādi, vijjā udapādi, āloko udapādi.

비구들이여, 나에게 '이것이 괴로움의 성스러운 진리이다.'라는 이전에 들어보지 못한 법들에 대한 눈이 생겼고, 앎이 생겼고, 지혜가 생겼고, 밝음이 생겼고, 빛이 생겼다. 나에게 '이 괴로움의 성스러운 진리는 완전히 알려져야 한다.'라는 이전에 들어보지 못한 법들에 대한 눈이 생겼고, 앎이 생겼고, 지혜가 생겼고, 밝음이 생겼고, 빛이 생겼다. 나에게 '이 괴로움의 성스러운 진리는 완전히 알려졌다.'라는 이전에 들어보지 못한 법들에 대한 눈이 생겼고, 앎이 생겼고, 지혜가 생겼고, 밝음이 생겼고, 빛이 생겼다.

- 안(眼)-지(知)-혜(慧)-명(明)-광(光)

"'idaṃ dukkhasamudayaṃ ariyasaccan'ti me, bhikkhave, pubbe ananussutesu dhammesu cakkhuṃ udapādi, ñāṇaṃ udapādi, paññā udapādi, vijjā udapādi, āloko udapādi. 'taṃ kho panidaṃ dukkhasamudayaṃ ariyasaccaṃ pahātabban'ti me, bhikkhave, pubbe ... pe ... udapādi. 'taṃ kho panidaṃ dukkhasamudayaṃ ariyasaccaṃ pahīnan'ti me, bhikkhave, pubbe ananussutesu dhammesu cakkhuṃ udapādi, ñāṇaṃ udapādi, paññā udapādi, vijjā udapādi, āloko udapādi.

비구들이여, 나에게 '이것이 괴로움의 자라남의 성스러운 진리이다.'라는 이전에 들어보지 못한 법들에 대한 눈이 생겼고, 앎이 생겼고, 지혜가 생겼고, 밝음이 생겼고, 빛이 생겼다. 나에게 '이 괴로움의 자라남의 성스러운 진리는 버려져야 한다.'라는 이전에 들어보지 못한 법들에 대한 눈이 생겼고, 앎이 생겼고, 지혜가 생겼고, 밝음이 생겼고, 빛이 생겼다. 나에게 '이 괴로움의 자라남의 성스러운 진리는 버려졌다.'라는 이전에 들어보지 못한 법들에 대한 눈이 생겼고, 앎이 생겼고, 지혜가 생겼고, 밝음이 생겼고, 빛이 생겼다.

"'idaṃ dukkhanirodhaṃ ariyasaccan'ti me, bhikkhave, pubbe ananussutesu dhammesu cakkhuṃ udapādi, ñāṇaṃ udapādi, paññā udapādi, vijjā udapādi, āloko udapādi. 'taṃ kho panidaṃ dukkhanirodhaṃ ariyasaccaṃ sacchikātabban'ti me, bhikkhave, pubbe ... pe ... udapādi. 'taṃ kho panidaṃ dukkhanirodhaṃ ariyasaccaṃ sacchikatan'ti me, bhikkhave, pubbe ananussutesu dhammesu cakkhuṃ udapādi, ñāṇaṃ udapādi, paññā udapādi, vijjā udapādi, āloko udapādi.

비구들이여, 나에게 '이것이 괴로움의 소멸의 성스러운 진리이다.'라는 이전에 들어보지 못한 법들에 대한 눈이 생겼고, 앎이 생겼고, 지혜가 생겼고, 밝음이 생겼고, 빛이 생겼다.

나에게 '이 괴로움의 소멸의 성스러운 진리는 실현되어야 한다.'라는 이전에 들어보지 못한 법들에 대한 눈이 생겼고, 앎이 생겼고, 지혜가 생겼고, 밝음이 생겼고, 빛이 생겼다. 나에게 '이 괴로움의 소멸의 성스러운 진리는 실현되었다.'라는 이전에 들어보지 못한 법들에 대한 눈이 생겼고, 앎이 생겼고, 지혜가 생겼고, 밝음이 생겼고, 빛이 생겼다.

"'idaṃ dukkhanirodhagāminī paṭipadā ariyasaccan'ti me, bhikkhave, pubbe ananussutesu dhammesu cakkhuṃ udapādi, ñāṇaṃ udapādi, paññā udapādi, vijjā udapādi, āloko udapādi. taṃ kho panidaṃ dukkhanirodhagāminī paṭipadā ariyasaccaṃ bhāvetabban'ti me, bhikkhave, pubbe … pe … udapādi. 'taṃ kho panidaṃ dukkhanirodhagāminī paṭipadā ariyasaccaṃ bhāvitan'ti me, bhikkhave, pubbe ananussutesu dhammesu cakkhuṃ udapādi, ñāṇaṃ udapādi, paññā udapādi, vijjā udapādi, āloko udapādi.

비구들이여, 나에게 '이것이 괴로움의 소멸로 이끄는 실천의 성스러운 진리이다.'라는 이전에 들어보지 못한 법들에 대한 눈이 생겼고, 앎이 생겼고, 지혜가 생겼고, 밝음이 생겼고, 빛이 생겼다. 나에게 '이 괴로움의 소멸로 이끄는 실천의 성스러운 진리는 닦아져야 한다.'라는 이전에 들어보지 못한 법들에 대한 눈이 생겼고, 앎이 생겼고, 지혜가 생겼고, 밝음이 생겼고, 빛이 생겼다. 나에게 '이 괴로움의 소멸로 이끄는 실천의 성스러운 진리는 닦아졌다.'라는 이전에 들어보지 못한 법들에 대한 눈이 생겼고, 앎이 생겼고, 지혜가 생겼고, 밝음이 생겼고, 빛이 생겼다.

"yāvakīvañca me, bhikkhave, imesu catūsu ariyasaccesu evaṃ tiparivaṭṭaṃ dvādasākāraṃ yathābhūtaṃ ñāṇadassanaṃ na suvisuddhaṃ ahosi, neva tāvāhaṃ, bhikkhave, sadevake loke samārake sabrahmake sassamaṇabrāhmaṇiyā pajāya sadevamanussāya 'anuttaraṃ sammā -sambodhiṃ abhisambuddho'ti paccaññāsiṃ.

비구들이여, 나에게 세 번 굴린 열두 형태[삼전십이행(三轉十二行)]의 방법으로 이 네 가지 성스러운 진리에 대한 있는 그대로의 지(知-앎)와 견(見-봄)의 아주 청정함이 없었던 때까지는, 비구들이여, 나는 신과 마라와 범천과 함께하는 세상에서, 사문-바라문과 신과 사람을 포함한 무리를 위해 '위없는 바른 깨달음을 깨달았다.'라고 선언하지 않았다.

"yato ca kho me, bhikkhave, imesu catūsu ariyasaccesu evaṃ tiparivaṭṭaṃ dvādasākāraṃ yathābhūtaṃ ñāṇadassanaṃ suvisuddhaṃ ahosi, athāhaṃ, bhikkhave, sadevake loke samārake sabrahmake sassamaṇabrāhmaṇiyā pajāya sadevamanussāya 'anuttaraṃ sammāsambodhiṃ abhisambuddho'ti paccaññāsiṃ. ñāṇañca pana me dassanaṃ udapādi — 'akuppā me vimutti, ayamantimā jāti, natthidāni punabbhavo'"ti. idamavoca bhagavā. attamanā pañcavaggiyā bhikkhū bhagavato bhāsitaṃ abhinandunti.

비구들이여, 나에게 세 번 굴린 열두 형태[삼전십이행(三轉十二行)]의 이런 방법으로 이 네 가지 성스러운 진리에 대한 있는 그대로의 지(知)와 견(見)의 아주 청정함이 있었기 때문에, 비구들이여, 나는 신과 마라와 범천과 함께하는 세상에서, 사문-바라문과 신과 사람을 포함한 무리를 위해 '위없는 바른 깨달음을 깨달았다.'라고 선언했다. 그리고 나에게 지(知)와 견(見)이 생겼다. — '나의 해탈은 흔들리지 않는다[부동(不動)의 심해탈(心解脫)]. 이것이 태어남의 끝이다. 이제 다시 존재로 이끌리지 않는다.'라고.

세존은 이렇게 말했다. 함께하는 다섯 비구는 즐거워하면서 세존의 말씀을 기뻐했다.

imasmiñca pana veyyākaraṇasmiṃ bhaññamāne āyasmato koṇḍaññassa virajaṃ vītamalaṃ dhammacakkhuṃ udapādi — "yaṃ kiñci samudaya -dhammaṃ, sabbaṃ taṃ nirodhadhamman"ti.

이 설명이 설해지고 있을 때 꼰단냐 존자에게 '자라나는 것은 무엇이든지 모두 소멸하는 것이다.'라는 티끌이 없고 때가 없는 법의 눈[법안(法眼)]이 생겼다.

pavattite ca pana bhagavatā dhammacakke bhummā devā saddamanussāvesuṃ — "etaṃ bhagavatā bārāṇasiyaṃ isipatane migadāye anuttaraṃ dhammacakkaṃ pavattitaṃ appaṭivattiyaṃ samaṇena vā brāhmaṇena vā devena vā mārena vā brahmunā vā kenaci vā lokasmin"ti. bhummānaṃ devānaṃ saddaṃ sutvā cātumahārājikā devā saddamanussāvesuṃ — "etaṃ bhagavatā bārāṇasiyaṃ isipatane migadāye anuttaraṃ dhammacakkaṃ pavattitaṃ, appaṭivattiyaṃ samaṇena vā brāhmaṇena vā devena vā mārena vā brahmunā vā kenaci vā lokasmin"ti. cātumahārājikānaṃ devānaṃ saddaṃ sutvā tāvatiṃsā devā ... pe ... yāmā devā ... pe ... tusitā devā ... pe ... nimmānaratī devā ... pe ... paranimmitavasavattī devā ... pe ... brahmakāyikā devā saddamanussāvesuṃ — "etaṃ bhagavatā bārāṇasiyaṃ isipatane migadāye anuttaraṃ dhammacakkaṃ pavattitaṃ appaṭivattiyaṃ samaṇena vā brāhmaṇena vā devena vā mārena vā brahmunā vā kenaci vā lokasmin"ti.

세존에 의해 법륜(法輪)이 굴려졌을 때, 땅의 신들이 소리쳤다. — "바라나시 이시빠따나의 사슴 공원에서 세존에 의해 굴려진 이 위없는 법륜(法輪)은 사문이나 바라문이나 신이나 마라나 범천이나 세상의 그 누구에 의해서도 되돌려지지 않는 것이다."라고. 땅의 신들의 소리를 듣고 사왕천(四王天)의 신들이 소리쳤다. — "바라나시 이시빠따나의 사슴 공원에서 세존에 의해 굴려진 이 위없는 법륜(法輪)은 사문이나 바라문이나 신이나 마라나 범천이나 세상의 그 누구에 의해서도 되돌려지지 않는 것이다."라고. 사왕천(四王天)의 신들의 소리를 듣고 삼십삼천(三十三天)의 신들이 … 야마천(夜摩天)의 신들이 … 도솔천(兜率天)의 신들이 … 화락천(化樂天)의 신들이 … 타화자재천(他化自在天)의 신들이 … 범신천(梵身天)의 신들이 소리쳤다. — "바라나시 이시빠따나의 사슴 공원에서 세존에 의해 굴려진 이 위없는 법륜(法輪)은 사문이나 바라문이나 신이나 마라나 범천이나 세상의 그 누구에 의해서도 되돌려지지 않는 것이다."라고.

itiha tena khaṇena (tena layena) tena muhuttena yāva brahmalokā saddo abbhuggacchi. ayañca dasasahassilokadhātu saṅkampi sampakampi sampavedhi, appamāṇo ca uḷāro obhāso loke pāturahosi atikkamma devānaṃ devānubhāvanti.

이렇게 그 순간, 그 짧은 시간 동안에 범천(梵天)의 세상까지 소리가 퍼져나갔다. 일만의 세계는 흔들렸고, 거세게 흔들렸고, 심하게 흔들렸다. 그리고 신들의 신통력을 능가하는 한량없고 밝은 빛이 세상에 나타났다.

atha kho bhagavā imaṃ udānaṃ udānesi — "aññāsi vata, bho, koṇḍañño, aññāsi vata, bho, koṇḍañño"ti! iti hidaṃ āyasmato koṇḍaññassa 'aññāsi -koṇḍañño' tveva nāmaṃ ahosīti.

그때 세존은 이런 감흥을 읊었다. — "벗들이여, 참으로 꼰단냐는 알았다. 벗들이여, 참으로 꼰단냐는 알았다."라고. 이렇게 꼰단냐 존자에게 '안냐시꼰단냐'라는 이런 이름이 생겼다.

2. anattalakkhaṇasuttaṃ (SN 22.59-무아상(無我相) 경)

색(色)-수(受)-상(想)-행(行)-식(識)이 아(我)라면 범(梵-brahma)의 분신으로서 완전한 존재 상태 즉 상락아정(常樂我淨)의 특성을 가져야 합니다. 그래서 아(我-attan)인 색(色)-수(受)-상(想)-행(行)-식(識)은 기본적으로 결점으로 이끌리지 않아야 합니다. 또한, 아(我)인 존재의 현상적 특징은 상(常)이기 때문에 자기의 존재 상태를 유지하고, 다른 것이 되지 않아야 합니다. 그리고 아(我)인 색(色)-수(受)-상(想)-행(行)-식(識)의 구성요소를 갖춘 나는 구성요소들에 대해 '이런 상태로 있어라. 이런 상태가 되지 말아라.'라는 권한을 가져야합니다.

그러나 현실은 나에게 이런 권한이 없는데, 상(常)하지 않기 때문입니다. 그래서 상(常)하지 않은 이 구성요소들은 아(我)라고 할 수 없습니다. 이렇게 색(色)-수(受)-상(想)-행(行)-식(識)은 상(常)하지 않고 아(我)가 아닙니다. 즉 무상(無常)-무아(無我)입니다.

함께하는 다섯 비구를 상대로 최초로 깨달음을 재현하는 가르침은 바로 이것입니다. 무상(無常)-무아(無我)라고 바른 지혜로써 있는 그대로 본 뒤에 집착 없이 해탈하는 것입니다.

무아(無我)의 두 번째 특징은 (MN 35-삿짜까 작은 경)에도 나오는데, 좀 더 상세한 설명을 담고 있습니다.

☞ sutta.kr : 맛지마 니까야 관통 법회 - 35. 삿짜까 작은 경[무아(無我)
-무상(無常)](근본경전연구회 해피스님 210908)

ekaṃ samayaṃ bhagavā bārāṇasiyaṃ viharati isipatane migadāye. tatra kho bhagavā pañcavaggiye bhikkhū āmantesi — "bhikkhavo"ti. "bhadante"ti te bhikkhū bhagavato paccassosuṃ. bhagavā etadavoca —

한때 세존은 바라나시에서 이시빠따나의 사슴 공원에 머물렀다. 거기서 세존은 "비구들이여."라고 함께하는 다섯 비구를 불렀다. "대덕이시여."라고 그 비구들은 세존에게 대답했다. 세존은 이렇게 말했다. —

"rūpaṃ, bhikkhave, anattā. rūpañca hidaṃ, bhikkhave, attā abhavissa, nayidaṃ rūpaṃ ābādhāya saṃvatteyya, labbhetha ca rūpe — 'evaṃ me rūpaṃ hotu, evaṃ me rūpaṃ mā ahosī'ti. yasmā ca kho, bhikkhave, rūpaṃ anattā, tasmā rūpaṃ ābādhāya saṃvattati, na ca labbhati rūpe — 'evaṃ me rūpaṃ hotu, evaṃ me rūpaṃ mā ahosī'"ti.

[①무아(無我)의 선언] "비구들이여, 색(色)은 무아(無我)다. 비구들이여, 참으로 이 색(色)이 아(我)라면 이 색(色)은 결점으로 이끌리지 않아야 하고, 색(色)에 대해 '나의 색(色)은 이런 상태로 있어라. 나의 색(色)은 이런 상태가 되지 말아라.'라는 권한이 있어야 한다. 그러나 비구들이여, 색(色)은 무아(無我)이기 때문에 색(色)은 결점으로 이끌리고, 색(色)에 대해 '나의 색(色)은 이런 상태로 있어라. 나의 색(色)은 이런 상태가 되지 말아라.'라는 권한이 없다.

"vedanā anattā. vedanā ca hidaṃ, bhikkhave, attā abhavissa, nayidaṃ vedanā ābādhāya saṃvatteyya, labbhetha ca vedanāya — 'evaṃ me vedanā hotu, evaṃ me vedanā mā ahosī'ti. yasmā ca kho, bhikkhave, vedanā anattā, tasmā vedanā ābādhāya saṃvattati, na ca labbhati vedanāya — 'evaṃ me vedanā hotu, evaṃ me vedanā mā ahosī'"ti.

수(受)는 무아(無我)다. 비구들이여, 참으로 이 수(受)가 아(我)라면 이 수(受)는 결점으로 이끌리지 않아야 하고, 수(受)에 대해 '나의 수(受)는 이런 상태로 있어라. 나의 수(受)는 이런 상태가 되지 말아라.'라는 권한이 있어야 한다. 그러나 비구들이여, 수(受)는 무아(無我)이기 때문에 수(受)는 결점으로 이끌리고, 수(受)에 대해 '나의 수(受)는 이런 상태로 있어라. 나의 수(受)는 이런 상태가 되지 말아라.'라는 권한이 없다.

"saññā anattā ... pe ... saṅkhārā anattā. saṅkhārā ca hidaṃ, bhikkhave, attā abhavissaṃsu, nayidaṃ saṅkhārā ābādhāya saṃvatteyyuṃ, labbhetha ca saṅkhāresu — 'evaṃ me saṅkhārā hontu, evaṃ me saṅkhārā mā ahesun'ti. yasmā ca kho, bhikkhave, saṅkhārā anattā, tasmā saṅkhārā ābādhāya saṃvattanti, na ca labbhati saṅkhāresu — 'evaṃ me saṅkhārā hontu, evaṃ me saṅkhārā mā ahesun'"ti.

상(想)은 무아(無我)다. … 행(行)들은 무아(無我)다. 비구들이여, 참으로 이 행(行)들이 아(我)라면 이 행(行)들은 결점으로 이끌리지 않아야 하고, 행(行)들에 대해 '나의 행(行)들은 이런 상태로 있어라. 나의 행(行)들은 이런 상태가 되지 말아라.'라는 권한이 있어야 한다. 그러나 비구들이여, 행(行)들은 무아(無我)이기 때문에 행(行)들은 결점으로 이끌리고, 행(行)들에 대해 '나의 행(行)들은 이런 상태로 있어라. 나의 행(行)들은 이런 상태가 되지 말아라.'라는 권한이 없다.

"viññāṇaṃ anattā. viññāṇañca hidaṃ, bhikkhave, attā abhavissa, nayidaṃ viññāṇaṃ ābādhāya saṃvatteyya, labbhetha ca viññāṇe — 'evaṃ me viññāṇaṃ hotu, evaṃ me viññāṇaṃ mā ahosī'ti. yasmā ca kho, bhikkhave, viññāṇaṃ anattā, tasmā viññāṇaṃ ābādhāya saṃvattati, na ca labbhati viññāṇe — 'evaṃ me viññāṇaṃ hotu, evaṃ me viññāṇaṃ mā ahosī'"ti.

식(識)은 무아(無我)다. 비구들이여, 참으로 이 식(識)이 아(我)라면 이 식(識)은 결점으로 이끌리지 않아야 하고, 식(識)에 대해 '나의 식(識)은 이런 상태로 있어라. 나의 식(識)은 이런 상태가 되지 말아라.'라는 권한이 있어야 한다. 그러나 비구들이여, 식(識)은 무아(無我)이기 때문에 식(識)은 결점으로 이끌리고, 식(識)에 대해 '나의 식(識)은 이런 상태로 있어라. 나의 식(識)은 이런 상태가 되지 말아라.'라는 권한이 없다."

"taṃ kiṃ maññatha, bhikkhave, rūpaṃ niccaṃ vā aniccaṃ vā"ti? "aniccaṃ, bhante". "yaṃ panāniccaṃ dukkhaṃ vā taṃ sukhaṃ vā"ti? "dukkhaṃ, bhante". "yaṃ panāniccaṃ dukkhaṃ vipariṇāmadhammaṃ, kallaṃ nu taṃ samanupassituṃ — 'etaṃ mama, esohamasmi, eso me attā'"ti? "no hetaṃ, bhante". "vedanā... saññā... saṅkhārā... viññāṇaṃ niccaṃ vā aniccaṃ vā"ti? "aniccaṃ, bhante". "yaṃ panāniccaṃ dukkhaṃ vā taṃ sukhaṃ vā"ti? "dukkhaṃ, bhante". "yaṃ panāniccaṃ dukkhaṃ vipariṇāmadhammaṃ, kallaṃ nu taṃ samanupassituṃ — 'etaṃ mama, esohamasmi, eso me attā'"ti? "no hetaṃ, bhante".

[②제자들의 동의] "비구들이여, 어떻게 생각하는가? 색(色)은 상(常)한가, 무상(無常)한가?" "무상(無常)합니다, 대덕이시여." "그러면 무상(無常)한 것은 고(苦)인가, 락(樂)인가?" "고(苦)입니다, 대덕이시여." "그렇다면 무상(無常)하고 고(苦)이고 변하는 것을 '이것은 나의 것이다. 이것은 나다. 이것은 나의 아(我)다.'라고 관찰하는 것이 타당한가?" "아닙니다, 대덕이시여." "수(受) … 상(想) … 행(行)들 … 식(識)은 상(常)한가, 무상(無常)한가?" "무상(無常)합니다, 대덕이시여." "그러면 무상(無常)한 것은 고(苦)인가, 락(樂)인가?" "고(苦)입니다, 대덕이시여." "그렇다면 무상(無常)하고 고(苦)이고 변하는 것을 '이것은 나의

것이다. 이것은 나다. 이것은 나의 아(我)다.'라고 관찰하는 것이 타당한가?" "아닙니다, 대덕이시여."

"tasmātiha, bhikkhave, yaṃ kiñci rūpaṃ atītānāgatapaccuppannaṃ ajjhattaṃ vā bahiddhā vā oḷārikaṃ vā sukhumaṃ vā hīnaṃ vā paṇītaṃ vā yaṃ dūre santike vā, sabbaṃ rūpaṃ — 'netaṃ mama, nesohamasmi, na meso attā'ti evametaṃ yathābhūtaṃ sammappaññāya daṭṭhabbaṃ. yā kāci vedanā atītānāgatapaccuppannā ajjhattā vā bahiddhā vā ... pe ... yā dūre santike vā, sabbā vedanā — 'netaṃ mama, nesohamasmi, na meso attā'ti evametaṃ yathābhūtaṃ sammappaññāya daṭṭhabbaṃ.

[③기준의 제시] "그러므로 비구들이여, 안의 것이든 밖의 것이든, 거친 것이든 미세한 것이든, 저열한 것이든 뛰어난 것이든 과거-미래-현재의 어떤 색(色)에 대해서도, 멀리 있는 것이든 가까이 있는 것이든 모든 색(色)에 대해 '이것은 나의 것이 아니다. 이것은 내가 아니다. 이것은 나의 아(我)가 아니다.'라고 이렇게 바른 지혜로써 있는 그대로 보아야 한다. 안의 것이든 밖의 것이든, … 어떤 수(受)에 대해서도, 멀리 있는 것이든 가까이 있는 것이든 모든 수(受)에 대해 '이것은 나의 것이 아니다. 이것은 내가 아니다. 이것은 나의 아(我)가 아니다.'라고 이렇게 바른 지혜로써 있는 그대로 보아야 한다.

"yā kāci saññā ... pe ... ye keci saṅkhārā atītānāgatapaccuppannā ajjhattaṃ vā bahiddhā vā ... pe ... ye dūre santike vā, sabbe saṅkhārā — 'netaṃ mama, nesohamasmi, na meso attā'ti evametaṃ yathābhūtaṃ sammappaññāya daṭṭhabbaṃ.

어떤 상(想)에 대해서도 … 안의 것이든 밖의 것이든, … 과거-미래-현재의 어떤 행(行)들에 대해서도, 멀리 있는 것이든 가까이 있는 것이든 모든 행(行)에 대해 '이것은 나의 것이 아니다. 이것은 내가 아니다. 이것은 나의 아(我)가 아니다.'라고 이렇게 바른 지혜로써 있는 그대로 보아야 한다.

"yaṃ kiñci viññāṇaṃ atītānāgatapaccuppannaṃ ajjhattaṃ vā bahiddhā vā oḷārikaṃ vā sukhumaṃ vā hīnaṃ vā paṇītaṃ vā yaṃ dūre santike vā, sabbaṃ viññāṇaṃ — 'netaṃ mama, nesohamasmi, na meso attā'ti evametaṃ yathābhūtaṃ sammappaññāya daṭṭhabbaṃ.

안의 것이든 밖의 것이든, 거친 것이든 미세한 것이든, 저열한 것이든 뛰어난 것이든 과거-미래-현재의 어떤 식(識)에 대해서도, 멀리 있는 것이든 가까이 있는 것이든 모든 식(識)에 대해 '이것은 나의 것이 아니다. 이것은 내가 아니다. 이것은 나의 아(我)가 아니다.'라고 이렇게 바른 지혜로써 있는 그대로 보아야 한다.

"evaṃ passaṃ, bhikkhave, sutavā ariyasāvako rūpasmimpi nibbindati, vedanāyapi nibbindati, saññāyapi nibbindati, saṅkhāresupi nibbindati, viññāṇasmimpi nibbindati. nibbindaṃ virajjati; virāgā vimuccati. vimuttasmiṃ vimuttamiti ñāṇaṃ hoti. 'khīṇā jāti, vusitaṃ brahmacariyaṃ, kataṃ karaṇīyaṃ, nāparaṃ itthattāyā'ti pajānātī"ti.

비구들이여, 이렇게 보는 잘 배운 성스러운 제자는 색(色)에 대해서도 염오(厭惡)하고, 수(受)에 대해서도 염오하고, 상(想)에 대해서도 염오하고, 행(行)들에 대해서도 염오하고, 식(識)에 대해서도 염오한다. 염오(厭惡)하는 자는 이탐(離貪)한다. 이탐(離貪)으로부터 해탈(解脫)한다. 해탈(解脫)했을 때 '나는 해탈했다.'라는 앎이 있다. '태어남은 다했다. 범행은 완성되었다. 해야 할 일을 했다. 다음에는 현재 상태[유(有)]가 되지 않는다.'라고 분명히 안다."

idamavoca bhagavā. attamanā pañcavaggiyā bhikkhū bhagavato bhāsitaṃ abhinanduṃ.

세존은 이렇게 말했다. 함께하는 다섯 비구는 즐거워하면서 세존의 말씀을 기뻐했다.

imasmiñca pana veyyākaraṇasmiṃ bhaññamāne pañcavaggiyānaṃ bhikkhūnaṃ anupādāya āsavehi cittāni vimucciṃsūti.

그리고 이 가르침이 설해졌을 때 함께하는 다섯 비구의 심(心)은 집착에서 벗어나 번뇌들로부터 해탈하였다.

3. 교단의 확장 — ādittasuttaṃ (SN 35.28-불탐 경)

함께하는 다섯 비구에게 (SN 56.11-전법륜경)으로 법안을 열어주고, (SN 22.59-무아상경) 으로 심(心)이 집착에서 벗어나 번뇌들로부터 해탈케 한 뒤 우루웰라의 세나니 마을로 돌아온 부처님은 네란자라 강변의 깟사빠 삼 형제의 천 명의 수행자를 전도합니다.

이제, 천 명의 비구와 함께 우루웰라를 떠난 부처님은 가야의 가야시사에서 모든 것이 불탄다는 주제의 법을 설하여 천 명의 비구를 심(心)이 집착에서 벗어나 번뇌들로부터 해탈케 합니다.

- 불타는 것 — (활성화된) 일체 : 내입처-외입처-식-촉-수
- 불 — 탐(貪)의 불, 진(嗔)의 불, 치(癡)의 불
- 불꽃과 연기 — 생(生)-노(老)-사(死)와 수비고우뇌(愁悲苦憂惱)

주목할 점은 함께하는 다섯 비구의 깨달음을 이끈 방법은 오온(五蘊)의 여실지견(如實知見)[무상(無常)-고(苦)-무아(無我)]에 이은 염오(厭惡)-이탐(離貪)-해탈(解脫)-해탈지견(解脫知見)인데, 천 명의 비구에게는 불타고 있는 (활성화된) 일체(一切)에 대한 염오-이탐-해탈-해탈지견의 방법이 설명되었다는 것입니다. 오온(五蘊)은 지난 삶의 과정의 누적이고, 육내입처(六內入處)로 시작하는 (활성화된) 일체(一切)는 오온이 육내-외입처로 펼쳐지고 작의(作意)와 촉(觸)으로 활성화된 지금의 삶이라는 점에서 연결됩니다. ―「지난 삶의 누적인 나에 의한 지금 삶의 전개」

이 경은 함께하는 다섯 비구에게 설해진 경은 아니지만, 깨달음의 재현을 위한 두 번의 설법의 연장선 위에서 세 번째로 설해진 설법이라고 전통적으로 알려져 있고, 교단의 확장을 위한 대표적인 사건이기 때문에 이 자리에 소개하였습니다. → 「제1장 [8] 교단의 확장」(116쪽)

한편, 상윳따 니까야는 제2권은 연기(緣起)를, 제3권은 오온(五蘊)을, 제4권은 육처(六處)를 주제로 설해진 경들의 모음을 중심으로 구성되는데, 지난 삶의 과정의 누적인 오온과 오온이 육내-외입처로 펼쳐지고 활성화된 육처 그리고 이렇게 지난 삶이 누적된 무더기 위에 지금 삶의 결과를 쌓으며 변화 즉 연기(緣起)하는 삶의 문제를 설명하고 있습니다. 그리고 제5권은 이런 문제를 해소하고 고멸(苦滅) 즉 락(樂)을 실현하는 길과 실천을 설명하는 경들의 모음입니다.

ekaṃ samayaṃ bhagavā gayāyaṃ viharati gayāsīse saddhiṃ bhikkhusahassena. tatra kho bhagavā bhikkhū āmantesi — “sabbaṃ, bhikkhave, ādittaṃ. kiñca, bhikkhave, sabbaṃ ādittaṃ? cakkhu, bhikkhave, ādittaṃ, rūpā ādittā, cakkhuviññāṇaṃ ādittaṃ, cakkhusamphasso āditto. yampidaṃ cakkhusamphassapaccayā uppajjati vedayitaṃ sukhaṃ vā dukkhaṃ vā adukkhamasukhaṃ vā tampi ādittaṃ. kena ādittaṃ? ‘rāgagginā, dosagginā, mohagginā ādittaṃ, jātiyā jarāya maraṇena sokehi paridevehi dukkhehi domanassehi upāyāsehi ādittan’ti vadāmi ... pe ... jivhā ādittā, rasā ādittā, jivhāviññāṇaṃ ādittaṃ, jivhāsamphasso āditto. yampidaṃ jivhāsamphassapaccayā uppajjati vedayitaṃ sukhaṃ vā dukkhaṃ vā adukkhamasukhaṃ vā tampi ādittaṃ. kena ādittaṃ? ‘rāgagginā, dosagginā, mohagginā ādittaṃ, jātiyā jarāya maraṇena sokehi paridevehi dukkhehi domanassehi upāyāsehi ādittan’ti vadāmi ... pe ... mano āditto, dhammā ādittā, manoviññāṇaṃ ādittaṃ, manosamphasso āditto. yampidaṃ manosamphassapaccayā uppajjati vedayitaṃ sukhaṃ vā dukkhaṃ vā adukkhamasukhaṃ vā tampi ādittaṃ. kena ādittaṃ? ‘rāgagginā, dosagginā, mohagginā ādittaṃ, jātiyā jarāya maraṇena sokehi paridevehi dukkhehi domanassehi upāyāsehi ādittan’ti vadāmi. evaṃ passaṃ, bhikkhave, sutavā ariyasāvako cakkhusmimpi nibbindati, rūpesupi nibbindati, cakkhuviññāṇepi nibbindati, cakkhusamphassepi nibbindati, yampidaṃ cakkhusamphassapaccayā uppajjati vedayitaṃ sukhaṃ vā dukkhaṃ vā adukkhamasukhaṃ vā tasmimpi nibbindati ... pe ... yampidaṃ manosamphassapaccayā uppajjati vedayitaṃ sukhaṃ vā dukkhaṃ vā adukkhamasukhaṃ vā tasmimpi nibbindati. nibbindaṃ virajjati; virāgā vimuccati; vimuttasmiṃ vimuttamiti ñāṇaṃ hoti. ‘khīṇā jāti, vusitaṃ brahmacariyaṃ, kataṃ karaṇīyaṃ, nāparaṃ itthattāyā’ti pajānātī”ti. idamavoca bhagavā. attamanā te bhikkhū bhagavato bhāsitaṃ abhinanduṃ. imasmiñca pana veyyākaraṇasmiṃ bhaññamāne tassa bhikkhusahassassa anupādāya āsavehi cittāni vimucciṃsūti.

한때 세존은 가야의 가야시사에서 천 명의 비구와 함께 머물렀다. 거기서 세존은 비구들에게 말했다. — "비구들이여, 일체(一切)는 불탄다. 무엇이 일체가 불타는 것인가? 비구들이여, 안(眼)은 불탄다. 색(色)들은 불탄다. 안식(眼識)은 불탄다. 안촉(眼觸)은 불탄다. 안촉(眼觸)을 조건으로 생기는 락(樂)-고(苦)-불고불락(不苦不樂)의 경험도 불탄다. 무엇에 의해 불타는가? '탐(貪)의 불에 의해서, 진(嗔)의 불에 의해서, 치(癡)의 불에 의해서 불탄다. 생(生)과 노(老)와 사(死) 그리고 수비고우뇌(愁悲苦憂惱)로 불탄다.'라고 나는 말한다.

… 설(舌)은 불탄다. 미(味)들은 불탄다. 설식(舌識)은 불탄다. 설촉(舌觸)은 불탄다. 설촉(舌觸)을 조건으로 생기는 락-고-불고불락의 경험도 불탄다. 무엇에 의해 불타는가? '탐의 불에 의해서, 진의 불에 의해서, 치의 불에 의해서 불탄다. 생과 노와 사 그리고 수비고우뇌로 불탄다.'라고 나는 말한다.

… 의(意)는 불탄다. 법(法)들은 불탄다. 의식(意識)은 불탄다. 의촉(意觸)은 불탄다. 의촉(意觸)을 조건으로 생기는 락-고-불고불락의 경험도 불탄다. 무엇에 의해 불타는가? '탐의 불에 의해서, 진의 불에 의해서, 치의 불에 의해서 불탄다. 생과 노와 사 그리고 수비고우뇌로 불탄다.'라고 나는 말한다.

비구들이여, 이렇게 보는 잘 배운 성스러운 제자는 안에 대해서도 염오(厭惡)하고, 색들에 대해서도 염오하고, 안식에 대해서도 염오하고, 안촉에 대해서도 염오하고, 안촉을 조건으로 생기는 락-고-불고불락의 경험에 대해서도 염오한다. … 의촉을 조건으로 생기는 락-고-불고불락의 경험에 대해서도 염오한다. 염오하는 자는 이탐(離貪)한다. 이탐으로부터 해탈(解脫)한다. 해탈했을 때 '나는 해탈했다.'라는 앎이 있다. — '태어남은 다했다. 범행은 완성되었다. 해야 할 일을 했다. 다음에는 현재 상태[유(有)]가 되지 않는다.'라고 분명히 안다."라고.

세존은 이렇게 말했다. 그 비구들은 즐거워하면서 세존의 말씀을 기뻐했다. 그리고 이 설명이 설해졌을 때 그 천 명의 비구들의 심(心)은 집착에서 벗어나 번뇌들로부터 해탈하였다.

배워 알고 실천하는 불교 신자!

불타는 상태와 불이 꺼진 열반

경의 이름인 āditta는 blazing; burning(불타는)을 뜻하는데, ādippati의 과거분사입니다. 부처님은 (활성화된) 일체(一切)가 불탄다고 말하는데, 탐(貪)-진(嗔)-치(癡)를 연료로 생(生)-노(老)-사(死) 그리고 수비고우뇌(愁悲苦憂惱)의 불로 타오른다는 것입니다. 그런데 이런 관점은 삶에 대한 불교의 본질적 관점이라고 보아야 합니다. 불교가 제시하는 완성점 즉 열반(涅槃-nibbāna)과 대응하기 때문입니다.

āditta의 반대말은 nibbuta인데 extinguished (of fire), cooled, quenched(꺼진. 식은) 이고, nibbāyati : to be cooled, to be extinguished, go out (of fire)(차갑게 식다, 불이 꺼지다)에 뒤따라오는 상태입니다. 그리고 nibbāyati는 to cease to exist(존재가 중단되다)로 의미가 확장됩니다.

이런 의미에서 불탄다(āditta)는 것은 존재의 상태가 유지되고 있다는 것을 은유하는 말로 이해할 수 있는데, 번뇌의 영향을 받아서 탐진치와 함께하는 유위(有爲)적인 중생의 삶[유(有)-bhava]에는 생(生)-노(老)-사(死) 그리고 수비고우뇌(愁悲苦憂惱)가 수반되고, 고(苦)의 영역에 속합니다.

열반(涅槃-nibbāna)은 이런 불이 꺼져서(nibbāyati) 존재의 상태가 중단된(nibbuta) 상황을 지시하는 용어입니다. 번뇌의 영향에서 벗어남으로써 무탐-무진-무치와 함께하는 무위(無爲)의 실현이어서[누진(漏盡)], 더 이상 중생의 삶에 수반되는 생(生)-노(老)-사(死) 그리고 수비고우뇌(愁悲苦憂惱)가 없는 상태 즉 락(樂)의 영역입니다.

이렇게 이 경은 열반에 대비되는 중생의 삶을 불타는 상태로 묘사하며 그 불을 끄고 락(樂)의 영역을 실현하라는 가르침이라고 하겠습니다. 특히, (MN 140-요소의 분석 경) 등은 깨달아 완전히 열반한(parinibbāyati) 자에 대해 '몸이 무너진 뒤 생명이 끝나면, 기뻐하지 않는 모든 느낌은 오직 여기에서 차가워질 것이다('kāyassa bhedā paraṃ maraṇā uddhaṃ jīvitapariyādānā idheva sabbavedayitāni anabhinanditāni sītībhavissantī''ti).'라고 꿰뚫어 안다고 하는데, 불이 꺼져 식은 상태를 잘 표현하고 있습니다.

[3] saccavibhaṅgasuttaṃ (MN 141-진리의 분석 경)

☞ nikaya.kr : 불교입문(2-사실) 미리보기(201224) - 진리(사성제) 분석 경 (근본경전연구회 해피스님)

「최상위 개념」에서 보았듯이 고(苦)와 고멸(苦滅)은 사성제(四聖諦)로 확장되어 불교 안에 유일한 진리로 자리 잡습니다.

사성제(四聖諦)가 온전한 형태로 설해진 경은 (MN 141-진리의 분석 경)과 (DN 22/MN 10-대념처경(大念處經))이 있습니다. (MN 141-진리의 분석 경)은 이름 그대로 사성제를 분석한 경이고, (DN 22/MN 10-대념처경(大念處經))은 사념처(四念處) 수행의 법념처(法念處)에서 이어보는 법의 관찰의 관점에서 설명하고 있습니다. 그리고 (AN 3.62-근본 교리 등 경)은 느낌을 경험하는 자에게 사성제를 설한다는 설명 위에서 고집(苦集)을 연기(緣起)로, 고멸(苦滅)을 연멸(緣滅)로 정의하는 특징을 보여줍니다.

이때, 분석경(vibhaṅgasuttaṃ)은 중요한 교리 용어에 대해 부처님이 직접 정의하는 경으로 많이 나타나는데, 특히, 맛지마 니까야 제14품 분석 품은 어떤 주제의 분석을 담고 있는 12개의 경으로 구성되고, 이 경은 사성제를 주제로 분석하는 열한 번째 경입니다.

부처님은 법의 바퀴[법륜(法輪)]를 굴린 것이 곧 사성제(四聖諦)의 공표-전달-선언-시작-드러냄-분석-해설이라고 비구들에게 말한 뒤 사리뿟따와 목갈라나와 함께할 것을 안내하고 거처로 들어갑니다. 이어서 사리뿟따 존자가 세존께서 굴린 법륜(法輪) 즉 사성제를 분석하여 설명하는 것이 이 경의 내용입니다.

evaṃ me sutaṃ — ekaṃ samayaṃ bhagavā bārāṇasiyaṃ viharati isipatane migadāye. tatra kho bhagavā bhikkhū āmantesi — “bhikkhavo”ti. “bhadante”ti te bhikkhū bhagavato paccassosuṃ. bhagavā etadavoca —

이렇게 나는 들었다. — 한때 세존은 바라나시에서 이시빠따나의 사슴 공원에 머물렀다. 거기서 세존은 “비구들이여.”라고 비구들을 불렀다. “대덕이시여.”라고 그 비구들은 세존에게 대답했다. 세존은 이렇게 말했다. —

“tathāgatena, bhikkhave, arahatā sammāsambuddhena bārāṇasiyaṃ isipatane migadāye anuttaraṃ dhammacakkaṃ pavattitaṃ appaṭivattiyaṃ samaṇena vā brāhmaṇena vā devena vā mārena vā brahmunā vā kenaci vā lokasmiṃ, yadidaṃ — catunnaṃ ariyasaccānaṃ ācikkhanā desanā paññāpanā paṭṭhapanā vivaraṇā vibhajanā uttānīkammaṃ. katamesaṃ catunnaṃ? dukkhassa ariyasaccassa ācikkhanā desanā paññāpanā paṭṭhapanā vivaraṇā vibhajanā uttānīkammaṃ, dukkhasamudayassa ariyasaccassa ācikkhanā desanā paññāpanā paṭṭhapanā vivaraṇā vibhajanā uttānīkammaṃ, dukkhanirodhassa ariyasaccassa ācikkhanā desanā paññāpanā paṭṭhapanā vivaraṇā vibhajanā uttānīkammaṃ, dukkhanirodhagāminiyā paṭipadāya ariyasaccassa ācikkhanā desanā paññāpanā paṭṭhapanā vivaraṇā vibhajanā uttānīkammaṃ. tathāgatena, bhikkhave, arahatā sammāsambuddhena bārāṇasiyaṃ isipatane migadāye anuttaraṃ dhammacakkaṃ pavattitaṃ appaṭivattiyaṃ samaṇena vā brāhmaṇena vā devena vā mārena vā brahmunā vā kenaci vā lokasmiṃ, yadidaṃ — imesaṃ catunnaṃ ariyasaccānaṃ ācikkhanā desanā paññāpanā paṭṭhapanā vivaraṇā vibhajanā uttānīkammaṃ.

"비구들이여, 바라나시 이시빠따나의 사슴 공원에서 여래-아라한-정등각에 의해 사문이나 바라문이나 신이나 마라나 범천이나 세상에서 누구에 의해서도 되돌려질 수 없는 위없는 법의 바퀴가 굴려졌다. 즉 네 가지 성스러운 진리[사성제(四聖諦)]의 공표이고, 전달이고, 선언이고, 시작이고, 드러냄이고, 분석이고, 해설이다. 무엇이 넷인가? 괴로움의 성스러운 진리[고성제(苦聖諦)]의 공표이고, 전달이고, 선언이고, 시작이고, 드러냄이고, 분석이고, 해설이다. 괴로움의 자라남의 성스러운 진리[고집성제(苦集聖諦)]의 공표이고, 전달이고, 선언이고, 시작이고, 드러냄이고, 분석이고, 해설이다. 괴로움의 소멸의 성스러운 진리[고멸성제(苦滅聖諦)]의 공표이고, 전달이고, 선언이고, 시작이고, 드러냄이고, 분석이고, 해설이다. 괴로움의 소멸로 이끄는 실천의 성스러운 진리[고멸도성제(苦滅道聖諦)]의 공표이고, 전달이고, 선언이고, 시작이고, 드러냄이고, 분석이고, 해설이다. 비구들이여, 바라나시 이시빠따나의 사슴 공원에서 여래-아라한-정등각에 의해 사문이나 바라문이나 신이나 마라나 범천이나 세상에서 누구에 의해서도 되돌려질 수 없는 위없는 법의 바퀴가 굴려졌다. 즉 네 가지 성스러운 진리[사성제(四聖諦)]의 공표이고, 전달이고, 선언이고, 시작이고, 드러냄이고, 분석이고, 해설이다.

"sevatha, bhikkhave, sāriputtamoggallāne; bhajatha, bhikkhave, sāriputtamoggallāne. paṇḍitā bhikkhū anuggāhakā sabrahmacārīnaṃ. seyyathāpi, bhikkhave, janetā, evaṃ sāriputto; seyyathāpi jātassa āpādetā, evaṃ moggallāno. sāriputto, bhikkhave, sotāpattiphale vineti, moggallāno uttamatthe. sāriputto, bhikkhave, pahoti cattāri ariyasaccāni vitthārena ācikkhituṃ desetuṃ paññāpetuṃ paṭṭhapetuṃ vivarituṃ vibhajituṃ uttānīkātun"ti. idamavoca bhagavā. idaṃ vatvāna sugato uṭṭhāyāsanā vihāraṃ pāvisi.

비구들이여, 현명하고 동료수행자들에게 도움을 주는 비구이니, 사리뿟따와 목갈라나와 함께 교제하라. 도반들이여, 사리뿟따와 목갈라나와 함께 실천하라. 말하자면, 비구들이여, 사리뿟따는 낳는 자와 같고, 목갈라나는 태어난 자를 양육하는 자와 같다. 비구들이여,

사리뿟따는 예류과(預流果)로 이끌고, 목갈라나는 가장 높은 곳으로 이끈다. 비구들이여, 사리뿟따는 사성제(四聖諦)를 상세하게 공표하고, 전달하고, 선언하고, 시작하고, 드러내고, 분석하고, 해설하는 것이 가능하다." 세존은 이렇게 말했다. 이렇게 말한 뒤 선서(善逝)는 자리에서 일어나서 거처로 들어갔다.

tatra kho āyasmā sāriputto acirapakkantassa bhagavato bhikkhū āmantesi — "āvuso, bhikkhave"ti. "āvuso"ti kho te bhikkhū āyasmato sāriputtassa paccassosuṃ. āyasmā sāriputto etadavoca —

세존이 가고 오래지 않았을 때, 사리뿟다 존자는 "도반 비구들이여."라고 비구들을 불렀다. "도반이시여."라고 그 비구들은 사리뿟따 존자에게 대답했다. 사리뿟따 존자는 이렇게 말했다. —

"tathāgatena, āvuso, arahatā sammāsambuddhena bārāṇasiyaṃ isipatane migadāye anuttaraṃ dhammacakkaṃ pavattitaṃ appaṭivattiyaṃ samaṇena vā brāhmaṇena vā devena vā mārena vā brahmunā vā kenaci vā lokasmiṃ, yadidaṃ — catunnaṃ ariyasaccānaṃ ācikkhanā desanā paññāpanā paṭṭhapanā vivaraṇā vibhajanā uttānīkammaṃ. katamesaṃ catunnaṃ? dukkhassa ariyasaccassa ācikkhanā desanā paññāpanā paṭṭhapanā vivaraṇā vibhajanā uttānīkammaṃ, dukkhasamudayassa ariyasaccassa ācikkhanā desanā paññāpanā paṭṭhapanā vivaraṇā vibhajanā uttānīkammaṃ, dukkhanirodhassa ariyasaccassa ācikkhanā desanā paññāpanā paṭṭhapanā vivaraṇā vibhajanā uttānīkammaṃ, dukkhanirodhagāminiyā paṭipadāya ariyasaccassa ācikkhanā desanā paññāpanā paṭṭhapanā vivaraṇā vibhajanā uttānīkammaṃ.

"도반들이여, 바라나시 이시빠따나의 사슴 공원에서 여래-아라한-정등각에 의해 사문이나 바라문이나 신이나 마라나 범천이나 세상에서 누구에 의해서도 되돌려질 수 없는 위없는 법의 바퀴가 굴려졌습니다. 즉 네 가지 성스러운 진리[사성제(四聖諦)]의 공표이고, 전달이고, 선언이고, 시작이고, 드러냄이고, 분석이고, 해설입니다. 무엇이 넷입니까? 괴로움의 성스러운 진리[고성제(苦聖諦)]의 공표이고, 전달이고, 선언이고, 시작이고, 드러냄이고, 분석이고, 해설입니다. 괴로움의 자라남의 성스러운 진리[고집성제(苦集聖諦)]의 공표이고, 전달이고, 선언이고, 시작이고, 드러냄이고, 분석이고, 해설입니다. 괴로움의 소멸의 성스러운 진리[고멸성제(苦滅聖諦)]의 공표이고, 전달이고, 선언이고, 시작이고, 드러냄이고, 분석이고, 해설입니다. 괴로움의 소멸로 이끄는 실천의 성스러운 진리[고멸도성제(苦滅道聖諦)]의 공표이고, 전달이고, 선언이고, 시작이고, 드러냄이고, 분석이고, 해설입니다.

"katamañcāvuso, dukkhaṃ ariyasaccaṃ? jātipi dukkhā, jarāpi dukkhā, maraṇampi dukkhaṃ, sokaparidevadukkhadomanassupāyāsāpi dukkhā, yampicchaṃ na labhati tampi dukkhaṃ; saṃkhittena pañcupādānakkhandhā dukkhā.

그러면 도반들이여, 무엇이 고성제(苦聖諦)입니까? 태어남[생(生)]도 괴로움이고, 늙음[노(老)]도 괴로움이고, 죽음[사(死)]도 괴로움입니다. 슬픔-비탄-고통-고뇌-절망[수비고우뇌(愁悲苦憂惱)]도 괴로움이고, 원하는 것을 얻지 못하는 것도 괴로움[구부득고(求不得苦)]입니다. 간략히 말하면, 오취온(五取蘊)이 괴로움입니다[오취온고(五取蘊苦)].

"katamā cāvuso, jāti? yā tesaṃ tesaṃ sattānaṃ tamhi tamhi sattanikāye jāti sañjāti okkanti abhinibbatti khandhānaṃ pātubhāvo āyatanānaṃ paṭilābho, ayaṃ vuccatāvuso — 'jāti'".

도반들이여, 무엇이 태어남입니까? 이런저런 중생에 속하는 그러그러한 중생의 무리에서 태어남, 출생, 나타남, 탄생, 온(蘊)의 출현, 처(處)의 획득, 도반들이여, 이것이 태어남이라고 불립니다.

"katamā cāvuso, jarā? yā tesaṃ tesaṃ sattānaṃ tamhi tamhi sattanikāye jarā jīraṇatā khaṇḍiccaṃ pāliccaṃ valittacatā āyuno saṃhāni indriyānaṃ paripāko, ayaṃ vuccatāvuso — 'jarā'".

도반들이여, 무엇이 늙음입니까? 이런저런 중생에 속하는 그러그러한 중생의 무리에서 늙음, 노쇠함, 치아가 부러짐, 머리가 흼, 주름진 피부, 수명의 감소, 기능[근(根)]의 파괴, 도반들이여, 이것이 늙음이라고 불립니다.

"katamañcāvuso, maraṇaṃ? yā tesaṃ tesaṃ sattānaṃ tamhā tamhā sattanikāyā cuti cavanatā bhedo antaradhānaṃ maccu maraṇaṃ kālaṃkiriyā khandhānaṃ bhedo kaḷevarassa nikkhepo jīvitindriyassupacchedo, idaṃ vuccatāvuso — 'maraṇaṃ'".

도반들이여, 무엇이 죽음입니까? 이런저런 중생에 속하는 그러그러한 중생의 무리로부터 종말, 제거됨, 해체, 사라짐, 사망, 죽음, 서거, 온(蘊)의 해체, 육체를 내려놓음, 명근(命根)의 끊어짐, 도반들이여, 이것이 죽음이라고 불립니다.

"katamo cāvuso, soko? yo kho, āvuso, aññataraññatarena byasanena samannāgatassa aññataraññatarena dukkhadhammena phuṭṭhassa soko socanā socitattaṃ antosoko antoparisoko, ayaṃ vuccatāvuso — 'soko'".

도반들이여, 무엇이 슬픔입니까? 도반들이여, 이런저런 불행을 만나고 이런저런 불만족한 것에 맞닿은 사람의 슬픔, 슬퍼함, 슬퍼짐, 내면의 큰 슬픔, 도반들이여, 이것이 슬픔이라고 불립니다.

"katamo cāvuso, paridevo? yo kho, āvuso, aññataraññatarena byasanena samannāgatassa aññataraññatarena dukkhadhammena phuṭṭhassa ādevo paridevo ādevanā paridevanā ādevitattaṃ paridevitattaṃ, ayaṃ vuccatāvuso — 'paridevo'".

도반들이여, 무엇이 비탄입니까? 도반들이여, 이런저런 불행을 만나고 이런저런 불만족한 것에 맞닿은 사람의 한탄, 비탄, 한탄함, 비탄함, 한탄스러움, 비탄스러움, 도반들이여, 이것이 비탄이라고 불립니다.

"katamañcāvuso, dukkhaṃ? yaṃ kho, āvuso, kāyikaṃ dukkhaṃ kāyikaṃ asātaṃ kāyasamphassajaṃ dukkhaṃ asātaṃ vedayitaṃ, idaṃ vuccatāvuso — 'dukkhaṃ'".

도반들이여, 무엇이 고통입니까? 도반들이여, 몸에 속한 괴로움, 몸에 속한 불편, 신촉(身觸)에서 생긴 괴로움과 불편의 경험, 도반들이여, 이것이 괴로움이라고 불립니다.

"katamañcāvuso, domanassaṃ? yaṃ kho, āvuso, cetasikaṃ dukkhaṃ cetasikaṃ asātaṃ manosamphassajaṃ dukkhaṃ asātaṃ vedayitaṃ, idaṃ vuccatāvuso — 'domanassaṃ'".

도반들이여, 무엇이 고뇌입니까? 도반들이여, 심(心)에 속한 괴로움, 심心)에 속한 불편, 의촉(意觸)에서 생긴 괴로움과 불편의 경험, 도반들이여, 이것이 고뇌라고 불립니다.

"katamo cāvuso, upāyāso? yo kho, āvuso, aññataraññatarena byasanena samannāgatassa aññataraññatarena dukkhadhammena phuṭṭhassa āyāso upāyāso āyāsitattaṃ upāyāsitattaṃ, ayaṃ vuccatāvuso — 'upāyāso'".

도반들이여, 무엇이 절망입니까? 도반들이여, 이런저런 불행을 만나고 이런저런 불만족한 것에 맞닿은 사람의 실망, 절망, 실망스러움, 절망스러움, 도반들이여, 이것이 절망이라고 불립니다.

"katamañcāvuso, yampicchaṃ na labhati tampi dukkhaṃ? jātidhammānaṃ, āvuso, sattānaṃ evaṃ icchā uppajjati — 'aho vata, mayaṃ na jātidhammā assāma; na ca, vata, no jāti āgaccheyyā'ti. na kho panetaṃ icchāya pattabbaṃ. idampi — 'yampicchaṃ na labhati tampi dukkhaṃ'. jarādhammānaṃ, āvuso, sattānaṃ ... pe ... byādhidhammānaṃ, āvuso, sattānaṃ... maraṇadhammānaṃ, āvuso, sattānaṃ... sokaparidevadukkhadomanassupāyāsadhammānaṃ, āvuso, sattānaṃ evaṃ icchā uppajjati — 'aho vata, mayaṃ na sokaparidevadukkhadomanassupāyāsadhammā assāma; na ca, vata, no sokaparidevadukkhadomanassupāyāsā āgaccheyyun'ti. na kho panetaṃ icchāya pattabbaṃ. idampi — 'yampicchaṃ na labhati tampi dukkhaṃ'".

도반들이여, 무엇이 원하는 것을 얻지 못하는 괴로움입니까? 도반들이여, 태어나는 존재인 중생들에게 '오 참으로 우리가 태어나는 존재가 아니기를! 참으로 우리에게 태어남이 오지 않기를!'이라는 원함이 생깁니다. 그러나 이것은 원함에 의해 성취되지 않습니다. 이것도 원하는 것을 얻지 못하는 괴로움입니다. 도반들이여, 늙는 존재인 중생들에게 '오 참으로 우리가 늙는 존재가 아니기를! 참으로 우리에게 늙음이 오지 않기를!'이라는 원함이 생깁니다. 그러나 이것은 원함에 의해 성취되지 않습니다. 이것도 원하는 것을 얻지 못하는 괴로움입니다. 도반들이여, 병드는 존재인 중생들에게 '오 참으로 우리가 병드는 존재가 아니기를! 참으로 우리에게 병이 오지 않기를!'이라는 원함이 생깁니다. 그러나 이것은 원함에 의해 성취되지 않습니다. 이것도 원하는 것을 얻지 못하는 괴로움입니다. 도반들이여, 죽는 존재인 중생들에게 '오 참으로 우리가 죽는 존재가 아니기를! 참으로 우리에게 죽음이 오지 않기를!'이라는 원함이 생깁니다. 그러나 이것은 원함에 의해 성취되지 않습니다. 이것도 원하는 것을 얻지 못하는 괴로움입니다. 도반들이여, 슬픔-비탄-고통-고뇌-절망하는 존재인 중생들에게 '오 참으로 우리가 슬픔-비탄-고통-고뇌-절망하는 존재가 아니기를! 참으로 우리에게 슬픔-비탄-고통-고뇌-절망이 오지 않기를!'이라는 원함이 생깁니다. 그러나 이것은 원함에 의해 성취되지 않습니다. 이것도 원하는 것을 얻지 못하는 괴로움입니다.

"katame cāvuso, saṃkhittena pañcupādānakkhandhā dukkhā? seyyathidaṃ — rūpupādāna-kkhandho, vedanupādānakkhandho, saññupādānakkhandho, saṅkhārupādānakkhandho, viññāṇupādānakkhandho. ime vuccantāvuso — 'saṃkhittena pañcupādānakkhandhā dukkhā'. idaṃ vuccatāvuso — 'dukkhaṃ ariyasaccaṃ'".

도반들이여, 무엇이 간략히 말한 오취온고(五取蘊苦)입니까? 이러합니다. - 색취온(色取蘊), 수취온(受取蘊), 상취온(想取蘊), 행취온(行取蘊), 식취온(識取蘊). 이것이, 도반들이여, 간략히 말한 오취온고(五取蘊苦)라고 불립니다. 이것이, 도반들이여, 고성제(苦聖諦)라고 불립니다.

"katamañcāvuso, dukkhasamudayaṃ ariyasaccaṃ? yāyaṃ taṇhā ponobbhavikā nandīrāgasahagatā tatratatrābhinandinī, seyyathidaṃ — kāmataṇhā bhavataṇhā vibhavataṇhā, idaṃ vuccatāvuso — 'dukkhasamudayaṃ ariyasaccaṃ'".

도반들이여, 무엇이 고집성제(苦集聖諦)입니까? 다시 존재로 이끌고 소망과 탐(貪)이 함께하며 여기저기서 즐기는 자(者)인 애(愛)인데, 소유의 애(愛), 존재의 애(愛), 존재하지 않음의 애(愛)[욕애(慾愛)-유애(有愛)-무유애(無有愛)]가 있습니다. 이것이, 도반들이여, 고집성제(苦集聖諦)라고 불립니다.

"katamañcāvuso, dukkhanirodhaṃ ariyasaccaṃ? yo tassāyeva taṇhāya asesavirāganirodho cāgo paṭinissaggo mutti anālayo, idaṃ vuccatāvuso — 'dukkhanirodhaṃ ariyasaccaṃ'".

도반들이여, 그러면 무엇이 고멸성제(苦滅聖諦)입니까? 애(愛)의 남김없이 바랜 소멸, 포기, 놓음, 풀림, 잡지 않음이, 도반들이여, 고멸성제(苦滅聖諦)라고 불립니다.

"katamañcāvuso, dukkhanirodhagāminī paṭipadā ariyasaccaṃ? ayameva ariyo aṭṭhaṅgiko maggo, seyyathidaṃ — sammādiṭṭhi, sammāsaṅkappo, sammāvācā, sammākammanto, sammāājīvo, sammāvāyāmo, sammāsati, sammāsamādhi.

도반들이여, 무엇이 고멸도성제(苦滅道聖諦)입니까? 오직 이것, 정견(正見)-정사유(正思惟)-정어(正語)-정업(正業)-정명(正命)-정정진(正精進)-정념(正念)-정정(正定)의 여덟 요소로 구성된 성스러운 길[팔정도(八正道)]입니다.

"katamācāvuso, sammādiṭṭhi? yaṃ kho, āvuso, dukkhe ñāṇaṃ, dukkhasamudaye ñāṇaṃ, dukkhanirodhe ñāṇaṃ, dukkhanirodhagāminiyā paṭipadāya ñāṇaṃ, ayaṃ vuccatāvuso — 'sammādiṭṭhi'".

"도반들이여, 그러면 무엇이 정견(正見-바른 견해)입니까? 도반들이여! 괴로움[고(苦)]에 대한 앎, 괴로움의 자라남[고집(苦集)]에 대한 앎, 괴로움의 소멸[고멸(苦滅)]에 대한 앎, 괴로움의 소멸로 이끄는 실천[고멸도(苦滅道)]에 대한 앎 — 이것이, 도반들이여, 정견(正見-바른 견해)라고 불립니다.

"katamo cāvuso, sammāsaṅkappo? nekkhammasaṅkappo, abyāpādasaṅkappo, avihiṃsā -saṅkappo, ayaṃ vuccatāvuso — 'sammāsaṅkappo'".

도반들이여, 그러면 무엇이 정사유(正思惟-바른 사유)입니까? 출리(出離)의 사유, 분노하지 않는 사유, 비폭력의 사유 — 이것이, 도반들이여, 정사유(正思惟-바른 사유)라고 불립니다.

"katamā cāvuso, sammāvācā? musāvādā veramaṇī, pisuṇāya vācāya veramaṇī, pharusāya vācāya veramaṇī, samphappalāpā veramaṇī, ayaṃ vuccatāvuso — 'sammāvācā'".

도반들이여, 그러면 무엇이 정어(正語-바른말)입니까? 거짓을 말하는 행위를 삼가고, 험담하는 행위를 삼가고, 거칠게 말하는 행위를 삼가고, 쓸모없고 허튼 말하는 행위를 삼가는 것 — 이것이, 비구들이여, 정어(正語-바른말)이라고 불립니다.

"katamo cāvuso, sammākammantī? pāṇātipātā veramaṇī, adinnādānā veramaṇī, kāmesu -micchācārā veramaṇī, ayaṃ vuccatāvuso — 'sammā -kammanto'".

도반들이여, 그러면 무엇이 정업(正業-바른 행위)입니까? 생명을 해치는 행위를 삼가고, 주지 않는 것을 가지는 행위를 삼가고, 음행(淫行)에 대한 삿된 행위를 삼가는 것 — 이것이, 비구들이여, 정업(正業-바른 행위)라고 불립니다.

"katamo cāvuso, sammāājīvo? idhāvuso, ariyasāvako micchāājīvaṃ pahāya sammāājīvena jīvikaṃ kappeti, ayaṃ vuccatāvuso — 'sammāājīvo'".

도반들이여, 그러면 무엇이 정명(正命-바른 생활)입니까? 여기, 도반들이여, 성스러운 제자들은 삿된 생계를 버리고, 바른 생계로써 생명을 유지합니다. — 도반들이여, 이것이 정명(正命-바른 생활)이라고 불립니다.

"katamo cāvuso, sammāvāyāmo? idhāvuso, bhikkhu anuppannānaṃ pāpakānaṃ akusalānaṃ dhammānaṃ anuppādāya chandaṃ janeti vāyamati vīriyaṃ ārabhati cittaṃ paggaṇhāti padahati, uppannānaṃ pāpakānaṃ akusalānaṃ dhammānaṃ pahānāya chandaṃ janeti vāyamati vīriyaṃ ārabhati cittaṃ paggaṇhāti padahati, anuppannānaṃ kusalānaṃ dhammānaṃ uppādāya chandaṃ janeti vāyamati vīriyaṃ ārabhati cittaṃ paggaṇhāti padahati, uppannānaṃ kusalānaṃ dhammānaṃ ṭhitiyā asammosāya bhiyyobhāvāya vepullāya bhāvanāya pāripūriyā chandaṃ janeti vāyamati vīriyaṃ ārabhati cittaṃ paggaṇhāti padahati, ayaṃ vuccatāvuso — 'sammāvāyāmo'".

도반들이여, 그러면 무엇이 정정진(正精進-바른 노력)입니까? 여기, 도반들이여, 비구는 생겨나지 않은 악한 불선법들을 생겨나지 않게 하기 위하여, 관심을 생기게 하고, 노력하고, 힘을 다하고, 심(心)을 돌보고, 애씁니다. 생겨난 악한 불선법들을 버리기 위하여, 관심을 생기게 하고, 노력하고, 힘을 다하고, 심(心)을 돌보고, 애씁니다. 생겨나지 않은 선법들을 생겨나게 하기 위하여, 관심을 생기게 하고, 노력하고, 힘을 다하고, 심(心)을 돌보고, 애씁니다. 생겨난 선법들을 유지하고, 혼란스럽지 않게 하고, 점점 더 커져서 가득 차게 하고, 닦아서 완성하기 위하여 관심을 생기게 하고, 노력하고, 힘을 다하고, 심(心)을 돌보고, 애씁니다. — 이것이, 도반들이여, 정정진(正精進-바른 노력)이라고 불립니다.

"katamā cāvuso, sammāsati? idhāvuso, bhikkhu kāye kāyānupassī viharati ātāpī sampajāno satimā vineyya loke abhijjhādomanassaṃ. vedanāsu vedanānupassī viharati … pe … citte cittānupassī viharati… dhammesu dhammānupassī viharati ātāpī sampajāno satimā vineyya loke abhijjhādomanassaṃ, ayaṃ vuccatāvuso — 'sammāsati'".

도반들이여, 그러면 무엇이 정념(正念-바른 사띠)입니까? 여기, 도반들이여, 비구는 신(身)을 이어보면서 신(身)에 머뭅니다. 알아차리고, 옳고 그름을 판단하고, 옳음의 유지-향상을 위해 노력하는 자는 세상에서 간탐과 고뇌를 제거합니다. 수(受)를 이어보면서 수(受)에 머뭅니다. 알아차리고, 옳고 그름을 판단하고, 옳음의 유지-향상을 위해 노력하는 자는 세상에서 간탐과 고뇌를 제거합니다. 심(心)을 이어보면서 심(心)에 머뭅니다. 알아차리고, 옳고 그름을 판단하고, 옳음의 유지-향상을 위해 노력하는 자는 세상에서 간탐과 고뇌를 제거합니다. 법(法)을 이어보면서 법(法)에 머뭅니다. 알아차리고, 옳고 그름을 판단하고, 옳음의 유지-향상을 위해 노력하는 자는 세상에서 간탐과 고뇌를 제거합니다. — 이것이, 도반들이여, 정념(正念-바른 사띠)라고 불립니다.

“katamo cāvuso, sammāsamādhi? idhāvuso, bhikkhu vivicceva kāmehi vivicca akusalehi dhammehi savitakkaṃ savicāraṃ vivekajaṃ pītisukhaṃ paṭhamaṃ jhānaṃ upasampajja viharati, vitakkavicārānaṃ vūpasamā ajjhattaṃ sampasādanaṃ cetaso ekodibhāvaṃ avitakkaṃ avicāraṃ samādhijaṃ pītisukhaṃ dutiyaṃ jhānaṃ upasampajja viharati, pītiyā ca virāgā upekkhako ca viharati ... pe ... tatiyaṃ jhānaṃ... viharati, ayaṃ vuccatāvuso — ‘sammāsamādhi’. idaṃ vuccatāvuso — ‘dukkhanirodhagāminī paṭipadā ariyasaccaṃ’”.

도반들이여! 무엇이 정정(正定-바른 삼매)입니까? 여기, 도반들이여, 비구는 소유의 삶에서 벗어나고, 불선법(不善法)들에서 벗어나서, 위딱까가 있고 위짜라가 있고 떨침에서 생긴 기쁨과 즐거움의 초선(初禪)을 성취하여 머뭅니다. 위딱까와 위짜라의 가라앉음으로 인해, 안으로 평온함과 마음의 집중된 상태가 되어, 위딱까도 없고 위짜라도 없이, 삼매에서 생긴 기쁨과 즐거움의 제이선(第二禪)을 성취하여 머뭅니다. 기쁨의 바램으로부터 평정하게 머물고, 사띠-삼빠자나 하면서 머물고, 몸으로 즐거움을 경험한다. 성인들이 ‘평정을 가진 자, 사띠를 가진 자, 즐거움에 머무는 자[사념락주(捨念樂住)].’라고 말하는 제삼선(第三禪)을 성취하여 머뭅니다. 즐거움의 버림과 괴로움의 버림으로부터, 이미 만족과 불만들의 줄어듦으로부터, 괴로움도 즐거움도 없고 평정과 청정한 사띠[사념청정(捨念淸淨)]의 제사선(第四禪)을 성취하여 머뭅니다. — 이것이, 도반들이여, 정정(正定-바른 삼매)라고 불립니다. 이것이, 도반들이여, 고멸도성제(苦滅道聖諦)라고 불립니다.

“tathāgatenāvuso, arahatā sammāsambuddhena bārāṇasiyaṃ isipatane migadāye anuttaraṃ dhammacakkaṃ pavattitaṃ appaṭivattiyaṃ samaṇena vā brāhmaṇena vā devena vā mārena vā brahmunā vā kenaci vā lokasmiṃ, yadidaṃ — imesaṃ catunnaṃ ariyasaccānaṃ ācikkhanā desanā paññāpanā paṭṭhapanā vivaraṇā vibhajanā uttānīkamman”ti.

도반들이여, 바라나시 이시빠따나의 사슴 공원에서 여래-아라한-정등각에 의해 사문이나 바라문이나 신이나 마라나 범천이나 세상에서 누구에 의해서도 되돌려질 수 없는 위없는 법의 바퀴가 굴려졌습니다. 즉 네 가지 성스러운 진리[사성제(四聖諦)]의 공표이고, 전달이고, 선언이고, 시작이고, 드러냄이고, 분석이고, 해설입니다."라고.

idamavoca āyasmā sāriputto. attamanā te bhikkhū āyasmato sāriputtassa bhāsitaṃ abhinandunti.

사리뿟따 존자는 이렇게 말했다. 그 비구들은 즐거워하면서 사리뿟따 존자의 말씀을 기뻐했다.

(MN 141-진리의 분석 경)과 (DN 22/MN 10-대념처경(大念處經))의 차이

1. 고성제(苦聖諦)에서 진리의 분석 경에 없는 원증회고(怨憎會苦)와 애별리고(愛別離苦) 가 대념처경에 있음

2. 고집성제(苦集聖諦)와 고멸성제(苦滅聖諦)에서 대념처경은 애(愛)가 생겨나고 자리잡는 자리[고집성제(苦集聖諦)]와 버려지고 소멸하는 자리[고멸성제(苦滅聖諦)]를 추가하여 설명하는데, 수행의 관점에서 사성제를 서술하기 때문이라고 하겠습니다. 이때, 두 가지 자리는 동일하게 제시되는데, 내입처(內入處)-외입처(外入處)-식(識)-촉(觸)-수(受)-상(想)-사(思)-애(愛)-심(尋-vitakka)-사(伺-vicāra)입니다.

[4] 부처님과 데와닷따의 차이 — 혜(慧)에 의한 심(心)의 실천[부처님 → 깨달음이 성취되는 방법 = 참]과 심(心)에 의한 심(心)의 실천[데와닷따 → 깨달음이 성취되지 않는 방법 = 거짓]

☞ sutta.kr : 맛지마니까야 관통법회 - 29. 심재 비유의 큰 경[경의 위력-스승의 오류-데와닷따](근본경전연구회 해피스님 210630)

경은 불교 안팎에서 최악의 사람을 지시하는데, 불교 밖에서는 결실 없음(akiriya)을 주장하는 막칼리 고살라(AN 1.308-321-하나의 법, 세 번째 품), 불교 안에서는 데와닷따(AN 6.62-사람의 기능에 대한 앎 경)입니다.

데와닷따가 나타나는 경들은 많습니다. 율장(律藏)의 용례들은 주로 교단의 분열을 획책한 사건을 설명하고, 경장(經藏)의 용례들은 주로 ①얻음과 존경과 명성 때문이라는 점과 ②죽은 뒤에 상실과 비탄의 상태, 지옥에 태어나 일 겁을 머물 것이고, 용서받을 수 없다는 점을 설명합니다.

데와닷따의 용례 경 가운데 가장 많은 용례는 「acirapakkante devadatte 데와닷따가 떠나고 오래되지 않은 때」의 용례인데, 이렇게 정리됩니다. — 「얻음과 존경과 명성을 얻어도 즐거워하지 않고 완성되었다고 생각하지 않아야 합니다. 존경이 익어갈수록 준비되지 못한 가엾은 사람은 자신을 해칩니다. 이렇게 자신을 파괴하고 파멸로 이끌기 위해 데와닷따에게 얻음과 존경과 명성이 생겼습니다. 그래서 비구는 때때로 자신과 남의 실패와 성공을 돌이켜 살펴보아야 합니다. 여덟 가지 비법(非法) 즉 얻음-잃음-명성-악명-공경-천대-악한 원함-악한 친구가 생겼을 때 거듭 극복하며 머물지 못한 데와닷따는 죽은 뒤에 상실과 비탄의 상태, 지옥에 태어나 일 겁을 머물 것이고, 용서받을 수 없게 되었습니다.」

특히, (AN 9.26-돌기둥 경)은 (AN 9.25-지혜 경)과 대비되어 깨달음에 대한 부처님과 데와닷따의 다른 관점을 보여줍니다. 보통은 데와닷따가 떠난 이유를 계율에 대한 시각차라고 이해하지만, 그보다는 여기서 보게 될 실천의 차이가 데와닷따가 부처님을 떠나게 되는 직접적인 이유라고 보아야 합니다.

- 부처님 — 혜(慧)에 의한 심(心)의 실천 → 깨달음이 성취되는 방법 = 참
- 데와닷따 — 심(心)에 의한 심(心)의 실천 → 깨달음이 성취되지 않는 방법 = 거짓

※ 혜(慧)에 의한 심(心)의 실천의 의미 — 심해탈(心解脫)-혜해탈(慧解脫) → 혜해탈이 받쳐주는 심해탈 → 부동(不動)의 심해탈

이런 관점은 주목해야 합니다. 부처님에게서 멀어진 불교일수록 데와닷따의 실천과 궤를 같이하는 현상을 볼 수 있기 때문입니다.

1. paññāsuttaṃ (AN 9.25-지혜 경)

"yato kho, bhikkhave, bhikkhuno paññāya cittaṃ suparicitaṃ hoti, tassetaṃ, bhikkhave, bhikkhuno kallaṃ vacanāya — 'khīṇā jāti, vusitaṃ brahmacariyaṃ, kataṃ karaṇīyaṃ, nāparaṃ itthattāyāti pajānāmī'"ti.

비구들이여, 비구가 지혜에 의해 심(心)을 잘 실천하였을 때, 비구들이여, 그 비구가 ''태어남은 다했다. 범행은 완성되었다. 해야 할 일을 했다. 다음에는 현재 상태[유(有)]가 되지 않는다.'라고 나는 분명히 안다.'라고 말하는 것은 적절하다.

"kathañca, bhikkhave, bhikkhuno paññāya cittaṃ suparicitaṃ hoti? 'vītarāgaṃ me cittan'ti paññāya cittaṃ suparicitaṃ hoti; 'vītadosaṃ me cittan'ti paññāya cittaṃ suparicitaṃ hoti; 'vītamohaṃ me cittan'ti paññāya cittaṃ suparicitaṃ hoti; 'asarāgadhammaṃ me cittan'ti paññāya cittaṃ suparicitaṃ hoti; 'asadosadhammaṃ me cittan'ti paññāya cittaṃ suparicitaṃ hoti; 'asamohadhammaṃ me cittan'ti paññāya cittaṃ suparicitaṃ hoti; 'anāvattidhammaṃ me cittaṃ kāmabhavāyā'ti paññāya cittaṃ suparicitaṃ hoti; 'anāvattidhammaṃ me cittaṃ rūpabhavāyā'ti paññāya cittaṃ suparicitaṃ hoti; 'anāvattidhammaṃ me cittaṃ arūpabhavāyā'ti paññāya cittaṃ suparicitaṃ hoti. yato kho, bhikkhave, bhikkhuno paññāya cittaṃ suparicitaṃ hoti, tassetaṃ, bhikkhave, bhikkhuno kallaṃ vacanāya — 'khīṇā jāti, vusitaṃ brahmacariyaṃ, kataṃ karaṇīyaṃ, nāparaṃ itthattāyāti pajānāmī'"ti.

그러면, 비구들이여, 비구는 어떻게 지혜에 의해 심(心)을 잘 실천하는가? '나의 심(心)에 탐(貪)이 없기를!'이라고 지혜에 의해 심(心)을 잘 실천한다. '나의 심(心)에 진(嗔)이 없기를!'이라고 지혜에 의해 심(心)을 잘 실천한다. '나의 심(心)에 치(癡)가 없기를!'이라고 지혜에 의해 심(心)을 잘 실천한다. '나의 심(心)에 탐(貪)과 함께하는 것이 없기를!'이라고 지혜에 의해 심(心)을 잘 실천한다. '나의 심(心)에 진(嗔)과 함께하는 것이 없기를!'이라고 지혜에 의해 심(心)을 잘 실천한다. '나의 심(心)에 치(癡)와 함께하는 것이 없기를!'이라고 지혜에 의해 심(心)을 잘 실천한다. '나의 심(心)이 욕계 존재[욕유(慾有)]로 돌아오지 않기를!'이라고 지혜에 의해 심(心)을 잘 실천한다. '나의 심(心)이 색계 존재[색유(色有)]로 돌아오지 않기를!'이라고 지혜에 의해 심(心)을 잘 실천한다. '나의 심(心)이 무색계 존재[무색유(無色有)]로 돌아오지 않기를!'이라고 지혜에 의해 심(心)을 잘 실천한다.

비구들이여, 비구가 지혜에 의해 심(心)을 잘 실천하였을 때, 비구들이여, 그 비구가 ''태어남은 다했다. 범행은 완성되었다. 해야 할 일을 했다. 다음에는 현재 상태[유(有)]가 되지 않는다.'라고 나는 분명히 안다.'라고 말하는 것은 적절하다.

2. silāyūpasuttaṃ (AN 9.26-돌기둥 경)

evañca kho, āvuso candikāputta, devadatto bhikkhūnaṃ dhammaṃ deseti — 'yato kho, āvuso, bhikkhuno cetasā cittaṃ suparicitaṃ hoti, tassetaṃ bhikkhuno kallaṃ veyyākaraṇāya — khīṇā jāti, vusitaṃ brahmacariyaṃ, kataṃ karaṇīyaṃ, nāparaṃ itthattāyāti pajānāmī'"ti.

도반 짠디까뿟따여, 데와닷따는 비구들에게 이렇게 법을 설합니다. — '도반들이여, 비구가 심(心)에 의해 심(心)을 잘 실천하였을 때 그 비구가 '태어남은 다했다. 범행은 완성되었다. 해야 할 일을 했다. 다음에는 현재 상태[유(有)]가 되지 않는다.'라고 나는 분명히 안다.'라고 확정적으로 설명하는 것은 적절하다.

"kathañca, āvuso, bhikkhuno cetasā cittaṃ suparicitaṃ hoti? 'vītarāgaṃ me cittan'ti cetasā cittaṃ suparicitaṃ hoti; 'vītadosaṃ me cittan'ti cetasā cittaṃ suparicitaṃ hoti; 'vītamohaṃ me cittan'ti cetasā cittaṃ suparicitaṃ hoti; 'asarāgadhammaṃ me cittan'ti cetasā cittaṃ suparicitaṃ hoti; 'asadosadhammaṃ me cittan'ti cetasā cittaṃ suparicitaṃ hoti; 'asamohadhammaṃ me cittan'ti cetasā cittaṃ suparicitaṃ hoti; 'anāvattidhammaṃ me cittaṃ kāmabhavāyā'ti cetasā cittaṃ suparicitaṃ hoti; 'anāvattidhammaṃ me cittaṃ rūpabhavāyā'ti cetasā cittaṃ suparicitaṃ hoti; 'anāvattidhammaṃ me cittaṃ arūpabhavāyā'ti cetasā cittaṃ suparicitaṃ hoti. evaṃ sammā vimuttacittassa kho, āvuso, bhikkhuno bhusā cepi cakkhuviññeyyā rūpā cakkhussa āpāthaṃ āgac-chanti, nevassa cittaṃ pariyādiyanti; amissīkatamevassa cittaṃ hoti ṭhitaṃ āneñjappattaṃ, vayaṃ cassānupassati.

그러면, 도반들이여, 비구는 어떻게 심(心)에 의해 심(心)을 잘 실천하는가? '나의 심(心)에 탐(貪)이 없기를!'이라고 심(心)에 의해 심(心)을 잘 실천한다. '나의 심(心)에 진(嗔)이 없기를!'이라고 심(心)에 의해 심(心)을 잘 실천한다. '나의 심(心)에 치(癡)가 없기를!'이라고 심(心)에 의해 심(心)을 잘 실천한다. '나의 심(心)에 탐(貪)과 함께하는 것이 없기를!'이라고 심(心)에 의해 심(心)을 잘 실천한다. '나의 심(心)에 진(嗔)과 함께하는 것이 없기를!'이라고 심(心)에 의해 심(心)을 잘 실천한다. '나의 심(心)에 치(癡)와 함께하는 것이 없기를!'이라고 심(心)에 의해 심(心)을 잘 실천한다. '나의 심(心)이 욕계 존재[욕유(慾有)]로 돌아오지 않기를!'이라고 심(心)에 의해 심(心)을 잘 실천한다. '나의 심(心)이 색계 존재[색유(色有)]로 돌아오지 않기를!'이라고 심(心)에 의해 심(心)을 잘 실천한다. '나의 심(心)이 무색계 존재[무색유(無色有)]로 돌아오지 않기를!'이라고 심(心)에 의해 심(心)을 잘 실천한다. 이렇게, 도반들이여, 바르게 해탈한 심(心)을 가진 비구에게 만약 안(眼)으로 인식될 색(色)들이 강하게 안(眼)의 영역에 들어온다 해도 그것들은 심(心)을 소진하지 않는다. 섞이지 않은 심(心)은 안정되고, 흔들리지 않음을 얻고, 또한, 무너짐을 이어본다.

“seyyathāpi, āvuso, silāyūpo soḷasakukkuko. tassassu aṭṭha kukkū heṭṭhā nemaṅgamā, aṭṭha kukkū upari nemassa. atha puratthimāya cepi disāya āgaccheyya bhusā vātavuṭṭhi, neva naṃ saṅkampeyya na sampavedheyya; atha pacchimāya... atha uttarāya... atha dakkhiṇāya cepi disāya āgaccheyya bhusā vātavuṭṭhi, neva naṃ saṅkampeyya na sampavedheyya. taṃ kissa hetu? gambhīrattā, āvuso, nemassa, sunikhātattā silāyūpassa. evamevaṃ kho, āvuso, sammā vimuttacittassa bhikkhuno bhusā cepi cakkhuviññeyyā rūpā cakkhussa āpāthaṃ āgacchanti, nevassa cittaṃ pariyādiyanti; amissīkatamevassa cittaṃ hoti ṭhitaṃ āneñjappattaṃ, vayaṃ cassānupassati.

예를 들면, 도반들이여, 16꾹꾸까 길이의 돌기둥이 있다. 그 가운데 8꾹꾸까는 땅속에 박혀있고, 8꾹꾸까는 땅 위에 나와 있다. 만약, 그때 동쪽에서 큰 비바람이 온다 해도 그것을 흔들지도 요동치게 하지도 못할 것이다. 그때 서쪽에서 … 그때 북쪽에서 … 만약, 그때 남쪽에서 큰 비바람이 온다 해도 그것을 흔들지도 요동치게 하지도 못할 것이다. 그 원인은 무엇인가? 도반들이여, 돌기둥의 끝이 깊이 묻혀있다. 이처럼, 도반들이여, 바르게 해탈한 심(心)을 가진 비구에게 만약 안(眼)으로 인식될 색(色)들이 강하게 안(眼)의 영역에 들어온다 해도 그것들은 심(心)을 소진하지 않는다. 섞이지 않은 심(心)은 안정되고, 흔들리지 않음을 얻고, 또한, 무너짐을 이어본다.

“bhusā cepi sotaviññeyyā saddā... ghānaviññeyyā gandhā... jivhāviññeyyā rasā... kāyaviññeyyā phoṭṭhabbā... manoviññeyyā dhammā manassa āpāthaṃ āgacchanti, nevassa cittaṃ pariyādiyanti; amissīkatamevassa cittaṃ hoti ṭhitaṃ āneñjappattaṃ, vayaṃ cassānupassatī”ti.

만약 이(耳)로 인식될 성(聲)들이 강하게 … 만약 비(鼻)로 인식될 향(香)들이 강하게 … 만약 설(舌)로 인식될 미(味)들이 강하게 … 만약 신(身)으로 인식될 촉(觸)들이 강하게 … 만약 의(意)로 인식될 법(法)들이 강하게 의(意)의 영역에 들어온다 해도 그것들은 심(心)을 소진하지 않는다. 섞이지 않은 심(心)은 안정되고, 흔들리지 않음을 얻고, 또한, 무너짐을 이어본다.”라고.

배워 알고 실천하는 불교 신자!

【참고】

탐진치(貪瞋癡) 그리고 탐진치와 함께하는 것이 없어서 심(心)이 욕계(慾界)-색계(色界)-무색계(無色界)로 되돌아오지 않게 됨 즉 바르게 해탈한 심(心)을 가진 비구에게 만약 안(眼)~의(意)로 인식될 색(色)~법(法)들이 강하게 안(眼)~의(意)의 영역에 들어온다 해도 그것들은 심(心)을 소진하지 않고, 섞이지 않은 심(心)은 안정되고, 흔들리지 않음을 얻고, 또한, 무너짐을 이어본다는 말씀은 데와닷따의 깨달음이 아닙니다. (AN 9.25-지혜 경)에 의하면, '나의 심(心)에 탐(貪)이 없기를 ~ 무색계 존재로 돌아오지 않기를'은 부처님이 설하는 '지혜로써 심(心)을 잘 실천하는 방법'이고, (AN 6.55-소나 경)에서는 아라한인 소나 존자가 '탐진치가 부서지고 탐진치에서 벗어난, 바르게 해탈한 심(心)을 가진 비구에게 만약 안(眼)~의(意)로 인식될 색(色)~법(法)들이 강하게 안(眼)~의(意)의 영역에 들어온다 해도 그것들은 심(心)을 소진하지 않고, 섞이지 않은 심(心)은 안정되고, 흔들리지 않음을 얻고, 또한, 무너짐을 이어본다.'라고 하여 바르게 깨달은 아라한의 상태를 설명합니다.

그러므로 데와닷따가 말하는 이런 깨달음은 사실은 부처님의 제자들의 깨달음입니다. 그런데 부처님의 제자들의 깨달음의 길은 팔정도(八正道) 즉 사념처(四念處)로 시작해서 사마타-위빳사나로 완성되는 길입니다. 그리고 이 길은 사마타에 의한 심해탈(心解脫)과 위빳사나에 의한 혜해탈(慧解脫)이 함께한 심해탈-혜해탈의 길입니다. 이 길을 나타내는 말이 '지혜에 의해 심(心)을 잘 실천한다.'입니다. 해탈은 심(心)이 번뇌로부터 벗어나는 것이지만[심해탈(心解脫)], 그 방법은 지혜로써 번뇌를 부수는[누진(漏盡)] 위빳사나의 과정에 의한 혜해탈(慧解脫)로써 완성되어 흔들리지 않게 되는 것입니다[부동(不動)의 심해탈(心解脫)]. 그런데 데와닷따는 지혜에 의한 심(心)의 실천에 접근하지 못하고 심(心)에 의한 심(心)의 실천을 주장합니다. 혜해탈로써 완성되는 부동의 심해탈에 접근하지 못하고, 오직 심(心)의 실천 즉 삼매의 심화에 의한 깨달음을 말하는 것인데, 이런 방법으로는 이런 깨달음을 얻을 수 없습니다. 그래서 사리뿟따 존자는 데와닷따가 부처님 제자들의 깨달음을 흉내 내고 선언하지만 그런 방법으로는 이런 깨달음에 도달할 수 없다는 점을 지적하는 것입니다.

- 부처님의 제자들의 깨달음 — 「āsavānaṃ khayā anāsavaṃ cetovimuttiṃ paññāvimuttiṃ diṭṭheva dhamme sayaṃ abhiññā sacchikatvā upasampajja viharati. 번뇌들이 부서졌기 때문에 번뇌가 없는 심해탈(心解脫)과 혜해탈(慧解脫)을 지금여기에서 스스로 실답게 안 뒤에 실현하고 성취하여 머문다.」

제4장

제자들-승(僧)-saṅgha

불교신행(佛教信行) 즉 불교 신자의 신앙생활을, 근본 경전 니까야에 의한, 불(佛)-법(法)-승(僧) 삼보(三寶)에 대한 바른 앎으로부터 시작해야 한다는 목적의식을 가지고 이 책은 제작되었는데, 앞선 장들에서 불(佛)과 법(法)에 대한 바른 앎을 난이도 불문, 신행(信行)의 확고한 토대를 갖추기 위한 기준으로 서술하였고, 이제 승(僧)에 대해 서술할 순서입니다.

승(僧)은 saṅgha(상가)의 한역(漢譯)인데, 경(經)과 율(律)은 두 개의 상가(ubhato-saṅgha) 즉 비구 상가(bhikkhusaṅgha)와 비구니 상가 (bhikkhunī-saṅgha)를 말합니다. 그래서 불교 안에서 상가는 출가 제자의 집단을 의미한다는 것을 알 수 있습니다.

그런데 이 책은 불교 신자의 신행(信行)을 안내하는 책입니다. 그래서 불교 신자의 대부분을 차지하는 재가 신자의 신행을 안내하는 것이 주목적이라고 하겠습니다. 그래서 편의상 승(僧-saṅgha)을 넓은 의미로 제자들이라고 해석하고, 출가 제자와 재가 제자를 포괄하여 제4장을 서술하였습니다.

이런 이유로 '제4장 제자들-승(僧)-saṅgha'는 제1절 공통 - 성스러운 제자, 제2절 출가 제자, 제3절 재가 제자로 구성됩니다. 특히, 제3절은 「불교입문(佛教入門)(Ⅰ) 소유하고자 하는 자를 위한 가르침」과 직접 연결되는 주제여서 「불교입문(佛教入門)(Ⅰ) 소유 - 읽고 보충하기」 수업과 많은 부분이 연동됩니다.

제1절 공통 - 성스러운 제자

"비구들이여, 다사라하들에게 아나까라는 이름의 북이 있었다. 그 북에게 다사라하들은 아나까의 연결 부위에 다른 쐐기를 채워 넣었다. 비구들이여, 아나까 북의 이전의 표면은 사라지고 쐐기의 연결만 남아 있는 때가 있었다. 비구들이여, 미래에 이와 같은 비구들이 있을 것이다. 여래에 의해 말해진, 심오하고, 심오한 의미를 가진, 세상을 넘어선, 공(空)에 연결된 가르침들이 설해질 때 듣지 않을 것이고, 귀 기울이지 않을 것이고, 무위(無爲)의 앎을 위해 심(心)을 확고히 하지 않을 것이고, 그 법들을 일으켜야 하고 숙련해야 한다고 생각하지 않을 것이다.

그러나 시인이 지은 것이고 아름다운 문자와 표현을 가진 시이고 외도의 제자들에 의해 말해진 가르침들이 설해질 때 들을 것이고, 귀 기울일 것이고, 최고의 앎을 위해 심(心)을 확고히 할 것이고, 그 법들을 일으켜야 하고 숙련해야 한다고 생각할 것이다.

이처럼, 비구들이여, 여래에 의해 말해진, 심오하고, 심오한 의미를 가진, 세상을 넘어선, 공(空)에 연결된 가르침들의 사라짐이 있을 것이다. 그러므로 비구들이여, 이렇게 공부해야 한다. — '여래에 의해 말해진, 심오하고, 심오한 의미를 가진, 세상을 넘어선, 공(空)에 연결된 가르침들이 설해질 때 우리는 들을 것이고, 귀 기울일 것이고, 무위(無爲)의 앎을 위해 심(心)을 확고히 할 것이고, 그 법들을 일으켜야 하고 숙련해야 한다고 생각할 것이다.'라고. 비구들이여, 그대들은 참으로 이렇게 공부해야 한다." (SN 20.7-쐐기 경)

Ⅰ. 사쌍(四雙)의 성자(聖者) — (AN 4.241-사문 경)

무명에 덮이고 애(愛)에 묶여 옮겨가고 윤회하는 중생들의 삶의 영역은 욕계(慾界)-색계(色界)-무색계(無色界)의 삼계(三界) 또는 소유의 삶[욕(慾)]-존재의 삶[유(有) = 색(色)+무색(無色)]으로 구성됩니다. 그리고 불교만이 제시하는 또 하나의 삶의 형태가 있는데, 소유를 극복한 존재의 삶에서도 벗어난 해탈된 삶입니다. 중생의 삶 즉 존재에게서 무명을 벗겨내고 애를 끊음으로써 더 이상 옮겨가지 않고 윤회하지 않게 된 아라한의 완성된 삶입니다. ☞ 그림 : 「세 가지 삶의 방식[소유의 삶 → 존재의 삶 → 해탈된 삶」(233쪽)

이때, 해탈된 삶으로 나아가는 영역 즉 존재로부터의 벗어남의 과정에 들어서면 성자(聖者-ariya)라고 불리는데, 예류자(預流者)-일래자(一來者)-불환자(不還者)이고 아라한(阿羅漢)으로 완성됩니다. 그래서 성자는 예류자-일래자-불환자-아라한의 사쌍(四雙)으로 구성됩니다. 또한, 각각을 과정과 성취로 구분하기도 하는데, 예류자가 되는 과정에 있는 자[예류도(預流道)]와 예류자를 성취한 자[예류과(預流果)], 일래자가 되는 과정에 있는 자[일래도(一來道)]와 일래자를 성취한 자[일래과(一來果)], 불환자가 되는 과정에 있는 자[불환도(不還道)]와 불환자를 성취한 자[불환과(不還果)], 아라한이 되는 과정에 있는 자[아라한도(阿羅漢道)]와 아라한을 성취한 자[아라한과(阿羅漢果)]의 팔배(八輩)입니다.

그래서 성자는 보통 사쌍팔배(四雙八輩)라고 불리는데, 이분들이 세존(世尊)의 제자들로 구성되는 상가의 중심이고 정체성입니다. 그리고 사쌍팔배의 성자는 오직 팔정도가 있는 여기, 불교에만 있습니다. 해탈된 삶의 구현을 위한 유일한 길이기 때문입니다.

“‘Idheva, bhikkhave, (paṭhamo) samaṇo, idha dutiyo samaṇo, idha tatiyo samaṇo, idha catuttho samaṇo; suññā parappavādā samaṇehi aññehī’ti – evametaṃ, bhikkhave, sammā sīhanādaṃ nadatha.

비구들이여, 오직 여기에 사문이 있다. 여기에 두 번째 사문이 있고, 여기에 세 번째 사문이 있고, 여기에 네 번째 사문이 있다. 다른 교설들은 무위(無爲)의 앎을 가진 사문들에 의해 공(空) 하다. 비구들이여, 이렇게 이 바른 사자후(師子吼)를 토하라.

“katamo ca, bhikkhave, paṭhamo samaṇo? idha, bhikkhave, bhikkhu tiṇṇaṃ saṃyojanānaṃ parikkhayā sotāpanno hoti avinipātadhammo niyato sambodhiparāyaṇo. ayaṃ, bhikkhave, paṭhamo samaṇo.

비구들이여, 그러면 어떤 자가 첫 번째 사문인가? 비구들이여, 여기 비구는 세 가지 족쇄가 완전히 부서졌기 때문에 흐름에 든 자[예류자(預流者)]여서 떨어지지 않는 자, 확실한 자,

깨달음을 겨냥한 자이다. 비구들이여, 이것이 첫 번째 사문이다.

“katamo ca, bhikkhave, dutiyo samaṇo? idha, bhikkhave, bhikkhu tiṇṇaṃ saṃyojanānaṃ parikkhayā rāgadosamohānaṃ tanuttā sakadāgāmī hoti, sakideva imaṃ lokaṃ āgantvā dukkhassantaṃ karoti. ayaṃ, bhikkhave, dutiyo samaṇo.

비구들이여, 그러면 어떤 자가 두 번째 사문인가? 비구들이여, 여기 비구는 세 가지 족쇄가 완전히 부서지고 탐진치(貪嗔癡)가 엷어졌기 때문에 한 번만 더 돌아올 자[일래자(一來者)]이니, 한 번만 더 이 세상에 온 뒤에 괴로움을 끝낸다. 비구들이여, 이것이 두 번째 사문이다.

“katamo ca, bhikkhave, tatiyo samaṇo? idha, bhikkhave, bhikkhu pañcannaṃ orambhāgiyānaṃ saṃyojanānaṃ parikkhayā opapātiko hoti tattha parinibbāyī anāvattidhammo tasmā lokā. ayaṃ, bhikkhave, tatiyo samaṇo.

비구들이여, 그러면 어떤 자가 세 번째 사문인가? 비구들이여, 여기 비구는 오하분결(五下分結)이 완전히 부서졌기 때문에 화생(化生)하고, 거기서 완전히 열반하니, 그 세상으로부터 돌아오지 않는 존재[불환자(不還者)]이다. 비구들이여, 이것이 세 번째 사문이다.

“katamo ca, bhikkhave, catuttho samaṇo? idha, bhikkhave, bhikkhu āsavānaṃ khayā anāsavaṃ cetovimuttiṃ paññāvimuttiṃ diṭṭheva dhamme sayaṃ abhiññā sacchikatvā upasampajja viharati. ayaṃ, bhikkhave, catuttho samaṇo.

비구들이여, 그러면 어떤 자가 네 번째 사문인가? 비구들이여, 여기 비구는 번뇌들이 부서졌기 때문에 번뇌가 없는 심해탈(心解脫)과 혜해탈(慧解脫)을 지금여기에서 스스로 실답게 안 뒤에 실현하고 성취하여 머문다[아라한(阿羅漢)]. 비구들이여, 이것이 네 번째 사문이다.

“idheva, bhikkhave, paṭhamo samaṇo, idha dutiyo samaṇo, idha tatiyo samaṇo, idha catuttho samaṇo; suññā parappavādā samaṇebhi aññehī'ti – evametaṃ, bhikkhave, sammā sīhanādaṃ nadathā''ti.

비구들이여, 오직 여기에 첫 번째 사문이 있다. 여기에 두 번째 사문이 있고, 여기에 세 번째 사문이 있고, 여기에 네 번째 사문이 있다. 다른 교설들은 무위(無爲)의 앎을 가진 사문들에 의해 공(空)하다. 비구들이여, 이렇게 이 바른 사자후(師子吼)를 토하라.

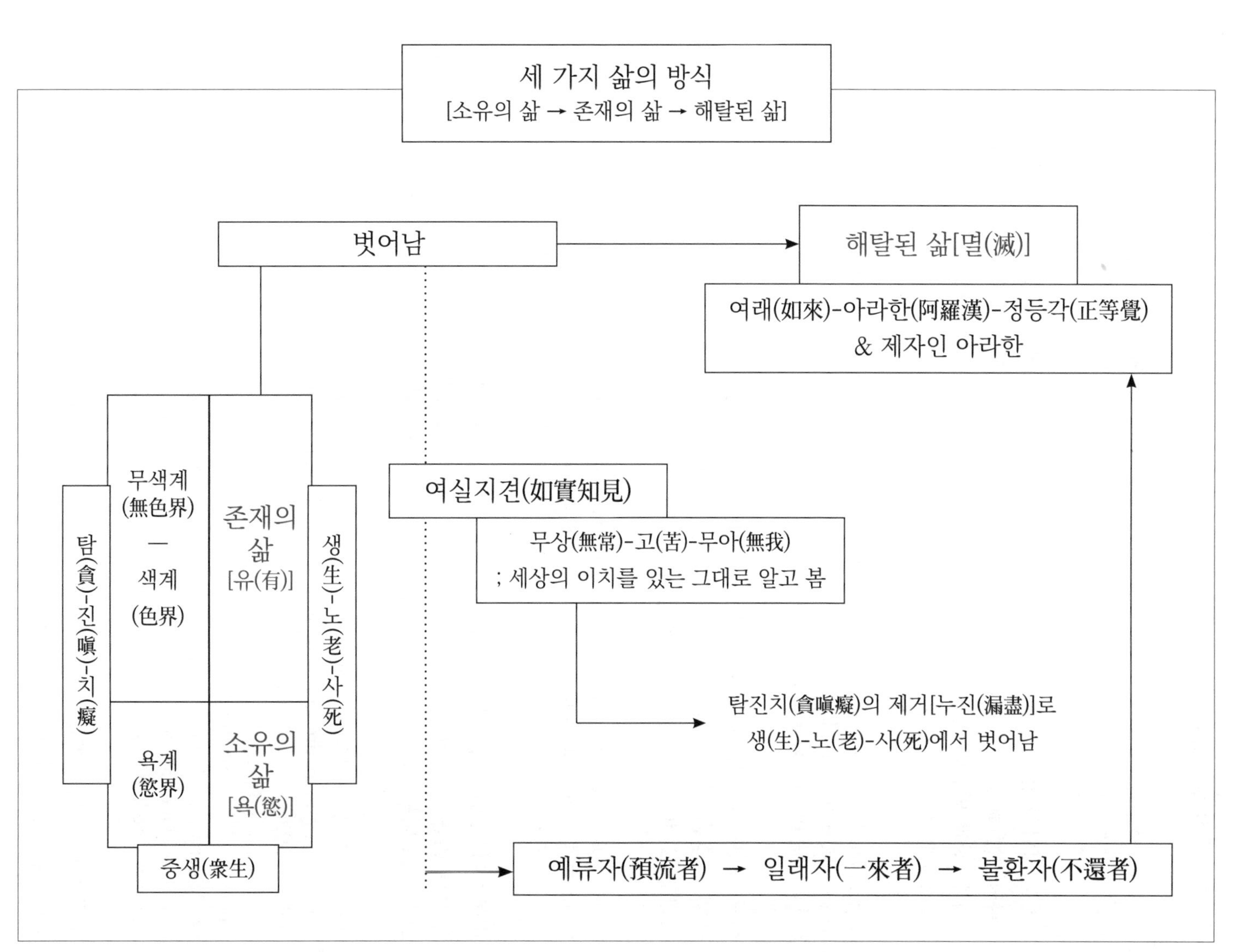
세 가지 삶의 방식
[소유의 삶 → 존재의 삶 → 해탈된 삶]
벗어남
해탈된 삶[멸(滅)]
여래(如來)-아라한(阿羅漢)-정등각(正等覺)
& 제자인 아라한
무색계(無色界)
—
색계(色界)
존재의 삶 [유(有)]
욕계(慾界)
소유의 삶 [욕(慾)]
탐(貪)-진(嗔)-치(癡)
생(生)-노(老)-사(死)
중생(衆生)
여실지견(如實知見)
무상(無常)-고(苦)-무아(無我)
; 세상의 이치를 있는 그대로 알고 봄
탐진치(貪嗔癡)의 제거[누진(漏盡)]로
생(生)-노(老)-사(死)에서 벗어남
예류자(預流者) → 일래자(一來者) → 불환자(不還者)

Ⅱ. 누가 부처님의 정법을 사라지게 하고, 지속하게 하는가? — (AN 1.130-149)

☞ nikaya.kr : 앙굿따라 니까야 관통 법회 - [하나](130-186) 정법의 사라짐과 지속 & 한 사람(여래-아라한-정등각)(근본경전연구회 해피스님 210708)

많은 사람의 불익과 불행과 쇠락을 위해, 신과 인간의 불익과 고통을 위해 실천하여 많은 악덕(惡德)을 쌓고, 부처님의 정법을 사라지게 하는 사람과 많은 사람의 이익과 행복과 번영을 위해, 신과 인간의 이익과 행복을 위해 실천하여 많은 공덕(功德)을 쌓고, 부처님의 정법을 지속하게 하는 사람을 설명합니다.

"ye te, bhikkhave, bhikkhū adhammaṃ dhammoti dīpenti te, bhikkhave, bhikkhū bahu -janāhitāya paṭipannā bahujanāsukhāya, bahuno janassa anatthāya ahitāya dukkhāya devamanussānaṃ. bahuñca te, bhikkhave, bhikkhū apuññaṃ pasavanti, te cimaṃ saddhammaṃ antaradhāpentī"ti.

비구들이여, 비법(非法)을 법(法)이라고 설명하는 비구들은 많은 사람의 불익과 많은 사람의 불행과 많은 사람의 쇠락을 위해, 신과 인간의 불익과 고통을 위해 실천하는 자이다. 그리고 그 비구들은 많은 악덕(惡德)을 쌓는다. 그들은 나의 정법을 사라지게 한다.

"ye te, bhikkhave, bhikkhū dhammaṃ adhammoti dīpenti te, bhikkhave, bhikkhū bahujanāhitāya paṭipannā bahujanāsukhāya, bahuno janassa anatthāya ahitāya dukkhāya devamanussānaṃ. bahuñca te, bhikkhave, bhikkhū apuññaṃ pasavanti, te cimaṃ saddhammaṃ antaradhāpentī"ti.

비구들이여, 법(法)을 비법(非法)이라고 설명하는 비구들은 많은 사람의 불익과 많은 사람의 불행과 많은 사람의 쇠락을 위해, 신과 인간의 불익과 고통을 위해 실천하는 자이다. 그리고 그 비구들은 많은 악덕(惡德)을 쌓는다. 그들은 나의 정법을 사라지게 한다.

"ye te, bhikkhave, bhikkhū avinayaṃ vinayoti dīpenti ... pe ... vinayaṃ avinayoti dīpenti ... pe ... abhāsitaṃ alapitaṃ tathāgatena bhāsitaṃ lapitaṃ tathāgatenāti dīpenti ... pe ... bhāsitaṃ lapitaṃ tathāgatena abhāsitaṃ alapitaṃ tathāgatenāti dīpenti ... pe ... anāciṇṇaṃ tathāgatena āciṇṇaṃ tathāgatenāti dīpenti ... pe ... āciṇṇaṃ tathāgatena anāciṇṇaṃ tathāgatenāti dīpenti ... pe ... apaññattaṃ tathāgatena paññattaṃ tathāgatenāti dīpenti ... pe ... paññattaṃ tathāgatena apaññattaṃ tathāgatenāti dīpenti te, bhikkhave, bhikkhū bahujanāhitāya paṭipannā bahujanāsukhāya, bahuno janassa anatthāya ahitāya dukkhāya devamanussānaṃ. bahuñca te, bhikkhave, bhikkhū apuññaṃ pasavanti, te cimaṃ saddhammaṃ antaradhāpentī"ti.

비구들이여, 비율(非律)을 율(律)이라고 설명하는 비구들은 … 율(律)을 비율(非律)이라고 설명하는 … 여래가 설하지 않고 말하지 않은 것을 여래가 설하고 말했다고 설명하는

… 여래가 설하고 말한 것을 여래가 설하지 않고 말하지 않았다고 설명하는 … 여래가 실천하지 않은 것을 여래가 실천했다고 설명하는 … 여래가 실천한 것을 여래가 실천하지 않았다고 설명하는 … 여래가 선언하지 않은 것을 여래가 선언했다고 설명하는 … 여래가 선언한 것을 여래가 선언하지 않았다고 설명하는 비구들은 많은 사람의 불익과 많은 사람의 불행과 많은 사람의 쇠락을 위해, 신과 인간의 불익과 고통을 위해 실천하는 자이다. 그리고 그 비구들은 많은 악덕(惡德)을 쌓는다. 그들은 나의 정법을 사라지게 한다.

"ye te, bhikkhave, bhikkhū adhammaṃ adhammoti dīpenti te, bhikkhave, bhikkhū bahujanahitāya paṭipannā bahujanasukhāya, bahuno janassa atthāya hitāya sukhāya devamanussānaṃ. bahuñca te, bhikkhave, bhikkhū puññaṃ pasavanti, te cimaṃ saddhammaṃ ṭhapentī"ti.

비구들이여, 비법(非法)을 비법(非法)이라고 설명하는 비구들은 많은 사람의 이익과 많은 사람의 행복과 많은 사람의 번영을 위해, 신과 인간의 이익과 행복을 위해 실천하는 자이다. 그리고 그 비구들은 많은 공덕(功德)을 쌓는다. 그들은 나의 정법을 지속하게 한다.

"ye te, bhikkhave, bhikkhū dhammaṃ dhammoti dīpenti te, bhikkhave, bhikkhū bahujanahitāya paṭipannā bahujanasukhāya, bahuno janassa atthāya hitāya sukhāya devamanussānaṃ. bahuñca te, bhikkhave, bhikkhū puññaṃ pasavanti, te cimaṃ saddhammaṃ ṭhapentī"ti.

비구들이여, 법(法)을 법(法)이라고 설명하는 비구들은 많은 사람의 이익과 많은 사람의 행복과 많은 사람의 번영을 위해, 신과 인간의 이익과 행복을 위해 실천하는 자이다. 그리고 그 비구들은 많은 공덕(功德)을 쌓는다. 그들은 나의 정법을 지속하게 한다.

"ye te, bhikkhave, bhikkhū avinayaṃ avinayoti dīpenti … pe … vinayaṃ vinayoti dīpenti … pe … abhāsitaṃ alapitaṃ tathāgatena abhāsitaṃ alapitaṃ tathāgatenāti dīpenti … pe … bhāsitaṃ lapitaṃ tathāgatena bhāsitaṃ lapitaṃ tathāgatenāti dīpenti … pe … anāciṇṇaṃ tathāgatena anāciṇṇaṃ tathāgatenāti dīpenti … pe … āciṇṇaṃ tathāgatena āciṇṇaṃ tathāgatenāti dīpenti … pe … apaññattaṃ tathāgatena apaññattaṃ tathāgatenāti dīpenti … pe … paññattaṃ tathāgatena paññattaṃ tathāgatenāti dīpenti te, bhikkhave, bhikkhū bahujanahitāya paṭipannā bahujanasukhāya, bahuno janassa atthāya hitāya sukhāya devamanussānaṃ. bahuñca te, bhikkhave, bhikkhū puññaṃ pasavanti, te cimaṃ saddhammaṃ ṭhapentī"ti.

비구들이여, 비율(非律)을 비율(非律)이라고 설명하는 비구들은 … 율(律)을 율(律)이라고 설명하는 … 여래가 설하지 않고 말하지 않은 것을 여래가 설하지 않고 말하지 않았다고 설명하는 … 여래가 설하고 말한 것을 여래가 설하고 말했다고 설명하는 … 여래가 실천하지 않은 것을 여래가 실천하지 않았다고 설명하는 … 여래가 실천한 것을 여래가 실천했다고 설명하는 … 여래가 선언하지 않은 것을 여래가 선언하지 않았다고 설명하는

… 여래가 선언한 것을 여래가 선언했다고 설명하는 비구들은 많은 사람의 이익과 많은 사람의 행복과 많은 사람의 번영을 위해, 신과 인간의 이익과 행복을 위해 실천하는 자이다. 그리고 그 비구들은 많은 공덕(功德)을 쌓는다. 그들은 나의 정법을 지속하게 한다.

도반 스님에게 출가를 희망하여 찾아온 젊은 제자가 생겼습니다. 도움 말씀을 청하여 함께 만났습니다. 저는 이렇게 말했습니다. ─「돌아가지 않을 자신이 있을 때 출가하십시오. 그리고 공부의 방향을 바르게 잡으십시오. 바른 공부 방향은 비법(非法)을 비법(非法)이라고, 법(法)을 법(法)이라고, 비율(非律)을 비율(非律)이라고, 율(律)을 율(律)이라고, 여래가 설하지 않고 말하지 않은 것을 여래가 설하지 않고 말하지 않았다고, 여래가 설하고 말한 것을 여래가 설하고 말했다고, 여래가 실천하지 않은 것을 여래가 실천하지 않았다고, 여래가 실천한 것을 여래가 실천했다고, 여래가 선언하지 않은 것을 여래가 선언하지 않았다고, 여래가 선언한 것을 여래가 선언했다고 설명하는 사람에게서 공부하고 그렇게 공부된 사람이 되는 것입니다. 이렇게 바른 방향으로 공부할 때 세상을 이롭게 하고, 그대에게 공덕이 쌓이고, 부처님의 정법(正法)은 지속하게 됩니다.」

Ⅲ. 길과 실천에 관한 갈등 — (MN 104-사마가마 경)

「부처님의 죽음 이후」 — 생활에 관계되거나 계목(戒目)에 관계된 갈등은 사소한 것이고, 길이나 실천에 관한 갈등은 큰 것이라고 알려주는 이 경은 때와 지역에 따르는 생활 규범에는 유연할 수 있지만, 열반으로 이끄는 길과 실천에는 엄격해야 한다는 점을 알려줍니다. 그래서 불교에는 오직 팔정도(八正道)의 실천이 있을 뿐입니다.

※ 팔정도(八正道)에 포괄되는 일곱 가지 보리분법(菩提分法)

"taṃ kiṃ maññasi, ānanda, ye vo mayā dhammā abhiññā desitā, seyyathidaṃ — cattāro satipaṭṭhānā cattāro sammappadhānā cattāro iddhipādā pañcindriyāni pañca balāni satta bojjhaṅgā ariyo aṭṭhaṅgiko maggo, passasi no tvaṃ, ānanda, imesu dhammesu dvepi bhikkhū nānāvāde"ti? "ye me, bhante, dhammā bhagavatā abhiññā desitā, seyyathidaṃ — cattāro satipaṭṭhānā cattāro sammappadhānā cattāro iddhipādā pañcindriyāni pañca balāni satta bojjhaṅgā ariyo aṭṭhaṅgiko maggo, nāhaṃ passāmi imesu dhammesu dvepi bhikkhū nānāvāde. ye ca kho, bhante, puggalā bhagavantaṃ patissayamānarūpā viharanti tepi bhagavato accayena saṅghe vivādaṃ janeyyuṃ ajjhājīve vā adhipātimokkhe vā. svāssa vivādo bahujanāhitāya bahujanāsukhāya bahuno janassa anatthāya ahitāya dukkhāya devamanussānan"ti. appamattako so, ānanda, vivādo yadidaṃ — ajjhājīve vā adhipātimokkhe vā. magge vā hi, ānanda, paṭipadāya vā saṅghe vivādo uppajjamāno uppajjeyya; svāssa vivādo bahujanāhitāya bahujanāsukhāya bahuno janassa anatthāya ahitāya dukkhāya devamanussānaṃ.

"아난다여, 이것을 어떻게 생각하는가? 실다운 지혜에 의해 내가 그대들에게 설한 사념처(四念處), 사정근(四正勤), 사여의족(四如意足), 오근(五根), 오력(五力), 칠각지(七覺支), 팔정도(八正道)의 법(法)들에서, 아난다여, 그대는 다른 말을 하는 비구를 두 명이라도 보는가?"

"대덕이시여, 실다운 지혜에 의해 세존께서 저에게 설한 사념처(四念處), 사정근(四正勤), 사여의족(四如意足), 오근(五根), 오력(五力), 칠각지(七覺支), 팔정도(八正道)의 법(法)들에서 저는 다른 말을 하는 비구를 두 명도 보지 못합니다. 그러나 대덕이시여, 세존을 우러르며 머무는 사람들도 세존의 죽음 이후에는 상가에서 생활에 관계되거나 계목(戒目)에 관계되어 갈등을 일으킬지도 모릅니다. 그 갈등은 많은 사람의 이익을 위한 것이 아니고, 많은 사람의 행복을 위한 것이 아니고, 많은 사람의 번영을 위한 것이 아니고, 신과 인간들의 이익을 위한 것이 아니고, 괴로움을 위한 것입니다."

"아난다여, 생활에 관계되거나 계목(戒目)에 관계된 갈등은 사소한 것이다. 아난다여, 그러나 상가에 길이나 실천에 관한 갈등이 생긴다면, 그 갈등은 많은 사람의 이익을 위한 것이 아니고, 많은 사람의 행복을 위한 것이 아니고, 많은 사람의 번영을 위한 것이 아니고, 신과 인간들의 이익을 위한 것이 아니고, 괴로움을 위한 것이다."

니간타 나따뿟따의 죽음 이후와 관련된 세 개의 경

니간타(지금의 자이나교)의 교주 나따뿟따가 죽자 그의 제자들은 서로 다투며 혼란해집니다. 서로 간에 오직 처벌만이 있는 듯하였고, 재가 제자들도 싫증 내고 불쾌해하고 배척하였습니다. 이 상황과 관련해서 설해진 경이 세 개가 있는데, (DN 29-정신경)과 (DN 33-합송경) 그리고 (MN 104-사마가마 경)입니다. 경들은 그 원인으로 법(法)과 율(律)이 잘못 설해지고 잘못 선언되고 구원으로 이끌지 않고 가라앉음으로 이끌지 않고 바르게 깨달은 자[정등각(正等覺)]에 의해 선언되지 않고 탑이 부서지고 귀의처가 아니기 때문이라고 설명합니다.

이런 전제 위에서 (DN 29-정신(淨信) 경)은 정등각이 아닌 스승이 설한 법(法)과 율(律) 그리고 정등각이 설한 법과 율에서의 제자들의 바른 처신을 설명하는데, 정등각이 아닌 스승이 설한 법과 율에서는 자신이 실천하지도, 남을 부추기지도 말고 그 법에서 벗어나야 하고, 정등각이 설한 법과 율에서는 자신도 실천하고, 남도 부추겨서 그 법에서 벗어나지 않는 것이 옳다고 말합니다. ⇒ 정등각(正等覺)에 의해 설해진 법(法)의 특징 — 「보면서 보지 못한다('passaṃna passatī' ti)」 (156쪽)

그리고 (DN 33-합송(合誦) 경)은 잘 설해지고 잘 선언되고 구원으로 이끌고 가라앉음으로 이끌고 정등각(正等覺)에 의해 선언된 우리의 법을 모두 합송하고, 분쟁하지 않아야 한다고 말합니다. 그때 이 범행이 오래 유지되고 오래 머물게 되는데, 그것이 많은 사람의 이익과 행복을 위하고, 세상을 연민하고, 신과 인간의 번영과 이익과 행복을 위한 것입니다. 이런 이유로 이 경은 하나로 구성된 법들로부터 열로 구성된 법들까지의 구성으로 법을 정리하여 합송을 이끕니다.

이어서 (MN 104-사마가마 경)은 스승이신 부처님의 사후에도 길과 실천은 흔들리지 않아야 한다고 말하는데, 여기의 주제입니다. 참으로 길과 실천은, 시공을 넘어서서, 불교인 한 흔들림 없이 지켜내야 합니다!

Ⅳ. 칠불통계(七佛通戒) — (DN 14.16-대전기경, 유행(遊行)의 허락)

☞ nikaya.kr : 불교입문(1-소유 210323) — 스승의 영역에 속하는 것 & 칠불통계와 업-과-보(근본경전연구회 해피스님)

①삼법인(三法印)과 ②연기(緣起)의 이치를 ③팔정도(八正道)로 발견하여 깨닫는 불교는 세상 사람들에게 삶의 방법을 제시하는데, 동일한 깨달음에 의해 계보를 형성하는 일곱 부처님의 공통된 계목 즉 ④칠불통계(七佛通戒)입니다. 그래서 이 네 가지는 불교의 역사 즉 전승(傳承)의 중심입니다.

칠불통계(七佛通戒)는 세 개의 게송으로 구성되어 있는데, 두 번째 게송은 「제악막작(諸惡莫作) 중선봉행(衆善奉行) 자정기의(自淨其意) 시제불교(是諸佛教)」로 한역(漢譯) 되었습니다. 그런데 빠알리 원전에는 의(意-mana)가 아니라 심(心-citta)으로 나타납니다. 심(心)=의(意)=식(識)이라는 이해 위에서의 번역이라고 하겠습니다. 하지만, 심(心)-의(意)-식(識)의 동질성과 차별성에 의한 이해는 중요합니다. 그래서 이 번역의 자정기의(自淨其意)는 자정기심(自淨其心)으로 수정되어야 합니다.

“tatra sudaṃ, bhikkhave, vipassī bhagavā arahaṃ sammāsambuddho bhikkhusaṅghe evaṃ pātimokkhaṃ uddisati —

비구들이여, 그때 위빳시 세존-아라한-정등각은 비구 상가(僧伽)에게 이렇게 계목을 제정했다.[칠불통계(七佛通戒)] —

‘khantī paramaṃ tapo titikkhā,
nibbānaṃ paramaṃ vadanti buddhā.
na hi pabbajito parūpaghātī,
na samaṇo hoti paraṃ viheṭhayanto.

인내와 용서가 최상의 고행(苦行)[난행(難行)-계행(戒行)-수도(修道) → 종교적인 삶]이고,
열반(涅槃)은 최상이라고 부처님들은 말한다.
출가자는 참으로 남을 해치지 않는다.
남을 괴롭히는 자는 사문이 아니다.

‘sabbapāpassa akaraṇaṃ, kusalassa upasampadā.
sacittapariyodapanaṃ, etaṃ buddhānasāsanaṃ.

모든 악(惡)을 행하지 않음과 유익(有益)의 성취
자신의 심(心)을 깨끗이 하는 것, 이것이 부처님들의 가르침이다.

'anūpavādo anūpaghāto, pātimokkhe ca saṃvaro.
mattaññutā ca bhattasmiṃ, pantañca sayanāsanaṃ.
adhicitte ca āyogo, etaṃ buddhānasāsanan'ti.

모욕하지 않고, 해치지 않고, 계목 위에서 단속하는 것
음식에 대해 절제하고, 홀로 머물며 앉고 눕는 것
심(心)의 집중 위에서 노력하는 것, 이것이 부처님들의 가르침이다.

인내와 용서, 이런 삶!

V. 자주(自洲)-법주(法洲) : 자력종교(自力宗教)인 불교(佛教)

☞ nikaya.kr : 불교입문1 소유(201103) — 불교는 무엇인가 & 자주법주
(근본경전연구회 해피스님)

한역(漢譯)에서 자등명(自燈明)-법등명(法燈明)으로 잘 알려진 자주(自洲)-법주(法洲)는 「스스로 섬이 되어 머물고 스스로 의지처가 되어 머물고 남을 의지처로 하여 머물지 말라. 법을 섬으로 하여 머물고 법을 의지처로 하여 머물고 다른 것을 의지처로 하여 머물지 말라.」라는 완성된 형태를 가지는데, 사념처(四念處)를 그 방법으로 제시합니다. 그리고 이런 비구가 부처님의 최고의 제자가 될 것이라고 말합니다.

한편, 숫따니빠따에 속한 (KN 5.65-젊은 바라문 깝빠의 질문)은 섬이 무엇인지 설명하는데, 곤란이 없고 집착이 없는 것, 늙음과 죽음이 완전히 부서진 열반(涅槃)입니다.

1. 완전한 형태 — (SN 47.9-병 경) 등

세상에는 아(我)도 범(梵)도 없습니다[무아(無我)]. 구원의 권능을 가진 창조주 하나님이 없는 것입니다. 그래서 구원받고자 한다면 오직 자신의 힘으로 고멸(苦滅)의 자리로 나아가야 합니다. 다만, 세상에는 길을 가리키는 스승이 있습니다. 아무리 힘껏 걸어도 길이 잘못 지시되면 원하는 그 자리로 나아갈 수 없습니다. 그래서 바르게 길을 가리키는 정등각(正等覺)인 스승이 필요합니다.

자신의 힘으로 가야 합니다[자주(自洲)]. 그러나 온전한 스승이 가리키는 바른길을 따라서 나아가야 합니다[법주(法洲)].

tasmātihānanda, attadīpā viharatha attasaraṇā anaññasaraṇā, dhammadīpā dhammasaraṇā anaññasaraṇā.

[제시] 그러므로 아난다여, 스스로 섬이 되어 머물고 스스로 의지처가 되어 머물고 남을 의지처로 하여 머물지 말라. 법을 섬으로 하여 머물고 법을 의지처로 하여 머물고 다른 것을 의지처로 하여 머물지 말라."

"kathañcānanda, bhikkhu attadīpo viharati attasaraṇo anaññasaraṇo, dhammadīpo dhammasaraṇo anaññasaraṇo? idhānanda, bhikkhu kāye kāyānupassī viharati ātāpī sampajāno satimā, vineyya loke abhijjhā -domanassaṃ; vedanāsu ... pe ... citte ... pe ... dhammesu dhammānupassī viharati ātāpī sampajāno satimā, vineyya loke abhijjhādomanassaṃ. evaṃ kho, ānanda, bhikkhu attadīpo viharati attasaraṇo anaññasaraṇo, dhammadīpo dhammasaraṇo anaññasaraṇo. ye hi keci, ānanda, etarahi vā mamaccaye vā attadīpā viharissanti attasaraṇā anaññasaraṇā, dhammadīpā dhammasaraṇā anaññasaraṇā; tamatagge mete, ānanda, bhikkhū bhavissanti ye keci sikkhākāmā"ti.

[어떻게?] 그러면 아난다여, 어떻게 비구는 스스로 섬이 되어 머물고 스스로 의지처가 되어 머물고 남을 의지처로 하여 머물지 않는가? 법을 섬으로 하여 머물고 법을 의지처로 하여 머물고 다른 것을 의지처로 하여 머물지 않는가?

[답- 사념처(四念處)] 아난다여, 여기 비구는 신(身)을 이어보면서 신(身)에 머문다. 알아차리고, 옳고 그름을 판단하고, 옳음의 유지-향상을 위해 노력하는 자는 세상에서 간탐과 고뇌를 제거한다. 수(受)를 이어보면서 수(受)에 머문다. 알아차리고, 옳고 그름을 판단하고, 옳음의 유지-향상을 위해 노력하는 자는 세상에서 간탐과 고뇌를 제거한다. 심(心)을 이어보면서 심(心)에 머문다. 알아차리고, 옳고 그름을 판단하고, 옳음의 유지-향상을 위해 노력하는 자는 세상에서 간탐과 고뇌를 제거한다. 법(法)을 이어보면서 법(法)에 머문다. 알아차리고, 옳고 그름을 판단하고, 옳음의 유지-향상을 위해 노력하는 자는 세상에서 간탐과 고뇌를 제거한다.

[이렇게] 이렇게, 아난다여, 비구는 스스로 섬이 되어 머물고 스스로 의지처가 되어 머물고 남을 의지처로 하여 머물지 않으며, 법을 섬으로 하여 머물고 법을 의지처로 하여 머물고, 다른 것을 의지처로 하여 머물지 않는다.

[이렇게 하면] 아난다여, 누구든지 지금이거나 내가 죽은 뒤에라도 스스로 섬이 되어 머물고 스스로 의지처가 되어 머물고 남을 의지처로 하여 머물지 않으며, 법을 섬으로 하여 머물고 법을 의지처로 하여 머물고 다른 것을 의지처로 하여 머물지 않으면서 공부를 즐기는 비구들이 나에게 최고의 제자가 될 것이다

2. 섬은 무엇입니까? — (KN 5.65-젊은 바라문 깝빠의 질문)

"majjhe sarasmiṃ tiṭṭhataṃ, (iccāyasmā kappo)
oghe jāte mahabbhaye.
jarāmaccuparetānaṃ, dīpaṃ pabrūhi mārisa.
tvañca me dīpamakkhāhi, yathāyidaṃ nāparaṃ siyā".

(이렇게 깝빠 존자가 말함) 폭류에서 생긴 큰 두려움이 있는 큰 바다 가운데에 빠진 사람, 선생님, 늙음과 죽음에 시달리는 사람에게 섬에 대해 말씀해 주십시오.

선생님께서 저를 위해 늙음과 죽음이 뒤따르지 않게 되는 섬에 대해 가르쳐 주십시오.

"majjhe sarasmiṃ tiṭṭhataṃ, (kappāti bhagavā)
oghe jāte mahabbhaye.
jarāmaccuparetānaṃ, dīpaṃ pabrūmi kappa te.

('깝빠여'라고 세존이 말함) 폭류에서 생긴 큰 두려움이 있는 큰 바다 가운데에 빠진 사람, 깝빠여, 늙음과 죽음에 시달리는 그대를 위해 섬에 대해 나는 말한다.

"akiñcanaṃ anādānaṃ, etaṃ dīpaṃ anāparaṃ.
nibbānaṃ iti naṃ brūmi, jarāmaccuparikkhayaṃ.

늙음과 죽음이 뒤따르지 않는 섬에 대해 이렇게 그것을 나는 말한다.
— '곤란이 없고 집착이 없는 것, 늙음과 죽음이 완전히 부서진 열반(涅槃)'

"etadaññāya ye satā, diṭṭhadhammābhinibbutā.
na te māravasānugā, na te mārassa paddhagū"ti.

이렇게 알아서 사띠를 가지고 지금여기에서 완전히 꺼진 사람은
마라에 복종하지 않고, 마라의 노예가 되지 않는다.

한국불교에서는 많은 사람이 자등명(自燈明)-법등명(法燈明)을 말하면서 자신의 길을 가야 한다고 말하는 것을 봅니다. 그러나 자등명(自燈明)-법등명(法燈明)은 자신의 길을 가라는 가르침이 아닙니다. 법(法)의 안내를 받아서 자신이 가야 한다는 가르침입니다.

자주(自洲)-법주(法洲)라 하든, 자등명(自燈明)-법등명(法燈明)이라 하든 중요한 것은 자신의 길을 가는 것이 아니라는 점입니다. 법의 길을 자신이 가는 것! 부처님이 가리키는 길을 내가 직접 걷는 것!

그렇습니다. 이것이 불교 신자의 바른 신행(信行)입니다. 주변의 어설픈 이야기를 받아들여 잘못된 길에 접어들지 않도록 조심해야 합니다.

VI. 두 가지 성숙 — 내적인 성숙과 관계의 성숙

삶은 내가 세상을 만나는 이야기입니다. 내가 세상을 만날 때 문제요소가 있으면 괴로움을 만들고, 문제요소가 해소되면 괴로움을 만들지 않습니다. 이때, 문제는 밖에서 오는 것과 안에 있는 것이 있습니다. 불완전한 존재들로 구성된 세상에서 불완전한 존재인 내가 불완전한 다른 존재들을 만나기 때문에 괴로움은 세상과의 관계에서 생기거나 나의 내적인 불완전에서 생깁니다.

그래서 삶의 향상은 세상과의 관계의 측면과 나의 내적 측면의 양면에서 시도되어야 합니다. 그리고 이런 양면의 성숙을 통한 삶의 향상을 꾀하는 것이 불교입니다.

이때, 세상과의 관계의 성숙은 세상 자체를 바꾸는 것이 아닙니다. 단지, 관계 즉 세상으로부터의 영향의 문제를 해소하는 것입니다. 그리고 내적인 성숙의 완성을 통해 세상에서 벗어나는 것 즉 해탈이 완성이어서, 고멸(苦滅)이고 행복인 열반(涅槃)의 실현이고, 불사(不死)의 실현이며, 윤회(輪廻)에서 벗어나는 것으로의 깨달음입니다.

또한, 이렇게 세상으로부터의 영향의 문제를 해소하는 사람이 많아지면 그런 사람들로 구성되는 세상은 저절로 평화로워진다는 것도 주목해야 합니다. 세상은 이렇게 진화의 측면으로 변화하게 되는데, 불교가 세상을 이끄는 접근방식입니다. —「부처님 가르침의 진정이 우리 사회의 보편적 가치로 자리 잡으면, 우리 사회가 얼마나 안전하고 평화로울까!」

[1] 내적인 성숙 —「사념처(四念處) → 사마타-위빳사나」; 사념처로 시작하고 사마타-위빳사나로 완성되는 불교 수행의 체계

☞ nikaya.kr : 신념처경 12-1)[인식(意와 心의 공동 주관) — 수행(3층집 짓기)]
(부산 수행 180425)

내적인 성숙은 고집(苦集)인 애(愛)를 기준으로 안팎의 상황을 이해해야 합니다. 애(愛)의 바깥의 문제에 대한 대응 방법은 사념처(四念處)이고, 애(愛)의 형성 과정(takka) 내면의 문제에 대한 대응 방법은 사마타-위빳사나입니다. 사념처(四念處)는 일상의 단속과 삼매에 이어 여실지견(如實知見)에 이르고, 여실지견의 토대 위에서 사마타-위빳사나로 번뇌를 부수고 완성됩니다. 이때, 사마타-위빳사나와는 다른, 가라앉힘과 통찰(洞察)의 과정인 내적인 심(心)의 사마타와 법(法)의 위빳사나가 발견되는데, 사념처의 과정에서 삼매에서 드러나는 법의 관찰인 법의 위빳사나와 단계 지어진 성취의 과정[구차제주(九次第住)]에서 삼매를 심화하는 내적인 심(心)의 사마타입니다. 특히, (MN 111-순서대로 경)은 사리뿟따 존자의 보름 간의 깨달음의 과정을 순서대로 법의 위빳사나를 통찰했다고 하면서 그 과정을 상세히 설명하고, (MN 123-놀랍고 신기한 것 경)에서 부처님은 부처님의 태어남의 과정에 대한 아난다 존자의 찬탄에 이어 법의 위빳사나(*)를 여래의 참으로 놀랍고 참으로 신기한 법이라고 명심하라고 말합니다.

(*) "tasmātiha tvaṃ, ānanda, idampi tathāgatassa acchariyaṃ abbhutadhammaṃ dhārehi. idhānanda, tathāgatassa viditā vedanā uppajjanti, viditā upaṭṭhahanti, viditā abbhatthaṃ gacchanti; viditā saññā uppajjanti, viditā upaṭṭhahanti, viditā abbhatthaṃ gacchanti; viditā vitakkā uppajjanti, viditā upaṭṭhahanti, viditā abbhatthaṃ gacchanti. idampi kho, tvaṃ, ānanda, tathāgatassa acchariyaṃ abbhutadhammaṃ dhārehī"ti. 그렇다면, 아난다여, 그대는 이것도 여래의 참으로 놀랍고 참으로 신기한 법이라고 명심하라. 여기, 아난다여, 「여래에게 수(受)는 보이는 것이 생기고, 보이는 것이 현재하고, 보이는 것이 없어진다. 상(想)은 보이는 것이 생기고, 보이는 것이 현재하고, 보이는 것이 없어진다. 위딱까는 보이는 것이 생기고, 보이는 것이 현재하고, 보이는 것이 없어진다.」 이것도, 아난다여, 그대는 여래의 참으로 놀랍고 참으로 신기한 법이라고 명심하라.

법의 위빳사나로써 여실지견에 닿지 못하면 번뇌를 부수는 최후의 수행 즉 사마타-위빳사나로 나아갈 수 없기 때문에 법의 위빳사나를 깨달음의 과정의 중심에 두고 설명하셨다고 이해할 수 있습니다. 전통적으로 내적인 심(心)의 사마타와 사마타 그리고 법의 위빳사나와 위빳사나를 동의어로 간주하지만, 경의 입장은 이렇게 다릅니다.

①「수행(修行) - 3층 집 짓기」와 ②「수행지도(修行地圖) - 단계적 치유」의 그림으로 나타내었고, 심(心)의 사마타와 높은 지혜의 법의 위빳사나가 쌍으로 나타나서 번뇌의 부서짐 즉 사마타-위빳사나로 연결하는 경들도 소개하였습니다.

☞ 그림 : ①수행(修行)-3층 집 짓기, ②수행지도(修行地圖) - 단계적 치유 → 252-253쪽

※ 참고 1. 팔정도(八正道)는 필수품을 갖춘 삼매를 설명하는데, 정견(正見)~정념(正念)을 필수품으로 하는 바른 삼매인 정정(正定)입니다. 이때, 정정(正定)은 단지 삼매에 드는 것이 아니라 삼매를 토대로 수행하여 깨달음을 성취하는 과정입니다. 그래서 삼매 위에서 진행되는 과정을 펼치면 「토대로서의 바른 삼매[정정(正定)] → 바른 앎[정지(正知)] → 바른 해탈[정해탈(正解脫)]」이 됩니다. 이때, 정지(正知)는 법의 위빳사나에 의한 여실지견(如實知見)이고, 정해탈(正解脫)은 사마타-위빳사나에 의한 심해탈(心解脫)-혜해탈(慧解脫)로 완성되는 부동(不動)의 심해탈(心解脫)입니다.

경에는 십정도(十正道)라고 불러야 하는 열 가지 법들[정견(正見)~정해탈(正解脫)]이 자주 나타나는데, 정지(正知)-정해탈(正解脫)은 정정(正定) 이후 깨달음의 과정이 아니라 정정(正定)을 상세히 펼친 것이라고 이해해야 합니다. 또한, 이런 깨달음의 과정으로의 삼매이기 때문에 정정(正定)은 특별한 역할을 위한 조건이 필요하고, 일곱 가지 선행하는 필수품을 갖춘다는 개념입니다.

※ 참고 2. (AN 4.41-삼매수행(三昧修行) 경) — 네 가지 삼매수행 — 닦고 많이 행하면 ①지금 여기의 행복한 머묾으로 이끄는 삼매수행, ②지(知)와 견(見)의 얻음으로 이끄는 삼매수행, ③염(念)-정지(正知)로 이끄는 삼매수행, ④번뇌들의 부서짐으로 이끄는 삼매수행

※ 참고 3. (SN 34-선(禪) 상윳따) — 삼매로부터 깨달음에 닿는 과정을 11단계로 설명하는데, 삼매-증득-안정-일어남-유쾌함-대상-영역-기울임-신중함-끈기-유익함의 능숙입니다.

1. 사념처(四念處) — (DN 22/MN 10-대념처경(大念處經))

☞ sutta.kr : 맛지마니까야 관통법회 - 10.대념처경[특별한 해석]
(근본경전연구회 해피스님 201223)

"ekāyano ayaṃ, bhikkhave, maggo sattānaṃ visuddhiyā, sokaparidevānaṃ samatikkamāya dukkhadomanassānaṃ atthaṅgamāya ñāyassa adhigamāya nibbānassa sacchikiriyāya, yadidaṃ cattāro satipaṭṭhānā.

"비구들이여, 이 길은 중생들의 청정을 위한, 슬픔[수(愁)]과 비탄[비(悲)]을 건너기 위한, 고통[고(苦)]과 고뇌[우(憂)]의 줄어듦을 위한, 방법을 얻기 위한, 열반을 실현하기 위한 유일한 경로이니 즉 사념처(四念處)이다.

"katame cattāro? idha, bhikkhave, bhikkhu kāye kāyānupassī viharati ātāpī sampajāno satimā vineyya loke abhijjhādomanassaṃ, vedanāsu vedanānupassī viharati ātāpī sampajāno satimā, vineyya loke abhijjhā -domanassaṃ, citte cittānupassī viharati ātāpī sampajāno satimā vineyya loke abhijjhādomanassaṃ, dhammesu dhammānupassī viharati ātāpī sampajāno satimā vineyya loke abhijjhādomanassaṃ.

어떤 네 가지인가? 여기, 비구들이여, 비구는 신(身)을 이어보면서 신(身)에 머문다. 알아차리고, 옳고 그름을 판단하고, 옳음의 유지-향상을 위해 노력하는 자는 세상에서 간탐과 고뇌를 제거한다. 수(受)를 이어보면서 수(受)에 머문다. 알아차리고, 옳고 그름을 판단하고, 옳음의 유지-향상을 위해 노력하는 자는 세상에서 간탐과 고뇌를 제거한다.

심(心)을 이어보면서 심(心)에 머문다. 알아차리고, 옳고 그름을 판단하고, 옳음의 유지-향상을 위해 노력하는 자는 세상에서 간탐과 고뇌를 제거한다. 법(法)을 이어보면서 법(法)에 머문다. 알아차리고, 옳고 그름을 판단하고, 옳음의 유지-향상을 위해 노력하는 자는 세상에서 간탐과 고뇌를 제거한다.

2. 가라앉힘과 통찰(洞察) = 심(心)의 사마타-법(法)의 위빳사나
— (AN 4.93-삼매 경2)/(AN 4.94-삼매 경3)

1) (AN 4.93-삼매 경2)

"cattārome, bhikkhave, puggalā santo saṃvijjamānā lokasmiṃ. katame cattāro? idha, bhikkhave, ekacco puggalo lābhī hoti ajjhattaṃ cetosamathassa, na lābhī adhipaññādhammavipassanāya. idha pana, bhikkhave, ekacco puggalo lābhī hoti adhipaññādhammavipassanāya, na lābhī ajjhattaṃ cetosamathassa. idha pana, bhikkhave, ekacco puggalo na ceva lābhī hoti ajjhattaṃ cetosamathassa na ca lābhī adhipaññā -dhammavipassanāya. idha pana, bhikkhave, ekacco puggalo lābhī ceva hoti ajjhattaṃ cetosamathassa lābhī ca adhipaññādhammavipassanāya.

비구들이여, 세상에는 이런 네 가지 사람이 있다. 어떤 네 가지인가? 비구들이여, 여기 어떤 사람은 내적인 심(心)의 사마타는 얻었지만 높은 지혜의 법(法)의 위빳사나는 얻지 못했다. 다시 비구들이여, 여기 어떤 사람은 높은 지혜의 법의 위빳사나는 얻었지만 내적인 심(心)의 사마타는 얻지 못했다. 다시 비구들이여, 여기 어떤 사람은 내적인 심(心)의 사마타도 얻지 못하고 높은 지혜의 법의 위빳사나도 얻지 못했다. 다시 비구들이여, 여기 어떤 사람은 내적인 심(心)의 사마타도 얻었고 높은 지혜의 법의 위빳사나도 얻었다.

"tatra, bhikkhave, yvāyaṃ puggalo lābhī hoti ajjhattaṃ cetosamathassa na lābhī adhipaññā -dhammavipassanāya, tena, bhikkhave, puggalena ajjhattaṃ cetosamathe patiṭṭhāya adhipaññā -dhammavipassanāya yogo karaṇīyo. so aparena samayena lābhī ceva hoti ajjhattaṃ cetosamathassa lābhī ca adhipaññādhammavipassanāya.

거기서 비구들이여, 내적인 심(心)의 사마타는 얻었지만 높은 지혜의 법의 위빳사나는 얻지 못한 사람은, 비구들이여, 내적인 심(心)의 사마타에 확고히 선 후 높은 지혜의 법의 위빳사나를 수행해야 한다. 그는 나중에 내적인 심(心)의 사마타도 얻었고 높은 지혜의 법의 위빳사나도 얻은 자가 된다.

"tatra, bhikkhave, yvāyaṃ puggalo lābhī adhipaññādhammavipassanāya na lābhī ajjhattaṃ cetosamathassa, tena, bhikkhave, puggalena adhipaññādhammavipassanāya patiṭṭhāya ajjhattaṃ cetosamathe yogo karaṇīyo. so aparena samayena lābhī ceva hoti adhipaññādhammavipassanāya lābhī ca ajjhattaṃ cetosamathassa.

거기서 비구들이여, 높은 지혜의 법의 위빳사나는 얻었지만 내적인 심(心)의 사마타는 얻지 못한 사람은, 비구들이여, 높은 지혜의 법의 위빳사나를 확고히 한 후 내적인 심(心)의 사마타를 수행해야 한다. 그는 나중에 높은 지혜의 법의 위빳사나도 얻었고 내적인 심(心)의 사마타도 얻은 자가 된다.

"tatra, bhikkhave, yvāyaṃ puggalo na ceva lābhī ajjhattaṃ cetosamathassa na ca lābhī adhipaññā -dhammavipassanāya, tena, bhikkhave, puggalena tesaṃyeva kusalānaṃ dhammānaṃ paṭilābhāya adhimatto chando ca vāyāmo ca ussāho ca ussoḷhī ca appaṭivānī ca sati ca sampajaññañca karaṇīyaṃ. seyyathāpi, bhikkhave, ādittacelo vā ādittasīso vā tasseva celassa vā sīsassa vā nibbāpanāya adhimattaṃ chandañca vāyāmañca ussāhañca ussoḷhiñca appaṭivāniñca satiñca sampajaññañca kareyya; evamevaṃ kho, bhikkhave, tena puggalena tesaṃyeva kusalānaṃ dhammānaṃ paṭilābhāya adhimatto chando ca vāyāmo ca ussāho ca ussoḷhī ca appaṭivānī ca sati ca sampajaññañca karaṇīyaṃ. so aparena samayena lābhī ceva hoti ajjhattaṃ cetosamathassa lābhī ca adhipaññādhammavipassanāya.

거기서 비구들이여, 내적인 심(心)의 사마타도 얻지 못하고 높은 지혜의 법의 위빳사나도 얻지 못한 사람은 오직 그 유익한 법들을 얻기 위해 특별한 관심과 정진과 노력과 애씀과 열정과 사띠와 삼빠자나를 행해야 한다. 예를 들면, 비구들이여, 옷이 불타거나 머리가 불타는 사람이 있다. 그는 오직 그 옷과 머리의 불을 끄기 위해서 특별한 관심과 정진과 노력과 애씀과 열정과 사띠와 삼빠자나를 행할 것이다. 이처럼, 비구들이여, 그 사람은 오직 그 유익한 법들을 얻기 위해 특별한 관심과 정진과 노력과 애씀과 열정과 사띠와 삼빠자나를 행해야 한다. 그는 나중에 높은 지혜의 법의 위빳사나도 얻었고 내적인 심(心)의 사마타도 얻은 자가 된다.

"tatra, bhikkhave, yvāyaṃ puggalo lābhī ceva hoti ajjhattaṃ cetosamathassa lābhī ca adhipaññā -dhammavipassanāya, tena, bhikkhave, puggalena tesuyeva kusalesu dhammesu patiṭṭhāya uttari āsavānaṃ khayāya yogo karaṇīyo. ime kho, bhikkhave, cattāro puggalā santo saṃvijjamānā lokasmin"ti.

거기서 비구들이여, 내적인 심(心)의 사마타도 얻었고 높은 지혜의 법의 위빳사나도 얻은 사람은, 비구들이여, 그 유익한 법들에서 확고히 선 후 더 나아가 번뇌들의 부서짐을 위해 수행해야 한다. 비구들이여, 세상에는 이런 네 가지 사람이 있다.

2) (AN 4.94-삼매 경3)

“cattārome, bhikkhave, puggalā santo saṃvijjamānā lokasmiṃ. katame cattāro? idha, bhikkhave, ekacco puggalo lābhī hoti ajjhattaṃ cetosamathassa, na lābhī adhipaññādhammavipassanāya. idha pana, bhikkhave, ekacco puggalo lābhī hoti adhipaññādhammavipassanāya, na lābhī ajjhattaṃ cetosamathassa. idha pana, bhikkhave, ekacco puggalo na ceva lābhī hoti ajjhattaṃ cetosamathassa na ca lābhī adhipaññādhammavipassanāya. idha pana, bhikkhave, ekacco puggalo lābhī ceva hoti ajjhattaṃ cetosamathassa lābhī ca adhipaññādhammavipassanāya.

비구들이여, 세상에는 이런 네 가지 사람이 있다. 어떤 네 가지인가? 비구들이여, 여기 어떤 사람은 내적인 심(心)의 사마타는 얻었지만 높은 지혜의 법(法)의 위빳사나는 얻지 못했다. 다시 비구들이여, 여기 어떤 사람은 높은 지혜의 법의 위빳사나는 얻었지만 내적인 심(心)의 사마타는 얻지 못했다. 다시 비구들이여, 여기 어떤 사람은 내적인 심(心)의 사마타도 얻지 못하고 높은 지혜의 법의 위빳사나도 얻지 못했다. 다시 비구들이여, 여기 어떤 사람은 내적인 마음의 사마타도 얻었고 높은 지혜의 법의 위빳사나도 얻었다.

“tatra, bhikkhave, yvāyaṃ puggalo lābhī ajjhattaṃ cetosamathassa na lābhī adhipaññādhamma-vipassanāya, tena, bhikkhave, puggalena yvāyaṃ puggalo lābhī adhipaññādhammavipassanāya so upasaṅkamitvā evamassa vacanīyo — ‘kathaṃ nu kho, āvuso, saṅkhārā daṭṭhabbā? kathaṃ saṅkhārā sammasitabbā? kathaṃ saṅkhārā vipassitabbā’ ti? tassa so yathādiṭṭhaṃ yathāviditaṃ byākaroti — ‘evaṃ kho, āvuso, saṅkhārā daṭṭhabbā, evaṃ saṅkhārā sammasitabbā, evaṃ saṅkhārā vipassitabbā’ti. so aparena samayena lābhī ceva hoti ajjhattaṃ cetosamathassa lābhī ca adhipaññādhammavipassanāya.

거기서 비구들이여, 내적인 심(心)의 사마타는 얻었지만 높은 지혜의 법의 위빳사나는 얻지 못한 사람은 높은 지혜의 법의 위빳사나를 얻은 자에게 가서 이렇게 말해야 한다. — ‘도반이여, 참으로 행(行)들을 어떻게 보아야 합니까? 행(行)들을 어떻게 철저히 알아야 합니까? 행(行)들을 어떻게 통찰해야 합니까?’라고. 그에게 그는 보는 대로 아는 대로 말할 것이다. — ‘도반이여, 행(行)들을 이렇게 보아야 하고, 행(行)들을 이렇게 철저히 알아야 하고, 행(行)들을 이렇게 통찰해야 합니다.’라고. 그는 나중에 내적인 심(心)의 사마타도 얻었고 높은 지혜의 법의 위빳사나도 얻은 자가 된다.

“tatra, bhikkhave, yvāyaṃ puggalo lābhī adhipaññādhammavipassanāya na lābhī ajjhattaṃ cetosamathassa, tena, bhikkhave, puggalena yvāyaṃ puggalo lābhī ajjhattaṃ cetosamathassa so upasaṅkamitvā evamassa vacanīyo — ‘kathaṃ nu kho, āvuso, cittaṃ saṇṭhapetabbaṃ? kathaṃ cittaṃ sannisādetabbaṃ? kathaṃ cittaṃ ekodi kātabbaṃ? kathaṃ cittaṃ samādahātabban’ti? tassa so yathādiṭṭhaṃ yathāviditaṃ byākaroti — ‘evaṃ kho, āvuso, cittaṃ saṇṭhapetabbaṃ, evaṃ cittaṃ sannisādetabbaṃ, evaṃ cittaṃ ekodi kātabbaṃ, evaṃ cittaṃ samādahātabban’ti. so aparena samaye lābhī ceva hoti adhipaññādhammavipassanāya lābhī ca ajjhattaṃ cetosamathassa.

거기서 비구들이여, 높은 지혜의 법의 위빳사나는 얻었지만 내적인 심(心)의 사마타는 얻지 못한 사람은 심(心)의 사마타를 얻은 자에게 가서 이렇게 말해야 한다. — '도반이여, 참으로 심(心)을 어떻게 진정해야 합니까? 심(心)을 어떻게 가라앉혀야 합니까? 심(心)을 어떻게 집중해야 합니까? 심(心)을 어떻게 삼매에 들게 해야 합니까?'라고. 그에게 그는 보는 대로 아는 대로 말할 것이다. — '도반이여, 이렇게 심(心)을 진정해야 하고, 이렇게 심(心)을 가라앉혀야 하고, 이렇게 심(心)을 집중해야 하고, 이렇게 심(心)을 삼매에 들게 해야 합니다.'라고. 그는 나중에 높은 지혜의 법의 위빳사나도 얻었고 내적인 심(心)의 사마타도 얻은 자가 된다.

"tatra, bhikkhave, yvāyaṃ puggalo na ceva lābhī ajjhattaṃ cetosamathassa na ca lābhī adhipaññā -dhammavipassanāya, tena, bhikkhave, puggalena yvāyaṃ puggalo lābhī ceva ajjhattaṃ cetosamathassa lābhī ca adhipaññādhammavipassanāya so upasaṅkamitvā evamassa vacanīyo — 'kathaṃ nu kho, āvuso, cittaṃ saṇṭhapetabbaṃ? kathaṃ cittaṃ sannisādetabbaṃ? kathaṃ cittaṃ ekodi kātabbaṃ? kathaṃ cittaṃ samādahātabbaṃ? kathaṃ saṅkhārā daṭṭhabbā? kathaṃ saṅkhārā sammasitabbā? kathaṃ saṅkhārā vipassitabbā'ti? tassa so yathādiṭṭhaṃ yathāviditaṃ byākaroti — 'evaṃ kho, āvuso, cittaṃ saṇṭhapetabbaṃ, evaṃ cittaṃ sannisādetabbaṃ, evaṃ cittaṃ ekodi kātabbaṃ, evaṃ cittaṃ samādahātabbaṃ, evaṃ saṅkhārā daṭṭhabbā, evaṃ saṅkhārā sammasitabbā, evaṃ saṅkhārā vipassitabbā'ti. so aparena samayena lābhī ceva hoti ajjhattaṃ cetosamathassa lābhī ca adhipaññādhammavipassanāya.

거기서 비구들이여, 내적인 심(心)의 사마타도 얻지 못하고 높은 지혜의 법의 위빳사나도 얻지 못한 사람은 심(心)의 사마타도 얻고 높은 지혜의 법의 위빳사나도 얻은 자에게 가서 이렇게 말해야 한다. — '도반이여, 참으로 심(心)을 어떻게 진정해야 합니까? 심(心)을 어떻게 가라앉혀야 합니까? 심(心)을 어떻게 집중해야 합니까? 심(心)을 어떻게 삼매에 들게 해야 합니까? 행(行)들을 어떻게 보아야 합니까? 행(行)들을 어떻게 철저히 알아야 합니까? 행(行)들을 어떻게 통찰해야 합니까?'라고. 그에게 그는 보는 대로 아는 대로 말할 것이다. — '도반이여, 이렇게 심(心)을 진정해야 하고, 이렇게 심(心)을 가라앉혀야 하고, 이렇게 심(心)을 집중해야 하고, 이렇게 심(心)을 삼매에 들게 해야 합니다. 행(行)들을 이렇게 보아야 하고, 행(行)들을 이렇게 철저히 알아야 하고, 행(行)들을 이렇게 통찰해야 합니다.'라고. 그는 나중에 내적인 심(心)의 사마타도 얻었고 높은 지혜의 법의 위빳사나도 얻은 자가 된다.

"tatra, bhikkhave, yvāyaṃ puggalo lābhī ceva hoti ajjhattaṃ cetosamathassa lābhī adhipaññā -dhammavipassanāya, tena, bhikkhave, puggalena tesu ceva kusalesu dhammesu patiṭṭhāya uttari āsavānaṃ khayāya yogo karaṇīyo. ime kho, bhikkhave, cattāro puggalā santo saṃvijjamānā lokasmin"ti.

거기서 비구들이여, 내적인 심(心)의 사마타도 얻었고 높은 지혜의 법의 위빳사나도 얻은 사람은, 비구들이여, 그 유익한 법들에서 확고히 선 후 더 나아가 번뇌들의 부서짐을 위해 수행해야 한다. 비구들이여, 세상에는 이런 네 가지 사람이 있다.

3. 번뇌를 부수는 과정 = 사마타-위빳사나 — (AN 2.22-32 – 어리석은 자 품)

"dve me, bhikkhave, dhammā vijjābhāgiyā. katame dve? samatho ca vipassanā ca. samatho, bhikkhave, bhāvito kamattha manubhoti? cittaṃ bhāvīyati. cittaṃ bhāvitaṃ kamatthamanubhoti? yo rāgo so pahīyati. vipassanā, bhikkhave, bhāvitā kamatthamanubhoti? paññā bhāvīyati. paññā bhāvitā kamatthamanubhoti? yā avijjā sā pahīyati. rāgupakkiliṭṭhaṃ vā, bhikkhave, cittaṃ na vimuccati, avijjupakkiliṭṭhā vā paññā [na (PTS)] bhāvīyati. iti kho, bhikkhave, rāgavirāgā cetovimutti, avijjāvirāgā paññāvimuttī"ti.

비구들이여, 두 가지 법은 명(明)과 연결된다. 무엇이 둘인가? 사마타와 위빳사나이다.

비구들이여, 사마타를 닦으면 어떤 이익이 뒤따르는가? 심(心)이 닦아진다. 심(心)이 닦아지면 어떤 이익이 뒤따르는가? 탐(貪)이 버려진다.

비구들이여, 위빳사나를 닦으면 어떤 이익이 뒤따르는가? 지혜가 닦아진다. 지혜가 닦아지면 어떤 이익이 뒤따르는가? 무명(無明)이 버려진다.

탐(貪)에 오염된 심(心)은 해탈하지 못한다. 또는 무명(無明)에 오염된 지혜는 닦아진다[닦아지지 못한다(PTS)]. 비구들이여, 이렇게 탐(貪)의 바램으로부터 심해탈(心解脫)이 있고, 무명(無明)의 바램으로부터 혜해탈(慧解脫)이 있다.

[혜해탈(慧解脫)이 받쳐주는 심해탈(心解脫) → 부동(不動)의 심해탈(心解脫) = 완성]

[참고] 수행의 출발 자리를 개념적으로 설명하는 두 개의 동영상을 소개합니다.

- nikaya.kr : 신의 존재성 — 수행의 개념(五根) — 공부의 선명성(탐진치책 준비회의 191228)
- nikaya.kr : 원주 새출발법회(수행) — 마음의 힘 또는 수단[오근-오력](해피스님 200121)

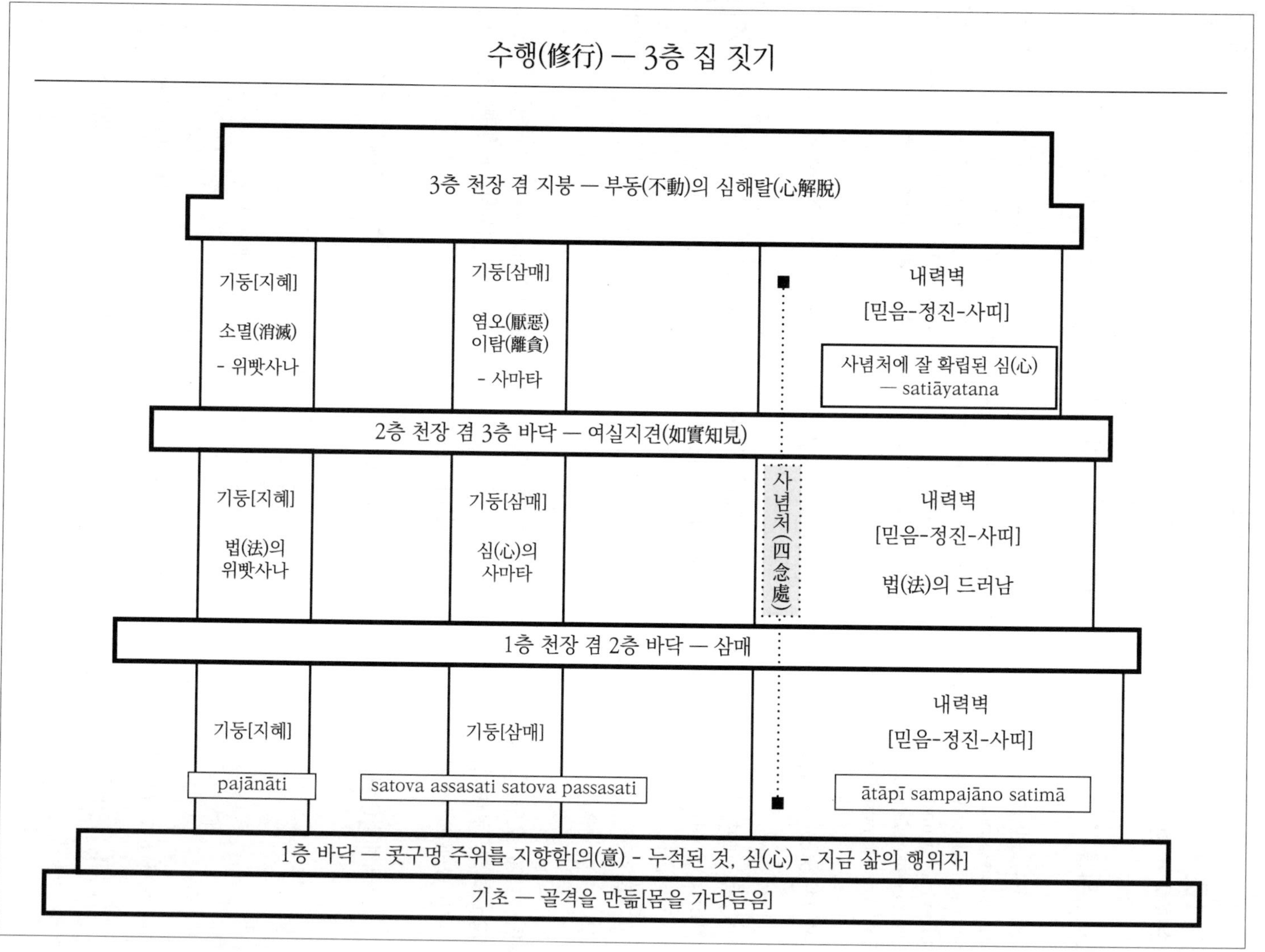
수행(修行) — 3층 집 짓기
3층 천장 겸 지붕 — 부동(不動)의 심해탈(心解脫)
기둥[지혜]
소멸(消滅)
- 위빳사나
기둥[삼매]
염오(厭惡)
이탐(離貪)
- 사마타
내력벽
[믿음-정진-사띠]
사념처에 잘 확립된 심(心)
— satiāyatana
2층 천장 겸 3층 바닥 — 여실지견(如實知見)
기둥[지혜]
법(法)의
위빳사나
기둥[삼매]
심(心)의
사마타
사념처(四念處)
내력벽
[믿음-정진-사띠]
법(法)의 드러남
1층 천장 겸 2층 바닥 — 삼매
기둥[지혜]
pajānāti
기둥[삼매]
satova assasati satova passasati
내력벽
[믿음-정진-사띠]
ātāpī sampajāno satimā
1층 바닥 — 콧구멍 주위를 지향함[의(意) - 누적된 것, 심(心) - 지금 삶의 행위자]
기초 — 골격을 만듦[몸을 가다듬음]

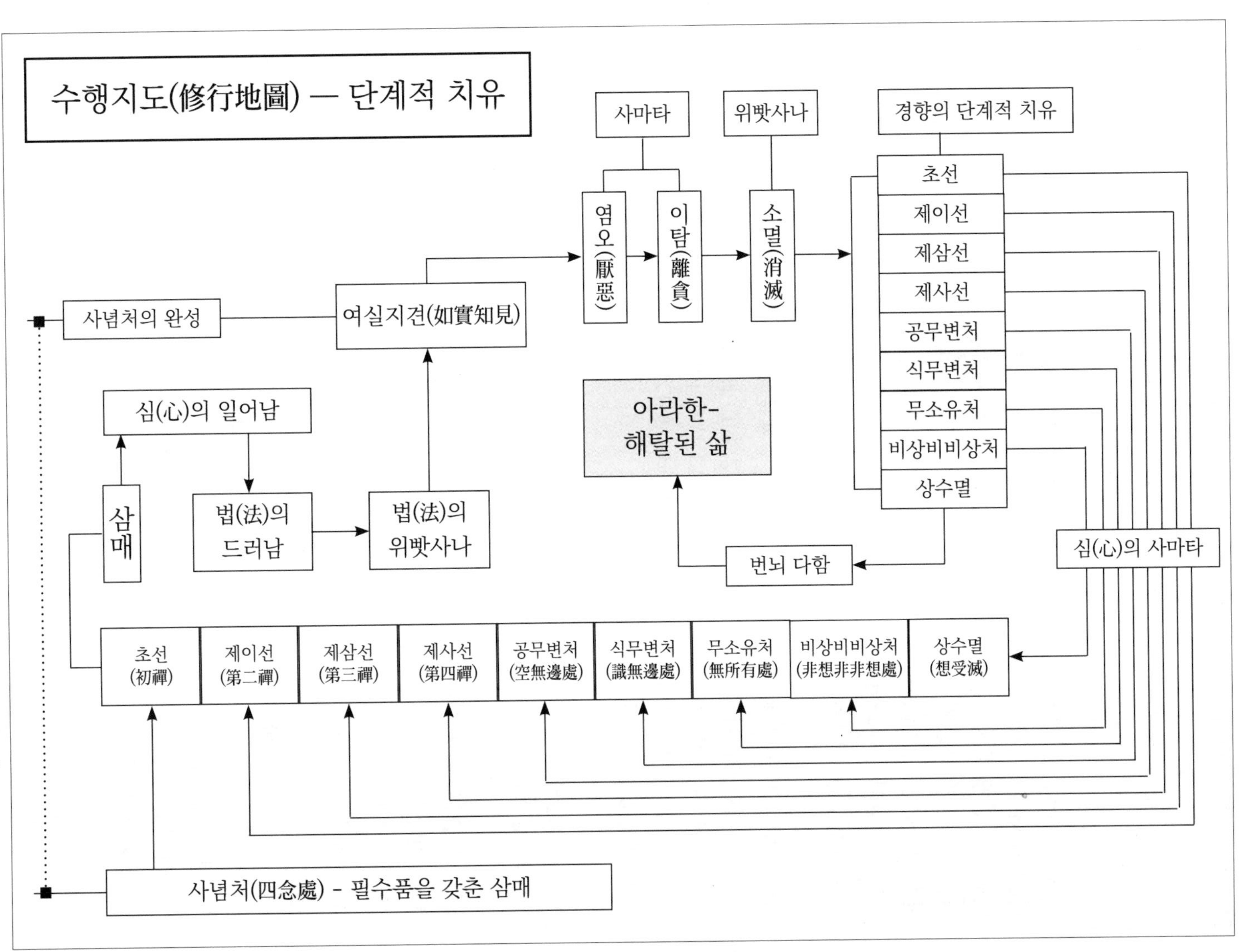
수행지도(修行地圖) — 단계적 치유
사마타
위빳사나
경향의 단계적 치유
염오(厭惡)
이탐(離貪)
소멸(消滅)
초선
제이선
제삼선
제사선
공무변처
식무변처
무소유처
비상비비상처
상수멸
사념처의 완성
여실지견(如實知見)
심(心)의 일어남
삼매
법(法)의 드러남
법(法)의 위빳사나
아라한-
해탈된 삶
번뇌 다함
심(心)의 사마타
초선
(初禪)
제이선
(第二禪)
제삼선
(第三禪)
제사선
(第四禪)
공무변처
(空無邊處)
식무변처
(識無邊處)
무소유처
(無所有處)
비상비비상처
(非想非非想處)
상수멸
(想受滅)
사념처(四念處) - 필수품을 갖춘 삼매

[2] 관계의 성숙 — 「사무량심(四無量心)-사섭법(四攝法)」

☞ nikaya.kr : 불교입문(1-소유 210511) — 업의 개선 1)팔정도와 사무량심 (근본경전연구회 해피스님) ~

애(愛)의 바깥의 문제에 대한 대응 방법인 사념처(四念處)는 내적인 성숙의 과정인데, 자신의 업(業)의 단속을 위한 것이라고 이해해야 합니다. 이렇게 사념처에 의한 업의 단속이 밖으로 연결되어 관계의 성숙을 이끄는 방법으로 확장되면 사무량심(四無量心)-사섭법(四攝法)이 되는데, 마음은 직접 전달되는 것이 아니기 때문에 자(慈)-비(悲)-희(喜)-사(捨)를 마음에 채우는 만큼[사무량심] 보시(布施)-애어(愛語)-이행(利行)-동사(同事)의 구체적 행위[사섭법]를 통해 남에게 전달되는 구조입니다. 이런 맥락에서 십악업(十惡業)을 십선업(十善業)으로 바꾸는 방법이라고 설명됩니다.

이렇게 업을 바꾸어 관계를 성숙하는 방법이기 때문에 사무량심-사섭법이 애(愛)의 형성 과정의 문제를 해소하고 깨달음을 성취하는 수행법이 아니라는 점은 주목해야 합니다. 그래서 경들은 범천의 세상으로 이끄는 사무량심에 대해 부처님이 깨달음을 성취하지 못했던 전생에 닦고 성취한 수행방법이고, 깨달음을 성취하여 부처가 된 지금은 열반으로 직접 이끄는 팔정도(八正道)를 설한다고 알려줍니다.

- 사무량심(四無量心) — 범천의 세상에 태어나기 위한 길
- 팔정도(八正道) — 열반으로 직접 이끄는 길

특히, 부처님의 전생 이야기를 담고 있는 (DN 19-마하고윈다 경)은 사무량심을 완전히 아는 제자는 범천의 세상에 태어나고, 완전히 알지 못하는 제자는 욕계(慾界)의 하늘에 태어난다고 말합니다. 반면에 팔정도를 완전히 아는 제자들은 깨달아 열반을 실현하고[아라한], 완전히 알지 못하는 제자들은 성자(聖者)[불환자-일래자-예류자]가 된다고 말합니다.

이렇게 내적인 성숙에 의한 깨달음의 길로서의 팔정도와 관계의 성숙에 의한 하늘에 태어남을 이끄는 사무량심은 차별됩니다. 다만, 불교(佛教) 안에서 사무량심(四無量心)이 자심해탈(慈心解脫)-비심해탈(悲心解脫)-희심해탈(喜心解脫)-사심해탈(捨心解脫)의 사무량심해탈(四無量心解脫)로 확장되어 사무량심의 한계를 넘어 깨달음의 토대로서 역할 하게 된다는 것은 주목해야 합니다.

한편, 작금의 불교에서는 자비로써 불교를 대표하는 풍조를 보이지만, 자비는 불교의 대표 개념이

아닙니다. 불교의 대표 개념은 내적인 성숙으로 깨달음을 이끄는 지혜이고[혜해탈(慧解脫)], 자비는 지혜의 외적 발로로서 관계의 성숙을 이끄는 사무량심의 일부 입니다.

앞선 책 「불교입문(Ⅰ) 소유하고자 하는 자를 위한 가르침」에 자세히 정리되어 있습니다.

1. 사무량심(四無量心) — 자(慈)-비(悲)-희(喜)-사(捨) — (DN 25-우둠바리까 경)

"so ime pañca nīvaraṇe pahāya cetaso upakkilese paññāya dubbalīkaraṇe mettāsahagatena cetasā ekaṃ disaṃ pharitvā viharati. tathā dutiyaṃ. tathā tatiyaṃ. tathā catutthaṃ. iti uddhamadho tiriyaṃ sabbadhi sabbattatāya sabbāvantaṃ lokaṃ mettāsahagatena cetasā vipulena mahaggatena appamāṇena averena abyāpajjena pharitvā viharati. karuṇāsahagatena cetasā ... pe ... muditāsahagatena cetasā ... pe ... upekkhāsahagatena cetasā ekaṃ disaṃ pharitvā viharati. tathā dutiyaṃ. tathā tatiyaṃ. tathā catutthaṃ. iti uddhamadho tiriyaṃ sabbadhi sabbattatāya sabbāvantaṃ lokaṃ upekkhāsahagatena cetasā vipulena mahaggatena appamāṇena averena abyāpajjena pharitvā viharati.

그는 지혜를 무력화하는 심(心)의 오염원인 이런 다섯 가지 장애를 버린 뒤에 자(慈)가 함께한 심(心)으로 한 방향을 두루 미치면서 머문다. 그렇게 두 방향을, 그렇게 세 방향을, 그렇게 네 방향을. 그렇게 위로 아래로 중간방위로, 모든 곳에서 모두에게 펼쳐서 모든 세상을 크고 귀하고 무량한, 원망 없고 거슬림 없는 자(慈)가 함께한 심(心)으로 두루 미치면서 머문다. 비(悲)가 함께한 심(心)으로 … 희(喜)가 함께한 심(心)으로 … 사(捨)가 함께한 심(心)으로 한 방향을 두루 미치면서 머문다. 그렇게 두 방향을, 그렇게 세 방향을, 그렇게 네 방향을. 이렇게 위로 아래로 중간방위로, 모든 곳에서 모두에게 펼쳐서 모든 세상을 크고 귀하고 무량한, 원망 없고 거슬림 없는 사(捨)가 함께한 심(心)으로 두루 미치면서 머문다.

※ 자(慈-mettā)는 '그대가 행복하기를!', 비(悲-karuṇā)는 '그대가 아프지 않기를!' 바라는 마음입니다. 희(喜-muditā)는 그대의 기쁨을 더불어 기뻐해 주는 마음이고[다른 사람의 좋은 일을 나도 기뻐함], 사(捨-upekkhā)는 '평정한' 마음입니다[남의 행위 등 밖의 상황에 영향받아 내 마음이 흔들리지 않음].

2. 사섭법(四攝法) — 보시(布施)-애어(愛語)-이행(利行)-동사(同事)

1) (AN 4.32-따르게 함 경)

"cattārimāni, bhikkhave, saṅgahavatthūni. katamāni cattāri? dānaṃ, peyyavajjaṃ, atthacariyā, samānattatā — imāni kho, bhikkhave, cattāri saṅgahavatthūnī""ti.

비구들이여, 이런 네 가지 따르게 함의 토대가 있다. 어떤 네 가지인가? 보시(布施), 애어(愛語), 이행(利行), 동사(同事) — 이것이, 비구들이여, 네 가지 따르게 함의 토대다.

"dānañca peyyavajjañca, atthacariyā ca yā idha.
samānattatā ca dhammesu, tattha tattha yathārahaṃ.
ete kho saṅgahā loke, rathassāṇīva yāyato.

보시와 사랑스러운 말과 이로운 행위
여기저기 적절한 곳에서 법들 가운데 함께하는 것
이런 따르게 함들은 이 세상에서 움직이는 마차 바퀴의 비녀장과 같다.

"ete ca saṅgahā nāssu, na mātā puttakāraṇā.
labhetha mānaṃ pūjaṃ vā, pitā vā puttakāraṇā.

이런 따르게 함이 없다면 자식을 낳은 어머니도
자식을 기른 아버지도 자부심과 공경을 얻지 못할 것이다.

"yasmā ca saṅgahā ete, samavekkhanti paṇḍitā.
tasmā mahattaṃ papponti, pāsaṃsā ca bhavanti te"ti.

현명한 사람은 이런 따르게 함을 고찰하기 때문에
위대함을 얻고 칭송받는다.

2) (AN 8.24-핫타까 경2)

ekaṃ samayaṃ bhagavā āḷaviyaṃ viharati aggāḷave cetiye. atha kho hatthako āḷavako pañcamattehi upāsakasatehi parivuto yena bhagavā tenupasaṅkami; upasaṅkamitvā bhagavantaṃ abhivādetvā ekamantaṃ nisīdi. ekamantaṃ nisinnaṃ kho hatthakaṃ āḷavakaṃ bhagavā etadavoca — "mahatī kho tyāyaṃ, hatthaka, parisā. kathaṃ pana tvaṃ, hatthaka, imaṃ mahatiṃ parisaṃ saṅgaṇhāsī"ti? "yānimāni, bhante, bhagavatā desitāni cattāri saṅgahavatthūni, tehāhaṃ imaṃ mahatiṃ parisaṃ saṅgaṇhāmi. ahaṃ, bhante, yaṃ jānāmi — 'ayaṃ dānena saṅgahetabbo'ti, taṃ dānena saṅgaṇhāmi; yaṃ jānāmi — 'ayaṃ peyyavajjena saṅgahetabbo'ti, taṃ peyyavajjena saṅgaṇhāmi; yaṃ jānāmi — 'ayaṃ atthacariyāya saṅgahetabbo'ti, taṃ atthacariyāya saṅgaṇhāmi; yaṃ jānāmi — 'ayaṃ samānattatāya saṅgahetabbo'ti, taṃ samānattatāya saṅgaṇhāmi. saṃvijjanti kho pana me, bhante, kule bhogā. daliddassa kho no tathā sotabbaṃ maññantī"ti. "sādhu sādhu, hatthaka! yoni kho tyāyaṃ, hatthaka, mahatiṃ parisaṃ saṅgahetuṃ. ye hi keci, hatthaka, atītamaddhānaṃ mahatiṃ parisaṃ saṅgahesuṃ, sabbe te imeheva catūhi saṅgahavatthūhi mahatiṃ parisaṃ saṅgahesuṃ. yepi hi keci, hatthaka, anāgatamaddhānaṃ mahatiṃ parisaṃ saṅgaṇhissanti, sabbe te imeheva catūhi saṅgahavatthūhi mahatiṃ parisaṃ saṅgaṇhissanti. yepi hi keci, hatthaka, etarahi mahatiṃ parisaṃ saṅgaṇhanti, sabbe te imeheva catūhi saṅgahavatthūhi mahatiṃ parisaṃ saṅgaṇhantī"ti.

한때 세존은 알라위에서 악갈라와 탑에 머물렀다. 그때 알라위의 핫타까가 오백 명의 남신자들에 둘러싸여 세존에게 왔다. 와서는 세존에게 절한 뒤 한 곁에 앉았다. 한 곁에 앉은 알라위의 핫타까에게 세존은 이렇게 말했다. — "핫타까여, 그대의 이 모임은 크다. 핫타까여, 그대는 어떻게 이 큰 모임을 따르게 하는가?" "대덕이시여, 세존께서 설하신 사섭법(四攝法)[네 가지 따르게 하는 토대]에 의해서 저는 이 큰 모임을 따르게 합니다. 대덕이시여, 저는 '이 사람은 보시(布施)[베풂]에 의해 따라지는 사람이다.'라고 알면, 베풂으로써 따르게 합니다. 대덕이시여, 저는 '이 사람은 애어(愛語)[사랑스러운 말]에 의해 따라지는 사람이다.'라고 알면, 사랑스러운 말로써 따르게 합니다. 대덕이시여, 저는 '이 사람은 이행(利行)[이익되는 행위]에 의해 따라지는 사람이다.'라고 알면, 이익되는 행위로써 따르게 합니다. 대덕이시여, 저는 '이 사람은 동사(同事)[함께함]에 의해 따라지는 사람이다.'라고 알면, 함께함으로써 따르게 합니다. 참으로, 대덕이시여, 저희 가문에는 재산이 있습니다. 저희는 가난한 사람들에게 그렇게 알려져야 한다고 생각합니다."라고.

"훌륭하고 훌륭하다, 핫타까여! 핫타까여, 그것이 이 큰 모임을 따르게 하기 위한 성품이다. 핫타까여, 누구든지 과거에 큰 모임을 따르게 한 사람들은 모두 이 사섭법에 의해 큰 모임을 따르게 했다. 핫타까여, 누구든지 미래에 큰 모임을 따르게 할 사람들은 모두 이 사섭법에 의해 큰 모임을 따르게 할 것이다. 핫타까여, 누구든지 현재에 큰 모임을 따르게 하는 사람들은 모두 이 사섭법에 의해 큰 모임을 따르게 한다."

3) (AN 9.5-힘 경)

"katamañca, bhikkhave, saṅgāhabalaṃ? cattārimāni, bhikkhave, saṅgahavatthūni — dānaṃ, peyyavajjaṃ, atthacariyā, samānattatā. etadaggaṃ, bhikkhave, dānānaṃ yadidaṃ dhammadānaṃ. etadaggaṃ, bhikkhave, peyyavajjānaṃ yadidaṃ atthikassa ohitasotassa punappunaṃ dhammaṃ deseti. etadaggaṃ, bhikkhave, atthacariyānaṃ yadidaṃ assaddhaṃ saddhāsampadāya samādapeti niveseti patiṭṭhāpeti, dussīlaṃ sīlasampadāya... pe.... maccharim cāgasampadāya ... pe ... duppaññaṃ paññāsampadāya samādapeti niveseti patiṭṭhāpeti. etadaggaṃ, bhikkhave, samānattatānaṃ yadidaṃ sotāpanno sotāpannassa samānatto, sakadāgāmī sakadāgāmissa samānatto, anāgāmī anāgāmissa samānatto, arahā arahato samānatto. idaṃ vuccati, bhikkhave, saṅgāhabalaṃ.

그러면 비구들이여, 무엇이 따르게 함의 힘인가? 비구들이여, 이런 네 가지 따르게 함의 토대[사섭법(四攝法)]가 있다. — 보시(布施), 애어(愛語), 이행(利行), 동사(同事). 비구들이여, 법시(法施)가 보시(布施) 가운데 으뜸이다. 원하고 귀를 기울이는 자에게 반복해서 법을 설하는 것이 애어(愛語) 가운데 으뜸이다. 믿음이 없는 자에게 믿음의 성취를 위해 부추기고, 들어가게 하고, 확립하게 하고, 계(戒)를 경시하는 자에게 계의 성취를 위해 … 이기적인 자에게 보시(布施)의 성취를 위해 … 어리석은 자에게 지혜의 성취를 위해 부추기고, 들어가게 하고, 확립하게 하는 것이 이행(利行) 가운데 으뜸이다. 예류자(預流者)는 예류자와 사귀고, 일래자(一來者)는 일래자와 사귀고, 불환자(不還者)는 불환자와 사귀고, 아라한(阿羅漢)은 아라한과 사귀는 것이 동사(同事) 가운데 으뜸이다. 이것이, 비구들이여, 따르게 함의 힘이라고 불린다.

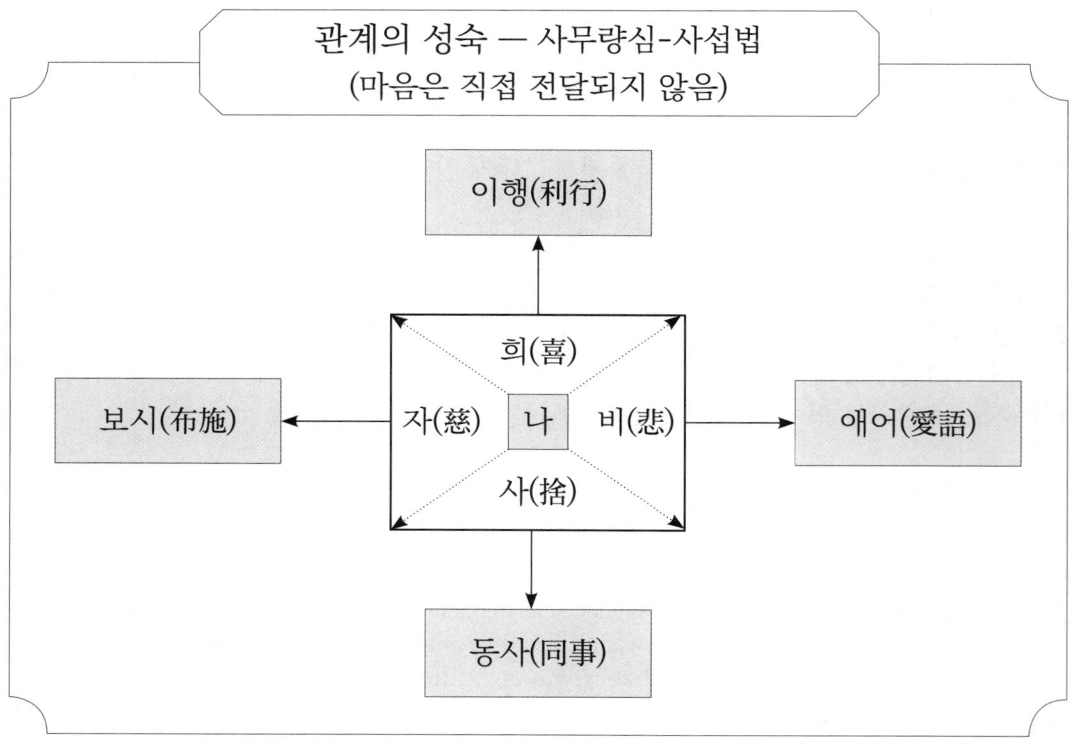

Ⅶ. 계속해서 기억해야 하는 여섯 가지 — 불(佛)-법(法)-승(僧)-계(戒)-보시(布施)-천신(天神)

행위는 식(識)을 머물게 하고 상(想)을 잠재시킵니다. 잠재된 상(想)은 행위를 재현하려는 경향인데, 심(心)을 형성하는 과정에 참여합니다[심행(心行) = 상(想)-수(受)]. 그래서 어떤 행위를 반복하면 그 행위를 다시 반복하는 힘이 생깁니다.

어떤 행위를 반복하는지에 따라 그 행위의 힘이 강해져서 사람은 그런 사람이 됩니다. 그래서 행위를 선택하는 것은 중요합니다. 많은 경들은 계속해서 기억 즉 사유할 것을 말하는데, 의업(意業)에 의해 잠재하는 경향이 다시 작용하여 계속해서 기억하는 대상으로 이끌린 사람을 만들기 때문입니다.

불(佛)-법(法)-승(僧)-계(戒)-보시(布施)-천신(天神)의 여섯 가지를 계속해서 기억하면 부처님에 대한 확실한 믿음 위에서 가르침을 배워 알고 실천하는 사람이 되고, 사쌍팔배 (四雙八輩)의 성자를 향해 삶이 이끌립니다. 또한, 계(戒)와 보시(布施)의 공덕행(功德行)은 믿음과 배움에 더해져서 몸이 무너진 뒤에는 천상(天上)으로 이끄는 힘이 됩니다.

※ 천신(天神)을 계속해서 기억하는 것은 천신의 존재 자체를 기억하는 것이 아니라 그들이 믿음-계-배움-보시-지혜를 갖추어 하늘에 태어났다는 점을 기억해서 나도 이것을 갖추어 하늘에 태어나겠다는 자신의 다짐입니다.

1. anussatiṭṭhānasuttaṃ (AN 6.9-계속해서 기억함의 토대 경)

“chayimāni, bhikkhave, anussatiṭṭhānāni. katamāni cha? buddhānussati, dhammānussati, saṅghānussati, sīlānussati, cāgānussati, devatānussati — imāni kho, bhikkhave, cha anussatiṭṭhānānī”ti.

비구들이여, 이런 여섯 가지 계속해서 기억함의 토대가 있다. 어떤 여섯 가지인가? 불(佛)을 계속해서 기억함, 법(法)을 계속해서 기억함, 승(僧)을 계속해서 기억함, 계(戒)를 계속해서 기억함, 보시(布施)를 계속해서 기억함, 천신(天神)을 계속해서 기억함 — 비구들이여, 이런 여섯 가지 계속해서 기억함의 토대가 있다.

2. anussatiṭṭhānasuttaṃ (AN 6.25-계속해서 기억함의 토대 경)

이 주제를 말하는 경들 가운데 가장 포괄적인 경으로는 (AN 6.26-마하깟짜나 경)이 있는데, 여섯 가지 계속해서 기억함이 「아시는 분, 보시는 분, 그분 세존-아라한-정등각에 의해 장애 가운데서 중생들의 청정을 위한, 슬픔과 비탄을 건너기 위한, 고통과 고뇌의 줄어듦을 위한, 방법을 얻기 위한, 열반을 실현하기 위한 기회의 얻음」이고, 이런 성스러운 제자는 크고 귀하고 무량한, 원망 없고 거슬림 없는, 온전히 허공과 같은 심(心)으로 머문다고 합니다.

그런데 '크고 귀하고 무량한, 원망 없고 거슬림 없는(vipulena mahaggatena appamāṇena averena abyāpajjena)'이란 묘사는 이 경과 몸에 속한 사띠의 닦음을 말하는 (AN 9.11-사자후경) 외에는 모두 사무량심(四無量心)의 서술로 나타납니다. 그래서 계속해서 기억함을 닦아 온전히 허공과 같은 심(心)으로 머무는 것은 사무량심(四無量心)을 닦아서 자(慈)-비(悲)-희(喜)-사(捨)가 함께한 심(心)으로 두루 미치면서 머무는 것과 같은 경지라고 하겠는데, 여섯 가지 대상을 계속해서 기억하는 것이 사무량심을 닦는 것과 같은 위상을 가진다는 점을 발견할 수 있습니다. 또한, 사념처(四念處)와 사무량심(四無量心) 그리고 계속해서 기억함이 모두 번뇌를 부수고 깨달음을 성취하기 위한 토대가 된다는 것도 알 수 있습니다.

"chayimāni, bhikkhave, anussatiṭṭhānāni. katamāni cha? idha, bhikkhave, ariyasāvako tathāgataṃ anussarati — 'itipi so bhagavā ... pe ... satthā devamanussānaṃ buddho bhagavā'ti. yasmiṃ, bhikkhave, samaye ariyasāvako tathāgataṃ anussarati, nevassa tasmiṃ samaye rāgapariyuṭṭhitaṃ cittaṃ hoti, na dosapariyuṭṭhitaṃ cittaṃ hoti, na mohapariyuṭṭhitaṃ cittaṃ hoti; ujugatamevassa tasmiṃ samaye cittaṃ hoti, nikkhantaṃ muttaṃ vuṭṭhitaṃ gedhamhā. 'gedho'ti kho, bhikkhave, pañcannetaṃ kāmaguṇānaṃ adhivacanaṃ. idampi kho, bhikkhave, ārammaṇaṃ karitvā evamidhekacce sattā visujjhanti.

비구들이여, 여섯 가지 이런 계속해서 기억함의 토대가 있다. 어떤 여섯 가지인가? 여기 비구들이여, 성스러운 제자는 여래(如來)를 계속해서 기억한다. — '이렇게 그분 세존(世尊)께서는 모든 번뇌 떠나신 분, 스스로 완전한 깨달음을 이루신 분, 밝음과 실천을 갖추신 분, 진리의 길 보이신 분, 세상일을 모두 훤히 아시는 분, 어리석은 이도 잘 이끄시는 위없는 분, 모든 천상과 인간의 스승, 깨달으신 분, 존귀하신 분이시다.'라고. 비구들이여, 성스러운 제자가 여래(如來)를 계속해서 기억할 때 심(心)은 탐(貪)이 스며들지 않고, 진(嗔)이 스며들지 않고 치(癡)가 스며들지 않는다. 그때 심(心)은 올곧아지고, 갈망으로부터 떠나고, 풀려나고, 벗어난다. 비구들이여, '갈망'이란 것은 이 다섯 가지 소유의 사유에 묶인 것을 지칭하는 것이다. 비구들이여, 이런 대상을 계속해서 기억함을 원인으로도 이렇게 여기서 어떤 중생들은 청정해진다.

"puna caparaṃ, bhikkhave, ariyasāvako dhammaṃ anussarati — 'svākkhāto bhagavatā dhammo ... pe ... paccattaṃ veditabbo viññūhī'ti. yasmiṃ, bhikkhave, samaye ariyasāvako dhammaṃ anussarati, nevassa tasmiṃ samaye rāgapariyuṭṭhitaṃ cittaṃ hoti, na dosapariyuṭṭhitaṃ cittaṃ hoti, na mohapariyuṭṭhitaṃ cittaṃ hoti; ujugatamevassa tasmiṃ samaye cittaṃ hoti, nikkhantaṃ muttaṃ vuṭṭhitaṃ gedhamhā. 'gedho'ti kho, bhikkhave, pañcannetaṃ kāmaguṇānaṃ adhivacanaṃ. idampi kho, bhikkhave, ārammaṇaṃ karitvā evamidhekacce sattā visujjhanti.

다시, 비구들이여, 성스러운 제자는 법(法)을 계속해서 기억한다. — '세존(世尊)에 의해 잘 설해진 법은 스스로 보이는 것이고, 시간을 넘어선 것이고, 와서 보라는 것이고, 향상으로 이끌고, 지혜로운 이들에게 개별적으로 알려지는 것이다.'라고. 비구들이여, 성스러운 제자가 법(法)을 계속해서 기억할 때 심(心)은 탐(貪)이 스며들지 않고, 진(嗔)이 스며들지 않고 치(癡)가 스며들지 않는다. 그때 심(心)은 올곧아지고, 갈망으로부터 떠나고, 풀려나고, 벗어난다. 비구들이여, '갈망'이란 것은 이 다섯 가지 소유의 사유에 묶인 것을 지칭하는 것이다. 비구들이여, 이런 대상을 계속해서 기억함을 원인으로도 이렇게 여기서 어떤 중생들은 청정해진다.

"puna caparaṃ, bhikkhave, ariyasāvako saṅghaṃ anussarati — 'suppaṭipanno bhagavato sāvakasaṅgho ... pe ... anuttaraṃ puññakkhettaṃ lokassā'ti. yasmiṃ, bhikkhave, samaye ariyasāvako saṅghaṃ anussarati, nevassa tasmiṃ samaye rāgapariyuṭṭhitaṃ cittaṃ hoti, na dosapariyuṭṭhitaṃ cittaṃ hoti, na mohapariyuṭṭhitaṃ cittaṃ hoti; ujugatamevassa tasmiṃ samaye cittaṃ hoti, nikkhantaṃ muttaṃ vuṭṭhitaṃ gedhamhā. 'gedho'ti kho, bhikkhave, pañcannetaṃ kāmaguṇānaṃ adhivacanaṃ. idampi kho, bhikkhave, ārammaṇaṃ karitvā evamidhekacce sattā visujjhanti.

다시, 비구들이여, 성스러운 제자는 승(僧)을 계속해서 기억한다. — '진지하게 수행하는 세존(世尊)의 제자들인 상가, 정확하게 수행하는 세존(世尊)의 제자들인 상가, 올바르게 수행하는 세존(世尊)의 제자들인 상가, 여법하게 수행하는 세존(世尊)의 제자들인 상가가 있다. 네 쌍의 대장부요, 여덟 무리의 성자들인 이분들이 세존(世尊)의 제자들인 상가이니, 공양받을만한 분들, 환영받을만한 분들, 보시받을만한 분들, 합장 받을만한 분들이며, 이 세상의 위없는 복전(福田)이시다.'라고. 비구들이여, 성스러운 제자가 승(僧)을 계속해서 기억할 때 심(心)은 탐(貪)이 스며들지 않고, 진(嗔)이 스며들지 않고 치(癡)가 스며들지 않는다. 그때 심(心)은 올곧아지고, 갈망으로부터 떠나고, 풀려나고, 벗어난다. 비구들이여, '갈망'이란 것은 이 다섯 가지 소유의 사유에 묶인 것을 지칭하는 것이다. 비구들이여, 이런 대상을 계속해서 기억함을 원인으로도 이렇게 여기서 어떤 중생들은 청정해진다.

"puna caparaṃ, bhikkhave, ariyasāvako attano sīlāni anussarati akhaṇḍāni ... pe ... samādhisaṃvattanikāni. yasmiṃ, bhikkhave, samaye ariyasāvako sīlaṃ anussarati, nevassa tasmiṃ samaye rāgapariyuṭṭhitaṃ cittaṃ hoti, na dosapariyuṭṭhitaṃ cittaṃ hoti, na mohapariyuṭṭhitaṃ cittaṃ hoti; ujugatamevassa tasmiṃ samaye cittaṃ hoti, nikkhantaṃ muttaṃ vuṭṭhitaṃ gedhamhā. 'gedho'ti kho, bhikkhave, pañcannetaṃ kāmaguṇānaṃ adhivacanaṃ. idampi kho, bhikkhave, ārammaṇaṃ karitvā evamidhekacce sattā visujjhanti.

다시, 비구들이여, 성스러운 제자는 '깨지지 않고, 끊어지지 않고, 결점이 없고, 얼룩지지 않고, 구속되지 않고, 지자들이 칭찬하고, 움켜쥐지 않고, 삼매로 이끄는' 자신의 계(戒)들을 계속해서 기억한다. 비구들이여, 성스러운 제자가 계(戒)를 계속해서 기억할 때 심(心)은 탐(貪)이 스며들지 않고, 진(嗔)이 스며들지 않고 치(癡)가 스며들지 않는다. 그때 심(心)은 올곧아지고, 갈망으로부터 떠나고, 풀려나고, 벗어난다. 비구들이여, '갈망'이란 것은 이 다섯 가지 소유의 사유에 묶인 것을 지칭하는 것이다. 비구들이여, 이런 대상을 계속해서 기억함을 원인으로도 이렇게 여기서 어떤 중생들은 청정해진다.

"puna caparaṃ, bhikkhave, ariyasāvako attano cāgaṃ anussarati — 'lābhā vata me! suladdhaṃ vata me ... pe ... yācayogo dānasaṃvibhāgarato'ti. yasmiṃ ... pe ... evamidhekacce sattā visujjhanti.

다시, 비구들이여, 성스러운 제자는 자신의 보시(報施)를 계속해서 기억한다. — '참으로 나에게 이익이다. 참으로 나에게 큰 이익이다! 나는 인색에 오염된 사람들 가운데서 인색의 때에서 벗어난 심(心)으로 자유롭게 보시하고, 손은 깨끗하고, 주기를 좋아하고, 다른 사람의 요구에 응할 준비가 되어있고, 베풂과 나눔을 좋아하며 재가에 산다.'라고. 비구들이여, 성스러운 제자가 보시(報施)를 계속해서 기억할 때 심(心)은 탐(貪)이 스며들지 않고, 진(嗔)이 스며들지 않고 치(癡)가 스며들지 않는다. 그때 심(心)은 올곧아지고, 갈망으로부터 떠나고, 풀려나고, 벗어난다. 비구들이여, '갈망'이란 것은 이 다섯 가지 소유의 사유에 묶인 것을 지칭하는 것이다. 비구들이여, 이런 대상을 계속해서 기억함을 원인으로도 이렇게 여기서 어떤 중생들은 청정해진다.

"puna caparaṃ, bhikkhave, ariyasāvako devatā anussarati — 'santi devā cātumahārājikā, santi devā tāvatiṃsā, santi devā yāmā, santi devā tusitā, santi devā nimmānaratino, santi devā paranimmitavasavattino, santi devā brahmakāyikā, santi devā tatuttari. yathārūpāya saddhāya samannāgatā tā devatā ito cutā tattha upapannā; mayhampi tathārūpā saddhā saṃvijjati. yathārūpena sīlena... sutena... cāgena... paññāya samannāgatā tā devatā ito cutā tattha upapannā; mayhampi tathārūpā paññā saṃvijjatī'" ti.

다시, 비구들이여, 성스러운 제자는 천신(天神)을 계속해서 기억한다. — '사대왕천(四大王天)의 신(神)들이 있고, 삼십삼천(三十三天)의 신들이 있고, 야마천(夜摩天)의 신들이 있고, 도솔천(兜率天)의 신들이 있고, 화락천(化樂天)의 신들이 있고, 타화자재천(他化自在天)의 신들이 있고, 범신천(梵身天)의 신들이 있고, 그보다 높은 천(天)의 신들이 있다. 이런 신들은 믿음을 갖추어 여기서 죽은 뒤 그곳에 태어났다. 나에게도 그런 믿음이 있다. 이런 신들은 계를 갖추어 여기서 죽은 뒤 그곳에 태어났다. 나에게도 그런 계가 있다. 이런 신들은 배움을 갖추어 여기서 죽은 뒤 그곳에 태어났다. 나에게도 그런 배움이 있다. 이런 신들은 보시를 갖추어 여기서 죽은 뒤 그곳에 태어났다. 나에게도 그런 보시가 있다. 이런 신들은 지혜를 갖추어 여기서 죽은 뒤 그곳에 태어났다. 나에게도 그런 지혜가 있다.'라고.

"yasmiṃ, bhikkhave, samaye ariyasāvako attano ca tāsañca devatānaṃ saddhañca sīlañca sutañca cāgañca paññañca anussarati nevassa tasmiṃ samaye rāgapariyuṭṭhitaṃ cittaṃ hoti, na dosapariyuṭṭhitaṃ cittaṃ hoti, na mohapariyuṭṭhitaṃ cittaṃ hoti; ujugatamevassa tasmiṃ samaye cittaṃ hoti, nikkhantaṃ muttaṃ vuṭṭhitaṃ gedhamhā. 'gedho'ti kho, bhikkhave, pañcannetaṃ kāmaguṇānaṃ adhivacanaṃ. idampi kho, bhikkhave, ārammaṇaṃ karitvā evamidhekacce sattā visujjhanti. imāni kho, bhikkhave, cha anussatiṭṭhānānī"ti.

비구들이여, 성스러운 제자가 자신과 그 천신(天神)들의 믿음과 계(戒)와 배움과 보시(報施)와 지혜를 계속해서 기억할 때 심(心)은 탐(貪)이 스며들지 않고, 진(嗔)이 스며들지 않고 치(癡)가 스며들지 않는다. 그때 심(心)은 올곧아지고, 갈망으로부터 떠나고, 풀려나고, 벗어난다. 비구들이여, '갈망'이란 것은 이 다섯 가지 소유의 사유에 묶인 것을 지칭하는 것이다. 비구들이여, 이런 대상을 계속해서 기억함을 원인으로도 이렇게 여기서 어떤 중생들은 청정해진다. 비구들이여, 이런 여섯 가지 계속해서 기억함의 토대가 있다.

진언 또는 다라니의 암송을 통해 성과를 보는 분들이 있습니다. 성과를 보니 더욱 거기에 몰두하게 되고, 주변에 그 성과를 알려 암송을 부추기게 됩니다.

그런데 그 성과가 진언 또는 다라니의 힘입니까? 그 진언, 그 다라니의 권능이 있어서 그 성과를 얻은 것입니까? 아니면 암송을 위해 삶을 청정히 하고, 그 진언, 그 다라니를 대상으로 계속해서 기억함 즉 마음을 집중했기 때문에 생긴 성과입니까?

어떤 진언도, 어떤 다라니도 그 자체의 권능이 있어서 그 성과를 가져다주지 않습니다. 다만, 청정한 삶을 유지하면서 마음을 집중하는 대상이 되어준 것뿐입니다. 그러니 그 성과는 진언이나 다라니 덕분이 아니라, 오직, 삶을 청정히 하고 마음을 집중하여 암송한 그대의 노력 덕분에 생기는 것입니다.

현명해져야 합니다. 삶을 청정히 하고 마음을 집중하여 암송하는 주인공은 바로 그대 자신입니다. 어떤 대상에 마음을 집중하여 암송할 것인지의 선택도 바로 그대의 몫입니다.

이때, 부처님은 말합니다. — '여섯 가지 계속해서 기억해야 하는 대상이 있다!'라고. 마음을 집중해서 거기로 이끌려도 부작용이 없는 안전하고 효과적인 대상인 거지요.

제2절 출가제자(pabbajita)

●출가를 원인으로 존중받고 생계를 보장받는 눈에 보이는 결실보다 더 훌륭하고 더 뛰어난 눈에 보이는(확인 가능한) 사문의 결실 — (DN 2-사문과경(沙門果經))

; 여래(如來)의 출현 → 법을 설하고 범행을 드러냄 → 법을 듣고 여래에게 믿음을 얻음 → 출가 → 계(戒)를 갖춤 → 기능의 단속 → 염(念)-정지(正知) → 만족 → 다섯 가지 장애를 버림 → 삼매에 듦 → 초선(初禪) → 제이선(第二禪) → 제삼선(第三禪) → 제사선(第四禪) → 식(識)이 몸에 의지하고 묶여있다는 지(知)와 견(見) → 의성신(意成身) → 신족통(神足通) → 천이통(天耳通) → 타심통(他心通) → 숙명통(宿命通) → 천안통(天眼通) → 누진통(漏盡通)[해탈(解脫) - 해탈지견(解脫知見)]

; 초선(初禪)을 성취하여 머무는 것부터 더 훌륭하고 더 뛰어난 눈에 보이는 사문의 결실이 시작되고, 누진통(漏盡通)으로 해탈(解脫)-해탈지견(解脫知見)을 성취하는 것이 으뜸이고 완성이어서 이런 눈에 보이는 사문의 결실보다 더 높고 더 뛰어난 다른 눈에 보이는(확인 가능한) 사문의 결실은 없음.

[1] 계율을 제정하는 이유 — vinayapeyyālaṃ (AN 2.201-202-230-율(律)의 반복)

출가자에 대한 생활 규범은 비구 227계(마하 위방가=비구 위방가)와 비구니 311계(비구니 위방가)로 제정되어 있습니다. 그러면 이렇게 많은 생활 규범은 왜 제정되었을까요? 부처님은 무슨 이유로 이렇게 많은 계목(戒目)을 지키라고 지시하셨을까요?

한편, 율장 웨란자 이야기에서 사리뿟따 존자는 제자들을 위해 학습계율(sikkhāpada)의 제정과 계목(pātimokkha)의 암송을 부처님께 요청하지만, 부처님은 번뇌 때문에 생긴 어떤 법들이 상가에 나타날 때까지 학습계율을 제정하지 않고, 계목을 암송하지 않으며, 번뇌 때문에 생긴 어떤 법들이 상가에 나타날 때, 그 법들에 저항하기 위해서 제자들에게 학습계율을 제정하고, 계목을 암송할 것이라고 답합니다. 그래서 출가자를 위한 생활 규범은 선제적으로 제정되는 것이 아니라 문제 상황이 발생하면 그 법들에 대항하기 위해 자기방어적으로 제정되었다는 것을 알 수 있습니다.

"dveme, bhikkhave, atthavase paṭicca tathāgatena sāvakānaṃ sikkhāpadaṃ paññattaṃ. katame dve? saṅghasuṭṭhutāya saṅghaphāsutāya... dummaṅkūnaṃ puggalānaṃ niggahāya, pesalānaṃ bhikkhūnaṃ phāsuvihārāya... diṭṭhadhammikānaṃ āsavānaṃ saṃvarāya, samparāyikānaṃ āsavānaṃ paṭighātāya... diṭṭhadhammikānaṃ verānaṃ saṃvarāya, samparāyikānaṃ verānaṃ paṭighātāya... diṭṭhadhammikānaṃ vajjānaṃ saṃvarāya, sampa -rāyikānaṃ vajjānaṃ paṭighātāya... diṭṭhadhammikānaṃ bhayānaṃ saṃvarāya, samparāyikānaṃ bhayānaṃ paṭighātāya... diṭṭhadhammikānaṃ akusalānaṃ dhammānaṃ saṃvarāya, samparāyikānaṃ akusalānaṃ dhammānaṃ paṭighātāya... gihīnaṃ anukampāya, pāpicchānaṃ bhikkh -ūnaṃ pakkhupacchedāya... appasannānaṃ pasādāya, pasannānaṃ bhiyyobhāvāya... saddhammaṭṭhitiyā vinayānuggahāya. ime kho, bhikkhave, dve atthavase paṭicca tathāgatena sāvakānaṃ sikkhāpadaṃ paññattan"ti.

비구들이여, 두 가지 이유를 연(緣)하여 여래는 제자들에게 학습계율을 제정했다. 어떤 둘인가? 상가의 뛰어남을 위하여, 상가의 편안함을 위하여 … 침묵하기 힘든 자들을 억제하기 위하여, 잘 행동하는 비구들의 편안한 머묾을 위하여 … 지금여기에 속하는 번뇌들을 단속하기 위하여, 다음 생에 속하는 번뇌들을 저항하기 위하여 … 지금여기에 속하는 원망들을 단속하기 위하여, 다음 생에 속하는 원망들을 저항하기 위하여 … 지금여기에 속하는 결점들을 단속하기 위하여, 다음 생에 속하는 결점들을 저항하기 위하여 … 지금여기에 속하는 두려움들을 단속하기 위하여, 다음 생에 속하는 두려움들을 저항하기 위하여 … 지금여기에 속하는 불선법(不善法)들을 단속하기 위하여, 다음 생에 속하는 불선법(不善法)들을 저항하기 위하여 … 재가자들을 연민하기 위하여, 악한 원함을 가진 비구들의 편 가름을 끊기 위하여 … 믿음이 없는 자들을 믿음으로 이끌기 위하여, 믿음이 있는 자들을 더욱 확대시키기 위하여 … 정법(正法)을 흔들리지 않게 하기 위하여, 율(律)을 보조하기 위하여. 비구들이여, 이런 두 가지 이유를 연(緣)하여 여래는 제자들에게 학습계율을 제정했다.

● paṭhamapārājikaṃ, sudinnabhāṇavāro(첫 번째 빠라지까, 수딘나 부문) 마무리

'bahūnaṃ kho tvaṃ, moghapurisa, akusalānaṃ dhammānaṃ ādikattā pubbaṅgamo 쓸모없는 자여, 그대는 많은 불선법(不善法)의 시작에 앞선 자이다.'

자기방어적으로 제정된 학습계율의 첫 번째 항목은 출가자인 수딘나 존자가 아이를 원하는 어머니의 청을 받아들여 예전의 부인과 음행을 저지른 사건입니다. 부처님은 이때부터 열 가지 이유를 연(緣)하여 비구들에게 학습계율을 제정하게 됩니다.

atha kho te bhikkhū āyasmantaṃ sudinnaṃ anekapariyāyena vigarahitvā bhagavato etamatthaṃ ārocesuṃ. atha kho bhagavā etasmiṃ nidāne etasmiṃ pakaraṇe bhikkhusaṅghaṃ sannipātāpetvā āyasmantaṃ sudinnaṃ paṭipucchi — "saccaṃ kira tvaṃ, sudinna, purāṇadutiyikāya methunaṃ dhammaṃ paṭisevī"ti? "saccaṃ, bhagavā"ti. vigarahi buddho bhagavā — "ananucchavikaṃ, moghapurisa, ananulomikaṃ appaṭirūpaṃ assāmaṇakaṃ akappiyaṃ akaraṇīyaṃ. kathañhi nāma tvaṃ, moghapurisa, evaṃ svākkhāte dhammavinaye pabbajitvā na sakkhissasi yāvajīvaṃ paripuṇṇaṃ parisuddhaṃ brahmacariyaṃ carituṃ! nanu mayā, moghapurisa, anekapariyāyena virāgāya dhammo desito, no sarāgāya; visaṃyogāya dhammo desito, no saṃyogāya; anupādānāya dhammo desito, no saupādānāya! tattha nāma tvaṃ, moghapurisa, mayā virāgāya dhamme desite sarāgāya cetessasi, visaṃyogāya dhamme desite saṃyogāya cetessasi, anupādānāya dhamme desite saupādānāya cetessasi! nanu mayā, moghapurisa, anekapariyāyena rāgavirāgāya dhammo desito! madanimmadanāya pipāsavinayāya ālayasamugghātāya vaṭṭupacchedāya taṇhākkhayāya virāgāya nirodhāya nibbānāya dhammo desito! nanu mayā, moghapurisa, anekapariyāyena kāmānaṃ pahānaṃ akkhātaṃ, kāmasaññānaṃ pariññā akkhātā, kāmapipāsānaṃ paṭivinayo akkhāto, kāmavitakkānaṃ samugghāto akkhāto, kāmapariḷāhānaṃ vūpasamo akkhāto! varaṃ te, moghapurisa, āsivisassa ghoravisassa mukhe aṅgajātaṃ pakkhittaṃ, na tveva mātugāmassa aṅgajāte aṅgajātaṃ pakkhittaṃ. varaṃ te, moghapurisa, kaṇhasappassa mukhe aṅgajātaṃ pakkhittaṃ, na tveva mātugāmassa aṅgajāte aṅgajātaṃ pakkhittaṃ. varaṃ te, moghapurisa, aṅgārakāsuyā ādittāya sampajjalitāya sajotibhūtāya aṅgajātaṃ pakkhittaṃ, na tveva mātugāmassa aṅgajāte aṅgajātaṃ pakkhittaṃ. taṃ kissa hetu? tatonidānañhi, moghapurisa, maraṇaṃ vā nigaccheyya maraṇamattaṃ vā dukkhaṃ, na tveva tappaccayā kāyassa bhedā paraṃ maraṇā apāyaṃ duggatiṃ vinipātaṃ nirayaṃ upapajjeyya. itonidānañca kho, moghapurisa, kāyassa bhedā paraṃ maraṇā apāyaṃ duggatiṃ vinipātaṃ nirayaṃ upapajjeyya. tattha nāma tvaṃ, moghapurisa, yaṃ tvaṃ asaddhammaṃ gāmadhammaṃ vasaladhammaṃ duṭṭhullaṃ odakantikaṃ rahassaṃ dvayaṃdvayasamāpattiṃ samāpajjissasi, bahūnaṃ kho tvaṃ, moghapurisa, akusalānaṃ dhammānaṃ ādikattā pubbaṅgamo. netaṃ, moghapurisa, appasannānaṃ vā pasādāya, pasannānaṃ vā bhiyyobhāvāya; atha khvetaṃ, moghapurisa, appasannānañceva appasādāya, pasannānañca ekaccānaṃ aññathattāyā"ti.

그 비구들은 수딘나 존자를 여러 방법으로 꾸짖은 뒤에 세존에게 이런 뜻을 알렸다. 그러자 세존은 이런 인연에 대해, 이런 경우에 대해 비구 상가를 모이게 한 뒤에 수딘나 존자에게 물었다 — "수딘나여, 그대가 옛 아내와 함께 음행(淫行)을 한 것이 사실인가?" "사실입니다, 대덕이시여." 불(佛) 세존(世尊)은 꾸짖었다. — "쓸모없는 자여, 타당하지 않고 적절하지 않고 알맞지 않고 사문의 삶의 아니고 부당하고 해서는 안 될 일을 행한 것이다. 쓸모없는 자여, 어떻게 그대는 이렇게 잘 설해진 법과 율에 출가한 뒤에 살아있는 내내 완전하고 청정한 범행(梵行)을 실천하는 것이 불가능해질 것인가! 쓸모없는 자여, 나는 여러 방법으로 친밀(親密)이 아니라 이탐(離貪)을 위한 법을 설했고, 속박이 아니라 속박에서 벗어남을 위한 법을 설했고, 집착 있음이 아니라 집착 없음을 위한 법을 설하지 않았는가! 거기서, 쓸모없는 자여, 그대는 내가 이탐(離貪)을 위해 설한 법에 대해 친밀을 의도할 것이고, 속박에서 벗어남을 위해 설한 법에 대해 속박을 의도할 것이고, 집착 없음을 위해 설한 법에 대해 집착을 의도할 것이다! 쓸모없는 자여, 나는 여러 방법으로 탐(貪)의 바램을 위한 법 — 자기화를 억누르고, 갈증을 제거하고, 잡음을 뿌리 뽑고, 윤회를 멈추고, 애(愛)의 부서짐과 이탐과 소멸과 열반을 위한 법을 설하지 않았는가! 쓸모없는 자여, 나는 여러 방법으로 소유의 삶의 버림을 선언하고, 소유의 상(想)의 완전한 지혜를 선언하고, 소유의 갈증의 억누름을 선언했고, 소유의 생각의 뿌리 뽑음을 선언했고, 소유의 열기의 가라앉음을 선언하지 않았는가! 쓸모없는 자여, 그대는 뱀의 무섭고 독이 있는 아가리에 성기를 넣는 것이 더 낫다. 그러나 여인의 성기에 성기를 넣는 것은 아니다. 쓸모없는 자여, 그대는 검은 뱀의 아가리에 성기를 넣는 것이 더 낫다. 그러나 여인의 성기에 성기를 넣는 것은 아니다. 쓸모없는 자여, 그대는 타오르고 화염을 내고 달아오른 숯불 구덩이에 성기를 넣는 것이 더 낫다. 그러나 여인의 성기에 성기를 넣는 것은 아니다. 그 원인은 무엇인가? 쓸모없는 자여, 그것을 인연으로 죽거나 죽음만큼의 고통을 당할 것이다. 그러나 그것을 조건으로 몸이 무너져 죽은 뒤에 상실과 비탄의 상태, 비참한 존재, 벌 받는 상태, 지옥에 태어나지는 않을 것이다. 그러나 쓸모없는 자여, 이것을 인연으로 몸이 무너져 죽은 뒤에 상실과 비탄의 상태, 비참한 존재, 벌 받는 상태, 지옥에 태어날 것이다. 쓸모없는 자여, 거기서 그대는 정법(正法)이 아니고, 저열한 법이고, 비천한 법이고, 더럽고, 지저분하고, 비밀스럽고, 거듭 거짓된 죄를 범할 것이다. 쓸모없는 자여, 그대는 많은 불선법(不善法)의 시작에 앞선 자이다. 쓸모없는 자여, 그것은 믿음이 없는 자들을 믿음으로 이끌고, 믿음이 있는 자들을 더욱 확대시키는 것이 아니다. 쓸모없는 자여, 그것은 오히려 믿음이 없는 자들을 불신으로 이끌고 믿음이 있는 자들 가운데 어떤 자들을 변화로 이끈다."라고.

atha kho bhagavā āyasmantaṃ sudinnaṃ anekapariyāyena vigarahitvā dubbharatāya dupposatāya mahicchatāya asantuṭṭhitāya saṅgaṇikāya kosajjassa avaṇṇaṃ bhāsitvā anekapariyāyena subharatāya suposatāya appicchassa santuṭṭhassa sallekhassa dhutassa pāsādikassa apacayassa vīriyārambhassa vaṇṇaṃ bhāsitvā bhikkhūnaṃ tadanucchavikaṃ tadanulomikaṃ dhammiṃ kathaṃ katvā bhikkhū āmantesi — "tena hi, bhikkhave, bhikkhūnaṃ sikkhāpadaṃ paññapessāmi dasa atthavase paṭicca — saṅghasuṭṭhutāya, saṅghaphāsutāya, dummaṅkūnaṃ puggalānaṃ niggahāya, pesalānaṃ bhikkhūnaṃ phāsuvihārāya, diṭṭhadhammikānaṃ āsavānaṃ saṃvarāya, samparāyikānaṃ āsavānaṃ paṭighātāya, appasannānaṃ pasādāya, pasannānaṃ bhiyyobhāvāya, saddhammaṭṭhitiyā, vinayānuggahāya. evañca pana, bhikkhave, imaṃ sikkhāpadaṃ uddiseyyātha —

그리고 세존은 수딘나 존자를 여러 방법으로 꾸짖은 뒤에 유지하기 어렵고, 부양하기 어렵고, 원함이 많고, 만족하지 못하고, 교제를 좋아하고, 게으른 것을 나무랐다. 다양한 방법으로 유지하기 쉽고, 부양하기 쉽고, 원함이 적고, 만족하고, 더 높은 삶을 살고, 제거하고, 믿음을 가지고, 모으지 않고, 열심히 노력하는 것을 찬탄하여 말한 뒤에 비구들에게 알맞고 적절한 법의 말씀을 말하고서 비구들에게 말했다. — "그러므로 비구들이여, 열 가지 이유를 연(緣)하여 비구들에게 학습계율을 제정할 것이다. — ①상가의 뛰어남을 위하여, ②상가의 편안함을 위하여, ③침묵하기 힘든 자들을 억제하기 위하여, ④잘 행동하는 비구들의 편안한 머묾을 위하여, ⑤지금여기에 속하는 번뇌들을 단속하기 위하여, ⑥다음 생에 속하는 번뇌들을 저항하기 위하여, ⑦믿음이 없는 자들을 믿음으로 이끌기 위하여, ⑧믿음이 있는 자들을 더욱 확대시키기 위하여, ⑨정법(正法)을 흔들리지 않게 하기 위하여, ⑩율(律)을 보조하기 위하여. 이렇게, 비구들이여, 그대들은 이런 학습계율을 암송해야 한다. —

"yo pana bhikkhu methunaṃ dhammaṃ paṭiseveyya, pārājiko hoti asaṃvāso"ti. evañcidaṃ bhagavatā bhikkhūnaṃ sikkhāpadaṃ paññattaṃ hoti.

'음행(淫行)을 저지른 비구는 빠라지까[바라이죄(波羅夷罪)를 범한 자]이다. 함께 살 수 없다.'라고. 이렇게 세존은 비구들을 위해 이 학습계율을 제정했다.

배워 알고 실천하는 불교 신자!

[2] 비구 227계(戒) 분석

이 분석은 전재성 박사님이 역주하고 한국빠알리성전협회가 발행한 「빅쿠비방가-율장비구계」의 '율장 해제'에서 요약하였습니다.

1. pārājika[빠라지까] — 바라이(波羅夷), 단두죄(斷頭罪) → 승단추방죄(僧團追放罪) 4조(四條), 상가에서 추방되고 다시는 구족계를 받을 수 없음. 단, 사미계는 받을 수 있음.

①음행, ②투도, ③살인, ④인간을 넘어선 상태(uttarimanussadhamma)에 대한 사칭

2. saṅghādisesa[상가디세사] — 상가바시사(僧伽婆尸沙), 승잔(僧殘) → 승단잔류죄(僧團殘留罪) 13조(條)

바라이죄에 다음가는 무거운 죄로 승단에 남아 있을 수는 있는 죄 또는 처음부터 끝까지 승단이 갈마를 통해서 관여하는 죄로서 13조(條)[비구니는 17조 내지 19조]가 있는데, 성추행이나 승단의 화합을 깨뜨리려고 한 죄, 남을 바라이죄라고 비방한 죄 등에 해당함. 이것을 범하면 현전상가에서 격리처벌을 받고 참회를 해야 함.

3. aniyata[아니야따] - 부정(不定) → 부정죄(不定罪) 2조(條)

부정계율을 범했는지 분명하지 않지만 혐의를 받을 만한 죄인데, 비구가 여자와 자리를 함께 한 경우의 죄로서 증인의 증언에 의해 죄가 결정되므로 부정(不定)이라고 함.

① 병처부정(屛處不定) — 남이 볼 수 없는 곳, 속삭여도 들리지 않는 곳에서 여자와 단 둘이 앉는 것. 경우에 따라 승단추방죄, 승단잔류죄, 속죄죄가 될 수 있음.

② 노처부정(露處不定) — 남이 볼 수 있는 곳이지만 음담이 가능한 곳에서 여인과 단 둘이 있는 것. 경우에 따라 승단잔류죄, 속죄죄가 될 수 있음.

4. nissaggiya[닛삭기야] — 니살기(尼薩耆), 사타(捨墮), 진사타(盡捨墮), 기타(棄墮) → 상실죄(喪失罪) 30조(條)

pācittiya[빠찟띠야]의 일종으로 재물의 취급을 잘못하여 일어나는 죄. 탐심으로 모은 것은 상실될 수 밖에 없으므로 상가에 가져와 참회하지 않으면 지옥에 떨어진다는 것을 말함.

이 죄에 저촉되면 네 명 이상의 대중 앞에서 큰 소리로 잘못을 고하고 금은이나 돈 등은 완전히 포기되고, 가사나 발우는 동료비구에게 주고 참회한 뒤에 받은 비구가 주인에게 되돌려주고 탐심을 버리고 참회해야 함.

5. pācittiya[빠찟띠야] — 바일제(波逸堤), 타(墮) → 속죄죄(贖罪罪) 90~92조(條) [비구니 141~210조(條)]

속죄가 필요한 죄. 속죄하지 않으면 지옥에 떨어지는 죄.

① 상실속죄죄[사타(捨墮)] — 재물을 내놓는 상실죄 → nissaggiya[닛삭기야]
② 단순속죄죄 90~92조(條)[비구니 141~210조(條)] - 버릴 재물이 필요 없는 죄여서 상대에게 사죄하고 참회하는 것이 필요한 망어(妄語)나 악구(惡口) 기타 가벼운 죄를 모아놓은 것.

6. pāṭidesanīya[빠띠데사니야] — 바라제사니(波羅提舍尼), 향피회(向彼悔), 회과법(悔過法) → 고백죄(告白罪) 4조(條)[비구니 8조(條)]

주로 탁발 음식의 수용에서 부적절한 경우 발생하는 죄. 이 죄를 범하면 다른 비구에게 반드시 고백하고 참회해야 함.

7. sekhiya[세키야] — 중학(衆學), 중학법(衆學法) → 중학죄(衆學罪) 75~ 107조(條)

복장과 식사와 의식 등의 행의작법(行儀作法)의 규정으로 숫자가 많고 항상 배워서 익혀야 할 것이므로 중학(衆學)이라고도 하고, 일조(一條)에 대하여 다수의 개조(箇條)가 있어 중학이라고도 함.

이 규정을 어기면, 고의로 범한 경우에는 한 사람 앞에서 참회하고, 고의가 아닌 경우에는 마음속으로만 참회하면 됨.

이 죄에는 악작(惡作) 또는 돌길라(突吉羅)라고 한역되는 ①악작죄(惡作罪)[dukkaṭa]와 악설(惡說)로 한역되는 ②악설죄(惡說罪)[dubbhāsita]가 있음.

8. adhikaraṇasamathā[아디까라나사마타] — 멸쟁(滅諍), 멸쟁법(滅諍法) → 7조(條) [칠멸쟁(七滅諍)]

승단에서 쟁사(*)가 일어났을 때, 비구 가운데 멸쟁의 원리를 아는 비구가 상가의 규칙을 적용하여 쟁사를 그치게 해야 함. 이것을 어기면 악작죄가 됨.

(*) 네 가지 쟁사(諍事)

① 논쟁사(論諍事) — 논쟁으로 인한 쟁사
② 비난사(非難事) — 비난으로 인한 쟁사
③ 죄쟁사(罪諍事) — 범죄로 인한 쟁사
④ 행쟁사(行諍事) — 절차로 인한 쟁사

※ 1. duṭṭhulla[두툴라] — 거친 죄 → 승단추방죄와 승단잔류죄

2. thullaccaya[툴랏짜야] — 미수죄 → 승단추방죄와 승단잔류죄를 저지르려다가 미수에 그친 죄

3. 오편죄(五篇罪) — 승단추방죄-승단잔류죄-부정죄-상실죄-속죄죄

4. 칠취죄(七聚罪) - 오편죄+(고백죄-중학죄)

(MN 16-대반열반경)에서 부처님은 '상가가 원한다면 내가 가고 난 후에는 소소한 학습계율들은 폐지해도 좋다.'라고 유언합니다. 이때, 소소한 학습계율이 이 분석 가운데 어느 만큼인지를 확인하지 못한 탓에 1차 결집에서는 폐지 없이 모든 학습계율을 모두 지키는 것으로 결정했다고 합니다.

[3] 빠라지까 — 바라이죄(波羅夷罪) → 함께 살 수 없음

①음행, ②투도, ③살인, ④인간을 넘어선 상태(uttarimanussadhamma)에 대한 사칭의 네 가지는 함께 살 수 없음 즉 출가 생활에서의 퇴출인데, 오계(五戒)의 네 가지에서 가장 심한 경우 즉 살생(殺生)에서는 살인(殺人), 투도(偸盜)에서는 일정 규모 이상을 훔치는 것, 사음(邪淫)에서는 음행(淫行) 자체, 망어(妄語)에서는 인간을 넘어선 법을 거짓으로 선언하는 것입니다.

(DN 16-대반열반경)의 소소한 학습계율의 폐지 허용과 관련해서 어느 만큼이 소소함의 범주인지 확인되지 않지만, 빠라지까 4개 조는 어떤 경우에도 소소함의 범주에 들지 않습니다. 그래서 불교 안에서 출가한 비구-비구니는 어떤 경우에도 이 4개 조에 어긋남이 있어서는 안 됩니다. 출가 제자의 생활 규범의 기본인 것입니다. 스스로 지켜야 하고, 주변에서 감시해야 옳습니다.

1. paṭhamapārājikaṃ(첫 번째 빠라지까) — 음행(淫行)

evañca pana, bhikkhave, imaṃ sikkhāpadaṃ uddiseyyātha —

이렇게, 비구들이여, 그대들은 이런 학습계율을 암송해야 한다. —

"yo pana bhikkhu bhikkhūnaṃ sikkhāsājīvasamāpanno sikkhaṃ apaccakkhāya dubbalyaṃ anāvikatvā methunaṃ dhammaṃ paṭiseveyya antamaso tiracchānagatāyapi, pārājiko hoti asaṃvāso"ti.

공부와 생활 방식을 갖춘 어떤 비구가 비구들에게 공부를 이루지 못하고 나약함을 알리지 않고서 음행(淫行)을 한다면, 심지어 짐승과의 행위마저도 빠라지까여서 함께 살지 못한다.

「pārājiko hotīti seyyathāpi nāma puriso sīsacchinno abhabbo tena sarīrabandhanena jīvituṃ, evameva bhikkhu methunaṃ dhammaṃ paṭisevitvā assamaṇo hoti asakyaputtiyo. tena vuccati — 'pārājiko hotī'ti.

'빠라지까이다'라는 것은, 예를 들면, 목이 잘린 사람이 그 몸과 함께 살 수 없듯이, 이처럼 음행(淫行)을 행(行)한 것 때문에 사문이 아니고 사꺄의 아들이 아니게 된다. 그래서 '빠라지까이다'라고 불린다.

asaṃvāsoti saṃvāso nāma ekakammaṃ ekuddeso samasikkhatā — eso saṃvāso nāma. so tena saddhiṃ natthi. tena vuccati — 'asaṃvāso'ti.

'함께 살 수 없음'이라는 것은, 같은 공부에 의한 하나의 갈마, 하나의 암송을 '함께 삶'이라고 하는데, 그는 그것을 함께 할 수 없다. 그것에 의해서 '함께 살 수 없음'이라고 불린다.

[예외조항] anāpatti ajānantassa, asādiyantassa, ummattakassa, khittacittassa, vedanāṭṭassa, ādikammikassāti.

알지 못했거나, 즐기지 않았거나, 미쳤거나, 심(心)이 뒤집혔거나, 고통으로 괴롭거나, 처음 행한 자(*)는 범한 것이 아니다.」

(*) ādikammika: beginner. (m.)

ādi: starting point; beginning. (adj.), first; beginning with. (nt.), and so on; so forth. (m.)
kammika: (in cpds.),doing; one who performs or looks after. (m.)

이 용어는 초범자(初犯者)라고 번역되는데, 처음으로 죄를 지은 사람입니다. 그런데 율(律)에서 쓰이는 이 말은 어떤 사람이 처음 율을 어겼을 때는 무죄여서 한 번은 용서된다는 의미가 아닙니다. 소급적용하지 않는다는 의미여서 어떤 사람의 옳지 못한 행위로 인해 하나의 학습계율이 제정될 때 학습계율의 제정을 가져온 당사자에게는 적용되지 않는다는 것입니다. 그런 행위를 금지하는 학습계율이 아직 없었기 때문이라고 할 텐데, 학습계율(sikkhāpada)은 선제적으로 제정되는 것이 아니라 문제 상황이 발생하면 그 법들에 대항하기 위해 자기방어적으로 제정되었다는 점에서 이해할 수 있는 해석입니다.

이 용어는 비구 227계(戒)와 비구니 311계(戒)에 공히 적용되는데, 증인의 증언에 의해 죄가 결정되는 부정죄(不定罪)는 제외됩니다. 또한, 학습계율은 처음 제정된 뒤 뒤따르는 경우들에서 구체적 상황을 반영하여 확장되기도 하는데, 'ādikammika는 무죄'라는 내용이 반영되기 전의 상황 즉 최초로 빠라지까를 범한 수딘나는 초범자이지만 퇴출됩니다.

2. dutiyapārājikaṃ(두 번째 빠라지까) — 투도(偸盜)[1빠다 이상]

"evañca pana, bhikkhave, imaṃ sikkhāpadaṃ uddiseyyātha —

이렇게, 비구들이여, 그대들은 이런 학습계율을 암송해야 한다. —

"yo pana bhikkhu gāmā vā araññā vā adinnaṃ theyyasaṅkhātaṃ ādiyeyya, yathārūpe adinnādāne rājāno coraṃ gahetvā haneyyuṃ vā bandheyyuṃ vā pabbājeyyuṃ vā — 'corosi bālosi mūḷhosi thenosī'ti, tathārūpaṃ bhikkhu adinnaṃ ādiyamāno ayampi pārājiko hoti asaṃvāso"ti.

다시, 어떤 비구가 마을이나 숲에서, 도둑질이라 불리는, 주어지지 않은 것을 가질 것이다. 주어지지 않은 것을 가지는 것 때문에 왕들이 도둑을 잡아서 '그대는 도둑이고, 어리석고, 모르고, 절도범이다.'라면서 죽이거나 구속하거나 추방하듯이, 비구가 주어지지 않은 것을 가진다면, 이것도 빠라지까여서 함께 살지 못한다.

「pārājiko hotīti seyyathāpi nāma paṇḍupalāso bandhanā pavutto abhabbo haritatthāya, evameva bhikkhu pādaṃ vā pādārahaṃ vā atirekapādaṃ vā adinnaṃ theyyasaṅkhātaṃ ādiyitvā assamaṇo hoti asakyaputtiyo. tena vuccati — 'pārājiko hotī'ti.

'빠라지까이다'라는 것은, 예를 들면, 낙엽 되어 떨어진 시든 잎이 초록 잎으로 돌아갈 수 없듯이, 이처럼 1빠다의 동전이거나 1빠다의 동전의 가치가 있거나 1빠다의 동전을 넘어서는 도둑질이라 불리는, 주어지지 않은 것을 훔치는 행위를 통해 가진 것 때문에 사문이 아니고 사꺄의 아들이 아니게 된다. 그래서 '빠라지까이다'라고 불린다.

asaṃvāsoti saṃvāso nāma ekakammaṃ ekuddeso samasikkhatā. eso saṃvāso nāma. so tena saddhiṃ natthi. tena vuccati — 'asaṃvāso'ti.

'함께 살 수 없음'이라는 것은, 같은 공부에 의한 하나의 갈마, 하나의 암송을 '함께 삶'이라고 하는데, 그는 그것을 함께 할 수 없다. 그것에 의해서 '함께 살 수 없음'이라고 불린다.

[예외조항] anāpatti sasaññissa, vissāsaggāhe, tāvakālike, petapariggahe, tiracchāna-gatapariggahe, paṃsukūlasaññissa, ummattakassa, (khittacittassa vedanāṭṭassa) ādikammikassāti.

자신의 것이라고 알거나, 믿음으로 취하거나, 임시적이거나, 아귀의 소유물이거나, 짐승으로 간 자의 소유물이거나, 분소의라고 알거나, 미쳤거나, (심(心)이 뒤집혔거나, 고통에 의해 괴롭거나) 처음 행한 자는 범한 것이 아니다.」

3. tatiyapārājikaṃ(세 번째 빠라지까) — 살생(殺生)[살인(殺人)]

"evañca pana, bhikkhave, imaṃ sikkhāpadaṃ uddiseyyātha —

이렇게, 비구들이여, 그대들은 이런 학습계율을 암송해야 한다. —

"yo pana bhikkhu sañcicca manussaviggahaṃ jīvitā voropeyya satthahārakaṃ vāssa pariyeseyya maraṇavaṇṇaṃ vā saṃvaṇṇeyya maraṇāya vā samādapeyya — 'ambho purisa, kiṃ tuyhiminā pāpakena dujjīvitena, mataṃ te jīvitā seyyo'ti, iti cittamano cittasaṅkappo anekapariyāyena maraṇavaṇṇaṃ vā saṃvaṇṇeyya, maraṇāya vā samādapeyya, ayampi pārājiko hoti asaṃvāso""ti.

다시, 어떤 비구가 고의로 인간의 몸에서 목숨을 빼앗을 것이다. 칼을 가진 자를 구하거나, 죽음을 찬양하거나, '여보시오. 그대가 이 악하고 어려운 삶에 의해 무엇을 얻겠소, 그대에게 사는 것보다 죽는 것이 더 낫소.'라고 죽음을 부추길 것이다. 이렇게 심(心)과 의(意)[심(心)이 의(意)고, 의(意)가 심(心)]에 의해 심(心)의 사유를 하는 자[죽음의 상(想)을 가지고 죽음을 의도하고 죽음을 갈망하는 자]가 다양한 방법으로 죽음을 찬양하고 죽음을 부추긴다면, 이것도 빠라지까여서 함께 살지 못한다.

「pārājiko hotīti seyyathāpi nāma puthusilā dvidhā bhinnā appaṭisandhikā hoti, evameva bhikkhu sañcicca manussaviggahaṃ jīvitā voropetvā assamaṇo hoti asakyaputtiyo. tena vuccati — 'pārājiko hotī'ti.

'빠라지까이다'라는 것은, 예를 들면, 둘로 쪼개진 돌이 다시 하나가 될 수 없듯이, 이처럼 고의로 인간의 몸에서 목숨을 빼앗은 것 때문에 사문이 아니고 사꺄의 아들이 아니게 된다. 그래서 '빠라지까이다'라고 불린다.

asaṃvāsoti saṃvāso nāma ekakammaṃ ekuddeso samasikkhatā — eso saṃvāso nāma. so tena saddhiṃ natthi, tena vuccati asaṃvāsoti.

'함께 살 수 없음'이라는 것은, 같은 공부에 의한 하나의 갈마, 하나의 암송을 '함께 삶'이라고 하는데, 그는 그것을 함께 할 수 없다. 그것에 의해서 '함께 살 수 없음'이라고 불린다.

[예외조항] anāpatti asañcicca ajānantassa namaraṇādhippāyassa ummattakassa ādikammikassāti.

고의가 아니거나, 알지 못했거나, 죽일 의도가 없었거나, 미쳤거나, 처음 행한 자는 범한 것이 아니다」

4. catutthapārājikaṃ(네 번째 빠라지까) — 망어(妄語)[인간을 넘어선 법인 성자들에게 적합한 지(知)와 견(見)의 거짓 선언]

"evañca pana, bhikkhave, imaṃ sikkhāpadaṃ uddiseyyātha —

이렇게, 비구들이여, 그대들은 이런 학습계율을 암송해야 한다. —

"yo pana bhikkhu anabhijānaṃ uttarimanussadhammaṃ attupanāyikaṃ alamariyañāṇadassanaṃ samudācareyya — 'iti jānāmi iti passāmī'ti, tato aparena samayena samanuggāhīyamāno vā asamanuggāhīyamāno vā āpanno visuddhāpekkho evaṃ vadeyya — 'ajānamevaṃ, āvuso, avacaṃ jānāmi, apassaṃ passāmi. tucchaṃ musā vilapin'ti, aññatra adhimānā, ayampi pārājiko hoti asaṃvāso"ti.

"실답게 알지 못하는 어떤 비구가 인간을 넘어선 법인 성자들에게 적합한 지(知)와 견(見)을 자신에 대하여 '나는 이렇게 알고 이렇게 본다.'라고 발표한다면, 그것으로부터 나중에 규명되었든 규명되지 않았든 이렇게 발표한 자가 청정을 구하여 '도반들이여, 알지 못하면서 나는 안다고, 보지 못하면서 나는 본다고 이렇게 공허하고 거짓이고 어리석은 말을 했습니다.'라고 말하더라도, 지나친 자기화와 다른 경우에, 이것도 함께 살 수 없는 바라이죄이다."

「pārājiko hotīti seyyathāpi nāma tālo matthakacchinno abhabbo puna virūḷhiyā, evameva bhikkhu pāpiccho icchāpakato asantaṃ abhūtaṃ uttarimanussadhammaṃ ullapitvā assamaṇo hoti asakyaputtiyo. tena vuccati — "pārājiko hotī"ti.

'빠라지까이다'라는 것은, 예를 들면, 윗부분이 잘린 야자수는 다시 자랄 수 없듯이, 이처럼 악한 원함을 가진 비구, 원함을 행한 비구는 거짓이고 사실 아니게 인간을 넘어선 법을 말한 것 때문에 사문이 아니고 사꺄의 아들이 아니게 된다. 그래서 '빠라지까이다'라고 불린다.

asaṃvāsoti saṃvāso nāma ekakammaṃ ekuddeso samasikkhatā — eso saṃvāso nāma. so tena saddhiṃ natthi. tena vuccati — "asaṃvāso"ti.

'함께 살 수 없음'이라는 것은, 같은 공부에 의한 하나의 갈마, 하나의 암송을 '함께 삶'이라고 하는데, 그는 그것을 함께 할 수 없다. 그것에 의해서 '함께 살 수 없음'이라고 불린다.

anāpatti adhimānena, anullapanādhippāyassa, ummattakassa, khittacittassa, vedanāṭṭassa, ādikammikassāti.

과도한 자기화거나, 칭찬을 갈망하지 않거나, 미쳤거나, 심(心)이 뒤집혔거나, 고통에 의해 괴롭거나, 처음 행한 자는 범한 것이 아니다.」

네 가지 빠라지까는 세간의 법에도 저촉되는 투도(偸盜)와 살인(殺人)의 두 가지와 세간의 법에는 저촉되지 않는 음행(淫行)과 인간을 넘어선 법의 거짓 선언으로 나누어 볼 수 있습니다.

이때, 뒤의 두 가지는 불교 안에서 더 의미를 가집니다. 출가자의 음행에 대한 관대함이 한국불교에 미치는 영향 그리고 인간을 넘어선 법의 성취를 거짓 주장하는 사람들이 끼치는 폐해는 심각하다고 해야 합니다.

불교 신자들이 알아야 합니다. 그래서 출가자가 출가자로서 해서는 안 되는 일을 할 때 지적해야 합니다. 그래서 부처님에 의지하는 개인의 삶을 위해서도, 한국불교의 미래를 위해서도 단속되어야 합니다.

[4] 귀의(歸依)와 출가(出家) 그리고 참회(懺悔)

1. 귀의(歸依)

귀의(歸依)의 정형 구문은 귀의하여 재가자가 되는 경우와 구족계(具足戒)를 받고 출가하는 경우로 구분되는데, 출가의 경우는 '저는 세존의 앞에서 출가하고자 합니다. 구족계를 받고자 합니다.'라는 정형된 형태를 보여줍니다.

abhikkantaṃ, bhante, abhikkantaṃ, bhante. seyyathāpi, bhante, nikkujjitaṃ vā ukkujjeyya, paṭicchannaṃ vā vivareyya, mūḷhassa vā maggaṃ ācikkheyya, andhakāre vā telapajjotaṃ dhāreyya — 'cakkhumanto rūpāni dakkhantī'ti; evamevaṃ bhagavatā anekapariyāyena dhammo pakāsito. esāhaṃ, bhante, bhagavantaṃ saraṇaṃ gacchāmi, dhammañca bhikkhusaṅghañca. labheyyāhaṃ, bhante, bhagavato santike pabbajjaṃ, labheyyaṃ upasampadan"ti.

"정말 기쁩니다, 대덕이시여. 정말 기쁩니다, 대덕이시여! 예를 들면, 대덕이시여, 넘어진 자를 일으킬 것입니다. 덮여있는 것을 걷어낼 것입니다. 길 잃은 자에게 길을 알려줄 것입니다. '눈 있는 자들은 모습들을 본다.'라며 어둠 속에서 기름 등불을 들 것입니다. 이처럼, 세존(世尊)에 의해서 여러 가지 방법으로 설해진 법이 있습니다. 대덕이시여, 저는 의지처인 세존(世尊) 그리고 가르침과 비구 상가에게로 갑니다. 대덕이시여, 저는 세존의 앞에서 출가하고자 합니다. 구족계를 받고자 합니다."

2. 출가(出家) — (MN 29-심재(心材) 비유의 큰 경)/(MN 30-심재 비유의 작은 경)/(MN 67-짜뚜마 경)/(AN 4.122-파도의 두려움 경)

제자의 출가를 묘사하는 형태는 주로 (MN 100-상가라와 경 → 77쪽)에 나타나는 부처님의 출가를 묘사하는 형태와 같은데, 이 외에 위의 네 경이 보여주는 묘사의 형태도 발견됩니다. 이 형태의 경들은 연기(緣起)의 뒷부분 '유(有)를 조건으로 생(生)이, 생(生)을 조건으로 노사(老死)와 수비고우뇌(愁悲苦憂惱)가 생긴다. 이렇게 이 모든 괴로움 무더기가 자라난다.'에 해당하는 문제의 해소를 이유로 제시하는데, 출가의 목적이 윤회에서 벗어나기 위한 것이라는 점을 분명히 알려줍니다.

"idha, bhikkhave, ekacco kulaputto saddhā agārasmā anagāriyaṃ pabbajito hoti — 'otiṇṇomhi jātiyā jarāya maraṇena sokehi paridevehi dukkhehi domanassehi upāyāsehi, dukkhotiṇṇo dukkhapareto, appeva nāma imassa kevalassa dukkhakkhandhassa antakiriyā paññāyethā'ti.

여기, 비구들이여, '나는 태어남과 늙음과 죽음과 슬픔과 비탄과 고통과 고뇌와 절망에 떨어진다. 괴로움에 떨어지고, 괴로움에 시달린다. 이 전체 괴로움 무더기의 끝맺음이 알려지게 된다면!'이라면서 믿음으로 집에서 집 없는 곳으로 출가한 어떤 좋은 가문의 아들이 있다.

3. 참회(懺悔) — (MN 65-받달리 경)

참회는 이런 정형 구문의 형태로 나타납니다. — 「"accayo maṃ, bhante, accagamā yathābālaṃ yathāmūḷhaṃ yathāakusalaṃ, … (tassa) me, bhante, bhagavā accayaṃ accayato paṭiggaṇhātu āyatiṃ saṃvarāyā"ti. 대덕이시여, 어리석고 모르고 능숙하지 못해서 제가 잘못을 저질렀습니다. … (그런) 저에게, 대덕이시여, 세존께서는 미래의 단속을 위해서 잘못에 대한 참회를 받아 주십시오.

"taggha tvaṃ accayo accagamā yathābālaṃ yathāmūḷhaṃ yathāakusalaṃ, yaṃ tvaṃ … yato ca kho tvaṃ, bhaddāli, accayaṃ accayato disvā yathādhammaṃ paṭikarosi, taṃ te mayaṃ paṭiggaṇhāma. vuddhihesā, bhaddāli, ariyassa vinaye yo accayaṃ accayato disvā yathādhammaṃ paṭikaroti, āyatiṃ saṃvaraṃ āpajjati". … (그런) 그대는 참으로 어리석고 모르고 능숙하지 못해서 잘못을 저질렀다. 그러나 그대가 잘못을 잘못으로부터 본 뒤에 법에 따라 바로잡았기 때문에 우리는 그대를 받아들인다. 비구여, 잘못을 잘못으로부터 본 뒤에 법답게 바로잡고, 미래에 단속하는 자는 이 성스러운 율에서 향상한다.」

여기서는 (MN 65-받달리 경)의 경우를 예로 소개하였습니다.

"accayo maṃ, bhante, accagamā yathābālaṃ yathāmūḷhaṃ yathāakusalaṃ, yohaṃ bhagavatā sikkhāpade paññāpiyamāne bhikkhusaṅghe sikkhaṃ samādiyamāne anussāhaṃ pavedesiṃ. tassa me, bhante, bhagavā accayaṃ accayato paṭiggaṇhātu āyatiṃ saṃvarāyā"ti.

대덕이시여, 어리석고 모르고 능숙하지 못해서 제가 잘못을 저질렀습니다. 세존으로부터 비구 상가가 받아 지니도록 선언된 학습계율에 대한 공부를 감당할 수 없다고 선언한 저에게, 대덕이시여, 세존께서는 미래의 단속을 위해서 잘못에 대한 참회를 받아 주십시오.

"taggha tvaṃ, bhaddāli, accayo accagamā yathābālaṃ yathāmūḷhaṃ yathāakusalaṃ, yaṃ tvaṃ mayā sikkhāpade paññāpiyamāne bhikkhusaṅghe sikkhaṃ samādiyamāne anussāhaṃ pavedesi.

"밧달리여, 비구 상가가 받아 지니도록 내가 선언한 학습계율에 대한 공부를 감당할 수 없다고 선언한 그대는 참으로 어리석고 모르고 능숙하지 못해서 잘못을 저질렀다. 그러나 밧달리여, 그대가 잘못을 잘못으로부터 본 뒤에 법에 따라 바로잡았기 때문에 우리는 그대를 받아들인다. 비구여, 잘못을 잘못으로부터 본 뒤에 법답게 바로잡고, 미래에 단속하는 자는 이 성스러운 율에서 향상한다.

4. 랏타빨라 존자의 출가 이야기 : 가르침의 개요에 이끌린 출가 — (MN 82-랏타빨라 경)

부처님 당시에도 세간 사람들의 이해로는 출가하는 이유를 알기 어려웠나 봅니다. 그래서 늙음과 병 그리고 재물과 친척을 잃고 더 이상 세간의 삶을 유지하기 힘들어졌을 때, 그것을 이유로 출가한다고 생각하는 것을 이 경을 통해 알 수 있습니다.

그러나 출가의 진정한 이유는 그렇지 않습니다. 위의 네 가지 이유의 어디에도 속하지 않는 랏타빨라 존자의 출가를 통해

①'안정되지 못한 세상이 이끌린다.',
②'세상은 피난처도 없고 지배자도 없다.',
③'세상에 나의 것은 없다. 모든 것을 버리고 가야 한다.',
④'세상은 결핍이고, 불만족이고, 애(愛)의 노예이다.'

라는 가르침의 개요에 이끌린 출가를 이 경은 설명합니다. 바르게 믿음으로 출가한 부처님의 제자라면 놓치지 않아야 하는 가르침입니다.

nisīdi rājā korabyo paññatte āsane. nisajja kho rājā korabyo āyasmantaṃ raṭṭhapālaṃ etadavoca —

꼬라뱌 왕은 준비된 자리에 앉았다. 앉은 뒤 꼬라뱌 왕은 랏타빨라 존자에게 이렇게 말했다. —

"cattārimāni, bho raṭṭhapāla, pārijuññāni yehi pārijuññehi samannāgatā idhekacce kesamassuṃ ohāretvā kāsāyāni vatthāni acchādetvā agārasmā anagāriyaṃ pabbajanti. katamāni cattāri? jarāpārijuññaṃ, byādhipārijuññaṃ, bhogapārijuññaṃ, ñātipārijuññaṃ. katamañca, bho raṭṭhapāla, jarāpārijuññaṃ? idha, bho raṭṭhapāla, ekacco jiṇṇo hoti vuḍḍho mahallako addhagato vayoanuppatto. so iti paṭisañcikkhati — 'ahaṃ khomhi etarahi jiṇṇo vuḍḍho mahallako addhagato vayoanuppatto. na kho pana mayā sukaraṃ anadhigataṃ vā bhogaṃ adhigantuṃ adhigataṃ vā bhogaṃ phātiṃ kātuṃ. yaṃnūnāhaṃ kesamassuṃ ohāretvā kāsāyāni vatthāni acchādetvā agārasmā anagāriyaṃ pabbajeyyan'ti. so tena jarāpārijuññena samannāgato kesamassuṃ ohāretvā kāsāyāni vatthāni acchādetvā agārasmā anagāriyaṃ pabbajati. idaṃ vuccati, bho raṭṭhapāla, jarāpārijuññaṃ. bhavaṃ kho pana raṭṭhapālo etarahi daharo yuvā susukāḷakeso bhadrena yobbanena samannāgato paṭhamena vayasā. taṃ bhoto raṭṭhapālassa jarāpārijuññaṃ natthi. kiṃ bhavaṃ raṭṭhapālo ñatvā vā disvā vā sutvā vā agārasmā anagāriyaṃ pabbajito?

"랏타빨라 존자여, 네 가지 상실이 있어서 그것 때문에 여기 어떤 사람들은 머리와 수염을 깎고, 노란 옷을 입고, 집에서 집 없는 곳으로 출가합니다. 어떤 네 가지입니까? 늙음에 의한 상실, 병에 의한 상실, 재물에 의한 상실, 친척에 의한 상실입니다. 그러면 랏타빨라 존자여, 무엇이 늙음에 의한 상실입니까? 여기, 랏타빨라 존자여, 늙고 연로하고 노쇠하고 수명의 절반을 지나 노년에 이른 어떤 사람이 있습니다. 그는 '나는 이제 늙고 연로하고 노쇠하고 수명의 절반을 지나 노년에 이르렀다. 나는 얻지 못한 재물을 얻고 얻은 재물을 늘리는 것이 쉽지 않다. 내가 머리와 수염을 깎고, 노란 옷을 입고, 집에서 집 없는 곳으로 출가하는 것이 어떨까?'라고 숙고합니다. 그 늙음에 의한 상실을 갖춘 그는 머리와 수염을 깎고, 노란 옷을 입고, 집에서 집 없는 곳으로 출가합니다. 이것이, 랏타빨라 존자여, 늙음에 의한 상실이라고 불립니다. 그런데 랏타빨라 존자는 지금 검은 머리의 소년이고 상서로운 젊음을 갖춘 초년기의 젊은이입니다. 랏타빨라 존자에게 그런 늙음에 의한 상실이 없습니다. 랏타빨라 존자는 무엇을 알고 보고 배웠기에 집에서 집 없는 곳으로 출가했습니까?

"katamañca, bho raṭṭhapāla, byādhipārijuññaṃ? idha, bho raṭṭhapāla, ekacco ābādhiko hoti dukkhito bāḷhagilāno. so iti paṭisañcikkhati — 'ahaṃ khomhi etarahi ābādhiko dukkhito bāḷhagilāno. na kho pana mayā sukaraṃ anadhigataṃ vā bhogaṃ adhigantuṃ adhigataṃ vā bhogaṃ phātiṃ kātuṃ. yaṃnūnāhaṃ kesamassuṃ ohāretvā kāsāyāni vatthāni acchādetvā agārasmā anagāriyaṃ pabbajeyyan'ti. so tena byādhipārijuññena samannāgato kesamassuṃ ohāretvā kāsāyāni vatthāni acchādetvā agārasmā anagāriyaṃ pabbajati. idaṃ vuccati, bho raṭṭhapāla, byādhipārijuññaṃ. bhavaṃ kho pana raṭṭhapālo etarahi appābādho appātaṅko samavepākiniyā gahaṇiyā samannāgato nātisītāya nāccuṇhāya. taṃ bhoto raṭṭhapālassa byādhipārijuññaṃ natthi. kiṃ bhavaṃ raṭṭhapālo ñatvā vā disvā vā sutvā vā agārasmā anagāriyaṃ pabbajito?

그러면 랏타빨라 존자여, 무엇이 병에 의한 상실입니까? 여기, 랏타빨라 존자여, 고통스럽고 큰 병을 앓는 환자인 어떤 사람이 있습니다. 그는 '나는 이제 고통스럽고 큰 병을 앓는 환자다. 나는 얻지 못한 재물을 얻고 얻은 재물을 늘리는 것이 쉽지 않다. 내가 머리와 수염을 깎고, 노란 옷을 입고, 집에서 집 없는 곳으로 출가하는 것이 어떨까?'라고 숙고합니다. 그 병에 의한 상실을 갖춘 그는 머리와 수염을 깎고, 노란 옷을 입고, 집에서 집 없는 곳으로 출가합니다. 이것이, 랏타빨라 존자여, 병에 의한 상실이라고 불립니다. 그런데 랏타빨라 존자는 지금 결점이 없고, 병이 없습니다. 너무 차지도 않고 너무 뜨겁지도 않은 좋은 소화력과 흡수력을 갖췄습니다. 랏타빨라 존자에게 그런 병에 의한 상실이 없습니다. 랏타빨라 존자는 무엇을 알고 보고 배웠기에 집에서 집 없는 곳으로 출가했습니까?

"katamañca, bho raṭṭhapāla, bhogapārijuññaṃ? idha, bho raṭṭhapāla, ekacco aḍḍho hoti mahaddhano mahābhogo. tassa te bhogā anupubbena parikkhayaṃ gacchanti. so iti paṭisañcikkhati — 'ahaṃ kho pubbe aḍḍho ahosiṃ mahaddhano mahābhogo. tassa me te bhogā anupubbena parikkhayaṃ gatā. na kho pana mayā sukaraṃ anadhigataṃ vā bhogaṃ adhigantuṃ adhigataṃ vā bhogaṃ phātiṃ kātuṃ. yaṃnūnāhaṃ kesamassuṃ ohāretvā kāsāyāni vatthāni acchādetvā agārasmā anagāriyaṃ pabbajeyyan'ti. so tena bhogapārijuññena samannāgato kesamassuṃ ohāretvā kāsāyāni vatthāni acchādetvā agārasmā anagāriyaṃ pabbajati. idaṃ vuccati, bho raṭṭhapāla, bhogapārijuññaṃ. bhavaṃ kho pana raṭṭhapālo imasmiṃyeva thullakoṭṭhike aggakulassa putto. taṃ bhoto raṭṭhapālassa bhogapārijuññaṃ natthi. kiṃ bhavaṃ raṭṭhapālo ñatvā vā disvā vā sutvā vā agārasmā anagāriyaṃ pabbajito?

그러면 랏타빨라 존자여, 무엇이 재물에 의한 상실입니까? 여기, 랏타빨라 존자여, 부유하고, 큰 부를 가졌고, 소유한 것이 많은 어떤 사람이 있는데, 그에게 그 재물이 점차 소진됩니다. 그는 '이전에 나는 부유하고, 큰 부를 가졌고, 소유한 것이 많았다. 그런 나에게 그 재물이 점차 소진되었다. 나는 얻지 못한 재물을 얻고 얻은 재물을 늘리는 것이 쉽지 않다. 내가 머리와 수염을 깎고, 노란 옷을 입고, 집에서 집 없는 곳으로 출가하는 것이 어떨까?'라고 숙고합니다. 그 재물에 의한 상실을 갖춘 그는 머리와 수염을 깎고, 노란 옷을 입고, 집에서 집 없는 곳으로 출가합니다. 이것이, 랏타빨라 존자여, 재물에 의한 상실이라고 불립니다. 그런데 랏타빨라 존자는 여기 툴라꼿티까에서 으뜸가는 가문의 아들입니다. 랏타빨라 존자에게 그런 재물에 의한 상실이 없습니다. 랏타빨라 존자는 무엇을 알고 보고 배웠기에 집에서 집 없는 곳으로 출가했습니까?

"katamañca, bho raṭṭhapāla, ñātipārijuññaṃ? idha, bho raṭṭhapāla, ekaccassa bahū honti mittāmaccā ñātisālohitā. tassa te ñātakā anupubbena parikkhayaṃ gacchanti. so iti paṭisañcikkhati — 'mamaṃ kho pubbe bahū ahesuṃ mittāmaccā ñātisālohitā. tassa me te anupubbena parikkhayaṃ gatā. na kho pana mayā sukaraṃ anadhigataṃ vā bhogaṃ adhigantuṃ adhigataṃ vā bhogaṃ phātiṃ kātuṃ. yaṃnūnāhaṃ kesamassuṃ ohāretvā kāsāyāni vatthāni acchādetvā agārasmā anagāriyaṃ pabbajeyyan'ti. so tena ñātipārijuññena samannāgato kesamassuṃ ohāretvā kāsāyāni vatthāni acchādetvā agārasmā anagāriyaṃ pabbajati. idaṃ vuccati, bho raṭṭhapāla, ñātipārijuññaṃ. bhoto kho pana raṭṭhapālassa imasmiṃyeva thullakoṭṭhike bahū mittāmaccā ñātisālohitā. taṃ bhoto raṭṭhapālassa ñātipārijuññaṃ natthi. kiṃ bhavaṃ raṭṭhapālo ñatvā vā disvā vā sutvā vā agārasmā anagāriyaṃ pabbajito?

그러면 랏타빨라 존자여, 무엇이 친척에 의한 상실입니까? 여기, 랏타빨라 존자여, 어떤 사람에게 많은 친구와 동료, 친척과 인척이 있는데, 그에게 그 사람들이 점차 줄어듭니다. 그는 '이전에 나에게 많은 친구와 동료, 친척과 인척이 있었다. 그런 나에게 그 사람들이 점차 줄어들었다. 나는 얻지 못한 재물을 얻고 얻은 재물을 늘리는 것이 쉽지 않다. 내가 머리와 수염을 깎고, 노란 옷을 입고, 집에서 집 없는 곳으로 출가하는 것이 어떨까?'라고 숙고합니다. 그 친척에 의한 상실을 갖춘 그는 머리와 수염을 깎고, 노란 옷을 입고, 집에서 집 없는 곳으로 출가합니다. 이것이, 랏타빨라 존자여, 친척에 의한 상실이라고 불립니다. 그런데 랏타빨라 존자에게는 여기 툴라꼿티까에 많은 친구와 동료, 친척과 인척이 있습니다. 랏타빨라 존자에게 그런 친척에 의한 상실이 없습니다. 랏타빨라 존자는 무엇을 알고 보고 배웠기에 집에서 집 없는 곳으로 출가했습니까?

"imāni kho, bho raṭṭhapāla, cattāri pārijuññāni, yehi pārijuññehi samannāgatā idhekacce kesamassuṃ ohāretvā kāsāyāni vatthāni acchādetvā agārasmā anagāriyaṃ pabbajanti. tāni bhoto raṭṭhapālassa natthi. kiṃ bhavaṃ raṭṭhapālo ñatvā vā disvā vā sutvā vā agārasmā anagāriyaṃ pabbajito"ti?

랏타빨라 존자여, 이런 네 가지 상실이 있어서 그것 때문에 여기 어떤 사람들은 머리와 수염을 깎고, 노란 옷을 입고, 집에서 집 없는 곳으로 출가합니다. 랏타빨라 존자에게는 그것들이 없습니다. 랏타빨라 존자는 무엇을 알고 보고 배웠기에 집에서 집 없는 곳으로 출가했습니까?"

"atthi kho, mahārāja, tena bhagavatā jānatā passatā arahatā sammāsambuddhena cattāro dhammuddesā uddiṭṭhā, ye ahaṃ ñatvā ca disvā ca sutvā ca agārasmā anagāriyaṃ pabbajito. katame cattāro? 'upaniyyati loko addhuvo'ti kho, mahārāja, tena bhagavatā jānatā passatā arahatā sammāsambuddhena paṭhamo dhammuddeso uddiṭṭho, yamahaṃ ñatvā ca disvā sutvā ca agārasmā anagāriyaṃ pabbajito. 'atāṇo loko anabhissaro'ti kho, mahārāja, tena bhagavatā jānatā passatā arahatā sammāsambuddhena dutiyo dhammuddeso uddiṭṭho, yamahaṃ ñatvā ca disvā sutvā ca agārasmā anagāriyaṃ pabbajito. 'assako loko, sabbaṃ pahāya gamanīyan'ti kho, mahārāja, tena bhagavatā jānatā passatā arahatā sammāsambuddhena tatiyo dhammuddeso uddiṭṭho, yamahaṃ ñatvā ca disvā sutvā ca agārasmā anagāriyaṃ pabbajito. 'ūno loko atitto taṇhādāso'ti kho, mahārāja, tena bhagavatā jānatā passatā arahatā sammāsambuddhena catuttho dhammuddeso uddiṭṭho, yamahaṃ ñatvā ca disvā sutvā ca agārasmā anagāriyaṃ pabbajito. ime kho, mahārāja, tena bhagavatā jānatā passatā arahatā sammāsambuddhena cattāro dhammuddesā uddiṭṭhā, ye ahaṃ ñatvā ca disvā sutvā ca agārasmā anagāriyaṃ pabbajito"ti.

"대왕이여, 아시는 분, 보시는 분, 그분 세존-아라한-정등각께서 설하신 네 가지 가르침의 개요가 있는데, 나는 그것을 알고 보고 배웠기에 집에서 집 없는 곳으로 출가했습니다. 어떤 네 가지입니까? 대왕이여, 아시는 분, 보시는 분, 그분 세존-아라한-정등각께서 설하신 가르침의 개요의 첫 번째는 '안정되지 못한 세상이 이끌린다.'라는 것입니다. 나는 그것을 알고 보고 배웠기에 집에서 집 없는 곳으로 출가했습니다.

대왕이여, 아시는 분, 보시는 분, 그분 세존-아라한-정등각께서 설하신 가르침의 개요의 두 번째는 '세상은 피난처도 없고 지배자도 없다.'라는 것입니다. 나는 그것을 알고 보고 배웠기에 집에서 집 없는 곳으로 출가했습니다.

대왕이여, 아시는 분, 보시는 분, 그분 세존-아라한-정등각께서 설하신 가르침의 개요의 세 번째는 '세상에 나의 것은 없다. 모든 것을 버리고 가야 한다.'라는 것입니다. 나는 그것을 알고 보고 배웠기에 집에서 집 없는 곳으로 출가했습니다.

대왕이여, 아시는 분, 보시는 분, 그분 세존-아라한-정등각께서 설하신 가르침의 개요의 네 번째는 '세상은 결핍이고, 불만족이고, 애(愛)의 노예이다.'라는 것입니다. 나는 그것을 알고 보고 배웠기에 집에서 집 없는 곳으로 출가했습니다."

"'upaniyyati loko addhuvo'ti — bhavaṃ raṭṭhapālo āha. imassa, bho raṭṭhapāla, bhāsitassa kathaṃ attho daṭṭhabbo"ti? "taṃ kiṃ maññasi, mahārāja, tvaṃ vīsativassuddesikopi paṇṇavīsativassuddesikopi hatthi -smimpi katāvī assasmimpi katāvī rathasmimpi katāvī dhanusmimpi katāvī tharusmimpi katāvī ūrubalī bāhubalī alamatto saṅgāmāvacaro"ti? "ahosiṃ ahaṃ, bho raṭṭhapāla, vīsativassuddesikopi paṇṇavīsativassuddesikopi hatthismimpi katāvī assasmimpi katāvī rathasmimpi katāvī dhanusmimpi katāvī tharusmimpi katāvī ūrubalī bāhubalī alamatto saṅgāmāvacaro. appekadāhaṃ, bho raṭṭhapāla, iddhimāva maññe na attano balena samasamaṃ samanupassāmī"ti. "taṃ kiṃ maññasi, mahārāja, evameva tvaṃ etarahi ūrubalī bāhubalī alamatto saṅgāmāvacaro"ti? "no hidaṃ, bho raṭṭhapāla. etarahi jiṇṇo vuḍḍho mahallako addhagato vayoanuppatto āsītiko me vayo vattati. appekadāhaṃ, bho raṭṭhapāla, 'idha pādaṃ karissāmī'ti aññeneva pādaṃ karomī"ti. "idaṃ kho taṃ, mahārāja, tena bhagavatā jānatā passatā arahatā sammāsambuddhena sandhāya bhāsitaṃ — 'upaniyyati loko addhuvo'ti, yamahaṃ ñatvā ca disvā sutvā ca agārasmā anagāriyaṃ pabbajito"ti. "acchariyaṃ, bho raṭṭhapāla, abbhutaṃ, bho raṭṭhapāla! yāva subhāsitaṃ cidaṃ tena bhagavatā jānatā passatā arahatā sammāsambuddhena — 'upaniyyati loko addhuvo'ti. upaniyyati hi, bho raṭṭhapāla, loko addhuvo.

"랏타빨라 존자는 '안정되지 못한 세상이 이끌린다.'라고 말했습니다. 랏타빨라 존자여, 이 말씀의 의미를 어떻게 보아야 합니까?" "그것을 어떻게 생각합니까, 대왕이여, 스무 살에도 스물다섯에도 그대는 코끼리를 다루고 말을 다루고 마차를 다루고 활을 다루고 검을 다루고, 넓적다리가 힘 있고 팔이 힘 있어서 전쟁을 치르기 충분했습니까?" "랏타빨라 존자여, 스무 살에도 스물다섯에도 나는 코끼리를 다루고 말을 다루고 마차를 다루고 활을 다루고 검을 다루고, 넓적다리가 힘 있고 팔이 힘 있어서 전쟁을 치르기 충분했습니다. 랏타빨라 존자여, 때때로 나는 신통력을 가진 것 같아서 힘으로 나와 견줄 사람을 보지 못했습니다." "그것을 어떻게 생각합니까, 대왕이여, 그런 그대는 지금도 넓적다리가 힘 있고 팔이 힘 있어서 전쟁을 치르기 충분합니까?" "아닙니다, 랏타빨라 존자여, 이제 나는 늙고 연로하고 노쇠하고 수명의 절반을 지나 노년에 이르러 팔십 살이 되었고, 나에게 무너짐이 있습니다. 랏타빨라 존자여, 때때로 나는 '여기에 발을 딛어야겠다.'라면서 다른 곳에 발을 딛습니다." "이것에 대해, 대왕이여, 아시는 분, 보시는 분, 그분 세존-아라한-정등각께서는 '안정되지 못한 세상이 이끌린다.'라고 말씀하셨습니다. 나는 그것을 알고 보고 배웠기에 집에서 집 없는 곳으로 출가했습니다." "랏타빨라 존자여, 참으로 놀랍습니다. 랏타빨라 존자여, 참으로 신기합니다. 아시는 분, 보시는 분, 그분 세존-아라한-정등각께서는 '안정되지 못한 세상이 이끌린다.'라고 이렇게 잘 말씀하셨습니다. 랏타빨라 존자여, 참으로 안정되지 못한 세상이 이끌립니다."

"saṃvijjante kho, bho raṭṭhapāla, imasmiṃ rājakule hatthikāyāpi assakāyāpi rathakāyāpi pattikāyāpi, amhākaṃ āpadāsu pariyodhāya vattissanti. 'atāṇo loko anabhissaro'ti — bhavaṃ raṭṭhapālo āha. imassa pana, bho raṭṭhapāla, bhāsitassa kathaṃ attho daṭṭhabbo"ti? "taṃ kiṃ maññasi, mahārāja, atthi te koci anusāyiko ābādho"ti? "atthi me, bho raṭṭhapāla, anusāyiko ābādho. appekadā maṃ, bho raṭṭhapāla, mittāmaccā ñātisālohitā parivāretvā ṭhitā honti — 'idāni rājā korabyo kālaṃ karissati, idāni rājā korabyo kālaṃ karissatī'"ti. "taṃ kiṃ maññasi, mahārāja, labhasi tvaṃ te mittāmacce ñātisālohite — 'āyantu me bhonto mittāmaccā ñātisālohitā, sabbeva santā imaṃ vedanaṃ saṃvibhajatha, yathāhaṃ lahukatarikaṃ vedanaṃ vediyeyyan'ti — udāhu tvaṃyeva taṃ vedanaṃ vediyasī"ti? "nāhaṃ, bho raṭṭhapāla, labhāmi te mittāmacce ñātisālohite — 'āyantu me bhonto mittāmaccā ñātisālohitā, sabbeva santā imaṃ vedanaṃ saṃvibhajatha, yathāhaṃ lahukatarikaṃ vedanaṃ vediyeyyan'ti. atha kho ahameva taṃ vedanaṃ vediyāmī"ti. "idaṃ kho taṃ, mahārāja, tena bhagavatā jānatā passatā arahatā sammāsambuddhena sandhāya bhāsitaṃ — 'atāṇo loko anabhissaro'ti, yamahaṃ ñatvā ca disvā sutvā ca agārasmā anagāriyaṃ pabbajito"ti. "acchariyaṃ, bho raṭṭhapāla, abbhutaṃ, bho raṭṭhapāla! yāva subhāsitaṃ cidaṃ tena bhagavatā jānatā passatā arahatā sammāsambuddhena — 'atāṇo loko anabhissaro'ti. atāṇo hi, bho raṭṭhapāla, loko anabhissaro.

"이 왕의 가문이 있을 때, 랏타빨라 존자여, 상병(象兵)도 마병(馬兵)도 전차병도 보병도 우리의 불행을 막아줄 것입니다. 랏타빨라 존자는 '세상은 피난처도 없고 지배자도 없다.'라고 말했습니다. 랏타빨라 존자여, 이 말씀의 의미를 어떻게 보아야 합니까?" "그것을 어떻게 생각합니까, 대왕이여, 그대에게 무언가 내재하는 결점이 있습니까?" "랏타빨라 존자여, 나에게 내재하는 결점이 있습니다. 랏타빨라 존자여, 때때로 친구와 동료, 친척과 인척들이 나를 둘러싸고 '이제 꼬라뱌 왕은 죽을 것이다. 이제 꼬라뱌 왕은 죽을 것이다.'라며 서 있습니다." "그것을 어떻게 생각합니까, 대왕이여, 그대는 그 친구와 동료, 친척과 인척들에게 '그대, 친구와 동료, 친척과 인척들은 나에게 오시오. 내가 이 고통을 덜 수 있도록 모든 분이 이 느낌을 나누어 가져주시오.'라고 할 수 있습니까? 아니면 오직 그대가 그 느낌을 겪어야 합니까?" "랏타빨라 존자여, '그대, 친구와 동료, 친척과 인척들은 나에게 오시오. 내가 이 고통을 덜 수 있도록 모든 분이 이 느낌을 나누어 가져주시오.'라고 할 수 없습니다. 그리고 오직 내가 그 느낌을 겪어야 합니다." "이것에 대해, 대왕이여, 아시는 분, 보시는 분, 그분 세존-아라한-정등각께서는 '세상은 피난처도 없고 지배자도 없다.'라고 말씀하셨습니다. 나는 그것을 알고 보고 배웠기에 집에서 집 없는 곳으로 출가했습니다." "랏타빨라 존자여, 참으로 놀랍습니다. 랏타빨라 존자여, 참으로 신기합니다. 아시는 분, 보시는 분, 그분 세존-아라한-정등각께서는 '세상은 피난처도 없고 지배자도 없다.'라고 이렇게 잘 말씀하셨습니다. 랏타빨라 존자여, 참으로 세상은 피난처도 없고 지배자도 없습니다."

"saṃvijjati kho, bho raṭṭhapāla, imasmiṃ rājakule pahūtaṃ hiraññasuvaṇṇaṃ bhūmigatañca vehāsagatañca. 'assako loko, sabbaṃ pahāya gamanīyan'ti — bhavaṃ raṭṭhapālo āha. imassa pana, bho raṭṭhapāla, bhāsitassa kathaṃ attho daṭṭhabbo"ti? "taṃ kiṃ maññasi, mahārāja, yathā tvaṃ etarahi pañcahi kāmaguṇehi samappito samaṅgībhūto paricāresi, lacchasi tvaṃ paratthāpi — 'evamevāhaṃ imeheva pañcahi kāmaguṇehi samappito samaṅgībhūto paricāremī'ti, udāhu aññe imaṃ bhogaṃ paṭipajjissanti, tvaṃ pana yathākammaṃ gamissasī"ti? "yathāhaṃ, bho raṭṭhapāla, etarahi pañcahi kāmaguṇehi samappito samaṅgībhūto paricāremi, nāhaṃ lacchāmi paratthāpi — 'evameva imeheva pañcahi kāmaguṇehi samappito samaṅgībhūto paricāremī'ti. atha kho aññe imaṃ bhogaṃ paṭipajjissanti; ahaṃ pana yathākammaṃ gamissāmī"ti. "idaṃ kho taṃ, mahārāja, tena bhagavatā jānatā passatā arahatā sammāsambuddhena sandhāya bhāsitaṃ — 'assako loko, sabbaṃ pahāya gamanīyan'ti, yamahaṃ ñatvā ca disvā ca sutvā ca agārasmā anagāriyaṃ pabbajito"ti. "acchariyaṃ, bho raṭṭhapāla, abbhutaṃ, bho raṭṭhapāla! yāva subhāsitaṃ cidaṃ tena bhagavatā jānatā passatā arahatā sammāsambuddhena — 'assako loko, sabbaṃ pahāya gamanīyan'ti. assako hi, bho raṭṭhapāla, loko sabbaṃ pahāya gamanīyaṃ.

"이 왕의 가문에는, 랏타빨라 존자여, 땅에 묻어두고 높은 곳에 보관해둔 많은 황금이 있습니다. 랏타빨라 존자는 '세상에 나의 것은 없다. 모든 것을 버리고 가야 한다.'라고 말했습니다. 랏타빨라 존자여, 이 말씀의 의미를 어떻게 보아야 합니까?" "그것을 어떻게 생각합니까, 대왕이여, 그대가 지금 다섯 가지 소유의 사유에 묶인 것들에 의해 만들어지고 부여된 것을 즐기는 것처럼, 그대는 '나는 다음 생에서도 이렇게 이런 다섯 가지 소유의 사유에 묶인 것들에 의해 만들어지고 부여된 것을 즐기게 해야겠다.'라고 할 수 있습니까? 아니면 다른 사람들이 이 재물을 가져가고 그대는 지은 업(業)대로 가겠습니까?" "랏타빨라 존자여, 내가 지금 다섯 가지 소유의 사유에 묶인 것들에 의해 만들어지고 부여된 것을 즐기는 것처럼, 나는 '나는 다음 생에서도 이렇게 이런 다섯 가지 소유의 사유에 묶인 것들에 의해 만들어지고 부여된 것을 즐기게 해야겠다.'라고 할 수 없습니다. 그리고 다른 사람들이 이 재물을 가져가고 나는 지은 업(業)대로 갈 것입니다." "이것에 대해, 대왕이여, 아시는 분, 보시는 분, 그분 세존-아라한-정등각께서는 '세상에 나의 것은 없다. 모든 것을 버리고 가야 한다.'라고 말씀하셨습니다. 나는 그것을 알고 보고 배웠기에 집에서 집 없는 곳으로 출가했습니다." "랏타빨라 존자여, 참으로 놀랍습니다. 랏타빨라 존자여, 참으로 신기합니다. 아시는 분, 보시는 분, 그분 세존-아라한-정등각께서는 '세상에 나의 것은 없다. 모든 것을 버리고 가야 한다.'라고 이렇게 잘 말씀하셨습니다. 랏타빨라 존자여, 참으로 세상에 나의 것은 없고, 모든 것을 버리고 가야 합니다."

"'ūno loko atitto taṇhādāso'ti — bhavaṃ raṭṭhapālo āha. imassa, bho raṭṭhapāla, bhāsitassa kathaṃ attho daṭṭhabbo"ti? "taṃ kiṃ maññasi, mahārāja, phītaṃ kuruṃ ajjhāvasasī"ti? "evaṃ, bho raṭṭhapāla, phītaṃ kuruṃ ajjhāvasāmī"ti. "taṃ kiṃ maññasi, mahārāja, idha puriso āgaccheyya puratthimāya disāya saddhāyiko paccayiko. so taṃ upasaṅkamitvā evaṃ vadeyya — 'yagghe, mahārāja, jāneyyāsi, ahaṃ āgacchāmi puratthimāya disāya? tatthaddasaṃ mahantaṃ janapadaṃ iddhañceva phītañca bahujanaṃ ākiṇṇamanussaṃ. bahū tattha hatthikāyā assakāyā rathakāyā pattikāyā; bahu tattha dhanadhaññaṃ; bahu tattha hiraññasuvaṇṇaṃ akatañceva katañca; bahu tattha itthipariggaho. sakkā ca tāvatakeneva balamattena abhivijinituṃ. abhivijina, mahārājā'ti, kinti naṃ kareyyāsī"ti? "tampi mayaṃ, bho raṭṭhapāla, abhivijiya ajjhāvaseyyāmā"ti. "taṃ kiṃ maññasi, mahārāja, idha puriso āgaccheyya pacchimāya disāya... uttarāya disāya... dakkhiṇāya disāya... parasamuddato saddhāyiko paccayiko. so taṃ upasaṅkamitvā evaṃ vadeyya — 'yagghe, mahārāja, jāneyyāsi, ahaṃ āgacchāmi parasamuddato? tatthaddasaṃ mahantaṃ janapadaṃ iddhañceva phītañca bahujanaṃ ākiṇṇamanussaṃ. bahū tattha hatthikāyā assakāyā rathakāyā pattikāyā; bahu tattha dhanadhaññaṃ; bahu tattha hiraññasuvaṇṇaṃ akatañceva katañca; bahu tattha itthipariggaho. sakkā ca tāvatakeneva balamattena abhivijinituṃ. abhivijina, mahārājā'ti, kinti naṃ kareyyāsī"ti? "tampi mayaṃ, bho raṭṭhapāla, abhivijiya ajjhāvaseyyāmā"ti. "idaṃ kho taṃ, mahārāja, tena bhagavatā jānatā passatā arahatā sammāsambuddhena sandhāya bhāsitaṃ — 'ūno loko atitto taṇhādāso'ti, yamahaṃ ñatvā ca disvā sutvā ca agārasmā anagāriyaṃ pabbajito"ti. "acchariyaṃ, bho raṭṭhapāla, abbhutaṃ, bho raṭṭhapāla! yāva subhāsitaṃ cidaṃ tena bhagavatā jānatā passatā arahatā sammāsambuddhena — 'ūno loko atitto taṇhādāso'ti. ūno hi, bho raṭṭhapāla, loko atitto taṇhādāso"ti.

"'세상은 결핍이고, 불만족이고, 애(愛)의 노예이다.'라고 말했습니다. 랏타빨라 존자여, 이 말씀의 의미를 어떻게 보아야 합니까?" "그것을 어떻게 생각합니까, 대왕이여, 그대는 번창한 곳, 꾸루에 삽니까?" "그렇습니다, 랏타빨라 존자여, 나는 번창한 곳, 꾸루에 삽니다." "그것을 어떻게 생각합니까, 대왕이여, 여기 믿을만하고 신뢰할만한 어떤 사람이 동쪽에서 올 것입니다. 그가 그대에게 와서 이렇게 말할 것입니다. — '대왕이여, 대왕께서는 아셔야 합니다. 저는 동쪽에서 왔습니다. 거기서 번성하고 풍부하고 사람들이 많은 도시가 있는 큰 지방을 보았습니다. 거기에는 상병(象兵)과 마병(馬兵)과 전차병과 보병이 많고, 거기에는 재산과 곡식이 많고, 거기에는 가공하지 않았거나 가공한 금이 많고, 거기에는 여인과 소유물이 많은데, 적은 힘으로도 정복할 수 있습니다. 대왕이여, 정복하십시오.'라고. 그에게 무엇이라고 하겠습니까?" "랏타빨라 존자여, 우리는 그곳을 정복한 뒤 지배할 것입니다." "그것을 어떻게 생각합니까, 대왕이여, 여기 믿을만하고 신뢰할만한 어떤 사람이 서쪽에서 올 것입니다. … 북쪽에서 … 남쪽에서 … 다른 바다에서 올 것입니다. 그는 그대에게 와서 이렇게 말할 것입니다. — '대왕이여, 대왕께서는 아셔야 합니다. 저는 다른 바다에서 왔습니다. 거기서 번성하고 풍부하고 사람들이 많은 도시가 있는 큰 지방을 보았습니다. 거기에는 상병(象兵)과 마병(馬兵)과 전차병과 보병이 많고, 거기에는 재산과 곡식이 많고, 거기에는 가공하지 않았거나 가공한 금이 많고, 거기에는 여인과 소유물이 많은데, 적은 힘으로도 정복할 수 있습니다. 대왕이여, 정복하십시오.'라고. 그에게 무엇이라고 하겠습니까?" "랏타빨라 존자여, 우리는 그곳을 정복한 뒤 지배할 것입니다." "이것에 대해, 대왕이여, 아시는 분, 보시는 분, 그분 세존-아라한-정등각께서는 '세상은 결핍이고, 불만족이고, 애(愛)의 노예이다.'라고 말씀하셨습니다. 나는 그것을 알고 보고 배웠기에 집에서 집 없는 곳으로 출가했습니다."

"랏타빨라 존자여, 참으로 놀랍습니다. 랏타빨라 존자여, 참으로 신기합니다. 아시는 분, 보시는 분, 그분 세존-아라한-정등각께서는 '세상은 결핍이고, 불만족이고, 애(愛)의 노예이다.'라고 이렇게 잘 말씀하셨습니다. 랏타빨라 존자여, 참으로 세상은 결핍이고, 불만족이고, 애(愛)의 노예입니다."

배워 알고 실천하는 불교 신자!

[5] 필수품의 허용 — (DN 29-정신 경)

불교는 무소유(無所有)를 지향하지 않습니다. 부처님은 출가자에게도 필수품을 허용하는데, 의식주(衣食住)와 약품입니다. 그렇다고 무한정의 의식주와 약품이 허용되는 것은 아닙니다. 다만, 출가의 삶을 유지하면서 목적을 달성하기 위한 만큼을 허용합니다. 그러면 얼마만큼이 그 허용입니까? 그 허용의 범위 안에서 비구는 얼마만큼으로 만족해야 합니까?

"na vo ahaṃ, cunda, diṭṭhadhammikānaṃyeva āsavānaṃ saṃvarāya dhammaṃ desemi. na panāhaṃ, cunda, samparāyikānaṃyeva āsavānaṃ paṭighātāya dhammaṃ desemi. diṭṭhadhammikānaṃ cevāhaṃ, cunda, āsavānaṃ saṃvarāya dhammaṃ desemi; samparāyikānañca āsavānaṃ paṭighātāya. tasmātiha, cunda, yaṃ vo mayā cīvaraṃ anuññātaṃ, alaṃ vo taṃ — yāvadeva sītassa paṭighātāya, uṇhassa paṭighātāya, ḍaṃsamakasavātātapasarīsapa samphassānaṃ paṭighātāya, yāvadeva hirikopīnapaṭicchādanatthaṃ. yo vo mayā piṇḍapāto anuññāto, alaṃ vo so yāvadeva imassa kāyassa ṭhitiyā yāpanāya vihiṃsūparatiyā brahmacariyānuggahāya, iti purāṇañca vedanaṃ paṭihaṅkhāmi, navañca vedanaṃ na uppādessāmi, yātrā ca me bhavissati anavajjatā ca phāsuvihāro ca. yaṃ vo mayā senāsanaṃ anuññātaṃ, alaṃ vo taṃ yāvadeva sītassa paṭighātāya, uṇhassa paṭighātāya, ḍaṃsamakasavātātapasarīsapasamphassānaṃ paṭighātāya, yāvadeva utuparissayavinodana paṭisallānārāmatthaṃ. yo vo mayā gilānapaccayabhesajja parikkhāro anuññāto, alaṃ vo so yāvadeva uppannānaṃ veyyābādhikānaṃ vedanānaṃ paṭighātāya abyāpajjaparamatāya.

쭌다여, 나는 오직 지금여기에 속하는 번뇌들을 단속하기 위하여 법을 설하지 않는다. 또한, 쭌다여, 나는 오직 다음 생에 속하는 번뇌들을 저항하기 위하여 법을 설하지 않는다. 나는, 쭌다여, 지금여기에 속하는 번뇌들을 단속하기 위하여, 다음 생에 속하는 번뇌들을 저항하기 위하여 법을 설한다.

그러므로 쭌다여, 내가 그대들에게 허용한 가사는 '오직 추위에 저항하고, 더위에 저항하고, 파리-모기-바람-햇빛-파충류에 닿음에 저항하기 위한 만큼, 부끄러움을 일으키는 부분을 가리기 위한 목적만큼'으로 충분하다.

내가 그대들에게 허용한 탁발 음식은 '달리기 위해서도 아니고, 여분을 위해서도 아니고, 꾸밈을 위해서도 아니고, 장식을 위해서도 아니고, 오직 이 몸을 유지할 영양을 위한 만큼, 해침을 자제할 만큼, 범행에 도움이 되기 위한 만큼'으로 충분하다. 이렇게 그대들은 이전의 느낌을 부수고, 새로운 느낌을 일으키지 않을 것이다. 그러면 그대들의 삶은 흠 잡을 데 없고, 안락한 생활양식이 유지될 것이다.

내가 그대들에게 허용한 거처는 '오직 추위에 저항하고, 더위에 저항하고, 파리-모기-바람-

햇빛-파충류에 닿음에 저항하기 위한 만큼, 계절적 위험요소를 제거하고 홀로 머묾을 즐길 목적만큼'으로 충분하다.

내가 그대들에게 허용한 병(病)의 조건으로부터 필요한 약품은 '오직 일어난 고통스러운 느낌들에 저항하고, 최상의 거슬림 없음을 위한 만큼'으로 충분하다.

[참고] 만족 — (DN 2-사문과경)

"kathañca, mahārāja, bhikkhu santuṭṭho hoti? idha, mahārāja, bhikkhu santuṭṭho hoti kāyaparihārikena cīvarena, kucchiparihārikena piṇḍapātena. so yena yeneva pakkamati, samādāyeva pakkamati. seyyathāpi, mahārāja, pakkhī sakuṇo yena yeneva ḍeti, sapattabhārova ḍeti. evameva kho, mahārāja, bhikkhu santuṭṭho hoti kāyaparihārikena cīvarena kucchiparihārikena piṇḍapātena. so yena yeneva pakkamati, samādāyeva pakkamati. evaṃ kho, mahārāja, bhikkhu santuṭṭho hoti.

어떻게, 대왕이여, 비구는 만족한 자입니까? 대왕이여, 여기 비구는 몸을 유지하기 위한 옷과 내장을 유지하기 위한 탁발 음식으로 만족합니다. 그는 어디를 가더라도 이것들만 가지고 갑니다. 예를 들면, 대왕이여, 날개 가진 새는 어디를 날아가더라도 오직 자기의 양 날개를 옮기며 날아갑니다. 이처럼, 대왕이여, 비구는 몸을 유지하기 위한 옷과 내장을 유지하기 위한 탁발 음식으로 만족합니다. 그가 어디를 가더라도 이것들만 가지고 갑니다. 이렇게, 대왕이여, 비구는 만족한 자입니다.

[참고] 육식(肉食)의 허용 — (MN 55-지와까 경)

지와까여, '사람들은 사문 고따마를 위해 생명을 죽인다. 그것을 아는 사문 고따마는 연(緣)하여 지어진[자신을 위해 죽인] 배당된 고기를 먹는다.'라고 말하는 그들은 내가 말한 것을 말하는 것이 아니고, 나를 사실 아닌 거짓으로 비난하는 것이다.

지와까여, 세 가지 경우에 의한 고기를 먹지 않는다고 나는 말한다. 보인 것, 들린 것, 의심되는 것 — 지와까여, 이런 세 가지 경우에 의한 고기를 먹지 않는다고 나는 말한다. 지와까여, 세 가지 경우에 의한 고기를 먹는다고 나는 말한다. 보이지 않은 것, 들리지 않은 것, 의심되지 않는 것 — 지와까여, 이런 세 가지 경우에 의한 고기를 먹는다고 나는 말한다.

[6] pabbajitena(출가자에 의한)의 용례

출가자는 세간의 삶을 내려놓고 오직 부처님을 뒤따르는 삶을 지향한 사람입니다. 그래서 부처님이 돌아가신 뒤에 불교는 출가자가 앞서서 부처님의 가르침을 배워 알고 실천하면, 재가자는 다시 출가자를 뒤따라 부처님의 가르침을 배워 알고 실천하는 전통을 가지게 되었습니다. 그래서 출가자가 불교에서 차지하는 비중이 큰 것입니다.

세상이 변하여 출가자 없이도 재가자가 직접 경(經)과 율(律)을 통한 공부로써 부처님을 만날 수 있게 되었습니다. 그렇다 해도 불교(佛教)가 종교(宗教)인 한, 앞서서 부처님의 길을 나아가는 출가자의 역할은 큽니다. 그래서 출가자는 부처님의 기준 위에서 모범 되는 삶을 살아야 합니다.

그렇다면 출가자(pabbajita)는 어떤 삶을 살아야 합니까? pabbajita의 수단격(手段格)인 pabbajitena는 '출가자에 의한/출가자에 의해'의 의미를 가지는데, 여러 경에서 출가자에 의한 삶의 방식을 설명합니다.

1) 믿음으로 출가한 좋은 가문의 아들은 열심히 노력해야 합니다.
2) 이 법과 율에서 행하기 어려운 것은 출가고, 출가자가 행하기 어려운 것은 만족이며, 만족한 자가 행하기 어려운 것은 가르침에 일치하는 법의 실천입니다.
3) 재가자든 출가자든 반복해서 숙고해야 하는 것이 있고,
4) 특히, 출가자가 반복해서 숙고해야 하는 것도 있습니다.
5) 출가자가 실천하지 않아야 하는 두 끝이 있고,
6) 출가자가 행해야 하는 것이 있습니다.
7) 출가한 목적을 되새겨 깊은 숲속 외딴 거처에서 떠나야 하고 머물지 않아야 하는 경우도 있고, 머물러야 하고 떠나지 않아야 하는 경우도 있습니다.
8) 마찬가지로 사람도 헤아려서 떠나야 하고 따르지 않아야 하는 사람도 있고, 헤아려서 따라야 하고 떠나지 않아야 하는 사람도 있습니다. 옷-탁발 음식-거처-약품-마을과 번화가-지방과 지역을 위해 실천하지 않아야 하는 경우도 있고, 실천해야 하는 경우도 있습니다.

1. 노력을 시작하는 것은 적절함 — (SN 12.22-십력(十力) 경2)

"evaṃ svākkhāto, bhikkhave, mayā dhammo uttāno vivaṭo pakāsito chinnapilotiko. evaṃ svākkhāte kho, bhikkhave, mayā dhamme uttāne vivaṭe pakāsite chinnapilotike alameva saddhāpabbajitena kulaputtena vīriyaṃ ārabhituṃ — 'kāmaṃ taco ca nhāru ca aṭṭhi ca avasissatu, sarīre upasussatu maṃsalohitaṃ. yaṃ taṃ purisathāmena purisavīriyena purisaparakkamena pattabbaṃ, na taṃ apāpuṇitvā vīriyassa saṇṭhānaṃ bhavissatī'"ti.

비구들이여, 이렇게 나에 의해 잘 설해진 법은 분명하고 열려있고 설명되었고 새로운 것이다. 비구들이여, 이렇게 분명하고 열려있고 설명되었고 새로운 것인 나에 의해 잘 설해진 법에서 믿음으로 출가한 좋은 가문의 아들이 열심히 노력하는 것은 적절하다. — '참으로 피부와 힘줄과 뼈만 남고, 몸에서 살과 피가 말라버려라! 남자의 힘과 남자의 정진과 남자의 노력으로 얻어야 하는 것을 얻지 않는 한 정진을 멈추지 않을 것이다!'라고.

2. 이 법(法)과 율(律)에서 행하기 어려운 것 — (SN 38.16-행하기 어려운 것 질문 경)/(SN 39.2-행하기 어려운 것 경)

"kiṃ nu kho, āvuso sāriputta, imasmiṃ dhammavinaye dukkaran"ti? "pabbajjā kho, āvuso, imasmiṃ dhammavinaye dukkarā"ti. "pabbajitena panāvuso, kiṃ dukkaran"ti? "pabbajitena kho, āvuso, abhirati duk -karā"ti. "abhiratena panāvuso, kiṃ dukkaran"ti? "abhiratena kho, āvuso, dhammānudhammappaṭipatti dukkarā"ti. "kīvaciraṃ panāvuso, dhammānudhammappaṭipanno bhikkhu arahaṃ assā"ti? "naciraṃ, āvuso"ti.

"도반 사리뿟따여, 이 법(法)과 율(律)에서 행하기 어려운 것은 무엇입니까?" "도반이여, 출가가 이 법과 율에서 행하기 어려운 것입니다." "그러면 도반이여, 출가한 자가 행하기 어려운 것은 무엇입니까?" "도반이여, 출가자가 행하기 어려운 것은 만족입니다." "그러면 도반이여, 만족한 자가 행하기 어려운 것은 무엇입니까?" "도반이여, 만족한 자가 행하기 어려운 것은 가르침에 일치하는 법을 실천하는 것입니다." "그러면 도반이여, 가르침에 일치하는 법을 실천하는 비구가 아라한이 되는 데는 얼마나 걸립니까?" "도반이여, 오래 걸리지 않습니다."

3. 재가자든 출가자든 반복해서 숙고해야 하는 것 — (AN 5.57-반복 숙고해야 하는 경우 경)

"pañcimāni, bhikkhave, ṭhānāni abhiṇhaṃ paccavekkhitabbāni itthiyā vā purisena vā gahaṭṭhena vā pabbajitena vā. katamāni pañca? 'jarādhammomhi, jaraṃ anatīto'ti abhiṇhaṃ paccavekkhitabbaṃ itthiyā vā purisena vā gahaṭṭhena vā pabbajitena vā. 'byādhidhammomhi, byādhiṃ anatīto'ti abhiṇhaṃ paccavekkhitabbaṃ itthiyā vā purisena vā gahaṭṭhena vā pabbajitena vā. 'maraṇadhammomhi, maraṇaṃ anatīto'ti abhiṇhaṃ paccavekkhitabbaṃ itthiyā vā purisena vā gahaṭṭhena vā pabbajitena vā. 'sabbehi me piyehi manāpehi nānābhāvo vinābhāvo'ti abhiṇhaṃ paccavekkhitabbaṃ itthiyā vā purisena vā gahaṭṭhena vā pabbajitena vā. 'kammassakomhi, kammadāyādo kammayoni kammabandhu kammapaṭisaraṇo. yaṃ kammaṃ karissāmi — kalyāṇaṃ vā pāpakaṃ vā — tassa dāyādo bhavissāmī'ti abhiṇhaṃ paccavekkhitabbaṃ itthiyā vā purisena vā gahaṭṭhena vā pabbajitena vā.

비구들이여, 여자든 남자든 재가자든 출가자든 반복해서 숙고해야 하는 다섯 가지 경우가 있다. 무엇이 다섯인가? '나는 늙는 것이고 늙음을 넘어서지 못한다.'라고 여자든 남자든 재가자든 출가자든 반복해서 숙고해야 한다. '나는 병드는 것이고 병을 넘어서지 못한다.'라고 여자든 남자든 재가자든 출가자든 반복해서 숙고해야 한다. '나는 죽는 것이고 죽음을 넘어서지 못한다.'라고 여자든 남자든 재가자든 출가자든 반복해서 숙고해야 한다. '나에게 사랑스럽고 마음에 드는 모든 것은 달라지고 없어진다.'라고 여자든 남자든 재가자든 출가자든 반복해서 숙고해야 한다. '나는 자신의 업(業)이고, 업을 잇고, 업이 근원이고, 업을 다루고, 업의 도움을 받는다. 나는 선(善)하거나 악(惡)한 업을 짓고 그것을 잇는다.'라고 여자든 남자든 재가자든 출가자든 반복해서 숙고해야 한다.

4. 출가자가 반복해서 숙고해야 하는 것 — (AN 10.48-출가자에 의한 반복 경)

"dasayime, bhikkhave, dhammā pabbajitena abhiṇhaṃ paccavekkhitabbā. katame dasa? 'vevaṇṇiyamhi ajjhupagato'ti pabbajitena abhiṇhaṃ paccavekkhitabbaṃ; 'parapaṭibaddhā me jīvikā'ti pabbajitena abhiṇhaṃ paccavekkhitabbaṃ; 'añño me ākappo karaṇīyo'ti pabbajitena abhiṇ -haṃ paccavekkhitabbaṃ; 'kacci nu kho me attā sīlato na upavadatī'ti pabbajitena abhiṇhaṃ paccavekkhitabbaṃ; 'kacci nu kho maṃ anuvicca viññū sabrahmacārī sīlato na upavadantī'ti pabbajitena abhiṇhaṃ paccavekkhitabbaṃ; 'sabbehi me piyehi manāpehi nānābhāvo vinābhāvo'ti pabbajitena abhiṇhaṃ paccavekkhitabbaṃ; 'kammassakomhi kammadāyādo kammayoni kammabandhu kammapaṭisaraṇo, yaṃ kammaṃ karissāmi kalyāṇaṃ vā pāpakaṃ vā tassa dāyādo bhavissāmī'ti pabbajitena abhiṇhaṃ paccavekkhitabbaṃ; 'kathaṃbhūtassa me rattindivā vītivattantī'ti pabbajitena abhiṇhaṃ paccavekkhitabbaṃ; 'kacci nu kho ahaṃ suññāgāre abhiramāmī'ti pabba -jitena abhiṇhaṃ paccavekkhitabbaṃ; 'atthi nu kho me uttari manussadhammo alamariya -ñāṇadassanaviseso adhigato, yenāhaṃ pacchime kāle sabrahmacārīhi puṭṭho na maṅku bhavissāmī'ti pabbajitena abhiṇhaṃ paccavekkhitabbaṃ. ime kho, bhikkhave, dasa dhammā pabbajitena abhiṇhaṃ paccavekkhitabbā"ti.

비구들이여, 출가자는 이런 열 가지 법을 반복해서 숙고해야 한다. 어떤 열 가지인가? 출가자는 '나는 사회적 계급이 없는 상태가 되었다.'라고 반복해서 숙고해야 한다. 출가자는 '나는 생계를 남에게 의지한다.'라고 반복해서 숙고해야 한다. 출가자는 '나는 다른 몸가짐을 행해야 한다.'라고 반복해서 숙고해야 한다. 출가자는 '나는 나를 계에 의해 비난하지 않을까?'라고 반복해서 숙고해야 한다. 출가자는 '현명한 동료수행자들이 나를 안 뒤에 계에 의해 비난하지 않을까?'라고 반복해서 숙고해야 한다. 출가자는 '나에게 사랑스럽고 마음에 드는 모든 것은 달라지고 없어진다.'라고 반복해서 숙고해야 한다. 출가자는 '나는 자신의 업(業)이고, 업을 잇고, 업이 근원이고, 업을 다루고, 업의 도움을 받는다. 나는 선(善)하거나 악(惡)한 업을 짓고 그것을 이을 것이다.'라고 반복해서 숙고해야 한다. 출가자는 '어떻게 밤낮으로 누적된 것인 나를 잘 극복할 것인가?'라고 반복해서 숙고해야 한다. 출가자는 '나는 빈집에서 기뻐하는가?'라고 반복해서 숙고해야 한다. 출가자는 '나는 인간을 넘어선 법인 성자들에게 적합한 차별적 지(知)와 견(見)을 얻었는가? 나중에 죽을 때 동료수행자들에 의해 질문받은 나는 혼란스럽지 않을 것인가?'라고 반복해서 숙고해야 한다. 이것이, 비구들이여, 출가자가 반복해서 숙고해야 하는 열 가지 법이다.

5. 출가자가 실천하지 않아야 하는 두 가지 끝 — (SN 42.12-라시야 경)/(SN 56.11-전법륜경)

"dveme, gāmaṇi, antā pabbajitena na sevitabbā — yo cāyaṃ kāmesu kāmasukhallikānuyogo hīno gammo pothujjaniko anariyo anatthasaṃhito, yo cāyaṃ attakilamathānuyogo dukkho anariyo anatthasaṃhito. ete te, gāmaṇi, ubho ante anupagamma majjhimā paṭipadā tathāgatena abhisambuddhā — cakkhukaraṇī ñāṇakaraṇī upasamāya abhiññāya sambodhāya nibbānāya saṃvattati. katamā ca sā, gāmaṇi, majjhimā paṭipadā tathāgatena abhisambuddhā — cakkhukaraṇī ñāṇakaraṇī upasamāya abhiññāya sambodhāya nibbānāya saṃvattati? ayameva ariyo aṭṭhaṅgiko maggo, seyyathidaṃ — sammādiṭṭhi ... pe ... sammāsamādhi. ayaṃ kho sā, gāmaṇi, majjhimā paṭipadā tathāgatena abhisambuddhā — cakkhukaraṇī ñāṇakaraṇī upasamāya abhiññāya sambodhāya nibbānāya saṃvattati.

촌장이여, 출가자가 실천하지 않아야 하는 이런 두 끝이 있습니다. — 소유의 삶에서 소유의 즐거움에 묶인 이런 실천은 저열하고 천박하고 범속하고 성스럽지 못하고 이익을 가져오지 않습니다. 자신을 지치게 하는 이런 실천은 괴롭고 성스럽지 못하고 이익을 가져오지 않습니다. 촌장이여, 이런 양 끝을 가까이하지 않고서 여래가 깨달은 중도(中道)는 눈을 만들고, 앎을 만들고, 가라앉음으로 실다운 지혜로 깨달음으로 열반으로 이끕니다. 촌장이여, 그러면 무엇이 눈을 만들고 앎을 만들고, 가라앉음으로 실다운 지혜로 깨달음으로 열반으로 이끄는, 여래가 깨달은 중도(中道)입니까? 오직 이 여덟 요소로 구성된 성스러운 길[팔정도(八正道)]이니 정견(正見), 정사유(正思惟), 정어(正語), 정업(正業), 정명(正命), 정정진(正精進), 정념(正念), 정정(正定)입니다. 촌장이여, 이것이 눈을 만들고 앎을 만들고, 가라앉음으로 실다운 지혜로 깨달음으로 열반으로 이끄는, 여래가 깨달은 중도(中道)입니다.

6. 출가자가 행해야 하는 것 — (MN 68-날라까빠나 경)

"evaṃ pabbajitena ca pana, anuruddhā, kulaputtena kimassa karaṇīyaṃ? vivekaṃ, anuruddhā, kāmehi vivekaṃ akusalehi dhammehi pītisukhaṃ nādhigacchati aññaṃ vā tato santataraṃ, tassa abhijjhāpi cittaṃ pariyā -dāya tiṭṭhati, byāpādopi cittaṃ pariyādāya tiṭṭhati, thīnamiddhampi cittaṃ pariyādāya tiṭṭhati uddhaccakukkuccampi cittaṃ pariyādāya tiṭṭhati, vicikicchāpi cittaṃ pariyādāya tiṭṭhati, aratīpi cittaṃ pariyādāya tiṭṭhati, tandīpi cittaṃ pariyādāya tiṭṭhati. vivekaṃ, anuruddhā, kāmehi vivekaṃ akusalehi dhammehi pītisukhaṃ nādhigacchati aññaṃ vā tato santataraṃ".

아누룻다여, 이렇게 출가한 좋은 가문의 아들은 무엇을 해야 하는가? 아누룻다여, 소유의 삶을 여의고 불선법들을 여읜 기쁨과 행복 또는 그보다 더 평화로운 다른 것을 성취하지 못한 그에게 간탐도 심(心)을 소진하여 머물고, 진에도 심(心)을 소진하여 머물고, 해태-혼침도 심(心)을 소진하여 머물고, 들뜸-후회도 심(心)을 소진하여 머물고, 의심도 심(心)을 소진하여 머물고, 불쾌도 심(心)을 소진하여 머물고, 권태도 심(心)을 소진하여 머문다. 아누룻다여, 그는 소유의 삶을 여의고 불선법들을 여읜 기쁨과 행복 또는 그보다 더 평화로운 다른 것을 성취하지 못한다.

"vivekaṃ, anuruddhā, kāmehi vivekaṃ akusalehi dhammehi pītisukhaṃ adhigacchati aññaṃ vā tato santataraṃ, tassa abhijjhāpi cittaṃ na pariyādāya tiṭṭhati, byāpādopi cittaṃ na pariyādāya tiṭṭhati, thīna -middhampi cittaṃ na pariyādāya tiṭṭhati, uddhaccakukkuccampi cittaṃ na pariyādāya tiṭṭhati, vicikicchāpi cittaṃ na pariyādāya tiṭṭhati, aratīpi cittaṃ na pariyādāya tiṭṭhati, tandīpi cittaṃ na pariyādāya tiṭṭhati. vivekaṃ, anuruddhā, kāmehi vivekaṃ akusalehi dhammehi pītisukhaṃ adhigacchati aññaṃ vā tato santataraṃ.

아누룻다여, 소유의 삶을 여의고 불선법들을 여읜 기쁨과 행복 또는 그보다 더 평화로운 다른 것을 성취한 그에게 간탐도 심(心)을 소진하여 머물지 않고, 진에도 심(心)을 소진하여 머물지 않고, 해태-혼침도 심(心)을 소진하여 머물지 않고, 들뜸-후회도 심(心)을 소진하여 머물지 않고, 의심도 심(心)을 소진하여 머물지 않고, 불쾌도 심(心)을 소진하여 머물지 않고, 권태도 심(心)을 소진하여 머물지 않는다. 아누룻다여, 그는 소유의 삶을 여의고 불선법들을 여읜 기쁨과 행복 또는 그보다 더 평화로운 다른 것을 성취한다.

7. 필수품의 조달과 유가안온(瑜伽安穩)의 성취 — (MN 17-깊은 숲속 외딴 거처 경)

☞ sutta.kr : 맛지마니까야 관통법회 - 17. 깊은 숲속 외딴 거처 경[성취와 필수품]
(근본경전연구회 해피스님 210303)

"idha, bhikkhave, bhikkhu aññataraṃ vanapatthaṃ upanissāya viharati. tassa taṃ vanapatthaṃ upanissāya viharato anupaṭṭhitā ceva sati na upaṭṭhāti, asamāhitañca cittaṃ na samādhiyati, aparikkhīṇā ca āsavā na parikkhayaṃ gacchanti, ananuppattañca anuttaraṃ yogakkhemaṃ nānupāpuṇāti. ye ca kho ime pabbajitena jīvitaparikkhārā samudānetabbā — cīvarapiṇḍapātasenāsanagilānappaccayabhesajjaparikkhārā — te kasirena samudāgacchanti.

tena, bhikkhave, bhikkhunā iti paṭisañcikkhitabbaṃ — 'ahaṃ kho imaṃ vanapatthaṃ upanissāya viharāmi, tassa me imaṃ vanapatthaṃ upanissāya viharato anupaṭṭhitā ceva sati na upaṭṭhāti, asamāhitañca cittaṃ na samādhiyati, aparikkhīṇā ca āsavā na parikkhayaṃ gacchanti, ananuppattañca anuttaraṃ yogakkhemaṃ nānupāpuṇāmi. ye ca kho ime pabbajitena jīvitaparikkhārā samudānetabbā — cīvarapiṇḍapātasenāsanagilānappaccayabhesajjaparikkhārā — te kasirena samudāgacchantī'ti. tena, bhikkhave, bhikkhunā rattibhāgaṃ vā divasabhāgaṃ vā tamhā vanapatthā pakkamitabbaṃ, na vatthabbaṃ.

"여기, 비구들이여, 비구가 어떤 깊은 숲속 외딴 거처를 의지하여 머문다. 그 깊은 숲속 외딴 거처를 의지하여 머무는 그에게 확립되지 않은 사띠는 확립되지 않고, 삼매에 들지 않은 심(心)은 삼매에 들지 못하고, 완전히 다하지 않은 번뇌들은 완전히 부서지지 않고, 얻지 못한 위없는 유가안온(瑜伽安穩)을 성취하지 못한다. 출가자가 얻어야 하는 생활필수품들 즉 옷과 탁발 음식과 잠잘 자리와 병의 조건으로부터 필요한 약품을 어렵게 얻는다. 비구들이여, 그 비구는 이렇게 숙고한다. — '나는 깊은 숲속 외딴 거처를 의지하여 머문다. 깊은 숲속 외딴 거처를 의지하여 머무는 나에게 확립되지 않은 사띠는 확립되지 않고, 삼매에 들지 않은 심(心)은 삼매에 들지 못하고, 완전히 다하지 않은 번뇌들은 완전히 부서지지 않고, 얻지 못한 위없는 유가안온을 성취하지 못한다. 출가자가 얻어야 하는 생활필수품들 즉 옷과 탁발 음식과 잠잘 자리와 병의 조건으로부터 필요한 약품을 어렵게 얻는다.'라고. 비구들이여, 그 비구는 밤이나 낮이나 그 깊은 숲속 외딴 거처에서 떠나야 하고 머물지 않아야 한다.

"idha pana, bhikkhave, bhikkhu aññataraṃ vanapatthaṃ upanissāya viharati. tassa taṃ vanapatthaṃ upanissāya viharato anupaṭṭhitā ceva sati na upaṭṭhāti, asamāhitañca cittaṃ na samādhiyati, aparikkhīṇā ca āsavā na parikkhayaṃ gacchanti, ananuppattañca anuttaraṃ yogakkhemaṃ nānupāpuṇāti. ye ca kho ime pabbajitena jīvitaparikkhārā samudānetabbā — cīvarapiṇḍapātasenāsanagilānappaccayabhesajjaparikkhārā — te appakasirena samudāgacchanti. tena, bhikkhave, bhikkhunā iti paṭisañcikkhitabbaṃ — 'ahaṃ kho imaṃ vanapatthaṃ upanissāya viharāmi. tassa me imaṃ vanapatthaṃ upanissāya viharato anupaṭṭhitā ceva sati na upaṭṭhāti asamāhitañca cittaṃ na samādhiyati, aparikkhīṇā ca āsavā na parikkhayaṃ gacchanti, ananuppattañca anuttaraṃ yogakkhemaṃ nānupāpuṇāmi. ye ca kho ime pabbajitena jīvitaparikkhārā samudānetabbā — cīvarapiṇḍapātasenāsanagilānappaccayabhesajjaparikkhārā — te appakasirena samudāgacchanti. na kho panāhaṃ cīvarahetu agārasmā anagāriyaṃ pabbajito na piṇḍapātahetu ... pe ... na senāsanahetu ... pe ... na gilānappaccayabhesajjaparikkhārahetu agārasmā anagāriyaṃ pabbajito. atha ca pana me imaṃ vanapatthaṃ upanissāya viharato anupaṭṭhitā ceva sati na upaṭṭhāti, asamāhitañca cittaṃ na samādhiyati, aparikkhīṇā ca āsavā na parikkhayaṃ gacchanti, ananuppattañca anuttaraṃ yogakkhemaṃ nānupāpuṇāmī'ti. tena, bhikkhave, bhikkhunā saṅkhāpi tamhā vanapatthā pakkamitabbaṃ, na vatthabbaṃ.

다시, 비구들이여, 여기 비구는 어떤 깊은 숲속 외딴 거처를 의지하여 머문다. 그 깊은 숲속 외딴 거처를 의지하여 머무는 그에게 확립되지 않은 사띠는 확립되지 않고, 삼매에 들지 않은 심(心)은 삼매에 들지 못하고, 완전히 다하지 않은 번뇌들은 완전히 부서지지 않고, 얻지 못한 위없는 유가안온을 성취하지 못한다. 출가자가 얻어야 하는 생활필수품들 즉 옷과 탁발 음식과 잠잘 자리와 병의 조건으로부터 필요한 약품을 어렵지 않게 얻는다. 비구들이여, 그 비구는 이렇게 숙고한다. — '나는 깊은 숲속 외딴 거처를 의지하여 머문다. 깊은 숲속 외딴 거처를 의지하여 머무는 나에게 확립되지 않은 사띠는 확립되지 않고, 삼매에 들지 않은 심(心)은 삼매에 들지 못하고, 완전히 다하지 않은 번뇌들은 완전히 부서지지 않고, 얻지 못한 위없는 유가안온을 성취하지 못한다. 출가자가 얻어야 하는 생활필수품들 즉 옷과 탁발 음식과 잠잘 자리와 병의 조건으로부터 필요한 약품을 어렵지 않게 얻는다. 그런데 나는 옷을 원인으로 집에서 집 없는 곳으로 출가하지 않았다. 탁발 음식을 원인으로 … 잠잘 자리를 원인으로 … 병의 조건으로부터 필요한 약품을 원인으로 집에서 집 없는 곳으로 출가하지 않았다. 그러나 깊은 숲속 외딴 거처를 의지하여 머무는 나에게 확립되지 않은 사띠는 확립되지 않고, 삼매에 들지 않은 심(心)은 삼매에 들지 못하고, 완전히 다하지 않은 번뇌들은 완전히 부서지지 않는다. 나는 얻지 못한 위없는 유가안온을 성취하지 못한다.'라고. 이렇게 헤아리는 비구도 그 깊은 숲속 외딴 거처에서 떠나야 하고 머물지 않아야 한다.

"idha pana, bhikkhave, bhikkhu aññataraṃ vanapatthaṃ upanissāya viharati. tassa taṃ vanapatthaṃ upanissāya viharato anupaṭṭhitā ceva sati upaṭṭhāti, asamāhitañca cittaṃ samādhiyati, aparikkhīṇā ca āsavā parikkhayaṃ gacchanti, ananuppattañca anuttaraṃ yogakkhemaṃ anupāpuṇāti. ye ca kho ime pabbajitena jīvitaparikkhārā samudānetabbā — cīvarapiṇḍapātasenāsanagilānappaccayabhesajjaparikkhārā, te kasirena samudāgacchanti. tena, bhikkhave, bhikkhunā iti paṭisañcikkhitabbaṃ — 'ahaṃ kho imaṃ vanapatthaṃ upanissāya viharāmi. tassa me imaṃ vanapatthaṃ upanissāya viharato anupaṭṭhitā ceva sati upaṭṭhāti asamāhitañca cittaṃ samādhiyati, aparikkhīṇā ca āsavā parikkhayaṃ gacchanti, ananuppattañca anuttaraṃ yogakkhemaṃ anupāpuṇāmi. ye ca kho ime pabbajitena jīvitaparikkhārā samudānetabbā — cīvarapiṇḍa -pātasenāsanagilānappaccayabhesajjaparikkhārā — te kasirena sam -udāgacchanti. na kho panāhaṃ cīvarahetu agārasmā anagāriyaṃ pabbajito, na piṇḍapātahetu ... pe ... na senāsanahetu ... pe ... na gilānappaccayabhesajjaparikkhārahetu agārasmā anagāriyaṃ pabbajito. atha ca pana me imaṃ vanapatthaṃ upanissāya viharato anupaṭṭhitā ceva sati upaṭṭhāti, asamāhitañca cittaṃ samādhiyati, aparikkhīṇā ca āsavā parikkhayaṃ gacchanti, ananuppattañca anuttaraṃ yogakkhemaṃ anupāpuṇāmī'ti. tena, bhikkhave, bhikkhunā saṅkhāpi tasmiṃ vanapatthe vatthabbaṃ, na pakkamitabbaṃ.

다시, 비구들이여, 여기 비구는 어떤 깊은 숲속 외딴 거처를 의지하여 머문다. 그 깊은 숲속 외딴 거처를 의지하여 머무는 그에게 확립되지 않은 사띠는 확립되고, 삼매에 들지 않은 심(心)은 삼매에 들고, 완전히 다하지 않은 번뇌들은 완전히 부서지고, 얻지 못한 위없는 유가안온을 성취한다. 출가자가 얻어야 하는 생활필수품들 즉 옷과 탁발 음식과 잠잘 자리와 병의 조건으로부터 필요한 약품을 어렵게 얻는다. 비구들이여, 그 비구는 이렇게 숙고한다. — '나는 깊은 숲속 외딴 거처를 의지하여 머문다. 깊은 숲속 외딴 거처를 의지하여 머무는 나에게 확립되지 않은 사띠는 확립되고, 삼매에 들지 않은 심(心)은 삼매에 들고, 완전히 다하지 않은 번뇌들은 완전히 부서지고, 얻지 못한 위없는 유가안온을 성취한다. 출가자가 얻어야 하는 생활필수품들 즉 옷과 탁발 음식과 잠잘 자리와 병의 조건으로부터 필요한 약품을 어렵게 얻는다. 그런데 나는 옷을 원인으로 집에서 집 없는 곳으로 출가하지 않았다. 탁발 음식을 원인으로 … 잠잘 자리를 원인으로 … 병의 조건으로부터 필요한 약품을 원인으로 집에서 집 없는 곳으로 출가하지 않았다. 그러나 깊은 숲속 외딴 거처를 의지하여 머무는 나에게 확립되지 않은 사띠는 확립되고, 삼매에 들지 않은 심(心)은 삼매에 들고, 완전히 다하지 않은 번뇌들은 완전히 부서진다. 나는 얻지 못한 위없는 유가안온을 성취한다.'라고. 이렇게 헤아리는 비구도 그 깊은 숲속 외딴 거처에서 머물러야 하고 떠나지 않아야 한다.

"idha pana, bhikkhave, bhikkhu aññataraṃ vanapatthaṃ upanissāya viharati. tassa taṃ vanapatthaṃ upanissāya viharato anupaṭṭhitā ceva sati upaṭṭhāti, asamāhitañca cittaṃ samādhiyati, aparikkhīṇā ca āsavā parikkhayaṃ gacchanti, ananuppattañca anuttaraṃ yogakkhemaṃ anupāpuṇāti. ye ca kho ime pabbajitena jīvitaparikkhārā samudānetabbā — cīvarapiṇḍapātasenāsanagilānappaccayabhesajjaparikkhārā — te appakasirena samudāgacchanti. tena, bhikkhave, bhikkhunā iti paṭisañcikkhitabbaṃ — 'ahaṃ kho imaṃ vanapatthaṃ upanissāya viharāmi. tassa me imaṃ vanapatthaṃ upanissāya viharato anupaṭṭhitā ceva sati upaṭṭhāti asamāhitañca cittaṃ samādhiyati, aparikkhīṇā ca āsavā parikkhayaṃ gacchanti, ananuppattañca anuttaraṃ yogakkhemaṃ anupāpuṇāmi. ye ca kho ime pabbajitena jīvitaparikkhārā samudānetabbā — cīvarapiṇḍapātasenāsanagilānappaccayabhesajjaparikkhārā — te appakasirena samudāgacchantī'ti. tena, bhikkhave, bhikkhunā yāvajīvampi tasmiṃ vanapatthe vatthabbaṃ, na pakkamitabbaṃ.

다시, 비구들이여, 여기 비구는 어떤 깊은 숲속 외딴 거처를 의지하여 머문다. 그 깊은 숲속 외딴 거처를 의지하여 머무는 그에게 확립되지 않은 사띠는 확립되고, 삼매에 들지 않은 심(心)은 삼매에 들고, 완전히 다하지 않은 번뇌들은 완전히 부서지고, 얻지 못한 위없는 유가안온을 성취한다. 출가자가 얻어야 하는 생활필수품들 즉 옷과 탁발 음식과 잠잘 자리와 병의 조건으로부터 필요한 약품을 어렵지 않게 얻는다. 비구들이여, 그 비구는 이렇게 숙고한다. — '나는 깊은 숲속 외딴 거처를 의지하여 머문다. 깊은 숲속 외딴 거처를 의지하여 머무는 나에게 확립되지 않은 사띠는 확립되고, 삼매에 들지 않은 심(心)은 삼매에 들고, 완전히 다하지 않은 번뇌들은 완전히 부서지고, 얻지 못한 위없는 유가안온을 성취한다. 출가자가 얻어야 하는 생활필수품들 즉 옷과 탁발 음식과 잠잘 자리와 병의 조건으로부터 필요한 약품을 어렵지 않게 얻는다.'라고. 그 비구는 살아있는 한 그 깊은 숲속 외딴 거처에서 머물러야 하고 떠나지 않아야 한다."

8. 실천해야 하는 경우와 실천하지 않아야 하는 경우 — (AN 9.6-실천 경)

"puggalopi, āvuso, duvidhena veditabbo — sevitabbopi asevitabbopi. cīvarampi, āvuso, duvidhena veditabbaṃ — sevitabbampi asevitabbampi. piṇḍapātopi, āvuso, duvidhena veditabbo — sevitabbopi asevitabbopi. senāsanampi, āvuso, duvidhena veditabbaṃ — sevitabbampi asevitabbampi. gāmanigamopi, āvuso, duvidhena veditabbo — sevitabbopi asevitabbopi. janapadapadesopi āvuso, duvidhena veditabbo — sevitabbopi asevitabbopi.

"도반들이여, 사람도 실천해야 할 사람과 실천하지 않아야 할 사람의 두 가지로 알아야 합니다. 도반들이여, 옷도 실천해야 할 것과 실천하지 않아야 할 것의 두 가지로 알아야 합니다. 도반들이여, 탁발 음식도 실천해야 할 것과 실천하지 않아야 할 것의 두 가지로 알아야 합니다. 도반들이여, 거처도 실천해야 할 것과 실천하지 않아야 할 것의 두 가지로 알아야 합니다. 도반들이여, 마을과 번화가도 실천해야 할 것과 실천하지 않아야 할 것의 두 가지로 알아야 합니다. 도반들이여, 지방과 지역도 실천해야 할 것과 실천하지 않아야 할 것의 두 가지로 알아야 합니다.

"'puggalopi, āvuso, duvidhena veditabbo — sevitabbopi asevitabbopī'ti, iti kho panetaṃ vuttaṃ. kiñcetaṃ paṭicca vuttaṃ? tattha yaṃ jaññā puggalaṃ — 'imaṃ kho me puggalaṃ sevato akusalā dhammā abhivaḍḍhanti, kusalā dhammā parihāyanti; ye ca kho me pabbajitena jīvitaparikkhārā samudānetabbā cīvarapiṇḍapātasenāsana -gilānapaccayabhesajjaparikkhārā te ca kasirena samudāgacchanti; yassa camhi atthāya agārasmā anagāriyaṃ pabbajito so ca me sāmaññattho na bhāvanāpāripūriṃ gacchatī'ti, tenāvuso, puggalena so puggalo rattibhāgaṃ vā divasabhāgaṃ vā saṅkhāpi anāpucchā pakkamitabbaṃ nānubandhitabbo.

'도반들이여, 사람도 실천해야 할 사람과 실천하지 않아야 할 사람의 두 가지로 알아야 합니다.'라고 말했는데, 무엇을 연(緣)하여 이것을 말했습니까? 거기서 어떤 사람에 대해 '이 사람을 위해 실천하는 나에게 불선법은 늘어나고 선법은 줄어든다. 그리고 출가한 내가 얻어야 하는 삶의 필수품인 옷과 탁발 음식과 거처와 병의 조건으로부터 필요한 약품을 얻기 어렵다. 그리고 어떤 목적을 위해 집에서 집 없는 곳으로 출가한 나에게 그 사문의 목적은 닦아서 완성되지 않는다.'라고 알게 되면, 도반들이여, 그 사람은 헤아려서 밤이든 낮이든 허락받을 것도 없이 그 사람을 떠나야 하고, 따르지 않아야 합니다.

"tattha yaṃ jaññā puggalaṃ — 'imaṃ kho me puggalaṃ sevato akusalā dhammā abhivaḍḍhanti, kusalā dhammā parihāyanti; ye ca kho me pabbajitena jīvitaparikkhārā samudānetabbā cīvarapiṇḍa -pātasenāsanagilānapaccayabhesajjaparikkhārā te ca appakasirena sam -udāgacchanti; yassa camhi atthāya agārasmā anagāriyaṃ pabbajito so ca me sāmaññattho na bhāvanāpāripūriṃ gacchatī'ti, tenāvuso, puggalena so puggalo saṅkhāpi anāpucchā pakkamitabbaṃ nānubandhitabbo.

거기서 어떤 사람에 대해 '이 사람을 위해 실천하는 나에게 불선법은 늘어나고 선법은 줄어든다. 그리고 출가한 내가 얻어야 하는 삶의 필수품인 옷과 탁발 음식과 거처와 병의 조건으로부터 필요한 약품을 얻기 쉽다. 그리고 어떤 목적을 위해 집에서 집 없는 곳으로 출가한 나에게 그 사문의 목적은 닦아서 완성되지 않는다.'라고 알게 되면, 도반들이여, 그 사람은 헤아려서 밤이든 낮이든 허락받을 것도 없이 그 사람을 떠나야 하고, 따르지 않아야 합니다.

"tattha yaṃ jaññā puggalaṃ — 'imaṃ kho me puggalaṃ sevato akusalā dhammā parihāyanti, kusalā dhammā abhivaḍḍhanti; ye ca kho me pabbajitena jīvitaparikkhārā samudānetabbā cīvarapiṇḍapāta -senāsanagilānapaccayabhesajjaparikkhārā te ca kasirena samudāgacchanti ; yassa camhi atthāya agārasmā anagāriyaṃ pabbajito so ca me sāmaññat -tho bhāvanāpāripūriṃ gacchatī'ti, tenāvuso, puggalena so puggalo saṅkhāpi anubandhitabbo na pakkamitabbaṃ.

거기서 어떤 사람에 대해 '이 사람을 위해 실천하는 나에게 불선법은 줄어들고 선법은 늘어난다. 그리고 출가한 내가 얻어야 하는 삶의 필수품인 옷과 탁발 음식과 거처와 병의 조건으로부터 필요한 약품을 얻기 어렵다. 그리고 어떤 목적을 위해 집에서 집 없는 곳으로 출가한 나에게 그 사문의 목적은 닦아서 완성된다.'라고 알게 되면, 도반들이여, 그 사람은 헤아려서 그 사람을 따라야 하고, 떠나지 않아야 합니다.

"tattha yaṃ jaññā puggalaṃ — 'imaṃ kho me puggalaṃ sevato akusalā dhammā parihāyanti, kusalā dhammā abhivaḍḍhanti; ye ca kho me pabbajitena jīvitaparikkhārā samudānetabbā cīvarapiṇḍapāta -senāsanagilānapaccayabhesajjaparikkhārā te ca appakasirena samudā -gacchanti; yassa camhi atthāya agārasmā anagāriyaṃ pabbajito so ca me sāmaññattho bhāvanāpāripūriṃ gacchatī'ti, tenāvuso, puggalena so puggalo yāvajīvaṃ anubandhitabbo na pakkamitabbaṃ api panujjamānena. 'puggalopi, āvuso, duvidhena veditabbo — sevitabbopi asevitabbopī'ti, iti yaṃ taṃ vuttaṃ, idametaṃ paṭicca vuttaṃ.

거기서 어떤 사람에 대해 '이 사람을 위해 실천하는 나에게 불선법은 줄어들고 선법은 늘어난다. 그리고 출가한 내가 얻어야 하는 삶의 필수품인 옷과 탁발 음식과 거처와 병의 조건으로부터 필요한 약품을 얻기 쉽다. 그리고 어떤 목적을 위해 집에서 집 없는 곳으로 출가한 나에게 그 사문의 목적은 닦아서 완성된다.'라고 알게 되면, 도반들이여, 그 사람은 살아있는 한 그 사람을 따라야 하고, 떠나지 않아야 합니다. '도반들이여, 사람도 실천해야 할 사람과 실천하지 않아야 할 사람의 두 가지로 알아야 합니다.'라고 말한 것은 이것을 연(緣)하여 말했습니다.

"'cīvarampi, āvuso, duvidhena veditabbaṃ — sevitabbampi asevitabbampī'ti, iti kho panetaṃ vuttaṃ. kiñcetaṃ paṭicca vuttaṃ? tattha yaṃ jaññā cīvaraṃ — 'idaṃ kho me cīvaraṃ sevato akusalā dhammā abhivaḍḍhanti, kusalā dhammā parihāyantī'ti, evarūpaṃ cīvaraṃ na sevitabbaṃ. tattha yaṃ jaññā cīvaraṃ — 'idaṃ kho me cīvaraṃ sevato akusalā dhammā parihāyanti, kusalā dhammā abhivaḍḍhantī'ti, evarūpaṃ cīvaraṃ sevitabbaṃ. 'cīvarampi, āvuso, duvidhena veditabbaṃ — sevitabbampi asevitabbampī'ti, iti yaṃ taṃ vuttaṃ, idametaṃ paṭicca vuttaṃ.

'도반들이여, 옷도 실천해야 할 것과 실천하지 않아야 할 것의 두 가지로 알아야 합니다.'라고 말했는데, 무엇을 연(緣)하여 이것을 말했습니까? 거기서 어떤 옷에 대해 '이 옷을 위해 실천하는 나에게 불선법은 늘어나고 선법은 줄어든다.'라고 알게 되면 이런 옷을 위해 실천하지 않아야 합니다. 거기서 어떤 옷에 대해 '이 옷을 위해 실천하는 나에게 불선법은 줄어들고 선법은 늘어난다.'라고 알게 되면 이런 옷을 위해 실천해야 합니다. '옷도 실천해야 할 것과 실천하지 않아야 할 것의 두 가지로 알아야 합니다.'라고 말한 것은 이것을 연(緣)하여 말했습니다."

… 탁발 음식, 거처, 마을과 번화가, 지방과 지역에 대해 옷처럼 반복.

배워 알고 실천하는 불교 신자!

제3절 재가제자(gihī-upāsaka/upāsikā)

의식(儀式)용 오계(五戒)

① pāṇātipātā veramaṇī sikkhāpadaṁ samādiyāmi.
빠-나-띠빠-따- 웨-라마니- 식카-빠당 사마-디야-미

생명을 해치는 행위를 삼가는 계를 지니고 살겠습니다.

② adinnādānā veramaṇī sikkhāpadaṁ samādiyāmi.
아딘나-다-나- 웨-라마니- 식카-빠당 사마-디야-미

주지 않는 것을 가지는 행위를 삼가는 계를 지니고 살겠습니다.

③ kāmesu micchācārā veramaṇī sikkhāpadaṁ samādiyāmi.
까-메-수 밋차-짜-라- 웨-라마니- 식카-빠당 사마-디야-미

음행(淫行)에 대한 삿된 행위를 삼가는 계를 지니고 살겠습니다.

④ musāvādā veramaṇī sikkhāpadaṁ samādiyāmi.
무사-와-다- 웨-라마니- 식카-빠당 사마-디야-미

거짓을 말하는 행위를 삼가는 계를 지니고 살겠습니다.

⑤ surāmerayamajjapamādaṭṭhānā veramaṇī sikkhāpadaṁ samādiyāmi.
수라- 메-라야 맛자 빠마-닷타-나- 웨-라마니- 식카-빠당 사마-디야-미

술과 발효액 등 취하게 하는 것으로 인한 방일한 머묾을 삼가는 계를 지니고 살겠습니다.

[1] 불교 신자 되는 법과 덕목 — (SN 55.37-마하나마 경)

☞ nikaya.kr : 불교입문(1-소유-201201) — 소유-소유하고자 하는 자-1.불교신자 되기 (근본경전연구회 해피스님)

불교 신자 되는 법 — 삼귀의(三歸依)
불교 신자의 덕목 — 믿음-계-보시-지혜

ekaṃ samayaṃ bhagavā sakkesu viharati kapilavatthusmiṃ nigrodhārāme. atha kho mahānāmo sakko yena bhagavā tenupasaṅkami; upasaṅkamitvā bhagavantaṃ abhivādetvā ekamantaṃ nisīdi. ekamantaṃ nisinno kho mahānāmo sakko bhagavantaṃ etadavoca —

한때 세존은 삭까에서 까삘라왓투의 니그로다 사원에 머물렀다. 그때 삭까 사람 마하나마가 세존에게 왔다. 와서는 세존에게 절한 뒤 한 곁에 앉았다. 한 곁에 앉은 삭까 사람 마하나마는 세존에게 이렇게 말했다. —

"kittāvatā nu kho, bhante, upāsako hotī"ti? "yato kho, mahānāma, buddhaṃ saraṇaṃ gato hoti, dhammaṃ saraṇaṃ gato hoti, saṅghaṃ saraṇaṃ gato hoti — ettāvatā kho, mahānāma, upāsako hotī"ti.

"대덕이시여, 어떻게 남신자(男信者)가 됩니까?" "마하나마여, 의지처인 부처님에게로 가고, 의지처인 가르침에게로 가고, 의지처인 성자들에게로 갈 때 — 마하나마여, 이렇게 남신자가 된다."

"kittāvatā pana, bhante, upāsako sīlasampanno hotī"ti? "yato kho, mahānāma, upāsako pāṇātipātā paṭivirato hoti, adinnādānā paṭivirato hoti, kāmesumicchācārā paṭivirato hoti, musāvādā paṭivirato hoti, surāmerayamajjappamādaṭṭhānā paṭivirato hoti, — ettāvatā kho, mahānāma, upāsako sīlasampanno hotī"ti.

"그러면, 대덕이시여, 어떻게 계(戒)를 갖춘 남신자가 됩니까?" "마하나마여, 남신자가 생명을 해치는 행위로부터 피하고, 주지 않는 것을 가지는 행위로부터 피하고, 음행(淫行)에 대한 삿된 행위로부터 피하고, 거짓을 말하는 행위로부터 피하고, 술과 발효액 등 취하게 하는 것으로 인한 방일한 머묾으로부터 피할 때 — 마하나마여, 이렇게 계를 갖춘 남신자가 된다."

"kittāvatā pana, bhante, upāsako saddhāsampanno hotī"ti? "idha, mahānāma, upāsako saddho hoti, saddahati tathāgatassa bodhiṃ — itipi so bhagavā arahaṃ sammāsambuddho vijjācaraṇasampanno sugato lokavidū anuttaro purisadammasārathi, satthā devamanussānaṃ buddho bhagavāti. ettāvatā kho, mahānāma, upāsako saddhāsampanno hotī"ti.

"그러면, 대덕이시여, 어떻게 믿음을 갖춘 남신자가 됩니까?" "여기, 마하나마여, 남신자는 믿음을 가진다. — '이렇게 그분 세존(世尊)께서는 모든 번뇌 떠나신 분, 스스로 완전한 깨달음을 이루신 분, 밝음과 실천을 갖추신 분, 진리의 길 보이신 분, 세상일을 모두 훤히 아시는 분, 어리석은 이도 잘 이끄시는 위없는 분, 모든 천상과 인간의 스승, 깨달으신 분, 존귀하신 분이시다.'라고 여래(如來)의 깨달음을 믿는다. 마하나마여, 이렇게 믿음을 갖춘 남신자가 된다."

"kittāvatā pana, bhante, upāsako cāgasampanno hotī"ti? "idha, mahānāma, upāsako vigatamalamaccherena cetasā agāraṃ ajjhāvasati muttacāgo payatapāṇi vossaggarato yācayogo dānasaṃvibhāgarato — ettāvatā kho, mahānāma, upāsako cāgasampanno hotī"ti.

"그러면, 대덕이시여, 어떻게 보시(布施)를 갖춘 남신자가 됩니까?" "여기, 마하나마여, 남신자는 인색의 때에서 벗어난 심(心)으로 자유롭게 보시하고, 손은 깨끗하고, 주기를 좋아하고, 다른 사람의 요구에 응할 준비가 되어있고, 베풂과 나눔을 좋아하며 재가에 산다. — 마하나마여, 이렇게 보시를 갖춘 남신자가 된다."

"kittāvatā pana, bhante, upāsako paññāsampanno hotī"ti? "idha, mahānāma, upāsako paññavā hoti udayatthagāminiyā paññāya samannāgato ariyāya nibbedhikāya sammā dukkhakkhayagāminiyā — ettāvatā kho, mahānāma, upāsako paññāsampanno hotī"ti. sattamaṃ.

"그러면, 대덕이시여, 어떻게 지혜를 갖춘 남신자가 됩니까?" "여기, 마하나마여, 남신자는 지혜를 가졌다. 자라남-줄어듦으로 이끌고, 성스러운 꿰뚫음에 의해 괴로움의 부서짐으로 바르게 이끄는 지혜를 갖추었다. — 마하나마여, 이렇게 지혜를 갖춘 남신자가 된다."

배워 알고 실천하는 불교 신자!

[2] 대승적인 불자 — (AN 8.25-마하나마 경)/(AN 8.26-지와까 경)

• 불교는 대승불교(大乘佛教)와 소승불교(小乘佛教)로 구분하지 않아야 합니다. 그보다는 가르침 위에서 대승(大乘)적인 불자와 소승(小乘)적인 불자로 구분해야 하고, 우리는 모두 대승(大乘)적인 불교 신자가 되어야 합니다. 그것을 위해 한국분다와다불교 해피법당 근본경전연구회는 「불교(佛教)를 부처님에게로 되돌리는 불사(佛事)」를 진행하고 있습니다.

• 믿음과 계와 보시에 이어 '비구를 만나고, 정법을 듣기를 좋아하고, 들은 법을 마음에 새기고, 의미와 법을 검증하고, 의미와 법을 이해한 뒤에 가르침에 일치하는 법을 실천할 것'을 말하는데 지혜를 갖추는 과정입니다. 이런 관점에서 이 경의 주제는 앞의 경이 말하는 믿음-계-보시-지혜를 자기도 갖추고 남에게도 갖추도록 부추길 것을 지시하는 것이라고 할 것인데, 자신의 신행(信行)이 확고해지면 남에게도 이 신행을 부추김 즉 포교(布教)하는 재가 신자가 되어야 한다는 점을 말해주고 있습니다.

• 소승적인 불자 — 자기의 이익은 위하지만 남의 이익은 위하지 않는 실천을 하는 자
• 대승적인 불자 — 자기의 이익도 위하고 남의 이익도 위하는 실천을 하는 자

ekaṃ samayaṃ bhagavā sakkesu viharati kapilavatthusmiṃ nigrodhārāme. atha kho mahānāmo sakko yena bhagavā tenupasaṅkami; upasaṅkamitvā bhagavantaṃ abhivādetvā ekamantaṃ nisīdi. ekamantaṃ nisinno kho mahānāmo sakko bhagavantaṃ etadavoca — "kittāvatā nu kho, bhante, upāsako hotī"ti? "yato kho, mahānāma, buddhaṃ saraṇaṃ gato hoti, dhammaṃ saraṇaṃ gato hoti, saṅghaṃ saraṇaṃ gato hoti; ettāvatā kho, mahānāma, upāsako hotī"ti.

한때 세존은 삭까에서 까삘라왓투의 니그로다 사원에 머물렀다. 그때 삭까 사람 마하나마가 세존에게 왔다. 와서는 세존에게 절한 뒤 한 곁에 앉았다. 한 곁에 앉은 삭까 사람 마하나마는 세존에게 이렇게 말했다. — "대덕이시여, 어떻게 남신자가 됩니까?" "마하나마여, 의지처인 부처님에게로 가고, 의지처인 가르침에게로 가고, 의지처인 성자들에게로 갈 때 — 마하나마여, 이렇게 남신자가 된다."

"kittāvatā pana, bhante, upāsako sīlavā hotī"ti? "yato kho, mahānāma, upāsako pāṇātipātā paṭivirato hoti, adinnādānā paṭivirato hoti, kāmesumicchācārā paṭivirato hoti, musāvādā paṭivirato hoti, surāmerayamajjapamādaṭṭhānā paṭivirato hoti; ettāvatā kho, mahānāma, upāsako sīlavā hotī"ti.

"그러면, 대덕이시여, 어떻게 계(戒)를 갖춘 남신자가 됩니까?" "마하나마여, 남신자는 생명을 해치는 행위로부터 피하고, 주지 않는 것을 가지는 행위로부터 피하고, 음행(淫行)에 대한 삿된 행위로부터 피하고, 거짓을 말하는 행위로부터 피하고, 술과 발효액 등 취하게

하는 것으로 인한 방일한 머묾으로부터 피할 때 — 마하나마여, 이렇게 계(戒)를 갖춘 남신자(男信者)가 된다."

"kittāvatā pana, bhante, upāsako attahitāya paṭipanno hoti, no parahitāyā"ti? "yato kho, mahānāma, upāsako attanāva saddhāsampanno hoti, no paraṃ saddhāsampadāya samādapeti; attanāva sīlasampanno hoti, no paraṃ sīlasampadāya samādapeti; attanāva cāgasampanno hoti, no paraṃ cāgasampadāya samādapeti; attanāva bhikkhūnaṃ dassanakāmo hoti, no paraṃ bhikkhūnaṃ dassane samādapeti; attanāva saddhammaṃ sotukāmo hoti, no paraṃ saddhammassavane samādapeti; attanāva sutānaṃ dhammānaṃ dhāraṇajātiko hoti, no paraṃ dhammadhāraṇāya samādapeti; attanāva sutānaṃ dhammānaṃ atthūpaparikkhitā hoti, no paraṃ atthūpaparikkhāya samādapeti; attanāva atthamaññāya dhammamaññāya dhammānudhammappaṭipanno hoti, no paraṃ dhammānudhammappaṭipattiyā samādapeti. ettāvatā kho, mahānāma, upāsako attahitāya paṭipanno hoti, no parahitāyā"ti.

"대덕이시여, 어떻게 남신자가 자기의 이익은 위하지만 남의 이익은 위하지 않는 실천을 하는 자가 됩니까?" "마하나마여, 남신자가 ①자기만 믿음을 갖추고 남에게는 믿음을 갖추도록 부추기지 않는다. ②자기만 계를 갖추고 남에게는 계를 갖추도록 부추기지 않는다. ③자기만 보시를 갖추고 남에게는 보시를 갖추도록 부추기지 않는다. ④-1)자기만 비구를 만나기를 좋아하고 남에게는 비구를 만날 것을 부추기지 않는다. ④-2)자기만 정법을 듣기를 좋아하고 남에게는 정법을 바라도록 부추기지 않는다. ④-3)자기만 들은 법을 마음에 새기고 남에게는 법을 마음에 새기도록 부추기지 않는다. ④-4)자기만 들은 법의 의미를 검증하고 남에게는 의미를 검증하도록 부추기지 않는다. ④-5)자기만 의미와 법을 이해한 뒤에 가르침에 일치하는 법을 실천하고 남에게는 가르침에 일치하는 법을 실천하도록 부추기지 않는다. 마하나마여, 이렇게 남신자가 자기의 이익은 위하지만 남의 이익은 위하지 않는 실천을 하는 자가 된다."

"kittāvatā pana, bhante, upāsako attahitāya ca paṭipanno hoti parahitāya cā"ti? "yato kho, mahānāma, upāsako attanā ca saddhāsampanno hoti, parañca saddhāsampadāya samādapeti; attanā ca sīlasampanno hoti, parañca sīlasampadāya samādapeti; attanā ca cāgasampanno hoti, parañca cāgasampadāya samādapeti; attanā ca bhikkhūnaṃ dassanakāmo hoti, parañca bhikkhūnaṃ dassane samādapeti; attanā ca saddhammaṃ sotukāmo hoti, parañca saddhammassavane samādapeti; attanā ca sutānaṃ dhammānaṃ dhāraṇajātiko hoti, parañca dhammadhāraṇāya samādapeti; attanā ca sutānaṃ dhammānaṃ atthūpaparikkhitā hoti, parañca atthūpaparikkhāya samādapeti, attanā ca atthamaññāya dhammamaññāya dhammānudhammappaṭipanno hoti, parañca dhammānudhammappaṭipattiyā samādapeti. ettāvatā kho, mahānāma, upāsako attahitāya ca paṭipanno hoti parahitāya cā"ti.

"대덕이시여, 어떻게 남신자가 자기의 이익도 위하고 남의 이익도 위하는 실천을 하는 자가 됩니까?" "마하나마여, 남신자가 ①자기도 믿음을 갖추고 남에게도 믿음을 갖추도록 부추긴다. ②자기도 계를 갖추고 남에게도 계를 갖추도록 부추긴다. ③자기도 보시를 갖추고 남에게도 보시를 갖추도록 부추긴다. ④-1)자기도 비구를 만나기를 좋아하고 남에게도 비구를 만날 것을 부추긴다. ④-2)자기도 정법을 듣기를 좋아하고 남에게도 정법을 바라도록 부추긴다. ④-3)자기도 들은 법을 마음에 새기고 남에게도 법을 마음에 새기도록 부추긴다. ④-4)자기도 들은 법의 의미를 검증하고 남에게도 의미를 검증하도록 부추긴다. ④-5)자기도 의미와 법을 이해한 뒤에 가르침에 일치하는 법을 실천하고 남에게도 가르침에 일치하는 법을 실천하도록 부추긴다. 마하나마여, 이렇게 남신자가 자기의 이익도 위하고 남의 이익도 위하는 실천을 하는 자가 된다."

포교(布教)의 공덕(功德)

「아난다여, 어떤 사람이 어떤 사람 덕분에 의지처인 부처님에게로 가고, 의지처인 가르침에게로 가고, 의지처인 성자들에게로 간다면, 아난다여, 이 사람이 이 사람에게 인사하고, 자리에서 일어나고, 합장하고, 존경하고, 가사와 탁발 음식과 거처와 병의 조건으로부터 필요한 약품을 공양하는 것으로 쉽게 은혜를 갚을 수 없다고 나는 말한다.」

어떤 사람 덕분에 삼보(三寶)에 귀의 즉 불교 신자가 되면 그분에 대한 공경이나 물질을 수단으로 은혜를 갚기가 쉽지 않다는 말씀입니다. 그만큼 그 사람의 공덕이 크다는 것을 의미하는데, 바로 포교(布教)의 공덕(功德)입니다. (MN 142-보시 분석 경)은 삼귀의(三歸依)에 이어 어떤 사람 덕분에 오계(五戒)를 지니고, 어떤 사람 덕분에 예류(預流)의 네 요소를 갖추고, 어떤 사람 덕분에 사성제(四聖諦)를 확신하게 되면 그 은혜 또한 갚기가 쉽지 않다고 말합니다.

그렇습니다. 부처님을 전하고 가르침을 전하고 성자들을 전하고, 함께하여 그의 삶이 향상으로 이끌리도록 도움을 주는 것. 이것이 바로 포교입니다!

이렇게, 부처님에 의하면, 포교는 공덕이 큽니다. 그러나 잘 알아야 합니다. 포교는 이렇게 ①삼보(三寶)에게로 이끌고, ②오계(五戒)를 지니게 하고, ③예류(預流)의 요소를 갖추게 하고, ④사성제(四聖諦)에 대한 확신을 가지게 해주는 것입니다. 이런 일을 스스로 적극적으로 행할 때, 그가 바로 대승적인 불자이고, 그에게 커다란 공덕이 함께하는 것입니다.

[3] 귀의(歸依)와 참회(懺悔) — (DN 2.32-사문과경, 아자따삿뚜의 귀의 선언)

재가 신자로 귀의하는 경우는 많이 발견되지만, 재가 신자의 참회의 경우는 이 경이 유일합니다. 그러나 형식이 분명하니 각자의 경우에 맞게 응용할 수 있습니다.

evaṃ vutte, rājā māgadho ajātasattu vedehiputto bhagavantaṃ etadavoca — "abhikkantaṃ, bhante, abhikkantaṃ, bhante. seyyathāpi, bhante, nikkujjitaṃ vā ukkujjeyya, paṭicchannaṃ vā vivareyya, mūḷhassa vā maggaṃ ācikkheyya, andhakāre vā telapajjotaṃ dhāreyya 'cakkhumanto rūpāni dakkhantī'ti; evamevaṃ, bhante, bhagavatā anekapariyāyena dhammo pakāsito. esāhaṃ, bhante, bhagavantaṃ saraṇaṃ gacchāmi dhammañca bhikkhusaṅghañca. upāsakaṃ maṃ bhagavā dhāretu ajjatagge pāṇupetaṃ saraṇaṃ gataṃ. accayo maṃ, bhante, accagamā yathābālaṃ yathāmūḷhaṃ yathāakusalaṃ, yohaṃ pitaraṃ dhammikaṃ dhammarājānaṃ issariyakāraṇā jīvitā voropesiṃ. tassa me, bhante bhagavā accayaṃ accayato paṭiggaṇhātu āyatiṃ saṃvarāyā"ti.

이렇게 말했을 때, 마가다의 왕 아자따삿뚜 웨데히뿟따는 세존에게 이렇게 말했다. — [귀의] "정말 기쁩니다, 대덕이시여. 정말 기쁩니다, 대덕이시여! 예를 들면, 대덕이시여, 넘어진 자를 일으킬 것입니다. 덮여있는 것을 걷어낼 것입니다. 길 잃은 자에게 길을 알려줄 것입니다. '눈 있는 자들은 모습들을 본다.'라며 어둠 속에서 기름 등불을 들 것입니다. 이처럼, 세존(世尊)에 의해서 여러 가지 방법으로 설해진 법이 있습니다. 대덕이시여, 저는 의지처인 세존(世尊) 그리고 가르침과 비구 상가에게로 갑니다. 세존(世尊)께서는 저를 오늘부터 살아있는 동안 귀의한 남신자로 받아 주십시오.

[참회] 대덕이시여, 어리석고 모르고 능숙하지 못해서 제가 잘못을 저질렀습니다. 왕국의 지배권 때문에 법다운 법왕(法王)이었던 아버지의 생명을 빼앗은 저에게, 대덕이시여, 세존께서는 미래의 단속을 위해서 잘못에 대한 참회를 받아 주십시오.

"taggha tvaṃ, mahārāja, accayo accagamā yathābālaṃ yathāmūḷhaṃ yathāakusalaṃ, yaṃ tvaṃ pitaraṃ dhammikaṃ dhammarājānaṃ jīvitā voropesi. yato ca kho tvaṃ, mahārāja, accayaṃ accayato disvā yathādhammaṃ paṭikarosi, taṃ te mayaṃ paṭiggaṇhāma. vuddhihesā, mahārāja, ariyassa vinaye, yo accayaṃ accayato disvā yathādhammaṃ paṭikaroti, āyatiṃ saṃvaraṃ āpajjatī"ti.

"대왕이여, 법다운 법왕(法王)이었던 아버지의 생명을 빼앗은 그대는 참으로 어리석고 모르고 능숙하지 못해서 잘못을 저질렀습니다. 그러나 대왕이여, 그대가 잘못을 잘못으로부터 본 뒤에 법에 따라 바로잡았기 때문에 우리는 그대를 받아들입니다. 대왕이여, 잘못을 잘못으로부터 본 뒤에 법답게 바로잡고, 미래에 단속하는 자는 이 성스러운 율에서 향상합니다,"

배워 알고 실천하는 불교 신자!

[4] hiri(히리)와 ottappa(옷땁빠) — 자책(自責)의 두려움과 타책(他責)의 두려움

hiri와 ottappa라는 용어가 있습니다. 참(慙)-괴(愧)로 한역(漢譯)되었고, 국내에서는 양심-수치심(초기불전연구원) 또는 부끄러움을 앎-창피함을 앎(한국빠알리성전협회)으로 번역되었으며, 근본경전연구회에서는 의미를 풀어서 자책(自責)의 두려움과 타책(他責)의 두려움으로 번역하고 있습니다.

교리적 비중이 매우 큰 중요한 교리 용어인데 의외로 잘 알려지지 않았습니다. 출가와 재가를 막론하고 실천의 중심에 두어야 하는 용어인데, 이 책에서는 형편상 재가 신자의 덕목에 포함하였습니다.

앞선 책 「불교입문(佛教入門)(Ⅰ) 소유하고자 하는 자를 위한 가르침」에서 자세히 설명하였는데, 특히, '열반으로 향하는 인생 항로의 방향타'라고 해석하였습니다.

☞ nikaya.kr : 불교입문1-소유(201013) — 표지 해설(중요)(근본경전연구회 해피스님)

여기서는 일부를 인용하여 소개하였습니다.

hiri(히리)와 ottappa(옷땁빠)라는 두 가지 용어가 있습니다. 세상을 보호하는 것이고, 명(明)을 뒤따르며 선법(善法)/유익(有益)을 생겨나게 하는 것입니다. 또한, 불방일(不放逸)의 근거여서 탐(貪)-진(嗔)-치(癡)를 버리고 생(生)-노(老)-사(死)에서 벗어나는 과정의 시작점이 됩니다.

(SN 1.18-히리 경)은 히리로써 제어하는 사람(hirīnisedho)을 설명하는데, 좋은 말이 채찍질을 하기 이전에 이미 달리듯이 허물을 일어나지 않게 하는 사람이어서, 언제나 사띠하면서 행동하고 괴로움의 끝에 닿은 뒤에 고르지 않은 길에서 고르게 행동한다는 설명입니다. (KN 2.10-막대기 품)은 채찍이 가해진 좋은 말처럼 열정적으로 노력할 것을 요구합니다. 믿음과 계와 정진과 삼매와 법다운 판단으로 사띠하는 자들은 명(明)과 행(行)을 갖추어 이 많은 괴로움을 떠날 것이라고 하는데, 괴로움의 끝에 닿은 히리로써 제어하는 사람이 되는 과정입니다.

채찍을 가하기 이전에 이미 달리는 좋은 말과 채찍이 가해진 좋은 말을 대비하여 설명하는 것인데, 이런 대비는 채찍이 강하게 거듭 가해져야 달리는 말의 개념으로 연장하여 이해할 수 있습니다. 이렇게 히리는 채찍질을 하기 이전에 이미 달리는 좋은 말에,

웃땁빠는 노력과 함께 채찍이 가해진 좋은 말에 비유되는 것을 알 수 있습니다. 그렇다면 말의 비유는 ①채찍질을 하기 이전에 이미 달리는 좋은 말[히리], ②채찍이 가해진 좋은 말[웃땁빠]에 이어 ③채찍이 강하게 거듭 가해져야 달리는 말로 연장됩니다.

한편, (AN 4.121-자책(自責) 경)은 네 가지 두려움을 소개하는데, 자책(自責)에 대한 두려움, 타책에 대한 두려움, 형벌에 대한 두려움, 악처(惡處)[비참한 존재 상태]에 대한 두려움입니다.

자책에 대한 두려움은 「어떤 사람은 이렇게 숙고한다. — '만약 내가 몸으로 나쁜 행위를 하고, 말로 나쁜 행위를 하고, 의(意)로 나쁜 행위를 한다면 어떻게 계(戒)에 의해서 내가 나를 질책하지 않을 수 있겠는가?' 라고. 자책에 대한 두려움으로 두려워진 그는 몸의 나쁜 행위를 버린 뒤에 몸의 좋은 행위를 닦고, 말의 나쁜 행위를 버린 뒤에 말의 좋은 행위를 닦고, 의(意)의 나쁜 행위를 버린 뒤에 의(意)의 좋은 행위를 닦고, 자신의 청정함을 보호한다.」라고 설명되고,

남의 책망에 대한 두려움은 「어떤 사람은 이렇게 숙고한다. — '만약 내가 몸으로 나쁜 행위를 하고, 말로 나쁜 행위를 하고, 의(意)로 나쁜 행위를 한다면 어떻게 계(戒)에 의해서 남이 나를 질책하지 않을 수 있겠는가?' 라고. 남의 책망에 대한 두려움으로 두려워진 그는 몸의 나쁜 행위를 버린 뒤에 몸의 좋은 행위를 닦고, 말의 나쁜 행위를 버린 뒤에 말의 좋은 행위를 닦고, 의(意)의 나쁜 행위를 버린 뒤에 의(意)의 좋은 행위를 닦고, 자신의 청정함을 보호한다.」라고 설명됩니다.

그리고 형벌에 대한 두려움은 왕들이 범죄를 저지른 도둑을 붙잡은 뒤 여러 가지 체벌을 가하는 것을 본 어떤 사람에게 「그에게 이런 생각이 든다. — '이런 악한 업(業)들을 원인으로 왕들은 범죄를 저지른 도둑을 붙잡은 뒤 여러 가지 체벌을 가한다. — 채찍으로 때리기도 하고 … 칼로 목을 베기도 한다. 만약 나도 그런 악한 업(業)을 짓는다면 왕들은 나도 붙잡은 뒤 여러 가지 체벌을 가할 것이다. — 채찍으로 때리기도 하고 … 칼로 목을 베기도 할 것이다.' 라고. 형벌에 대한 두려움으로 두려워진 그 약탈자는 남들의 것을 빼앗지 않는다. 몸의 나쁜 행위를 버린 뒤에 몸의 좋은 행위를 닦고, 말의 나쁜 행위를 버린 뒤에 말의 좋은 행위를 닦고, 의(意)의 나쁜 행위를 버린 뒤에 의(意)의 좋은 행위를 닦고, 자신의 청정함을 보호한다.」라고 설명되고,

악처(惡處)에 대한 두려움은 「어떤 사람은 이렇게 숙고한다. — '몸의 나쁜 행위의 악한 보(報)는 다시 태어남을 이끌고, 말의 나쁜 행위의 악한 보(報)는 다시 태어남을 이끌고,

의(意)의 나쁜 행위의 악한 보(報)는 다시 태어남을 이끈다. 만약 내가 몸으로 나쁜 행위를 하고, 말로 나쁜 행위를 하고, 의(意)로 나쁜 행위를 한다면 어떻게 내가 몸이 무너져 죽은 뒤에 상실과 비탄의 상태, 비참한 존재, 벌 받는 상태, 지옥에 태어나지 않겠는가!'라고. 악처(惡處)에 대한 두려움으로 두려워진 그는 몸의 나쁜 행위를 버린 뒤에 몸의 좋은 행위를 닦고, 말의 나쁜 행위를 버린 뒤에 말의 좋은 행위를 닦고, 의(意)의 나쁜 행위를 버린 뒤에 의(意)의 좋은 행위를 닦고, 자신의 청정함을 보호한다.」라고 설명됩니다.

이 네 가지 두려움은 말의 비유와 연결됩니다. 자책(自責)에 대한 두려움은 ①채찍질을 하기 이전에 이미 달리는 좋은 말[히리]과, 남의 책망에 대한 두려움은 ②채찍이 가해진 좋은 말[옷땁빠]과, 형벌에 대한 두려움은 ③채찍이 강하게 거듭 가해져야 달리는 말과 대응하는 것을 알 수 있습니다. 그리고 악처(惡處)[비참한 존재 상태]에 대한 두려움은 ③채찍이 강하게 거듭 가해져야 달리는 말의 연장된 경우로 이해할 수 있는데, 특히, 바른 견해를 필요로 합니다.

그런데 (AN 7.67-도시 비유 경)은 「성스러운 제자는 히리를 가졌다. 몸의 나쁜 행위와 … 악한 불선법들의 성취에 대한 자책(自責)을 두려워한다[히리한다(hirīyati)]. … 성스러운 제자는 옷땁빠를 가졌다. 몸의 나쁜 행위와 … 악한 불선법들의 성취에 대한 타책(他責)을 두려워한다[옷땁빠한다(ottappati)].」라고 합니다. 몸과 말과 의(意)의 나쁜 행위에 대한 대응을 '히리한다(hirīyati)'와 '옷땁빠한다(ottappati)'라는 용어로써 표현하는 것입니다.

그렇다면 히리는 자책(自責)에 대한 두려움이고, 옷땁빠는 남의 책망에 대한 두려움이라고 그 의미를 해석할 수 있습니다. 마찬가지로 '히리한다(hirīyati)'는 자책(自責)에 대한 두려움 때문에 몸과 말과 의(意)의 나쁜 행위를 버린 뒤에 좋은 행위를 닦아서 자신의 청정함을 보호하는 것을 말하고, '옷땁빠한다(ottappati)'는 남의 책망에 대한 두려움 때문에 몸과 말과 의(意)의 나쁜 행위를 버린 뒤에 좋은 행위를 닦아서 자신의 청정함을 보호하는 것을 말한다고 하겠습니다.

이때, (AN 4.121-자책(自責) 경)의 네 가지 두려움은 ①히리에 의한 행위의 제어, ②옷땁빠에 의한 행위의 제어, ③형벌에 대한 두려움에 의한 행위의 제어, ④바른 견해에 의한 행위의 제어를 지시하는 가르침이라고 할 것인데, (SN 1.18-히리 경)과 (KN 2.10-막대기 품)이 말하는 히리로써 제어하는 사람의 의미입니다.

배워 알고 실천하는 불교 신자!

브레이크 - 네 가지 두려움

두려움에 의한 행위의 제어 네 가지는, 비유하자면, 움직이는 차에 대한 네 단계의 브레이크입니다. 1단계에서 제동할 수 있으면 작은 수고로써 가능한데 단계가 높아질수록 수고가 커진다고 보아야 합니다. 그리고 제동되지 않으면 수고를 넘어서서 큰 불행을 초래하게 됩니다. 그래서 낮은 단계에서 제동할 수 있도록 역(逆)의 단계[견해 → 형벌 → 옷땁빠 → 히리]로 준비하는 것이 신행(信行)이고, 수행(修行)이라고 하겠습니다.

이때, 브레이크를 밟아 악행(惡行)을 멈추게 하는 것은 선행(善行)의 실천으로 삶을 이끄는 것입니다. 삶이 고(苦)에서 벗어나 락(樂)으로 이끌리도록 방향을 잡는 것입니다. 그래서 이것은 삶의 방향타를 만드는 것입니다. 네 가지 두려움이라는 브레이크를 밟아 행복 가득한 삶의 방향으로 나를 이끄는 방향타의 역할을 확고히 하는 것이 이 경의 의도라고 할 수 있습니다.

이런 브레이크/방향타를 지시하는 교리가 히리(hiri)와 옷땁빠(ottappa)인데, 열반(涅槃)으로 향하는 인생 항로의 방향타라고 설명하였습니다.

⇒「불교입문(佛教入門)(Ⅰ) 소유하고자 하는 자를 위한 가르침」 표지 그림 참조

자존심(自尊心) — 히리

뜻밖에 히리의 의미가 잘 드러나는 강연을 보았는데, 정치학 박사 김지윤 씨의 강연 '쪽팔리게 살지 맙시다'(세바시 1071회)입니다. — '쪽팔리게 컨닝을 하냐!'로 시작하여 양심적, 도덕적, 윤리적 삶을 지향하는 마음의 소리로 이어지는 강연은 '쪽팔림 → embarrasing → 창피함'을 거쳐 부끄러움을 모르지 말자고 말하는데, 자존심(自尊心)을 지키는 것입니다. —「여러분의 자존심(自尊心)은 안녕하십니까?」

• 자존심(自尊心) - 남에게 굽히지 아니하고 자신의 품위를 스스로 지키는 마음

〈표준국어대사전〉

[5] 가르침의 토대 — ①업(業), ②결실 있음, ③노력 — (AN 3.138-머리카락으로 만든 담요 경)

☞ nikaya.kr : 불교입문(1-소유 210302) — 사성제 & 가르침의 토대(근본경전연구회 해피스님)

부처님은 「업(業)을 말하는 자(kammavāī)이고, 결실 있음을 말하는 자(kiriyavāī)」라고 불립니다. — 「사문 고따마는 업(業-kamma-깜마)을 말하고, 결실 있음(kiriya-끼리야)을 말하고, 바라문들에게 아무런 해악을 도모하지 않습니다. (DN 4-소나단다 경)/(DN 5-꾸따단따 경)/(MN 95-짱끼 경)」

• kiriya: action(행위); deed(실행); performance(성과). (nt.)

우호적인 바라문들이 부처님[사문 고따마]을 설명하는 말입니다. 부처님은 태생 즉 결정된 삶을 말하는 스승이 아니라 행위 즉 업(業)으로써 만들어 가는 삶을 말하는 스승이고, 농사를 지으면 풍작이든 흉작이든 결실이 있는 것처럼, 업(業)에는 결실[과(果)]이 따른다고 가르치는 스승이라는 의미로 이해할 수 있는데, 이런 법(法)을 설하는 부처님을 찾아 만나고 가르침을 청하는 것은 도움된다는 대화에서입니다.

이럴 때 업(業)과 결실 있음이라는 두 가지는 부처님을 대표하는 개념이면서 삶에 대한 바른 이해입니다. 그래서 업을 부정하고 결실 없음을 주장하는 것은 부처님을 거부하는 것이고 삶에 대한 삿된 시각을 가지는 것입니다.

한편, (AN 3.138-머리카락으로 만든 담요 경)에 의하면, 과거-미래-현재의 모든 부처님은 공통되게 ①업(業)을 말하고, ②결실 있음을 말하고, ③노력을 말합니다. 업(業)에는 결실이 있으니 좋은 결실을 얻기 위해서는 노력이 필요하다는 것입니다, 비유하자면, 농사를 짓는 행위에는 풍작이든 흉작이든 결실이 있고, 풍작을 거두기 위해서는 적절한 노력이 필요하다는 의미인데, 부처님을 대표하는 두 가지 개념 위에서 노력을 통해 행복한 삶을 실현하는 것이 모든 부처님의 가르침 즉 불교(佛敎)라는 것을 알 수 있습니다.

그런데 막칼리라는 사람은 이 세 가지를 부정하는 교설을 세워서 많은 사람을 괴로움으로 이끕니다. 이런 교설을 결실 없음(akiriya)이라고 하는데, ①전생의 행위가 원인, ②신(神)의 창조가 원인, ③원인도 없고 조건도 없음[무인무연(無因無緣)]이라는 삶에 대한 잘못된 해석 세 가지 즉 삼종외도(三種外道)는 막칼리의 결실 없음(akiriya)의 아류입니다. — 「참으로, 비구들이여, 현자들과 함께 교차하여 질문하고, 이유를 묻고, 함께 대화하고, 더 나아가면 결실 없음(akiriya)으로 정착되는 세 가지 외도의 근본 교리가 있다.(AN 3.62-근본 교리 등 경)」

"seyyathāpi, bhikkhave, yāni kānici tantāvutānaṃ vatthānaṃ, kesakambalo tesaṃ paṭikiṭṭho akkhāyati. kesakambalo, bhikkhave, sīte sīto, uṇhe uṇho, dubbaṇṇo, duggandho, dukkhasamphasso. evamevaṃ kho, bhikkhave, yāni kānici puthusamaṇabrāhmaṇavādānaṃ makkhalivādo tesaṃ paṭikiṭṭho akkhāyati.

예를 들면, 비구들이여, 어떤 것이든 짜서 덮는 천 가운데 머리카락으로 만든 담요가 조악하다고 알려져 있다. 비구들이여, 머리카락으로 만든 담요는 추울 때 차갑고, 더울 때 뜨겁고, 색깔이 나쁘고, 나쁜 냄새가 나고, 감촉이 나쁘다. 이처럼, 비구들이여, 어떤 것이든 사문-바라문들의 각각의 주장 가운데 막칼리의 주장이 열등하다고 알려져 있다.

"makkhali, bhikkhave, moghapuriso evaṃvādī evaṃdiṭṭhi — 'natthi kammaṃ, natthi kiriyaṃ, natthi vīriyan'ti. yepi te, bhikkhave, ahesuṃ atītamaddhānaṃ arahanto sammāsambuddhā, tepi bhagavanto kammavādā ceva ahesuṃ kiriyavādā ca vīriyavādā ca. tepi, bhikkhave, makkhali moghapuriso paṭibāhati — 'natthi kammaṃ, natthi kiriyaṃ, natthi vīriyan'ti. yepi te, bhikkhave, bhavissanti anāgatamaddhānaṃ arahanto sammāsambuddhā, tepi bhagavanto kammavādā ceva bhavissanti kiriyavādā ca vīriyavādā ca. tepi, bhikkhave, makkhali moghapuriso paṭibāhati — 'natthi kammaṃ, natthi kiriyaṃ, natthi vīriyan'ti. ahampi, bhikkhave, etarahi arahaṃ sammāsambuddho kammavādo ceva kiriyavādo ca vīriyavādo ca. mampi, bhikkhave, makkhali moghapuriso paṭibāhati — 'natthi kammaṃ, natthi kiriyaṃ, natthi vīriyan'"ti.

비구들이여, 쓸모없는 자 막칼리는 '업(業)도 없고, 결실도 없고, 노력도 없다.'라는 이런 주장, 이런 견해를 가졌다. 비구들이여, 과거에 출현했던 아라한-정등각인 그분 세존들도 업을 말하고 결실 있음을 말하고 노력을 말했다. 그분들에게도, 비구들이여, 쓸모없는 자 막칼리는 '업(業)도 없고, 결실도 없고, 노력도 없다.'라고 거부한다. 미래에 출현할 아라한-정등각인 그분 세존들도 업을 말하고 결실 있음을 말하고 노력을 말할 것이다. 그분들에게도, 비구들이여, 쓸모없는 자 막칼리는 '업(業)도 없고, 결실도 없고, 노력도 없다.'라고 거부한다. 비구들이여, 현재의 아라한-정등각인 나도 업을 말하고 결실 있음을 말하고 노력을 말한다. 나에게도, 비구들이여, 쓸모없는 자 막칼리는 '업(業)도 없고, 결실도 없고, 노력도 없다.'라고 거부한다.

"seyyathāpi, bhikkhave, nadīmukhe khippaṃ uḍḍeyya bahūnaṃ macchānaṃ ahitāya dukkhāya anayāya byasanāya; evamevaṃ kho, bhikkhave, makkhali moghapuriso manussakhippaṃ maññe loke uppanno bahūnaṃ sattānaṃ ahitāya dukkhāya anayāya byasanāyā"ti. pañcamaṃ.

예를 들면, 비구들이여, 강 입구에 많은 물고기의 손해와 괴로움과 불행과 고통을 위해 그물을 칠 것이다. 생각건대, 비구들이여, 이처럼 쓸모없는 자 막칼리는 많은 중생의 손해와 괴로움과 불행과 고통을 위해 사람의 그물로 세상에 태어났다.

아자따삿뚜 왕의 실수

바라문교에 반동하여 나타난 외도의 여섯 스승을 육사외도(六師外道)라고 부르는데, 대표적으로 (DN 2-사문과경)은 각각의 주장을 상세히 소개합니다. 마가다국의 아자따삿뚜 왕이 부처님에게 육사외도(六師外道)와의 만남을 통해 대화한 내용을 전달하는 것인데, 뿌라나 깟사빠의 결실 없음(akiriya), 막칼리 고살라의 무인무연(無因無緣-ahetūapaccayā), 아지따 께사깜발리의 단멸론(斷滅論-uccheda), 빠꾸다 깟짜야나의 칠요소설(七要素說-satta kāyā-결정론), 니간타 나따뿟따의 네 가지 제어에 의한 단속(cātuyāmasaṃvara saṃvuta), 산자야 벨랏티뿟따의 판단 유보입니다.

그런데 아자따삿뚜 왕의 기억은 틀렸습니다. (SN 22.60-마할리 경)과 (SN 46.56-아바야 경)은 뿌라나 깟사빠의 교설이 무인무연(無因無緣)이라고 알려주고, 여기의 (AN 3.138-머리카락으로 만든 담요 경)은 막칼리 고살라의 교설이 결실 없음이라고 말하기 때문입니다. 그런데 이 오류를 바로잡는 것은 중요합니다. 막칼리 고살라는 최악의 사람으로 소개되고(AN 1.308-321-하나의 법, 세 번째 품), 그의 주장이 무엇인지에 따라 불교의 대척점에서는 최악의 견해가 어떤 것인지 정해지기 때문입니다.

결실 없음을 주장하는 무리를 사명외도(邪命外道-ājīvaka)라고 하는데, 사람들의 삶을 최악으로 이끄는 최악의 관점이어서 부처님의 가르침과 대척점이 되고, (AN 3.62-근본교리 등 경)에 의하면, 무인무연(無因無緣)을 포함한 삼종외도(三種外道)의 주장의 바탕이 됩니다.

이때, 경이 틀렸다고 말하지 않아야 합니다. 경은 그 대화를 대화한 그대로 전승한 것이고, 대화 가운데 아자따삿뚜 왕의 설명은 아자따삿뚜 왕의 기억의 오류 때문에 그에 의해 잘못 말해진 것입니다. 다행히 경은 다른 경들을 통해 이 오류를 바로잡을 수 있게 해줍니다. 이렇게 경은 틀리지 않았습니다. 다만, 그것을 찾아내는 것은 우리의 역할입니다.

☞ nikaya.kr : 불교입문(1-소유 210309) — 불교의 대척점 & 수저론
(근본경전연구회 해피스님)

[6] 스승에 대한 믿음의 영역에 있는 것 : 원초적인 바른 견해 — (DN 23-빠야시 경)

☞ nikaya.kr : 불교입문(1-소유 210316) — 원초적 바른 견해 & 스승의 영역에 속하는 것(근본경전연구회 해피스님)

불교에서 삶을 보는 바른 시각 즉 정견(正見)은 공부의 진행에 따라 다양하게 제시되는데, 향상된 삶을 위한 출발점에서 가져야 하는 원초적 바른 견해는 (DN 23-빠야시 경)이 말하는 ①저세상 있음, ②화생(化生) 하는 중생 있음, ③업(業)에는 과(果)와 보(報)가 따름이라는 세 가지로 구성됩니다. — 「itipi atthi paro loko, atthi sattā opapātikā, atthi sukatadukkaṭānaṃ kammānaṃ phalaṃ vipāko 이렇게도 저세상은 있다. 화생 하는 중생은 있다. 선악(善惡)으로 지어진 업(業)들의 과(果)와 보(報)는 있다.」

이때, ①저세상 있음은 윤회(輪廻)한다는 선언이고, ②화생(化生)하는 중생 있음은 윤회해서 다시 태어나는 세상이 지옥-축생-아귀-인간-천상의 다섯 갈래로 구성된다는 가르침이며 [오도윤회(五道輪廻)], ③업(業)에는 과(果)와 보(報)가 따름은 원하는 세상 즉 하늘에 태어나기 위해서는 하늘로 이끄는 업(業)을 실천해야 한다는 방법의 제시 즉 태어남의 선택입니다.

그런데 저세상이 있다는 것은 보통의 사람에게는 확인되지 않습니다. 어떤 사람은 '해피 스님은 죽어봤는지, 그래서 죽은 뒤에 저세상이 있어서 윤회한다는 것을 직접 확인하였는지?' 묻기도 합니다. 물론 해피 스님은 이 몸으로의 삶에서 죽어보지 못했고, 저세상이 있다고 직접 확인하지 못했습니다. 하지만 역으로 '그대는 죽어봤는지, 죽은 뒤에 저세상이 없어서 단멸(斷滅) 한다는 것을 직접 확인하였는지?' 되물으면 그 또한 확인하지 못했음을 알게 됩니다. 우리 눈으로 직접 확인할 수 없지만 반드시 알아야 하는 주제들은, 말하자면, 스승에 대한 믿음의 영역에 있는 것들이라고 해야 합니다. 그리고 이런 주제들에 대한 스승의 가르침을 공감과 동의 그리고 신뢰로써 뒤따르는 사람을 신자(信者)라고 하고, 이런 방법으로 부처님의 가르침을 뒤따르는 사람들이 불교 신자입니다.

주목해야 합니다. 스승에 대한 믿음의 영역에 속하는 것들을 부처님의 가르침에 의해 받아들이고 뒤따르는 사람이 불교 신자입니다. 다른 스승의 가르침을 뒤따르면서 불교 신자의 허울을 쓰고 있는 사람은 어리석음이고, 삶은 바르게 향상으로 이끌리지 못합니다.

"kiñcāpi bhavaṃ kassapo evamāha, atha kho nevāhaṃ sakkomi idaṃ pāpakaṃ diṭṭhigataṃ paṭinissajjituṃ. rājāpi maṃ pasenadi kosalo jānāti tirorājānopi — 'pāyāsi rājañño evaṃvādī evaṃdiṭṭhī — "itipi natthi paro loko, natthi sattā opapātikā, natthi sukatadukkaṭānaṃ kammānaṃ phalaṃ vipāko"ti. sacāhaṃ, bho kassapa, idaṃ pāpakaṃ diṭṭhigataṃ paṭinissajjissāmi, bhavissanti me vattāro — 'yāva bālo pāyāsi rājañño abyatto duggahitagāhī'ti. kopenapi naṃ harissāmi, makkhenapi naṃ harissāmi, palāsenapi naṃ harissāmī"ti.

"깟사빠 존자께서 그렇게 말씀하신다고 해도 저는 이런 악하고 치우친 견해를 버릴 수 없습니다. 빠세나디 꼬살라 왕도, 주변의 왕들도 저에 대해 '빠야시 대신(大臣)은 "이렇게도 저세상은 없다. 화생(化生)하는 중생은 없다. 선악(善惡)으로 지어진 업(業)들의 과(果)와 보(報)는 없다."라는 주장과 견해를 가졌다.'라고 알고 있습니다. 만약에, 깟사빠 존자시여, 제가 이런 악하고 치우친 견해를 버리게 되면 저에게 '빠야시 대신은 어리석고 배우지 못했고 잘못된 것을 붙잡았다.'라고 말하는 사람들이 있을 것입니다. 화가 나면서도 저는 그것을 가지고 갈 것이고, 저주하면서도 그것을 가지고 갈 것이고, 횡포를 부리면서도 그것을 가지고 갈 것입니다."

"tena hi, rājañña, upamaṃ te karissāmi, upamāya midhekacce viññū purisā bhāsitassa atthaṃ ājānanti. bhūtapubbaṃ, rājañña, aññataro janapado vuṭṭhāsi. atha kho sahāyako sahāyakaṃ āmantesi — 'āyāma, samma, yena so janapado tenupasaṅkamissāma, appeva nāmettha kiñci dhanaṃ adhigaccheyyāmā'ti. 'evaṃ sammā'ti kho sahāyako sahāyakassa paccassosi. te yena so janapado, yena aññataraṃ gāmapaṭṭaṃ tenupasaṅkamiṃsu, tattha addasaṃsu pahūtaṃ sāṇaṃ chaḍḍitaṃ, disvā sahāyako sahāyakaṃ āmantesi — 'idaṃ kho, samma, pahūtaṃ sāṇaṃ chaḍḍitaṃ, tena hi, samma, tvañca sāṇabhāraṃ bandha, ahañca sāṇabhāraṃ bandhissāmi, ubho sāṇabhāraṃ ādāya gamissāmā'ti. 'evaṃ sammā'ti kho sahāyako sahāyakassa paṭissutvā sāṇabhāraṃ bandhitvā te ubho sāṇabhāraṃ ādāya yena aññataraṃ gāmapaṭṭaṃ tenupasaṅkamiṃsu. tattha addasaṃsu pahūtaṃ sāṇasuttaṃ chaḍḍitaṃ, disvā sahāyako sahāyakaṃ āmantesi — 'yassa kho, samma, atthāya iccheyyāma sāṇaṃ, idaṃ pahūtaṃ sāṇasuttaṃ chaḍḍitaṃ. tena hi, samma, tvañca sāṇabhāraṃ chaḍḍehi, ahañca sāṇabhāraṃ chaḍḍessāmi, ubho sāṇasuttabhāraṃ ādāya gamissāmā'ti. 'ayaṃ kho me, samma, sāṇabhāro dūrābhato ca susannaddho ca, alaṃ me tvaṃ pajānāhī'ti. atha kho so sahāyako sāṇabhāraṃ chaḍḍetvā sāṇasuttabhāraṃ ādiyi.

"그렇다면, 대신이여, 그대에게 비유를 말하겠습니다. 비유에 의해 여기 어떤 현명한 사람들은 말의 의미를 압니다. 예전에, 대신이여, 어떤 지방이 생겼습니다. 어떤 친구가 친구에게 '가봅시다, 벗이여, 우리가 그 지방에 가봅시다. 참으로 거기에서 어떤 재물을 얻게 될 것이오.'라고 말했습니다. '그럽시다, 벗이여.'라고 친구가 친구에게 대답했습니다. 그들은 그 지역으로, 어떤 마을로 갔습니다. 거기서 많은 삼이 버려져 있는 것을 보았습니다. 보고서 친구가 친구에게 '벗이여, 이 많은 삼이 버려져 있소. 그러니 벗이여, 그대도 삼 꾸러미를 꾸리시오. 나도 삼 꾸러미를 꾸리겠소. 우리는 삼 꾸러미를 가지고 갑시다.'라고. '그럽시다, 벗이여.'라고 친구가 친구에게 대답하고 삼 꾸러미를 꾸린 뒤에 그들은 둘이서 삼 꾸러미를 가지고 어떤 마을로 갔습니다. 거기서 많은 삼 실이 버려져 있는 것을 보았습니다. 보고서 친구가 친구에게 '벗이여, 우리가 삼을 원하는 목적인 이 많은 삼 실이 버려져 있소. 그러니 벗이여, 그대도 삼 꾸러미를 버리시오. 나도 삼 꾸러미를 버리겠소. 우리는 삼 실 꾸러미를 가지고 갑시다.'라고 말했습니다. '벗이여, 나는 이 삼 꾸러미를 멀리 가져왔고 잘 매어져 있습니다. 나는 충분하니 그대는 버리시오.' 그러자 그 친구는 삼 꾸러미를 버리고 삼 실 꾸러미를 꾸렸습니다.

"te yena aññataraṃ gāmapaṭṭaṃ tenupasaṅkamiṃsu. tattha addasaṃsu pahūtā sāṇiyo chaḍḍitā, disvā sahāyako sahāyakaṃ āmantesi — 'yassa kho, samma, atthāya iccheyyāma sāṇaṃ vā sāṇasuttaṃ vā, imā pahūtā sāṇiyo chaḍḍitā. tena hi, samma, tvañca sāṇabhāraṃ chaḍḍehi, ahañca sāṇasuttabhāraṃ chaḍḍessāmi, ubho sāṇibhāraṃ ādāya gamissāmā'ti. 'ayaṃ kho me, samma, sāṇabhāro dūrābhato ca susannaddho ca, alaṃ me, tvaṃ pajānāhī'ti. atha kho so sahāyako sāṇasuttabhāraṃ chaḍḍetvā sāṇibhāraṃ ādiyi.

그들은 어떤 마을로 갔습니다. 거기서 많은 삼베가 버려져 있는 것을 보았습니다. 보고서 친구가 친구에게 '벗이여, 우리가 삼이나 삼 실을 원하는 목적인 이 많은 삼베가 버려져 있소. 그러니 벗이여, 그대도 삼 꾸러미를 버리시오. 나도 삼 실 꾸러미를 버리겠소. 우리는 삼베 꾸러미를 가지고 갑시다.'라고 말했습니다. '벗이여, 나는 이 삼 꾸러미를 멀리 가져왔고 잘 매어져 있습니다. 나는 충분하니 그대는 버리시오.' 그러자 그 친구는 삼 실 꾸러미를 버리고 삼베 꾸러미를 꾸렸습니다.

"te yena aññataraṃ gāmapaṭṭaṃ tenupasaṅkamiṃsu. tattha addasaṃsu pahūtaṃ khomaṃ chaḍḍitaṃ, disvā ... pe ... pahūtaṃ khomasuttaṃ chaḍḍitaṃ, disvā... pahūtaṃ khomadussaṃ chaḍḍitaṃ, disvā... pahūtaṃ kappāsaṃ chaḍḍitaṃ, disvā... pahūtaṃ kappāsikasuttaṃ chaḍḍitaṃ, disvā... pahūtaṃ kappāsikadussaṃ chaḍḍitaṃ, disvā... pahūtaṃ ayaṃ chaḍḍitaṃ, disvā... pahūtaṃ lohaṃ chaḍḍitaṃ, disvā... pahūtaṃ tipuṃ chaḍḍitaṃ, disvā... pahūtaṃ sīsaṃ chaḍḍitaṃ, disvā... pahūtaṃ sajjhaṃ chaḍḍitaṃ, disvā... pahūtaṃ suvaṇṇaṃ chaḍḍitaṃ, disvā sahāyako sahāyakaṃ āmantesi — 'yassa kho, samma, atthāya iccheyyāma sāṇaṃ vā sāṇasuttaṃ vā sāṇiyo vā khomaṃ vā khomasuttaṃ vā khomadussaṃ vā kappāsaṃ vā kappāsikasuttaṃ vā kappāsikadussaṃ vā ayaṃ vā lohaṃ vā tipuṃ vā sīsaṃ vā sajjhaṃ vā, idaṃ pahūtaṃ suvaṇṇaṃ chaḍḍitaṃ. tena hi, samma, tvañca sāṇabhāraṃ chaḍḍehi, ahañca sajjhabhāraṃ chaḍḍessāmi, ubho suvaṇṇabhāraṃ ādāya gamissāmā'ti. 'ayaṃ kho me, samma, sāṇabhāro dūrābhato ca susannaddho ca, alaṃ me tvaṃ pajānāhī'ti. atha kho so sahāyako sajjhabhāraṃ chaḍḍetvā suvaṇṇabhāraṃ ādiyi.

그들은 어떤 마을로 갔습니다. 거기서 많은 아마가 버려져 있는 것을 보았습니다. 보고서 … 많은 아마 실이 버려져 있는 것을 보았습니다. 보고서 … 많은 아마 천이 버려져 있는 것을 보았습니다. 보고서 … 많은 목화가 버려져 있는 것을 보았습니다. 보고서 … 많은 무명실이 버려져 있는 것을 보았습니다. 보고서 … 많은 무명이 버려져 있는 것을 보았습니다. 보고서 … 많은 철이 버려져 있는 것을 보았습니다. 보고서 … 많은 구리가 버려져 있는 것을 보았습니다. 보고서 … 많은 납이 버려져 있는 것을 보았습니다. 보고서 … 많은 주석이 버려져 있는 것을 보았습니다. 보고서 … 많은 은이 버려져 있는 것을 보았습니다. 보고서

… 많은 금이 버려져 있는 것을 보았습니다. 보고서 친구가 친구에게 '벗이여, 우리가 삼이나 삼 실이나 삼베나 아마나 아마 실이나 아마 천이나 목화나 무명실이나 무명이나 철이나 구리나 납이나 주석이나 은을 원하는 목적인 이 많은 금이 버려져 있소. 그러니 벗이여, 그대도 삼 꾸러미를 버리시오. 나도 은 꾸러미를 버리겠소. 우리는 금 꾸러미를 가지고 갑시다.'라고 말했습니다. '벗이여, 나는 이 삼 꾸러미를 멀리 가져왔고 잘 매어져 있습니다. 나는 충분하니 그대는 버리시오.' 그러자 그 친구는 은 꾸러미를 버리고 금 꾸러미를 꾸렸습니다.

"te yena sako gāmo tenupasaṅkamiṃsu. tattha yo so sahāyako sāṇabhāraṃ ādāya agamāsi, tassa neva mātāpitaro abhinandiṃsu, na puttadārā abhinandiṃsu, na mittāmaccā abhinandiṃsu, na ca tatonidānaṃ sukhaṃ somanassaṃ adhigacchi. yo pana so sahāyako suvaṇṇabhāraṃ ādāya agamāsi, tassa mātāpitaropi abhinandiṃsu, puttadārāpi abhinandiṃsu, mittāmaccāpi abhinandiṃsu, tatonidānañca sukhaṃ somanassaṃ adhigacchi. "evameva kho tvaṃ, rājañña, sāṇabhārikūpamo maññe paṭibhāsi. paṭinissajjetaṃ, rājañña, pāpakaṃ diṭṭhigataṃ; paṭinissajjetaṃ, rājañña, pāpakaṃ diṭṭhigataṃ. mā te ahosi dīgharattaṃ ahitāya dukkhāyā"ti.

그들은 자신의 마을로 돌아왔습니다. 거기서 삼 꾸러미를 가지고 온 친구의 부모님은 기뻐하지 않았고, 아들딸도 기뻐하지 않았고, 친구와 동료들도 기뻐하지 않았고, 그것을 인연으로 행복과 만족을 얻지 못했습니다. 그러나 금 꾸러미를 가지고 온 친구의 부모님은 기뻐하고, 아들딸도 기뻐하고, 친구와 동료들도 기뻐하고, 그것을 인연으로 행복과 만족을 얻었습니다. 이처럼, 대신이여, 그대에게 삼 꾸러미 비유는 분명해졌다고 나는 생각합니다. 대신이여, 이런 악하고 치우친 견해를 버리십시오. 대신이여, 이런 악하고 치우친 견해를 버리십시오. 그대에게 오랫동안 불익과 괴로움이 있게 하지 마십시오."

이제 바른 견해를 안내받았다면, 더 이상 삿된 견해를 붙잡고 고수하지 마십시오. 한평생 삶이 헛되고 아무런 성과를 얻지 못할 수 있습니다. 그러니 이렇게 알아야 합니다. ―「itipi atthi paro loko, atthi sattā opapātikā, atthi sukatadukkaṭānaṃ kammānaṃ phalaṃ vipāko 이렇게도 저세상은 있다. 화생 하는 중생은 있다. 선악(善惡)으로 지어진 업(業)들의 과(果)와 보(報)는 있다.」

[7] 세간적 실패의 중심 — 인간관계-돈-건강

세간의 삶을 대표하는 세 가지 요소를 말하자면 인간관계와 돈 그리고 건강을 들 수 있습니다. 이 세 가지의 성패가 세간적 삶의 성패를 좌우한다고 말할 수 있기 때문입니다. (AN 4.192-경우 경)은 이 세 가지의 실패(byasana)로써 세간살이의 어려움을 대표하는데, 그 실패에 처했을 때 적절히 대응하는 사람을 힘 있는 자라고 설명합니다. 율장(律藏) 비구 위방가 빠라지까 ①음행(淫行)에서도 비구였다가 성행위 때문에 환속한 사람이 친척과 관련한 실패[인간관계]와 재물과 관련한 실패[돈] 그리고 병과 관련한 실패[건강]를 겪고서는 다시 출가를 희망하지만, 부처님은 허락하지 않습니다. 세간살이의 어려움을 이 세 가지의 실패로 대표하는 것을 알 수 있습니다. 율장 비구니 위방가 속죄죄의 '자신을 거듭 학대하면서 울면 속죄죄' 조항에서도 친척-재물-병과 관련한 실패를 겪게 되어 울지만 학대하지 않는 경우는 범한 것이 아니라고 하여 같은 맥락을 만날 수 있습니다. 이외에 (SN 15.3-눈물 경)은 마음에 들지 않는 사람과 만나고 마음에 드는 사람과 헤어지는 현실과 재물 그리고 병과 관련한 실패를 겪으면서 흘린 눈물이 사대양(四大洋)의 물보다 더 많다고 말하는데, 역시 이 세 가지로써 세간살이의 실패를 대표하는 것을 알 수 있습니다.

한편, (MN 82-랏타빨라 경)에서 꼬라뱌 왕은 늙음과 병과 재물 그리고 친척과 관련한 네 가지 상실(pārijuñña) 때문에 비구들이 출가하는데, 이런 네 가지 상실을 겪지 않은 랏타빨라 존자는 어떤 이유로 출가했느냐고 묻는데, 여기에 대한 랏타빨라 존자의 대답은 주목해야 합니다. 이때, 꼬라뱌 왕의 설명은 늙음이 더해진 네 가지로 세간의 실패에 대한 같은 시각을 말해주는 것을 알 수 있습니다.

그런데 이 주제에서 주목해야 하는 것은 이 세 가지 요소가 이 몸으로의 삶에 제한적으로 적용된다는 점입니다. (AN 5.130-실패 경)은 이 세 가지에 계(戒)와 견해를 더한 다섯 가지 요소로써 성패를 설명하는데, 세 가지는 죽은 뒤의 태어남을 이끌지 않지만, 계와 견해는 다시 태어남의 자리를 이끈다는 것입니다. 그래서 이번 생과 다음 생 모두에서의 행복을 원한다면, 바른 견해를 가지고 오계(五戒)를 지닌 삶 위에서 친척과 돈 그리고 병과 관련한 단속을 통해 성공을 이끌어야 합니다.

자연과학의 발전 위에서 물질 만능적 사회상을 보여주는 요즘 세상에서 특히 주목해야 할 점은 이번 생에서도 오직 돈만이 성공 또는 행복을 결정하지 않는다는 점입니다. 돈만큼이나 인간관계와 건강도 중요하고, 다음 생까지를 보는 현명함으로 오계(五戒)를 지니고 바른 견해로써 세상을 보아야 바르게 삶을 행복으로 이끌 수 있습니다.

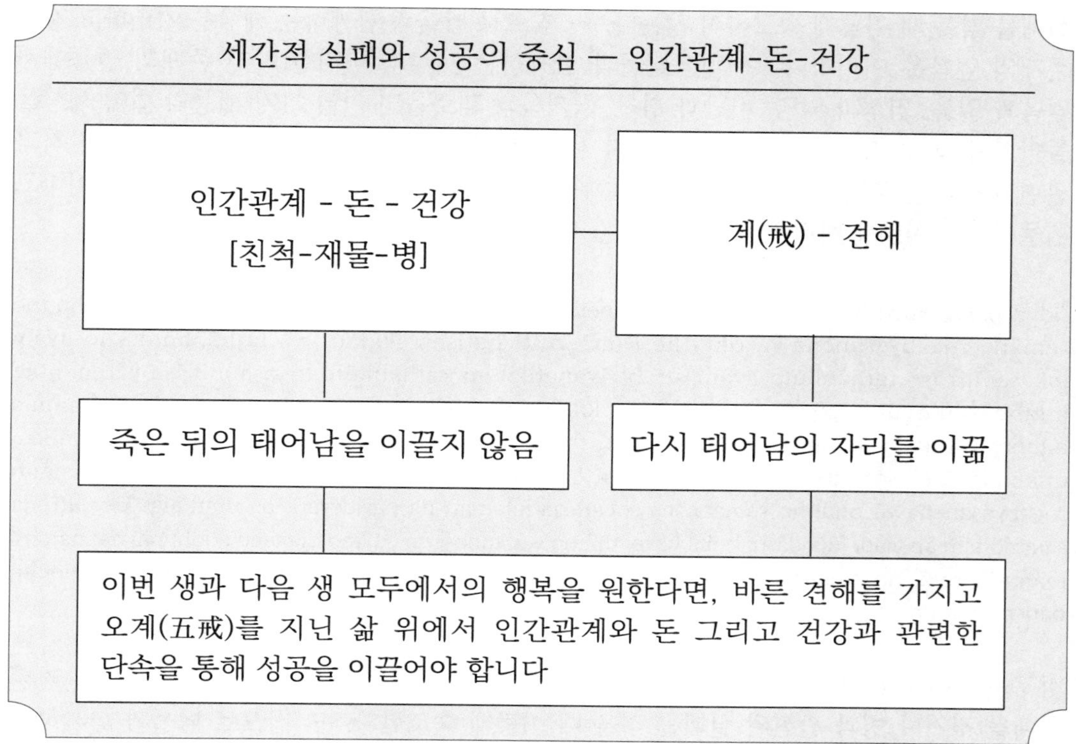
세간적 실패와 성공의 중심 — 인간관계-돈-건강
인간관계 - 돈 - 건강
[친척-재물-병]
계(戒) - 견해
죽은 뒤의 태어남을 이끌지 않음
다시 태어남의 자리를 이끎
이번 생과 다음 생 모두에서의 행복을 원한다면, 바른 견해를 가지고 오계(五戒)를 지닌 삶 위에서 인간관계와 돈 그리고 건강과 관련한 단속을 통해 성공을 이끌어야 합니다

1. (AN 4.192-경우 경)

"'āpadāsu, bhikkhave, thāmo veditabbo, so ca kho dīghena addhunā, na ittaraṃ; manasikarotā, no amanasikarotā; paññavatā, no duppaññenā'ti, iti kho panetaṃ vuttaṃ. kiñcetaṃ paṭicca vuttaṃ? idha, bhikkhave, ekacco ñātibyasanena vā phuṭṭho samāno, bhogabyasanena vā phuṭṭho samāno, rogabyasanena vā phuṭṭho samāno na iti paṭisañcikkhati — 'tathābhūto kho ayaṃ lokasannivāso tathābhūto ayaṃ attabhāvapaṭilābho yathābhūte lokasannivāse yathābhūte attabhāvapaṭilābhe aṭṭha lokadhammā lokaṃ anuparivattanti loko ca aṭṭha lokadhamme anuparivattati — lābho ca, alābho ca, yaso ca, ayaso ca, nindā ca, pasaṃsā ca, sukhañca, dukkhañcā'ti. so ñātibyasanena vā phuṭṭho samāno bhogabyasanena vā phuṭṭho samāno rogabyasanena vā phuṭṭho samāno socati kilamati paridevati, urattāḷiṃ kandati, sammohaṃ āpajjati.

'비구들이여, 힘은 어려움에 처했을 때 알려져야 한다. 그리고 오랜 시간 함께함으로써 알려져야 하지 잠깐의 시간에 의해서는 아니다. 주의를 기울임에 의해 알려져야 하지 주의를 기울이지 않음에 의해서는 아니다. 지혜를 가진 자에 의해 알려져야 하지 어리석은 자에 의해서는 아니다.'라고 말했다. 이것은 무엇을 조건으로 말했는가? 비구들이여, 여기 어떤 사람은 친척과 관련된 실패를 겪거나 재물과 관련된 실패를 겪거나 병과 관련된 실패를 겪을 때 이렇게 숙고하지 않는다. — '참으로 남들과 함께하는 세상은 이러하고 자기 존재의 얻음은 이러하다. 이러한 남들과 함께하는 세상과 이러한 자기 존재의 얻음에서 얻음과 잃음, 명성과 악명, 비난과 칭찬, 즐거움과 괴로움의 여덟 가지 세상의 법이 세상을 돌아가게 하고 세상은 다시 여덟 가지 세상의 법을 돌아가게 한다.'라고. 그는 친척과 관련된 실패를 겪거나 재물과 관련된 실패를 겪거나 병과 관련된 실패를 겪을 때 슬퍼하고 힘들어하고 비탄에 빠지고 가슴을 치며 울부짖고 당황한다.

"idha pana, bhikkhave, ekacco ñātibyasanena vā phuṭṭho samāno bhogabyasanena vā phuṭṭho samāno rogabyasanena vā phuṭṭho samāno iti paṭisañcikkhati — 'tathābhūto kho ayaṃ lokasannivāso tathābhūto ayaṃ attabhāvapaṭilābho yathābhūte lokasannivāse yathābhūte attabhāvapaṭilābhe aṭṭha lokadhammā lokaṃ anuparivattanti loko ca aṭṭha lokadhamme anuparivattati — lābho ca, alābho ca, yaso ca, ayaso ca, nindā ca, pasaṃsā ca, sukhañca, dukkhañcā'ti. so ñātibyasanena vā phuṭṭho samāno bhogabyasanena vā phuṭṭho samāno rogabyasanena vā phuṭṭho samāno na socati na kilamati na paridevati, na urattāḷiṃ kandati, na sammohaṃ āpajjati. 'āpadāsu, bhikkhave, thāmo veditabbo, so ca kho dīghena addhunā, na ittaraṃ; manasikarotā, no amanasikarotā; paññavatā, no duppaññenā'ti, iti yaṃ taṃ vuttaṃ idametaṃ paṭicca vuttaṃ.

비구들이여, 그러나 여기 어떤 사람은 친척과 관련된 실패를 겪거나 재물과 관련된 실패를 겪거나 병과 관련된 실패를 겪을 때 이렇게 숙고한다. — '참으로 남들과 함께하는 세상은 이러하고 자기 존재의 얻음은 이러하다. 이러한 남들과 함께하는 세상과 이러한 자기 존재의 얻음에서 얻음과 잃음, 명성과 악명, 비난과 칭찬, 즐거움과 괴로움의 여덟 가지 세상의 법이 세상을 돌아가게 하고 세상은 다시 여덟 가지 세상의 법을 돌아가게 한다.'라고. 그는 친척과 관련된 실패를 겪거나 재물과 관련된 실패를 겪거나 병과 관련된 실패를 겪을 때 슬퍼하지 않고 힘들어하지 않고 비탄에 빠지지 않고 가슴을 치며 울부짖지 않고 당황하지 않는다. '비구들이여, 힘은 어려움에 처했을 때 알려져야 한다. 그리고 오랜 시간 함께함으로써 알려져야 하지 잠깐의 시간에 의해서는 아니다. 주의를 기울임에 의해 알려져야 하지 주의를 기울이지 않음에 의해서는 아니다. 지혜를 가진 자에 의해 알려져야 하지 어리석은 자에 의해서는 아니다.'라고 이렇게 말한 것은 바로 이것을 연(緣)하여 말한 것이다.

2. (MN 82-랏타빨라 경) ☞ 제2절 [3] 4. 랏타빨라 존자의 출가 이야기 : 가르침의 개요에 이끌린 출가 — (MN 82-랏타빨라 경) — (282쪽)

3. (AN 5.130-실패 경)

"pañcimāni, bhikkhave, byasanāni. katamāni pañca? ñātibyasanaṃ, bhogabyasanaṃ, rogabyasanaṃ, sīlabyasanaṃ, diṭṭhibyasanaṃ. na, bhikkhave, sattā ñātibyasanahetu vā bhogabyasanahetu vā rogabyasanahetu vā kāyassa bhedā paraṃ maraṇā apāyaṃ duggatiṃ vinipātaṃ nirayaṃ upapajjanti. sīlabyasanahetu vā, bhikkhave, sattā diṭṭhibyasanahetu vā kāyassa bhedā paraṃ maraṇā apāyaṃ duggatiṃ vinipātaṃ nirayaṃ upapajjanti. imāni kho, bhikkhave, pañca byasanāni.

비구들이여, 다섯 가지 실패가 있다. 무엇이 다섯인가? 친척과 관련된 실패, 재물과 관련된 실패, 병과 관련된 실패, 계(戒)와 관련된 실패, 견해와 관련된 실패다. 비구들이여, 중생들은 친척과 관련된 실패, 재물과 관련된 실패, 병과 관련된 실패를 원인으로 몸이 무너져 죽은 뒤에 상실과 비탄의 상태, 비참한 존재, 벌 받는 상태, 지옥에 태어나지는 않는다. 그러나 비구들이여, 중생들은 계(戒)와 관련된 실패, 견해와 관련된 실패를 원인으로 몸이 무너져 죽은 뒤에 상실과 비탄의 상태, 비참한 존재, 벌 받는 상태, 지옥에 태어난다. 비구들이여, 이런 다섯 가지 실패가 있다.

"pañcimā, bhikkhave, sampadā. katamā pañca? ñātisampadā, bhogasampadā, ārogyasampadā, sīlasampadā, diṭṭhisampadā. na, bhikkhave, sattā ñātisampadāhetu vā bhogasampadāhetu vā ārogyasampadāhetu vā kāyassa bhedā paraṃ maraṇā sugatiṃ saggaṃ lokaṃ upapajjanti. sīlasampadāhetu vā, bhikkhave, sattā diṭṭhisampadāhetu vā kāyassa bhedā paraṃ maraṇā sugatiṃ saggaṃ lokaṃ upapajjanti. imā kho, bhikkhave, pañca sampadā"ti.

비구들이여, 다섯 가지 성공이 있다. 무엇이 다섯인가? 친척과 관련된 성공, 재물과 관련된 성공, 병과 관련된 성공, 계(戒)와 관련된 성공, 견해와 관련된 성공이다. 비구들이여, 중생들은 친척과 관련된 성공, 재물과 관련된 성공, 병과 관련된 성공을 원인으로 몸이 무너져 죽은 뒤에 좋은 곳 하늘 세상에 태어나지는 않는다. 그러나 비구들이여, 중생들은 계(戒)와 관련된 성공, 견해와 관련된 성공을 원인으로 몸이 무너져 죽은 뒤에 좋은 곳 하늘 세상에 태어난다. 비구들이여, 이런 다섯 가지 성공이 있다.

배워 알고 실천하는 불교 신자!

[8] 재가자의 모범① — 신행(信行)의 근본

☞ nikaya.kr : 불교입문(1-소유 201117) — 불교의 구성원 3. 교도인 신자 & 책의 의도(근본경전연구회 해피스님)

(AN 5.179-재가자 경)은 재가 신자의 전형을 제시하는데, '다섯 가지 학습계율 위에서 행위를 단속하고, 지금여기의 행복한 머묾을 위한 네 가지 높은 심(心)을 원하는 대로 어렵지 않고 고통스럽지 않게 얻는 흰옷을 입은 재가자'로서 예류자(預流者)의 실현입니다. 이때, 네 가지 높은 심(心)은 예류의 네 요소입니다.

(AN 4.60-재가자의 여법함 경)은 출가자에게 의식주와 약품의 네 가지 필수품을 공양하는 것이 재가자의 여법한 실천이라고 알려줍니다. 교단의 유지와 전승을 위해서 재가자가 맡아야 하는 기본적 역할입니다.

하지만 (AN 5.176-희열 경)은 재가자도 여법함을 넘어 적절한 때에 여읨의 희열을 성취하여 머물러야 한다고 합니다. 그래서 (MN 73-왓차 긴 경)은 재가자를 범행을 실천하는 자와 소유하고자 하는 자로 구분하는데, 범행을 실천하는 자의 성취 한도로 불환자를 제시하고, 소유하고자 하는 자 즉 보통의 불교 신자에 대해 '의심을 건너고 불확실에서 벗어나고 자기 확신을 얻고 스승의 가르침에서 다른 스승을 의지하지 않고 머무는 것'을 신행(信行)의 기준으로 제시합니다.

이렇게 여법함을 넘어 적절한 때에 여읨의 희열을 성취하여 머무는 삶은 향상하는 삶입니다. 이런 향상된 삶을 위해 재가자들은 보름에 3일씩[8일, 14일, 15일, 23일, 29일, 30일] 아라한을 본받는 삶을 살아야 하는데, 포살(布薩)입니다. 그리고 포살 일에는 오계(五戒)를 확장하여 팔계(八戒)를 지닙니다.

① 생명을 해치는 행위를 피함
② 주지 않는 것을 가지는 행위를 피함
③ 성행위를 멀리하고 삼감
④ 거짓을 말하는 행위를 피함
⑤ 술과 발효액 등 취하게 하는 것으로 인한 방일한 머묾을 피함
⑥ 하루에 한 끼만 먹는 자여서 밤에 먹지 않고, 때아닌 때에 먹는 것을 삼감
⑦ 춤-노래-음악-관람-화환-향-화장품-몸에 지니는 것-장식품-꾸민 상태를 피함
⑧ 높고 큰 침상을 피하고, 작은 침상이나 풀로 만든 자리 같은 소박한 침상을 사용함

한편, (AN 5.175-낮은 자 경)은 낮고 얼룩지고 잘못된 남신자와 보석 같고 홍련(紅蓮) 같고 백련(白蓮) 같은 남신자가 되게 하는 다섯 가지 법을 각각 제시합니다.

1. 오계(五戒)와 예류(預流)의 요소 — (AN 5.179-재가자 경)

atha kho anāthapiṇḍiko gahapati pañcamattehi upāsakasatehi parivuto yena bhagavā tenupasaṅ-kami; upasaṅkamitvā bhagavantaṃ abhivādetvā ekamantaṃ nisīdi. atha kho bhagavā āyasmantaṃ sāriputtaṃ āmantesi — "yaṃ kañci, sāriputta, jāneyyātha gihiṃ odātavasanaṃ pañcasu sikkhāpadesu saṃvutakammantaṃ catunnaṃ ābhicetasikānaṃ diṭṭhadhammasukhavihārānaṃ nikāmalābhiṃ akicchalābhiṃ akasiralābhiṃ, so ākaṅkhamāno attanāva attānaṃ byākareyya — 'khīṇanirayomhi khīṇatiracchānayoni khīṇapettivisayo khīṇāpāyaduggativinipāto, sotāpannohamasmi avinipātadhammo niyato sambodhiparāyaṇo'"ti.

그때 아나타삔디까 장자가 오백 명쯤 되는 남신자들에 둘러싸여 세존에게 왔다. 와서는 세존에게 절한 뒤 한 곁에 앉았다. 그때 세존은 사리뿟따 존자에게 말했다. — "사리뿟따여, 그대들은 다섯 가지 학습계율 위에서 행위를 단속하고, 지금여기의 행복한 머묾을 위한 네 가지 높은 심(心)을 원하는 대로 어렵지 않고 고통스럽지 않게 얻는 흰옷을 입은 어떤 재가자를 볼 수 있는데, 그가 원할 때면 누구든지 오직 자신에 의해 자신을 설명할 수 있다. — '나에게 지옥은 다했고 축생의 모태는 다했고 아귀의 영역은 다했고 상실과 비탄의 상태, 비참한 존재, 벌 받는 상태는 다했다. 나는 예류자(預流者)여서 떨어지지 않는 자, 확실한 자, 깨달음을 겨냥한 자이다.'라고.

"katamesu pañcasu sikkhāpadesu saṃvutakammanto hoti? idha, sāriputta, ariyasāvako pāṇātipātā paṭivirato hoti, adinnādānā paṭivirato hoti, kāmesumicchācārā paṭivirato hoti, musāvādā paṭivirato hoti, surāmerayamajjapamādaṭṭhānā paṭivirato hoti. imesu pañcasu sikkhāpadesu saṃvutakammanto hoti.

"그러면 그는 어떤 다섯 가지 학습계율 위에서 행위를 단속하는가? 여기, 사리뿟따여, 성스러운 제자는 생명을 해치는 행위로부터 피하고, 주지 않는 것을 가지는 행위로부터 피하고, 음행(淫行)에 대한 삿된 행위로부터 피하고, 거짓을 말하는 행위로부터 피하고, 술과 발효액 등 취하게 하는 것으로 인한 방일한 머묾으로부터 피한다. 그는 이런 다섯 가지 학습계율 위에서 행위를 단속한다."

"katamesaṃ catunnaṃ ābhicetasikānaṃ diṭṭhadhammasukhavihārānaṃ nikāmalābhī hoti akicchalābhī akasiralābhī?

"그가 원하는 대로 어렵지 않고 고통스럽지 않게 얻는 지금여기의 행복한 머묾을 위한 네 가지 높은 심(心)은 무엇인가?

idha, sāriputta, ariyasāvako buddhe aveccappasādena samannāgato hoti — 'itipi so bhagavā arahaṃ sammāsambuddho vijjācaraṇasampanno sugato lokavidū anuttaro purisadammasārathi, satthā devamanussānaṃ buddho bhagavā'ti. ayamassa paṭhamo ābhicetasiko diṭṭhadhammasukhavihāro adhigato hoti avisuddhassa cittassa visuddhiyā apariyodātassa cittassa pariyodapanāya.

사리뿟따여, 여기 성스러운 제자는 '이렇게 그분, 세존은, 모든 번뇌 떠나신 분, 스스로 완전한 깨달음을 이루신 분, 밝음과 실천을 갖추신 분, 진리의 길 보이신 분, 세상일을 모두 훤히 아시는 분, 어리석은 이도 잘 이끄시는 위없는 분, 모든 천상과 인간의 스승, 깨달으신 분, 존귀하신 분입니다.'라고 부처님에 대한 확실한 믿음을 갖춘다. 비구들이여, 이것이 청정하지 못한 심(心)을 청정하게 하고 깨끗하지 못한 심(心)을 깨끗하게 하기 위한, 지금여기의 행복한 머묾을 위한 첫 번째 높은 심(心)의 얻음이다."

"puna caparaṃ, sāriputta, ariyasāvako dhamme aveccappasādena samannāgato hoti — 'svākkhāto bhagavatā dhammo sandiṭṭhiko akāliko ehipassiko opaneyyiko paccattaṃ veditabbo viññūhī'ti. ayamassa dutiyo ābhicetasiko diṭṭhadhammasukhavihāro adhigato hoti avisuddhassa cittassa visuddhiyā apariyodātassa cittassa pariyodapanāya.

사리뿟따여, 여기 성스러운 제자는 '세존(世尊)에 의해 잘 설해진 법은 스스로 보이는 것이고, 시간을 넘어선 것이고, 와서 보라는 것이고, 향상으로 이끌고, 지혜로운 이들에게 개별적으로 알려지는 것이다.'라고 가르침에 대한 확실한 믿음을 갖춘다. 비구들이여, 이것이 청정하지 못한 심(心)을 청정하게 하고 깨끗하지 못한 심(心)을 깨끗하게 하기 위한, 지금여기의 행복한 머묾을 위한 두 번째 높은 심(心)의 얻음이다.

"puna caparaṃ, sāriputta, ariyasāvako saṅghe aveccappasādena samannāgato hoti — 'suppaṭipanno bhagavato sāvakasaṅgho ujuppaṭipanno bhagavato sāvakasaṅgho ñāyappaṭipanno bhagavato sāvakasaṅgho sāmīcippaṭipanno bhagavato sāvakasaṅgho, yadidaṃ cattāri purisayugāni aṭṭha purisapuggalā esa bhagavato sāvakasaṅgho āhuneyyo pāhuneyyo dakkhiṇeyyo añjalikaraṇīyo anuttaraṃ puññakkhettaṃ lokassā'ti. ayamassa tatiyo ābhicetasiko diṭṭhadhammasukhavihāro adhigato hoti avisuddhassa cittassa visuddhiyā apariyodātassa cittassa pariyodapanāya.

사리뿟따여, 여기 성스러운 제자는 '진지하게 수행하는 세존(世尊)의 제자들인 상가, 정확하게 수행하는 세존(世尊)의 제자들인 상가, 올바르게 수행하는 세존(世尊)의 제자들인 상가, 여법하게 수행하는 세존(世尊)의 제자들인 상가가 있다. 네 쌍의 대장부요, 여덟 무리의 성자들인 이분들이 세존(世尊)의 제자들인 상가이니, 공양받을만한 분들,

환영받을만한 분들, 보시받을만한 분들, 합장 받을만한 분들이며, 이 세상의 위없는 복전(福田)이시다.'라고 성자들에 대한 확실한 믿음을 갖춘다. 비구들이여, 이것이 청정하지 못한 심(心)을 청정하게 하고 깨끗하지 못한 심(心)을 깨끗하게 하기 위한, 지금여기에서의 행복한 머묾을 위한 세 번째 높은 심(心)의 얻음이다.

"puna caparaṃ, sāriputta, ariyasāvako ariyakantehi sīlehi samannāgato hoti akhaṇḍehi acchiddehi asabalehi akammāsehi bhujissehi viññuppasatthehi aparāmaṭṭhehi samādhisaṃvattanikehi. ayamassa catuttho ābhicetasiko diṭṭhadhammasukhavihāro adhigato hoti avisuddhassa cittassa visuddhiyā apariyodātassa cittassa pariyodapanāya.

사리뿟따여, 여기 성스러운 제자는 깨지지 않고, 끊어지지 않고, 결점이 없고, 얼룩지지 않고, 구속되지 않고, 지자들이 칭찬하고, 움켜쥐지 않고, 삼매로 이끄는' 성자들이 동의하는 계(戒)들을 갖춘다. 비구들이여, 이것이 청정하지 못한 심(心)을 청정하게 하고 깨끗하지 못한 심(心)을 깨끗하게 하기 위한, 지금여기에서의 행복한 머묾을 위한 네 번째 높은 심(心)의 얻음이다.

imesaṃ catunnaṃ ābhicetasikānaṃ diṭṭhadhammasukhavihārānaṃ nikāmalābhī hoti akicchalābhī akasiralābhī.

이것이 그가 원하는 대로 어렵지 않고 고통스럽지 않게 얻는 지금여기의 행복한 머묾을 위한 네 가지 높은 심(心)이다.

"yaṃ kañci, sāriputta, jāneyyātha gihiṃ odātavasanaṃ — imesu pañcasu sikkhāpadesu saṃvutakammantaṃ, imesañca catunnaṃ ābhicetasikānaṃ diṭṭhadhammasukhavihārānaṃ nikāmalābhiṃ akicchalābhiṃ akasiralābhiṃ, so ākaṅkhamāno attanāva attānaṃ byākareyya — 'khīṇanirayomhi khīṇatiracchānayoni khīṇapettivisayo khīṇāpāyaduggativinipāto, sotāpanno -hamasmi avinipātadhammo niyato sambodhiparāyaṇo'"ti.

사리뿟따여, 그대들은 다섯 가지 학습계율 위에서 행위를 단속하고, 지금여기의 행복한 머묾을 위한 네 가지 높은 심(心)을 원하는 대로 어렵지 않고 고통스럽지 않게 얻는 흰옷을 입은 어떤 재가자를 볼 수 있는데, 그가 원할 때면 누구든지 오직 자신에 의해 자신을 설명할 수 있다. — '나에게 지옥은 다했고 축생의 모태는 다했고 아귀의 영역은 다했고 상실과 비탄의 상태, 비참한 존재, 벌 받는 상태는 다했다. 나는 예류자(預流者)여서 떨어지지 않는 자, 확실한 자, 깨달음을 겨냥한 자이다.'라고.

"nirayesu bhayaṃ disvā, pāpāni parivajjaye.
ariyadhammaṃ samādāya, paṇḍito parivajjaye.

지옥에 대해 두려움을 본 뒤에 악한 것들을 피해야 한다.
성스러운 법을 받아들인 뒤에 현명한 자는 피해야 한다.

"na hiṃse pāṇabhūtāni, vijjamāne parakkame.
musā ca na bhaṇe jānaṃ, adinnaṃ na parāmase.

노력하고 있다면, 생명 가진 존재를 해치지 말고,
거짓을 말하지 말고, 주어지지 않았다고 아는 것을 가지지 말라.

"sehi dārehi santuṭṭho, paradārañca ārame.
merayaṃ vāruṇiṃ jantu, na pive cittamohaniṃ.

자신의 아내로 만족하고, 남의 아내를 기뻐하지 말라.
사람의 심(心)을 유혹하는 발효되거나 증류된 술을 마시지 말라.

"anussareyya sambuddhaṃ, dhammañcānuvitakkaye.
abyāpajjaṃ hitaṃ cittaṃ, devalokāya bhāvaye.

부처님을 계속해서 기억해야 하고, 가르침을 계속해서 떠오르게 해야 한다.
신들의 세상에 태어나기 위해서 거슬림 없고 축복하는 심(心)을 닦아야 한다.

"upaṭṭhite deyyadhamme, puññatthassa jigīsato.
santesu paṭhamaṃ dinnā, vipulā hoti dakkhiṇā.

공덕을 바라는 자에게 선물이 준비되었다면,
평화로운 자들에게 먼저 주어진 것이 커다란 보시가 된다.

"santo have pavakkhāmi, sāriputta suṇohi me.

참으로 나는 말할 것이다. 사리뿟따여, 평화로운 그대는 나의 말을 들어라.

"iti kaṇhāsu setāsu, rohiṇīsu harīsu vā.
kammāsāsu sarūpāsu, gosu pārevatāsu vā.

검은색이든, 흰색이든, 붉은색이든, 누런색이든

점박이든 비둘기색을 가졌든 이렇게 소들과 관련해서

"yāsu kāsuci etāsu, danto jāyati puṅgavo.
dhorayho balasampanno, kalyāṇajavanikkamo.
tameva bhāre yuñjanti, nāssa vaṇṇaṃ parikkhare.

이들 가운데 어떤 것이든 짐을 감당할 힘을 가지고, 빠른 속력을 낼 수 있는
길든 황소가 오직 짐을 나른다. 생김새로 심사하는 것이 아니다.

"evamevaṃ manussesu, yasmiṃ kasmiñci jātiye.
khattiye brāhmaṇe vesse, sudde caṇḍālapukkuse.

이처럼 인간들 가운데서는 끄샤뜨리야, 바라문, 와이샤, 수드라, 불가촉천민의
어떤 가문에 태어나든지

"yāsu kāsuci etāsu, danto jāyati subbato.
dhammaṭṭho sīlasampanno, saccavādī hirīmano.

이들 가운데 누구든지 길들어 좋은 품행을 가진 자가 생긴다.
정의로운 자, 계를 갖춘 자, 진실을 말하는 자, 자책(自責)의 두려움이 있는 자

"pahīnajātimaraṇo, brahmacariyassa kevalī.
pannabhāro visaṃyutto, katakicco anāsavo.

생사를 버린 자, 온전히 범행을 실천한 자
짐을 내려놓은 자, 속박에서 풀린 자, 할 일을 한 자, 번뇌 없는 자

"pāragū sabbadhammānaṃ, anupādāya nibbuto.
tasmiṃyeva viraje khette, vipulā hoti dakkhiṇā.

모든 법의 저편으로 갔고, 집착하지 않아서 꺼진 자인
오직 더러움 없는 그 밭에서 보시는 풍성한 결과가 있다.

"bālā ca avijānantā, dummedhā assutāvino.
bahiddhā denti dānāni, na hi sante upāsare.

어리석은 자, 알지 못하는 자, 바보, 배우지 못한 자는

평화로운 자를 섬기지 않고, 밖에다 보시한다.

"ye ca sante upāsanti, sappaññe dhīrasammate.
saddhā ca nesaṃ sugate, mūlajātā patiṭṭhitā.

덕이 있고, 지혜가 있고, 지혜로 존경받는 분들을 섬기는 사람들
그들에게 선서(善逝)에 대한 믿음이 뿌리로부터 확고하다.

"devalokañca te yanti, kule vā idha jāyare.
anupubbena nibbānaṃ, adhigacchanti paṇḍitā"ti.

그들은 신들의 세상으로 간다. 아니면 이 세상의 좋은 가문에 태어난다.
현명한 자들은 점진적으로 열반을 성취한다.

2. 재가자의 여법한 실천 : 필수품의 공양 — (AN 4.60-재가자의 여법함 경)

atha kho anāthapiṇḍiko gahapati yena bhagavā tenupasaṅkami; upasaṅkamitvā bhagavantaṃ abhivādetvā ekamantaṃ nisīdi. ekamantaṃ nisinnaṃ kho anāthapiṇḍikaṃ gahapatiṃ bhagavā etadavoca —

아나타삔디까 장자가 세존에게 왔다. 와서는 세존에게 절한 뒤 한 곁에 앉았다. 한 곁에 앉은 아나타삔디까 장자에게 세존은 이렇게 말했다. —

"catūhi kho, gahapati, dhammehi samannāgato ariyasāvako gihisāmīcipaṭipadaṃ paṭipanno hoti yasopaṭilābhiniṃ saggasaṃvattanikaṃ. katamehi catūhi? idha, gahapati, ariyasāvako bhikkhusaṅghaṃ paccupaṭṭhito hoti cīvarena, bhikkhusaṅghaṃ paccupaṭṭhito hoti piṇḍapātena, bhikkhusaṅghapaccupaṭṭhito hoti senāsanena, bhikkhusaṅghaṃ paccupaṭṭhito hoti gilānappaccaya-bhesajjaparikkhārena. imehi kho, gahapati, catūhi dhammehi samannāgato ariyasāvako gihisāmīcipaṭipadaṃ paṭipanno hoti yasopaṭilābhiniṃ saggasaṃvattanikan"ti.

"장자여, 네 가지 법을 갖춘 성스러운 제자는 재가자의 여법한 실천을 하는 자여서 명성을 얻고 하늘로 이끌린다. 어떤 네 가지인가? 여기, 장자여, 성스러운 제자는 비구 상가에 가사를 공양하고, 비구 상가에 탁발 음식을 공양하고, 비구 상가에 거처를 공양하고, 비구 상가에 병(病)의 조건으로부터 필요한 약품을 공양한다. 장자여, 이런 네 가지 법을 갖춘 성스러운 제자는 재가자의 여법한 실천을 하는 자여서 명성을 얻고 하늘로 이끌린다.

"gihisāmīcipaṭipadaṃ, paṭipajjanti paṇḍitā.

sammaggate sīlavante, cīvarena upaṭṭhitā.
piṇḍapātasayanena, gilānappaccayena ca.
tesaṃ divā ca ratto ca, sadā puññaṃ pavaḍḍhati.
saggañca kamatiṭṭhānaṃ, kammaṃ katvāna bhaddakan"ti.

현명한 사람은 재가자의 여법한 실천을 실천한다.
바르게 도달한 분들, 계(戒)를 중시하는 분들에게
가사와 탁발 음식과 거처와 병(病)의 조건으로부터 필요한 약품을 공양한다.
그들에게 낮에도 밤에도 항상 공덕이 늘어난다.
상서로운 업(業)을 지은 뒤에 하늘의 머물 자리로 간다.

3. 적절한 때에 여읨의 희열을 성취하여 머물고 있는가? — (AN 5.176-희열 경)

atha kho anāthapiṇḍiko gahapati pañcamattehi upāsakasatehi parivuto yena bhagavā tenupasaṅkami; upasaṅkamitvā bhagavantaṃ abhivādetvā ekamantaṃ nisīdi. ekamantaṃ nisinnaṃ kho anāthapiṇḍikaṃ gahapatiṃ bhagavā etadavoca —

오백 명의 남신자들에 둘러싸인 아나타삔디까 장자가 세존에게 왔다. 와서는 세존에게 절한 뒤 한 곁에 앉았다. 한 곁에 앉은 아나타삔디까 장자에게 세존은 이렇게 말했다. —

"tumhe kho, gahapati, bhikkhusaṅghaṃ paccupaṭṭhitā cīvarapiṇḍapātasenāsanagilānap-paccayabhesajjaparikkhārena. na kho, gahapati, tāvatakeneva tuṭṭhi karaṇīyā — 'mayaṃ bhikkhusaṅghaṃ paccupaṭṭhitā cīvarapiṇḍapātasenāsanagilānappaccayabhesajjaparik-khārenā'ti. tasmātiha, gahapati, evaṃ sikkhitabbaṃ — 'kinti mayaṃ kālena kālaṃ pavivekaṃ pītiṃ upasampajja vihareyyāmā'ti! evañhi vo, gahapati, sikkhitabban"ti.

"장자여, 그대들은 가사와 탁발 음식과 거처와 병(病)의 조건으로부터 필요한 약품으로 비구 상가를 섬긴다. 장자여, '우리는 가사와 탁발 음식과 거처와 병(病)의 조건으로부터 필요한 약품으로 비구 상가를 공양한다.'라는 것만으로 기뻐하지 않아야 한다. 그러므로 장자여, '우리는 적절한 때에 여읨의 희열을 성취하여 머물고 있는가?'라고 공부해야 한다. 장자여, 그대들은 이렇게 공부해야 한다.

evaṃ vutte āyasmā sāriputto bhagavantaṃ etadavoca — "acchariyaṃ, bhante, abbhutaṃ, bhante! yāva subhāsitaṃ cidaṃ, bhante, bhagavatā — 'tumhe kho, gahapati, bhikkhusaṅghaṃ paccupaṭṭhitā cīvarapiṇḍapātasenāsanagilānappaccayabhesajjaparikkhārena. na kho, gahapati, tāvatakeneva tuṭṭhi karaṇīyā — mayaṃ bhikkhusaṅghaṃ paccupaṭṭhitā cīvarapiṇḍapātasenāsanagilānappaccayabhesajjaparikkhārenāti. tasmātiha, gahapati, evaṃ sikkhitabbaṃ — kinti mayaṃ kālena kālaṃ pavive -kaṃ pītiṃ upasampajja vihareyyāmāti! evañhi vo, gahapati, sikkhitabban'ti. yasmiṃ, bhante, samaye ariyasāvako pavivekaṃ pītiṃ upasampajja viharati, pañcassa ṭhānāni tasmiṃ samaye na honti. yampissa kāmūpasaṃhitaṃ dukkhaṃ domanassaṃ, tampissa tasmiṃ samaye na hoti. yampissa kāmūpasaṃhitaṃ sukhaṃ somanassaṃ, tampissa tasmiṃ samaye na hoti. yampissa akusalūpasaṃhitaṃ dukkhaṃ domanassaṃ, tampissa tasmiṃ samaye na hoti. yampissa akusalūpasaṃhitaṃ sukhaṃ somanassaṃ, tampissa tasmiṃ samaye na hoti. yampissa kusalūpasaṃhitaṃ dukkhaṃ domanassaṃ, tampissa tasmiṃ samaye na hoti. yasmiṃ, bhante, samaye ariyasāvako pavivekaṃ pītiṃ upasampajja viharati, imānissa pañca ṭhānāni tasmiṃ samaye na hontī"ti.

이렇게 말했을 때, 사리뿟따 존자가 이렇게 말했다. — "대덕이시여, 참으로 놀랍습니다. 대덕이시여, 참으로 신기합니다. 대덕이시여, 세존께서는 이렇게 잘 말씀하셨습니다. — '장자여, 그대들은 가사와 탁발 음식과 거처와 병(病)의 조건으로부터 필요한 약품으로 비구 상가를 섬긴다. 장자여, '우리는 가사와 탁발 음식과 거처와 병(病)의 조건으로부터 필요한 약품으로 비구 상가를 공양한다.'라는 것만으로 기뻐하지 않아야 한다. 그러므로 장자여, '우리는 적절한 때에 여읨의 희열을 성취하여 머물고 있는가?'라고 공부해야 한다. 장자여, 그대들은 이렇게 공부해야 한다.'라고. 대덕이시여, 성스러운 제자가 여읨의 희열을 성취하여 머물 때, 다섯 가지 상태가 없습니다. 그때 소유와 연결된 고(苦)와 고뇌가 없습니다. 그때 소유와 연결된 락(樂)과 만족이 없습니다. 그때 불선(不善)[무익(無益)]과 연결된 고(苦)와 고뇌가 없습니다. 그때 불선[무익]과 연결된 락(樂)과 만족이 없습니다. 그때 선(善)[유익(有益)]과 연결된 고(苦)와 고뇌가 없습니다. 대덕이시여, 성스러운 제자가 여읨의 희열을 성취하여 머물 때, 이런 다섯 가지 상태가 없습니다."라고.

"sādhu sādhu, sāriputta! yasmiṃ, sāriputta, samaye ariyasāvako pavivekaṃ pītiṃ upasampajja viharati, pañcassa ṭhānāni tasmiṃ samaye na honti. yampissa kāmūpasaṃhitaṃ dukkhaṃ domanassaṃ, tampissa tasmiṃ samaye na hoti. yampissa kāmūpasaṃhitaṃ sukhaṃ somanassaṃ, tampissa tasmiṃ samaye na hoti. yampissa akusalūpasaṃhitaṃ dukkhaṃ domanassaṃ, tampissa tasmiṃ samaye na hoti. yampissa akusalūpasaṃhitaṃ sukhaṃ somanassaṃ, tampissa tasmiṃ samaye na hoti. yampissa kusalūpasaṃhitaṃ dukkhaṃ domanassaṃ, tampissa tasmiṃ samaye na hoti. yasmiṃ, sāriputta, samaye ariyasāvako pavivekaṃ pītiṃ upasampajja viharati, imānissa pañca ṭhānāni tasmiṃ samaye na hontī"ti.

"훌륭하고 훌륭하다, 사리뿟따여. 성스러운 제자가 여읨의 희열을 성취하여 머물 때, 다섯 가지 상태가 없다. 그때 소유와 연결된 고(苦)와 고뇌가 없다. 그때 소유와 연결된 락(樂)과 만족이 없다. 그때 불선(不善)[무익(無益)]과 연결된 고(苦)와 고뇌가 없다. 그때 불선[무익]과 연결된 락(樂)과 만족이 없다. 그때 선(善)[유익(有益)]과 연결된 고(苦)와 고뇌가 없다. 사리뿟따여, 성스러운 제자가 여읨의 희열을 성취하여 머물 때, 이런 다섯 가지 상태가 없다."

4. 범행(梵行)을 실천하는 자와 소유하고자 하는 자 그리고 신행(信行)의 기준 — (MN 73-왓차 긴 경)

"tiṭṭhatu bhavaṃ gotamo. atthi pana te bhoto gotamassa ekabhikkhupi sāvako yo āsavānaṃ khayā anāsavaṃ cetovimuttiṃ paññāvimuttiṃ diṭṭheva dhamme sayaṃ abhiññā sacchikatvā upasampajja viharatī"ti? "na kho, vaccha, ekaṃyeva sataṃ na dve satāni na tīṇi satāni na cattāri satāni na pañca satāni, atha kho bhiyyova ye bhikkhū mama sāvakā āsavānaṃ khayā anāsavaṃ cetovimuttiṃ paññāvimuttiṃ diṭṭheva dhamme sayaṃ abhiññā sacchikatvā upasampajja viharantī"ti.

"되었습니다, 고따마 존자여. 그런데 그대 고따마 존자에게 번뇌들이 부서졌기 때문에 번뇌가 없는 심해탈(心解脫)과 혜해탈(慧解脫)을 지금여기에서 스스로 실답게 안 뒤에 실현하고 성취하여 머무는 비구 제자가 한 명이라도 있습니까?" "왓차여, 번뇌들이 부서졌기 때문에 번뇌가 없는 심해탈(心解脫)과 혜해탈(慧解脫)을 지금여기에서 스스로 실답게 안 뒤에 실현하고 성취하여 머무는 나의 비구 제자는 단지 백 명이 아니고, 이백 명이 아니고, 삼백 명이 아니고, 사백 명이 아니고, 오백 명이 아니고, 더 많습니다."

… 번뇌들이 부서졌기 때문에 번뇌가 없는 심해탈(心解脫)과 혜해탈(慧解脫)을 지금여기에서 스스로 실답게 안 뒤에 실현하고 성취하여 머무는 비구니 제자 … 흰옷을 입은 재가 제자로서 범행을 실천하는 자인, '오하분결(五下分結)이 완전히 부서졌기 때문에 화생(化生)하여, 거기서 완전히 열반하는 자이니, 그 세상으로부터 돌아오지 않는 존재[불환자(不還者)]'인 남신자-여신자 …

atthi pana bhoto gotamassa ekupāsikāpi sāvikā gihinī odātavasanā kāmabhoginī sāsanakarā ovādappaṭikarā yā tiṇṇavicikicchā vigatakathaṃkathā vesārajjappattā aparappaccayā satthusāsane viharatī"ti? …

흰옷을 입은 재가 제자로서 소유하고자 하는 자이고, 가르침을 행하고, 가르침에 보답하는 자인 '의심을 건너고, 불확실에서 벗어나고, 자기 확신을 얻고, 스승의 가르침에서 다른 스승을 의지하지 않고 머무는' 남신자-여신자 …

"sace hi, bho gotama, imaṃ dhammaṃ bhavañceva gotamo ārādhako abhavissa, bhikkhū ca ārādhakā abhavissaṃsu, bhikkhuniyo ca ārādhikā abhavissaṃsu, upāsakā ca gihī odātavasanā brahmacārino ārādhakā abhavissaṃsu, upāsakā ca gihī odātavasanā kāmabhogino ārādhakā abhavissaṃsu, upāsikā ca gihiniyo odātavasanā brahmacāriniyo ārādhikā abhavissaṃsu, no ca kho upāsikā gihiniyo odātavasanā kāmabhoginiyo ārādhikā abhavissaṃsu; evamidaṃ brahmacariyaṃ aparipūraṃ abhavissa tenaṅgena. yasmā ca kho, bho gotama, imaṃ dhammaṃ bhavañceva gotamo ārādhako, bhikkhū ca ārādhakā, bhikkhuniyo ca ārādhikā, upāsakā ca gihī odātavasanā brahmacārino ārādhakā, upāsakā ca gihī odātavasanā kāmabhogino ārādhakā, upāsikā ca gihiniyo odātavasanā brahmacāriniyo ārādhikā, upāsikā ca gihiniyo odātavasanā kāmabhoginiyo ārādhikā; evamidaṃ brahmacariyaṃ paripūraṃ tenaṅgena.

고따마 존자여, 만약 이 법으로 고따마 존자도 초대되고 비구들도 초대되고 비구니들도 초대되고 흰옷을 입은 재가 제자로서 범행을 실천하는 자인 남신자들도 초대되고 흰옷을 입은 재가 제자로서 소유하고자 하는 자인 남신자들도 초대되고 흰옷을 입은 재가 제자로서 범행을 실천하는 자인 여신자들도 초대되었지만 흰옷을 입은 재가 제자로서 소유하고자 하는 자인 여신자들은 초대되지 않았다면, 이 범행은 그것 때문에 완성되지 않을 것입니다. 그러나 고따마 존자여, 이 법으로 고따마 존자도 초대되고 비구들도 초대되고 비구니들도 초대되고 흰옷을 입은 재가 제자로서 범행을 실천하는 자인 남신자들도 초대되고 흰옷을 입은 재가 제자로서 소유하고자 하는 자인 남신자들도 초대되고 흰옷을 입은 재가 제자로서 범행을 실천하는 여신자들도 초대되고 흰옷을 입은 재가 제자로서 소유하고자 하는 자인 여신자들도 초대되었기 때문에 이 범행은 그것으로 인해 완성되었습니다.

5. 포살(布薩) ― (AN 8.41-간략한 포살(布薩) 경)

evaṃ me sutaṃ ― ekaṃ samayaṃ bhagavā sāvatthiyaṃ viharati jetavane anāthapiṇḍikassa ārāme. tatra kho bhagavā bhikkhū āmantesi ― "bhikkhavo"ti. "bhadante"ti te bhikkhū bhagavato paccassosuṃ. bhagavā etadavoca ―

이렇게 나는 들었다. ― 한때 세존(世尊)은 사왓티에서 제따와나의 아나타삔디까 사원에 머물렀다. 거기서 세존은 "비구들이여."라고 비구들을 불렀다. "대덕이시여."라고 비구들은 세존에게 대답했다. 세존은 이렇게 말했다. ―

"aṭṭhaṅgasamannāgato, bhikkhave, uposatho upavuttho mahapphalo hoti mahānisaṃso mahājutiko mahāvipphāro. kathaṃ upavuttho ca, bhikkhave, aṭṭhaṅgasamannāgato uposatho mahapphalo hoti mahānisaṃso mahājutiko mahāvipphāro? idha, bhikkhave, ariyasāvako iti paṭisañcikkhati ― 'yāvajīvaṃ arahanto pāṇātipātaṃ pahāya pāṇātipātā paṭiviratā nihitadaṇḍā nihitasatthā lajjī dayāpannā, sabbapāṇabhūtahitānukampino viharanti. ahaṃ pajja imañca rattiṃ imañca divasaṃ pāṇātipātaṃ pahāya pāṇātipātā paṭivirato nihitadaṇḍo nihitasattho lajjī dayāpanno, sabbapāṇabhūtahitānukampī viharāmi. imināpaṅgena arahataṃ anukaromi, uposatho ca me upavuttho bhavissatī'ti. iminā paṭhamena aṅgena samannāgato hoti.

"비구들이여, 여덟 요소를 갖춘 포살(布薩)을 준수하면 큰 결실과 큰 이익과 큰 영광과 큰 충만이 있다. 그러면 비구들이여, 어떻게 큰 결실과 큰 이익과 큰 영광과 큰 충만이 있는 여덟 요소를 갖춘 포살을 준수하는가? 비구들이여, 여기 성스러운 제자는 이렇게 숙고한다. — '아라한들은 죽을 때까지 생명을 해치는 행위를 버렸기 때문에 생명을 해치는 행위로부터 피한 자이다. 몽둥이를 내려놓았고, 칼을 내려놓았고, 겸손하고, 연민하고, 모든 생명에게 우정과 동정으로 머문다. 나도 오늘 이 밤과 낮 동안 생명을 해치는 행위를 버렸기 때문에 생명을 해치는 행위로부터 피한 자이다. 몽둥이를 내려놓았고, 칼을 내려놓았고, 겸손하고, 연민하고, 모든 생명에게 우정과 동정으로 머문다. 이런 요소에 의해 나는 아라한을 뒤따른다. 나는 포살을 준수할 것이다.'라고. 이것이 첫 번째 요소의 갖춤이다.

"'yāvajīvaṃ arahanto adinnādānaṃ pahāya adinnādānā paṭiviratā dinnādāyī dinnapāṭikaṅkhī, athenena sucibhūtena attanā viharanti. ahaṃ pajja imañca rattiṃ imañca divasaṃ adinnādānaṃ pahāya adinnādānā paṭivirato dinnādāyī dinnapāṭikaṅkhī, athenena sucibhūtena attanā viharāmi. imināpaṅgena arahataṃ anukaromi, uposatho ca me upavuttho bhavissatī'ti. iminā dutiyena aṅgena samannāgato hoti.

아라한들은 죽을 때까지 주지 않는 것을 가지는 행위를 버렸기 때문에 주지 않는 것을 가지는 행위로부터 피한 자이다. 주어진 것을 가지는 자이고 주어진 것을 바라는 자이다. 그럼으로써 스스로 깨끗한 존재로 머문다. 나도 오늘 이 밤과 낮 동안 주지 않는 것을 가지는 행위를 버렸기 때문에 주지 않는 것을 가지는 행위로부터 피한 자이다. 주어진 것을 가지는 자이고 주어진 것을 바라는 자이다. 그럼으로써 스스로 깨끗한 존재로 머문다. 이런 요소에 의해 나는 아라한을 뒤따른다. 나는 포살을 준수할 것이다.'라고. 이것이 두 번째 요소의 갖춤이다.

"'yāvajīvaṃ arahanto abrahmacariyaṃ pahāya brahmacārino ārācārino viratā methunā gāmadhammā. ahaṃ pajja imañca rattiṃ imañca divasaṃ abrahmacariyaṃ pahāya brahmacārī ārācārī virato methunā gāmadhammā. imināpaṅgena arahataṃ anukaromi, uposatho ca me upavuttho bhavissatī'ti. iminā tatiyena aṅgena samannāgato hoti.

아라한들은 죽을 때까지 음행(淫行)을 버렸기 때문에 범행(梵行)을 실천하는 자이다. 성행위를 멀리하고 삼간다. 나도 오늘 이 밤과 낮 동안 음행(淫行)을 버렸기 때문에 범행(梵行)을 실천하는 자이다. 성행위를 멀리하고 삼간다. 이런 요소에 의해 나는 아라한을 뒤따른다. 나는 포살을 준수할 것이다.'라고. 이것이 세 번째 요소의 갖춤이다.

"'yāvajīvaṃ arahanto musāvādaṃ pahāya musāvādā paṭiviratā saccavādino saccasandhā thetā paccayikā avisaṃvādako lokassa. ahaṃ pajja imañca rattiṃ imañca divasaṃ musāvādaṃ pahāya musāvādā paṭivirato saccavādī saccasandho theto paccayiko avisaṃvādako lokassa. imināpaṅgena arahataṃ anukaromi, uposatho ca me upavuttho bhavissatī'ti. iminā catutthena aṅgena samannāgato hoti.

아라한들은 죽을 때까지 거짓을 말하는 행위를 버렸기 때문에 거짓을 말하는 행위로부터 피한 자이다. 진실을 말하는 자여서 믿을 수 있고, 믿을만하고, 신뢰할만하고, 세상을 위해 사실을 말하는 자이다. 나도 오늘 이 밤과 낮 동안 거짓을 말하는 행위를 버렸기 때문에 거짓을 말하는 행위로부터 피한 자이다. 진실을 말하는 자여서 믿을 수 있고, 믿을만하고, 신뢰할만하고, 세상을 위해 사실을 말하는 자이다. 이런 요소에 의해 나는 아라한을 뒤따른다. 나는 포살을 준수할 것이다.'라고. 이것이 네 번째 요소의 갖춤이다.

"'yāvajīvaṃ arahanto surāmerayamajjapamādaṭṭhānaṃ pahāya surāmerayamajjapamādaṭṭhānā paṭiviratā. ahaṃ pajja imañca rattiṃ imañca divasaṃ surāmerayamajjapamādaṭṭhānaṃ pahāya surāmerayamajjapamādaṭṭhānā paṭivirato. imināpaṅgena arahataṃ anukaromi, uposatho ca me upavuttho bhavissatī'ti. iminā pañcamena aṅgena samannāgato hoti.

아라한들은 죽을 때까지 술과 발효액 등 취하게 하는 것으로 인한 방일한 머묾을 버렸기 때문에 술과 발효액 등 취하게 하는 것으로 인한 방일한 머묾으로부터 피한 자이다. 나도 오늘 이 밤과 낮 동안 술과 발효액 등 취하게 하는 것으로 인한 방일한 머묾을 버렸기 때문에, 술과 발효액 등 취하게 하는 것으로 인한 방일한 머묾으로부터 피한 자이다. 이런 요소에 의해 나는 아라한을 뒤따른다. 나는 포살을 준수할 것이다.'라고. 이것이 다섯 번째 요소의 갖춤이다.

"'yāvajīvaṃ arahanto ekabhattikā rattūparatā viratā vikālabhojanā. ahaṃ pajja imañca rattiṃ imañca divasaṃ ekabhattiko rattūparato virato vikālabhojanā. imināpaṅgena arahataṃ anukaromi, uposatho ca me upavuttho bhavissatī'ti. iminā chaṭṭhena aṅgena samannāgato hoti.

아라한들은 죽을 때까지 하루에 한 끼만 먹는 자여서 밤에 먹지 않고 때아닌 때에 먹는 것을 삼간다. 나도 오늘 이 밤과 낮 동안 하루에 한 끼만 먹는 자여서 밤에 먹지 않고 때아닌 때에 먹는 것을 삼간다. 이런 요소에 의해 나는 아라한을 뒤따른다. 나는 포살을 준수할 것이다.'라고. 이것이 여섯 번째 요소의 갖춤이다.

"'yāvajīvaṃ arahanto naccagītavāditavisūkadassanamālāgandhavilepana dhāraṇamaṇḍana -vibhūsanaṭṭhānaṃ pahāya naccagītavāditavisūkadassanamālā gandhavilepanadhāraṇa -maṇḍanavibhūsanaṭṭhānā paṭiviratā. ahaṃ pajja imañca rattiṃ imañca divasaṃ naccagīta -vāditavisūka dassanamālāgandhavilepanadhāraṇamaṇḍanavibhūsanaṭṭhānaṃ pahāya naccagītavāditavisūkadassanamālāgandhavilepanadhāraṇamaṇḍanavibhūsanaṭṭhānā paṭivirato. imināpaṅgena arahataṃ anukaromi, uposatho ca me upavuttho bhavissatī'ti. iminā sattamena aṅgena samannāgato hoti.

아라한들은, 죽을 때까지, 춤-노래-음악-관람-화환-향-화장품-몸에 지니는 것-장식품-꾸민 상태를 버렸기 때문에 춤-노래-음악-관람-화환-향-화장품-몸에 지니는 것-장식품-꾸민 상태로부터 피한 자이다. 나도 오늘, 이 밤과 낮 동안 춤-노래-음악-관람-화환-향-화장품-몸에 지니는 것-장식품-꾸민 상태를 버렸기 때문에 춤-노래-음악-관람-화환-향-화장품-몸에 지니는 것-장식품-꾸민 상태로부터 피한 자이다. 이런 요소에 의해 나는 아라한을 뒤따른다. 나는 포살을 준수할 것이다.'라고. 이것이 일곱 번째 요소의 갖춤이다.

"'yāvajīvaṃ arahanto uccāsayanamahāsayanaṃ pahāya uccāsayanamahāsayanā paṭiviratā nīcaseyyaṃ kappenti — mañcake vā tiṇasanthārake vā. ahaṃ pajja imañca rattiṃ imañca divasaṃ uccāsayanamahāsayanaṃ pahāya uccāsayanamahāsayanā paṭivirato nīcaseyyaṃ kappemi — mañcake vā tiṇasanthārake vā. imināpaṅgena arahataṃ anukaromi, uposatho ca me upavuttho bhavissatī'ti. iminā aṭṭhamena aṅgena samannāgato hoti. evaṃ upavuttho kho, bhikkhave, aṭṭhaṅgasamannāgato uposatho mahapphalo hoti mahānisaṃso mahājutiko mahāvipphāro"ti.

아라한들은, 죽을 때까지, 높고 큰 침상을 버렸기 때문에 높고 큰 침상으로부터 피한 자이다. 작은 침상이나 풀로 만든 자리 같은 소박한 침상을 사용한다. 나도 오늘, 이 밤과 낮 동안 높고 큰 침상을 버렸기 때문에 높고 큰 침상으로부터 피한 자이다. 작은 침상이나 풀로 만든 자리 같은 소박한 침상을 사용한다. 이런 요소에 의해 나는 아라한을 뒤따른다. 나는 포살을 준수할 것이다.'라고. 이것이 여덟 번째 요소의 갖춤이다. 비구들이여, 이런 여덟 요소를 갖춘 포살(布薩)을 준수하면 큰 결실과 큰 이익과 큰 영광과 큰 충만이 있다."

6. 보석 같은 불교 신자 — (AN 5.175-낮은 자 경)

①믿음이 있고, ②계를 중시하고, ③길상(吉祥)에 신나지 않고, ④길상(吉祥)이 아니라 업(業)을 당연히 여긴다. ⑤여기의 밖에서 보시받을만한 자를 찾지 않고, 여기에 먼저 보시한다.

"pañcahi, bhikkhave, dhammehi samannāgato upāsako upāsakacaṇḍālo ca hoti upāsakamalañca upāsakapatikuṭṭho ca. katamehi pañcahi? assaddho hoti; dussīlo hoti; kotūhalamaṅgaliko hoti, maṅgalaṃ pacceti no kammaṃ; ito ca bahiddhā dakkhiṇeyyaṃ gavesati; tattha ca pubbakāraṃ karoti. imehi kho, bhikkhave, pañcahi dhammehi samannāgato upāsako upāsakacaṇḍālo ca hoti upāsakamalañca upāsakapatikuṭṭho ca.

비구들이여, 다섯 가지 법을 갖춘 남신자는 낮은 남신자이고, 얼룩진 남신자이고, 잘못된 남신자이다. 어떤 다섯 가지인가? 믿음이 없고, 계를 경시하고, 길상(吉祥)에 신나고, 업(業)이 아니라 길상(吉祥)을 당연히 여긴다. 여기의 밖에서 보시받을만한 자를 찾고, 거기에 먼저 보시한다. 비구들이여, 이런 다섯 가지 법을 갖춘 남신자는 낮은 남신자이고, 얼룩진 남신자이고, 잘못된 남신자이다.

"pañcahi, bhikkhave, dhammehi samannāgato upāsako upāsakaratanañca hoti upāsakapadumañca upāsakapuṇḍarīkañca. katamehi pañcahi? saddho hoti; sīlavā hoti; akotūhalamaṅgaliko hoti, kammaṃ pacceti no maṅgalaṃ; na ito bahiddhā dakkhiṇeyyaṃ gavesati; idha ca pubbakāraṃ karoti. imehi kho, bhikkhave, pañcahi dhammehi samannāgato upāsako upāsakaratanañca hoti upāsakapadumañca upāsakapuṇḍarīkañcā"ti.

비구들이여, 다섯 가지 법을 갖춘 남신자는 보석 같은 남신자이고, 홍련(紅蓮) 같은 남신자이고, 백련(白蓮) 같은 남신자이다. 어떤 다섯 가지인가? 믿음이 있고, 계를 중시하고, 길상(吉祥)에 신나지 않고, 길상(吉祥)이 아니라 업(業)을 당연히 여긴다. 여기의 밖에서 보시받을만한 자를 찾지 않고, 여기에 먼저 보시한다. 비구들이여, 이런 다섯 가지 법을 갖춘 남신자는 보석 같은 남신자이고, 홍련(紅蓮) 같은 남신자이고, 백련(白蓮) 같은 남신자이다.

배워 알고 실천하는 불교 신자!

[9] 재가자의 모범② — 배워 알고 실천하는 불교

배워 알고 실천하면 됩니다. 그러면 정등각이신 스승께서 설하신 완전한 가르침의 위력이 부처님이 이끄시는 그런 삶을 나에게 실현해 줍니다. 다만, 바르게 알아야 할 뿐입니다. 길이 어긋나면, 아무리 열심히 걸어가도 목적지에 닿을 수 없기 때문입니다. (MN 104-사마가마경)에서 길과 실천의 갈등은 큰 것이라고 말하는 이유라고 하겠습니다.

그래서 부처님 살아서 직접 설한 가르침의 진정을 찾고자 하고, 그래서 불교를 부처님에게로 되돌리는 불사(佛事)에 우리는 나섰습니다.

1. 믿음-계-보시-지혜의 네 가지 법들의 용례

믿음-계-보시-지혜의 네 가지 법은 불교 신자의 덕목입니다. 많은 경들이 이 덕목을 응용해서 재가 신자의 삶의 지향을 제시하는데, 2020년에 출판한 「불교입문 (I) 소유하고자 하는 자를 위한 가르침」에서 모든 용례를 소개하였습니다. 여기서는 간략히 경들의 주제만 소개하고, 대표로 (AN 4.61-배운 사람의 행위 경)은 전문을 실었습니다.

1) (AN 4.61-배운 사람의 행위 경)

- 원하고 좋아하고 마음에 들지만, 세상에서 얻기 어려운 네 가지 법의 얻음을 위한 것

① 나에게 법과 함께한 재물이 생기기를!
② 친척들과 함께하고 스승들과 함께한 명성이 나에게 오기를!
③ 오래 살고 긴 수명을 유지하기를!
④ 몸이 무너져 죽은 뒤에는 좋은 곳, 천상 세계에 태어나기를!

- 재물의 바른 사용

① 자신을 행복하게 하고 만족하게 하고 바르게 행복을 지킨다. 부모-아들-아내-하인-일꾼들-친구와 친척들을 행복하게 하고 만족하게 하고 바르게 행복을 지킨다.
② 불과 물과 왕과 도둑과 사랑스럽지 않은 상속인, 이런 재난들을 방어하고 자신을 안전하게 지킨다.
③ 친척-손님-죽은 자-왕-신을 위한 다섯 가지 헌공을 한다.
④ 사문-바라문들에게 보시를 한다.

2) (AN 8.49-이 세상에 속한 것 경1)/(AN 8.50-이 세상에 속한 것 경2)

- 이 세상을 확고히 하는 것 — 주어진 일을 잘하고, 구성원들이 잘 따르고, 마음에 들게 행동하고, 벌어온 것을 잘 간수함

- 저세상을 확고히 하는 것 — 믿음-오계-보시-지혜를 갖춤

3) (AN 8.54-디가자누 경)

(AN 8.55-웃자야 경)과는 동일하고, (AN 8.75-갖춤 경1), (AN 8.76-갖춤 경2)에서는 금생과 내생의 구분 없이 여덟 가지 구족으로 나타남.

- 금생의 이익과 행복을 주는 법 — 근면을 갖춤, 보호를 갖춤, 선우(善友)를 사귐, 균형 잡힌 생계

- 내생의 이익과 행복을 주는 법 — 믿음-계-보시-지혜

4) (AN 2.33-42-평등한 심(心) 품)

- 부모님의 은혜는 갚기 어려움 — 효(孝)에 대한 불교의 입장

- 최상의 은혜 갚음[효(孝)] — 믿음-계-보시-지혜가 없는 부모님에게 이 네 가지 법을 갖추도록 부추기는 것

5) (AN 4.55-동등한 삶 경1)

- 사랑하는 부부가 다음 세상에서도 부부로 다시 만나는 방법 — 믿음-계-보시-지혜를 동등하게 갖춤

6) (AN 9.5-힘 경)

- 네 가지 힘 — 지혜의 힘, 정진의 힘, 결점 없음의 힘, 따르게 함의 힘

- 네 가지 따르게 함의 으뜸

- 다섯 가지 두려움의 극복 — 생계-나쁜 평판-모임에 당당하지 못함-죽음-나쁜 곳에 태어남에 대한 두려움

● 원하고 좋아하고 마음에 들지만, 세상에서 얻기 어려운 네 가지 법을 얻음 & 재물의 바른 사용 — (AN 4.61-배운 사람의 행위 경)

atha kho anāthapiṇḍiko gahapati yena bhagavā tenupasaṅkami; upasaṅkamitvā bhagavantaṃ abhivādetvā ekamantaṃ nisīdi. ekamantaṃ nisinnaṃ kho anāthapiṇḍikaṃ gahapatiṃ bhagavā etadavoca —

그때 아나타삔디까 장자가 세존에게 왔다. 와서는 세존에게 절한 뒤 한 곁에 앉았다. 한 곁에 앉은 아나타삔디까 장자에게 세존은 이렇게 말했다. —

"cattārome, gahapati, dhammā iṭṭhā kantā manāpā dullabhā lokasmiṃ. katame cattāro? bhogā me uppajjantu sahadhammenāti, ayaṃ paṭhamo dhammo iṭṭho kanto manāpo dullabho lokasmiṃ. bhoge laddhā sahadhammena yaso me āgacchatu saha ñātīhi saha upajjhāyehīti, ayaṃ dutiyo dhammo iṭṭho kanto manāpo dullabho lokasmiṃ. bhoge laddhā sahadhammena yasaṃ laddhā saha ñātīhi saha upajjhāyehi ciraṃ jīvāmi dīghamāyuṃ pālemīti, ayaṃ tatiyo dhammo iṭṭho kanto manāpo dullabho lokasmiṃ. bhoge laddhā sahadhammena yasaṃ laddhā saha ñātīhi saha upajjhāyehi ciraṃ jīvitvā dīghamāyuṃ pāletvā kāyassa bhedā paraṃ maraṇā sugatiṃ saggaṃ lokaṃ upapajjāmīti, ayaṃ catuttho dhammo iṭṭho kanto manāpo dullabho lokasmiṃ. ime kho, gahapati, cattāro dhammā iṭṭhā kantā manāpā dullabhā lokasmiṃ.

"장자여, 원하고 좋아하고 마음에 들지만 세상에서 얻기 어려운 네 가지 법이 있다. 무엇이 넷인가? ① '나에게 법과 함께한 재물이 생기기를!' 이것이 원하고 좋아하고 마음에 들지만 세상에서 얻기 어려운 첫 번째 법이다. ② '법과 함께한 재물을 얻은 뒤, 친척들과 함께하고 스승들과 함께한 명성이 나에게 오기를!' 이것이 원하고 좋아하고 마음에 들지만 세상에서 얻기 어려운 두 번째 법이다. ③ '법과 함께한 재물을 얻은 뒤, 친척들과 함께하고 스승들과 함께한 명성을 얻은 뒤, 나는 오래 살고 긴 수명을 유지하기를!' 이것이 원하고 좋아하고 마음에 들지만 세상에서 얻기 어려운 세 번째 법이다. ④ '법과 함께한 재물을 얻은 뒤, 친척들과 함께하고 스승들과 함께한 명성을 얻은 뒤, 나는 오래 살고 긴 수명을 유지한 뒤, 죽어서 몸이 무너진 뒤에는 좋은 곳 천상 세계에 태어나기를!' 이것이 원하고 좋아하고 마음에 들지만 세상에서 얻기 어려운 네 번째 법이다. 장자여, 이러한 원하고 좋아하고

마음에 들지만 세상에서 얻기 어려운 네 가지 법이 있다."

"imesaṃ kho, gahapati, catunnaṃ dhammānaṃ iṭṭhānaṃ kantānaṃ manāpānaṃ dullabhānaṃ lokasmiṃ cattāro dhammā paṭilābhāya saṃvattanti. katame cattāro? saddhāsampadā, sīlasampadā, cāgasampadā, paññāsampadā.

"장자여, 네 가지 법은 이러한 원하고 좋아하고 마음에 들지만 세상에서 얻기 어려운 네 가지 법의 얻음을 위해 이끈다. 무엇이 넷인가? 믿음을 갖춤, 계를 갖춤, 보시를 갖춤, 지혜를 갖춤이다."

"katamā ca, gahapati, saddhāsampadā? idha, gahapati, ariyasāvako saddho hoti, saddahati tathāgatassa bodhiṃ — 'itipi so bhagavā arahaṃ sammāsambuddho vijjācaraṇasampanno sugato lokavidū anuttaro purisadammasārathi, satthā devamanussānaṃ buddho bhagavā'ti. ayaṃ vuccati, gahapati, saddhāsampadā.

"장자여, 그러면 무엇이 믿음을 갖추는 것인가? 장자여, 여기 성스러운 제자는 믿음을 가졌다. '이렇게 그분 세존(世尊)께서는 모든 번뇌 떠나신 분, 스스로 완전한 깨달음을 이루신 분, 밝음과 실천을 갖추신 분, 진리의 길 보이신 분, 세상일을 모두 훤히 아시는 분, 어리석은 이도 잘 이끄시는 위없는 분, 모든 천상과 인간의 스승, 깨달으신 분, 존귀하신 분이시다.'라고 여래(如來)의 깨달음을 믿는다. 장자여, 이것이 믿음을 갖춤이라고 불린다."

"katamā ca, gahapati, sīlasampadā? idha, gahapati, ariyasāvako pāṇātipātā paṭivirato hoti ... pe ... surāmerayamajjapamādaṭṭhānā paṭivirato hoti. ayaṃ vuccati, gahapati, sīlasampadā.

"장자여, 그러면 무엇이 계를 갖추는 것인가? 장자여, 여기 성스러운 제자는 생명을 해치는 행위로부터 피한 자이고, 주지 않는 것을 가지는 행위로부터 피한 자이고, 음행(淫行)에 대한 삿된 행위로부터 피한 자이고, 거짓을 말하는 행위로부터 피한 자이고, 술과 발효액 등 취하게 하는 것으로 인한 방일한 머묾으로부터 피한 자이다. 장자여, 이것이 계를 갖춤이라고 불린다."

"katamā ca, gahapati, cāgasampadā? idha, gahapati, ariyasāvako vigatamalamaccherena cetasā agāraṃ ajjhāvasati muttacāgo payatapāṇi vosaggarato yācayogo dānasaṃvibhāgarato. ayaṃ vuccati, gahapati, cāgasampadā.

"장자여, 그러면 무엇이 보시를 갖추는 것인가? 장자여, 여기 성스러운 제자는 인색의 오염을 떠난 마음으로 자유롭게 보시하고, 손은 깨끗하고, 주기를 좋아하고, 다른 사람의 요구에 응할 준비가 되어있고, 베풂과 나눔을 좋아하며 재가에 산다. 장자여, 이것이 보시를 갖춤이라고 불린다."

"katamā ca, gahapati, paññāsampadā? abhijjhāvisamalobhābhibhūtena, gahapati, cetasā viharanto akiccaṃ karoti, kiccaṃ aparādheti. akiccaṃ karonto kiccaṃ aparādhento yasā ca sukhā ca dhaṃsati. byāpādābhibhūtena, gahapati, cetasā viharanto akiccaṃ karoti, kiccaṃ aparādheti. akiccaṃ karonto kiccaṃ aparādhento yasā ca sukhā ca dhaṃsati. thinamiddhābhibhūtena, gahapati, cetasā viharanto akiccaṃ karoti kiccaṃ aparādheti. akiccaṃ karonto kiccaṃ aparādhento yasā ca sukhā ca dhaṃsati. uddhaccakukkuccābhibhūtena, gahapati, cetasā viharanto akiccaṃ karoti, kiccaṃ aparādheti. akiccaṃ karonto kiccaṃ aparādhento yasā ca sukhā ca dhaṃsati. vicikicchābhibhūtena, gahapati, cetasā viharanto akiccaṃ karoti, kiccaṃ aparādheti. akiccaṃ karonto kiccaṃ aparādhento yasā ca sukhā ca dhaṃsati.

"장자여, 그러면 무엇이 지혜를 갖추는 것인가? 장자여, ①'망(望)이 일어난 간탐에 억눌린 심(心)으로 머무는 자는 하지 않아야 할 일을 하고 해야 할 일을 하지 않는다. 장자여, 하지 않아야 할 일을 하고 해야 할 일을 하지 않을 때 그의 명성과 행복이 흩어지게 된다. 장자여, ②진에에 억눌린 심(心)으로 머무는 자는 하지 않아야 할 일을 하고 해야 할 일을 하지 않는다. 장자여, 하지 않아야 할 일을 하고 해야 할 일을 하지 않을 때 그의 명성과 행복이 흩어지게 된다. 장자여, ③해태와 혼침에 억눌린 심(心)으로 머무는 자는 하지 않아야 할 일을 하고 해야 할 일을 하지 않는다. 장자여, 하지 않아야 할 일을 하고 해야 할 일을 하지 않을 때 그의 명성과 행복이 흩어지게 된다. 장자여, ④들뜸과 후회에 억눌린 심(心)으로 머무는 자는 하지 않아야 할 일을 하고 해야 할 일을 하지 않는다. 장자여, 하지 않아야 할 일을 하고 해야 할 일을 하지 않을 때 그의 명성과 행복이 흩어지게 된다. 장자여, ⑤의심에 억눌린 심(心)으로 머무는 자는 하지 않아야 할 일을 하고 해야 할 일을 하지 않는다. 장자여, 하지 않아야 할 일을 하고 해야 할 일을 하지 않을 때 그의 명성과 행복이 흩어지게 된다."

※ 망(望) — 한역(漢譯)에서는 lobha-dosa-moha와 rāga-dosa-moha를 모두 탐(貪)-진(嗔)-치(癡)로 번역하고 있지만, lobha와 rāga는 다른 것입니다. 근본경전연구회는 두 용어의 의미를 구명하고, 서로 다름을 고려하여 rāga는 탐(貪)으로, lobha는 망(望)으로 번역하고 있습니다.

"sa kho so, gahapati, ariyasāvako abhijjhāvisamalobho cittassa upakkilesoti, iti viditvā abhijjhāvisamalobhaṃ cittassa upakkilesaṃ pajahati. byāpādo cittassa upakkilesoti, iti viditvā byāpādaṃ cittassa upakkilesaṃ pajahati. thinamiddhaṃ cittassa upakkilesoti, iti viditvā thinamiddhaṃ cittassa upakkilesaṃ pajahati. uddhaccakukkuccaṃ cittassa upakkilesoti, iti viditvā uddhaccakukkuccaṃ cittassa upakkilesaṃ pajahati. vicikicchā cittassa upakkilesoti, iti viditvā vicikicchaṃ cittassa upakkilesaṃ pajahati.

"장자여, 이러한 성스러운 제자는 ①'망(望)이 일어난 간탐이 심(心)의 오염원이다.' 라고 알아서 심(心)의 오염원인 망(望)이 일어난 간탐을 버린다. ②'진에가 심(心)의 오염원이다.'라고 알아서 심(心)의 오염원인 진에를 버린다. ③'해태와 혼침이 심(心)의 오염원이다.'라고 알아서 심(心)의 오염원인 해태와 혼침을 버린다. ④'들뜸과 후회가 심(心)의 오염원이다.'라고 알아서 심(心)의 오염원인 들뜸과 후회를 버린다. ⑤'의심이 심(心)의 오염원이다.'라고 알아서 심(心)의 오염원인 의심을 버린다.

"yato ca kho, gahapati, ariyasāvakassa abhijjhāvisamalobho cittassa upakkilesoti, iti viditvā abhijjhāvisamalobho cittassa upakkileso pahīno hoti. byāpādo cittassa upakkilesoti, iti viditvā byāpādo cittassa upakkileso pahīno hoti. thinamiddhaṃ cittassa upakkilesoti, iti viditvā thinamiddhaṃ cittassa upakkileso pahīno hoti. uddhaccakukkuccaṃ cittassa upakkilesoti, iti viditvā uddhaccakukkuccaṃ cittassa upakkileso pahīno hoti. vicikicchā cittassa upakkilesoti, iti viditvā vicikicchā cittassa upakkileso pahīno hoti. ayaṃ vuccati, gahapati, ariyasāvako mahāpañño puthupañño āpātadaso paññāsampanno. ayaṃ vuccati, gahapati, paññāsampadā. imesaṃ kho, gahapati, catunnaṃ dhammānaṃ iṭṭhānaṃ kantānaṃ manāpānaṃ dullabhānaṃ lokasmiṃ ime cattāro dhammā paṭilābhāya saṃvattanti.

장자여, 성스러운 제자가 ①'망(望)이 일어난 간탐이 마음의 오염원이다.'라고 알아서 심(心)의 오염원인 망(望)이 일어난 간탐을 버렸고, ②'진에가 심(心)의 오염원이다.'라고 알아서 심(心)의 오염원인 진에를 버렸고, ③'해태와 혼침이 심(心)의 오염원이다.'라고 알아서 심(心)의 오염원인 해태와 혼침을 버렸고, ④'들뜸과 후회가 심(心)의 오염원이다.'라고 알아서 심(心)의 오염원인 들뜸과 후회를 버렸고, ⑤'의심이 심(心)의 오염원이다.'라고 알아서 심(心)의 오염원인 의심을 버렸기 때문에, 장자여, 이 성스러운 제자는 큰 지혜를 가졌다, 분석적인 지혜를 가졌다, 분명한 시계(視界)를 가졌다, 지혜를 갖추었다고 불린다. 장자여, 이것이 지혜를 갖춤이라고 불린다. 장자여, 이 네 가지 법은 이러한 원하고 좋아하고 마음에 들지만 세상에서 얻기 어려운 네 가지 법의 얻음을 위해 이끈다."

"sa kho so, gahapati, ariyasāvako uṭṭhānavīriyādhigatehi bhogehi bāhābalaparicitehi sedāvakkhittehi dhammikehi dhammaladdhehi cattāri pattakammāni kattā hoti. katamāni cattāri? idha gahapati, ariyasāvako uṭṭhānavīriyādhigatehi bhogehi bāhābala -paricitehi sedāvakkhittehi dhammikehi dhammaladdhehi attānaṃ sukheti pīṇeti sammā sukhaṃ pariharati. mātāpitaro sukheti pīṇeti sammā sukhaṃ pariharati. puttadāradāsakammakaraporise sukheti pīṇeti sammā sukhaṃ pariharati. mittāmacce sukheti pīṇeti sammā sukhaṃ pariharati. idamassa paṭhamaṃ ṭhānagataṃ hoti pattagataṃ āyatanaso paribhuttaṃ.

"장자여, 여기 성스러운 제자는 열정적인 노력으로 얻었고 팔의 힘으로 모았고 땀으로 덮었고 법과 함께하고 법의 실천으로 얻은 재물로 네 가지 배운 사람의 행위를 한다. 무엇이 넷인가? 장자여, 여기 성스러운 제자는 열정적인 노력으로 얻었고 팔의 힘으로 모았고 땀으로 덮었고 법과 함께하고 법의 실천으로 얻은 재물로 자신을 행복하게 하고 만족하게 하고 바르게 행복을 지킨다. 부모를 행복하게 하고 만족하게 하고 바르게 행복을 지킨다. 아들과 아내와 하인과 일꾼들을 행복하게 하고 만족하게 하고 바르게 행복을 지킨다. 친구와 친척들을 행복하게 하고 만족하게 하고 바르게 행복을 지킨다. 장자여, 이것이 그가 경우에 맞게 배운 사람으로 영역에 맞게 사용하는 첫 번째 행위이다."

☞ nikaya.kr : 불교입문(1-소유 210907) 보시2(위상-종류)[돈을 버는 이유]
(근본경전연구회 해피스님)

"puna caparaṃ, gahapati, ariyasāvako uṭṭhānavīriyādhigatehi bhogehi bāhābalaparicitehi sedāvakkhittehi dhammikehi dhammaladdhehi yā tā honti āpadā aggito vā udakato vā rājato vā corato vā appiyato vā dāyādato, tathārūpāsu āpadāsu pariyodhāya saṃvattati. sotthiṃ attānaṃ karoti. idamassa dutiyaṃ ṭhānagataṃ hoti pattagataṃ āyatanaso paribhuttaṃ.

"다시 장자여, 여기 성스러운 제자는 열정적인 노력으로 얻었고 팔의 힘으로 모았고 땀으로 덮었고 법과 함께하고 법의 실천으로 얻은 재물로 재난들, 불과 물과 왕과 도둑과 사랑스럽지 않은 상속인, 이런 재난들에서 방어를 위해 이끈다. 그는 자신을 안전하게 지킨다. 장자여, 이것이 그가 경우에 맞게 배운 사람으로 영역에 맞게 사용하는 두 번째 행위이다."

"puna caparaṃ, gahapati, ariyasāvako uṭṭhānavīriyādhigatehi bhogehi bāhābalaparicitehi sedāvakkhittehi dhammikehi dhammaladdhehi pañcabaliṃ kattā hoti — ñātibaliṃ, atithibaliṃ, pubbapetabaliṃ, rājabaliṃ, devatābaliṃ. idamassa tatiyaṃ ṭhānagataṃ hoti pattagataṃ āyatanaso paribhuttaṃ.

"다시 장자여, 여기 성스러운 제자는 열정적인 노력으로 얻었고 팔의 힘으로 모았고 땀으로 덮었고 법과 함께하고 법의 실천으로 얻은 재물로 다섯 가지 헌공을 한다. — 친척을 위한 헌공, 손님을 위한 헌공, 죽은 자를 위한 헌공, 왕을 위한 헌공, 신을 위한 헌공. 장자여, 이것이 그가 경우에 맞게 배운 사람으로 영역에 맞게 사용하는 세 번째 행위이다."

"puna caparaṃ, gahapati, ariyasāvako uṭṭhānavīriyādhigatehi bhogehi bāhābalaparicitehi sedāvakkhittehi dhammikehi dhammaladdhehi ye te samaṇabrāhmaṇā madappamādā paṭiviratā khantisoracce niviṭṭhā ekamattānaṃ damenti, ekamattānaṃ samenti, ekamattānaṃ parinibbāpenti, tathārūpesu samaṇabrāhmaṇesu uddhaggikaṃ dakkhiṇaṃ patiṭṭhāpeti sovaggikaṃ sukhavipākaṃ saggasaṃvattanikaṃ. idamassa catutthaṃ ṭhānagataṃ hoti pattagataṃ āyatanaso paribhuttaṃ.

"다시 장자여, 여기 성스러운 제자는 열정적인 노력으로 얻었고 팔의 힘으로 모았고 땀으로 덮었고 법과 함께하고 법의 실천으로 얻은 재물로 교만과 방일을 제어하고 인욕과 온화함에 안정되어 개별적으로 자신을 길들이고 개별적으로 자신을 제어하고 개별적으로 자신을 완전한 열반에 들게 하는 사문-바라문들에게 보시를 한다. 이러한 사문-바라문들에게 하는 보시는 삶을 향상케 하고 하늘로 이끌고 행복의 보(報)를 있게 하고 천상으로 이끈다. 장자여, 이것이 그가 경우에 맞게 배운 사람으로 영역에 맞게 사용하는 네 번째 행위이다."

"sa kho so, gahapati, ariyasāvako uṭṭhānavīriyādhigatehi bhogehi bāhābalaparicitehi sedāvakkhittehi dhammikehi dhammaladdhehi imāni cattāri pattakammāni kattā hoti. yassa kassaci, gahapati, aññatra imehi catūhi pattakammehi bhogā parikkhayaṃ gacchanti, ime vuccanti, gahapati, bhogā aṭṭhānagatā apattagatā anāyatanaso paribhuttā. yassa kassaci, gahapati, imehi catūhi pattakammehi bhogā parikkhayaṃ gacchanti, ime vuccanti, gahapati, bhogā ṭhānagatā pattagatā āyatanaso paribhuttā"ti.

"장자여, 성스러운 제자는 열정적인 노력으로 얻었고 팔의 힘으로 모았고 땀으로 덮었고 법과 함께하고 법의 실천으로 얻은 재물로 이런 네 가지 배운 사람의 행위를 한다. 장자여, 누구든지 이러한 네 가지 배운 사람의 행위와 다른 곳에서 재물을 낭비하는 자에게 장자여, 이 재물은 경우에 맞지 않게 배우지 못한 사람으로서 영역에 맞지 않게 사용되었다고 불린다. 장자여, 누구든지 이러한 네 가지 배운 사람의 행위로 재물을 쓰는 자에게, 장자여, 이 재물은 경우에 맞게 배운 사람으로 영역에 맞게 사용되었다고 불린다."

2. 믿음-계-배움-보시-지혜의 다섯 가지 법들의 용례

믿음-계-보시-지혜는 공덕(功德)을 쌓고, 유익(有益)을 쌓고, 행복(幸福)의 자량(資糧)이 되는 것입니다. 그런데 이 네 가지에 배움을 더한 믿음-계-배움-보시-지혜를 설하는 경들도 있습니다. 이 다섯 가지는 특히 원하는 세상 또는 하늘에 태어나는 방법으로 제시됩니다. 「공덕을 쌓고, 유익을 쌓고, 행복의 자량이 되는 네 가지에 견해를 이끄는 가르침을 배워 삶의 방향을 분명히 하면 하늘로 이끌리는 힘이 된다.」라는 의미로 이해할 수 있습니다. 그래서 이 다섯 가지는 갖춰야 하고, 성장해야 하는 재산입니다. 더 많이 쌓을수록 더 높은 하늘로 이끌리는 다섯 가지 재산입니다.

역시, 「불교입문 (I) 소유하고자 하는 자를 위한 가르침」에서 모든 용례를 소개하였는데, 여기서는 간략히 경들의 주제만 소개하고, (SN 55.21-마하나마 경1)은 전문을 실었습니다.

1) (AN 5.46-갖춤 경)

비구들이여, 이런 다섯 가지 갖춤이 있다. 어떤 다섯 가지인가? 믿음을 갖춤, 계를 갖춤, 배움을 갖춤, 보시를 갖춤, 지혜를 갖춤 — 이것이, 비구들이여, 다섯 가지 갖춤이다.

2) (AN 5.47-재산 경)

비구들이여, 이런 다섯 가지 재산이 있다. 어떤 다섯 가지인가? 믿음의 재산, 계의 재산, 배움의 재산, 보시의 재산, 지혜의 재산 — 이것이, 비구들이여, 다섯 가지 재산이다.

3) (AN 5.63-성장 경1)/(AN 5.64-성장 경2)/(SN 37.34-성장 경)

비구들이여, 다섯 가지 성장으로 성장하는 성스러운 제자는 성스러운 성장으로 성장하고, 핵심을 얻고, 몸의 뛰어남을 얻는다.

4) 계속해서 기억해야 하는 여섯 가지 가운데 천상(天上)

신들은 믿음-계-배움-보시-지혜를 갖추어 하늘에 태어났고, 나에게도 이 다섯 가지가 있으므로 나도 그들처럼 하늘에 태어날 것이라고 계속해서 기억해야 한다는 의미

5) (SN 55.21-마하나마 경1)

죽은 뒤에 몸은 다른 생명의 먹이가 되는 것이지만, 믿음-계-배움-보시-지혜를 닦은 심(心)은 위로 올라가고 특별한 곳으로 가게 됨.

6) (SN 11.14-가난한 자 경)

가난한 거지로 살았지만 믿음-계-배움-보시-지혜를 지닌 사람이 죽은 뒤에 삼십삼천의 신들의 동료로 태어나 용모와 명성에서 다른 신들을 능가함 — 「그를 가난하지 않다고

사람들은 말한다. 그의 삶은 쓸모없지 않다.」

7) (AN 5.157-나쁜 이야기 경)

- 나쁜 이야기 — ①믿음이 없는 사람에게 믿음 이야기, ②계(戒)를 경시하는 사람에게 계(戒) 이야기, ③조금 배운 사람에게 많은 진실 이야기, ④인색한 사람에게 보시 이야기, ⑤어리석은 사람에게 지혜 이야기

- 좋은 이야기 — ①믿음이 있는 사람에게 믿음 이야기, ②계(戒)를 중시하는 사람에게 계(戒) 이야기, ③많이 배운 사람에게 많은 진실 이야기, ④보시(布施)하는 사람에게 보시 이야기, ⑤지혜로운 사람에게 지혜 이야기

8) (MN 68—날라까빠나 경)

- 부처님이 죽은 제자의 죽음 이후를 설명하는 이유

- 그의 믿음과 계와 배움과 보시와 지혜를 계속해서 기억하는 그는 그 성취의 정도를 위해서 심(心)을 집중함

- 비구와 비구니에게는 아라한-불환자-일래자-예류자의 경우를 말하고, 남신자와 여신자에게는 불환자-일래자-예류자의 경우를 말함

9) (MN 120-행(行)에 의한 태어남 경)

「여기, 비구들이여, 믿음을 갖추고, 계(戒)를 갖추고, 배움을 갖추고, 보시(布施)를 갖추고, 지혜를 갖춘 비구가 있다. 그는 '아! 나는 몸이 무너져 죽은 뒤에 큰 부자인 끄샤뜨리야들의 일원으로 태어나야겠다!'라고 생각한다. 그는 그 심(心)을 북돋우고, 그 심(心)을 확고히 하고, 그 심(心)을 닦는다. 그에게 이렇게 닦고 이렇게 많이 행한 그 행(行)들과 머묾들은 거기에 태어남으로 이끈다. 비구들이여, 이런 길, 이런 실천이 거기에 태어남으로 이끈다.」

경은 같은 내용을

1) 인간 — 부유한 바라문 가문과 부유한 장자 가문의 일원

2) 천인 — 욕계(欲界)-색계(色界)-무색계(無色界) 하늘 사람의 일원

으로 태어남에 대해 반복합니다.

또한, 「비구들이여, 믿음을 갖추고, 계(戒)를 갖추고, 배움을 갖추고, 보시(布施)를 갖추고, 지혜를 갖춘 비구가 있다. 그에게 이런 생각이 든다. — '아! 나는 번뇌들이 부서졌기 때문에 번뇌가 없는 심해탈(心解脫)과 혜해탈(慧解脫)을 지금여기에서 스스로 실답게 안 뒤에 실현하고 성취하여 머물러야겠다!'라고. 그는 번뇌들이 부서졌기 때문에 번뇌가 없는 심해탈과 혜해탈을 지금여기에서 스스로 실답게 안 뒤에 실현하고 성취하여 머문다. 비구들이여, 이 비구는 어디에도 태어나지 않는다.」라고 하여, 해탈-열반의 실현을 통해 다시 태어나지 않음 즉 윤회에서 벗어남까지도 이 다섯 가지를 갖춤에 이어지는 실다운 지혜의 구족으로 설명하고 있습니다.

● (SN 55.21-마하나마 경1)

evaṃ me sutaṃ — ekaṃ samayaṃ bhagavā sakkesu viharati kapilavatthusmiṃ nigrodhārāme. atha kho mahānāmo sakko yena bhagavā tenupasaṅkami; upasaṅkamitvā bhagavantaṃ abhivādetvā ekamantaṃ nisīdi. ekamantaṃ nisinno kho mahānāmo sakko bhagavantaṃ etadavoca — "idaṃ, bhante, kapilavatthu iddhañceva phītañca bāhujaññaṃ ākiṇṇamanussaṃ sambādhabyūhaṃ. so khvāhaṃ, bhante, bhagavantaṃ vā payirupāsitvā manobhāvanīye vā bhikkhū sāyanhasamayaṃ kapilavatthuṃ pavisanto; bhantenapi hatthinā samāgacchāmi; bhantenapi assena samāgacchāmi; bhantenapi rathena samāgacchāmi; bhantenapi sakaṭena samāgacchāmi; bhantenapi purisena samāgacchāmi. tassa mayhaṃ, bhante, tasmiṃ samaye mussateva bhagavantaṃ ārabbha sati, mussati dhammaṃ ārabbha sati, mussati saṅghaṃ ārabbha sati. tassa mayhaṃ, bhante, evaṃ hoti — 'imamhi cāhaṃ samaye kālaṃ kareyyaṃ, kā mayhaṃ gati, ko abhisamparāyo'"ti?

이렇게 나는 들었다. — 한때 세존은 삭까에서 까삘라왓투의 니그로다 사원에 머물렀다. 그때 삭까 사람 마하나마가 세존에게 왔다. 와서는 세존에게 절한 뒤 한 곁에 앉았다. 한 곁에 앉은 삭까 사람 마하나마는 세존에게 이렇게 말했다. — "대덕이시여, 지금 까삘라왓투는 부유하고, 번영하고, 많은 사람이 모여 있고, 사람들로 산만하고, 사람이 많아서 불편합니다. 대덕이시여, 저는 세존과 마음 닦는 비구들을 시중든 뒤 저녁에 까삘라왓투로 들어갑니다. 그러면 저는 배회하는 코끼리와 만나고 배회하는 말과 만나고 배회하는 마차와 만나고 배회하는 수레와 만나고 배회하는 사람과 만납니다. 대덕이시여, 그런 저는 그때 세존에 대한 사띠를 놓치고, 법에 대한 사띠를 놓치고, 상가에 대한 사띠를 놓칩니다. 대덕이시여, 그런 저에게 이런 생각이 듭니다. — '내가 만약 지금 죽는다면 나의

갈 곳은 어디일까? 어디에 태어날까?'라고."

"mā bhāyi, mahānāma, mā bhāyi, mahānāma! apāpakaṃ te maraṇaṃ bhavissati apāpikā kālaṃkiriyā. yassa kassaci, mahānāma, dīgharattaṃ saddhāparibhāvitaṃ cittaṃ sīlaparibhāvitaṃ cittaṃ sutaparibhāvitaṃ cittaṃ cāgaparibhāvitaṃ cittaṃ paññāparibhāvitaṃ cittaṃ, tassa yo hi khvāyaṃ kāyo rūpī cātumahābhūtiko mātāpettikasambhavo odanakummāsūpacayo aniccucchādanaparimaddanabhedanaviddhaṃsanadhammo. taṃ idheva kākā vā khādanti gijjhā vā khādanti kulalā vā khādanti sunakhā vā khādanti siṅgālā vā khādanti vividhā vā pāṇakajātā khādanti; yañca khvassa cittaṃ dīgharattaṃ saddhāparibhāvitaṃ ... pe ... paññāparibhāvitaṃ taṃ uddhagāmi hoti visesagāmi.

"두려워하지 말라, 마하나마여. 두려워하지 말라, 마하나마여. 그대의 죽음은 나쁘지 않을 것이다. 임종은 나쁘지 않을 것이다. 마하나마여, 누구든지 오랜 세월 온전히 믿음을 닦은 심(心)과 온전히 계를 닦은 심(心)과 온전히 배움을 닦은 심(心)과 온전히 보시를 닦은 심(心)과 온전히 지혜를 닦은 심(心)을 가진 사람의 몸은 물질이어서 사대(四大)로 구성된 것이고, 부모에 속한 것에서 생겨난 것이고, 밥과 응유가 집적된 것이고, 무상하고 쇠퇴하고 부서지고 해체되고 흩어지는 것이다. 그것을 여기서 까마귀들이 쪼아 먹고, 독수리들이 쪼아 먹고, 매들이 쪼아 먹고, 개들이 뜯어먹고, 자칼들이 뜯어 먹고, 많은 살아있는 벌레 떼가 파먹겠지만, 오랜 세월 온전히 믿음을 닦은 심(心)과 온전히 계를 닦은 심(心)과 온전히 배움을 닦은 심(心)과 온전히 보시를 닦은 심(心)과 온전히 지혜를 닦은 이 심(心)은 위로 올라가고 특별한 곳으로 가게 된다.

"seyyathāpi, mahānāma, puriso sappikumbhaṃ vā telakumbhaṃ vā gambhīraṃ udakarahadaṃ ogāhitvā bhindeyya. tatra yā assa sakkharā vā kaṭhalā vā sā adhogāmī assa, yañca khvassa tatra sappi vā telaṃ vā taṃ uddhagāmi assa visesagāmi. evameva kho, mahānāma, yassa kassaci dīgharattaṃ saddhāparibhāvitaṃ cittaṃ ... pe ... paññāparibhāvitaṃ cittaṃ tassa yo hi khvāyaṃ kāyo rūpī cātumahābhūtiko mātāpettikasambhavo odanakummāsūpacayo aniccucchādanaparimaddanabhedanaviddhaṃsanadhammo taṃ idheva kākā vā khādanti gijjhā vā khādanti kulalā vā khādanti sunakhā vā khādanti siṅgālā vā khādanti vividhā vā pāṇakajātā khādanti; yañca khvassa cittaṃ dīgharattaṃ saddhāparibhāvitaṃ ... pe ... paññāparibhāvitaṃ taṃ uddhagāmi hoti visesagāmi. tuyhaṃ kho pana, mahānāma, dīgharattaṃ saddhāparibhāvitaṃ cittaṃ ... pe ... paññāparibhāvitaṃ cittaṃ. mā bhāyi, mahānāma, mā bhāyi, mahānāma! apāpakaṃ te maraṇaṃ bhavissati, apāpikā kālaṃkiriyā"ti.

예를 들면, 마하나마여, 어떤 사람이 버터 단지나 기름 단지를 깊은 호수 물속에 들어가서 깰 것이다. 그러면 파편이나 조각은 아래로 가라앉을 것이고 버터나 기름은 위로 뜰 것이다. 이처럼, 마하나마여, 누구든지 오랜 세월 온전히 믿음을 닦은 심(心)과 온전히 계를 닦은 심(心)과 온전히 배움을 닦은 심(心)과 온전히 보시를 닦은 심(心)과 온전히 지혜를 닦은 심(心)을 가진 사람의 몸은 물질이어서 사대(四大)로 구성된 것이고, 부모에 속한 것에서 생겨난 것이고, 밥과 응유가 집적된 것이고, 무상하고 쇠퇴하고 부서지고 해체되고 흩어지는 것이다. 그것을 여기서 까마귀들이 쪼아 먹고, 독수리들이 쪼아 먹고, 매들이 쪼아 먹고, 개들이 뜯어먹고, 자칼들이 뜯어 먹고, 많은 살아있는 벌레 떼가 파먹겠지만, 오랜 세월 온전히 믿음을 닦은 심(心)과 온전히 계를 닦은 심(心)과 온전히 배움을 닦은 심(心)과 온전히 보시를 닦은 심(心)과 온전히 지혜를 닦은 이 심(心)은 위로 올라가고 특별한 곳으로 가게 된다. 마하나마여, 그대는 오랜 세월 온전히 믿음을 닦은 심(心)과 온전히 계를 닦은 심(心)과 온전히 배움을 닦은 심(心)과 온전히 보시를 닦은 심(心)과 온전히 지혜를 닦은 심(心)을 가졌다. 두려워하지 말라, 마하나마여. 두려워하지 말라, 마하나마여. 그대의 죽음은 나쁘지 않을 것이다. 임종은 나쁘지 않을 것이다."

3. 여섯 가지 위없음 — (AN 6.30-위없음 경)

보고 듣고 얻고 공부하고 섬기고 기억하는 불교 신자의 일상에서 으뜸 되는 것을 설명합니다. 으뜸된 신행(信行)을 위한 기준의 제시입니다.

확고한 믿음과 확고한 사랑과 분명한 다다름과 아주 분명함을 가진 자에게

- 봄의 위없음 — 여래나 여래의 제자를 보기 위해서 가는 것
- 들음의 위없음 — 여래나 여래의 제자가 설하는 법을 듣기 위해서 가는 것
- 얻음의 위없음 — 여래나 여래의 제자에 대한 믿음을 얻는 것
- 공부의 위없음 — 여래가 선언한 법(法)과 율(律)에서 높은 계(戒)를 공부하고 높은 심(心)을 공부하고 높은 혜(慧)를 공부하는 것
- 섬김의 위없음 — 여래나 여래의 제자를 섬기는 것
- 기억의 위없음 — 여래나 여래의 제자를 계속해서 기억하는 것

인데, 중생들의 청정을 위한, 슬픔과 비탄을 건너기 위한, 고통과 고뇌의 줄어듦을 위한, 방법을 얻기 위한, 열반을 실현하기 위한 것입니다.

"chayimāni, bhikkhave, anuttariyāni. katamāni cha? dassanānuttariyaṃ, savanānuttariyaṃ, lābhānuttariyaṃ, sikkhānuttariyaṃ, pāricariyānuttariyaṃ, anussatānuttariyanti.

"비구들이여, 이런 여섯 가지 위없음이 있다. 어떤 여섯인가? 봄의 위없음, 들음의 위없음, 얻음의 위없음, 공부의 위없음, 섬김의 위없음, 기억의 위없음이다.

"katamañca, bhikkhave, dassanānuttariyaṃ? idha, bhikkhave, ekacco hatthiratanampi dassanāya gacchati, assaratanampi dassanāya gacchati, maṇiratanampi dassanāya gacchati, uccāvacaṃ vā pana dassanāya gacchati, samaṇaṃ vā brāhmaṇaṃ vā micchādiṭṭhikaṃ micchāpaṭipannaṃ dassanāya gacchati. atthetaṃ, bhikkhave, dassanaṃ; netaṃ natthīti vadāmi. tañca kho etaṃ, bhikkhave, dassanaṃ hīnaṃ gammaṃ pothujjanikaṃ anariyaṃ anatthasaṃhitaṃ, na nibbidāya na virāgāya na nirodhāya na upasamāya na abhiññāya na sambodhāya na nibbānāya saṃvattati. yo ca kho, bhikkhave, tathāgataṃ vā tathāgatasāvakaṃ vā dassanāya gacchati niviṭṭhasaddho niviṭṭhapemo ekantagato abhippasanno, etadānuttariyaṃ, bhikkhave, dassanānaṃ sattānaṃ visuddhiyā sokaparidevānaṃ samatikkamāya dukkhadomanassānaṃ atthaṅgamāya ñāyassa adhigamāya nibbānassa sacchikiriyāya, yadidaṃ tathāgataṃ vā tathāgatasāvakaṃ vā dassanāya gacchati niviṭṭhasaddho niviṭṭhapemo ekantagato abhippasanno. idaṃ vuccati, bhikkhave, dassanānuttariyaṃ. iti dassanānuttariyaṃ.

비구들이여, 어떤 것이 봄의 위없음인가? 비구들이여, 여기 어떤 사람은 상보(象寶)를 보러 가고, 마보(馬寶)를 보러 가고, 보배보(寶貝寶)를 보러 가고, 여러 가지 다른 것을 보러 가고, 삿된 견해를 가지고 삿된 실천을 하는 사문이나 바라문을 보러 간다. 비구들이여, 이것이 봄인가? '아니다. 이것은 아니다.'라고 나는 말한다. 비구들이여, 그리고 이런 봄은 저열하고 천박하고 범속하고 성스럽지 않고 이익을 가져오지 않고, 염오(厭惡)로, 이탐(離貪)으로, 소멸(消滅)로, 가라앉음으로, 실(實)다운 지혜로, 바른 깨달음으로, 열반(涅槃)으로 이끌지 않는다.

그러나 비구들이여, 확고한 믿음과 확고한 사랑과 분명한 다다름과 아주 분명함을 가진 자는 여래나 여래의 제자를 보기 위해서 간다. 비구들이여, 확고한 믿음과 확고한 사랑과 분명한 다다름과 아주 분명함을 가진 자가 여래나 여래의 제자를 보기 위해서 가는 이것이 봄 가운데 위없는 것이다. 중생들의 청정을 위한, 슬픔[수(愁)]과 비탄[비(悲)]을 건너기 위한, 고통[고(苦)]과 고뇌[우(憂)]의 줄어듦을 위한, 방법을 얻기 위한, 열반을 실현하기 위한 것이다. 비구들이여, 이것이 봄의 위없음이라고 불린다. 이렇게 봄의 위없음이 있다.

"savanānuttariyañca kathaṃ hoti? idha, bhikkhave, ekacco bherisaddampi savanāya gacchati, vīṇāsaddampi savanāya gacchati, gītasaddampi savanāya gacchati, uccāvacaṃ vā pana savanāya gacchati, samaṇassa vā brāhmaṇassa vā micchādiṭṭhikassa micchāpaṭipannassa dhammassavanāya gacchati. atthetaṃ, bhikkhave, savanaṃ; netaṃ natthīti vadāmi. tañca kho etaṃ, bhikkhave, savanaṃ hīnaṃ gammaṃ pothujjanikaṃ anariyaṃ anatthasaṃhitaṃ, na nibbidāya na virāgāya na nirodhāya na upasamāya na abhiññāya na sambodhāya na nibbānāya saṃvattati. yo ca kho, bhikkhave, tathāgatassa vā tathāgatasāvakassa vā dhammassavanāya gacchati niviṭṭhasaddho niviṭṭhapemo ekantagato abhippasanno, etadānuttariyaṃ, bhikkhave, savanānaṃ sattānaṃ visuddhiyā sokaparidevānaṃ samatikkamāya dukkhadomanassānaṃ atthaṅgamāya ñāyassa adhigamāya nibbānassa sacchikiriyāya, yadidaṃ tathāgatassa vā tathāgatasāvakassa vā dhammassavanāya gacchati niviṭṭhasaddho niviṭṭhapemo ekantagato abhippasanno. idaṃ vuccati, bhikkhave, savanānuttariyaṃ. iti dassanānuttariyaṃ, savanānuttariyaṃ.

그러면 어떤 것이 들음의 위없음인가? 비구들이여, 여기 어떤 사람은 북소리를 들으러 가고, 류트 소리를 들으러 가고, 노랫소리를 들으러 가고, 여러 가지 다른 것을 들으러 가고, 삿된 견해를 가지고 삿된 실천을 하는 사문이나 바라문의 법을 들으러 간다. 비구들이여, 이것이 들음인가? '아니다. 이것은 아니다.'라고 나는 말한다. 비구들이여, 그리고 이런 들음은 저열하고 천박하고 범속하고 성스럽지 않고 이익을 가져오지 않고, 염오로, 이탐으로, 소멸로, 가라앉음으로, 실다운 지혜로, 바른 깨달음으로, 열반으로 이끌지 않는다.

그러나 비구들이여, 확고한 믿음과 확고한 사랑과 분명한 다다름과 아주 분명함을 가진 자는 여래나 여래의 제자가 설하는 법을 듣기 위해서 간다. 비구들이여, 확고한 믿음과 확고한 사랑과 분명한 다다름과 아주 분명함을 가진 자가 여래나 여래의 제자가 설하는 법을 듣기 위해서 가는 이것이 들음 가운데 위없는 것이다. 중생들의 청정을 위한, 슬픔과 비탄을 건너기 위한, 고통과 고뇌의 줄어듦을 위한, 방법을 얻기 위한, 열반을 실현하기 위한 것이다. 비구들이여, 이것이 들음의 위없음이라 불린다. 이렇게 봄의 위없음과 들음의 위없음이 있다.

"lābhānuttariyañca kathaṃ hoti? idha, bhikkhave, ekacco puttalābhampi labhati, dāralābhampi labhati, dhanalābhampi labhati, uccāvacaṃ vā pana lābhaṃ labhati, samaṇe vā brāhmaṇe vā micchādiṭṭhike micchāpaṭipanne saddhaṃ paṭilabhati. attheso, bhikkhave, lābho; neso natthīti vadāmi. so ca kho eso, bhikkhave, lābho hīno gammo pothujjaniko anariyo anatthasaṃhito, na nibbidāya na virāgāya na nirodhāya na upasamāya na abhiññāya na sambodhāya na nibbānāya saṃvattati. yo ca kho, bhikkhave, tathāgate vā tathāgatasāvake vā saddhaṃ paṭilabhati niviṭṭhasaddho niviṭṭhapemo ekantagato abhippasanno, etadānuttariyaṃ, bhikkhave, lābhānaṃ sattānaṃ visuddhiyā sokaparidevānaṃ samatikkamāya dukkhadomanassānaṃ atthaṅgamāya ñāyassa adhigamāya nibbānassa sacchikiriyāya, yadidaṃ tathāgate vā tathāgatasāvake vā saddhaṃ paṭilabhati niviṭṭhasaddho niviṭṭhapemo ekantagato abhippasanno. idaṃ vuccati, bhikkhave, lābhānuttariyaṃ. iti dassanānuttariyaṃ, savanānuttariyaṃ, lābhānuttariyaṃ.

그러면 어떤 것이 얻음의 위없음인가? 비구들이여, 여기 어떤 사람은 아들을 얻고, 아내를 얻고, 재물을 얻고, 여러 가지 다른 것을 얻고, 삿된 견해를 가지고 삿된 실천을 하는 사문이나 바라문에게서 믿음을 얻는다. 비구들이여, 이것이 얻음인가? '아니다. 이것은 아니다.'라고 나는 말한다. 비구들이여, 그리고 이런 얻음은 저열하고 천박하고 범속하고 성스럽지 않고 이익을 가져오지 않고, 염오로, 이탐으로, 소멸로, 가라앉음으로, 실다운 지혜로, 바른 깨달음으로, 열반으로 이끌지 않는다.

그러나 비구들이여, 확고한 믿음과 확고한 사랑과 분명한 다다름과 아주 분명함을 가진 자는 여래나 여래의 제자에 대한 믿음을 얻는다. 비구들이여, 확고한 믿음과 확고한 사랑과 분명한 다다름과 아주 분명함을 가진 자가 여래나 여래의 제자에 대한 믿음을 얻는 이것이 얻음 가운데 위없는 것이다. 중생들의 청정을 위한, 슬픔과 비탄을 건너기 위한, 고통과 고뇌의 줄어듦을 위한, 방법을 얻기 위한, 열반을 실현하기 위한 것이다. 비구들이여, 이것이 얻음의 위없음이라 불린다. 이렇게 봄의 위없음과 들음의 위없음과 얻음의 위없음이 있다.

"sikkhānuttariyañca kathaṃ hoti? idha, bhikkhave, ekacco hatthismimpi sikkhati, assasmimpi sikkhati, rathasmimpi sikkhati, dhanusmimpi sikkhati, tharusmimpi sikkhati, uccāvacaṃ vā pana sikkhati, samaṇassa vā brāhmaṇassa vā micchādiṭṭhikassa micchāpaṭipannassa sikkhati. atthesā, bhikkhave, sikkhā; nesā natthīti vadāmi. sā ca kho esā, bhikkhave, sikkhā hīnā gammā pothujjanikā anariyā anatthasaṃhitā, na nibbidāya na virāgāya na nirodhāya na upasamāya na abhiññāya na sambodhāya na nibbānāya saṃvattati. yo ca kho, bhikkhave, tathāgatappavedite dhammavinaye adhisīlampi sikkhati, adhicittampi sikkhati, adhipaññampi sikkhati niviṭṭhasaddho niviṭṭhapemo ekantagato abhippasanno, etadānuttariyaṃ, bhikkhave, sikkhānaṃ sattānaṃ visuddhiyā sokaparidevānaṃ samatikkamāya dukkhadomanassānaṃ atthaṅgamāya ñāyassa adhigamāya nibbānassa sacchikiriyāya, yadidaṃ tathāgatappavedite dhammavinaye adhisīlampi sikkhati, adhicittampi sikkhati, adhipaññampi sikkhati, niviṭṭhasaddho niviṭṭhapemo ekantagato abhippasanno. idaṃ vuccati, bhikkhave, sikkhānuttariyaṃ. iti dassanānuttariyaṃ, savanānuttariyaṃ, lābhānuttariyaṃ, sikkhānuttariyaṃ.

그러면 어떤 것이 공부의 위없음인가? 비구들이여, 여기 어떤 사람은 코끼리에 대해 공부하고, 말에 대해 공부하고, 마차에 대해 공부하고, 활에 대해 공부하고, 칼에 대해 공부하고, 여러 가지 다른 것에 대해 공부하고, 삿된 견해를 가지고 삿된 실천을 하는 사문이나 바라문에게서 공부한다. 비구들이여, 이것이 공부인가? '아니다. 이것은 아니다.'라고 나는 말한다. 비구들이여, 그리고 이런 공부는 저열하고 천박하고 범속하고 성스럽지 않고 이익을 가져오지 않고, 염오로, 이탐으로, 소멸로, 가라앉음으로, 실다운 지혜로, 바른 깨달음으로, 열반으로 이끌지 않는다.

그러나 비구들이여, 확고한 믿음과 확고한 사랑과 분명한 다다름과 아주 분명함을 가진 자는 여래가 선언한 법(法)과 율(律)에서 높은 계(戒)를 공부하고 높은 심(心)을 공부하고 높은 혜(慧)를 공부한다. 비구들이여, 확고한 믿음과 확고한 사랑과 분명한 다다름과 아주 분명함을 가진 자가 여래가 선언한 법(法)과 율(律)에서 높은 계(戒)를 공부하고 높은 심(心)을 공부하고 높은 혜(慧)를 공부하는 이것이 공부 가운데 위없는 것이다. 중생들의 청정을 위한, 슬픔과 비탄을 건너기 위한, 고통과 고뇌의 줄어듦을 위한, 방법을 얻기 위한,

열반을 실현하기 위한 것이다. 비구들이여, 이것이 공부의 위없음이라 불린다. 이렇게 봄의 위없음과 들음의 위없음과 얻음의 위없음과 공부의 위없음이 있다.

"pāricariyānuttariyañca kathaṃ hoti? idha, bhikkhave, ekacco khattiyampi paricarati, brāhmaṇampi paricarati, gahapatimpi paricarati, uccāvacaṃ vā pana paricarati, samaṇaṃ vā brāhmaṇaṃ vā micchādiṭṭhikaṃ micchāpaṭipannaṃ paricarati. atthesā, bhikkhave, pāricariyā; nesā natthīti vadāmi. sā ca kho esā, bhikkhave, pāricariyā hīnā gammā pothujjanikā anariyā anatthasaṃhitā, na nibbidāya ... pe ... na nibbānāya saṃvattati. yo ca kho, bhikkhave, tathāgataṃ vā tathāgatasāvakaṃ vā paricarati niviṭṭhasaddho niviṭṭhapemo ekantagato abhippasanno, etadānuttariyaṃ, bhikkhave, pāricariyānaṃ sattānaṃ visuddhiyā sokaparidevānaṃ samatikkamāya dukkhadomanassānaṃ atthaṅgamāya ñāyassa adhigamāya nibbānassa sacchikiriyāya, yadidaṃ tathāgataṃ vā tathāgatasāvakaṃ vā paricarati niviṭṭhasaddho niviṭṭhapemo ekantagato abhippasanno. idaṃ vuccati, bhikkhave, pāricariyānuttariyaṃ. iti dassanānuttariyaṃ, savanānuttariyaṃ, lābhānuttariyaṃ, sikkhānuttariyaṃ, pāricariyānuttariyaṃ.

그러면 어떤 것이 섬김의 위없음인가? 비구들이여, 여기 어떤 사람은 끄샤뜨리야를 섬기고, 바라문을 섬기고, 장자를 섬기고, 여러 가지 다른 사람을 섬기고, 삿된 견해를 가지고 삿된 실천을 하는 사문이나 바라문을 섬긴다. 비구들이여, 이것이 섬김인가? '아니다. 이것은 아니다.'라고 나는 말한다. 비구들이여, 그리고 이런 섬김은 저열하고 천박하고 범속하고 성스럽지 않고 이익을 가져오지 않고, 염오로, 이탐으로, 소멸로, 가라앉음으로, 실다운 지혜로, 바른 깨달음으로, 열반으로 이끌지 않는다.

그러나 비구들이여, 확고한 믿음과 확고한 사랑과 분명한 다다름과 아주 분명함을 가진 자는 여래나 여래의 제자를 섬긴다. 비구들이여, 확고한 믿음과 확고한 사랑과 분명한 다다름과 아주 분명함을 가진 자가 여래나 여래의 제자를 섬기는 이것이 섬김 가운데 위없는 것이다. 중생들의 청정을 위한, 슬픔과 비탄을 건너기 위한, 고통과 고뇌의 줄어듦을 위한, 방법을 얻기 위한, 열반을 실현하기 위한 것이다. 비구들이여, 이것이 섬김의 위없음이라 불린다. 이렇게 봄의 위없음과 들음의 위없음과 얻음의 위없음과 공부의 위없음과 섬김의 위없음이 있다.

"anussatānuttariyañca kathaṃ hoti? idha, bhikkhave, ekacco puttalābhampi anussarati, dāralābhampi anussarati, dhanalābhampi anussarati, uccāvacaṃ vā pana lābhaṃ anussarati, samaṇaṃ vā brāhmaṇaṃ vā micchādiṭṭhikaṃ micchāpaṭipannaṃ anussarati. atthesā, bhikkhave, anussati; nesā natthīti vadāmi. sā ca kho esā, bhikkhave, anussati hīnā gammā pothujjanikā anariyā anatthasaṃhitā, na nibbidāya na virāgāya na nirodhāya na upasamāya na abhiññāya na sambodhāya na nibbānāya saṃvattati. yo ca kho, bhikkhave, tathāgataṃ vā tathāgatasāvakaṃ vā anussarati niviṭṭhasaddho niviṭṭhapemo ekantagato abhippasanno, etadānuttariyaṃ, bhikkhave, anussatīnaṃ sattānaṃ visuddhiyā sokaparidevānaṃ samatikkamāya dukkhadomanassānaṃ atthaṅgamāya ñāyassa adhigamāya nibbānassa sacchikiriyāya, yadidaṃ tathāgataṃ vā tathāgatasāvakaṃ vā anussarati niviṭṭhasaddho niviṭṭhapemo ekantagato abhippasanno. idaṃ vuccati, bhikkhave, anussatānuttariyaṃ. imāni kho, bhikkhave, cha anuttariyānī"ti.

그러면 어떤 것이 기억의 위없음인가? 비구들이여, 여기 어떤 사람은 아들을 얻는 것을 계속해서 기억하고, 아내를 얻는 것을 계속해서 기억하고, 재물을 얻는 것을 계속해서 기억하고, 여러 가지 다른 것을 얻는 것을 계속해서 기억하고, 삿된 견해를 가지고 삿된 실천을 가진 사문이나 바라문을 계속해서 기억한다. 비구들이여, 이것이 기억인가? '아니다. 이것은 아니다.'라고 나는 말한다. 비구들이여, 그리고 이런 기억은 저열하고 천박하고 범속하고 성스럽지 않고 이익을 가져오지 않고, 염오로, 이탐으로, 소멸로, 가라앉음으로, 실다운 지혜로, 바른 깨달음으로, 열반으로 이끌지 않는다.

그러나 비구들이여, 확고한 믿음과 확고한 사랑과 분명한 다다름과 아주 분명함을 가진 자는 여래나 여래의 제자를 계속해서 기억한다. 비구들이여, 확고한 믿음과 확고한 사랑과 분명한 다다름과 아주 분명함을 가진 자가 여래나 여래의 제자를 계속해서 기억하는 이것이 기억 가운데 위없는 것이다. 중생들의 청정을 위한, 슬픔과 비탄을 건너기 위한, 고통과 고뇌의 줄어듦을 위한, 방법을 얻기 위한, 열반을 실현하기 위한 것이다. 비구들이여, 이것이 기억의 위없음이라 불린다. 비구들이여, 이런 여섯 가지 위없음이 있다."

"ye dassanānuttaraṃ laddhā, savanañca anuttaraṃ.
lābhānuttariyaṃ laddhā, sikkhānuttariye ratā.
"upaṭṭhitā pāricariyā, bhāvayanti anussatiṃ.
vivekappaṭisaṃyuttaṃ, khemaṃ amatagāminiṃ.
"appamāde pamuditā, nipakā sīlasaṃvutā.
te ve kālena paccenti, yattha dukkhaṃ nirujjhatī"ti.

"봄의 위없음과 들음의 위없음을 얻고
얻음의 위없음을 얻으면 공부의 위없음을 즐거워하며
섬김을 확립하고 기억을 닦고
떨침과 연결된, 불사(不死)로 향하는 안온(安穩)을 닦으며
불방일(不放逸)에 환희하고 슬기롭고 계로 단속하는 자들
그들에게 참으로 괴로움이 소멸하는 때가 온다."

4. 기도(祈禱)/기원(祈願)이 아니라 실천 — (AN 5.43-원함 경)

☞ nikaya.kr : 원함 경 - 빈다고 얻어지지 않음(새출발법회 27주)

오래 살고 싶고, 잘 생기고 싶고, 행복하고 싶고, 명성을 얻고 싶고, 죽은 뒤에는 하늘에 태어나고 싶습니다. 누구나 그러기를 원하고 좋아하고 마음에 들어하지만, 이것은 세상에서 얻기 어렵습니다. 이때, 기도가 필요합니까? 누구에게 기도하겠습니까? 하지만 그것은 적절한 방법이 아닙니다. 기도를 받아 주는 권능 가진 자는 없다는 것이 부처님의 안내입니다. 원하는 것이 있다면 그것의 성취를 위한 바른 방법을 배워 알고, 아는 그대로 실천해야 합니다. 이것이 삶의 향상과 소원의 성취를 위한 부처님의 방법입니다.

atha kho anāthapiṇḍiko gahapati yena bhagavā tenupasaṅkami; upasaṅkamitvā bhagavantaṃ abhivādetvā ekamantaṃ nisīdi. ekamantaṃ nisinnaṃ kho anāthapiṇḍikaṃ gahapatiṃ bhagavā etadavoca —

그때 아나타삔디까 장자가 세존에게 왔다. 와서는 세존에게 절한 뒤 한 곁에 앉았다. 한 곁에 앉은 아나타삔디까 장자에게 세존은 이렇게 말했다. —

"pañcime, gahapati, dhammā iṭṭhā kantā manāpā dullabhā lokasmiṃ. katame pañca? āyu, gahapati, iṭṭho kanto manāpo dullabho lokasmiṃ; vaṇṇo iṭṭho kanto manāpo dullabho lokasmiṃ; sukhaṃ iṭṭhaṃ kantaṃ manāpaṃ dullabhaṃ lokasmiṃ; yaso iṭṭho kanto manāpo dullabho lokasmiṃ; saggā iṭṭhā kantā manāpā dullabhā lokasmiṃ. ime kho, gahapati, pañca dhammā iṭṭhā kantā manāpā dullabhā lokasmiṃ.

"장자여, 원하고 좋아하고 마음에 들지만, 세상에서 얻기 어려운 다섯 가지 법이 있다. 무엇이 다섯인가? 장자여, 수명은 원하고 좋아하고 마음에 들지만, 세상에서 얻기 어려운 것이다. 용모는 원하고 좋아하고 마음에 들지만, 세상에서 얻기 어려운 것이다. 행복은 원하고 좋아하고 마음에 들지만, 세상에서 얻기 어려운 것이다. 명성은 원하고 좋아하고 마음에 들지만, 세상에서 얻기 어려운 것이다. 천상은 원하고 좋아하고 마음에 들지만, 세상에서 얻기 어려운 것이다. 이것이, 장자여, 원하고 좋아하고 마음에 들지만 세상에서 얻기 어려운 다섯 가지 법이다."

"imesaṃ kho, gahapati, pañcannaṃ dhammānaṃ iṭṭhānaṃ kantānaṃ manāpānaṃ dullabhānaṃ lokasmiṃ na āyācanahetu vā patthanāhetu vāpaṭilābhaṃ vadāmi. imesaṃ kho, gahapati, pañcannaṃ dhammānaṃ iṭṭhānaṃ kantānaṃ manāpānaṃ dullabhānaṃ lokasmiṃ āyācanahetu vā patthanāhetu vā paṭilābho abhavissa, ko idha kena hāyetha?

"장자여, 원하고 좋아하고 마음에 들지만, 세상에서 얻기 어려운 이러한 다섯 가지 법들은 기도를 원인으로 얻어지지 않고 기대를 원인으로 얻어지지 않는다고 나는 말한다. 장자여, 원하고 좋아하고 마음에 들지만, 세상에서 얻기 어려운 이러한 다섯 가지 법들이 만일 기도를 원인으로 얻어지고 기대를 원인으로 얻어진다면 이 세상에서 누가 무엇 때문에 나빠지게 하겠는가?

na kho, gahapati, arahati ariyasāvako āyukāmo āyuṃ āyācituṃ vā abhinandituṃ vā āyussa vāpi hetu. āyukāmena, gahapati, ariyasāvakena āyusaṃvattanikā paṭipadā paṭipajjitabbā. āyusaṃvattanikā hissa paṭipadā paṭipannā āyupaṭilābhāya saṃvattati. so lābhī hoti āyussa dibbassa vā mānusassa vā.

장자여, 수명을 원하는 성스러운 제자가 수명을 원인으로 수명을 위해 기도하거나 기뻐하는 것은 적절하지 않다. 장자여, 수명을 원하는 성스러운 제자는 수명으로 이끄는 실천을 해야 한다. 그가 참으로 수명으로 이끄는 실천을 할 때 수명의 얻음으로 이끌린다. 그는 천상이나 인간의 수명을 얻는다.

"na kho, gahapati, arahati ariyasāvako vaṇṇakāmo vaṇṇaṃ āyācituṃ vā abhinandituṃ vā vaṇṇassa vāpi hetu. vaṇṇakāmena, gahapati, ariyasāvakena vaṇṇasaṃvattanikā paṭipadā paṭipajjitabbā. vaṇṇasaṃvattanikā hissa paṭipadā paṭipannā vaṇṇapaṭilābhāya saṃvattati. so lābhī hoti vaṇṇassa dibbassa vā mānusassa vā.

장자여, 용모를 원하는 성스러운 제자가 용모를 원인으로 용모를 위해 기도하거나 기뻐하는 것은 적절하지 않다. 장자여, 용모를 원하는 성스러운 제자는 용모로 이끄는 실천을 해야 한다. 그가 참으로 용모로 이끄는 실천을 할 때 용모의 얻음으로 이끌린다. 그는 천상이나 인간의 용모를 얻는다.

"na kho, gahapati, arahati ariyasāvako sukhakāmo sukhaṃ āyācituṃ vā abhinandituṃ vā sukhassa vāpi hetu. sukhakāmena, gahapati, ariyasāvakena sukhasaṃvattanikā paṭipadā paṭipajjitabbā. sukhasaṃvattanikā hissa paṭipadā paṭipannā sukhapaṭilābhāya saṃvattati. so lābhī hoti sukhassa dibbassa vā mānusassa vā.

장자여, 행복을 원하는 성스러운 제자가 행복을 원인으로 행복을 위해 기도하거나 기뻐하는 것은 적절하지 않다. 장자여, 행복을 원하는 성스러운 제자는 행복으로 이끄는 실천을 해야 한다. 그가 참으로 행복으로 이끄는 실천을 할 때 행복의 얻음으로 이끌린다. 그는 천상이나 인간의 행복을 얻는다.

"na kho, gahapati, arahati ariyasāvako yasakāmo yasaṃ āyācituṃ vā abhinandituṃ vā yasassa vāpi hetu. yasakāmena, gahapati, ariyasāvakena yasasaṃvattanikā paṭipadā paṭipajjitabbā.

yasasaṃvattanikā hissa paṭipadā paṭipannā yasapaṭilābhāya saṃvattati. so lābhī hoti yasassa dibbassa vā mānusassa vā.

장자여, 명성을 원하는 성스러운 제자가 명성을 원인으로 명성을 위해 기도하거나 기뻐하는 것은 적절하지 않다. 장자여, 명성을 원하는 성스러운 제자는 명성으로 이끄는 실천을 해야 한다. 그가 참으로 명성으로 이끄는 실천을 할 때 명성의 얻음으로 이끌린다. 그는 천상이나 인간의 명성을 얻는다.

"na kho, gahapati, arahati ariyasāvako saggakāmo saggaṃ āyācituṃ vā abhinandituṃ vā saggānaṃ vāpi hetu. saggakāmena, gahapati, ariyasāvakena saggasaṃvattanikā paṭipadā paṭipajjitabbā. saggasaṃvattanikā hissa paṭipadā paṭipannā saggapaṭilābhāya saṃvattati. so lābhī hoti saggānan"ti.

장자여, 천상을 원하는 성스러운 제자가 천상을 원인으로 천상을 위해 기도하거나 기뻐하는 것은 적절하지 않다. 장자여, 천상을 원하는 성스러운 제자는 천상으로 이끄는 실천을 해야 한다. 그가 참으로 천상으로 이끄는 실천을 할 때 천상의 얻음으로 이끌린다. 그는 천상을 얻는다."

"āyuṃ vaṇṇaṃ yasaṃ kittiṃ, saggaṃ uccākulīnataṃ.
ratiyo patthayānena, uḷārā aparāparā.
"appamādaṃ pasaṃsanti, puññakiriyāsu paṇḍitā.
"appamatto ubho atthe, adhigaṇhāti paṇḍito.
"diṭṭhe dhamme ca yo attho, yo cattho samparāyiko.
atthābhisamayā dhīro, paṇḍitoti pavuccatī"ti.

"수명과 용모와 명성과 명망과 천상과 높은 가문과
고상한 즐거움들을 거듭 기뻐하고 기대하기 때문에
현자들은 공덕을 짓는 행위에 대한 불방일(不放逸)을 칭찬한다.
불방일한 현자는 두 가지 이익을 성취하나니
금생의 이익과 내생의 이익이라.
이익을 꿰뚫는 지혜로운 사람들은 현자(賢者)라고 불린다."

5. 소원이 아니라 실천[팔정도(八正道)] — (MN 126-부미자 경)

☞ nikaya.kr : 팔정도 개괄 - 십사무기 - 소원이 있으세요?(팔정도 특강 170929)

소원을 성취하기 위한 바른길은 다른 곳에 있지 않습니다. 오직 여덟 요소로 구성된 성스러운 길 즉 팔정도(八正道)가 있을 뿐입니다. — 필수품을 갖춘 삼매가 성스러운 바른 삼매[정정(正定)]여서 깨달음을 이끕니다. 그리고 필수품은 모두 일곱 가지인데, 정견(正見-바른 견해)-정사유(正思惟-바른 사유)-정어(正語-바른말)-정업(正業-바른 행위)-정명(正命-바른 생활)-정정진(正精進-바른 노력)-정념(正念-바른 사띠)입니다. 필수품을 갖추는 과정에서 이루어지는 소원도 있고, 필수품을 갖춘 삼매의 과정 그리고 그 끝에 이루어지는 소원도 있습니다.

오직 팔정도(八正道)가 소원성취(所願成就)의 방법입니다. 이 길을 흔들리지 않고 걸어갈 때 소원은 성취됩니다!

ye hi keci, bhūmija, samaṇā vā brāhmaṇā vā micchādiṭṭhino micchāsaṅkappā micchāvācā micchākammantā micchāājīvā micchāvāyāmā micchāsatī micchāsamādhino te āsañcepi karitvā brahmacariyaṃ caranti, abhabbā phalassa adhigamāya; anāsañcepi karitvā brahmacariyaṃ caranti, abhabbā phalassa adhigamāya; āsañca anāsañcepi karitvā brahmacariyaṃ caranti, abhabbā phalassa adhigamāya; nevāsaṃ nānāsañcepi karitvā brahmacariyaṃ caranti, abhabbā phalassa adhigamāya. taṃ kissa hetu? ayoni hesā, bhūmija, phalassa adhigamāya.

삿된 견해, 삿된 사유, 삿된 말, 삿된 행위, 삿된 생활, 삿된 노력, 삿된 사띠, 삿된 삼매를 가진 사문이나 바라문은 누구든지 소원을 세우고 범행을 실천해도 결실을 얻을 수 없고, 소원을 세우지 않고 범행을 실천해도 결실을 얻을 수 없고, 소원을 세우기도 하고 세우지 않기도 하고 범행을 실천해도 결실을 얻을 수 없고, 소원을 세운 것도 아니고 세우지 않은 것도 아니게 범행을 실천해도 결실을 얻을 수 없다. 그 원인은 무엇인가? 참으로 이것은 결실을 얻기 위한 근본이 아니다.

※ 네 가지 비유

(1) 기름이 필요한 사람이 모래를 통에 채우고 압착하는 것과 같음.
(2) 우유가 필요한 사람이 암소의 뿔을 잡아당기는 것과 같음.
(3) 버터가 필요한 사람이 물을 항아리에 붓고 막대기로 젓는 것과 같음.
(4) 불이 필요한 사람이 젖은 나뭇조각을 부시 나무로 문지르는 것과 같음.

ye hi keci, bhūmija, samaṇā vā brāhmaṇā vā sammādiṭṭhino sammā -saṅkappā sammāvācā sammākammantā sammāājīvā sammāvāyāmā sammāsatī sammāsamādhino te āsañcepi karitvā brahmacariyaṃ caranti, bhabbā phalassa adhigamāya; anāsañcepi karitvā brahmacariyaṃ caranti, bhabbā phalassa adhigamāya; āsañca anāsañcepi karitvā brahmacariyaṃ caranti, bhabbā phalassa adhigamāya; nevāsaṃ nānāsañcepi karitvā brahmacariyaṃ caranti, bhabbā phalassa adhigamāya. taṃ kissa hetu? yoni hesā, bhūmija, phalassa adhigamāya.

바른 견해, 바른 사유, 바른말, 바른 행위, 바른 생활, 바른 노력, 바른 사띠, 바른 삼매를 가진 사문이나 바라문은 누구든지 소원을 세우고 범행을 실천해도 결실을 얻을 수 있고, 소원을 세우지 않고 범행을 실천해도 결실을 얻을 수 있고, 소원을 세우기도 하고 세우지 않기도 하고 범행을 실천해도 결실을 얻을 수 있고, 소원을 세운 것도 아니고 세우지 않은 것도 아니게 범행을 실천해도 결실을 얻을 수 있다. 그 원인은 무엇인가? 참으로 이것은 결실을 얻기 위한 근본이다.

※ 네 가지 비유

(1) 기름이 필요한 사람이 참깨를 통에 채우고 압착하는 것과 같음.
(2) 우유가 필요한 사람이 암소의 젖통을 잡아당기는 것과 같음.
(3) 버터가 필요한 사람이 응유를 항아리에 붓고 막대기로 젓는 것과 같음.
(4) 불이 필요한 사람이 마른 나뭇조각을 부시 나무로 문지르는 것과 같음.

6. 제사(祭祀)와 공덕(功德)

1)제사 — 오랫동안의 이익과 행복을 위한 행위,
2)공덕 — ①행복을 가져오는 것, ②죽을 때 가져가는 것, ③저세상에서의 버팀목

☞ nikaya.kr : 불교입문(1-소유 210615) — 제사와 조상제사 1)(근본경전연구회 해피스님)

나에게 오랫동안 이익과 행복이 있기를 바라고 행하는 어떤 행위를 제사(祭祀-yañña-얀냐)라고 하는데, 불교에서는 부처님의 가르침에 일치하는 바른 신행(信行)이 제사입니다. 가르침에 일치하는 바른 신행이야말로 삶을 향상하는 최선의 방법이고, 그것이 오랫동안 나에게 이익과 행복을 가져다주기 때문입니다.

이렇게 행위의 개선을 통해서 행복을 만드는 것이 불교(佛敎)입니다. 그런데 행위 즉 업(業)과 행복[락(樂)]은 직접 연결되지 않습니다. 업(業)과 락(樂)의 중간에서 이 둘을 매개하는 것이 있는데 공덕(功德-puñña-뿐냐)입니다. 보시(布施)-계(戒)-수행(修行)의 세 가지 토대 위에서 만들어지는 공덕은 ①행복을 가져오는 것, ②죽을 때 가져가는 것, ③저세상에서의 버팀목입니다.

1) 오랫동안의 이익과 행복을 위한 가르침① — (AN 3.52-두 바라문 경1)

atha kho dve brāhmaṇā jiṇṇā vuddhā mahallakā addhagatā vayoanuppattā vīsavassasatikā jātiyā yena bhagavā tenupasaṅkamiṃsu; upasaṅkamitvā bhagavatā saddhiṃ sammodiṃsu. sammodanīyaṃ kathaṃ sāraṇīyaṃ vītisāretvā ekamantaṃ nisīdiṃsu. ekamantaṃ nisinnā kho te brāhmaṇā bhagavantaṃ etadavocuṃ — "mayamassu, bho gotama, brāhmaṇā jiṇṇā vuddhā mahallakā addhagatā vayoanuppattā vīsavassasatikā jātiyā; te camhā akatakalyāṇā akatakusalā akatabhīruttāṇā. ovadatu no bhavaṃ gotamo, anusāsatu no bhavaṃ gotamo yaṃ amhākaṃ assa dīgharattaṃ hitāya sukhāyā""ti.

늙고 연로하고 노쇠하고 수명의 절반을 지나 노년에 이르렀고 태어난 지 120년이 된 두 명의 바라문이 세존에게 왔다. 와서는 세존과 함께 인사를 나누었다. 유쾌하고 기억할만한 이야기를 주고받은 뒤 한 곁에 앉았다. 한 곁에 앉은 그 바라문들은 세존에게 이렇게 말했다. — "고따마 존자여, 우리는 늙고 연로하고 노쇠하고 수명의 절반을 지나 노년에 이르렀고 태어난 지 120년이 되었습니다. 그런 우리는 유익(有益)을 만들지 못했고, 선(善)을 만들지 못했고, 두려움으로부터의 피난처를 만들지 못했습니다. 고따마 존자는 우리를 지도해 주십시오. 고따마 존자는 우리에게 오랫동안의 이익과 행복을 위한 가르침을 주시기 바랍니다."라고.

"taggha tumhe, brāhmaṇā, jiṇṇā vuddhā mahallakā addhagatā vayoanuppattā vīsavassasatikā jātiyā; te cattha akatakalyāṇā akatakusalā akatabhīruttāṇā. upanīyati kho ayaṃ, brāhmaṇā, loko jarāya byādhinā maraṇena. evaṃ upanīyamāne kho, brāhmaṇā, loke jarāya byādhinā maraṇena, yo idha kāyena saṃyamo vācāya saṃyamo manasā saṃyamo, taṃ tassa petassa tāṇañca leṇañca dīpañca saraṇañca parāyaṇañcā"ti.

"참으로, 바라문들이여, 그대들은 늙고 연로하고 노쇠하고 수명의 절반을 지나 노년에 이르렀고 태어난 지 120년이 되었습니다. 그런데 그대들은 유익(有益)을 만들지 못했고, 선(善)을 만들지 못했고, 두려움으로부터의 피난처를 만들지 못했습니다. 바라문들이여, 이 세상은 늙음과 병과 죽음으로 이끌립니다. 바라문들이여, 이렇게 이 세상이 늙음과 병과 죽음으로 이끌릴 때, 여기서 몸으로 제어하고, 말로 제어하고, 의(意)로 제어하는 것은 죽은 자에게 피난처가 되고, 동굴이 되고, 섬이 되고, 의지처가 되고, 버팀목이 됩니다.

"upanīyati jīvitamappamāyu,
jarūpanītassa na santi tāṇā.
etaṃ bhayaṃ maraṇe pekkhamāno,
puññāni kayirātha sukhāvahāni.

수명은 짧고, 삶은 이끌린다.
늙음에 이끌린 자에게 피난처는 없다.

죽음에 대한 이런 두려움을 보는 자는
행복을 가져오는 것인 공덕을 지어야 한다.

"yodha kāyena saṃyamo, vācāya uda cetasā.
taṃ tassa petassa sukhāya hoti,
yaṃ jīvamāno pakaroti puññan"ti.

여기에서 몸과 말과 의(意)로 제어한 것
사는 동안 공덕을 지은 것
그것은 죽은 자에게 행복이 된다.

2) 오랫동안의 이익과 행복을 위한 가르침② — (AN 3.53-두 바라문 경2)

atha kho dve brāhmaṇā jiṇṇā vuddhā mahallakā addhagatā vayoanuppattā vīsavassasatikā jātiyā yena bhagavā tenupasaṅkamiṃsu; upasaṅkamitvā bhagavantaṃ abhivādetvā ekamantaṃ nisīdiṃsu. ekamantaṃ nisinnā kho te brāhmaṇā bhagavantaṃ etadavocuṃ — "mayamassu, bho gotama, brāhmaṇā jiṇṇā vuddhā mahallakā addhagatā vayoanuppattā vīsavassasatikā jātiyā; te camhā akatakalyāṇā akatakusalā akatabhīruttāṇā. ovadatu no bhavaṃ gotamo, anusāsatu no bhavaṃ gotamo yaṃ amhākaṃ assa dīgharattaṃ hitāya sukhāyā""ti.

늙고 연로하고 노쇠하고 수명의 절반을 지나 노년에 이르렀고 태어난 지 120년이 된 두 명의 바라문이 세존에게 왔다. 와서는 세존과 함께 인사를 나누었다. 유쾌하고 기억할만한 이야기를 주고받은 뒤 한 곁에 앉았다. 한 곁에 앉은 그 바라문들은 세존에게 이렇게 말했다. — "고따마 존자여, 우리는 늙고 연로하고 노쇠하고 수명의 절반을 지나 노년에 이르렀고 태어난 지 120년이 되었습니다. 그런 우리는 유익(有益)을 만들지 못했고, 선(善)을 만들지 못했고, 두려움으로부터의 피난처를 만들지 못했습니다. 고따마 존자는 우리를 지도해 주십시오. 고따마 존자는 우리에게 오랫동안의 이익과 행복을 위한 가르침을 주시기 바랍니다."라고.

"taggha tumhe, brāhmaṇā, jiṇṇā vuddhā mahallakā addhagatā vayoanuppattā vīsavassasatikā jātiyā; te cattha akatakalyāṇā akatakusalā akatabhīruttāṇā. upanīyati kho ayaṃ, brāhmaṇā, loko jarāya byādhinā maraṇena. evaṃ upanīyamāne kho, brāhmaṇā, loke jarāya byādhinā maraṇena, yo idha kāyena saṃyamo vācāya saṃyamo manasā saṃyamo, taṃ tassa petassa tāṇañca leṇañca dīpañca saraṇañca parāyaṇañcā"ti.

"참으로, 바라문들이여, 그대들은 늙고 연로하고 노쇠하고 수명의 절반을 지나 노년에 이르렀고 태어난 지 120년이 되었습니다. 그런데 그대들은 유익(有益)을 만들지 못했고,

선(善)을 만들지 못했고, 두려움으로부터의 피난처를 만들지 못했습니다. 바라문들이여, 이 세상은 늙음과 병과 죽음으로 이끌립니다. 바라문들이여, 이렇게 이 세상이 늙음과 병과 죽음으로 이끌릴 때, 여기서 몸으로 제어하고, 말로 제어하고, 의(意)로 제어하는 것은 죽은 자에게 피난처가 되고, 동굴이 되고, 섬이 되고, 의지처가 되고, 버팀목이 됩니다.

"ādittasmiṃ agārasmiṃ, yaṃ nīharati bhājanaṃ.
taṃ tassa hoti atthāya, no ca yaṃ tattha ḍayhati.

집이 불탈 때 가지고 나온 집기들, 거기서 불타지 않은 것들
그것은 그에게 도움이 된다.

"evaṃ āditto kho loko, jarāya maraṇena ca.
nīharetheva dānena, dinnaṃ hoti sunīhataṃ.

이렇게 세상은 늙음과 죽음으로 불타고 있다.
보시에 의해서 꺼내야 하고, 보시한 것은 잘 꺼낸 것이다.

"yodha kāyena saṃyamo, vācāya uda cetasā.
taṃ tassa petassa sukhāya hoti,
yaṃ jīvamāno pakaroti puññan"ti.

여기에서 몸과 말과 의(意)로 제어한 것
사는 동안 공덕을 지은 것
그것은 죽은 자에게 행복이 된다.

3) 오랫동안의 이익과 행복을 위한 가르침③ — (SN 55.53-담마딘나 경)

☞ nikaya.kr : 불교입문(1-소유 201222) — 소유하고자 하는 자의 용례 3)
(근본경전연구회 해피스님)

- 오계(五戒) + 예류(預流)의 네 요소

※ 여래에 의해 말해진, 심오하고, 심오한 의미를 가진, 세상을 넘어선, 공(空)에 연결된 가르침

ekaṃ samayaṃ bhagavā bārāṇasiyaṃ viharati isipatane migadāye. atha kho dhammadinno upāsako pañcahi upāsakasatehi saddhiṃ yena bhagavā tenupasaṅkami; upasaṅkamitvā bhagavantaṃ abhivādetvā ekamantaṃ nisīdi. ekamantaṃ nisinno kho dhammadinno upāsako bhagavantaṃ etadavoca — "ovadatu no, bhante, bhagavā; anusāsatu no, bhante, bhagavā yaṃ amhākaṃ assa dīgharattaṃ hitāya sukhāyā"ti.

한때 세존은 바라나시에서 이시빠따나의 사슴 공원에 머물렀다. 그때 담마딘나 남신자가 오백 명의 남신자와 함께 세존에게 왔다. 와서는 세존에게 절한 뒤 한 곁에 앉았다. 한 곁에 앉은 담마딘나 남신자는 세존에게 이렇게 말했다. — "대덕이시여, 세존께서는 저희를 지도해 주십시오. 대덕이시여, 세존께서는 저희에게 오랫동안의 이익과 행복을 위한 가르침을 주시기 바랍니다."라고.

"tasmātiha vo, dhammadinnaṃ, evaṃ sikkhitabbaṃ — 'ye te suttantā tathāgatabhāsitā gambhīrā gambhīratthā lokuttarā suññatapaṭisaṃyuttā te kālena kālaṃ upasampajja viharissāmā'ti. evañhi vo, dhammadinna, sikkhitabban"ti. "na kho netaṃ, bhante, sukaraṃ amhehi putta -sambādhasayanaṃ ajjhāvasantehi kāsikacandanaṃ paccanubhontehi mālāgandhavilepanaṃ dhārayantehi jātarūparajataṃ sādiyantehi — ye te suttantā tathāgatabhāsitā gambhīrā gambhīratthā lokuttarā suññatapaṭisaṃyuttā te kālena kālaṃ upasampajja viharituṃ. tesaṃ no, bhante, bhagavā amhākaṃ pañcasu sikkhāpadesu ṭhitānaṃ uttaridhammaṃ desetū"ti.

"그렇다면, 담마딘나여, 그대들은 이렇게 공부해야 한다. — '우리는 여래에 의해 말해진, 심오하고, 심오한 의미를 가진, 세상을 넘어선, 공(空)에 연결된 가르침들을 적절한 때에 성취하여 머물리라.'라고. 이렇게, 담마딘나여, 그대들은 공부해야 한다." "대덕이시여, 자식들이 북적거리는 집에서 살고, 까시의 백단향을 경험하고, 꽃과 향과 화장품을 지니고, 금(金)과 은(銀)이 허용된 저희에게 여래에 의해 말해진, 심오하고, 심오한 의미를 가진, 세상을 넘어선, 공(空)에 연결된 가르침들을 적절한 때에 성취하여 머물기는 쉽지 않습니다. 대덕이시여, 오계(五戒) 위에 서 있는, 그런 저희에게 다음 단계의 법을 설해주십시오."

"tasmātiha vo, dhammadinna, evaṃ sikkhitabbaṃ — 'buddhe aveccap -pasādena samannāgatā bhavissāma — itipi so bhagavā ... pe ... satthā devamanussānaṃ buddho bhagavāti. dhamme ... pe ... saṅghe ... pe ... ariyakantehi sīlehi samannāgatā bhavissāma akhaṇḍehi ... pe ... samādhisaṃvattanikehī'ti. evañhi vo, dhammadinna, sikkhitabban"ti.

"그렇다면, 담마딘나여, 그대들은 이렇게 공부해야 한다. — '우리는 부처님에 대해 확실한 믿음을 갖출 것이다. — '이렇게 그분 세존께서는 모든 번뇌 떠나신 분, 스스로 완전한 깨달음을 이루신 분, 밝음과 실천을 갖추신 분, 진리의 길 보이신 분, 세상일을 모두 훤히 아시는 분, 어리석은 이도 잘 이끄시는 위없는 분, 모든 천상과 인간의 스승, 깨달으신 분, 존귀하신 분이시다.'라고. 우리는 가르침에 대해 확실한 믿음을 갖출 것이다. — '세존에 의해 잘 설해진 법은 스스로 보이는 것이고, 시간을 넘어선 것이고, 와서 보라는 것이고, 향상으로 이끌고, 지혜로운 이에게 개별적으로 알려지는 것이다.'라고. 우리는 상가에 대해 확실한 믿음을 갖출 것이다. — '진지하게 수행하는 세존(世尊)의 제자들인 상가, 정확하게 수행하는 세존(世尊)의 제자들인 상가, 올바르게 수행하는 세존(世尊)의 제자들인 상가, 여법하게 수행하는 세존(世尊)의 제자들인 상가가 있다. 네 쌍의 대장부요, 여덟 무리의 성자들인 이분들이 세존(世尊)의 제자들인 상가이니, 공양받을만한 분들, 환영받을만한 분들, 보시받을만한 분들, 합장 받을만한 분들이며, 이 세상의 위없는 복전(福田)이시다.'라고.' 우리는 '깨지지 않고, 끊어지지 않고, 결점이 없고, 얼룩지지 않고, 구속되지 않고, 지자들이 칭찬하고, 움켜쥐지 않고, 삼매로 이끄는' 성자들이 지니는 계들을 갖출 것이다.'라고. 담마딘나여, 그대들은 이렇게 공부해야 한다."

"yānimāni, bhante, bhagavatā cattāri sotāpattiyaṅgāni desitāni, saṃvijjante te dhammā amhesu, mayañca tesu dhammesu sandissāma. mayañhi bhante, buddhe aveccappasādena samannāgatā — itipi so bhagavā ... pe ... satthā devamanussānaṃ buddho bhagavāti. dhamme ... pe ... saṅghe ... pe ... ariyakantehi sīlehi samannāgatā akhaṇḍehi ... pe ... samādhisaṃvattanikehī"ti. "lābhā vo, dhammadinna, suladdhaṃ vo, dhammadinna! sotāpattiphalaṃ tumhehi byākatan"ti.

"대덕이시여, 세존께서는 네 가지 예류자(預流者)의 요소를 설하셨는데, 그 법들은 저희에게 있습니다. 저희는 그 법들과 함께합니다. 대덕이시여, 참으로 저희는 부처님에 대해 확실한 믿음을 갖추었습니다. — '이렇게 그분 세존께서는 … 모든 천상과 인간의 스승, 깨달으신 분, 존귀하신 분이시다.'라고. 우리는 가르침에 대해 … 우리는 상가에 대해 … 우리는 '깨지지 않고 … 삼매로 이끄는' 성자들이 지니는 계들을 갖추었습니다.'"
"담마딘나여, 그대들에게 이득이고, 담마딘나여, 그대들에게 큰 이득이다. 그대들은 예류과(預流果)를 말하였다."

4) 공덕(功德)은 스승에 대한 믿음의 영역에 속한 것인데, ①행복을 가져오는 것, ②죽을 때 가져가는 것, ③저세상에서의 버팀목이라고 설명됩니다. 앞선 책 「불교입문(Ⅰ) 소유하고자 하는 자를 위한 가르침」에 자세히 정리되어 있습니다.

☞ nikaya.kr : 불교입문(1-소유 210720) 공덕의 의미와 만드는 방법
(근본경전연구회 해피스님)

그 가운데 공덕을 설명하는 중요 용례 다섯 가지는 다음과 같습니다.

☞ nikaya.kr : 불교입문(1-소유 210810) 공덕의 주요 용례[1~2]
(근본경전연구회 해피스님) ~

• 용례①(AN 7.62-자애 경) — 「비구들이여, 공덕을 두려워하지 말라. 비구들이여, 공덕은 행복을 지칭하는 말이다. … 행복을 추구하는 자들은 유익(有益)한 공덕(功德)의 보(報)를 보아야 한다.」

• 용례② — 「akatakalyāṇā akatakusalā akatabhīruttāṇā 유익(有益)을 만들지 못했고, 선(善)을 만들지 못했고, 두려움으로부터의 피난처를 만들지 못했습니다.」의 용례

• 용례③ — 「puññāni kayirātha sukhāvahānī sukha(즐거움=행복)을 가져오는 것인 puñña(공덕=복)를 지어야 한다.」의 용례

• 용례④ — 「puññāni paralokasmiṃ, patiṭṭhā honti pāṇinan 공덕은 저세상에서 존재들을 위한 버팀목이 된다.」의 용례

• 용례⑤ — 「puññābhisanda (공덕을 쌓음)」의 용례

7. 다복하고 풍요로운 삶을 살고도 죽어서는 하늘에 태어나는 방법 — (SN 55.7-웰루드와라에 사는 자 경)

☞ nikaya.kr : 불교입문(1-소유 201222) _ 소유하고자 하는 자의 용례 3)
(근본경전연구회 해피스님)

경들은 재가자를 '자식들이 북적거리는 집에서 살고, 까시의 백단향을 경험하고, 꽃과 향과 화장품을 지니고, 금(金)과 은(銀)이 허용된 자'라고 나타내지만, 이런 삶이 모든 재가자에게 보장되는 것은 아닙니다. 그래서 여기의 장자들은 그런 삶을 살게 하는 방법을 알려달라고 청합니다. 또한, 그런 삶을 살고도 죽은 뒤에는 하늘에 태어나게 하는 방법을 알려달라고 거듭 청합니다. 이때, 부처님은 그들의 삶 안에서 대답합니다. 자신에 견주어 행위의 기준을 정하라고 알려주는데, 몸과 말의 유익한 행위를 자기도 행하고, 남에게도 부추기고, 그런 행위를 하는 자를 칭찬하라는 것입니다. 그러면 살아서는 그런 삶을 살게 되고, 죽어서는 하늘에 태어나게 됩니다. 거기에 더해, 예류(預流)의 네 가지 요소 즉 부처님-가르침-성자들에 대한 확실한 믿음과 성자들이 동의하는 계(戒)를 갖출 것을 안내합니다.

그렇다면 부자가 하늘에 태어나는 일은 그렇게 어려운 일이 아닙니다. 바르게 배워 알고 실천하면 어렵지 않게 얻어지는 결과입니다. 다만, 사람들이 바르게 배워 알지 못해서 바르게 실천하지

못하기 때문에 바늘구멍을 통과하듯이 어렵다고 알려진 것입니다.

ekamantaṃ nisinnā kho te veḷudvāreyyakā brāhmaṇagahapatikā bhagavantaṃ etadavocuṃ — "mayaṃ, bho gotama, evaṃkāmā evaṃ -chandā evaṃadhippāyā — puttasambādhasayanaṃ ajjhāvaseyyāma, kāsikacandanaṃ paccanubhaveyyāma, mālāgandhavilepanaṃ dhāreyyāma, jātarūparajataṃ sādiyeyyāma, kāyassa bhedā paraṃ maraṇā sugatiṃ saggaṃ lokaṃ upapajjeyyāma. tesaṃ no bhavaṃ gotamo amhākaṃ evaṃkāmānaṃ evaṃchandānaṃ evaṃadhippāyānaṃ tathā dhammaṃ desetu yathā mayaṃ puttasambādhasayanaṃ ajjhāvaseyyāma ... pe ... sugatiṃ saggaṃ lokaṃ upapajjeyyāmā"ti.

한 곁에 앉은 그 웰루드와라에 사는 바라문 장자들은 세존에게 이렇게 말했다. — "고따마 존자시여, 저희는 이런 바람, 이런 관심, 이런 목적이 있습니다. — '우리는 자식들이 북적거리는 집에서 살고, 까시의 백단향을 경험하고, 꽃과 향과 화장품을 지니고, 금과 은이 허용되고, 몸이 무너져 죽은 뒤에 좋은 곳, 천상에 태어나기를.'이라고. 이런 바람, 이런 관심, 이런 목적을 가진 저희에게 고따마 존자께서 저희가 자식들이 북적거리는 집에서 살고, 까시의 백단향을 경험하고, 꽃과 향과 화장품을 지니고, 금과 은이 허용되고, 몸이 무너져 죽은 뒤에 좋은 곳, 천상에 태어날 수 있는 법을 설해주십시오."라고.

"attūpanāyikaṃ vo, gahapatayo, dhammapariyāyaṃ desessāmi. taṃ suṇātha, sādhukaṃ manasi karotha; bhāsissāmī"ti. "evaṃ, bho"ti kho te veḷudvāreyyakā brāhmaṇagahapatikā bhagavato paccassosuṃ. bhagavā etadavoca —

"장자들이여, 나는 그대들 자신과 관련된 법문을 설하겠습니다. 그것을 듣고 잘 사고하십시오. 나는 말하겠습니다." "알겠습니다, 존자여."라고 웰루드와라에 사는 바라문 장자들은 세존에게 대답했다. 세존은 이렇게 말했다. —

"katamo ca, gahapatayo, attupanāyiko dhammapariyāyo? idha, gahapatayo, ariyasāvako iti paṭisañcikkhati — 'ahaṃ khosmi jīvitukāmo amaritukāmo sukhakāmo dukkhappaṭikūlo. yo kho maṃ jīvitukāmaṃ amaritukāmaṃ sukhakāmaṃ dukkhappaṭikūlaṃ jīvitā voropeyya, na metaṃ assa piyaṃ manāpaṃ. ahañceva kho pana paraṃ jīvitukāmaṃ amaritukāmaṃ sukhakāmaṃ dukkhappaṭikūlaṃ jīvitā voropeyyaṃ, parassapi taṃ assa appiyaṃ amanāpaṃ. yo kho myāyaṃ dhammo appiyo amanāpo, parassa peso dhammo appiyo amanāpo. yo kho myāyaṃ dhammo appiyo amanāpo, kathāhaṃ paraṃ tena saṃyojeyyan'ti! so iti paṭisaṅkhāya attanā ca pāṇātipātā paṭivirato hoti, parañca pāṇātipātā veramaṇiyā samādapeti, pāṇātipātā veramaṇiyā ca vaṇṇaṃ bhāsati. evamassāyaṃ kāyasamācāro tikoṭiparisuddho hoti.

"장자들이여, 어떤 것이 자신과 관련된 법문입니까? 여기, 장자들이여, 성스러운 제자는 이렇게 숙고합니다. — '나는 살기를 바라고 죽기를 바라지 않으며 행복을 바라고 괴로움을 혐오한다. 어떤 사람이 살기를 바라고 죽기를 바라지 않으며 행복을 바라고 괴로움을 혐오하는 나의 목숨을 빼앗으려 하면, 그것은 나에게 사랑스럽거나 마음에 들지 않는다. 그런데 만약에 내가 살기를 바라고 죽기를 바라지 않으며 행복을 바라고 괴로움을 혐오하는 다른 사람의 목숨을 빼앗으려 하면 그것은 그에게도 사랑스럽거나 마음에 들지 않을 것이다. 나에게 사랑스럽지 않고 마음에 들지 않는 법은 남에게도 역시 사랑스럽지 않고 마음에 들지 않는다. 그러니 나에게 사랑스럽지 않고 마음에 들지 않는 법을 어떻게 내가 다른 사람에게 행할 수 있겠는가?'라고. 그는 이렇게 숙고한 뒤에 ①자신도 생명을 해치는 행위로부터 피하고 ②남도 생명을 해치는 행위로부터 피하도록 부추기고 ③생명을 해치는 행위로부터 피하는 것을 칭찬합니다. 이렇게 그는 몸의 행실을 세 가지로 청정하게 합니다.

"puna caparaṃ, gahapatayo, ariyasāvako iti paṭisañcikkhati — 'yo kho me adinnaṃ theyya-saṅkhātaṃ ādiyeyya, na metaṃ assa piyaṃ manāpaṃ. ahañceva kho pana parassa adinnaṃ theyyasaṅkhātaṃ ādiyeyyaṃ, parassapi taṃ assa appiyaṃ amanāpaṃ. yo kho myāyaṃ dhammo appiyo amanāpo, parassa peso dhammo appiyo amanāpo. yo kho myāyaṃ dhammo appiyo amanāpo, kathāhaṃ paraṃ tena saṃyojeyyan'ti! so iti paṭisaṅkhāya attanā ca adinnādānā paṭivirato hoti, parañca adinnādānā veramaṇiyā samādapeti, adinnādānā veramaṇiyā ca vaṇṇaṃ bhāsati. evamassāyaṃ kāyasamācāro tikoṭiparisuddho hoti.

다시 장자들이여, 여기 성스러운 제자는 이렇게 숙고합니다. — '어떤 사람이 그에게 주지 않은 나의 것을 훔치려 하면, 그것은 나에게 사랑스럽거나 마음에 들지 않는다. 그런데 만약에 내가 나에게 주지 않은 남의 것을 훔치려 하면 그것은 그에게도 사랑스럽거나 마음에 들지 않을 것이다. 나에게 사랑스럽지 않고 마음에 들지 않는 법은 남에게도 역시 사랑스럽지 않고 마음에 들지 않는다. 그러니 나에게 사랑스럽지 않고 마음에 들지 않는 법을 어떻게 내가 다른 사람에게 행할 수 있겠는가?'라고. 그는 이렇게 숙고한 뒤에 자신도 주지 않은 것을 가지는 것을 멀리 여의고 남도 주지 않은 것을 가지는 것을 멀리 여의도록 부추기고 주지 않은 것을 가지는 것을 멀리 여의는 것을 칭찬합니다. 이렇게 그는 몸의 행실을 세 가지로 청정하게 합니다.

"puna caparaṃ, gahapatayo, ariyasāvako iti paṭisañcikkhati — 'yo kho me dāresu cārittaṃ āpajjeyya, na metaṃ assa piyaṃ manāpaṃ. ahañceva kho pana parassa dāresu cārittaṃ āpajjeyyaṃ, parassapi taṃ assa appiyaṃ amanāpaṃ. yo kho myāyaṃ dhammo appiyo amanāpo, parassa peso dhammo appiyo amanāpo. yo kho myāyaṃ dhammo appiyo amanāpo, kathāhaṃ paraṃ tena saṃyojeyyan'ti! so iti paṭisaṅkhāya attanā ca kāmesumicchācārā paṭivirato hoti, parañca kāmesumicchācārā veramaṇiyā samādapeti, kāmesumicchācārā veramaṇiyā ca vaṇṇaṃ bhāsati. evamassāyaṃ kāyasamācāro tikoṭiparisuddho hoti.

다시 장자들이여, 여기 성스러운 제자는 이렇게 숙고합니다. — '어떤 사람이 나의 아내에게 부정한 짓을 하면, 그것은 나에게 사랑스럽거나 마음에 들지 않는다. 그런데 만약에 내가 남의 아내에게 부정한 짓을 하면 그것은 그에게도 사랑스럽거나 마음에 들지 않을 것이다. 나에게 사랑스럽지 않고 마음에 들지 않는 법은 남에게도 역시 사랑스럽지 않고 마음에 들지 않는다. 그러니 나에게 사랑스럽지 않고 마음에 들지 않는 법을 어떻게 내가 다른 사람에게 행할 수 있겠는가?'라고. 그는 이렇게 숙고한 뒤에 자신도 삿된 음행을 멀리 여의고 남도 삿된 음행을 멀리 여의도록 부추기고 삿된 음행을 멀리 여의는 것을 칭찬합니다. 이렇게 그는 몸의 행실을 세 가지로 청정하게 합니다.

"puna caparaṃ, gahapatayo, ariyasāvako iti paṭisañcikkhati — 'yo kho me musāvādena atthaṃ bhañjeyya, na metaṃ assa piyaṃ manāpaṃ. ahañceva kho pana parassa musāvādena atthaṃ bhañjeyyaṃ, parassapi taṃ assa appiyaṃ amanāpaṃ. yo kho myāyaṃ dhammo appiyo amanāpo, parassa peso dhammo appiyo amanāpo. yo kho myāyaṃ dhammo appiyo amanāpo, kathāhaṃ paraṃ tena saṃyojeyyan'ti! so iti paṭisaṅkhāya attanā ca musāvādā paṭivirato hoti, parañca musāvādā veramaṇiyā samādapeti, musāvādā veramaṇiyā ca vaṇṇaṃ bhāsati. evamassāyaṃ vacīsamācāro tikoṭiparisuddho hoti.

다시 장자들이여, 여기 성스러운 제자는 이렇게 숙고합니다. — '어떤 사람이 나에게 거짓으로 뜻을 말하면, 그것은 나에게 사랑스럽거나 마음에 들지 않는다. 그런데 만약에 내가 남에게 거짓으로 뜻을 말하면 그것은 그에게도 사랑스럽거나 마음에 들지 않을 것이다. 나에게 사랑스럽지 않고 마음에 들지 않는 법은 남에게도 역시 사랑스럽지 않고 마음에 들지 않는다. 그러니 나에게 사랑스럽지 않고 마음에 들지 않는 법을 어떻게 내가 다른 사람에게 행할 수 있겠는가?'라고. 그는 이렇게 숙고한 뒤에 자신도 거짓말을 멀리 여의고 남도 거짓말을 멀리 여의도록 부추기고 거짓말을 멀리 여의는 것을 칭찬합니다. 이렇게 그는 말의 행실을 세 가지로 청정하게 합니다.

"puna caparaṃ, gahapatayo, ariyasāvako iti paṭisañcikkhati — yo kho maṃ pisuṇāya vācāya mitte bhindeyya, na metaṃ assa piyaṃ manāpaṃ. ahañceva kho pana paraṃ pisuṇāya vācāya mitte bhindeyyaṃ, parassapi taṃ assa appiyaṃ amanāpaṃ ... pe ... evamassāyaṃ vacīsamācāro tikoṭiparisuddho hoti.

다시 장자들이여, 여기 성스러운 제자는 이렇게 숙고합니다. — '어떤 사람이 나를 험담하여 친구들과 이간시키면, 그것은 나에게 사랑스럽거나 마음에 들지 않는다. 그런데 만약에 내가 남을 험담하여 친구들과 이간시키면 그것은 그에게도 사랑스럽거나 마음에 들지 않을 것이다. 나에게 사랑스럽지 않고 마음에 들지 않는 법은 남에게도 역시 사랑스럽지 않고 마음에 들지 않는다. 그러니 나에게 사랑스럽지 않고 마음에 들지 않는 법을 어떻게 내가 다른 사람에게 행할 수 있겠는가?'라고. 그는 이렇게 숙고한 뒤에 자신도 험담을 멀리 여의고 남도 험담을 멀리 여의도록 부추기고 험담을 멀리 여의는 것을 칭찬합니다. 이렇게 그는 말의 행실을 세 가지로 청정하게 합니다.

"puna caparaṃ, gahapatayo, ariyasāvako iti paṭisañcikkhati — yo kho maṃ pharusāya vācāya samudācareyya, na metaṃ assa piyaṃ manāpaṃ. ahañceva kho pana paraṃ pharusāya vācāya samudācareyyaṃ, parassapi taṃ assa appiyaṃ amanāpaṃ. yo kho myāyaṃ dhammo ... pe ... evamassāyaṃ vacīsamācāro tikoṭiparisuddho hoti.

다시 장자들이여, 여기 성스러운 제자는 이렇게 숙고합니다. — '어떤 사람이 나에게 거친 말을 하면, 그것은 나에게 사랑스럽거나 마음에 들지 않는다. 그런데 만약에 내가 남에게 거친 말을 하면 그것은 그에게도 사랑스럽거나 마음에 들지 않을 것이다. 나에게 사랑스럽지 않고 마음에 들지 않는 법은 남에게도 역시 사랑스럽지 않고 마음에 들지 않는다. 그러니 나에게 사랑스럽지 않고 마음에 들지 않는 법을 어떻게 내가 다른 사람에게 행할 수 있겠는가?'라고. 그는 이렇게 숙고한 뒤에 자신도 거친 말을 멀리 여의고 남도 거친 말을 멀리 여의도록 부추기고 거친 말을 멀리 여의는 것을 칭찬합니다. 이렇게 그는 말의 행실을 세 가지로 청정하게 합니다.

"puna caparaṃ, gahapatayo, ariyasāvako iti paṭisañcikkhati — 'yo kho maṃ samphabhāsena samphappalāpabhāsena samudācareyya, na metaṃ assa piyaṃ manāpaṃ. ahañceva kho pana paraṃ samphabhāsena samphappalāpabhāsena samudācareyyaṃ, parassapi taṃ assa appiyaṃ amanāpaṃ. yo kho myāyaṃ dhammo appiyo amanāpo, parassa peso dhammo appiyo amanāpo. yo kho myāyaṃ dhammo appiyo amanāpo, kathāhaṃ paraṃ tena saṃyojeyyan'ti! so iti paṭisaṅkhāya attanā ca samphappalāpā paṭivirato hoti, parañca samphappalāpā veramaṇiyā samādapeti, samphappalāpā veramaṇiyā ca vaṇṇaṃ bhāsati. evamassāyaṃ vacīsamācāro tikoṭiparisuddho hoti.

다시 장자들이여, 여기 성스러운 제자는 이렇게 숙고합니다. — '어떤 사람이 나에게 쓸모없고 허튼 말을 하면, 그것은 나에게 사랑스럽거나 마음에 들지 않는다. 그런데 만약에 내가 남에게 쓸모없고 허튼 말을 하면 그것은 그에게도 사랑스럽거나 마음에 들지 않을 것이다. 나에게 사랑스럽지 않고 마음에 들지 않는 법은 남에게도 역시 사랑스럽지 않고 마음에 들지 않는다. 그러니 나에게 사랑스럽지 않고 마음에 들지 않는 법을 어떻게 내가 다른 사람에게 행할 수 있겠는가?'라고. 그는 이렇게 숙고한 뒤에 자신도 쓸모없고 허튼 말을 멀리 여의고 남도 쓸모없고 허튼 말을 멀리 여의도록 부추기고 쓸모없고 허튼 말을 멀리 여의는 것을 칭찬합니다. 이렇게 그는 말의 행실을 세 가지로 청정하게 합니다.

"so buddhe aveccappasādena samannāgato hoti — itipi so bhagavā ... pe ... satthā devamanussānaṃ buddho bhagavāti; dhamme ... pe ... saṅghe aveccappasādena samannāgato hoti suppaṭipanno bhagavato sāvakasaṅgho ... pe ... anuttaraṃ puññakkhettaṃ lokassāti. ariyakantehi sīlehi samannāgato hoti akhaṇḍehi ... pe ... samādhisaṃvattanikehi. yato kho, gahapatayo, ariyasāvako imehi sattahi saddhammehi samannāgato hoti imehi catūhi ākaṅkhiyehi ṭhānehi, so ākaṅkhamāno attanāva attānaṃ byākareyya — 'khīṇanirayomhi khīṇatiracchānayoni khīṇapettivisayo khīṇāpāyaduggativinipāto, sotāpannohamasmi avinipātadhammo niyato sambodhiparāyaṇo'"ti.

그는 '이렇게 그분, 세존은, 모든 번뇌 떠나신 분, 스스로 완전한 깨달음을 이루신 분, 밝음과 실천을 갖추신 분, 진리의 길 보이신 분, 세상일을 모두 훤히 아시는 분, 어리석은 이도 잘 이끄시는 위없는 분, 모든 천상과 인간의 스승, 깨달으신 분, 존귀하신 분입니다.' 라고 부처님에 대해 확실한 믿음을 갖춥니다. '세존(世尊)에 의해 잘 설해진 법은 스스로 보이는 것이고, 시간을 넘어선 것이고, 와서 보라는 것이고, 향상으로 이끌고, 지혜로운 이들에게 개별적으로 알려지는 것이다.'라고 가르침에 대해 확실한 믿음을 갖춥니다. '진지하게 수행하는 세존(世尊)의 제자들인 상가, 정확하게 수행하는 세존(世尊)의 제자들인 상가, 올바르게 수행하는 세존(世尊)의 제자들인 상가, 여법하게 수행하는 세존(世尊)의 제자들인 상가가 있다. 네 쌍의 대장부요, 여덟 무리의 성자들인 이분들이 세존(世尊)의 제자들인 상가이니, 공양받을만한 분들, 환영받을만한 분들, 보시받을만한 분들, 합장 받을만한 분들이며, 이 세상의 위없는 복전(福田)이시다.'라고 상가에 대해 확실한 믿음을 갖춥니다. '깨지지 않고, 끊어지지 않고, 결점이 없고, 얼룩지지 않고, 구속되지 않고, 지자들이 칭찬하고, 움켜쥐지 않고, 삼매로 이끄는' 성자들이 동의하는 계를 갖춥니다. 장자들이여, 성스러운 제자가 이런 일곱 가지 바른 법과 이런 네 가지 원해야 하는 조건들을 갖추면, 그가 원할 때 오직 자신에 의해 자신을 설명할 수 있습니다. — '나에게 지옥은 다했고 축생의 모태는 다했고 아귀의 영역은 다했고 상실과 비탄의 상태, 비참한 존재, 벌 받는 상태는 다했다. 나는 예류자(預流者)여서 떨어지지 않는 자, 확실한 자, 깨달음을 겨냥한 자이다.'라고."

배워 알고 실천하는 불교 신자!

제물(祭物) 케익을 받을 만한 부처님 - (KN 5.30-순다리까바라드와자 경)

① 소유의 사유를 버린 뒤에 압도하여 사는 사람, 생(生)과 사(死)의 끝을 아는 사람, 완전히 꺼진 사람, 호수의 물처럼 차가운 사람

② 고요한 사람들과는 같고 바르지 못한 사람들과는 먼, 여래는 지혜가 끝이 없고, 이 세상과 저세상에서 때가 없는 사람

③ 사기치지 않고 자기화되지 않는 사람, 망(望)이 없고 나의 것이 없고 갈망이 없는 사람, 화를 제거하고 자아를 완전히 끈 사람, 슬픔의 때를 벗긴 바라문

④ 의(意)의 거처를 버린 사람, 어떤 소유물도 없는 사람, 이 세상과 저세상에서 집착하지 않는 사람

⑤ 삼매를 닦아서 폭류를 건넌 사람, 궁극의 견해로써 법을 아는 사람, 번뇌 다하여 마지막 몸을 가진 사람

⑥ 존재의 번뇌와 거친 언어가 흩어지고 줄어들어서 없는 사람, 어디서나 자유로운 앎에 통달한 그 사람

⑦ 집착을 극복하여 집착이 없는 사람, 자기화된 존재들 가운데 자기화되지 않은 존재, 괴로움을 완전히 알아서 땅과 토대가 있는 자

⑧ 갈망을 의지하지 않고 떠남을 보는 자, 다른 규범에 의한 견해를 넘어선 자, 그에게 아무런 대상도 없는 자

⑨높고 낮은 법들이 비교된 뒤에 흩어지고 줄어들어서 없는 사람, 평화롭고 집착이 부서져 해탈한 사람

⑩ 족쇄와 태어남의 부서짐의 끝을 본 사람, 탐(貪)의 길을 남김없이 제거한 사람, 청정하고 결점 없고 때 없고 나무랄 데 없는 사람

⑪ 자신에게서 자아를 보지 않는 사람, 삼매를 닦아서 올곧고 자제된 사람, 참으로 때 없고 완고하지 않고 불확실하지 않은 그 사람

⑫ 안으로 어떠한 치(癡)도 없는 사람, 모든 법에 대해 알고 보는 사람, 마지막 몸을 가진 사람, 위없는 바른 깨달음과 피난처를 얻은 사람

인도 강가 강(갠지스 강)의 일출 - 하늘과 땅이 맞닿은 곳

제2부

하늘과 땅과 그 중간의 것들은 누가 만들었을까?

- 글 다섯 편 -

Ⅰ. 근본 경전으로 해석하는 가르침의 대의(大義)

이 글은 격월간 「공동선」 158호(2021.5~6월)에 투고한 글입니다.

☞ nikaya.kr : 특강[공동선 원고] 근본 경전으로 해석하는 가르침의 대의 (해피스님 210509)

1. 부처님 — 여래(如來)

불교의 교주이자 스승은 부처님인데, 여래(如來-tathāgata)라는 말로 대표됩니다. 그리고 불교에서 믿음은 「성스러운 제자는 믿음을 가졌다. — '이렇게 그분 세존(世尊)께서는 아라한(阿羅漢-번뇌 다한 분), 정등각(正等覺-완전한 깨달음을 성취한 분), 명행족(明行足-밝음과 실천을 갖춘 분), 선서(善逝-진리의 길 보인 분), 세간해(世間解-세상일을 모두 훤히 아는 분), 무상조어장부(無上調御丈夫-어리석은 이도 잘 이끄는 위없는 분), 천인사(天人師-모든 천상과 인간의 스승), 불(佛-깨달은 분), 세존(世尊-존귀한 분)이시다.'라고 여래(如來)의 깨달음을 믿는다.」라고 하여, 여래(如來)의 깨달음을 아홉 가지의 특성[여래구덕(如來九德)]으로 이해하여 믿는 것이라고 정의됩니다.

2. 부처 이전의 것 — 사실 — 삼법인(三法印)과 연기(緣起)

대부분 종교는 교주 이전의 것을 설명하는데, 예수 이전의 창조주 하나님 여호와/야훼, 무함마드 이전의 창조주 하나님 알라 등 인격화(人格化)된 유일신(唯一神)입니다. 같은 맥락에서 불교도 부처 이전의 것을 제시합니다. 여래들이 출현한 때거나 출현하지 않은 때거나 흔들리지 않고 법으로 확립되고 법으로 결정된 것이 있어서 여래는 이것을 깨닫고 실현하였다고 하는데, 제행무상(諸行無常)-제행개고(諸行皆苦)-제법무아(諸法無我)의 삼법인(三法印)과 여기에서의 조건성인 연기(緣起)입니다.

삼법인은 존재하는 것들의 실상입니다. ①번뇌의 영향 위에 있는 것[유위(有爲)]인 행(行)들과 ②번뇌의 영향에서 벗어난 것[무위(無爲)]인 열반(涅槃)으로 구성되는 존재[법(法)-있는 거]들은 무아(無我)라는 공통된 특성 위에서, ①행들은 무상(無常)에 따르는 고(苦-괴로움-불만족)의 특성이 있고, ②열반은 무상의 가라앉음에 의한 락(樂-

즐거움-행복-만족)의 특성이 있다는 설명입니다. 연기(緣起)는 보통 십이연기(十二緣起)라고 알려져 있는데, 번뇌의 영향 위에서 「무명(無明) → 행(行) → 식(識) → 명색(名色) → 육입(六入) → 촉(觸) → 수(受) → 애(愛) →취(取)」의 조건 관계를 통해 자라나고 변화하는 존재[유(有)]에게 생(生)과 노사(老死) 그리고 수비고우뇌(愁悲苦憂惱) [슬픔-비탄-고통-고뇌-절망] 등 모든 괴로움 무더기가 생겨나고 자라난다고 설명하는, 존재에 수반되는 괴로움의 조건 관계입니다.

이런 삼법인과 연기는 사실이어서 「사실에 괴리된 삶은 괴로움을 만들고, 사실에 부합한 삶은 행복을 만든다.」라는 불교 사상의 출발점이 됩니다. 그리고 부처님은 사실에 부합한 삶을 실현하여 불교의 교주가 되기 때문에 인격화되지 않은 원리-이치 그대로의 이 두 가지 사실이 부처 이전의 것입니다.

3. 최상위 개념 — 고(苦)와 락(樂)

부처님은 「예전에도 지금도 나는 오직 고(苦)와 고멸(苦滅)을 꿰뚫어 알게 한다.」라고 말합니다. 고와 대응하는 것이 락이기 때문에 고멸은 락입니다. 그래서 이 말은 세상을 살아가는 존재들 즉 중생에게 고와 락을 꿰뚫어 알게 하는 것에 부처님의 존재 의미를 둔다는 선언인데, 이것이 불교의 최상위 개념입니다. 물론, 고의 당사자인 존재의 구명[나는 누구인가?]도 중요한데, 연기는 무명 내지 취의 과정을 조건으로 생겨나는 불완전한 존재 상태인 유에 대한 해석으로 답합니다[①유신(有身)-②오취온(五取蘊)-③식과 명색]. 그래서 존재의 구명은 최상위 개념인 고와 락에 수반되는 하위 개념인 것을 알 수 있습니다.

- 부처님이 중생에게 던지는 메시지 — 「괴롭니? 행복 하자!, 아프니? 아프지 마!」

4. 불교의 쓰임새[왜 이 세상에 불교가 필요할까?] — 진리(眞理) — 사성제(四聖諦)

그런데 고와 고멸(락)은 개념으로만 있어서는 안됩니다. 고를 바르게 알아서 완전히 소멸함으로써 완전한 행복을 실현하는 실천적 가르침이어야 쓰임새를 가지고, 세상의 필요에 부응할 수 있기 때문입니다.

그래서 고는 누구에게 어떤 괴로움이 어떻게 생겨나서 자라나는지 그 조건 관계를 분명히 알아야 합니다. 그래야 조건의 제어를 통해 괴로움을 소멸할 수 있습니다. 이때, 고의 조건 관계로 애(愛-갈애) 또는 연기가 제시되는데, 연기는 애를 전후한 괴로움의 발생 과정 즉 십이연기입니다. 그리고 연기의 조건 관계를 해소하고 애의 부서짐으로 이끄는 방법으로 정견(正見-바른 견해)-정사유(正思惟-바른 사유)-정어(正語-바른말)-정업(正業-바른 행위)-정명(正命-바른 생활)-정정진(正精進-바른 노력)-정념(正念-바른 사띠)-정정(正定-바른 삼매)의 여덟 요소로 구성된 성스러운 길이 제시되는데, 팔정도(八正道)입니다. 또한, 팔정도의 실천이 연기의 조건 관계를 해소하고 고멸을 실현하는 조건으로 제시되는데, 중도(中道)라고 불립니다.

이렇게 고와 고멸의 최상위 개념은 각각의 조건 관계로 확장되는데, 고(苦)의 조건인 애를 중심에 둔 연기는 고집(苦集-고의 자라남)이라고 하고, 고집(苦集)의 해소를 위한 실천인 팔정도의 실천을 고멸도(苦滅道)[고멸로 이끄는 실천 = 중도]라고 합니다. 이렇게 구성되는 고(苦)-고집(苦集)-고멸(苦滅)-고멸도(苦滅道)를 포괄하여 사성제(四聖諦-네 가지 성스러운 진리)라고 하는데, 이것이 불교가 제시하는 진리입니다. 그리고 이런 진리의 완성이 깨달음인데, 깨달은 자[불(佛)]는 이렇게 정의됩니다. ―「나는 실(實)답게 알아야 하는 것을 실답게 알았고[고(苦)], 닦아야 하는 것을 닦았고[고멸도(苦滅道)], 버려야 하는 것을 버렸습니다[고집(苦集)]. 그래서 바라문이여, 나는 불(佛-buddha-부처)입니다[고멸(苦滅)].」

불교는 오직 괴로움의 문제를 해결하기 위해 존재합니다. 세상 그리고 나의 삶에 괴로움이 있기에 불교는 필요하고, 그 괴로움의 해소가 불교의 쓰임새입니다.

5. 사는 이야기

이렇게 불교는 '나'라는 존재에게 어떤 괴로움[고(苦)]이 어떻게 생겨나서 자라나고 [고집(苦集)], 어떻게 제어하여[고멸도(苦滅道)], 행복을 실현[고멸(苦滅)]하는지를 설명하는 사성제를 진리 곧 정체성으로 하는 종교입니다.

그래서 불교는 사는 이야기입니다. ―「내가 세상을 만나는 이야기, 마음이 몸과 함께 세상을 만나는 과정의 어디 어디에 어떤 어떤 문제가 있어서 괴로움이 생겨나고 자라나는지를 설명하면 연기이고, 어떻게 어떻게 대응하면 문제가 해소되어 괴로움이 소멸하는지를 설명하면 중도입니다.」

주목해야 합니다! 불교에는 형이상학(形而上學)이 없습니다. 오직 삶 위에서 삶에 수반되는 괴로움의 문제를 해결하는 것이 불교입니다. 삶의 심오함의 끝에 닿은 부처님의 깨달음(atakkāvacara)에는 심오하여 어려움은 있을지언정 삶의 이야기를 벗어난 주제는 없는 것입니다.

6. 현실과 진리

한편, 불교신행(佛教信行)은 두 가지 측면으로 나누어집니다. 오직 깨달음을 지향하여 세간의 삶을 떠나서 사는 출가자의 신행과 가족과 함께하는 세간의 삶에서 부처님에 의지하는 재가자의 신행입니다.

출가자의 신행은 부처님을 직접 뒤따르는 것입니다. 부처님의 출가는 「재가의 삶이란 압박이고 오염이 많지만, 출가는 열린 허공과 같다. 재가에 살면서 온전히 충만하고 온전히 청정하고 소라고둥처럼 빛나는 범행(梵行)을 실천하기는 쉽지 않다. 그러니 나는 머리와 수염을 깎고 노란 옷을 입고서 집에서 집 없는 곳으로 출가할 것이다.」라는 다짐입니다. 이처럼 출가자의 신행 또한 열린 허공과 같고, '온전히 충만하고 온전히 청정하고 소라고둥처럼 빛나는 범행(梵行)의 실천'이어야 합니다. 반면에 재가자의 신행은 압박과 오염 가운데에 있습니다. 그 압박과 오염 가운데서도 부처님에 의지하여 「갈수록 괴로움은 줄어들고 행복은 늘어나는 삶을 살다가 죽은 뒤에는 더 좋은 삶의 이어짐 즉 하늘에 태어나는 것」이 대부분의 재가자의 신행입니다.

그러면 대부분이 재가자인 불교 신자에게 진리는 어떤 쓰임새를 가집니까?

역시 불교는 사는 이야기입니다. 삶의 심오함의 끝에 닿아 완전한 행복을 실현하는 것으로의 깨달음이 있지만, 세상 모두가 깨달음을 성취할 수는 없는 것이 현실입니다. 그래서 사성제의 진리는 얼마만큼의 고(苦)에 대한 집(集)-멸(滅)-도(道)인지에 따라 모두의 삶이 처한 현실에 적용됩니다. 그래서 재가자에게도 불교적인 삶은 진리에 부합하는 이런 관점을 요구합니다. — 「나에게 이런 또는 이만큼의 괴로움이 있다[고(苦)]. 이 괴로움은 어떻게 생겨나서 자라난 것일까[고집(苦集)]? 어떤 방법으로 문제를 해소하고[고멸도(苦滅道)], 이 괴로움에서 벗어날 수 있을까[고멸(苦滅)]?」

7. 재가 신자의 불교적인 삶, 특히, 스승의 영역에 속하는 것들

고멸(苦滅)을 이끄는 부처님의 가르침은 토대가 있습니다. 그리고 그 토대 위에서 삶 즉 나와 세상을 보는 바른 시각을 제시하는데, 정견(正見)입니다. 경들은 세 가지로 구성된 토대 위에서 바른 시각의 원초적 형태를 세 가지로 제시합니다.

1) 가르침의 토대 ―「①업(業), ②결실 있음, ③노력」

부처님은「업(業)을 말하는 자(kammavādī)이고, 결실 있음을 말하는 자(kiriyavādī)」라고 불립니다. 삶은 태어남[수저]에 의해 결정되지 않고 사는 동안의 행위 즉 업(業)의 결과가 쌓여서[온(蘊)] 결정되는데, 업(業)에는 결실 즉 과(果)와 보(報)가 따르기 때문이라는 것입니다. 또한, 과거-미래-현재의 모든 부처님은 공통되게 ①업(業)을 말하고, ②결실 있음을 말하고, ③노력을 말합니다. 삶을 결정하는 것인 업(業)에는 결실이 있으니 좋은 결실을 얻기 위해서는 노력이 필요하다는 것입니다. 비유하자면, 농부가 농사를 짓는 행위에는 풍작이든 흉작이든 결실이 있고, 풍작을 거두기 위해서는 적절한 노력이 필요하다는 의미인데, 부처님을 특징짓는 ①업과 ②결실 있음 위에서 ③노력을 통해 행복한 삶을 실현하는 것이 모든 부처님의 가르침 즉 불교(佛教)라는 것을 알 수 있습니다.

2) 원초적 바른 견해 ―「①저세상은 있다, ②화생(化生) 하는 중생은 있다,
③업(業)에는 과(果)와 보(報)가 따른다.」

불교 신자에게는 이런 토대 위에서의 삶이 바른 신행(信行)입니다. 토대를 벗어나 잘못 설해진 법 위에서 살아가면 그것은 바르지 못한 신행입니다. 그리고 이것이 괴로울 것인지 행복할 것인지를 결정하는 근본 사유가 됩니다. 그러면 이런 토대 위에서의 삶 즉 바른 신행은 어떻게 시작됩니까?

나와 세상을 보는 시각 즉 견해의 구축입니다. 나라는 존재에 대한 그리고 내 삶의 터전인 세상에 대한 바른 앎을 바른 견해[정견(正見)]라고 하는데, 향상으로 이끌리는 삶의 첫 번째 조건입니다. 경들은 다양한 관점에서 바른 견해를 정의하고 있습니다. 그중 원초적 형태의 바른 견해로는「①저세상은 있다, ②화생(化生) 하는 중생은 있다, ③업(業)에는 과(果)와 보(報)가 따른다.」라는 세 가지가 제시됩니다.

이때, ①저세상 있음은 윤회(輪廻)한다는 선언이고, ②화생 하는 중생 있음은 윤회해서 다시 태어나는 세상이 지옥(地獄)-축생(畜生)-아귀(餓鬼)-인간(人間)-천상(天上)의 다섯 갈래로 구성된다는 설명이며[오도윤회(五道輪廻)], ③업에 과와 보가 따름은 원하는 세상 즉 하늘에 태어나기 위해서는 하늘로 이끄는 업을 실천해야 한다는 방법의 제시여서 태어남의 선택입니다. 여기서 하늘로 이끄는 업으로는 보시(布施-베풂)와 오계(五戒-질서)를 시작에 두는데, 불살생(不殺生)-불투도(不偸盜)-불사음(不邪淫)-불망어(不妄語)-불음주(不飮酒)의 오계는 십선업(十善業)으로 확장되어 락의 과와 보를 가져오는 업(業)을 대표합니다. — 「불살생(不殺生)-불투도(不偸盜)-불사음(不邪淫)-불망어(不妄語)-불양설(不兩舌)-불악구(不惡口)-불기어(不綺語)-불간탐(不慳貪)-부진에(不瞋恚)-정견(正見)」

그런데 저세상이 있다는 것은 보통의 사람에게는 확인되지 않습니다. 어떤 사람은 '해피 스님은 죽어봤는지, 그래서 죽은 뒤에 저세상이 있어서 윤회한다는 것을 직접 확인하였는지?' 묻기도 합니다. 물론 해피 스님은 이 몸으로의 삶에서 죽어보지 못했고, 저세상이 있다고 직접 확인하지 못했습니다. 하지만 역으로 '그대는 죽어봤는지, 죽은 뒤에 저세상이 없어서 단멸(斷滅) 한다는 것을 직접 확인하였는지?' 되물으면 그 또한 확인하지 못했음을 알게 됩니다. 이렇게 우리 눈으로 직접 확인할 수 없지만 반드시 알아야 하는 주제들은, 말하자면, 스승에 대한 믿음의 영역에 있는 것들이라고 해야 합니다. 그리고 이런 주제들에 대한 스승의 가르침을 공감과 동의 그리고 신뢰로써 뒤따르는 사람을 신자(信者)라고 하고, 이런 방법으로 부처님의 가르침을 뒤따르는 사람들이 불교 신자입니다.

주목해야 합니다! 스승에 대한 믿음의 영역에 속하는 것들을 부처님의 가르침에 의해 받아들이고 뒤따르는 사람이 불교 신자입니다. 다른 스승의 가르침을 뒤따르면서 불교 신자의 허울을 쓰고 있는 사람은 어리석음이고, 삶은 바르게 향상으로 이끌리지 못합니다.

8. 가르침에 의지한 실천 — 자주(自洲)-법주(法洲) → 자력종교(自力宗教)

이렇게 불교는 행위 즉 업(業)에 따르는 과(果)와 보(報)에 관심을 집중합니다. 어떤 업이 괴로움의 과와 보를 가져오고, 어떤 업이 행복의 과와 보를 가져오는지 바르게 알아서 괴로움을 초래하는 업을 피하고 행복을 일구는 업을 적극 실천하는 것이 불교 신행의 본질입니다. 그렇다면 어떤 업이 괴로움의 편에 있고 어떤 업이 행복의 편에 있는지에 대한 분명함 즉 법칙성을 확보해야 하는 필요가 있습니다.

이때, 부처님은 유익(有益-kusala → 이익과 행복)과 무익(無益-akusala → 손해와 괴로움)을 선언합니다. 그리고 그 선언 위에서 잘 분별하여 설하는 스승[분별설자(分別說者)-vibhajjavāda]입니다. 무엇이 유익(有益)/선(善)이고, 무엇이 무익(無益)/악(惡)인지 선언하고, 선언된 기준 위에서 상황에 맞게 잘 분별하여 설한다는 것인데, 병에 따라 적절한 약을 주는 의사라는 의미입니다[대의왕(大醫王) → 응병여약(應病與藥)]. 특히, 정등각(正等覺-완전한 깨달음을 성취한 자)인 부처님에 의해 선언된 이 기준은 완전하고 부작용이 없는 기준이어서 고(苦)-락(樂)의 과(果)-보(報)를 가져오는 행위의 기준이 되고, 그 법칙성에 따라 어떤 경우에도 최선의 방법이 됩니다.

이렇게 스승인 부처님은 행복을 위한 가르침을 주고, 제자들은 그 방법을 실천하여 스스로 행복을 실현합니다. 그래서 불교는 자주(自洲-스스로 섬이 됨)-법주(法洲-법이 이끄는 섬)의 가르침 즉 자력종교(自力宗教)입니다.

배워 알고 실천하는 불교 신자!

II. 무엇이 불교인가?

불교방송 라디오 「무명을 밝히고 - 금요 논강」 2019년 8월 9일과 8월 30일의 토론에서 사회자의 질문에 대한 해피 스님의 대답 부분을 정리하였습니다.

- '무명을 밝히고' - 「금요 논강(論講), 무엇이 불교인가?」 첫 번째 방송
- '무명을 밝히고' - 「금요 논강(論講), 무엇이 불교인가?」 두 번째 방송

☞ nikaya.kr : 해피스님 특강 - 무엇이 불교인가(1)(부산불교의사회 190819)
☞ nikaya.kr : 해피스님 특강 - 무엇이 불교인가(2)(부산불교의사회 190820)

[사회자] 불교의 끊임없는 혁신과 발전을 위해서는, 불교가 지향해야 하는 진정한 가치와 바람직한 실천 상에 대해서 사부대중이 늘 머리를 맞대고 고민해야 한다고 생각합니다.

그래서 현재 한국불교의 모습에서 잘못된 건 없는지 되돌아보고, 한국불교의 미래를 위해서 무엇을 준비해야 하는지 다각적으로 모색하는 시간을 갖고자 합니다. 오늘부터 한국불교의 현재와 미래에 대한 성찰의 시간을 가지려고 하는데요, 그 첫 번째 시간으로, '무엇이 불교인가'를 주제로 토론을 시작하려고 합니다.

[사회자] 1-1. 무엇이 불교인가? 이 질문은 무엇이 불교의 본래 모습이 아닌가, 하는 문제와 연관된다고 생각합니다. 먼저, 오늘날의 한국불교는, 불교의 본질에서 얼마나 멀어져 있다고 생각하시는지요?

[해피 스님] 먼저, (SN 20.7-쐐기 경)은 이 주제에 정곡을 찌르는 답을 줍니다. 한국 불교의 현실과 잘 견주어 보아야 할 지적이고, 나는 어떤 쪽에 속하는 불교 신자인지 고민해 보아야 할 가르침입니다.

미래에, ①여래에 의해 말해진, 심오하고, 심오한 의미를 가진, 세상을 넘어선, 공(空)에 연결된 가르침이 설해질 때 듣지 않고, 귀 기울이지 않고, 무위(無爲)의 앎을 위해 심(心)을 확고히 하지 않고, 그 법들을 일으켜야 하고 숙련해야 한다고 생각하지 않는 비구들이 있을 것인데, 그들은 ②시인이 짓고, 아름다운 문자와 표현을 가진 시이고, 외도의 제자들이

말한 가르침들이 설해질 때 듣고, 귀 기울이고, 최고의 앎을 위해 심(心)을 확고히 하고, 그 법들을 일으켜야 하고 숙련해야 한다고 생각할 것이라는 지적 위에 이 가르침이 사라지지 않기 위해서는 이렇게 공부해야 한다고 말합니다. — 「'여래에 의해 말해진, 심오하고, 심오한 의미를 가진, 세상을 넘어선, 공(空)에 연결된 가르침이 설해질 때 우리는 듣고, 귀 기울이고, 무위(無爲)의 앎을 위해 심(心)을 확고히 하고, 그 법들을 일으켜야 하고 숙련해야 한다고 생각할 것이다.'라고, 비구들이여, 그대들은 참으로 이렇게 공부해야 한다.」

이제, 오늘날의 한국불교가 불교의 본질에서 얼마나 멀어져 있느냐는 질문에 대해 본질의 측면에서 말해 보겠습니다. 부처님이 깨달음을 성취한 뒤 법을 설해야 하는지 고민하는 장면에서 '내가 성취한 이 법의 두 가지 토대'를 설명하는데, ①여기(중생 세상)에서의 조건성인 연기(緣起) 즉 십이연기(十二緣起)와 ②열반(涅槃)입니다.

첫 번째 토대인 연기(緣起)는 그 출발에서 심(心)의 형성 즉 '심(心)은 생겨나는 것'이라는 점과 심(心)을 생겨나게 하는 조건 관계를 설명합니다[심행(心行)=상(想)-수(受) → 무아(無我)]. 그런데 한국불교의 범주 안에서 공부하는 분들과 대화할 때, 가장 공감하기 어려운 것이 바로 심(心)이 생겨나는 것이라는 관점입니다. 심(心)은 참된 것이라는 믿음 위에서 불교에 접근해야 한다고 강조하는데, 참된 것 즉 생겨나지 않은 것을 나타내는 용어가 아뜨만[atman-아(我)]이라는 점을 분명히 짚어야 합니다. 그래서 이런 주장은 불교의 정체성 즉 무아(無我)에 어긋납니다.

또한, 두 번째 토대인 열반에 대해 니까야는 무상(無常)의 가라앉음에 의한 락(樂)과 무아(無我)라고 정의합니다. 하지만, 한국불교의 범주에서 공부하는 분들에게 열반은 상(常)-락(樂)-아(我)-정(淨)의 특성을 가지는 것으로 다르게 정의되어 있습니다[열반사덕(涅槃四德)]. 이때, 상(常)-락(樂)-아(我)-정(淨)은 힌두교에서 주장하는 범(梵)과 아(我)의 특성이어서 힌두화된 불교의 한 측면을 드러낸다고 하겠습니다. 특히, 열반(涅槃)의 정의의 차이는 목적지 즉 부처님에 의지해서 도착하는 자리가 다르다는 점에서 가볍게 보지 않아야 합니다.

- 존재[법(法)]에 대한 오해 — 상(常)-락(樂)-아(我)-정(淨)
- 조건적인 것[행(行)]의 실상 — 무상(無常)-고(苦)-무아(無我)-부정(不淨)
- 열반(涅槃)의 실현 — [무상(無常)의 가라앉음에 의한] 락(樂)-무아(無我)

이렇게 부처님이 성취한 법의 두 가지 토대 모두에서 한국불교는 부처님의 설명을 정반대의 방향으로 벗어나 있다[①생겨나지 않는 심(心)에 의한 ②상락아정 (常樂我淨)의 열반(涅槃)을 추구 — 거짓으로 시작하고, 거짓을 지향하는 것이 현재 한국 불교가 불교의 본질에서 얼마나 멀어져 있는지에 대한 진단이라고 하겠습니다.

[사회자] 1-2. 오늘날 한국불교의 중요한 흐름 가운데 하나가 니까야를 중심으로 하는 부처님의 근본 가르침에 관심을 돌리는 경향이 아닐까 하는데요. 그 이유는 어디에 있다고 생각하십니까?

[해피 스님] 먼저 채근담(菜根譚)의 한 구절을 소개하겠습니다. 「사궁세축지 (事窮勢蹙之) 당원기초심(當原其初心) 궁지에 몰리게 되면 마땅히 초심으로 돌아가라.」 인데, 지금 한국불교의 형편이 궁지에 몰린 것인지 아닌지는 각자의 판단에 맡겨야 할 것입니다.

무엇보다도 흐름의 변화는 과학의 힘 덕분일 것입니다. 과학이 도와주지 않던 시절에는 니까야라는 공부가 한국불교의 관심(chanda) 영역에 있지 못했는데, 출판과 인터넷 등 과학의 힘으로 우리 삶의 영역에 들어와서 만나진 것이라는 의미입니다.

그런데 만나고 보니 이것이 정등각(正等覺)의 가르침이고, 삶의 심오함의 끝에 닿아 근본의 문제를 해결하는 가르침이어서, 누구든지 선입관 없이 만나기만 하면 동화되는 것이라고 말해야 할 것입니다. 오죽하면, 부처님 당시에도 외도들은 부처님을 '개종시키는 요술쟁이'라고 부르기까지 하였는데, 만나기만 하면 동화되고 믿음을 일으켜 불교 신자가 되어버렸기 때문입니다. 마찬가지로 과학의 힘 덕분에 부처님 살아서 직접 설한 가르침으로의 니까야가 우리에게까지 닿았고, 진리인 그 가르침이 가지는 위력 때문에 마치 요술쟁이처럼 세상 사람들의 관심을 끌어당기는 것이라고 이해할 수 있습니다.

한편, 놓치면 안 되는 것은 부처님이야말로 불교가 가지고 있는 비장의 무기요, 최선의 대응책이라는 것인데, 궁지에 몰린 한국불교가 돌아갈 자리에서 그 역량을 발휘하게 될 것이라는 점입니다.

[사회자] 2-1. 그러면, 무엇이 불교인가? 불교의 참모습에 대해서 말씀 나눠보도록 하죠. 경율론 삼장... 혹은 팔만사천법문으로 이야기되는 부처님의 방대한 가르침 가운데 우리가 기준으로 삼아야 하는 것은 과연 무엇일까요?

[해피 스님] 이 주제는 공감의 문제를 전제하고 답변드려야 하겠습니다만, 당연히 부처님

살아서 직접 설한 가르침이 기준이 되어야 합니다. 그래야 불교(佛教) 즉 부처님의 가르침인 것입니다. 부처님은 당신의 가르침이 더할 바도 뺄 바도 없이 설해진 완전한 가르침이라고 선언하는데, 이런 선언이 바로 정등각(正等覺)의 의미입니다. 그래서 이 선언에 대한 확고함이 없으면 불교는 유지될 수 없고, 또한, 여기에서 달라지는 것은 발전이 아니라 변질이라고 보는 것이 옳습니다.

그래서 저는 더할 바도 뺄 바도 없이 완전한, 교리적 충돌이 없는 공부 영역을 1차 결집의 내용으로 간주하여 공부의 기준으로 삼는데, 이때, 불교는 어떤 주제에 대해서도 확정적 결론을 제시해 줍니다.

- 율장(律藏)에 속한 마하 위방가(비구 227계)-비구니 위방가(비구니 311계)
- 경장(經藏)에 속한 디가 니까야-맛지마 니까야-상윳따 니까야-앙굿따라 니까야 -쿳다까 니까야의 일부(숫따니빠따-법구경)

[사회자] 2-2. 경전을 부처님께서 직접 설하신 가르침을 기준으로 불설, 비불설로 나누기도 하는데 이에 대해서는 어떻게 생각하십니까?

[해피 스님] 부처님 살아서 직접 설한 가르침일까 아니면 부처님 살아서 직접 설하지 않은 가르침일까의 문제라고 해야 할 텐데요, 다 아는 이야기이니 더 설명할 필요가 없을 것 같습니다. 보통 역사적-형식적[말-입]으로는 직설이 아니지만, 사상적-내용적[뜻-마음]으로는 불교라는 입장을 접하게 되는데, 이런 접근에 대해 니까야의 입장에서도 사상적-내용적으로의 동질성을 인정할 수 있는지는 더 살펴보아야 할 것입니다. 그렇게 해석된 뜻과 마음이 과연 부처님의 뜻과 마음이라고 누가 담보할 수 있는지의 문제 제기라고 하겠습니다.

불교는 사는 이야기여서 삶에 대한 완전한 해석 즉 삶의 심오함의 끝을 설명하고 있는데, 역사적-형식적으로 부처님이 설하지 않은 것이 부처님과 동일하게 심오함의 끝에 닿았다고 인정하기에는, 이런 관점에서, 무리가 따른다고 판단됩니다. 앞에서 '①생겨나지 않는 심(心)에 의한 ②상락아정(常樂我淨)의 열반(涅槃)을 추구'하는 현상을 살펴보았지만, 정등각(正等覺)이신 그분의 가르침에 의지하지 않는 방법으로 접근할 수 있는 자리가 아니기 때문에 생기는 오류라고 해야 할 것입니다.

한편, 누가 어떤 이야기를 진리라고 말할 때, 그 말씀이 부처님의 말씀에 부합해서 내 삶의 지표로 삼고, 이끌려도 좋은가에 대한 판단의 문제에도 주목해야 합니다.

이때, 판단은 각자의 기준의 문제이고, 자기의 기준 위에서 경(經)과 율(律)에 견주어야 할 것입니다. 니까야의 관점에서 부처님은 당신이 설한 법(法)과 율(律)이 우리의 스승이 될 것이라고 유언하는데, 법과 율에 대해 누구에게 듣더라도 경과 율에서 견줄 것을 지시합니다. 이때, 부처님이 말하는 경과 율이 부처님 사후에 제3자에 의해 만들어질 경과 율을 포함하지 않는다는 것은 의문의 여지가 없다고 해야 하겠습니다.

[사회자] 2-3. 결국, 시대의 변화 속에서도 반드시 지켜야 할 것과 변화를 가져와야 하는 것을 명확하게 나누는 것이 필요하겠지요?

[해피 스님] 이 주제에 대한 답은 (MN 104-사마가마 경)을 참고해야 합니다. 니간타의 교주 니간타 나타뿟따의 죽음 뒤에 발생한 니간타들의 혼란과 관련하여 아난다 존자는 부처님께서 돌아가신 뒤에 우리의 상가에도 갈등이 생기지 않아야 한다는 걱정을 말하는데, 부처님은 이렇게 답합니다. ―「아난다여, 생활에 관계되거나 계목(戒目)에 관계된 갈등은 사소한 것이다. 아난다여, 그러나 상가에 길이나 실천에 관한 갈등이 생긴다면, 그 갈등은 많은 사람의 이익을 위한 것이 아니고, 많은 사람의 행복을 위한 것이 아니고, 많은 사람의 번영을 위한 것이 아니고, 신과 인간들의 손실을 위한 것이고, 괴로움을 위한 것이다.」

생활이나 계목은 삶의 향상을 위한 출가자들의 생활 규범입니다. 그리고 생활 규범은 시간과 지역에 따라 달라질 수 있습니다. 그래서 생활에 관계되거나 계목(戒目)에 관계된 갈등은 사소한 것이고, 심지어, 부처님은 유언을 통해 '상가가 원한다면 나의 죽음 이후에는 소소한 학습계율들은 폐지해도 좋다.'라고 까지 말씀하시는 것입니다. 그러나 길은 삶의 향상을 이끄는 부처님의 방향입니다. 어떤 길을 걸어가는지에 따라 나아가는 방향이 달라지고, 다른 도착점에 닿게 됩니다. 그래서 길은, 부처님의 길을 뒤따르는 제자인 한, 달라지면 안 됩니다. 길의 차이는 스승의 차이고, 길의 변화는 다른 스승을 맞이하는 것이기 때문입니다. 또한, 길을 걷는 일 즉 실천도 길과 같은 비중을 가집니다. 길이 있어도 내가 직접 걷지 않으면 내 삶은 앞으로 나아가지 않기 때문입니다. 그래서 길과 실천은 부처님께서 설하신 그대로 유지되어야 합니다. 여기에 변화가 일어나면 그것은 다른 스승의 제자가 되는 것이고 삶의 방향이 달라지는 것입니다.

• 길과 실천의 진리 ― 타협 불가능한 것 → 흔들리면 안 됨

• 자주(自洲)-법주(法洲) — '스스로 섬이 되고, 법으로써 섬을 삼아라!'
→ 법주(法洲)로서의 길과 자주(自洲)로서의 실천

[사회자] 3. 일반적으로 불교를 깨달음의 종교라고 말합니다. 물론 이것이 다른 종교와 차별되는 불교의 가장 큰 특징이라고 말할 수 있겠지요. 그러나 정말 중요한 것은 불교가 삶의 문제, 인간의 문제, 현실 사회의 문제에 답을 줄 수 있는지의 문제라고 해야 하지 않을까요?

[해피 스님] 그렇습니다. 만약 불교가 삶과 인간 그리고 현실 사회의 문제에 답을 주지 못한다면 하나의 종교로서 지금까지 2,600년을 이어오지 못했을 것입니다.

그런 관점에서 저는 '한마디로 말하면, 불교는 행위 곧 업(業)이다.'라고 말합니다. 불교를 대표하는 개념으로는 심(心-마음)-락(樂-행복)-각(覺-깨달음)-정(正-바름) 등 여러 측면을 말할 수 있겠지만, 저는 행위 즉 업(業)으로 이런 개념들을 포괄하여 설명하는 것입니다. —「불교는 행위[업(業)]입니다. 행위의 뿌리에 심(心-마음)이 있고, 행위의 지향이 락(樂-행복)입니다. 행위의 기준이 정(正-바름)이며, 행위의 완성이 각(覺-깨달음)입니다.」

부처님을 업을 설하는 자(kammavāī), 결실 있음을 설하는 자(kiriyavāī)라고 부르는 것이 이런 관점의 토대라고 할 것인데요, 어떤 업(業)이 어떤 과(果)와 보(報)를 가져오는지에 따른 삶의 제어가 곧 불교라는 의미일 것입니다.

• 어떤 업(業) → 고(苦)의 과(果)와 보(報)
• 어떤 업(業) → 락(樂)의 과(果)와 보(報)

• 행위의 제어를 통한 삶의 향상 —「사념처(四念處) → 사마타-위빳사나」: 사념처로 시작하고, 사마타-위빳사나로 완성되는 불교 수행

• 최상위 개념 — 고(苦)와 고멸(苦滅) →「괴롭니? 행복하자!, 아프니? 아프지 마!」

이렇게 삶의 이야기로 불교를 묶어주는 것이 행위 즉 업의 관점에서 '마음을 잘 다스려 바름을 실천하고 깨달음을 성취하여 완전한 행복을 실현'하는 방법으로 삶의 향상에 접근하는 것이고, 이것이 바로 삶과 인간 그리고 현실 사회의 문제에 대한 불교의 답이 됩니다. 이때, 불교 신자가 공부[교학+수행]를 통한 행위의 제어를 통해 아라한에 이르는

과정을 감안하면, 이런 구호도 유효합니다. ―「행위의 중심은 현재에 두어야 합니다. 그러나 눈은 미래를 놓치지 않아야 합니다.」

다시 말하지만, 어떻게 행위를 제어하여 '갈수록 괴로움은 줄어들고 행복은 늘어나는 삶을 살다가 죽어서는 하늘에 태어날까?'를 가르치는 불교야말로 삶의 문제, 인간의 문제, 현실 사회의 문제에 대한 답을 주는 종교라고 하겠습니다.

[사회자] 네, 오늘 논강에서는 '무엇이 불교인가?'를 주제로 말씀 나눴는데요, 불설(佛說)-비불설(非佛說)로 시작해서 희망의 종교로 마무리 할 수 있었습니다. 감사합니다.

배워 알고 실천하는 불교 신자!

Ⅲ. 행복, 그 이면의 이야기!

— 행복문화포럼 170915 강연 주제

☞ nikaya.kr : 대답 - 해피스님(210128) 행복, 그 이면의 이야기
☞ nikaya.kr : 행복 — 그 이면의 이야기(행복문화포럼 170915)

※「행복하기 위한 삶의 과정이 제어되지 않으면 괴로움이라는 부작용이 따른다.」

삶에서 만나는 다양한 것이 주는 즐거움과 만족을 매력(魅力)이라고 하고, 얻고 유지하는 과정 또는 잃음에 수반되는 괴로움을 위험(危險)이라고 합니다. 얼마만큼의 위험을 수반하는 매력인지에 따라 행복의 질과 크기가 정해진다고 할 것입니다. 이때, 매력을 가진 것에 대한 관심(chanda)을 주목해야 하는데, 관심이 지나치면 부작용을 초래한다는 측면입니다. 지나친 관심은 관심에 탐진치(貪嗔癡)가 얹어진 상태를 말하는데, 욕탐(欲貪-chandarāga)입니다. 그래서 지나친 관심 즉 욕탐(欲貪) 때문에 생겨나는 위험을 해소하면 온전한 행복으로 구성되는 매력을 누릴 수 있다고 하겠습니다. 이것을 [위험으로부터의] 해방(解放)이라고 하는데, 욕탐(欲貪)의 제어와 욕탐의 버림이라고 설명됩니다.

매력(魅力)-위험(危險)-해방(解放)은 교리적 비중이 매우 큽니다. 부처님께서 깨달음을 선언하는 17개의 용례 가운데 12개의 경이 이 주제로써 설해지는 것을 볼 수 있는데, 부처님 깨달음의 중심이 되는 주제인 것을 알 수 있습니다.

안녕하세요, 여러분? 해피 스님입니다. 행복문화포럼에서 초청해 주셔서 이렇게 뵙게 되었습니다. 감사합니다. 여러분들께서 갈수록 괴로움은 줄어들고 행복은 늘어나는 향상의 삶을 사시기를 바라는 마음으로 이 자리에 왔습니다.

제가 해피 스님이다보니 만나는 분마다 '행복한 스님'이냐고 물어봅니다. 조금은 어색함을 담아 흥미로운 시각으로 쳐다보곤 하지요. 여러분도 그러실까요?

간단히 제 소개부터 드리겠습니다. '해피[解彼 & happy]'라고 쓰는 해피입니다. 먼저, 풀 해(解), 저 피(彼)를 붙여 '나 아닌 그대를 잘 알기'라는 의미로 解彼를 만들었습니다. 그리고 내가 나의 입장에서 그대를 보기에 앞서 그대의 입장을 먼저 헤아리면 그대와의 관계에 불편이 없다 즉 함께하는 삶에 괴로움이 따르지 않는다는 의미를 연결하여 happy를

만들었습니다. 그러니 해피는 '解彼 하면 happy 하다'는 복합적 의미를 담고 있다고 하겠습니다.

그런데 해피가 출가자로서의 제 본명은 아닙니다. 저는 경전어(經典語)인 빠알리어로 puññadīpa[뿐냐디-빠]라는 이름으로 출가하였습니다. 그래서 puññadīpa가 제 본명입니다. puñña는 복(福) 또는 공덕(功德)이고, dīpa는 섬이니, 공덕의 섬이 됩니다. '공덕을 쌓아서 복된 섬을 이루라'는 정도의 의미라고 보시면 되겠습니다.

사실 산다는 것은 좀 어렵습니다. 아니, 많이 어렵다고 해야 할 것입니다. 오죽하면 고해(苦海) 즉 괴로움의 바다에 빠져 허우적거리는 것이 인생이라고 하겠습니까? 섬은 이때 필요한 개념입니다. 바다에 빠져 허우적거리며 '누가 날 좀 도와 이 목숨을 구해줄까?'라며 힘들어할 때 내 발이 땅에 닿는다면 '살았구나!'하며 안도의 숨을 쉬게 됩니다. 내 발이 닿은 땅, 이것을 우리는 섬이라고 부릅니다.

어떻게 섬을 만들까? 공덕을 쌓아서 섬을 만들자. 삶의 질서를 확보하고, 적극적으로 남을 위해 베풀며, 향상된 삶을 지향해 노력하는 세 가지 공덕의 행위를 쌓아 섬을 만들자! 이렇게 공덕을 쌓아 섬을 만들면, 섬은 나에게 복(福)된 삶을 되돌려줍니다.

저는 여기서 '쌓음'이란 말을 주목합니다. 삶이란 누구에게서든 쌓음의 과정이기 때문입니다. 질적 측면에서 삶을 사유하는 사람이라면 '나는 누굴까?'라는 질문을 자신에게 하기 마련입니다마는 '나는 삶의 과정을 누적하며 변해가는 존재'입니다. 지금 어떤 삶을 사는지에 따라 지금 삶의 결과를 누적하여 다른 존재가 된다는 것이지요. 과거 동안 누적되어 만들어진 나에게 현재를 쌓아 새로운 나를 만드는 것이고, 현재가 누적된 나에게 미래를 다시 쌓아 더욱 새로운 나를 만들어 가는 것입니다. 이것이 삶이라고 부르는 내 존재의 과정이라고 말하면 적절할 것 같습니다.

그렇다면 우리에게 필요한 것은 쌓음의 기술이라고 해야 합니다. 과거의 누적이야 지난 것이니 어쩔 수 없다 해도 지금 어떤 것을 쌓아 좀 더 나은 내 존재를 만들 것인가의 관점입니다. 갈수록 괴로움은 줄어들고 행복은 늘어나는 향상의 삶을 살기 위해서 지금은 어떤 것을 쌓고 미래에는 또한 어떤 것을 더욱 쌓아야 하는 것인지의 기술인 것입니다.

이런 시각 위에서 행복에 대한 저의 이야기를 시작해 보겠습니다.

행복(幸福)! 무엇인가요? 사전은 그 의미를 이렇게 알려줍니다.

• 행복(幸福)[명사] 1. 복된 좋은 운수. 2. 생활에서 충분한 만족과 기쁨을 느끼어 흐뭇함. 또는 그러한 상태. 〈표준국어대사전〉

경전어(經典語)인 빠알리어에서 행복은 sukha(수카)입니다. 고(苦) 또는 괴로움 또는 불만족 등의 의미를 가지는 dukkha(둑카)의 반대말입니다. 그래서 락(樂) 또는 즐거움 또는 만족 등의 의미를 가집니다.

[논점 1] 그런데 고(苦)와 락(樂)은 대응합니다. 고멸(苦滅)이 곧 락(樂)인 것입니다. 불만족 즉 삶이 내 마음대로 되지 않는 것은 괴로움이고, 불만족이 해소된 것으로의 만족 즉 삶이 내 마음대로 되는 것은 행복입니다. 고멸(苦滅)과 다른 어떤 실체적인 것으로의 락(樂)은 없습니다. 고멸(苦滅)과 다른 것으로의 락(樂)을 찾고자 하면 자칫 삶을 형이상학의 영역으로 이끌 수 있기 때문에 조심해야 합니다. 행복은 어쨌든 삶의 이야기이고, 삶의 과정에서 내가 직접 경험하여 누릴 때 의미를 가지는 것이기 때문입니다.

이런 대응 관계는 행복해진다는 것의 의미를 알려줍니다. 괴롭지 않아지는 것입니다. 그래서 갈수록 괴로움은 줄어들고 행복은 늘어나는 삶이 향상하는 삶이고, 공부를 통해 실현해야 하는 삶의 방향인 것입니다.

그래서 행복이야기는 괴로움에 대한 이해로부터 시작해야 합니다.

dukkha 즉 고(苦)는 세 가지 성질의 측면으로 분류되는데, 고고성(苦苦性), 행고성 (行苦性), 괴고성(壞苦性)입니다. 삶에서 직접 겪는 구체적 괴로움과 생겨나는 과정의 문제에 따르는 불만족 그리고 생겨난 상태를 유지하지 못함에 따르는 불만족의 세 가지 분류입니다.

특히, 고고성(苦苦性)은 생노병사(生老病死) 사고(四苦)에 이어 원증회고(怨憎會苦)-애별리고(愛別離苦)-구부득고(求不得苦)-오취온고(五取蘊苦)가 더해진 팔고(八苦) 그리고 수비고우뇌(愁悲苦憂惱)[슬픔-비탄-고통-고뇌-절망]와 모든 괴로움 덩어리[고온(苦蘊)] 등으로 다양하게 알려집니다.

• 원증회고(怨憎會苦) - 싫어하는 것들과 함께 엮이는 괴로움

무엇이 싫어하는 것들과 함께 엮이는 괴로움[원증회고(怨憎會苦)]인가? 여기에 원하지

않고 사랑스럽지 않고 마음에 들지 않는 색(色)-성(聲)-향(香)-미(味)-촉(觸)-법(法)들이 있고, 또한, 편치 못한 소유의 삶, 이익되지 않는 소유의 삶, 불쾌한 소유의 삶, 안온하지 않은 소유의 삶이 있다. 무엇이든 그것들과 더불어 교제하고 만나고 결합하고 엮인 상태, 이것이 싫어하는 것들과 함께 엮이는 괴로움이라고 불린다.

• 애별리고(愛別離苦) - 좋아하는 것들과 갈라지는 괴로움

무엇이 좋아하는 것들과 갈라지는 괴로움[애별리고(愛別離苦)]인가? 여기에 원하고 사랑스럽고 마음에 드는 색(色)-성(聲)-향(香)-미(味)-촉(觸)-법(法)들이 있고, 또한, 편안한 소유의 삶, 이익된 소유의 삶, 유쾌한 소유의 삶, 안온한 소유의 삶이 있고, 또한 어머니 아버지 형제자매 친구 동료 친지가 있다. 무엇이든 그것들과 더불어 교제하지 못하고 만나지 못하고 결합하지 못하고 엮이지 못한 상태, 이것이 좋아하는 것들과 갈라지는 괴로움이라고 불린다.

• 구부득고(求不得苦) - 원하는 것을 얻지 못하는 괴로움

무엇이 원하는 것을 얻지 못하는 괴로움[구부득고(求不得苦)]인가? 태어나는 존재인 중생들에게 '오 참으로 우리가 태어나는 존재가 아니기를! 참으로 우리에게 태어남이 오지 않기를!'이라는 원함이 생긴다. 그러나 이것은 원함에 의해 성취되지 않는다. 이것도 원하는 것을 얻지 못하는 괴로움이다. 늙는 존재인 중생들에게 '오 참으로 우리가 늙는 존재가 아니기를! 참으로 우리에게 늙음이 오지 않기를!'이라는 원함이 생긴다. 그러나 이것은 원함에 의해 성취되지 않는다. 이것도 원하는 것을 얻지 못하는 괴로움이다. 병드는 존재인 중생들에게 '오 참으로 우리가 병드는 존재가 아니기를! 참으로 우리에게 병이 오지 않기를!'이라는 원함이 생긴다. 그러나 이것은 원함에 의해 성취되지 않는다. 이것도 원하는 것을 얻지 못하는 괴로움이다. 죽는 존재인 중생들에게 '오 참으로 우리가 죽는 존재가 아니기를! 참으로 우리에게 죽음이 오지 않기를!'이라는 원함이 생긴다. 그러나 이것은 원함에 의해 성취되지 않는다. 이것도 원하는 것을 얻지 못하는 괴로움이다. 슬픔-비탄-고통-고뇌-절망하는 존재인 중생들에게 '오 참으로 우리가 슬픔-비탄-고통-고뇌-절망하는 존재가 아니기를! 참으로 우리에게 슬픔-비탄-고통-고뇌-절망이 오지 않기를!'이라는 원함이 생긴다. 그러나 이것은 원함에 의해 성취되지 않는다. 이것도 원하는 것을 얻지 못하는 괴로움이다.

마찬가지로 sukha 즉 행복도 다양하게 알려집니다. 각각의 괴로움에 대응하여 행복도 함께 정의되기 때문인데, 고(苦)와 락(樂)의 힘겨루기로써 삶의 질적 수준이 결정된다고 할 수

있습니다.

행복은 우선 물질의 영역에서 소유를 기준으로 정의됩니다. — 다섯 가지 소유의 사유에 묶인 것이 있는데, 원하고 좋아하고 마음에 들고 사랑스럽고 소유의 사유를 수반하며 좋아하기 마련인 ①안(眼)으로 인식되는 색(色)들[보이는 것들], ②이(耳)로 인식되는 성(聲)들[들리는 것들], ③비(鼻)로 인식되는 향(香)들[냄새 맡아지는 것들], ④설(舌)로 인식되는 미(味)들[맛보아지는 것들], ⑤신(身)으로 인식되는 촉(觸)들[느껴지는 것들]이고, 이런 다섯 가지 소유의 사유에 묶인 것을 조건으로 생겨나는 즐거움[락(樂)]과 기쁨[희(喜)]이 소유의 행복[욕락(慾樂)]입니다.

[논점 2] 그런데 이런 행복이 사람들이 경험할 수 있는 최상의 행복은 아닙니다. 행복은 이렇게 밖의 것들에 대한 소유를 통해서만 생겨나는 것이 아니기 때문입니다. 행복은 자기의 내면으로 관심을 돌릴 때도 생겨납니다. 치유[healing]의 목적이든 삶의 향상을 위한 목적이든 명상수행의 과정에서 마음이 하나의 대상에 잘 집중될 때 전혀 다른 질(質)의 행복이 생겨나는 것입니다. 이런 행복을 개발된 행복한 느낌[nirāmisā sukhā vedanā]이라고 하는데, '환희(歡喜) → 의(意)의 희열(喜悅) → 몸의 진정 → 행복(幸福)'의 과정으로 심(心)이 삼매[정(定)]에 들고, 삼매에 든 뒤에는 한 차원 더 높아진 개발된 행복한 느낌이 단계적으로 경험됩니다[희열 → 행복 → 평정](*). 그리고 명상수행의 끝에 삶이 완성되면 해탈락(解脫樂)[vimuttisukha]이라고 부르는 괴로움 '0' 행복 '100'의 완전한 행복이 실현됩니다. 잘들 알고 계시는 열반(涅槃)[nibbāna]의 행복입니다.

(*) aññaṃ sukhaṃ abhikkantatarañca paṇītatarañca – 더 훌륭하고 더 뛰어난 다른 행복

그렇다면 과정의 행복들은 괴로움이 줄어드는 만큼 행복이 커지는 대응 관계 가운데 향상하는 과정이라고 해야 합니다. 특히, 이런 명상수행의 본격적인 과정은 개발된 행복한 느낌의 경험 위에서 단계적으로 진행되기 때문에 '행복으로 더 큰 행복을 일구는 수행'이라고 말할 수 있습니다.

괴로움과 행복은 이렇게 함께하면서 삶의 질적 수준에 따라 그 구성비가 결정됩니다. 그래서 괴로움에 치우친 지옥-짐승-아귀의 삶도 있고, 인간 수준의 구성비도 있으며, 인간보다는 훨씬 행복으로 치우친 하늘 세상의 삶도 있는 것입니다. 이렇게 삶은 괴로움과 행복의 양면을 함께하면서 어떤 노력을 통해 지금 어떤 것을 쌓는지에 따라 괴로움으로

치우칠지 행복으로 치우칠지가 결정된다고 하겠습니다.

[논점 3] 한편, 인류의 큰 스승이자 불교의 교주인 석가모니는 여러 가지 방법으로 깨달음을 선언하는데, 그중에는 이런 선언도 있습니다. —「비구들이여, 나는 이렇게 이 네 가지 요소들의 매력을 매력으로부터, 위험을 위험으로부터, 해방을 해방으로부터 있는 그대로 실답게 알지 못한 때까지는, 비구들이여, 나는 신과 함께하고 마라와 함께하고 범천과 함께하는 세상에서, 사문-바라문과 함께하고 신과 사람과 함께하는 존재를 위해 '위없는 바른 깨달음을 깨달았다.'라고 선언하지 않았다. 그러나 비구들이여, 나는 이렇게 이 네 가지 요소들의 매력을 매력으로부터, 위험을 위험으로부터, 해방을 해방으로부터 있는 그대로 실답게 알았기 때문에, 비구들이여, 나는 신과 함께하고 마라와 함께하고 범천과 함께하는 세상에서, 사문-바라문과 함께하고 신과 사람과 함께하는 존재를 위해 '위없는 바른 깨달음을 깨달았다.'라고 선언했다. 그리고 나에게 앎과 봄이 생겼다. — ' 나의 해탈은 흔들리지 않는다. 이것이 태어남의 끝이다. 이제 다시 존재로 이끌리지 않는다.'라고. (SN 14.31-깨달음 이전 경)」

매력(魅力-assāda)-위험(危險-ādīnava)-해방(解放-nissaraṇa)은 지수화풍 (地水火風) 사대(四大), 오취온(五取蘊), 육내입처(六內入處), 육외입처(六外入處), 세상, 다섯 가지 기능[믿음-정진-사띠-삼매-지혜], 여섯 가지 기능[안근(眼根)-이근(耳根)-비근(鼻根)-설근(舌根)-신근(身根)-의근(意根)]에 적용되어 여러 경전에 나타납니다.

이때, 매력(魅力)-위험(危險)-해방(解放)의 사전적 의미는 이렇습니다.

- 매력(魅力)[명사] 사람의 마음을 사로잡아 끄는 힘.
- 위험(危險)[명사] 해로움이나 손실이 생길 우려가 있음. 또는 그런 상태.
- 해방(解放)[명사] 구속이나 억압, 부담 따위에서 벗어나게 함. 〈표준국어대사전〉

석가모니의 이 선언은 지수화풍(地水火風) 사대(四大) 등의 존재들에 대해 하나의 관점을 제시합니다. —「존재하는 것들은 제각각 매력(魅力)이 있어서 사람의 마음을 사로잡아 끌지만 그 이면(裏面)에는 위험이 도사리고 있어서 해로움이나 손실이 생길 수 있기 때문에 잘 보아서 매력 뒤에 숨어있는 위험에 떨어지지 않는 해방(解放)된 삶을 살아야 한다.」

그런데 첨부한「소유의 사유 또는 소유의 삶[kāma-욕(慾)]의 매력(魅力)-위험(危險)-해방(解放)」에 의하면, 매력(魅力)은 즐거움과 기쁨 즉 행복이고, 위험(危險)은 고온(苦蘊) 즉 괴로움이며, 해방(解放)은 욕탐(欲貪-chandarāga)의 제어와 버림입니다.

사람들은 행복을 추구합니다. 그러나 주목해야 합니다. 행복은 괴로움과 함께합니다. 특히, 석가모니의 선언에 의하면, 어떤 것이든지 행복과 괴로움의 양면성을 가지고 있습니다. 행복의 이면에는 괴로움이 있는 것입니다. 행복하기 위한 삶의 과정이 제어되지 않으면 괴로움이라는 부작용이 따른다는 것입니다. 이것이 「행복 — 그 이면의 이야기」입니다.

행복 — 그 이면의 이야기! 행복과 괴로움이 가지는 양면성 때문에 사람들은 다양한 방법으로 괴로움의 구성비는 줄이고 행복의 구성비는 높이는 시도를 합니다. 일상의 삶에서도 그렇고 명상수행을 통한 높은 삶의 추구에서도 그렇습니다. 말하자면, 괴로움의 구성비를 낮춤으로써 괴로움으로부터 해방(解放)되고 행복만으로 가득한 삶을 살아내고자 하는 노력입니다. 이런 노력을 통해 해방(解放)되고 행복한 지금을 만들고 반복 쌓아 나의 삶을 점진적으로 그런 방향으로 이끌고자 하는 것입니다.

※ 이런 관점은 우리 사회의 측면에서도 중요합니다. 물질 만능의 시대를 맞아 물질에 의한 만족을 누리기 위해 그 매력에만 붙잡히고 위험을 보지 못함에 의해 나의 삶은 피폐해지고 사회는 불안해집니다. 그러나 매력과 위험을 함께 보아서 해방된 삶을 살고자 할 때 나의 삶은 풍요로워지고 사회는 안전해집니다.

(사)행복문화포럼이 우리 사회의 행복을 포괄적으로 지향하는 포럼이라면 저는 바로 이 점, 위험 즉 부작용을 수반하지 않는 또는 최소화하는 삶에 대한 관점을 우리 사회에 전파하는 일에 주목해야 한다고 생각합니다.

[논점 4] 다시 특별히 주목해야 할 점이 있습니다. 해방(解放)은 욕탐(欲貪-chandarāga)의 제어와 버림이라는 것입니다. 괴로움이 두려워 행복을 주는 대상 자체를 버리는 것이 아니라 대상에 대한 욕탐(欲貪)만을 제어하고 버리는 것이어서 소유에 의한 풍요 가운데 괴로움을 수반하지 않는 삶을 살라는 것입니다. 괴로움이라는 부작용 때문에 행복 자체를 포기하라는 것이 아니고, 오직 부작용만을 떼어내기 위한 방법이 안내되는 것입니다.

폭력 등 정당하지 않은 방법으로 소유[재물]를 획득하지 않아야 합니다. 그렇다고 앞에서 말했듯이 무소유(無所有) 또는 가난한 삶을 지향하라는 것은 절대 아닙니다. 정당한 방법에 최선의 노력을 얹어서 소유[재물]를 획득하는 것이 위험(危險)을 수반하지 않고 매력(魅力)적인 것을 소유하는 방법입니다. 정당하게 소유한 것들에 대해 욕탐(欲貪)을 제어하고 버리는 것이 괴로움의 부작용 없이 해방(解放)된 부자로 행복하게 사는 방법입니다.

삶에는 중요한 조건이 세 가지가 있습니다. 인간관계와 돈 그리고 건강입니다. 이 세 가지에 성공하면 행복한 삶이고, 실패하면 괴로운 삶입니다. 그래서 이 세 가지에 성공해야 합니다. 물론 이때도 성공의 의미는 정당한 방법에 최선의 노력을 얹어서 획득하는 것입니다.

그러면 정당한 방법은 무엇입니까? 첫째, 삶의 질서를 확립하고 균형 잡힌 생계를 유지해야 합니다[오계(五戒)]. 둘째, 베풀고 사랑해야 합니다[보시(布施)-사무량심(四無量心)-사섭법(四攝法)]. 특히, 어느 그룹에 나를 소속시킬 것인지 신중해야 합니다. 셋째, 더 높은 삶을 지향해야 합니다[공부=(교학+수행) - 명상수행].

이때, 더 높은 삶의 지향 또한 부작용만을 떼어내는 방향으로 진행되어야 합니다. 삶의 현실에 대한 분명한 앎[중(中)-majjha]에 토대해서 부작용의 조건을 해소하기 위한 정확한 방법을 배워 실천할 때[중도(中道)-majjhimā paṭipadā], 부작용 없는 행복이 실현되는 것입니다. 그리고 그 끝에 부작용이 전혀 없는, 괴로움 '0' 행복 '100'의 완전한 행복의 실현이 있습니다. —「행복으로 더 큰 행복을 일구는 수행!」

배워 알고 실천하는 불교 신자!

[첨부]

소유의 삶[kāma-욕(慾)]의 매력(魅力)-위험(危險)-해방(解放)
[(MN 13-괴로움 무더기 큰 경) 중에서]

그러면 비구들이여, 무엇이 소유의 삶의 매력(魅力)인가? 비구들이여, 다섯 가지 소유의 사유에 묶인 것이 있다. 무엇이 다섯인가? 원하고 좋아하고 마음에 들고 사랑스럽고 소유의 사유를 수반하며 좋아하기 마련인 안(眼)으로 인식되는 색(色)들, … 이(耳)로 인식되는 성(聲)들, … 비(鼻)로 인식되는 향(香)들, … 설(舌)로 인식되는 미(味)들, … 원하고 좋아하고 마음에 들고 사랑스럽고 소유의 사유를 수반하며 좋아하기 마련인 신(身)으로 인식되는 촉(觸)들 — 비구들이여, 이것이 다섯 가지 소유의 사유에 묶인 것이다. 비구들이여, 이런 다섯 가지 소유의 사유에 묶인 것을 연(緣)하여 생기는 즐거움과 만족 – 이것이 소유의 삶의 매력(魅力)이다.

비구들이여, 그러면 무엇이 소유의 삶의 위험(危險)인가? 비구들이여, 여기 좋은 가문의 아들은 지식으로써 생계를 유지한다. 즉 셈하기, 계산, 회계, 농사, 장사, 목축, 궁술, 왕의 시종, 그 외의 다른 기술 등이다. 그는 추위로 고통받고, 더위로 고통받고, 파리-모기-바람-햇빛-파충류와 닿아서 상처를 입기도 하고 배고픔과 목마름으로 죽음도 감수한다. 비구들이여, 이것이 스스로 보이는(*) 소유의 삶의 위험(危險)이니, 소유의 사유가 원인이고 소유의 사유가 인연이고 소유의 사유가 이유이고 오직 소유의 삶이 원인인 괴로움 무더기이다.

(*) sandiṭṭhiko — 스스로 보이는 ; 1) 자기는 자신을 감추지 않고 드러냄. 다만, 보는 자의 보는 능력에 의해 보이기도 하고 보이지 않기도 함. 소유의 삶에는 이런 위험이 있어서 괴로움 덩어리에 속하는 것인데 이런 위험을 볼 수 있는 눈을 가진 자에게는 보여서 대비할 수 있지만, 눈이 없는 자에게는 보이지 않아서 이것을 원인으로 하는 괴로움을 겪게 함.

2) 눈에 보이는 = 이번 생에 속한 또는 직접 확인할 수 있는

만약, 비구들이여, 그 좋은 가문의 아들이 노력하고 애쓰고 정진해도 그 재물들을 얻지 못한다면, 그는 슬퍼하고 힘들어하고 비탄에 빠지고 가슴을 치며 울부짖고 당황스러워한다. — '참으로 나의 노력은 헛되고, 참으로 나의 정진은 결실이 없다.'라고. 이것이, 비구들이여, 스스로 보이는 소유의 삶의 위험(危險)이니, 소유의 사유가 원인이고 소유의 사유가 인연이고 소유의 사유가 이유이고 오직 소유의 삶이 원인인 괴로움 무더기이다.

만약, 비구들이여, 그 좋은 가문의 아들이 노력하고 애쓰고 정진해서 재물을 얻는다면, 그는 그 재물들의 보호 때문에 괴로움과 고뇌를 겪는다. — '어떻게 하면 내 재물을 왕이 가져가지 않을까, 도둑이 가져가지 않을까, 불이 가져가지 않을까, 물이 가져가지 않을까, 사랑하지 않는 상속자가 가져가지 않을까?' 라고. 그가 이렇게 보호하고 지킬 때, 그 재물들을 왕이 가져가고 도둑이 가져가고 불이 가져가고 물이 가져가고 사랑하지 않는 상속자가 가져간다. 그는 슬퍼하고 힘들어하고 비탄에 빠지고 가슴을 치며 울부짖고 당황스러워한다. — '나의 것이었던 것들이 없어졌다.' 라고. 비구들이여, 이것이 스스로 보이는 소유의 삶의 위험(危險)이니, 소유의 사유가 원인이고 소유의 사유가 인연이고 소유의 사유가 이유이고 오직 소유의 삶이 원인인 괴로움 무더기이다.

다시, 비구들이여, 소유의 사유를 원인으로 소유의 사유를 인연으로 소유의 사유를 이유로 오직 소유의 삶을 원인으로 왕들은 왕들과 싸우고, 끄샤뜨리야들은 끄샤뜨리야들과 싸우고, 바라문들은 바라문들과 싸우고, 장자들은 장자들과 싸우고, 어머니는 아들과 싸우고, 아들은 어머니와 싸우고, 아버지는 아들과 싸우고, 아들은 아버지와 싸우고, 형제는 형제와 싸우고, 형제는 자매와 싸우고, 자매는 형제와 싸우고, 친구도 친구와 싸운다. 그들은 다투고 논쟁하고 싸우면서 서로 두 주먹으로 때리기도 하고 흙덩이를 던지기도 하고 막대기로 치기도 하고 칼로 찌르기도 하여 거기서 죽거나 죽을 만큼의 고통을 당한다. 비구들이여, 이것이 스스로 보이는 소유의 삶의 위험(危險)이니, 소유의 사유가 원인이고 소유의 사유가 인연이고 소유의 사유가 이유이고 오직 소유의 삶이 원인인 괴로움 무더기이다.

다시, 비구들이여, 소유의 사유를 원인으로 소유의 사유를 인연으로 소유의 사유를 이유로 오직 소유의 삶을 원인으로 칼과 방패를 들고 활과 화살통을 차고 화살과 창이 날아다니고 칼이 번쩍임에도 불구하고 양쪽에 진을 치고 있는 전장에 돌진한다. 그들은 거기서 화살에 맞고 창에 찔리고 칼에 목이 베여 죽거나 죽을 만큼의 고통을 당한다. 비구들이여, 이것이 스스로 보이는 소유의 삶의 위험(危險)이니, 소유의 사유가 원인이고 소유의 사유가 인연이고 소유의 사유가 이유이고 오직 소유의 삶이 원인인 괴로움 무더기이다.

다시, 비구들이여, 소유의 사유를 원인으로 소유의 사유를 인연으로 소유의 사유를 이유로 오직 소유의 삶을 원인으로 칼과 방패를 들고 활과 화살통을 차고 화살과 창이 날아다니고 칼이 번쩍임에도 불구하고 미끄러운 성채로 올라간다. 그들은 거기서 화살에 맞고 창에 찔리고 끓는 물에 튀겨지고 무거운 무게에 짓눌리고 칼에 목이 베여 죽거나 죽을 만큼의 고통을 당한다. 비구들이여, 이것이 스스로 보이는 소유의 삶의 위험(危險)이니, 소유의 사유가 원인이고 소유의 사유가 인연이고 소유의 사유가 이유이고 오직 소유의 삶이 원인인 괴로움 무더기이다.

다시, 비구들이여, 소유의 사유를 원인으로 소유의 사유를 인연으로 소유의 사유를 이유로 오직 소유의 삶을 원인으로 집을 부수기도 하고, 약탈한 것을 나르기도 하고, 도둑질을 하기도 하고, 방해하기도 하고, 남의 아내를 취하기도 한다. 왕들은 그런 자를 붙잡은 뒤 여러 가지 체벌을 가한다. — 채찍으로 때리기도 하고, 몽둥이로 때리기도 하고, 둘로 갈라진 반절의 막대기로 때리기도 하고, 손을 자르기도 하고, 발을 자르기도 하고, 손발을 다 자르기도 하고, 귀를 자르기도 하고, 코를 자르기도 하고, 귀와 코를 다 자르기도 한다. 식초 그릇에 넣는 고문을 하기도 하고, 소라의 껍질을 벗기는 것과 같은 고문을 하기도 하고, 아수라의 입을 만드는 고문을 하기도 하고, 온몸에 불을 붙이는 고문을 하기도 하고, 손에 불을 붙이는 고문을 하기도 하고, 침대를 만드는 풀로 감싸 가죽끈으로 묶는 고문을 하기도 하고, 나무껍질로 된 옷을 입히는 고문을 하기도 하고, 영양처럼 만드는 고문을 하기도 하고, 갈고리로 꿰어 걸어놓는 고문을 하기도 하고, 동전처럼 만드는 고문을 하기도 하고, 상처에 소금을 바르는 고문을 하기도 하고, 가죽끈으로 때리며 장애물을 통과시키는 고문을 하기도 하고, 작은 의자 위에 짚더미로 둘러싸는 고문을 하기도 하고, 뜨거운 기름을 끼얹기도 하고, 개에 물리게 하기도 하고, 살아있는 것을 창으로 겹주기도 하고, 칼로 목을 베기도 한다. 그들은 거기서 죽기도 하고 죽을 만큼의 고통을 당한다. 비구들이여, 이것이 스스로 보이는 소유의 삶의 위험(危險)이니, 소유의 사유가 원인이고 소유의 사유가 인연이고 소유의 사유가 이유이고 오직 소유의 삶이 원인인 괴로움 무더기이다.

다시, 비구들이여, 소유의 사유를 원인으로 소유의 사유를 인연으로 소유의 사유를 이유로 오직 소유의 삶을 원인으로 몸으로 나쁜 행위를 하고 말로 나쁜 행위를 하고 마음으로 나쁜 행위를 한다. 그들은 몸으로 나쁜 행위를 하고 말로 나쁜 행위를 하고 마음으로 나쁜 행위를 하고는 몸이 무너져 죽은 뒤에 상실과 비탄의 상태, 비참한 존재, 벌 받는 상태, 지옥에 태어난다. 비구들이여, 이것이 다음 생에 속하는 소유의 삶의 위험(危險)이니, 소유의 사유가 원인이고 소유의 사유가 인연이고 소유의 사유가 이유이고 오직 소유의 삶이 원인인 괴로움 무더기이다.

비구들이여, 그러면 무엇이 소유의 삶의 해방(解放)인가? 비구들이여, 소유의 삶에 대한 욕탐(欲貪)의 제어와 욕탐(欲貪)의 버림 — 이것이 소유의 삶의 해방(解放)이다.

비구들이여, 어떤 사문이건 바라문이건 이렇게 소유의 삶의 매력(魅力)을 매력이라고 위험(危險)을 위험이라고 해방(解放)을 해방이라고 있는 그대로 분명히 알지 못하는 자가 참으로 자신이 소유의 삶에 대해 완전히 알거나, 다른 사람에게 그 실천을 진실되게 부추겨 소유의 삶에 대해 완전히 알게 할 것이라는 경우는 없다. 그러나 비구들이여, 어떤 사문이건 바라문이건 이렇게 소유의 삶의 매력(魅力)을 매력이라고 위험(危險)을 위험이라고 해방(解放)을 해방이라고 있는 그대로 분명히 아는 자가 참으로 자신이 소유의 삶에 대해 완전히 알거나, 다른 사람에게 그 실천을 진실되게 부추겨 소유의 삶에 대해 완전히 알게 할 것이라는 경우는 있다.

배워 알고 실천하는 불교 신자!

Ⅳ. 하늘과 땅과 그 중간의 것들은 누가 만들었을까?

☞ nikaya.kr : 부처님 - 삶의 의미[태어남-깨달음-돌아감](근본경전연구회 해피법당-선엽스님의 마음정원 190519)

2019년 5월 13일, 사월초파일이 하루 지난 다음 날 오후에 법당 가까이 송상현 광장으로 산보를 나갔습니다. 혼자 조용히 걷고 있는 나에게 어떤 사람이 다가와 "스님이신가요?"라고 묻습니다. 흔히 보지 못하는 옷을 입었으니 자주 듣는 질문이긴 하지만 왠지 심상치 않은 마음에 "그렇습니다. 그런데 불교 신자신가요?"라고 되물으니 아니라고 하며, 질문이 있다고 합니다. 말씀하시라 하니 "스님은 하늘과 땅과 그 중간의 것들을 누가 만들었다고 생각하지 않으십니까?"라고 말합니다.

"나는 하늘과 땅과 그 중간의 것들을 누가 만들었다고 생각하지 않습니다."라고 답하니 "그러면 하늘과 땅과 그 중간의 것들은 지금 어떻게 존재하고 있습니까?"라고 다시 묻습니다. "다양한 조건들이 결합해서 결과를 만드는 이치가 있습니다. 하늘과 땅과 그 중간의 것들은 그저 그렇게 다양한 조건들이 결합한 결과로 만들어져서 지금 존재하고 있습니다."라고 말했습니다. 그리고 내친김에 한마디를 더 보탰습니다. "세상에 존재하는 것들이 누군가에 의해 만들어졌다고 보지 않아야 합니다. 그렇게 보기 시작하면 그 만든 자는 누구일까 고민하고 찾아 나서게 되는데, 존재하지 않는 자를 거짓으로 설정하여 찾아가느라 삶을 낭비하게 됩니다. 참이 아닌 것에 집중하여 어떤 존재를 만들어 내고 그에게 세상을 만드는 권능을 부여하면 창조주라는 존재가 설정됩니다. 그렇게 설정된 창조주에 묶여서, 조건들의 결합으로 생겨나서 존재하는 것들을 그가 만들었다고 거짓으로 알게 됩니다. 그러나 거짓은 사실과의 괴리에 따르는 문제를 만듭니다. 아무리 그렇게 알고, 그러기를 바라도 사실 아닌 것이 그 앎, 그 바람을 원인으로 사실이 되지는 않기 때문입니다. 그런데 그대는 완전한 깨달음이란 말을 들어보셨습니까? 부처님의 깨달음을 말하는 것인데요, 완전한 깨달음을 성취한 부처님은 바른 지혜로써 있는 그대로 보아야 한다고 말합니다. 그래야 존재하는 것들의 문제를 바르게 알고, 적절히 대응하여 문제를 해소할 수 있기 때문입니다."

"네, 스님. 고맙습니다. 하지만 하늘과 땅과 그 중간의 것들은 그분께서 만드셨다고 아시기 바랍니다." — 머리를 긁적이며 이 한마디를 남기고 그는 떠나갔습니다. 물론, 평생을 그분의 작품으로 알고 살아온 사람이 특별한 계기 없이 어느 순간 부정하고 사실의 편에서기는 어렵습니다. 그러니 그도 그렇게 그분의 작품 됨을 받아들이라는 말을 남기고 떠나간 것이겠지요.

그렇습니다. 사실 즉 존재하는 것들의 있는 그대로의 모습은 다양한 조건들의 결합에 의한 결과입니다. 부처님은 이런 이치를 무상(無常)이라고 말합니다. 무상(無常)한 것은 조건들이 제어되기 어려운 현실 때문에 불만족스럽게 만들어지고 유지되지 못하는데, 고(苦)입니다. 이렇게 무상(無常)하고 고(苦)인 것은 참된 것 즉 아(我)가 아닙니다. 그리고 삶의 과정에서 오염의 조건을 만나면 오염되는데, 부정(不淨)입니다. 이렇게 존재하는 것들의 실상은 무상(無常)-고(苦)-무아(無我)-부정(不淨)입니다.

부처님은 바른 지혜로써 있는 그대로 보아야 한다고 이끕니다. 이때, 지혜는 이렇게 정의되는데, 다양한 조건 가운데 번뇌의 영향 위에 있는 조건들이 결합하여 생겨나고 자라나는 현상과 번뇌들이 부서지는 만큼 그 조건들이 해소되어 줄어드는 현상의 측면에서 세상을 보게 하고, 존재하는 것들에 적용되는 사실을 꿰뚫어 불만족의 해소로 바르게 이끄는 힘 또는 기능입니다. — 「"katamañca, bhikkhave, paññindriyaṃ? idha, bhikkhave, ariyasāvako paññavā hoti udayatthagāminiyā paññāya samannāgato ariyāya nibbedhikāya, sammā dukkhakkhayagāminiyā — idaṃ vuccati, bhikkhave, paññindriyaṃ. 비구들이여, 무엇이 지혜의 기능인가? 여기, 비구들이여, 성스러운 제자는 지혜를 가졌다. 자라남-줄어듦으로 이끌고, 성스러운 꿰뚫음에 의해 괴로움의 부서짐으로 바르게 이끄는 지혜를 갖추었다. — 이것이 비구들이여, 지혜의 기능이라고 불린다.」

지혜를 갖추는 공부[교학+수행]에 나서야 합니다. 자기가 공부되지 않으면 설정된 것이 주는 두려움에 묶여 거짓을 받아들이게 됩니다. 그러면 사실과의 괴리가 부르는 불만족 즉 괴로움으로 이끌리게 되고, 삶은 정체됩니다. 그러므로 불교 신자라면, 지혜로써 알고 분명히 다짐하시기 바랍니다. —「하늘도 땅도 그 중간의 것들도, 세상에 존재하는 모든 것들은 무상(無常)하다. 나는 그 조건의 개선을 위해 노력하여 불만족을 줄여나갈 것이다. 이렇게 나의 삶은 완성을 향하여 향상할 것이다.」라고.

배워 알고 실천하는 불교 신자!

V. 업장소멸(業障消滅)

업장(業障)이란 말이 있습니다. 업의 장애인데, 몸과 말과 마음으로 잘못된 행위[신업(身業)-구업(口業)-의업(意業)의 삼업(三業)]를 했을 때 삶에 미치는 나쁜 영향력 정도의 의미입니다. 그리고 이런 나쁜 영향력의 해소를 업장소멸(業障消滅)이라고 합니다.

- 업장(業障) — (불교) 삼장(三障)의 하나. 말, 동작 또는 마음으로 지은 악업에 의한 장애를 이른다. 〈표준국어대사전〉

→ 삼장(三障) : (불교) 불도를 수행하여 착한 마음이 생기도록 하는 데 장애가 되는 세 가지. 번뇌장, 업장, 보장이다.

그렇다면 업장은 두 가지로 말할 수 있는데, 지금 짓는 업의 영향력과 과거에 지은 업의 영향력입니다. 지금 짓는 업의 영향은 행위를 잘 제어해서 삶에 나쁜 영향을 미치지 않게 하는 방법으로 해소해야 하고, 과거의 업의 영향은 그 크기를 줄여 지금 나의 삶에 문제를 일으키지 못하도록 억제하는 방법으로 해소해야 합니다.

세상에서는 업장에 대한 명확한 정의 없이 여러 가지 방법으로 업장의 해소를 시도하지만, 대부분 지금 짓는 업의 영향을 과거의 업의 영향으로 간주하고 대응하는 오류를 범하고 있습니다. 또한, 과거의 업의 영향에 대한 대응방법도 정확하지 않아서 기대만큼의 업장소멸을 얻지 못하는 형편입니다.

[1] 업(業)과 유(有-존재)

1. 업(業)을 잇는 존재

업은 행위인데, 번뇌[루(漏)]의 영향 위에 있는 중생의 삶에서는 과(果)와 보(報) 즉 행위에 따르는 고(苦)-락(樂)의 결실[과(果)]이 생겨나서 삶의 과정에서 경험됩니다[보(報)].

업은 삿된 업과 바른 업으로 구분됩니다. 그리고 바른 업은 ①번뇌와 함께하고 공덕을 만들고 몸과 생명에 대한 애착을 익게 하는 업과 ②번뇌 없고 세상을 넘어섰고 길의 요소인 성스러운 업으로 다시 나뉩니다(MN 117-커다란 마흔의 경). 이때, 삿된 업은 고(苦)를 만들고, 바른 업(業)은 락(樂)을 만듭니다. 락(樂)은 ①번뇌와 함께하는 중생의 영역[유위(有爲)]에 속한 락(樂)이 있고, 특별히 ②번뇌와 함께하지 않는 해탈된 삶의 영역[무위(無爲)]에 속하는 락(樂)이 있는데 해탈락(解脫樂) 또는 열반락(涅槃樂)입니다.

번뇌와 함께하는 업에는 두 가지 현상이 뒤따르는데, 상(想)의 잠재와 식(識)의 머묾입니다(삶의 메커니즘 참조). 상(想)은 행위의 재현을 위한 경향이어서 같은 행위의 반복을 이끄는 방법으로 삶의 질(質)을 결정하는 요소입니다. 식(識)은 인식 과정에서 생겨나고 행위를 거치면 인식과 행위의 과정에 대한 앎을 몸통으로 행위의 질에 따라 욕계(慾界)-색계(色界)-무색계(無色界)의 어디에 머뭅니다. 그리고 머문 식(識)은 이전의 삶의 과정에서 머물러 쌓여 있는 식(識)의 무더기[식온(識蘊)]에 더해져서 식온(識蘊)을 늘어나게 하는데, 연기(緣起)된 식(識)입니다. 그리고 이렇게 식(識)이 머물고 늘어나면 명색(名色)이 참여하여 새로운 존재를 형성합니다[유(有)]. 이런 방식으로 업(業)은 상(想)을 잠재시켜 행위를 반복하게 하고, 식(識)을 머물게 하여 존재 즉 자기 상태의 변화를 이끕니다.

업에 대한 이런 이해 위에서 중생은 이렇게 정의됩니다. — 「kammassakā sattā kammadāyādā kammayonī kammabandhū kammapaṭisaraṇā 중생들은 자신의 업(業)이고, 업을 잇고, 업이 근원이고, 업을 다루고, 업의 도움을 받는다.」(MN 135-업 분석의 짧은 경)/(AN 5.57-반복 숙고해야 하는 경우 경)/(AN 10.216-기어감의 경)

마찬가지로 중생에 속한 나 역시 같은 방법으로 정의됩니다. — 「kammassakomhi kammadāyādo kammayoni kammabandhu kammapaṭisaraṇo 나는 자신의 업(業)이고, 업을 잇고, 업이 근원이고, 업을 다루고, 업의 도움을 받는다.」(AN 5.57-반복 숙고해야 하는 경우 경)/(AN 10.48-출가자에 의한 반복 경)

그리고 중생에 속한 다른 사람 역시 같은 방법으로 정의됩니다. — 「kammassako ayamāyasmā kammadāyādo kammayoni kammabandhu kammappaṭisaraṇo 이 존자는 자신의 업(業)이고, 업을 잇고, 업이 근원이고, 업을 다루고, 업의 도움을 받는다.」(AN 5.161-노여움의 제거 경1)

이때, 주제에 따라 (MN 135-업 분석의 짧은 경)은 '업이 중생들을 저열함과 뛰어남으로 구분한다.'라고 이어지고, 다른 경들은 모두 '(나는-남은-중생은) 선(善)하거나 악(惡)한 업을 짓고 그것을 잇는다.'라고 이어집니다.

이렇게 나는 나의 업을 잇는 존재입니다. 어떤 업들을 짓고 그 업들을 이어서 지금 이런 존재 상태를 만들고, 이런 내가 지금 다시 업을 짓는 것입니다. 이런 방법으로 지난 삶의 누적 위에 지금 삶의 결과를 쌓으며 변해가는 것이 바로 지금의 나입니다.

2. 업장(業障) — 업(業)에 따르는 장애

업은 이렇게 안으로는 자신의 존재 상태를 만들지만, 밖으로는 다른 존재들에게 영향을 미칩니다. 그리고 나의 업의 영향을 받은 다른 존재들은 자기의 입장에서 나에게 반응하는데, 관계의 형성입니다. 그래서 어떤 업은 안으로는 나의 존재를 나쁜 방향으로 변화시키고, 밖으로는 다른 존재들의 나쁜 반응을 유도합니다. 그러나 어떤 업은 안으로는 나의 존재를 좋은 방향으로 변화시키고, 밖으로는 다른 존재들의 좋은 반응을 유도합니다. 이때, 앞의 경우는 삿된 업이고, 뒤의 경우는 바른 업이라고 이해할 수 있습니다.

바른 업은 공덕(功德)을 만들어서 행복을 가져오고, 삿된 업은 죄악을 만들어서 괴로움을 가져오는데, 삶의 과정에서 삿된 업 때문에 괴로움이 찾아오는 것을 업의 장애 즉 업장(業障)이라고 이해할 수 있습니다. 그렇다면 업장은 안으로 자신의 나쁜 존재 상태와 밖으로 다른 존재들의 나쁜 반응이 나의 삶에 미치는 나쁜 영향력이라고 해야 합니다.

한편, 경들은 업(業)의 보(報)에 의한 태어남을 말하는데, 업이 안으로 자신의 존재 상태를 만들고 그것을 잇는 측면이라고 하겠습니다. 그래서 업(業)의 보(報)에 의해 태어나 다른 존재들의 반응에 따른 영향으로의 업보(業報)를 경험하면서 살아가는 것이 중생의 삶이라고 할 수 있을 것입니다.

• 업(業) : 자신의 존재 상태의 변화 → 보(報)① 태어남,
다른 존재들의 반응 → 보(報)② 업보(業報)

3. 업장소멸(業障消滅)

이런 업장은 안으로 자신의 나쁜 존재 상태를 개선하고, 밖으로 다른 존재들의 나쁜 반응이 나의 삶에 미치는 나쁜 영향력을 해소할 때 소멸할 것입니다. 그래서 불교는 두 가지 성숙을 제시하는데, 사념처(四念處)로 시작하고 사마타-위빳사나로 완성되는 내적인 성숙과 사무량심(四無量心)-사섭법(四攝法)으로 접근하는 관계의 성숙입니다. 그렇다면 이런 두 가지 성숙이 불교가 제시하는 업장소멸의 방법이라고 말해야 합니다.

• 내적인 성숙 — 「사념처(四念處) → 사마타-위빳사나」
• 관계의 성숙 — 「자(慈)-비(悲)-희(喜)-사(捨) 사무량심(四無量心)
→ 보시(布施)-애어(愛語)-이행(利行)-동사(同事) 사섭법(四攝法)」

이것이 지금 짓는 업의 영향력과 과거에 지은 업의 영향력의 해소 즉 업장소멸 (業障消滅)에 대한 불교적인 이해입니다.

[2] 업(業)과 과(果)와 보(報)

업장(業障)을 삶의 과정에서 삿된 업 때문에 괴로움이 찾아오는 것 또는 업의 결과가 나의 삶에 미치는 나쁜 영향력이라고 설명하였는데, 이런 설명에는 업(業-kamma)과 과(果-phala) 그리고 보(報-vipāka)라는 3개의 연결된 개념이 동원됩니다. 이때, 업(業)은 행위 자체 또는 식(識)과 상(想)의 형태로 남아서 작용하는 행위의 영향력이고, 과(果)는 고(苦)-락(樂)의 형태로 생겨난 행위의 결과 즉 나의 존재 상태 또는 다른 존재들의 반응이며, 보(報)는 과(果)를 삶의 과정에서 고(苦)-락(樂)의 형태로 직접 경험하는 것이라고 말할 수 있는데, 어떤 몸으로 가서 태어날 것인지도 보(報)를 설명하는 중요한 관점입니다. 아마도 자기 존재 상태의 변화 측면에서 보(報)는 태어남을 이끌고, 다른 존재들의 반응 측면에서 보(報)는 태어나 살아가는 동안에 미치는 영향으로의 업보(業報)라고 할 것입니다.

업(業)과 과(果)와 보(報)는 불교를 포괄하는 주제이기 때문에 이 글에서 설명하기에는 적절치 않아서 중요한 개념 몇 가지만 소개하고 업장소멸(業障消滅)의 구체적 주제로 연결하겠습니다.

1. 과(果-phala)와 보(報-vipāka)는 다른 것 — (DN 17.12-마하수닷사나 경, 선(禪)의 증득)

"atha kho, ānanda, rañño mahāsudassanassa etadahosi — 'kissa nu kho me idaṃ kammassa phalaṃ kissa kammassa vipāko, yenāhaṃ etarahi evaṃmahiddhiko evaṃmahānubhāvo'ti? 그때, 아난다여, 마하수닷사나 왕에게 이런 생각이 떠올랐다. — '나에게 어떤 업(業)의 과(果-결실)와 어떤 업의 보(報-구체적 경험)가 있어서 그것 때문에 지금 이런 큰 신통과 이런 큰 위엄이 있는 것일까?' 라고.

2. 업(業)의 꿰뚫음 — (AN 6.63-꿰뚫음 경)

• cetanāhaṃ, bhikkhave, kammaṃ vadāmi. cetayitvā kammaṃ karoti — kāyena vācāya manasā. 비구들이여, 의도(意圖)가 업(業)이라고 나는 말한다. 의도한 뒤에[의도하면서] 몸에 의해,

말에 의해, 의(意)에 의해 업(業)을 짓는다.

• "katamā ca, bhikkhave, kammānaṃ vemattatā? atthi, bhikkhave, kammaṃ niraya -vedanīyaṃ, atthi kammaṃ tiracchānayonivedanīyaṃ, atthi kammaṃ pettivisayavedanīyaṃ, atthi kammaṃ manussalokavedanīyaṃ, atthi kammaṃ devalokavedanīyaṃ. ayaṃ vuccati, bhikkhave, kammānaṃ vemattatā. 비구들이여, 무엇이 업들의 차별인가? 비구들이여, 지옥이 경험될 업이 있고, 축생의 모태가 경험될 업이 있고, 아귀의 영역이 경험될 업이 있고, 인간 세상이 경험될 업이 있고, 하늘 세상이 경험될 업이 있다. 비구들이여, 이것이 업들의 차별이라고 불린다.

• "katamo ca, bhikkhave, kammānaṃ vipāko? tividhāhaṃ, bhikkhave, kammānaṃ vipākaṃ vadāmi — diṭṭheva dhamme, upapajje vā, apare vā pariyāye. ayaṃ vuccati, bhikkhave, kammānaṃ vipāko. 비구들이여, 무엇이 업들의 보(報)인가? 비구들이여, 지금여기[금생(今生)]거나 걸어서 닿는 곳[내생(來生)]이거나 그 후에 오는 생(生)의 세 겹의 업들의 보(報)를 나는 말한다. 비구들이여, 이것이 업들의 보(報)라고 불린다.

3. 의도에 속한 업(業) = 유위(有爲)의 업(業) — (AN 10.217-의도에 속함 경1)/(AN 10.218-의도에 속함 경1)/(AN 10.219-업(業)에서 생긴 몸 경)

"nāhaṃ, bhikkhave, sañcetanikānaṃ kammānaṃ katānaṃ upacitānaṃ appaṭisaṃ -veditvā byantībhāvaṃ vadāmi. tañca kho diṭṭheva dhamme upapajje vā apare vā pariyāye. na tvevāhaṃ, bhikkhave, sañcetanikānaṃ kammānaṃ katānaṃ upacitānaṃ appaṭisaṃveditvā dukkhassantakiriyaṃ vadāmi. 비구들이여, 의도에 속한 업(業)들을 짓고 쌓을 때, 경험하지 않음에 의한 소멸을 나는 말하지 않는다. 그리고 그것은 지금여기[금생(今生)]거나 걸어서 닿는 곳[내생(來生)]이거나 그 후에 오는 생(生)에서이다. 비구들이여, 그러나 나는 의도에 속한 업(業)들을 짓고 쌓을 때, 경험하지 않음에 의한 괴로움의 끝을 말하지 않는다.

4. 업(業)이 익는 곳에서 보(報)를 경험 — (AN 3.34-인연 경)

"yaṃ, bhikkhave, lobhapakataṃ kammaṃ lobhajaṃ lobhanidānaṃ lobhasamudayaṃ, yatthassa attabhāvo nibbattati tattha taṃ kammaṃ vipaccati. yattha taṃ kammaṃ vipaccati tattha tassa kammassa vipākaṃ paṭisaṃvedeti, diṭṭhe vā dhamme upapajja vā apare vā pariyāye. 비구들이여, 망(望)으로 지었고 망(望)에서 생겼고 망(望)이 인연이고 망(望)에서 자라난 업(業)은 자기 존재가 생겨나는 곳에서 익는다. 그 업이 익는 곳에서 그 업의 보(報)를 경험한다. 지금여기[금생(今生)]거나 걸어서 닿는 곳[내생(來生)]이거나 그 후에 오는 생(生)에서. … 진(嗔)과 치(癡)에 반복 …

※ 망(望) — 한역(漢譯)에서는 lobha-dosa-moha와 rāga-dosa-moha를 모두 탐(貪)-진(嗔)-치(癡)로 번역하고 있지만, lobha와 rāga는 다른 것입니다. 근본경전연구회는 두 용어의 의미를 구명하고, 서로 다름을 고려하여 rāga는 탐(貪)으로, lobha는 망(望)으로 번역하고 있습니다.

5. 업(業)의 보(報)에 의해서 태어남

1) 이런 업(業)의 보(報)에 의해 여기에서 죽어서 거기에 태어났다 — (AN 8.64-가야시사 경)

"so kho ahaṃ, bhikkhave, aparena samayena appamatto ātāpī pahitatto viharanto obhāsañceva sañjānāmi, rūpāni ca passāmi, tāhi ca devatāhi saddhiṃ santiṭṭhāmi sallapāmi sākacchaṃ samāpajjāmi, tā ca devatā jānāmi — 'imā devatā amukamhā vā amukamhā vā devanikāyā'ti, tā ca devatā jānāmi — 'imā devatā imassa kammassa vipākena ito cutā tattha upapannā'ti, tā ca devatā jānāmi — 'imā devatā evamāhārā evaṃsukhadukkhappaṭisaṃvediniyo'ti, tā ca devatā jānāmi — 'imā devatā evaṃdīghāyukā evaṃciraṭṭhitikā'ti, tā ca devatā jānāmi yadi vā me devatāhi saddhiṃ sannivutthapubbaṃ yadi vā na sannivutthapubbanti. 비구들이여, 나중에 방일하지 않고 노력하고 확고한 의지를 가지고 머문 나는 ①빛을 상(想)하고, ②색(色)들을 보고, ③그 신들과 함께 지내고, 대화하고, 토론하고, ④그 신들을 '이 신들은 이런저런 신들의 무리에 속한다.'라고 알고, ⑤그 신들을 '이 신들은 이런 업(業)의 보(報)에 의해 여기에서 죽어서 거기에 태어났다.'라고 알고, ⑥그 신들을 '이 신들은 이런 업(業)의 보(報)에 의해 이런 음식을 먹고, 이런 즐거움과 괴로움을 경험한다.'라고 알고, ⑦그 신들을 '이 신들은 이런 긴 수명을 가지고, 이렇게 오래 머문다.'라고 알고, ⑧그 신들을 '내가 이 신들과 예전에 함께 살았었는지, 예전에 함께 살지 않았었는지'라고 알았다.

2) 업(業)의 보(報) 때문에 지옥에서 겪음 — (SN 19.1-해골 경)

eso, bhikkhave, satto imasmiṃyeva rājagahe goghātako ahosi. so tassa kammassa vipākena bahūni vassāni bahūni vassasatāni bahūni vassasahassāni bahūni vassasatasahassāni niraye paccitvā tasseva kammassa vipākāvasesena evarūpaṃ attabhāvappaṭilābhaṃ paṭisaṃvedeti.

비구들이여, 이 중생은 라자가하에서 소 잡는 사람이었다. 그는 그 업의 보 때문에 수년, 수백 년, 수천 년, 수십만 년 동안 지옥에서 겪은 뒤 그 업의 남아 있는 보 때문에 이런 자기 존재를 얻었다.

3) 업(業)과 보(報)의 경우와 경우 아님

앙굿따라 니까야 하나의 모음 (15. aṭṭhānapāḷi-경우 아님의 범위)는 업(業)과 보(報)와 태어남의 관계에서 경우와 경우 아님을 설명합니다. 보(報)의 측면에서 업(業)의 선(善)-악(惡)이 규정되는 것을 알 수 있는데, 이런 규정에 의해 업(業)-과(果)-보(報)의 법칙성이 성립한다고 하겠습니다.

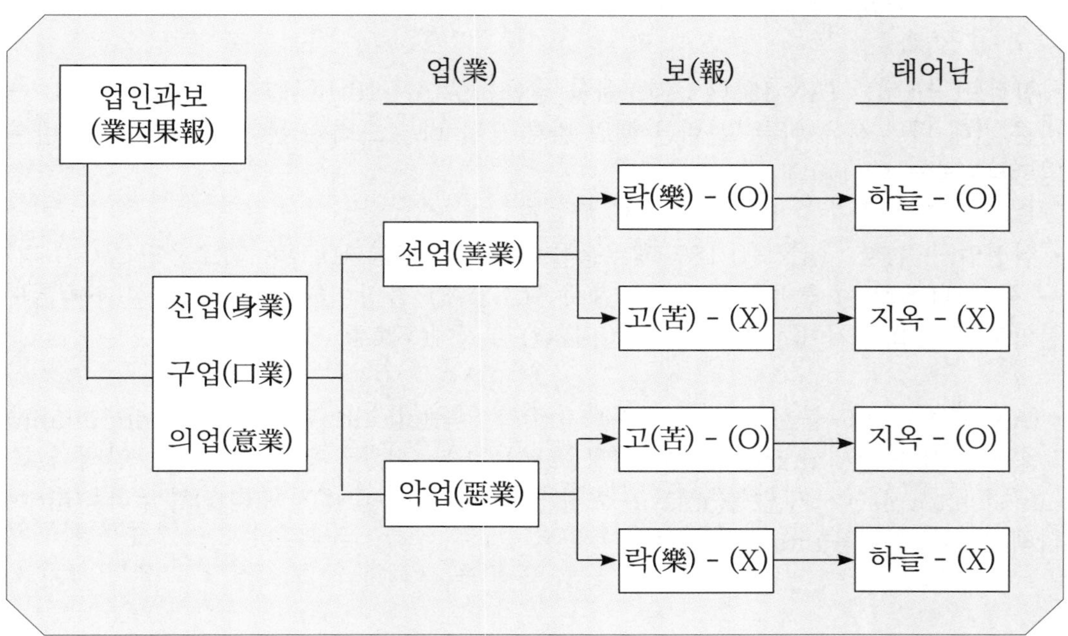

6. 업(業)-과(果)-보(報)의 법칙성
— 과(果)도 보(報)도 고(苦)인 업(業)과 과(果)도 보(報)도 락(樂)인 업(業)

1) 과(果)도 보(報)도 고(苦)인 업(業) = 불선업(不善業)-악업(惡業)

• 십사도(十邪道) : (AN 10.143-괴로움을 낳음 경)/(AN 10.144-괴로움의 보(報) 경) — 삿된 견해-삿된 사유-삿된 말-삿된 행위-삿된 생활-삿된 노력-삿된 사띠-삿된 삼매-삿된 앎-삿된 해탈

• 십악업(十惡業) : (AN 10.187-괴로움을 낳음 경)/(AN 10.188-괴로움의 보(報) 경) — 살생(殺生)-투도(偸盜)-사음(邪淫)-망어(妄語)-양설(兩舌)-악구(惡口)-기어(綺語)-간탐(慳貪)-진에(瞋恚)-사견(邪見)

• (AN 2.191-200-불선(不善)의 반복) — ①화(kodha)-원한(upanāha), ②저주(makkha)-횡포(paḷāsa), ③질투(issā)-인색(macchariya), ④사기(māyā)-교활(sāṭheyya), ⑤자책(自責)의 두려움 없음(ahirika)-타책(他責)의 두려움 없음(anottappa)

2) 과(果)도 보(報)도 락(樂)인 업(業) = 선업(善業)

• 십정도(十正道) : (AN 10.143-괴로움을 낳음 경)/(AN 10.144-괴로움의 보(報) 경) — 바른 견해-바른 사유-바른 말-바른 행위-바른 생활-바른 노력-바른 사띠-바른 삼매-바른 앎-바른 해탈

• 십선업(十善業) : (AN 10.187-괴로움을 낳음 경)/(AN 10.188-괴로움의 보(報) 경) — 불살생(不殺生)-불투도(不偸盜)-불사음(不邪淫)-불망어(不妄語)-불양설(不兩舌)-불악구(不惡口)-불기어(不綺語)-불간탐(不慳貪)-부진에(不瞋恚)-정견(正見)

• (AN 2.191-200-불선(不善)의 반복) — ①화 없음(akodha)-원한 없음(anupanāha), ②저주 없음(amakkha)-횡포 없음(apaḷāsa), ③질투 없음(anissā)-인색 없음(amacchariya), ④사기 없음(amāyā)-교활 없음(asāṭheyya), ⑤자책(自責)의 두려움(hiri)-타책(他責)의 두려움(ottappa)

[3] 업장(業障)의 경전 용례 — (AN 6.86-장애 경)

업장(業障)이라고 직접 번역할 수 있는 용어로는 kammāvaraṇatā가 있는데, 한 개의 경에서 발견됩니다. 보통 장애의 의미로는 āvaraṇa(덮개-장애)와 nīvaraṇa(장애)의 두 단어가 함께 쓰이는데, 대표적으로 다섯 가지 장애[오장(五障)] 또는 다섯 가지 덮개[오개(五蓋)] 등으로 나타납니다. 그런데 업과 연결해서는 kammanīvaraṇa의 형태로는 나타나지 않고, āvaraṇa의 추상명사 형태인 āvaraṇatā(방해함. 억제함)로만 (AN 6.86-장애 경)에 유일하게 나타납니다. 그래서 업장(業障)의 원어는 kammāvaraṇatā라고 해야 합니다.

> "chahi, bhikkhave, dhammehi samannāgato suṇantopi saddhammaṃ abhabbo niyāmaṃ okkamituṃ kusalesu dhammesu sammattaṃ. katamehi chahi? kammāvaraṇatāya samannāgato hoti, kilesāvaraṇatāya samannāgato hoti, vipākāvaraṇatāya samannāgato hoti, assaddho ca hoti, acchandiko ca, duppañño ca. imehi kho, bhikkhave, chahi dhammehi samannāgato suṇantopi saddhammaṃ abhabbo niyāmaṃ okkamituṃ kusalesu dhammesu sammattaṃ.

> 비구들이여, 여섯 가지 법을 갖춘 사람은 정법을 배운다고 해도 확실함과 선법에 대한 바름에 들어갈 수 없다. 어떤 여섯 가지인가? 업(業)의 장애[업장(業障)]를 갖추고, 오염의 장애를 갖추고, 보(報)의 장애를 갖추고, 믿음이 없고, 관심이 없고, 어리석다. 비구들이여, 이런 여섯 가지 법을 갖춘 사람은 정법을 배운다고 해도 확실함과 선법에 대한 바름에 들어갈 수 없다.
>
> "chahi, bhikkhave, dhammehi samannāgato suṇanto saddhammaṃ bhabbo niyāmaṃ okkamituṃ kusalesu dhammesu sammattaṃ. katamehi chahi? na kammāvaraṇatāya samannāgato hoti, na kilesāvaraṇatāya samannāgato hoti, na vipākāvaraṇatāya samannāgato hoti, saddho ca hoti, chandiko ca, paññavā ca. imehi kho, bhikkhave, chahi dhammehi samannāgato suṇanto saddhammaṃ bhabbo niyāmaṃ okkamituṃ kusalesu dhammesu sammattan"ti.
>
> 비구들이여, 여섯 가지 법을 갖추고 정법을 배우는 사람은 확실함과 선법에 대한 바름에 들어갈 수 있다. 어떤 여섯 가지인가? 업(業)의 장애[업장(業障)]를 갖추지 않고, 오염의 장애를 갖추지 않고, 보(報)의 장애를 갖추지 않고, 믿음이 있고, 관심이 있고, 지혜롭다. 비구들이여, 이런 여섯 가지 법을 갖추고 정법을 배우는 사람은 확실함과 선법에 대한 바름에 들어갈 수 있다.

이 경은 업과 오염과 보에 의한 세 가지 장애를 말하는데, ①식(識)의 머묾에 의해 업(業)을 잇는 중생으로의 업의 장애, ②상(想)의 잠재에 의한 삶의 질의 관점에서의 오염의 장애 그리고 ③다른 존재들의 반응으로의 보(報)의 장애라고 이해할 수 있습니다. 이 세 가지 오염은 이 경에서만 발견되기 때문에 그 의미를 이렇게 해석하는 것은 타당합니다.

넓은 의미로 업장(業障)은 업(業)에 따르는 안팎의 문제 상황이고, 나쁜 업에 따르는 나쁜 업보(業報-kammavipāka)라고 해야 하는데, 이 경에서는 안의 문제 상황을 업(業)의 장애와 오염의 장애로, 밖의 문제 상황을 보(報)의 장애로 세분하여 나타내고 있다고 하겠습니다.

또한, 삼장(三障)의 번뇌장(煩惱障), 업장(業障), 보장(報障)을 이런 해석 위에서 대비하면, 「번뇌장=오염의 장애 → 상(想), 업장(業障)=업(業)의 장애 → 식(識), 보장(報障)=보(報)의 장애 → 다른 존재들의 반응」으로 타당하게 연결됩니다.

그렇다면 업장(業障)은 넓은 의미로는 업(業)과 관련된 장애여서 업(業)-오염-보(報)의 세 가지 장애 모두를 포괄하고, 좁은 의미로는 ①식(識)의 머묾에 의해 업(業)을 잇는 과정에서의 존재 상태의 퇴보와 나쁜 태어남을 말한다고 하겠습니다.

하지만 세상에서는 업장에 대한 이런 이해 없이 보(報)의 장애를 업장(業障)이라고 부르고 있다고 하겠는데, 넓은 의미의 업장으로 이해할 수 있습니다. 그러나 효과적인 업장소멸(業障消滅)을 위해서는 그 의미를 명확히 알아야 할 것입니다.

[4] 업장(業障) 즉 과거의 영향력의 비중 — (SN 36.21-시와까 경)

삶은 현재입니다. 그러나 과거의 연속이어서 미래로 나아갑니다. 그래서 지난 삶의 영향 위에 현재의 조건들이 더해져서 새로운 미래를 만들어 가는 것입니다. 이때, 과거와 현재는 어떤 비중으로 함께하여 미래를 만듭니까?

(SN 36.21-시와까 경)에서 몰리야시와까 유행승은 '어떤 것이든 사람이 즐겁거나 괴롭거나 괴롭지도 즐겁지도 않은 느낌을 경험하는 것은 모두 전생의 행위에 기인한 것이다.'라는 어떤 사문-바라문의 주장에 대해 부처님께 질문하고, 부처님은 세상에서 사실로 인정되고 있는 현상들로써 답합니다.

부처님의 답변에 의하면, 즐겁거나 괴롭거나 괴롭지도 즐겁지도 않은 느낌은 담즙, 점액, 바람, 세 가지의 겹침, 기후의 변화, 고르지 못한 주의집중, 갑작스러움, 그리고 업보의 여덟 가지 조건들의 결합을 통해 생겨납니다. 몸에 속한 네 가지에 환경과 마음과 의외의 변수 등이 더해진 현재 상황이 일곱 가지이고, 과거의 영향력인 업보(業報)가 더해진 여덟 가지입니다.

숫자로 판단할 내용은 아니겠지만, 현재의 영향력 일곱 가지와 과거의 영향력 한 가지로 구성되어 7:1의 비중을 보여줍니다. 그러니 즐겁거나 괴롭거나 괴롭지도 즐겁지도 않은 느낌을 만드는 책임은 과거보다는 현재에 있습니다. 그러니 괴롭지 않고 행복 하고자 하면, 과거의 영향력에 매이지 말고 현재의 선한 영향력을 키워야 하고, 그때 더 향상된 미래도 만들어집니다. — 「불교는 현재진행형!」

한편, 과거의 영향력은 다른 관점에서 이해할 수도 있는데, 업(業)의 보(報)에 의한 태어남의 측면입니다. 전생에 어떤 업을 지었는지에 따라 몸이 무너진 뒤 어떤 몸으로 가는지가 결정되기 때문입니다. 인간으로 태어나 살아가는 나에게 인간의 몸에 속한 네 가지와 인간의 삶에 미치는 환경 그리고 인간 세상에서 부딪히는 갑작스러움이라는 여섯 가지 조건이 작용하는데, 내가 전생의 업에 의해 인간의 몸으로 왔기 때문에 만나는 조건이라고 해야 합니다. 만약, 전생에 공덕을 많이 쌓아서 하늘 세상에 신의 몸으로 태어났다면, 신의 몸이 가지는 특성과 신의 세상의 환경과 그 세상에서의 갑작스러움을 변수로 지금 나의 삶을 살고 있을 것이기 때문입니다. 역으로, 전생에 죄악을 많이 쌓아서 지옥이나 짐승 세상에 태어났다면 지옥 중생이나 짐승의 몸이 가지는 특성과 그 환경 그리고 그 갑작스러움을 변수로 지금 나의 삶을 살고 있을 것입니다. 그러므로 다음 생에 하늘에 태어나 하늘 사람의 조건 가운데 살고자 한다면, 금생에 하늘로 이끄는 업을 지어야 합니다. 그때, 하늘에 태어나는 것이 바로 업(業)의 보(報)이고, 하늘 사람의 삶 가운데 다시 이전의 업들의 보(報)를 경험하며 살아가게 될 것입니다.

이렇게 업장은 두 가지 관점에서 보아야 합니다. 한 가지는, 여덟 가지 조건 가운데 업보(業報) 한 가지여서 과거보다 현재가 더 힘 있다고 보는 관점인데, 이 경우에 불교는 몸의 건강과 세상과의 관계[환경-갑작스러움] 그리고 마음의 제어[고른 주의집중]라는 현재의 제어를 통해 과거인 업보(業報)를 극복하고 삶을 향상으로 이끕니다. 다른 경우는, 인간 세상에 이런 몸으로 태어난 삶 즉 과거 때문에 생긴 한계 때문에 현재보다 과거가 더 힘 있다고 보는 관점입니다. 이 경우에도 불교는 마음의 제어[고른 주의집중]라는 현재의 제어에 집중함으로써 과거를 극복하고 향상된 미래를 만들도록 이끄는데, 내적인 성숙과 관계의 성숙으로 구성된 두 가지 성숙입니다.

하지만 중요한 것은 지금 할 수 있는 일을 하는 것입니다. 비록 과거의 영향력이 주는 한계가 있다 하더라도 지금 나의 삶을 중심으로 과거의 영향력을 해소하면서 더 나은 미래를 만들어 가야 합니다. (MN 131-상서로운 하룻밤 경) 등은 「과거를 이어 머물지 말고, 미래를 동경하지 말라. 과거는 버려졌고, 미래는 얻지 못했다. 현재의 법을 거기서 거듭 통찰하라. 현명한 자는 끌려가지 않고 안정됨 위에서 그것을 실천해야 한다.」라고 말하는데, 과거와 미래가 아닌, 오직 지금이 있을 뿐이니 끌려가지 말고 지금여기에 집중하라는 것입니다.

삶에 대한 이런 관점은 (AN 3.101-소금 종지 경)으로 연결되는데, 불교적인 업장소멸(業障消滅)의 전형을 잘 보여줍니다.

[5] 업장소멸(業障消滅) — (AN 3.101-소금 종지 경)

이렇게 업장소멸에 대한 불교의 근본 입장은 과거 업의 영향력을 현재 삶의 극대화를 통해 극복한다는 것입니다. 이런 입장에는 업(業)과 과(果)와 보(報)의 관계 위에서 (SN 36.21-시와까 경)이 알려주는 과거와 현재의 비중이 바탕이 된다고 하겠는데, 이런 입장을 극명하게 알려주는 경으로 (AN 3.101-소금 종지 경)을 말할 수 있습니다.

(AN 3.101-소금 종지 경)은 「비구들이여, 어떤 사람이 이렇게 말할 것이다. — '이 사람이 업을 거듭 지은 만큼 거듭 그것을 경험한다.'라고. 비구들이여, 이런 존재에게는 범행(梵行)의 삶이 없고, 바르게 괴로움을 끝내기 위한 기회가 알려지지 않는다. 비구들이여, 다시 어떤 사람이 이렇게 말할 것이다. — '이 사람이 경험되어야 하는 업을 거듭 지은 만큼 거듭 보(報)를 경험한다.'라고. 비구들이여, 이런 존재에게는 범행(梵行)의 삶이 있고, 바르게 괴로움을 끝내기 위한 기회가 알려진다.」라고 말합니다. 그리고 이어서 「여기, 비구들이여, 사소하게 지은 악업도 어떤 사람에게는 곧바로 지옥으로 이끈다. 그러나 비구들이여, 여기 그만큼 사소하게 지은 악업이 어떤 사람에게는 지금여기에서 경험될 것이다. 아주 조금도 보이지 않는데 어찌 많겠는가!」라고 말합니다.

여기서 '업을 지은 만큼 경험한다.'라는 것은 업(業)에서 생기는 과(果)를 직접 경험한다는 것이고, '경험되어야 하는 업을 지은 만큼 보(報)를 경험한다.'라는 것은 업(業)에서 생긴 과(果)가 경험되는 시점의 다른 조건들과 함께 어우러져서 경험된다는 의미입니다. 그런데 '업을 지은 만큼 경험한다.'라는 것은 사실이 아니어서 이런 사람에게는 범행(梵行)의 삶이 없고, 바르게 괴로움을 끝내기 위한 기회가 알려지지 않는 것입니다. 그리고 '경험되어야 하는 업을 지은 만큼 보(報)를 경험한다.'라는 것은 사실이기 때문에 이런 사람에게는 범행(梵行)의 삶이 있고, 바르게 괴로움을 끝내기 위한 기회가 알려지는 것입니다. 특히, 이런 사실에 입각할 때, 과(果)는 다른 조건들의 영향으로 더 크게 경험될 수도 있고, 더 작게 경험될 수도 있다는 것을 알 수 있습니다[경험하는 고(苦)와 락(樂)의 크기 변화].

이런 점에서 업(業)의 보(報)와 어우러지는 다른 조건들도 주목되어야 하는데, (SN 36.21-시와까 경)이 알려주는 여덟 가지 중 업보(業報)를 제외한 일곱 가지입니다. 그래서 몸을 잘 관리하는 것과 기후의 변화[=환경]에 적절히 대응하는 것, 고르지 못한 주의집중[=치우침-몰두-중독 → 마음 상태]의 해소, 갑작스러움[=의외의 변수]에 대한 선제적 대비 등을 말할 수 있습니다.

경은 이런 주제에 대해서도 답하는데, 사소하게 지은 악업에 의해서도 곧바로 지옥으로 이끌리는 사람을 설명합니다. 다른 조건들이 방어해 주지 않을 때 사소하게 지은 악업이 이끄는 힘이 태어남의 방향을 결정하게 되는 것을 알 수 있습니다. — 「신(身)과 계(戒)와 심(心)과 혜(慧)를 닦지 않아서 하찮고 작은 존재인 어떤 사람은 작은 것에 의해서도 괴롭게 머물고, 사소하게 지은 악업도 곧바로 지옥으로 이끈다.」

또한, 사소하게 지은 악업이 지금여기에서 경험되는 사람도 설명합니다. 다른 조건들이 방어해 줄 때 사소하게 지은 악업은 삶의 과정에서 해소되고, 그에 따라 그 힘이 태어남의 방향을 결정하지 못한다는 것을 알 수 있습니다. —「신(身)과 계(戒)와 심(心)과 혜(慧)를 닦아서 하찮지 않고 큰 존재인 어떤 사람은 무량하게 머물고, 그만큼 사소하게 지은 악업은 지금여기에서 경험되어질 것이다. 아주 조금도 보이지 않는데 어찌 많겠는가!」

이런 점에서 이 경은 업장소멸(業障消滅)의 주제로 이어지는데, ①살면서 짓는 악업이 살아있는 동안 다 경험되어 다음 생으로 넘어갈 것이 없는 측면에서의 업장소멸과 ②과거 업(業)의 결과로 찾아오는 업장(業障)에 대해 힘 있는 다른 조건들의 어우러짐에 의해 괴로움을 겪지 않을 수 있는 측면에서의 업장소멸입니다. 특히, ②의 경우는 지난 삶의 결과로 찾아오는 업보를 무력화시킨다는 점에서 일반적으로 말하는 업장소멸의 개념에 맞는 접근인데, 이 경의 중심 주제입니다. 구체적으로는 신(身)과 계(戒)와 심(心)과 혜(慧)를 닦아서 지금의 자신을 하찮지 않고 큰 존재로 만들어 과거의 영향력을 극복하는 방법입니다.

경은 세 가지 비유를 통해 이렇게 업장을 소멸하는 삶을 설명해 줍니다.

• 비유 1 —「"비구들이여, 예를 들면 어떤 사람이 물이 조금 밖에 없는 그릇에 소금 종지를 넣을 것이다. 비구들이여, 이를 어떻게 생각하는가? 그 적은 물과 그 소금 종지의 소금은 마실 수 없을 것인가?" "그렇습니다, 대덕이시여." "그 원인은 무엇인가?" "대덕이시여, 그 물그릇 안에 물은 조금 밖에 없습니다. 그런 소금 종지가 담긴 그 물은 마실 수 없습니다." "예를 들면, 비구들이여, 어떤 사람이 강가 강에 소금 종지를 넣을 것이다. 비구들이여, 이를 어떻게 생각하는가? 그 강가 강과 그 소금 종지의 소금은 마실 수 없을 것인가?" "아닙니다, 대덕이시여." "그 원인은 무엇인가?" "대덕이시여, 그 강가 강에는 많은 물의 무더기가 있습니다. 그런 소금 종지가 담긴 그 물의 무더기는 마실 수 없지 않습니다."」

•비유 2 —「여기, 비구들이여, 어떤 사람은 동전 반 개로도 구속되고, 동전 한 개로도 구속되고, 동전 백 개로도 구속된다. 여기, 비구들이여, 어떤 사람은 동전 반 개로도 구속되지 않고, 동전 한 개로도 구속되지 않고, 동전 백 개로도 구속되지 않는다.

비구들이여, 어떤 사람이 동전 반 개로도 구속되고, 동전 한 개로도 구속되고, 동전 백 개로도 구속되는가? 여기, 비구들이여, 어떤 사람은 부랑자고 가난하고 재물이 적다.

비구들이여, 이런 사람이 동전 반 개로도 구속되고, 동전 한 개로도 구속되고, 동전 백 개로도 구속된다.

비구들이여, 어떤 사람이 동전 반 개로도 구속되지 않고, 동전 한 개로도 구속되지 않고, 동전 백 개로도 구속되지 않는가? 여기, 비구들이여, 어떤 사람은 호화롭고 큰 부자이고 재물이 많다. 비구들이여, 이런 사람이 동전 반 개로도 구속되지 않고, 동전 한 개로도 구속되지 않고, 동전 백 개로도 구속되지 않는다.

• 비유 3 — 「예를 들면, 비구들이여, 양고기 장사나 양을 잡는 사람은 양을 훔친 자들 가운데 어떤 자는 죽이거나 묶거나 태우거나 하고 싶은 대로 할 수가 있지만, 양을 훔친 자들 가운데 어떤 자는 죽이거나 묶거나 태우거나 하고 싶은 대로 할 수 없다.

비구들이여, 어떤 사람을 양고기 장사나 양을 잡는 사람은 양을 훔친 자들 가운데 죽이거나 묶거나 태우거나 하고 싶은 대로 할 수 있는가? 비구들이여, 여기 어떤 사람은 부랑자고 가난하고 재물이 적다. 이런 사람을, 비구들이여, 양고기 장사나 양을 잡는 사람은 양을 훔친 자들 가운데 죽이거나 묶거나 태우거나 하고 싶은 대로 할 수 있다.

비구들이여, 어떤 사람을 양고기 장사나 양을 잡는 사람은 양을 훔친 자들 가운데 죽이거나 묶거나 태우거나 하고 싶은 대로 할 수 없는가? 여기, 비구들이여, 어떤 사람은 호화롭고 큰 부자이고 재물이 많은 왕이거나 왕의 으뜸 신하이다. 비구들이여, 이런 사람을 양고기 장사나 양을 잡는 사람은 양을 훔친 자들 가운데 죽이거나 묶거나 태우거나 하고 싶은 대로 할 수 없다. 오히려 손을 맞잡고 그 사람에게 요청한다. — '존자여, 저에게 양이나 양의 값을 주십시오.'라고. 이처럼, 비구들이여, 그러한 사소하게 지은 악업도 여기 어떤 사람에게는 곧바로 지옥으로 이끈다. 그러나 비구들이여, 그러한 사소하게 지은 악업이 여기 어떤 사람에게는 지금여기에서 경험되어질 것이다. 아주 조금도 보이지 않는데 어찌 많겠는가!」

비유 1은 많은 것으로 적은 것을 희석하는 방법인데, 과거 업의 영향력을 현재 삶의 극대화를 통해 극복하는 불교적 업장소멸의 전형을 보여줍니다. 비유 2와 비유 3은 준비되지 않은 사람과 준비된 사람의 차이를 말해주는데, 법다움 즉 정당한 방법에 최선의 노력을 얹어서 준비한 사람은 어떤 경우에 처했을 때 그 영향을 극복할 수 있다는 의미입니다. 자칫 '무전유죄(無錢有罪) 유전무죄(有錢無罪)'의 현상을 연상할 수도 있지만, 우리 사회에서 일어나는 실제적 현상을 통해 준비된 사람이 되어야 하는 필요성을 안내하는 비유입니다.

이때, 경은 준비된 사람의 덕목으로 신(身)과 계(戒)와 심(心)과 혜(慧)를 닦을 것을 말하는데, 계(戒)와 심(心)과 혜(慧)를 닦는 것은 계(戒)-심(心)-혜(慧) 삼학(三學)이어서 계(戒)-정(定)-혜(慧) 삼온(三蘊)을 닦는 것입니다. 그래서 신(身)을 닦는 것과 삼학(三學)은 몸과 마음을 닦는 것이고, 이것이 두 가지 성숙이며, 보시(布施)-계(戒)-수행(修行)의 세 가지 공덕행(功德行)으로 포괄됩니다.

그래서 과거 업의 영향력을 현재 삶의 극대화를 통해 극복하기 위해 준비하는 삶은 보시(布施)-계(戒)-수행(修行)의 세 가지 공덕행(功德行)을 실천하여 몸과 마음을 닦고, 내적인 성숙과 관계의 성숙을 이루는 것입니다. — 「보시(布施)하고 오계(五戒)를 지니고 공부[교학+수행]하는 사람의 삶은 무량(無量)해서 업보(業報)에 의해 찾아오는 업장(業障)이 나를 힘들게 하지 못합니다. 이것이 업장소멸(業障消滅)입니다!」

[6] 완전한 업장소멸

앞에서 본 (AN 10.217-의도에 속함 경1) 등의 설명에 의하면, '의도에 속한 업(業)들을 짓고 쌓을 때' 즉 번뇌의 영향을 받는 유위(有爲)적 삶의 과정에서는, 업(業)의 결과로 생긴 과(果)는 경험하지 않는 한 해소되지 않습니다. 즉 보(報)를 경험해야만 해소되는 것이기 때문에, 지난 업(業)의 장애 즉 업장(業障)을 어떻게 최소한의 강도로 줄여서 겪을 것인가의 문제가 제기되는데, 이것이 (AN 3.101-소금 종지 경)이 알려주는 업장소멸(業障消滅)의 의미이고, 다시 말하지만, 이것이 업장소멸(業障消滅)을 위한 불교적 방법입니다.

한편, 더욱 주목해야 할 점은 이런 문제들이 '의도에 속한 업(業)들을 짓고 쌓을 때'의 문제 즉 번뇌의 영향을 받는 유위(有爲)의 삶의 과정의 문제라는 것입니다. 그래서 번뇌의 크기를 줄여가는 만큼 업장(業障)의 영향력은 줄어들고, 번뇌의 영향에서 완전히 벗어나 해탈하면[아라한(阿羅漢)] 과거의 업(業)은 더 이상 장애로 작용하지 못하게 됩니다. 불교에서는 이것이 완전한 업장소멸(業障消滅)이고, 그 과정이 불교 신자에게는 신행(信行)이고, 수행(修行)입니다.

배워 알고 실천하는 불교 신자!

[참고] (SN 35.129-업(業)의 소멸 경)

“navapurāṇāni, bhikkhave, kammāni desessāmi kammanirodhaṃ kammanirodhagāminiñca paṭipadaṃ. taṃ suṇātha, sādhukaṃ manasi karotha; bhāsissāmīti. katamañca, bhikkhave, purāṇakammaṃ? cakkhu, bhikkhave, purāṇakammaṃ abhisaṅkhataṃ abhisañcetayitaṃ vedaniyaṃ daṭṭhabbaṃ ... pe ... jivhā purāṇakammā abhisaṅkhatā abhisañcetayitā vedaniyā daṭṭhabbā ... pe ... mano purāṇakammo abhisaṅkhato abhisañcetayito vedaniyo daṭṭhabbo. idaṃ vuccati, bhikkhave, purāṇakammaṃ. katamañca, bhikkhave, navakammaṃ? yaṃ kho, bhikkhave, etarahi kammaṃ karoti kāyena vācāya manasā, idaṃ vuccati, bhikkhave, navakammaṃ. katamo ca, bhikkhave, kammanirodho? yo kho, bhikkhave, kāyakammavacīkammamanokammassa nirodhā vimuttiṃ phusati, ayaṃ vuccati, bhikkhave, kammanirodho. katamā ca, bhikkhave, kammanirodhagāminī paṭipadā? ayameva ariyo aṭṭhaṅgiko maggo, seyyathidaṃ — sammādiṭṭhi, sammāsaṅkappo, sammāvācā, sammākammanto, sammāājīvo, sammāvāyāmo, sammāsati, sammāsamādhi — ayaṃ vuccati, bhikkhave, kammanirodhagāminī paṭipadā. iti kho, bhikkhave, desitaṃ mayā purāṇakammaṃ, desitaṃ navakammaṃ, desito kammanirodho, desitā kammanirodhagāminī paṭipadā. yaṃ kho, bhikkhave, satthārā karaṇīyaṃ sāvakānaṃ hitesinā anukampakena anukampaṃ upādāya, kataṃ vo taṃ mayā. etāni, bhikkhave, rukkhamūlāni, etāni suññāgārāni. jhāyatha, bhikkhave, mā pamādattha; mā pacchāvippaṭisārino ahuvattha. ayaṃ vo amhākaṃ anusāsanī”ti.

비구들이여, 새로운 업(業)과 이전의 업(業), 업(業)의 소멸과 업(業)의 소멸로 이끄는 실천을 설할 것이다. 그것을 듣고 잘 사고하라. 나는 말하겠다.

비구들이여, 무엇이 이전의 업(業)인가? 비구들이여, 안(眼)은 이전의 업(業)이고 형성된 것, 의도된 것, 경험되는 것이라고 보아야 한다. … 설(舌)은 이전의 업(業)이고 형성된 것, 의도된 것, 경험되는 것이라고 보아야 한다. … 의(意)는 이전의 업(業)이고 형성된 것, 의도된 것, 경험되는 것이라고 보아야 한다. 비구들이여, 이것이 이전의 업(業)이라고 불린다.

비구들이여, 무엇이 새로운 업(業)인가? 비구들이여, 몸과 말과 의(意)에 의해 지금 짓는 업이 새로운 업(業)이라고 불린다.

비구들이여, 무엇이 업(業)의 소멸인가? 비구들이여, 신업(身業)과 구업(口業)과 의업(意業)의 소멸로부터 해탈에 닿는 것, 비구들이여, 이것이 업(業)의 소멸이라고 불린다.

비구들이여, 무엇이 업(業)의 소멸로 이끄는 실천인가? 오직 이 여덟 요소로 구성된 성스러운 길이 업(業)의 소멸로 이끄는 실천이니 정견(正見), 정사유(正思惟), 정어(正語), 정업(正業), 정명(正命), 정정진(正精進), 정념(正念), 정정(正定)이다. 비구들이여, 이것이 업(業)의 소멸로 이끄는 실천이라고 불린다.

비구들이여, 이렇게 나는 이전의 업(業)을 설했고, 새로운 업(業)을 설했고, 업(業)의 소멸을 설했고, 업(業)의 소멸로 이끄는 실천을 설했다. 비구들이여, 제자들을 위해 베푸는 자인 스승이 행해야 하는 것을, 연민하기 때문에, 나는 그대들을 위해서 했다. 비구들이여, 나무 밑이 있고, 빈집이 있다. 비구들이여, 선(禪)을 하라. 방일(放逸)하지 마라. 나중에 뉘우침이 있게 하지 마라. 이것이 그대들을 위한 우리의 교본(教本-이어지는 가르침)이다.

배워 알고 실천하는 불교 신자!

스리랑카 담불라(Dambulla)석굴 황금사원

【 책을 마치고 】

해야 할 일이 참 많습니다. 오직 경에 의해 경을 해석하는 일을 본격화하다 보니 강의도 많이 해야 하고 책도 많이 만들어야 하는 필요성 때문입니다. 몸이 얼마나 버텨줄지 걱정스러운 가운데 할 수 있는 만큼 공부를 진행해 가고 있습니다.

경과 다른 관점을 가지는 후대의 교재들을 중심으로 형성된 오랜 전통이 불교의 중심에 자리하고 있는 현실에 정면으로 문제를 제기하고 오직 경의 관점을 되살리려는 시도는 가르침에 대해 전통과는 많이 다른 해석을 하게 합니다. 더욱이 공부의 일부 영역에만 적용되는 현상이 아니라 공부의 전체 영역에서 대부분의 주제에 대해 새로운 결론을 만들게 되는데, 소수의 힘으로 이 공부를 감당하기에는 어려움이 큽니다. ―「가장 오래된 그러나 전혀 새로운 불교(佛教)」→「불교(佛教)를 부처님에게로 되돌리는 불사(佛事)」

이런 시도의 과정에서 작년에 첫 번째 책 「불교입문(佛教入門)(Ⅰ) 소유하고자 하는 자를 위한 가르침」을 출판하였고, 올해는 「불교입문(佛教入門)(Ⅱ) 사실」을 출판할 계획이었습니다. 보통의 재가 신자의 신행(信行)을 위한 교재에 이어 삼법인(三法印)과 연기(緣起) 등 불교의 정체성을 드러내는 책으로 교재 편찬의 순서를 잡았기 때문입니다.

그런데 계획을 수정하여 이 책 「나는 불교(佛教)를 믿는다!」를 먼저 출판하게 되었습니다. 그간 우리 법회에서 공부한 「불교 공부의 기본기」의 일부를 대체하는 책이라고 할 수 있는데, 불교 신자로서의 틀을 갖추기 위한 교재가 더 시급하다고 판단했기 때문입니다.

이 책에 이어 「불교입문(佛教入門)(Ⅱ) 사실」이 내년에 출판될 것입니다. 그리고 이어서 지금 진행하는 맛지마 니까야 관통 법회와 앙굿따라 니까야 관통 법회의 성과로 두 니까야의 새로운 번역과 해설을 담은 두 질의 책이 출판된 뒤에 '삶의 메커니즘-연기(緣起)와 수행지도(修行地圖)-팔정도(八正道)'를 포괄하는 탐진치(貪瞋癡)의 책으로 일단의 교재 편찬을 마무리할 생각입니다.

아무튼, 두 번째 책을 완성하였습니다. 이 책이 부처님을 바르게 만나고 그 가르침을 배워 알고자 하는 사람들에게 쓰임새를 가져 그분들의 향상된 삶을 이끌 수 있기를 바랍니다.

되도록 많은 분의 행복을 위해 쓰일 수 있기를, 그래서 조금이라도 더 많은 공덕이 이 공부에서 생겨날 수 있으면 좋겠습니다. 살아 평생 고생만 하다 돌아가신 아버지 김영록과 어머니 진명숙이 혹시라도 어려운 세상에 태어나 고통받고 계신다면, 이 공덕이 평생

기대를 채워드리지 못하고 불효한 셋째 아들의 선물이 되어 두 분의 지금 삶에 자량(資糧)이 되기를 바랍니다.

이 책을 만드는 과정에서 함께 의논하고 검토하며 애쓰신 도반 수마나 스님과 김법영, 김정애, 노정옥, 하창욱, 박진현, 범현균, 이형권, 박희애 법우님 그리고 대학 시절에 공부를 이끌어주셨고 이 책을 위해 귀한 사진으로 도움주신 고순호 법사님과 표지 그림을 위해 애써주신 송미경 법우님께 감사드리며, 함께하신 공덕의 힘으로 삶이 향상하시기를 바랍니다. 또한, 스님과 법사님과 법우님들이 생각하시는 그분들에게 이 공덕이 전달되어 그분들의 지금 삶에 자량이 되기를 바랍니다.

2021년 10월 1일 (출가 15년 차를 시작하는 날에)

한국붇다와다불교 해피법당 근본경전연구회 비구 뿐냐디빠(puññadīpa) 해피 합장

배워 알고 실천하는 불교 신자!

【인용 경전 목록】

율장	디가	맛지마	상윳따	앙굿따라	쿳다카	계
9	19	46	85	109	6	274

인용경전의 본문을 확인하실 분은 근본경전연구회 홈페이지 sutta.kr을 참고하시기 바랍니다. (SN 1.18-히리 경)의 경우 'SN 1.18-히리 경'으로 검색하면 됩니다. 이때, SN과 1.18은 한 칸을 띄어야 합니다.

● 율장 - 9개 경

● 디가 니까야 - 19개 경

● 맛지마 니까야 - 46개 경

● 상윳따 니까야 - 85개 경

● 쿳다카 니까야 - 6개 경

1. ‘sammāsambuddho bhagavā, svākkhāto bhagavatā dhammo, suppaṭipanno sāvakasaṅgho’ti

   ‘삼마-삼붇도- 바가와- 스왁-카-또- 바가와따- 담모- 숩빠띠빤노- 사-와까상고-’띠

   세존(世尊)은 정등각(正等覺)이시다. 세존으로부터 법(法)은 잘 설해졌다. 제자들의 상가는 잘 실천한다.

2. ‘ciraṃ tiṭṭhatu lokasmiṃ sammāsambuddhasāsanaṃ’ti

   ‘찌랑 띳타뚜 로-까스밍 삼마-삼붇다사-사낭’띠

   정등각(正等覺)의 가르침이 이 세상에 오래도록 머물기를!

3. ‘icchāmahaṃ yaññaṃ yajituṃ yaṃ mama assa dīgharattaṃ hitāya sukhāya’ti

‘잇차-마항 얀냥 야지뚱 양 마마 앗사 디-가랏땅 히따-야 수카-야’띠

오랫동안 나에게 이익과 행복을 주는 공덕행(功德行)을 실천하리라!

4. ‘idaṃ dānaṃ petānaṃ ñātisālohitānaṃ upakappatu, idaṃ dānaṃ petā ñātisālohitā paribhuñjantū’ti

‘이당 다-낭 뻬-따-낭 냐-띠살-로-히따-낭 우빠깝빠뚜,
이당 다-낭 뻬-따- 냐-띠살--로-히따- 빠리분잔뚜-’띠

이 보시가 돌아가신 친지와 혈육들에게 도달하기를!
이 보시를 돌아가신 친지와 혈육들이 사용하기를!

붇다와다불교는 부처님에게로 돌아가는 운동입니다. 완전한 스승에 의해 완전하게 설해진, 더할 바 뺄 바 없는 가르침('passaṃ na passatī'ti - '보면서 보지 못함')에 대한 분명함으로, 부처님에 의해 확립된 불교(佛教)의 정체성을 되살리는 시도입니다. 그래서 「불교(佛教)를 부처님에게로 되돌리는 불사(佛事)」입니다. 한국붇다와다불교가 시작하였고, 세계불교의 되돌림을 이끌 것입니다.

붇다와다불교의 비교적 이해

금강승불교 티벳불교	금강승경전(金剛乘經典)의 가르침	
	대승경전(大乘經典)의 가르침	대승불교
테라와다불교	제자인 상좌(上座)들의 가르침	
	부처님[최초의 상좌(上座)]의 가르침	붇다와다불교

- buddha(붇다) — 부처님-불(佛), vāda(와-다) — 말씀-가르침
- buddhavāda(붇다와-다) — 부처님의 말씀
- 붇다와다불교 — 오직 부처님의 말씀만을 공부와 신행(信行)의 기준으로 삼는 불교

▣「부처님 살아서 직접 설한 가르침으로 불교(佛教)를 부처님에게로 되돌리는 불사(佛事)」

이 불사(佛事)는 ①공부의 구심점 확보를 위한 근본경전연구회의 법인 설립과 ②수행도량으로의 선원 마련[경전대로 수행하기] 그리고 ③붇다와다 불교대학의 건립으로 이어질 것입니다. 그때가 되면, 세계불교의 중심이 한국으로 옮겨오게 되고, 인류의 정신문명을 이끌 것입니다.

▣ 부처님 살아서 직접 설한 가르침을 공부의 중심에 두고자 하는 사람이라면, 이제 비로소 몸에 맞는 옷을 입게 되었다고 말할 것입니다.

▣ 이 불사(佛事)에 동참해 주십시오. 살아서 행할 수 있는 최선의 공덕행(功德行)이 되도록, 저희도 최선을 다하겠습니다.

• 불사(佛事) 안내 ☞ nikaya.kr [응원 및 참여] 참조

• (연구 및 출판 불사를 포함한) 불사 후원 계좌

신한은행 100-034-002467 한국붇다와다불교

책의 부족한 점을 보시면 nikaya.kr 에 지적하여 주시기 바랍니다.
잘 보완하여 더 필요한 책을 만들겠습니다.

지은이 : **해피스님** [비구 뿐냐디빠(bhikkhu puññadīpa)]

1959년 강원도 원주에서 태어났고, 원주 초-중-고를 졸업했다.
부산대학교 화공과를 졸업하고 유공(SK)에 입사해 10년간 근무한 뒤 원주에서 개인사업을 하다가 출가했다.

원주 포교당(보문사) 어린이 법회에서 불교 신자가 된 이래 불심사학생회(중-고),
부산대학교 불교학생회와 정진회를 거쳐 불교바라밀회를 창립했다.
서울불교청년회-원주불교청년회-원주법등자비회-원주불교신행단체연합회 등의
신행에 참여하다가 49세에 반냐라마에서 출가하여 뿐냐디빠(puññadīpa)라는 법명을 받았다.
2008년 해피법당을 건립하였고, 한국테라와다불교를 거쳐 한국붇다와다불교(2019)와
근본경전연구회(2020)를 창립했다. 현재 한국붇다와다불교 해피법당(부산)에서
근본경전(니까야)의 연구와 교재 제작 및 강의에 주력하고 있다. — 유튜브와 페이스북 : '해피스님'

부처님 살아서 직접 설한 가르침으로 「불교(佛敎)를 부처님에게로 되돌리는 불사(佛事)」를 표방하고 있다.

▶ 저서 : 되돌림 불서(佛書) Ⅰ - ① 「불교입문(佛敎入門)(Ⅰ) 소유하고자 하는 자를 위한 가르침」

나는 불교(佛敎)를 믿는다

2021년 10월 18일 초판 1쇄 인쇄
2021년 10월 28일 초판 1쇄 발행

지은이 : 해피스님
펴낸이 : 해피스님
펴낸 곳 : 근본경전연구회
부산시 부산진구 연수로2(양정동) 3층
(전화) 051-864-4284
홈페이지 : http://nikaya.kr & http://sutta.kr
이메일 : happysangha@naver.com
등록번호 : 제2020-000008호
계좌번호 : 하나은행 316-910032-29105 근본경전연구회
디자인 : 박재형
제작처 : 공간

ISBN : 979-11-970477-1-8 (03220)

가격 : 24,000원